JN436832

韓國 書誌學의 先鞭

서울대학교 규장각한국학연구원 한국학자료총서 20

韓國 書誌學의 先鞭

마에마 교사쿠의 작업을 중심으로

초판 1쇄 인쇄 2015년 2월 5일
초판 1쇄 발행 2015년 2월 10일

지은이 한재영 · 이현희 · 가와사키 케이고
펴낸곳 서울대학교출판문화원
펴낸이 성낙인

책임 편집 이라미
디자인 최선아

출판등록 제15-3호

주소 151-742 서울 관악구 관악로 1
대표전화 02-880-5252 | **팩스** 02-888-4148
마케팅팀(주문상담) 02-889-4424, 02-880-7995
이메일 snubook@snu.ac.kr
홈페이지 www.snupress.com

ISBN 978-89-521-1677-2 94010
978-89-521-1026-8 (세트)

서울대학교 규장각한국학연구원 한국학자료총서 20

韓國 書誌學의 先鞭

마에마 교사쿠의 작업을 중심으로

한재영
이현희
가와사키 케이고

The Pioneer of Korean Bibliography

HAN Jae Young
LEE Hyeon-hie
KAWASAKI Keigo

•

Seoul National University Press

思慕의 마음을 담아 安秉禧 선생님의 靈前에 올립니다.

머리말

서울대학교 규장각한국학연구원에는 도서를 비롯하여 다양한 성격의 자료들이 소장되어 있다. 하지만 도서 자료는 물론 비도서 자료에 대한 충분한 전모의 파악이나 개별 자료에 대한 구체적인 연구의 진행이 필요한 만큼 이루어지지는 못하고 있는 형편이다. 조금 더 충분한 시간이 있어야 하고, 좀 더 넉넉한 예산이 마련되어야 하고, 그들 자료에 대한 좀 더 적극적인 관심이 있어야 가능할 일이기 때문이다.

우리가 관심을 가지고 정리하고 검토한 자료는 마에마 교사쿠(前間恭作)의 서지 작업카드이다. 규장각에 소장이 되어 있기는 하나 그동안 전혀 관리가 되지 못한 자료였다. 한국방송통신대학교 이호권 교수에 의하면, 그가 규장각에 잠시 근무할 때(1998~1999년) 안병희 선생님으로부터 마에마 작업카드가 규장각 서고에 있다는 말씀을 들었다고 하는데, 그 카드가 ≪고선책보(古鮮冊譜)≫ 집필을 위한 카드라고 말씀하셨다고 한다. 행여 우리의 작업이 의미 있는 것이 된다면 그 공의 가장 앞자리에 안병희 선생님을 기억해야 할 것이다.

마에마의 서지 작업카드는 필시 그가 여러 기관에 기증하고도 남은 필사자료들의 일부를 그 유족들이 1943년 〈조선고어사전고본(朝鮮古語辭典稿本)〉(8책, 저술연대 미상, 현재 행방불명) 등과 함께 경성제국대학(京城帝國大學) 도서관에 기증했다고 하는 자료 가운데 하나임에 틀림없다고 생각하고 시작한 작업이다.

자료를 정리하고 검토하면서 취한 태도는 원본의 상태를 최대한 보존하면서 자료의 활용 가치를 높이고자 하는 것이었고, 해당 자료가 가지는 의의와 가치를 확인하고자 하는 것이었으며, 한국 서지학에 끼친 영향을 살펴나가는 데에 보탬이 되는 기초 작업이 충실하게 이루어질 수 있도록 하자는 것이었다. 그를 위하여 먼

저 1만 장이 넘는 서지 카드를 하나하나 촬영하여 영상자료화하고 목록화하였다. 영상자료 자체는 80기가바이트가 넘는 분량으로 본서를 통해 제공하는 데에는 현실적인 제약이 있다. 하지만 실질적인 자료에 관심이 있는 독자들에게는 다양한 방법을 통하여 제공할 계획이다.

다음으로는 목록화한 자료와 마에마의 ≪고선책보≫를 비교하는 작업을 진행하였다. 상·중·하 세트로 이루어진 ≪고선책보≫는 조선판본의 수집가였을 뿐만 아니라 조선의 해제에 매우 해박했던 마에마 교사쿠가 1868년부터 1942년에 이르기까지 조선본 수집서 442부 1,761편과 함께 조선의 고판지도 및 구탁본류를 일괄하여, 기증받은 것과 40년간 책을 수집한 것을 모아 엮은 것이다. 그들을 비교하는 작업은, 마에마의 서지 작업카드가 ≪고선책보≫와 가지는 관계를 파악하여 카드 작업의 의의와 가치를 확인하기 위한 작업이었다. 카드를 목록화하면서 ≪고선책보≫에는 담기지 않은 미대응 카드 1,416장의 내용과 카드에는 없으나 ≪고선책보≫에는 수록된 미대응 항목에도 관심을 가지고 정리하였다.

아울러 마에마의 작업이 한국 서지학에서 가지는 의미를 찾기 위하여 ≪고선책보≫와 ≪선책명제≫는 물론 최현배의 ≪한글갈≫, 오구라 신페이(小倉進平)의 ≪조선어학사≫, 모리스 쿠랑(Maurice Courant)의 ≪한국서지≫와의 비교 결과도 제시하였다. 마에마가 진행한 일련의 작업이 한국 서지학에서 차지하는 위치와 가치를 파악하는 데 도움이 될 것으로 기대한다.

이번에 진행된 우리의 작업은 2013년 '서울대학교 규장각한국학연구원 21세기 신규장각 자료구축사업'의 지원을 받아 진행되었다. 아무도 관심을 가지지 않았던 자료에 의미를 부여할 수 있었던 작업이어서 보람이 있었고, 품이 많이 드는 까닭에 누구도 선뜻 나서지 못했던 작업을 할 수 있어서 내심 부듯한 생각을 가지고 있다. 하지만 규장각한국학연구원의 지원이 없었다면 이 연구는 제대로 수행될 수 없었을 것이다. 이 자리를 빌려 지원해 주신 서울대학교 규장각한국학연구원의 여러 선생님께 감사의 인사를 드린다. 자신의 일보다도 더욱 열심히 도와준 서울대학교 국어국문학과 박사과정의 이상훈, 김한결, 장고은 선생과 석사과정의 김정주, 이후인 선생에게도 고마운 마음을 전한다. 이분들의 적극적이고 헌신적인 도움이 없었다면 이만한 결과를 만들어 내는 것이 불가능했을 것이다. 그저 고마울 뿐이다. 본서가 한국 서지학의 연구에 많은 보탬이 되어, 도와주신 여러분의 노고가

빛을 발할 수 있었으면 한다.

2015년 2월
저자 일동

차례

표와 그림 차례

1. 서론

1.1. 연구의 필요성

규장각은 한국의 귀중한 고서뿐만 아니라 여러 고문서, 고지도, 정부 기록류, 책판 등 30여만 점의 기록 문화를 소장하고 있는 자료의 보고이다. 이러한 자료와 전문 연구 인력을 바탕으로 규장각은 명실상부한 한국학 연구의 중심 기관으로서 기능해 오고 있다. 기록 문화를 잘 관리하고 보존하는 것은 물론이고, 그것의 현대적인 가치를 재조명하고 시대에 따라 재해석하고자 하는 규장각의 노력으로 많은 연구 성과가 축적되어 왔다.

본 연구는 그러한 규장각 자료의 재조명 차원에서 진행되었다. 관심을 받지 못하던 자료를 찾아 가치를 부여하고 학문적 활용을 도모하기 위한 바탕을 마련하고자 하는 것이 그것이다.

본 연구에서 다루고자 하는 규장각 소장 마에마 교사쿠(前間恭作, 1868~1942)의 서지 작업카드 역시 규장각의 이러한 연구 배경 아래에서 소중히 검토될 만한 중요한 가치를 지닌다. 규장각 소장 마에마 교사쿠의 서지 작업카드는, 〈그림 1.1〉에서 보는 바와 같이, 현재 총 네 개의 종이 상자에 나뉘어 보관되어 있다.

마에마 교사쿠의 유족이 경성제국대학에 기증한 것으로 보이는 이 카드들은 현재 서울대학교 규장각한국학연구원에서 관리하고 있다. 방대한 분량의 카드들은 우리나라의 고서에 대한 서지적인 내용을 담고 있다. 이 카드들은 마에마 교사쿠가 고서를 접할 때마다 메모한 것을 따로 정리하여 모아 둔 것으로, 그의 사후에

〈그림 1.1〉 마에마 카드가 들어 있는 네 개의 종이 상자

간행된 ≪고선책보(古鮮冊譜)≫라든가 ≪선책명제(鮮冊名題)≫는 이 카드를 바탕으로 작업이 이루어진 것으로 판단된다. 본 연구에서는 이 카드와 ≪고선책보≫ 사이의 관계에 대하여 보다 적극적으로 살필 예정이다. 이는 본 연구의 대상이 되는 작업카드가 마에마 교사쿠의 작업카드인가 여부를 확인하는 또 다른 방편이 되기도 할 것이다.

≪고선책보≫는 마에마 교사쿠가 우리나라의 고서에 대한 평소의 연구를 비망록 형식으로 써 놓은 것을 그의 사후에 정리하여 간행한 책이다. 이 책은 이본을 포함하여 총 32,353종에 달하는 방대한 분량의 한국 고서에 대한 해제를 담고 있다. 일본어 50음을 기준으로 하여 배열했으며, 다양한 방면의 고서에 대하여 서명, 저자명, 이본 등의 서지사항과 그 정보의 출처를 세세히 기록한 것이 큰 특징이다. ≪선책명제≫는 ≪고선책보≫와 매우 밀접한 관계에 있는 문헌으로, 색인이 없는 ≪고선책보≫를 보완하고자 ≪고선책보≫의 내용을 주제 분류를 기준으로 하여 새롭게 편집한 것이다. 이 두 문헌은 마에마 교사쿠가 한국의 고서들에 대하여 상당한 애착과 깊은 관심이 있었음을 보여 주며, 서지학적으로도 중요한 의미를 가진다. 이러한 책의 원고에 해당하는 규장각 소장 마에마 작업카드는 그 자체로도 매우 중요한 서지학적 가치를 지닐 뿐만 아니라, ≪고선책보≫의 성립 과정을 고스란히 보여 준다는 점에서 높은 사료적 가치를 지닌다고 하겠다.

또한 한국어학에 큰 관심을 가졌던 마에마 교사쿠였기에 한국어학 관련 고서에 대해 상세한 기술을 남기고 있다. 마에마는 ≪선책명제≫에 '문예편'을 두고, 어학 관련 서적을 분류하여 포함시키는 등 한국어학에 대한 깊은 관심을 보이고 있다. 또한 우리가 살펴보고자 하는 작업카드에도 ≪어록해(語錄解)≫ 등 국어학 관련 고서에 관한 기술이 상세하게 나타나고 있다. 그러므로 마에마 교사쿠의 고서 연구를 통하여 국어학적, 국어학사적으로도 심화된 논의가 가능해질 것이다.

우리는 마에마의 작업카드를 연구함으로써 마에마의 연구에 대해 재조명할 수 있다. 그간 19세기 말, 20세기 초에 행해진 외국인들의 한국학 연구, 특히 일본인의 연구 활동에 대하여 우리는 박한 평가를 내려온 점이 없지 않다. 역사의 시각 속에서 엄밀하고 공정하게 재평가를 하여, 그들의 연구에 나타난 세밀함과 진지한 연구 태도를 확인하고 잘된 점은 수용하고 잘못된 점은 비판함으로써 21세기의 한국학의 도약을 위하여 한걸음 더 나아가야 할 것이다. 우리의 작업을 통하여 밝혀질 마에마의 작업카드와 ≪고선책보≫나 ≪선책명제≫와의 일치 부분에 대한 확인 결과도 의미가 있는 내용일 수 있겠으나, 일치하지 않는 부분에 대한 확인 결과는 우리에게 앞으로의 새로운 과제를 제시하는 것으로도 이해하여야 할 것이기 때문이다.

마에마 교사쿠가 남긴 카드들을 정리하는 작업은 학제 간의 종합적인 연구를 이끌어낼 수 있다는 점에서도 반드시 필요한 작업이다. 해당 카드들에 대한 연구를 통하여 기존에 출간되었던(그렇지만 한국 학자들에게는 그다지 주목받지 못하였던) 저작물을 다시금 조명할 수 있게 된다. 이것은 서지학이나 국어학은 물론, 동양사학이나 국사학에서의 시각도 아우를 수 있는 계기를 제공하게 될 것이다. 그동안 조명받지 못하였던 규장각 소장의 카드들을 정리하고 데이터베이스화하는 작업을 통하여, 한국 고서에 대한 학제적 연구의 새로운 가능성을 제시할 수 있게 되었다고 생각한다.

1.2. 연구의 목적

본 연구는 마에마 교사쿠가 남긴 카드들을 분류 · 정리하고 데이터베이스화하는 작업을 통하여 서지학과 국어학사적인 측면에서의 의의를 밝히고, 카드의 활용 가능성을 높이는 것을 목적으로 한다.

1.2.1. 서지학적 측면

① 마에마의 일련의 작업과의 연관성 탐색

마에마 교사쿠의 작업카드들은 일종의 초고의 성격으로 이해할 수 있다. 그렇기에 그 자체로도 중요한 가치를 지닌다. 그렇지만 이 카드들은 단순한 초고는 아니었던 것으로 보인다. 카드의 내용과 출간된 책을 비교해 보면, 서로 대응하는 해당 부분이 완전하게 일치하지 않는 것을 쉽게 알 수 있기 때문이다. 따라서 이 카드들과 기간된 저작물 간의 비교 연구는 마에마의 인식의 변화 혹은 고서와 관련한 상황의 변화를 알아내는 데에 중요한 단서가 될 수 있다. 그리고 이러한 연구를 통하여 마에마 교사쿠가 남긴 저작물과의 연관성을 파악하는 것이 가능할 것이다.

② ≪고선책보≫와 ≪선책명제≫가 한국 서지학에 미친 영향

앞서 언급한 바와 같이, 마에마 교사쿠가 남긴 방대한 양의 카드들은 현재까지 큰 관심을 받지 못하였다. 우리는 해당 카드들을 정리하는 과정을 통하여 ≪고선책보≫나 ≪선책명제≫와 관련이 있는 부분을 일일이 대조하였다. 이러한 결과는 ≪고선책보≫나 ≪선책명제≫에 대한 관심을 제고하여 해당 문헌들에 대한 이해도를 높일 수 있다. 아울러 이 책들에 반영이 되지 않은 부분을 별도로 정리하여, 관심의 폭을 넓힐 수 있는 여지를 마련해 두었다.

그 과정에서 우리는 연구의 대상이 되는 작업카드의 작성자가 마에마 교사쿠일 것이라는 우리의 추측이 그릇된 것이 아님을 알 수 있게 되었다. 작업카드와 ≪고선책보≫, ≪선책명제≫의 일치 양상을 확인함으로써 입증의 근거를 확보할 수 있게 된 것이다.

마에마 교사쿠가 남긴 ≪고선책보≫와 ≪선책명제≫라는 두 업적은 우리나라의 고서 연구에서 빼놓을 수 없는 것들이다. 그렇지만 우리나라에서는 위의 두 저작물에 대해서 거의 연구가 이루어지지 않았다. 서지학적인 측면에서 ≪고선책보≫에 대한 시론적인 연구가 이루어졌지만 본격적인 연구가 더 필요하다고 본다. 우리의 연구와 작업은 ≪고선책보≫나 ≪선책명제≫에 대한 관심을 불러일으키는 계기가 될 것이다.

③ 자료의 정리와 활용상의 편의

작업카드들을 이미지화하고 데이터베이스화하여 학계에 제공함으로써 후속 연구들이 보다 수월하고 활발하게 이루어질 수 있게 될 것이다. 작업카드들은 일본어 50음순으로 배열되어 있으며, 색인집에 가까운 ≪선책명제≫ 역시 마에마 교사쿠 특유의 분류 방식으로 이루어져 있어 연구자들이 쉽게 접근할 수 있는 것이 아니다. 해당 카드들을 이미지화하고, 해당 이미지 파일들을 데이터베이스화하여 체계적인 기준으로 분류한다면 후속 연구 진행의 활용성을 높여 서지학 연구의 발전에 크게 이바지할 것이다.

1.2.2. 국어학적 측면

① 국어학 고서에 대한 이해 심화

마에마의 작업카드에는 기존의 국어학사에서 중요하게 다루어졌던 각종 문헌도 포함하고 있는바, 이러한 점은 국어학사에서 주의 깊게 살펴야 할 것이다. 예를 들어 ≪고선책보≫에는 ≪어록해≫에 대해 비교적 상세하게 실려 있는데, 이것은 마에마 교사쿠의 카드에도 비슷한 양상으로 설명이 베풀어져 있다. 주지하다시피 ≪어록해≫는 17세기 조선시대의 문헌으로서 국어사 및 국어학사에서 매우 중요하게 다루어지는 자료 중의 하나이다. 마에마 교사쿠의 카드에는 ≪어록해≫ 이 외에도 다양한 문헌들이 존재하므로 이들에 대한 기술을 검토하는 것은 국어학사적으로 매우 중요하다.

② 당대 국어학자들과의 교류 관계 추적

마에마 교사쿠와 동시대의 인물인 오구라 신페이(小倉進平)는 상호 교류를 통하여 국어학적 이해의 깊이를 더해 간 것으로 알려져 있다. 한편 주시경, 최현배 등 한국인 학자들과의 교류는 알려져 있지 않으나 검토의 필요성은 존재한다고 본다. 본 연구에서 마에마의 작업카드를 검토하면서 이러한 교류 가능성의 존재 여부를 확인하기 위한 일차적인 작업을 병행하였다. 오구라 신페이의 ≪조선어학사(朝鮮語學史)≫와 최현배의 ≪한글갈≫에 소개된 한국 고서 목록과 그 내용을 살펴보고, 마에마의 작업카드와 비교하고자 한 것이 그것이다. 이를 통하여 앞으로 입체적인 국어학사의 기술이 가능해질 것이라 기대한다.

1.3. 국내외의 연구 동향 또는 연구 배경

마에마 교사쿠는 19세기 말에서 20세기 초 시작된 근대적인 한국학 연구의 태동기에 한국의 문화를 깊이 이해하고 한국어와 한국의 전적 연구에 매진한 사람 중 하나이다. 그의 저작인 ≪교정 교린수지(校訂 交隣須知)≫(1904), ≪한어통(韓語通)≫(1909), ≪용가고어전(龍歌故語箋)≫(1924), ≪계림유사 여언고(鷄林類事 麗言攷)≫(1925), ≪조선의 판본(朝鮮の板本)≫(1937), ≪반도상대의 인문(半島上代の人文)≫(1938), ≪훈독이문(訓讀吏文)≫(1942, 몰후 간행), ≪고선책보≫(1944·1956·1957, 몰후 간행) 등은 한국학의 기초를 마련한 것이라고도 할 수 있다. 그 중에서도 특히 ≪고선책보≫는 그의 한국 전적문화에 대한 남다른 애착과 노력이 집대성된 결실이라고 평할 수 있다. ≪고선책보≫는 우선 수록된 서목의 수가 7,355종[1](이본을 더하면 총 32,353종)에 달할 정도로 방대한 양의 해제 서목이다. 또한, 인용의 출처를 충실하게 기록하고 있어 해제 내용의 객관적 사실을 입증하려 하였으며, 이본의 소장처와 참고 서목에 대하여도 상세하게 기록하고 있다. 따라서 ≪고선책보≫는 한국 고서와 그 이본을 연구함에 있어, 그리고 구한말 한국 고전적의 실태를 파악하고 이후 해외로 유출되거나 분실된 문헌들의 행방을 추적하는 데 더없이 소중한 자료가 될 것이다. 이러한 세밀하면서도 방대한 업적은 20여 년의 자료 수집을 통하여 개인의 힘으로 이루었다는 점에서도 경이로운 것이며, 한국 서지학을 한 단계 발전시킨 것이라고 높이 평하지 않을 수 없다.

그러나 유감스럽게도 마에마 교사쿠의 학문과 그의 저서 ≪고선책보≫에 대한 연구는 그 가치에 비하여 그간 활발히 이루어지지 못하였다. 그간의 마에마 교사쿠에 대한 인물 연구로는 스에마쓰 야스카즈(末松保和)의 〈마에마 선생 소전(前間先生小傳)〉이 유일할 정도로(시라이 준 2011: 405) 그의 구체적인 행적이나 교우에 대해서는 거의 알려진 바가 없었다. 청일전쟁, 러일전쟁, 한일병합이 발생한 격변의 시기인 19세기 말, 20세기 초 조선에서 일본의 통역관으로 활동하면서 조선

---

1. 이 수치는 서열기(1995: 23)에서 제시한 것으로, 표제항으로 제시하면서 해제가 붙은 것이 3,291종, 서목만을 내세운 것이 4,064종으로 총 7,355종이라고 언급한 것이다. 그러나 본 연구에서 행한 3.1.2.의 데이터화 작업에 따른 ≪고선책보≫의 수록 항목은 총 7,482개이다. 서열기(1995)에서 제시한 수치의 근거를 확인할 수 없으나, 표제항을 일일이 데이터 항목으로 작성한 본 연구의 결과와 130여 항목이나 차이가 나는 이유를 설명할 수 없다. 이 책에서는 서열기(1995)를 직접 인용한 경우에는 '7,355종'이라는 수치를 언급하지만, 본 연구에서 직접 행한 데이터에 대하여 언급할 때에는 '7,482'라는 수치를 이용할 것이다.

의 고서를 수집하고 그에 대한 연구를 쉬지 않았던 마에마 교사쿠의 학적 성취에 대하여 우리 한국학계에서는 아직까지도 엄밀한 재평가를 하지 못하였다고 할 수 있다. 또한 ≪고선책보≫에 관하여도 이홍직(1958), 윤남한(1974)의 해제 논문과 김근수(1976), 서열기(1995) 등의 논의가 있었으나, ≪고선책보≫의 방대한 양에 비하면 단편적인 언급에 머무르고 있다고 할 수 있다. 이는 마에마 교사쿠의 작업량이 워낙 방대하여 쉽게 접근하기 어려웠기 때문일 것이다. 그렇지만 그것과는 별개로, 우리 한국학계가 기민하지 못하였다는 점도 고려하지 않을 수 없다.

마에마 교사쿠의 인물됨과 주변인과의 교류 관계는 최근 시라이 준(2011, 2012)의 일련의 논의를 통하여 입체적으로 재구성되고 있다. 시라이 준(2011)은 마에마 교사쿠와 손진태의 교류 관계, 시라이 준(2012)는 마에마 교사쿠와 오구라 신페이의 교류 관계 등을 서간 교신 등의 증거를 통하여 증명함으로써, 주변인들과의 인적 교류와 마에마 교사쿠의 작업 내용 및 영향 관계, 그리고 이를 통한 초기 한국학 연구의 발전 과정 등을 명백히 보여 주었다. 이 외에 마에마의 작업과 관련하여 이루어진 연구로는 마에마 교사쿠가 전사(轉寫)한 ≪고금가곡(古今歌曲)≫에 대하여 논의한 성무경(2005), ≪교정 교린수지≫의 원고에 대하여 논의한 이현희 · 가와사키 케이고(2011) 등을 들 수 있다.

한편, ≪고선책보≫에 관한 언급으로는 이홍직(1958), 천혜봉(1970), 윤남한(1974), 현영아(1996) 등을 들 수 있으며, 이에 대한 본격적인 논의로는 서열기(1995)를 들 수 있다. 서열기(1995)에서는 ≪고선책보≫의 특징과 내용에 대하여 개략적으로 설명하고, 그 자매편이라고 할 수 있는 수고본(手稿本) ≪선책명제≫와의 비교, 1971년에 만들어진 고려대학교 민족문화연구소의 ≪한국도서해제(韓國圖書解題)≫와의 비교를 통하여 그 특징을 부각하였다. ≪고선책보≫가 서목에 대하여 자세하게 기술하고 있으나 색인이나 분류 없이 일본어 50음순에 의해 배열되어 있는 것에 비하여, ≪선책명제≫는 비록 서명과 저자 정보, 소장처 등의 간단한 정보만 담고 있으나 저자의 독자적인 분류체계인 10편(篇) 68류(類)의 분류와 색인을 갖춘 보완편의 성격을 띤다는 것이다. 한편 이 ≪선책명제≫의 분류는 전통적인 사부분류법과 다른 마에마 교사쿠의 독자적인 체계를 보이나, 분류의 기준이 확고하지 않고 다소 주관적인 처리를 하고 있다는 평도 있다(천혜봉 1970).

그러나 본 연구에서 초점을 맞추려고 하는 ≪고선책보≫에 관하여 앞선 논의들은 다음과 같은 한계점을 지닌다. 우선, 선행 연구들은 ≪고선책보≫에서 문헌에 대하여 베풀어진 해제의 정도가 각 문헌에 따라서 들쭉날쭉하다고 지적하는데, 정작 그 들쭉날쭉하다는 것이 어느 정도로 이루어져 있으며, 그에 해당하는 구체적인 문헌이 무엇인지에 대하여 체계적으로 언급하지 못하고 있다. 다음으로, ≪선책명제≫와의 비교에서도 그 배열 방식과 체제 기술의 상략의 차이만을 논하고 있어, ≪고선책보≫와 ≪선책명제≫ 사이의 작업 진행 상태의 관계나 그 과정에서 있을 수 있는 변개나 가필, 수정 등에 대하여는 면밀히 살피지 못하고 있다.

주지하다시피 마에마 교사쿠의 ≪고선책보≫는 저자가 20여 년간 한국 고서를 대할 때마다 메모한 것이 쌓인 결과물이며, 이러한 점은 이번에 규장각에서 발견된 마에마 교사쿠의 카드에서 여실히 드러난다. 카드에는 마에마 교사쿠가 새롭게 접하게 된 정보에 대하여 가필한 점, 혹은 카드를 추가하여 작성한 점들이 가시적으로 남아 있기 때문이다. 따라서 본 연구에서는 일차적으로 규장각에서 발견된 마에마의 카드를 있는 그대로 이미지 파일로 정리하기로 한다. 이 작업의 결과는 마에마 교사쿠의 작업을 이해하기 위한 기초 자료를 구축함으로써, 이를 통해 향후 연구에 활용하는 데에 편의를 제공하게 될 것이다. 아울러 정리하는 과정을 통하여 카드의 내용이 ≪고선책보≫에 어떻게 반영되며, 그것이 ≪선책명제≫로 어떻게 이어지는지의 흐름에 관해서도 전산 파일로 정리하여 제시하기로 한다. 이 역시 한국 서지학 연구의 기초 자료로 활용될 것으로 기대한다.

1.4. 연구 내용 및 방법

본 연구는 다음과 같은 내용과 방법으로 진행하기로 한다.

① 마에마 교사쿠의 생애와 업적 검토

연구의 진행 과정상 마에마 교사쿠의 생애와 업적 전반을 먼저 살폈다. 조선에서의 활동은 물론 일본에 돌아간 이후의 활동에도 관심을 가지기로 하였다.

② 마에마 교사쿠의 작업카드 이미지화

다음으로 규장각 소장 마에마의 서지 카드를 영상 이미지 파일로 바꾸는 작업을 행한다.

③ 이미지 정보의 정리 및 분류

이미지 파일화한 마에마의 카드를 연구자의 연구 목적에 맞추어 활용할 수 있도록 분류 및 정리 작업을 행한다. 그 과정에서 검토 대상 카드가 가지고 있는 문제에도 관심을 가지기로 한다. 그리고 카드들을 정리하고 분류하는 과정에서, ≪고선책보≫에서는 볼 수 없으나 카드에는 기록되어 있는 부분에도 특별히 관심을 가지기로 하였다. 해당 목록이 가지고 있는 사연은 다양할 수 있을 것이나, 바로 그러한 고서의 정보 및 소재 현황이나 행방에 대한 단서도 얻을 수 있을 것으로 기대하고 있다.

④ 정리 결과의 데이터베이스화

이미지 파일로 정리 및 분류된 마에마의 카드를 목록화한 전산 파일로 데이터베이스화하여 검색이 용이하도록 하기 위한 작업을 행한다.

⑤ ≪고선책보≫, ≪선책명제≫와의 관계에 관한 연구

카드의 분류 및 정리과정에서 규장각 소장 마에마 카드가 ≪고선책보≫, ≪선책명제≫로 구체화되는 과정을 모색한다.

⑥ ≪고선책보≫에 수록된 장서와 서목 검토

≪고선책보≫에 수록된 장서와 서목에 관해서도 관심을 가지기로 한다. 이는 마에마 교사쿠가 가지고 있었던 고서의 관심 영역을 살필 수 있는 실마리로 생각한다. 아울러 마에마 교사쿠가 관심을 가지고 정리한 서지 항목의 소장 현황에도 관심을 가지기로 한다. 동양문고(東洋文庫)와 재산루문고(在山樓文庫)의 소장 현황이 그것이다.

⑦ 마에마와 동시대 학자들과의 상호관련 연구

마에마의 카드를 정리하고 분류하는 과정에서 마에마와 오구라 신페이의 ≪조선어학사≫(1920년 초판, 1940년 증보)와의 관계에 대해서도 살펴볼 것이다. ≪조선어학사≫는 ≪고선책보≫와 비슷한 시기에 출판된 책으로, 한국어와 관련된 여러 사료를 서지적으로 고찰하면서 한국어의 역사를 보인 업적으로 평가받는 책이다. 따라서 ≪조선어학사≫에서 다루었던 정보들과 마에마의 카드에서 다루고 있는 정보 등에 대한 비교가 이루어진다면 마에마와 오구라 신페이의 상호 관계 및 두 학자의 학문 태도 등도 더 뚜렷하게 드러날 것으로 기대된다.

또한 비슷한 시기에 이루어졌던 한국 학자의 연구 성과인 최현배의 ≪한글갈≫ 등과의 관계도 확인해 볼 것이다. 마에마의 작업내용과 마에마와 비슷한 시기에 꾸준히 연구하였던 한국 학자들의 저서에 담긴 서지학적 내용의 공통점과 차이점을 살핌으로써 양국 학자들 간의 학문적인 교류와 영향 관계에 대해서도 미루어 짐작해 볼 수 있을 것이다.

아울러 모리스 쿠랑(Maurice Courant)의 ≪한국서지≫, 조선총독부의 ≪조선도서해제≫, 조선고서간행위원회의 ≪조선고서목록(朝鮮古書目錄)≫, 고려대학교 민족문화연구소의 ≪한국도서해제≫ 등도 우리의 관심 영역 안에 두기로 한다.

⑧ 부수적 연구

이러한 과정에서 간접적으로는 당시 고서의 소재 현황이나 행방에 대한 단서도 얻을 수 있으리라고 본다. 이러한 작업을 통하여 궁극적으로는 한국학 태동기에 행해진 업적을 재조명하여 그 공과 실을 엄정히 평가함으로써 한국학이 한 단계 더 나아가는 계기를 마련하고자 한다.

2. 마에마 교사쿠의 생애와 업적

2.1. 마에마 교사쿠의 생애[1]

2.1.1. 출생 및 성장

마에마 교사쿠(前間恭作, 1868~1942)는 1868년 1월 23일(慶應 3년 12월 25일)에 대마도 이즈하라(嚴原)에서 태어났다. 어린 시절, 아버지[마에마 겐조우(謙藏), 도사(徒士, 하급 무사)]의 임지를 따라 히젠 하마나키에서 치쿠젠 하카타로 이사하였다. 1878년(메이지 11년)에 초등학교를 졸업하였고, 다음 해 1월 이즈하라 중학교에 진학하면서 한국어를 배우기 시작하였다.

1880년에 한어학(韓語學) 4급 증명서를 받았고, 이듬해 1881년에는 방학부(邦學部) 2년의 졸업 증서를 받았는데, 이때부터 한어 과정이 한학부로 확충·개편되었다. 따라서 마에마는 같은 해 4월부터 한학부의 첫 번째 학생이 되어 보다 전문적으로 조선어의 습득에 매진할 수 있었다. 마에마는 당시 한국어 교사였던 전경옥(全慶玉) 선생을 집에 모시고 와서 조선어를 공부하기도 하였다.

마에마의 부친은 마에마 교사쿠에게 조선어보다는 영어가 더 필요하다고 생각하여, 마에마는 나가사키에 있는 삼촌의 집에서 영어를 배우게 되었다. 마에마는

---

1. 마에마 교사쿠의 생애에 관해서는 스에마쓰 야스카즈(末松保和)의 〈마에마 선생 소전(前間先生小傳)〉(1956)의 내용과 《고선책보》 서문을 주로 참고하였다.

1886년에는 오이타 재판소에 근무하던 가사하라의 소개로 오이타 시심 재판소의 편찬 겸 정서 담당으로 채용되어 1년 반 동안 근무하였다. 또한 1888년에는 게이오 의숙(慶應義塾) 예과2에 편입하였다. 마에마는 1891년 게이오 의숙을 졸업함과 동시에 '제1회 외무성 조선 유학생'으로 뽑혀, 같은 해 11월에 조선으로 건너갈 수 있었다.

마에마는 청일전쟁 후 요시카와 요사부로의 삼녀 야에코와 결혼하였고, 1897년 10월에 장남 오토키치를 보았다.

2.1.2. 조선에서의 마에마 교사쿠

2.1.2.1. 거주 및 관직 생활

마에마가 서울에서 처음 살게 된 곳은 남산의 서북쪽 기슭으로서, 장방(長坊)의 박궁안[朴宮內]이라고 불리는 언덕이었다. 그곳에는 재산루(在山樓)라고 불리는 한 지역이 있었다. 마에마는 그곳에 땅을 구입하여 집을 짓고, 나중에 조선식의 서루를 세워 '재산루'라는 액을 걸어 놓았다. 마에마는 여기에 자신이 수집한 여러 문헌을 모아 두고 관리하게 되는데, 이 문헌들의 목록이 후에 〈재산루 수서록(在山樓 蒐書錄)〉이라 불리는 것이다.

마에마가 처음으로 서울에 왔을 때는 유학생의 신분이었으나, 이후 마에마가 몇몇의 관직을 거치게 되면서 그는 여러 가지 사회적 경험을 했던 것으로 보인다. 마에마는 1893년에 경성공사관에서 일하였고, 1894년에는 영사관 서기생이 되어 인천에서 근무하였다. 마에마는 1897년 7월에는 서울로, 1900년 3월에는 오스트레일리아 시드니로 전임되었으나, 이듬해 한국으로 돌아와 두 번째 서울 생활을 시작하였다. 1902년에 일본공사관 이등통역관으로 임명되었고, 러일전쟁 이후인 1905년 통감부 통역관이 되어 이토 히로부미(伊藤博文)의 을사늑약 조인에 협력하였다. 1907년 조선왕조실록에는 통감부 통역관인 마에마에게 훈장을 수여한 기록이 있다.

> 純宗 1卷, 卽位年(1907 丁未 / 隆熙 1年) 11月 26日(陽曆) 세 번째 기사
>
> 조령(詔令)을 내리기를, "통감부 서기관 사와다 우시마로(澤田牛磨)와 경성 이사관(京城理事官)

미우라 미고로(三浦彌五郎)를 모두 특별히 훈(勳) 3등에 서훈(敍勳)하고, 통감부 통역관 훈 5등 마에마 교사쿠(前間恭作)와 가와카미 다치이치로(川上立一郎)를 다같이 특별히 훈 4등에 올려 서훈하며 통감부 통역관 도리이 다다요시(鳥居忠恕)는 특별히 훈 5등에 서훈하고 각각 태극장(太極章)을 하사하라."[2]

그 후 조선총독부가 시작(1910년 10월 1일)되면서 마에마는 조선총독부의 통역관이 되어 총무부 문서과에서 근무하였다. 그렇지만 이듬해 3월, 마에마는 스스로 관직을 사임하고 도쿄로 돌아갔다.

2.1.2.2. 다른 일본인 학자들과의 교류

마에마가 조선에 있었던 시기는 1891~1911년으로서, 이 시기는 사실상 조선의 격동기라고 해도 지나친 말이 아닐 것이다(청일전쟁, 러일전쟁 발발, 한일병합 등). 또한 조선과 관련된 여러 가지 사항에 대하여 각종 관심이 집중되고, 역사적 · 사회적 문제에도 많은 사람들의 이목이 쏠리고 있었다. 이것은 당시에 조선학을 발생시키는 데 큰 영향을 주었을 것으로 보인다. 이 시기는 조선학에 대한 대다수의 연구자들이 서울에서 유학하던 시기였다. 이상의 역사적 · 사회적 상황은 마에마에게 깊은 영향을 주었던 것 같다. 마에마가 조선에 머물면서 조선학에 대하여 여러 학자와 '학문적 교류'를 할 수 있었던 것이 그러하다.

서울에 온 직후, 마에마는 오카쿠라 요시사부로(岡倉由三郎)를 찾아간다. 오카쿠라는 조선 정부의 초빙에 의해 일본 학교를 시작하려고 했던 인물로서, 당시 마에마가 공부하고자 하는 책들을 다수 보유하고 있었던 인물이었다. 마에마는 오카쿠라로부터 책을 빌려보기도 하였다.

마에마가 시드니에서 조선으로 돌아왔을 무렵에는 학부 고문 시데하라 다이라(幣原坦), 문부성 유학생 가나자와 쇼자부로(金澤庄三郎), 한성고등학교 학감 다카하시 도오루(高橋亨), 을미의숙장 아유카이 후사노신(鮎貝房之進) 등이 조선에 있었고, 후에 통감부 법무원의 아사미 린타로(淺見倫太郎)도 조선으로 건너왔다. 이들은 각자의 직무 이 외에도 '조선에 대한 연구' 내지 '조선본의 수집'이라고 하는 공통된 관심사를 지니고 있었다. 그 결과 이들은 1903년경에 '한국연구회'(조

2. 詔曰: "統監府書記官澤田牛麿, 京城理事官三浦彌五郎, 竝特敍勳三等; 統監府通譯官勳五等前間恭作 · 川上立一郎, 竝特陞敍勳四等; 統監府通譯官鳥居忠恕, 特敍勳五等, 各賜太極章"

선연구회)를 결성하였고, 매월 1회 일본인 구락부나 파성관의 홀에서 만찬을 한 후 강연을 개최하였다. 마에마도 이 한국연구회의 회원이었는데, 때로는 해당 모임의 간사를 맡기도 하는 등 적극적인 활동을 보여 주었다.

2.1.2.3. 조선본의 수집

마에마는 조선의 여러 서적을 수집하면서 조선에서의 생활에 행복을 느꼈던 것으로 보인다. 조선학을 주요 관심사로 내세우던 다른 여러 학자도 마찬가지였겠지만, 마에마는 특히 한본(韓本)의 수집에 매우 몰두하였다. 마에마는 1891년에 조선으로 건너가자마자 조선어 학습용 서적, 일반 한적, 조선책 등을 구입하기 시작하였다. ≪흥부전(興夫傳)≫, ≪화어유초(華語類抄)≫ 1, ≪천자문(千字文)≫ 1, ≪유합(類合)≫ 1, ≪옥편(玉篇)≫ 2, ≪잠상초설(蠶桑抄說)≫ 1, ≪민모집설(民堡輯說)≫ 1, ≪형세언(型世言≫ 5, ≪비소기(悲笑記)≫ 1, ≪준원계보(濬源系譜)≫ 1, ≪역어유해(譯語類解)≫ 1 등이 바로 그러한 범주에 있는 책들이었다.

그 외에도 ≪육조한담(六朝閑談)≫ 1, ≪계몽편(啓蒙篇)≫ 1, ≪홍익정공주고(洪翼靖公奏藁)≫ 18, ≪백운재실기(白雲齋實紀)≫, ≪동국문헌록(東國文獻錄)≫, ≪징비록(懲毖錄)≫, ≪교린지(交隣志)≫, ≪한훤차록(寒暄箚錄)≫, ≪동어연보(桐漁年譜)≫, ≪양선생왕복서(兩先生往復書)≫, ≪해행총재(海行摠載)≫, ≪전률통보(典律通補)≫, ≪양전편고(兩銓便考)≫ 등의 서적들도 마에마의 수집물이었다. 이러한 서적 목록을 보면, 마에마의 관심사가 매우 광범위하였음을 알려 준다. 이상의 상황을 유추하여 본다면, 당시 마에마의 목표가 결국 이러한 문헌들의 목록을 집대성하는 데에 있었다는 사실을 깨닫게 된다. 더불어 우리는 향후 20년에 걸친, 마에마의 '광대한 한본 수집'이 바로 이 시기에서부터 비롯되었다는 사실도 쉽게 짐작하게 된다.

마에마의 일생은 크게 전반부와 후반부로 나눌 수 있을 것이다. 전반부는 한국어 학습과 한적(韓籍) 자료에 대한 수집이라고 보아도 좋을 듯하다. 앞에서 잠시 언급된 것처럼 마에마의 관직 생활은 비교적 짧은 편에 속한다(그렇지만 그가 관직에서 일찍 물러난 배경이나 심경에 대해서는 잘 알려져 있지 않다). 마에마는 44세까지 관리 생활을 하였으나 이후 스스로 관직에서 물러난 것을 보면, 관직에는 그다지 관심을 두지 않았던 것 같다. 마에마는 관직보다는 당시의 조선어와 조선학 자료에 관심이 많이 있었다. 마에마는 18년간 한국에서 체류하면서는 물론, 통역관 생활을 하면서도 여러 가지 고서 자료를 수집하였는데, 이처럼 서적에 대한 수집력은 가히 대단하다고 볼 수 있을 것이다. 마에마는 대마도에서도 한국어를 배웠던 경험이 있는데, 그 기간도 4년이라는, 짧지 않은 기간이었다.

마에마의 후반부는 이러한 자료에 대한 해석과 집약으로 파악해야 할 것이다. 마에마는 '외국인으로서 평생 한국학 연구로서 일관하여 생애를 마친 최초의 한국학 전문학자였다'고 영광스러운 칭호를 명명해도 부족함이 없을 것이다(진태하 1991: 134). 마에마의 일생 후반부는 2.1.3과 2.2에서 주로 다루어질 것이다.

2.1.3. 일본에서의 마에마 교사쿠

1911년 퇴관과 동시에 마에마는 도쿄로 돌아왔다. 그렇지만 일본에서의 마에마에게 행복한 일만 있었던 것은 아니었다. 마에마가 도쿄에 돌아온 지 얼마 되지 않아, 1912년 1월 9일에 장남 오토키치(당시 16세)가 세상을 떠났으며, 뒤이어 1921년 5월 24일에는 장녀 요시코(당시 18세)가 세상을 떠났던 것이다. 마에마 부부는 한때 엄청난 정신적 파탄 상태에 빠지고 심리적인 방황을 하였던 것으로 알려졌다. 그러나 시간이 지나면서 마에마는 서서히 평정을 되찾고, 한국에서 가져온 한적의 연구에 몰두하였다.

1930년 마에마는 위궤양을 앓은 뒤 이사를 가기로 마음먹고 후쿠오카시 하코자키(箱崎) 신궁의 동문 바깥쪽에 있던 구본 다이구지가에 저택을 구하여 노후를 준비하였다. 1937년 1월에는 마에마의 부인 야에코가 별세하였다. 1941년 마에마는 ≪훈독이문≫을 완성한 후 건강이 지속적으로 악화되었다. 그해 연말, 마에마는 ≪고선책보≫의 인쇄 견본 몇 장이 동양문고에서 왔으며, ≪훈독이문≫의 출판 전망도 잡혔다는 소식도 듣게 되었다. 그러나 그는 이 두 책의 완성을 보지 못하였고, 1942년 1월 2일에 75년의 나이로 생애를 마쳤다.

2.2. 마에마 교사쿠의 업적

2.2.1. 서지학적 업적

마에마가 수집한 한적(韓籍)은 마에마 스스로가 작성한 목록인 〈재산루 수서록(在山樓 蒐書錄)〉과 〈속재산루 수서록(續在山樓 蒐書錄)〉에 의해 알 수 있다. 전자는 1924년 그 장서를 모두 동양문고에 기증하면서 기록을 남기기 위한 것이었다. 그 발문을 보면 다음과 같다.

> 다이쇼 12년(1923년)의 지진은 도쿄에 있었던 조선의 문헌을 하루아침에 다 잃어버리게 했기 때문에 선배 시라토리 박사의 권설에 의하여 이 빈약한 수서라도 학계에 제공하기로 하였다. 마침 지진 전년에 이케우치 박사의 의뢰로 작성했던 목록이 있었으므로 그것에 의해 그 전부를 동양문고에 양도한다. 나에게는 여생이 얼마 남지 않은 지금 이 기회에 본인이 정말로 갈망하던 것이 실현되어 가는 것처럼 여겨지는 동양문고에 이 책들이 들어가는 것은 본인으로서도, 책으로서도, 생각지도 못한 행복이라고 믿고 있기 때문에, 이제 와서 집착 같은 것은 있을 리도 없지만, 다만 오랫동안 하나하나에 본인의 마음과 함께 있었던 책에 관한 일이기 때문에 그 목록 하나만은 본인의 손 아래 두어 생전에는 이것을 그리워하고 싶다고 생각하여 지금 여기에 이것을 정서하였다.
>
> 대정 지진 다음해 1월, 아오야마 화하거(花下居)에서 마에마 교사쿠 씀

이 목록에 기록된 책은 423종 1,764책에 이른다.

마에마는 〈재산루 수서록〉을 만들고 장서를 동양문고에 넘겨 준 뒤에도 끊임없이 자료들을 모았던 것 같다. 〈재산루 수서록〉 외에도 다양한 한적들을 모아서 또 다른 목록을 만들었다는 점이 그러하다. '또 다른 목록'이란 〈속재산루 수서록〉을 뜻하는데, 마에마는 이 목록을 만들어 앞의 〈재산루 수서록〉에 추가하였다. 그 발문을 보면 다음과 같다.

> 조선본을 1924년(다이쇼 13년)에 모두 넘겨 줄 당시에는 전혀 그런 것을 다시 수집하자는 생각을 하지 않았음은 물론 말할 필요도 없습니다. 그 후로도 그런 기분이 되었다는 것은 전혀 아닙니다. 그런데 역시 조선본과는 친해서인지, 듣거나 보거나 하면 어쩌다가 다시 갖고 싶어져서 입수하고, 거기다가 어쩌다 저에게 오게 되는 책도 있어서 모르는 사이에 그런 경위로 서가에 들어온 것이 또 12년이라는 긴 세월 중의 일이어서, 원래 넘겨 준 책의 부수에 필적하는 수가 되어 그것이 지금 저의 손 아래에 있습니다. 그 속에는 최초부터의 고본(孤本)도

있고, 요새는 아주 드문 책이 된 책도 어느 정도 있으니, 그 목록을 만들어 두어도 무의미한 일은 아닐 것이라는 느낌이 들어서 이 가을에 지난번과 같이 그것을 목록화하여 그것에 속재산루 수서의 이름을 붙여 지어두었습니다. 이것입니다.

쇼와 10년 11월, 하코자키궁의 사반(社畔)에서 마에마 교사쿠 맺음

여기에 기록된 장적은 마에마 사후인 1942년 6월 유족에 의하여 다시 동양문고에 기증되었기 때문에, 마에마 장서의 대부분은 지금의 동양문고에 들어 있는 셈이다. 이때 유족들이 동양문고에 기증한 자료는 431종 714책이다.

동양문고 외에도 마에마의 자료들이 전하는 곳이 있었는데, 그것이 바로 경성제국대학이다. 유족들은 조선 관계의 유저(遺著) 고본류(약 70종)를 모두 경성제국대학에 기증하였다. ≪교주가곡집(校註歌曲集)≫(자필정초본, 반지형(半紙型), 전집 8권 후집 9권), ≪조선고어사전고본(朝鮮古語辭典稿本)≫(자필첩부, 46판, 8책), ≪식보(食譜)≫(자필고본, 첩부, 국판, 4책), ≪개경궁전부(開京宮殿簿)≫(자필정초본, 2권), ≪재산루총초(在山樓叢鈔) 이문(吏文)≫(자필정초본, 3책), ≪재산루총초 명세보(名世譜)≫(자필정초본, 5책), ≪재산루총초 조선급제명안첩견(朝鮮及第名案捷見)≫(자필정초본, 1책), ≪재산루총초 습초(拾抄)≫ 3종(節辰賞樂, 營造宮室·付營造宮室, 道術名義)(자필정초본, 1책), ≪국조방목속(國朝榜目續)≫(자편자필, 1책), ≪사색통검(四色通檢)≫(자필초본, 2책) 등이 그것이다. 이것들은 현재 서울대학교 도서관에 있다.

마에마는 활자에도 상당한 관심을 가졌다. 마에마는 활자 및 활자 연구에 대해서도 상당한 지식이 있었기 때문이다. 1937년(쇼와 12년)에 출판된 ≪조선의 판본(朝鮮の板本)≫의 한 절인 "조선 판본의 판종과 주자의 변천"은 활자에 대한 마에마의 관심이 적극적으로 드러난 것이라고 할 수 있다. 이처럼 마에마는 다양한 범주의 한적을 모으는 데에만 머무르지 않고 그것을 깊이 연구하였다는 점에서 후세의 귀감이 된다. 이러한 연구는 마에마 스스로가 수집한 자료에만 머물지 않고, 다른 사람의 소장본부터 일서(逸書)에까지 미쳤다는 점에서 주목의 대상이 된다.

마에마의 서지학적 업적을 볼 수 있는 단행본으로는 ≪조선의 판본≫(1937), ≪고선책보≫(1944~1958), ≪선책명제≫(1927) 등이 있다. 이 중에서 ≪조선의 판본≫에 대해 간단히 살펴보겠다.[3] ≪조선의 판본≫은 한국 고서의 종합적 체계와 특정

한 고서의 해제로 마에마의 다른 한적의 종합적 목록으로 엮어진 ≪고선책보≫의 서설(序說)이라고 할 수 있다. 이 책은 1923년에 한정판 200부로 출판되었으나 실은 1914년 일본도서관협회에서 강연하였던 내용을 도서관 잡지에 연재하였고, 여기에다가 1920년 보주(補註)를 추가한 것이다. 따라서 서술이 모두 구어체로 되어 있다. 전문 4장으로 제1장 조선의 판본, 제2장 실록자, 제3장 잡록자, 그리고 제4장 참조서목 등으로 크게 나누고, 각 장을 다시 세분해서 제1장은 11절 5항, 제3장은 7항과 부록으로 나누어져 있다(안춘근 1974: 21).

2.2.2. 조선어학과 조선사학의 업적

'조선어학자'로서의 마에마의 업적을 살필 수 있는 저서로는, 문법서인 ≪한어통(韓語通)≫(1909)과 주석 작업으로 ≪용가고어전(龍歌故語箋)≫(1924), ≪계림유사 여언고≫(1925) 등이 있으며, 일종의 자료 정리 작업으로 ≪교정 교린수지≫(1904), ≪훈독이문≫(1942), ≪교주가곡집≫(1951) 등이 있다. 그 외에도 향가, 이두, 이문(吏文) 등의 차자표기 자료에 대한 여러 편의 논문이 있다. 이를 통해 마에마는 현대어 방면의 공시적인 연구보다는 역사적 연구에 치중해 왔음을 알 수 있다.

마에마의 한국 고문헌에 대한 관심은 이른 시기부터 나타나고 있다. 이는 1909년에 출간한 ≪한어통≫에 이미 역사적인 언어 사실에 대한 언급을 주(註)의 형태로 개진하고 있는 것을 통해 알 수 있다.[4] 이 책은 일본인을 위해 당대의 한국어를 쉽게 학습시킬 목적으로 마련한 문법서이다. 성음(聲音), 어사(語辭), 회화례의 세 편으로 이루어져 있다. 이 책에서 마에마는 ≪한어통≫에 인용된 고문헌은 ≪용비어천가(龍飛御天歌)≫, ≪오륜행실도(五倫行實圖)≫, ≪가곡원류(歌曲源流)≫, ≪논어언해(論語諺解)≫, ≪맹자언해(孟子諺解)≫, ≪임전(林傳)≫ 등에 걸쳐 있다. 그 15년 후에 간행된 ≪용가고어전≫(1924)에 인용된 고문헌이 ≪유합(類合)≫ 통행

---

3. ≪고선책보≫와 ≪선책명제≫에 대해서는 2.2.3에서 살펴볼 예정이다.
4. 사이토 아케미(齊藤明美 2006: 195)는 마에마 교사쿠가 1909년 저작인 ≪한어통≫에서 이미 15세기 중세 한국어의 'ㅸ'의 음가가 [β]에서 [w]로 변화했음을 지적하고 있다고 하였다. 그리고 '이다'의 품사 분류에 대해서 마에마는 '조동사'로 분류하고 있는데, 이는 일본어의 품사 분류에 따라 분류하고 있다고 하였다.

본(通行本), ≪훈몽자회(訓蒙字會)≫, ≪천자문(千字文)≫, 중간 ≪두시언해≫, ≪몽산법어(蒙山法語)≫, ≪역어유해(譯語類解)≫ 및 ≪역어유해보(譯語類解補)≫ 정도 밖에 없음과 비교하면 꽤 이른 시기부터 그의 관심이 한국의 고문헌에 있었음을 알 수 있다(이현희 1993: 108).[5]

마에마의 한국 고문헌에 대한 관심은 ≪용가고어전≫이나 ≪계림유사 여언고≫ 등의 저작물을 통해서도 확인할 수 있다. ≪용가고어전≫(1924, 동양문고 논총 제2)은 ≪용비어천가≫(1447)의 국문가사에 국한하여 해석과 주석을 단 책이다. 이 책은 크게 보아 전체가 세 부분으로 나뉘어 서언 10면, 본문 145면, 색인 9면으로 구성되어 있다. 이 책에서 마에마는 ≪용비어천가≫의 장별로 어구 및 어법에 대한 해석 및 주석을 비교적 상세하게 달았으나 그 장 전체에 대한 번역이나 해석 및 통석(通釋), 그리고 그에 담겨 있는 역사적 사실에 대한 배경 설명은 하지 않았다. 이는 당대의 다른 일본 학자들이 흔히 행하던 일반적인 주석 방식을 따르지 않은 것이다(이현희 1993: 112).

다음은 ≪계림유사 여언고≫에 대해 살펴보겠다. ≪계림유사 여언고≫(1925, 동양문고 논총 제3)는 ≪계림유사≫에 한자로 기록된 고려어(350어 정도)에 대한 고증이다. 마에마는 고려어에 대한 이전 연구가 전혀 없는 상태에서 스스로의 고증과 견해만으로 고려어를 해석하였다. 더구나 ≪계림유사≫의 원전 자체에 오류가 적지 않은 청판본(淸板本) 전본(傳本)을 저본으로 하여 연구하였으므로 오늘날 명초본(明鈔本)이 발견된 상태에서 비교해 볼 때 많은 오류를 발견할 수 있다(진태하 1991: 137).

끝으로 일종의 자료 정리 작업인 ≪교정 교린수지≫(1904), ≪훈독이문≫(1942), ≪교주가곡집≫(1951)에 대해 살펴보겠다. ≪교정 교린수지≫는 마에마 교사쿠와 후지나미 요시쓰라(藤波義貫)가 함께 교정한 책으로 ≪교린수지≫의 마지막 간본이다. 이 책은 아메노모리 호슈(雨森芳洲)가 지은 ≪교린수지≫의 현대판이라고 할 만한 것이다. ≪교린수지≫는 에도시대부터 메이지시대에 걸쳐 일본에서 가장 널리 사용되었던 한국어 학습서인데, 대화체로 쓰여 있어서 당시의 회

5. 마에마는 그동안 수집해 온 고서들을 바탕으로 하여 그것들을 읽고 해석한 작업의 결과 ≪조선고어사전(朝鮮古語辭典)≫이 마련되었을 터인데, 이 원고본은 1943년에 서울대학교의 전신인 경성제국대학의 도서관에 기증되었다고 한다. 그러나 아쉽게도 그 존재를 찾아볼 수 없다고 한다. 이 사전 원고가 그대로 존재했다면 아마도 한국어에 대한 최초의 고어사전류로 언급될 수 있었을 것이다(이현희 1993: 109).

화 모습을 알 수 있는 중요한 자료이다. 그리고 이 책에는 한국어 본문 옆에 일본어 번역이 붙어 있어서 한국어와 일본어의 대조 연구가 가능하다(사이토 2006: 139). 이 책을 마에마는 후지무라 요시쓰라와 함께 교정하여 출간하였다.[6]

≪훈독이문≫ 역시 마에마의 어학적 · 역사적 관심을 상기시켜 주는 책이다. 잘 알려져 있다시피 '이문(吏文)'이란 중국 명나라의 속어체 공용문을 가리키는 것이다. 명나라 조정으로부터 조선에 들어오는 문서는 모두 순한문체와 이문체로 이루어져 있었다. 그러므로 고려 말에서 조선 초의 학자들에게는 '이문에 능할 것'이라는 상황은 매우 커다란 부담이었다. 이를 위해 고려는 전문가 양성기관을 설치했고, 이는 조선에 그대로 이어지게 된다. 이때 이문을 잘 이해하기 위한 교과서로서 ≪이문≫이 편찬된다. ≪이문≫에는 여러 용례가 나타나는데, 그 용례들은 모두 명나라에서 온 문서 자체를 분류 · 선택하여 이루어진 것들이었다. 마에마는 아사미 린타로(淺見倫太郎) 박사를 통하여 이상의 상황을 알게 되었고, 그 역사적 가치를 높이 인정하여 ≪이문≫에 대한 정초본을 만들었다. 아사미본 ≪이문≫은 그 내용보다 사용된 활자가 다양하다는 점에서 그의 관심을 끌었다. 당시 서울에서도 새롭게 수정된 내용의 '이판본 ≪이문≫'이 발간되어 학계에 화제가 되었는데, 마에마는 후학의 요청으로 그것을 훈독하는 일에 착수하였다(훈독은 1940년 4월에 시작하여 다음해 7월에 완성되었다.) 이 편간을 위탁받은 것은 와다 키요시, 우노 테츠인데 이들은 복부보공회(服部報公會)의 지원금을 받아, 1942년 말 ≪훈독이문≫을 발간하였다.

≪교주가곡집≫은 마에마가 편찬한 전집(前集) 8권, 후집 9권, 총 17권 17책으로 된 가집이다. ≪청구영언(青丘永言)≫, ≪해동가요(海東歌謠)≫, ≪고금가곡(古今歌曲)≫, ≪남훈태평가(南薰太平歌)≫, ≪가사육종(歌辭六種)≫, ≪여창가요록(女唱歌謠錄)≫, ≪가곡원류(歌曲源流)≫, ≪가요(歌謠)≫, ≪정선조선가곡(精選朝鮮歌曲)≫, ≪시조류취(時調類聚)≫ 등 10종의 가집을 합하여 시조 1,745수, 가사 37편, 잡가 7년, 도합 1,789수를 수록하였다. 전 · 후집을 유전편(流傳篇)과 작가편(作歌篇)으로 나누었는데, 유전편은 곡조에 따라 분류, 배열하였고 작가편은 작

6. 규장각한국학연구원에 ≪교정 교린수지(校訂 交隣須知)≫의 성립 과정을 보여 주는 원고 ≪교정 교린수지원고(校訂 交隣須知原稿)≫(奎 22199-v. 1-2)가 소장되어 있다. 이에 대한 자세한 연구는 이현희 · 가와사키 케이고(2011)을 참고할 수 있다.

가명과 간단한 약전을 든 다음에 그 작품에 해당되는 곡조명을 표시하고 기록하였다. 이 책은 다른 가곡집과 달리 작가와 작품에 대한 상세한 설명과 주석이 덧붙여져 있는데 이는 ≪고선책보≫의 편찬과정에서 수집한 수천여 종의 한국 고서들을 통해 이룬 성과로 볼 수 있다(서철원 2008: 70).

앞의 저작 이 외에도 조선어학과 관계된 논문들이 있다. 1926년 6월, ≪동양학보≫ 제15권 제3호에 실린 〈약목석탑기의 해독(若木石塔記の解讀)〉과 1929년 7월, ≪사학잡지≫ 제40편 제7호에 실린 오구라 신페이(小倉進平)의 〈≪향가 및 이두의 연구(鄕歌及び吏讀の硏究)≫에 대하여〉이다. ≪향가 및 이두의 연구≫(1929)는 오구라 신페이가 향가 및 이두를 종합적으로 다루어, 당대에 사용된 한자의 용법에 일관성을 부여하려고 한 연구서이다. 향가 25수에 대한 최초의 해독으로 유명한 책인데, 마에마는 이 책을 읽고 자신의 견해를 밝혔다. 그 외에 1929년 2월에 ≪조선≫ 제165호에 실린 〈이두편람에 대하여〉와 같은 해 9월 ≪조선≫ 제172호에 실린 〈처용가 해독〉 등도 있다. 그리고 김윤경의 〈훈민정음 발표의 사정〉(≪사원≫ 2권 3호)을 비평하였고, 손진태의 ≪조선고가요집≫ 서문에 글을 남기기도 하였다.

마에마는 언어를 토대로 한 역사연구가이기도 하였다. 1925년 7월, ≪사학잡지≫ 제36편 제7권에 실린 〈삼한고지명고 보정(三韓古地名考 補正)〉이 있다. 이 논문은 마에마의 독자적인 삼국사기 지명고라고 부를 수 있을 것이다. 그리고 같은 해(1925년) 11월 ≪동양학보≫ 제15권 제2호에 실린 〈신라왕의 세차와 그 이름에 대하여(新羅王の世次と其の名につきて)〉라는 논문도 주목할 만하다. 이 논문은 문무왕 이전의 29대 세계(世系)의 성립과 왕명에 대하여 언어적 해석을 시도한 것이다. 그 외에 1931년 8월, ≪동양학보≫ 제19권 제3호에 실린 〈진흥비에 대해서(眞興碑につきて一靑丘學叢第二號崔南善氏眞興王碑論文につき同氏に寄せたる書簡)〉도 있다.

끝으로 마에마는 사회사와 관계된 연구도 하였다. 그와 관련된 업적으로 먼저 ≪개경궁전부(開京宮殿簿)≫ 2권 1책을 들 수 있다. 이것은 고려사에 보이는 왕성의 궁원정사의 배치를 고증한 것으로서, 각 건물의 건립 경위와 거주자에 대하여 고증하려고 한 연구이다. 그리고 1929년 8월에 이루어진 〈서얼고(庶孼考)〉(≪조선학보≫ 제5~6집(1953)에 유고로 실림)도 빼놓을 수 없을 것이다. 이는 200~300

개의 와세다 졸업논문을 읽고 거기에 대한 비평의 형식을 취하고 있지만, 마에마 자신의 서얼에 대한 생각을 집대성한 대작이라고 할 수 있다. 마에마는 ≪개경궁전부≫와 〈서얼고〉를 합쳐 ≪개성, 한성조의 세태≫라는 제목의 사가 한정판을 만들고자 하였으나, 이 일은 끝내 실현되지 못하였다.

한편, 마에마와 마에마의 업적에 대한 연구도 간단히 살펴볼 필요가 있다. 그간의 마에마 교사쿠에 대한 인물 연구로는 스에마쓰 야스카즈(末松保和)의 〈마에마 선생소전(前間先生小傳)〉이 유일할 정도로(시라이 준 2011: 405) 그의 구체적인 행적이나 교우에 대해서는 거의 알려진 바가 없었다. 마에마는 격변의 시기인 19세기 말, 20세기 초 조선에서 일본의 통역관으로 활동하면서, 조선의 고서를 수집하고 그에 대한 연구를 쉬지 않았는데, 이러한 마에마 교사쿠의 학적 성취에 대하여 우리 한국 학계에서는 아직까지도 엄밀한 재평가를 하지 못했다고 할 수 있다.

최근 시라이 준(2011, 2012)의 일련의 논의는 마에마 교사쿠의 인물됨과 입체적으로 재구성하였다.

이 외에 마에마 교사쿠의 저서 ≪계림유사 여언고≫와 ≪용가고어전≫에 대해 자세히 살펴본 진태하(1991)과 이현희(1993)이 있다. 그리고 마에마가 전사(轉寫)한 ≪고금가곡≫에 대해 논의한 성무경(2005), 마에마의 ≪교주가곡집≫을 바탕으로 고시조 향유와 전승 양상에 대해 살펴본 서철원(2008), ≪교정 교린수지≫의 원고에 대하여 살펴본 이현희 · 가와사키 케이고(2011) 등의 논의가 마에마의 작업과 관련하여 이루어진 연구들로 들 수 있다.

2.2.3. ≪고선책보≫와 ≪선책명제≫

≪고선책보≫의 편찬은 마에마 교사쿠의 평생에 걸친 업적이라고 해도 지나친 말이 아닐 것이다. 앞서 언급했던 것처럼, 여러 가지 한적(韓籍)에 대한 마에마의 관심은 마에마가 조선에 들어오면서부터 시작되었는데, 그러한 관심의 결실이 곧 ≪고선책보≫이기 때문이다. 이것은 마에마의 일기를 통하여 확인할 수 있는 사실이다. 마에마는 자신의 일기에 "메이지 21년(1894년) 늦은 봄, 한서 해제에 대한 원고를 썼다."라고 하였는데, 이러한 기록은 바로 마에마가 오래전부터 ≪고선책보≫와 같은 한적 집적물에 대한 심도 있는 관심이 있었음을 증명하는 것이다.

마에마는 ≪고선책보≫를 집필하면서 자신이 참고하였던 여러 가지 문헌을 몇 군데에 나누어 기증하였다. 동양문고도 마에마의 책들을 기증받은 곳 중의 하나였다. 마에마가 자신이 수집한 책들을 동양문고에 기증한 시기는 1924년경인데, 이미 마에마는 그 당시에 ≪고선책보≫에 대한 원고를 거의 완성하였던 것으로 보인다. 그렇지만 마에마는 이후 몇 년 동안 계속 ≪고선책보≫에 대하여 끊임없이 손을 보았던 것 같다. ≪고선책보≫가 탈고 직후에 바로 인쇄되지 않고 오랜 시간 뒤에 출간되었던 것이 구체적인 증거일 것이다.

이 책은 본문만 2,031면이며, 원본 도판 79면, 저자 사진 34매, 서(序) 7면, 예언(例言) 7면, 부록(편자소전, 발문) 20면을 합하여 도합 2,178면에 달하는 거작이다. 그리고 이 책의 수록 도서량은 표제로 내세운 것을 기준으로 하면 해제가 붙은 것이 3,291종, 서목만 내세운 것이 4,064종, 계 7,355종이고, 같은 서명 아래에 배치된 이본은 약 15,000종인데 그중에서도 약 1만여 종에는 해제 내지는 주기(注記)가 달려 있다(윤남한 1974: 23~24). 전 3권으로 편성되어 있으며, 일본어 50음순으로 배열되어 있다. 서지 기술법은 저자 및 판종을 밝히고, 그 저자의 대요(大要)를 적고, 소견(所見)을 한 후 각판(刻板)이 있는 것은 판본에 초록을 넣었으며, 다른 서목(書目)에서 찾은 이본(異本)을 일일이 열거하였다(서열기 1995).

≪고선책보≫가 가지는 의미는 실로 대단하다. 현전하지 않거나 현재까지 실물을 확인할 수 없는 문헌에 대하여 '비교적' 상세하게 기록한 자료이기 때문이다. 이것은 국어사학이나 서지학 측면에서 매우 중요한 요소이다. 마에마가 ≪고선책보≫를 집필할 당시에는 분명히 실물을 확인할 수 있었던 특정 서적들이 있었을 것이다. 그렇지만 그 서적들은 지진이나 화재 등 모종의 사고를 겪어, ≪고선책보≫의 집필 시기에서 그리 멀지 않은 뒷 시기인데도 해당 서적들을 확인하기가 불가하게 된 것이다. 마에마의 메모나 ≪고선책보≫, ≪선책명제≫ 등과 당시의 사건·사고 기록들을 면밀하게 대조해야 하겠지만, 이렇게 소실된 자료도 적지 않을 것으로 생각된다.

마에마는 ≪고선책보≫를 통하여 당시 자신이 보고 기록할 수 있었던 서적에 대하여 비교적 자세하게 기술하였다. 따라서 오늘날에는 소실된 서적이라고 하더라도 마에마의 기술 덕분에 소실된 서적의 성격과 서지학적인 특성이 무엇인지 정도는 알 수 있게 되는 것이다. 그러한 의미에서 ≪고선책보≫는 현전하지 않는,

혹은 지금까지 발견되지 않은 여러 문헌에 대하여 매우 의미심장한 정보들을 담고 있는 셈이다.

마에마의 생존 당시에 마에마가 모으거나 볼 수 있었던 문헌 자료들이 오늘날까지 이어지는 경우가 있다. 이러한 경우 해당 문헌 자료를 접하는 학자에게 마에마의 기록은 매우 유의미한 존재가 될 것이고 그것은 후속 연구에 대하여 많은 암시를 줄 수 있을 것이다. 그렇지만 주지하는 바와 같이 해당 문헌 자료들이 현전하지 않거나 접근하기 어려운 경우도 적지 않다. 지금까지의 국어학적 · 서지학적인 연구가 대체로 발견된 자료 및 문헌들에 대하여 집중되어 있었다고도 할 수 있을 것이다.

그렇지만 마에마의 ≪고선책보≫와 같은 업적들은, 이러한 기존의 방식과는 반대로 현전하지 않거나 발견되지 않은 자료들을 역으로 추적해 볼 수 있는, 이른바 회귀적인 방식으로 연구를 진행할 수 있는 근거를 마련해 준다. 따라서 해당 문헌 자료를 구하지 못하는 경우라도 마에마의 기록을 통하여 해당 문헌의 실체를 '대략적이나마' 파악한다거나, 혹은 해당 문헌자료의 성격에 대해서 귀중한 정보를 확보할 수 있게 되는 셈이다.

≪고선책보≫는 상당히 방대하고 마에마 나름의 체계 속에서 정리된 업적이기는 하지만, 이것이 효율적인 것은 아니었다. '효율적이지 못하다'는 것은 바로 검색이나 확인의 어려움을 뜻한다. 잘 알려진 바와 같이, ≪고선책보≫는 일본어 50음을 기준으로 하여 각 서명을 배열한 집적물이다. 따라서 ≪고선책보≫는 일본어 50음에 대한 지식이 없는 사람에게는 접근 자체가 매우 어려운 책이었다. 더불어 '일본어 50음순'이라는 배열 방식도 일반적으로 서지학에서 널리 쓰이는 방식의 분류 체계가 아니라는 점도 주목해야 한다.

대체로 이러한 한적 집적물을 접하고 그것을 활용한다는 것은, 특정 문헌 하나를 찾아보는 것으로 끝나지 않는다. 연구자가 목적으로 하는 문헌 외에, 그것과 관계되거나 비슷한 부류의 문헌도 아울러 검색해 보아야 하는데, 그러한 작업이 ≪고선책보≫에서는 쉽게 이루어지기 어려운 것이다. 일본어 50음순으로 배열되어 있기에 연구자가 필요로 하는 문헌의 제목과 비슷한 제목의 문헌을 찾는 것은 비교적 쉬우나, 해당 문헌과 동일한 카테고리에 있는 문헌을 찾는 것은 매우 어려운 일일 수밖에 없다. 그나마 '비슷한 제목'이라는 것도 해당 문헌의 제목을 일본어로 변환한 뒤에야 가능한 일이다. 마에마도 이러한 불편함을 잘 알고 있었던 것으로 보인다. 이는 마에마가 ≪고선책보≫에 바탕을 두면서도 또 다른 방식에 의한 해제인 ≪선책명제≫를 펴낸 데에서 확인할 수 있다.

≪선책명제≫는 1927년에 집필된 해제서로서 총 12권으로 이루어져 있는, 이른바 '≪고선책보≫의 자매편'에 해당하는 서적이다. ≪선책명제≫의 가장 큰 특징은 기존의 일본어 50음순에서 벗어나 마에마 자신만의 독자적인 분류 체계를 취했다는 점이다. ≪선책명제≫의 분류 기준은 사기(史記), 의주(儀注), 정교(政敎), 지리(地理), 전기(傳紀), 유문(儒門), 도석(道釋), 방술(方術), 문예(文藝) 등에 이르는데, 마에마는 ≪고선책보≫에 수록된 문헌을 이러한 분류 방식에 따라 새롭게 분류했던 것이다. 그는 ≪선책명제≫를 ≪고선책보≫보다 앞서 인쇄하려고 했던 것 같다(여기에 대한 일화는 공간 ≪고선책보≫에 자세하게 기록되어 있다).

≪고선책보≫보다 이 ≪선책명제≫를 먼저 내려고 하였다는 점에 주목해야 할 것이다. 마에마는 처음부터 후학들이 자신의 연구 성과물을 효과적으로 활용하기를 바랐던 것 같다. 위에서 언급한 바와 같이, ≪고선책보≫는 그 자체로서는 매우 훌륭한 한적 집적물이었지만, 그것을 효과적으로 활용하기란 쉽지 않은 일이었기 때문이다. 그러한 의미에서 마에마는 가장 먼저 자신이 모으고 정리했던 책들을 쉽게 검색하고 활용할 수 있었던 방안에 대하여 고민했던 듯하다. 그 결과물이 바로 ≪선책명제≫였고, 이것을 통하여 ≪고선책보≫의 존재 가치가 더욱 부각된 것이다. ≪선책명제≫는 자료의 확인 및 검색의 용이성에서는 ≪고선책보≫에 비할 수 없을 정도로 훌륭했지만, 역시나 자료 자체에 대한 이해나 기술된 내용의 정도에서는 ≪고선책보≫에 비하여 적었기 때문이다. 따라서 이 두 가지 책들을 어떻게 출판하느냐도 마에마에게는 적지 않은 고민거리였을 것이다.

한편, ≪고선책보≫에 대한 국내 학자들에 대한 연구도 한 번쯤 살펴볼 필요가 있다. 마에마와 ≪고선책보≫ 및 ≪선책명제≫에 관한 연구로는 이홍직(1958), 천혜봉(1970), 윤남한(1974), 현영아(1996) 등을 참고할 수 있으며, 마에마 등에 대한 본격적인 논의는 서열기(1995)를 참고할 수 있다. 서열기(1995)에서는 ≪고선책보≫의 특징과 내용에 대하여 개략적으로 설명하였고, 이를 ≪선책명제≫와 비교했다는 점에서 우리의 눈길을 끈다. 특히 서열기(1995)는 ≪고선책보≫ 및 ≪선책명제≫를 1971년에 만들어진 고려대학교 민족문화연구소의 ≪한국도서해제(韓國圖書解題)≫

와 비교하여 그 분류상의 특징에 대하여 언급하였다. 한편 이 ≪선책명제≫의 분류는 전통적인 사부분류법과 다른 마에마 교사쿠의 독자적인 체계를 보이나, 분류의 기준이 확고하지 않고 다소 주관적인 처리를 하고 있다는 평도 있다(천혜봉 1970).

그러나 ≪고선책보≫에 관한 이상의 논의들은 다음과 같은 한계점을 지닌다. 앞서 잠시 언급한 것처럼, 선행 연구들은 마에마의 해제에 대하여 '상략(詳略)이 심하다'라는 언급을 한다거나, '몇몇 단편적인 예시를 제시한다'고 언급하는 데에 그치고 있다. 따라서 그 상략의 정도가 어디까지인지, 그 전체적인 모습은 어떻게 이루어지는지에 대해서는 파악하기가 사실상 불가능하였다. 이것은 마에마의 ≪고선책보≫나 ≪선책명제≫에 수록된 문헌들에 대한 설명이 어느 정도까지 이루어졌는지에 대하여 구체적인 언급이 이루어지지 않았다는 뜻이다. 구체적으로 어떠한 문헌들에 대한 해제가 소상하며 어떠한 문헌들의 해제가 소략한지 등에 대한 논의는 이루어지지 않은 채, 해당 문헌들의 해제 전반이 그저 소략하다는 식의 추상적인 논의가 있을 따름이다.

다음으로, ≪선책명제≫와의 비교에서도 그 배열 방식과 체제 기술의 상략의 차이만을 논한다는 한계점이 있다. 분명 ≪고선책보≫와 ≪선책명제≫의 구성이나 분류의 차이에 대하여 논의한다는 것(서열기 1995)은 괄목할 만한 일이나, 그 이상의 언급이 없었다는 것은 분명히 아쉬운 부분이다.

실제로 마에마가 집필한 메모에는 적지 않은 수정 사항들이 나열되어 있다. 해당 문헌에 대한 여러 기술이 정리된 메모에는, 수정해야 할 부분과 추가해야 할 부분, 삭제해야 할 부분 등이 일목요연하게 정리되어 있다. 이러한 메모들 중 어떠한 부분이 ≪고선책보≫에 반영되었는지를 파악하는 것도 국어학사적·서지학적으로 매우 중요한 일일 것으로 믿어 의심치 않는다. 문제는 ≪고선책보≫와 ≪선책명제≫의 관계도 그것과 동궤의 것으로 파악할 수 있다는 사실이다. ≪고선책보≫와 ≪선책명제≫는 이른바 '자매편' 혹은 '본문과 색인' 정도의 관계로 불리는 실정인데, ≪고선책보≫의 어느 부분이 ≪선책명제≫에는 어떻게 반영되었는지는 구체적으로 알려진 것이 거의 없는 실정이다.

우리는 마에마의 메모에 대한 천착을 통하여 이러한 문제를 해결할 것으로 믿는다. 마에마가 ≪고선책보≫와 ≪선책명제≫를 거의 비슷한 시기에 준비하고 있었으며 출판의 시기 또한 큰 차이가 나지 않도록 애를 썼다는 점은 주지의 사실이다. 그렇다면 본 연구의 대상인 마에마의 메모들은 바로 ≪고선책보≫와 ≪선책명제≫의 여러 관계를 밝히는 일종의 징검다리 역할을 할 수 있을 것이다. 그러한 의미에서 마에마의 메모는 ≪고선책보≫의 집필 의의를 알리는 데 더없이 좋은 자료로 생각된다.

3. 규장각 소장 마에마 카드의 현황 및 관리 작업

3.1. 마에마 카드의 관리 작업

앞에서 설명한 바와 같이 규장각 소장 마에마 카드는 마에마 교사쿠의 ≪고선책보≫와 ≪선책명제≫의 성립과 밀접한 관련성을 보이는 귀중한 가치를 지니는 자료이다. 그러나 현재의 상태로는 연구자가 이에 접근하기가 용이하지 않다. 1만 장이 넘는 카드가 존재하기 때문에 어떤 카드를 찾고자 하여도 대략적인 그 위치도 짐작할 수가 없다. 또한 각각의 카드는 특별한 관리 번호 없이 낱장으로 존재하기 때문에, 만에 하나라도 그 순서가 흐트러지는 경우에는 그것을 복원할 도리가 없다. 게다가 종이가 이미 낡아 있기 때문에 부스러지기 쉽다. 따라서 가능하다면 마에마 카드의 한 장 한 장을 모두 전자 이미지화하여 활용을 편리하게 하고 원본은 현재 상태를 유지하도록 보존해 두는 것이 절실히 필요하다. 이것은 마에마 카드 자체에 대한 연구 못지않게 중요한 작업이다. 본 연구에서는 이러한 이유로 규장각 소장 마에마 카드의 전자 이미지화 작업과 그것의 내용을 전자 텍스트 파일로 만드는 작업을 행하였다. 또한 이러한 작업을 하면서 추후 카드의 관리와 접근이 용이하도록 상자에 담긴 카드를 일정 단위인 '열'로 나누고 카드에 일련번호를 부여하였다. 각 작업의 구체적인 내용을 살펴보면 다음과 같다.

3.1.1. 전자 이미지화 작업

마에마 카드의 전자 이미지화하는 작업은 ① 촬영, ② 상자 관리, ③ 카드 일련번호 부여, ④ 원본 대조 작업, ⑤ 이미지 파일 관리의 순으로 진행하였다. 각 과정을 간략히 서술하면 다음과 같다.

① 촬영

마에마 카드에 대한 연구자의 접근성을 높이기 위하여 이 카드들을 모두 촬영하여 이미지 파일로 만들었다. 촬영은 올림푸스(Olympus) E-PL5를 이용하였고 셔터 충격을 줄이기 위해 삼각대와 후면 LCD 터치를 이용하여 찍었다. 파일형식은 높은 해상도의 jpg(350DPI)로 하였다.

② 상자 관리

마에마 카드는 네 개의 상자에 담겨 있다. 이 상자들은 각각 A, B, C, D라고 명명되어 있었다. 이것을 그대로 받아들이되, 각 상자의 내부를 10개에서 18개에 이르는 소규모 그룹인 '열'로 나누었다. 한 상자에 3,000여 장의 카드가 있기 때문에 만일 어떤 카드를 직접 찾아가기 위해서는, 그 카드가 A상자에 담겨 있다는 것을 알았다 하더라도 그 카드를 찾기란 쉬운 일이 아니다. 그렇기 때문에 250장 내외가 한 열이 되도록 상자를 구획한 것이다. 이렇게 할 경우 어떤 카드가 A상자의 다섯 번째 열에 있다는 정보를 알면 해당하는 열의 250장 정도만 찾아보아도 그 카드를 찾을 수 있다.

열을 나눌 때에는 기존에 존재하던 구획으로 보이는 두꺼운 판지를 존중하였다. 그렇기 때문에 각각의 열에 속하는 카드의 수가 일정하지는 않다. 그 결과 A상자는 10열, B상자는 14열, C상자는 18열, D상자는 13열로 구획되었다. 각 열에 해당하는 카드 수는 다음 〈표 3.1〉과 같다.

〈표 3.1〉 규장각 소장 마에마 카드의 열별 카드 수와 일련번호

열	카드 수(장)	각 열에 속하는 카드의 일련번호
a01	172	a01_0001~a01_0172
a02	167	a02_0173~a02_0339
a03	148	a03_0340~a03_0514
a04	187	a04_0515~a04_0701
a05	148	a05_0702~a05_0849
a06	185	a06_0850~a06_1034
a07	302	a07_1035~a07_1336
a08	292	a08_1337~a08_1628
a09	190	a09_1629~a09_1818
a10	222	a10_1819~a10_2040
A 계	2,013	
b01	171	b01_0001~b01_0172
b02	230	b02_0173~b02_0404
b03	257	b03_0405~b03_0662
b04	211	b04_0663~b04_0875
b05	241	b05_0876~b05_1117
b06	105	b06_1118~b06_1223
b07	267	b07_1224~b07_1490
b08	246	b08_1491~b08_1736
b09	139	b09_1737~b09_1877
b10	93	b10_1878~b10_1970
b11	62	b11_1971~b11_2032
b12	138	b12_2033~b12_2170
b13	268	b13_2171~b13_2438
b14	268	b14_2439~b14_2706
B 계	2,696	
c01	245	c01_0001~c01_0245
c02	211	c02_0246~c02_0456
c03	292	c03_0457~c03_0752
c04	88	c04_0753~c04_0840

〈표 3.1〉 계속

c05	213	c05_0841~c05_1053
c06	89	c06_1054~c06_1142
c07	72	c07_1143~c07_1214
c08	224	c08_1215~c08_1436
c09	110	c09_1437~c09_1546
c10	129	c10_1547~c10_1675
c11	177	c11_1676~c11_1853
c12	124	c12_1854~c12_1977
c13	168	c13_1978~c13_2145
c14	264	c14_2146~c14_2409
c15	79	c15_2410~c15_2489
c16	125	c16_2490~c16_2614
c17	189	c17_2615~c17_2803
c18	120	c18_2804~c18_2923
C 계	2,919	
d01	116	d01_0001~d01_0116
d02	356	d02_0117~d02_0472
d03	182	d03_0473~d03_0654
d04	178	d04_0655~d04_0832
d05	183	d05_0833~d05_1015
d06	345	d06_1016~d06_1360
d07	136	d07_1361~d07_1496
d08	320	d08_1497~d08_1816
d09	240	d09_1817~d09_2056
d10	102	d10_2057~d10_2158
d11	283	d11_2159~d11_2441
d12	259	d12_2442~d12_2700
d13	133	d13_2701~d13_2833
D 계	2,833	
총계	10,461	

③ 카드 일련번호 부여

또한 카드의 정확한 관리 및 지시를 위해, 모든 카드에 '일련번호'를 부여하였다. 앞서 〈표 3.1〉에서 이미 본 바와 같이 일련번호는 각 카드가 속해 있는 상자명 및 열명(예: a01)과 그 카드가 상자에서 나타난 위치에 해당하는 누적 번호(예: 0001)의 두 부분으로 구성하였다. 이를 통해 카드의 일련번호만 알면 해당 카드의 위치를 쉽게 찾을 수 있도록 배려하였다. 양면에 기입된 카드의 경우에는, 그 카드의 뒷면 역시 독자적인 일련번호를 부여하여 뒷면에 기록된 것임을 지시하도록 하였다. 이때에는 상자명 및 열명, 누적 번호는 앞면을 가리키는 카드와 동일하며 끝에 '뒷면(back)'을 뜻하는 'b'를 첨가하였다. 예를 들어 A상자 1열의 세 번째 카드의 경우는 양면에 기입되어 있다. 이 카드의 앞면을 가리키는 일련번호는 'a01_0003'이 되며, 그 뒷면의 일련번호는 'a01_0003b'와 같다.

③-1 '결번'에 대하여

카드에 일련번호를 부여하는 작업 과정에서, 처음에는 카드의 뒷면에도 누적 번호를 부여하는 방식으로 작업을 진행하다가 위의 ③에서 언급한 것과 같이 양면이 기입된 카드의 앞면과 뒷면은 누적 번호는 같게 하되 뒷면의 일련번호에 기호 'b'를 첨가하는 방식으로 작업 방향을 바꾸었다. 이 과정에서 미처 처리가 완벽하게

〈표 3.2〉 결번 목록

상자명	결번	개수
A	a03_0343, a03_0349, a03_0364, a03_0372, a03_0374, a03_0379, a03_0381, a03_0384, a03_0390, a03_0395, a03_0399, a03_0406, a03_0409, a03_0412, a03_0419, a03_0424, a03_0429, a03_0431, a03_0439, a03_0443, a03_0456, a03_0459, a03_0462, a03_0468, a03_0471, a03_0489, a03_0508	27
B	b01_0172, b02_0381, b02_0404, b03_0662, b04_0683, b04_0875, b05_1024, b06_1153, b08_1786, b09_1796	10
C	c03_0729, c03_0731, c11_1786, c15_2411	4
D	없음	0
총계		41

〈표 3.3〉 상자별 일련번호와 실제 카드 수

상자명	A	B	C	D	계
일련번호의 끝번호	2,040	2,706	2,923	2,833	10,502
결번 개수	27	10	4	0	41
실제 카드 수	2,013	2,696	2,919	2,833	10,461

되지 못하여 누적번호에 해당하는 카드가 없는 '결번'이 생기게 되었다. 이러한 '결번'은 〈표 3.2〉에 제시한 총 41개가 존재한다.

다음과 같은 모든 결번이 빠짐없이 보고된 후에 처음부터 일련번호를 새로 부여하는 것도 가능하다. 그러나 이것은 시간이 소요될 뿐만 아니라, 이미 전자 데이터화 작업도 상당히 진전된 상태이기 때문에 일련번호를 바꾸면 모든 작업을 처음부터 다시 해야 하는 번거로움이 생기고 오히려 작업상의 혼란이 야기될 수도 있다. 우리가 부여한 '일련번호'는 카드 관리의 편의를 도모하고 연구자가 찾으려는 카드에 쉽게 접근하도록 만든 장치이므로, 이러한 모든 혼란을 감수할 만큼 일련번호의 정합성이 반드시 요구되는 것은 아니다. 그렇기 때문에 우리는 기존의 일련번호 체계를 그대로 두고 '결번'은 결번대로 남겨 두기로 하였다. 이러한 결과, 각 상자의 카드 '일련번호'의 누적 번호와 실제 '카드 수' 사이에는 '결번'의 개수만큼의 차가 발생하게 되었다. 이를 표로 밝혀 두면 〈표 3.3〉과 같다.

④ 원본 대조 작업

촬영이 누락된 카드가 있을 가능성에 대비하여 원본과 이미지 파일의 대조 작업을 행하였다.

⑤ 이미지 파일의 관리

전자 이미지 파일의 파일명은 해당하는 카드의 일련번호와 동일하게 부여하였다. 그리고 상자명 및 열명을 폴더명으로 하여 각각 해당하는 전자 이미지 파일을 저장하였다. 〈부록 1〉은 그 결과물이다. 이미지 파일을 필요로 하는 연구자에게는 추후에 적절한 방법을 통하여 제공할 예정이다.

3.1.2. 데이터화 작업

전자 이미지화한 카드의 정보를 관리하기 위해서는 카드에 담긴 내용을 데이터 파일의 형식으로 관리하는 것이 필요하다. 가장 온당한 방식은 카드의 내용을 일일이 판독하여 데이터 파일로 만드는 것일 것이다. 그러나 마에마 카드는 달필의 행서와 초서로 적혀 있고 글씨를 알아보기 어려워서 전문가가 아니라면 그 내용을 쉽게 판독하기 어렵다. 그렇지만 이 카드들이 ≪고선책보≫와 모종의 관련성을 가지는 것은 분명해 보이므로, 우리는 데이터화 작업을 효율적으로 진행하기 위하여 ≪고선책보≫를 활용하기로 하였다. 이 책을 활용하기로 한 이유는 인쇄물이므로 한자를 알아보기 쉽고, 카드의 정보를 데이터화하는 작업이 보다 쉬워질 뿐만 아니라 마에마 카드와 ≪고선책보≫의 관련성을 찾는 작업도 동시에 진행할 수 있기 때문이다. 따라서 이와 같은 이유로 전자 데이터화 작업은 ① ≪고선책보≫의 데이터 파일화, ② 카드 이미지 파일과 ≪고선책보≫의 대응 작업의 순으로 진행하였다.

① ≪고선책보≫의 데이터 파일화

우선 이 작업을 위해 우리는 마에마 교사쿠의 ≪고선책보≫의 내용을 엑셀 프로그램을 이용하여 전자 데이터 파일로 만들었다. ≪고선책보≫는 총 3권 2,031페이지에 달하는 방대한 분량의 책으로 7,482개의 총 서목수와 약 3만여 종의 이본 서명을 자랑한다. 또한 각 서목에 대해서도 서명과 저자에 대한 간략한 소개뿐만 아니라 판본 사항, 소장처, 이본 사항 등을 자세하게 싣고 있기도 하다. 우리는 그중에서 '문헌명', '저자명', '이본서명 및 상호 참조', '서지사항', '출전서목' 등의 정보를 추출하여 '수록 페이지'의 정보와 함께 전자 데이터 파일로 만들었다.

이때 '문헌명'은 ≪고선책보≫에 큰 표제항으로 등재된 것을 가리킨다. 하위 항목으로 기재된 서명 및 이본의 서명은 제외하였다. 〈저자명〉은 표제항 아래에 기재된 것을 데이터화하였다. '이본서명 및 상호 참조'는 ≪고선책보≫에서 "○○を見よ"와 같이 참조된 서명이다. '서지사항'은 간행연도나 판종 사항 등이 기재된 경우 입력하였다. '출전서목'은 마에마가 인용을 밝힌 서목을 입력한 것이다.

①-1 한자 코드의 통일

우리는 ≪고선책보≫를 전자 데이터화하는 과정에서 유니코드(Unicode)상의 '한중일 통합 한자'(CJK Unified Ideographs, U+4E00~U+9FFF) 및 '한중일 통합 한자 확장 A'(CJK Unified Ideographs Extension A, U+3400~U+4DBF)에 수록되어 있는 한자만을 사용하였고, '한중일 호환용 한자'(CJK Compatibility Ideographs, U+F900~U+FAFF) 영역의 한자들은 사용하지 않았다. 자세한 내용은 부록의 일러두기를 참고하기 바란다.

이렇게 한 이유는 한국어로 한자를 입력할 경우 '한중일 호환용 한자'를 사용하게 되어, 겉보기에는 동일해 보이지만 입력하는 음에 따라 한자의 코드가 다르게 되기 때문이다. 예를 들면 '樂' 자의 경우 그 한자를 입력할 때 '악', '락', '낙', '요' 중 어느 것을 통해 입력했는가에 따라 겉보기에는 모두 '樂'으로 보이지만 컴퓨터상에서는 "樂(악)"(U+6A02), "樂(락)"(U+F95C), "樂(낙)"(U+F914), "樂(요)"(U+F9BF)와 같이 모두 별개의 코드가 부여된 별개의 글자로 취급된다. 우리는 '樂'을 입력함에 있어 '한중일 통합 한자'인 "樂(악)"(U+6A02)만을 사용하고 "樂(락)"(U+F95C), "樂(낙)"(U+F914), "樂(요)"(U+F9BF)는 사용하지 않았다.

이렇게 함으로써 중국, 대만, 일본 등 한국 이 외의 한자권의 입력 방식으로 입력된 한자들과의 상호 호환성을 보증하였다. 우리는 이 작업이 한국에서뿐만 아니라 마에마 연구 혹은 한국의 고서에 대한 해외에서의 연구에도 도움을 주고자 서로 검색이 가능하도록 이와 같이 처리하였다. 하지만 이렇게 할 경우 도리어 한국의 연구자가 한국어를 통해 한자를 입력할 경우는 검색이 되지 않을 가능성도 존재한다. 그렇기에 또한 아울러 자료 중의 모든 서명과 저자명 등 주요 정보에 한글 독음을 병기하여 한글로의 검색도 용이하도록 하였다.

② 카드 이미지 파일과 ≪고선책보≫의 대응 작업

다음으로 카드의 이미지 파일과 ≪고선책보≫의 전자 데이터 파일을 대응하는 작업을 진행하였다. 이 작업은 곧 이미지 파일의 내용을 데이터 파일로 만드는 것과 동시에 마에마 카드와 ≪고선책보≫를 비교하는 것이다. ①에서 설명한 방식으로 ≪고선책보≫ 책에 실려 있는 7,482개의 모든 '문헌명' 항목을 입력한 전자 텍스트 파일을 작성한 후, 총 10,461장에 달하는 모든 카드를 일일이 판독하면서 하나

하나의 카드가 ≪고선책보≫ 책 중에서 몇 페이지의 어느 항목에 해당하는지를 기록해 가는 대응 작업을 실행하였다.

이 대응 작업은 10,461장이나 되는 매수를 처리해야 하는 작업이기 때문에, 본 프로젝트의 규모로는 대략적인 수준이 될 수밖에 없었다.[1] 우리는 일단 최대한 많은 카드가 ≪고선책보≫의 전자 데이터 파일과 관련되도록 하였다. 그리하여 서명이 정확하게 일치하지 않더라도 거의 유사할 경우에는 같은 항목으로 취급하였다. 예를 들면 'c02_0388'의 '해주지(海州志)'와 ≪고선책보≫ 1권 133쪽의 '해주읍지(海州邑誌)'를 같은 것으로 처리하고, 'c01_0088'의 '운각자수(芸閣字藪)'와 ≪고선책보≫ 1권 33쪽의 '운각당자수(芸閣唐字藪)'를 연결지었다. 또한 'c03_0531'의 '감계사실(勘界事實)'과 ≪고선책보≫ 1권 165쪽의 '감계일기(勘界日記)' 등도 대응되도록 하였다. 이러한 작업의 결과가 바로 〈부록 2〉 '고선책보와 카드의 대응 양상'이다. 이 책에 수록된 〈부록 2〉는 지면상의 이유로 '문헌명', '저자명', '이본서명과 상호 참조', '페이지'와 '대응 카드'의 정보만을 간추려 제시하였다.

3.1.3. 관리 작업 중 발견된 문제와 대처

3.1.3.1. C상자의 카드 순서 문제

이상에서 언급한 바대로 우리는 상자 내부의 카드의 순서를 중시하면서 작업을 하였으나 작업 도중 예상치 못한 문제가 발생하였다. C상자의 작업 도중 카드의 순서가 뒤집어진 것이다.

보통 카드는 표제항이 적혀진 부분이 앞으로 오는 순서로 놓여 있다. 그런데 C상자의 후반 3분의 2지점에서 한 뭉치의 카드들이 표제항이 적혀진 부분이 뒤로

---

1. ≪고선책보≫의 7,482항목 모두를 입력한 전자 텍스트 파일을 가지고서도 여전히 이 "대응 작업"을 번잡하고 어렵게 만드는 이유는, 결코 그 방대한 매수뿐만은 아니다. 열거해 보자면, ① "원고 카드"라는 성격상, 마에마의 독특한 필적으로 조잡하게 쓰인 카드가 많아, 비록 한자라 하더라도 익숙한 사람이 아니라면 판독이 어려운 경우도 많다. ② 책에 나오는 항목명은, 원래 카드에 적혀 있던 서명을 일정한 원칙을 따라 조금 더 정연하게 다듬은 것이기 때문에, 원고 카드와는 약간 다른 경우도 많다. ③ 책에 나오는 순서와 카드가 나오는 순서는 대체로(미시 · 거시로 말하자면 중간 정도의 관점에서 볼 때) 그 전후 관계가 일치한다는 점은 상당히 우리의 대응 작업을 도와주었다고 할 수 있지만, 미시적으로는 항상 3~5장 정도의 카드는 순서가 뒤섞여 나타나는 경향이 있다. 간혹 몇 장만 멀리 떨어진 부분에 대응하는 경우도 있다. ④ 대응하지 않는 카드(미대응 카드)도 상당히 많다.

향하게 놓여 있었다. 즉 뒷면이 앞으로 오도록 놓여 있던 것이다. 100여 장의 카드가 그와 같이 뒤집혀 놓여 있었고, 다시 얼마간의 카드들은 표제항이 앞으로 오도록 바로 놓여 있었고, 그 이후 나머지 전체에 해당하는 카드들이 다시 뒤로 향하게 놓여 있었다.

촬영 및 일련번호를 부여하는 작업을 하는 중에 이와 같이 표제항이 뒤로 향하게 놓인 카드 뭉치를 발견했을 때 처음에는 뒤집어 놓인 뭉치가 전반적으로 역순으로 놓여 있다고 판단하였다. 그리하여 뒤집어 놓인 뭉치 전체를 돌려서 작업을 하였으나, 작업 내용을 분석한 결과 그 뒤집어 놓인 뭉치의 카드들은 전반적으로 역순이 되어 있던 것이 아니라 순서는 원래 놓여 있던 대로가 맞되 한 장 한 장이 앞면이 뒤를 향하도록 뒤집어져 있었던 것임이 밝혀졌다. 이는 마찬가지로 뒤집어 놓여 있었던 두 번째 뭉치의 경우에도 동일하였다.

따라서 우리는 이 카드들의 순서를 원래대로 복원하기 위해 기존에 부여했던 일련번호를 삭제하고 새로 일련번호를 부여하는 작업을 행하였다. 이 카드들은 그 순서도 중요한 의미를 가지는 자료이기 때문에 복원 과정도 조심스러웠다. 이에 만의 하나의 경우를 대비하여 우리가 복원 작업을 한 내용을 서술해 두도록 하겠다.

먼저 기존의 c09열의 카드들(c09_1437~c09_1545)을 역순으로 복원하였다. 즉 기존의 c09_1545가 현재의 c09_1437이 된 것이다. 이것은 곧 c09열에 해당하는 108장의 카드들이 모두 거꾸로 놓여 있었음을 의미한다.

두 번째로, c14의 첫 22장(c14_2146~c14_2167)을 역순으로 복원하였다.

세 번째로, 나머지 c14_2168 이후 C상자 끝까지에 해당하는 카드(c14_2168~c18_2923)를 통째로 역순으로 복원하였다. 즉 기존의 c18_2923 카드가 현재의 c14_2168이 된 것이다. 이것은 곧 C상자 후반 755장의 카드가 모두 앞면이 뒤로 향하도록 거꾸로 놓여 있었음을 의미한다.

복원 과정에서 일련번호뿐만 아니라 기존의 열 이름도 적절히 수정하였다. 그 내역을 보이면 다음과 같다.[2]

2. 참고로 작업 이전의 상태를 아래에 남겨 둔다.

구(舊)		신(新)
c14(일부)	→	c14
c18	→	c14
c17	→	c15
c16	→	c16
c15	→	c17
c14(일부)	→	c18

즉, 현재의 c14열에는 기존의 c14_2146~c14_2167에 해당하는 22장의 카드와 더불어 기존의 c18열에 속하는 것으로 일련번호를 부여했던 모든 카드들이 속하게 되었다. 기존의 c14_2168 이후의 카드들은 c18열에 속하는 것으로 복원되었다.

어떠한 이유로 C상자의 카드 일부가 이처럼 앞면이 뒤로 가도록 뒤집어져 있었는지는 의문으로 남는다.

3.1.3.2. 접착된 카드

마에마 카드 중에는 고무줄로 묶어서 보관했던 것으로 보이는 카드들이 있다. 그런데 세월의 흐름에 따라 고무줄이 낡아 부스러졌는데 그중 일부가 녹아서 고무줄 경계에 있던 두 카드를 붙여 버린 경우가 있다.

이런 경우는 종이가 낡아 있기 때문에 함부로 떼어 내다가는 카드를 훼손할 우려가 있어서 그대로 두었다. 추후에 전문적인 처리가 필요할 것으로 보인다.

열(舊)	카드 일련번호(舊)
c09	1437-1546
c14	2146-2287
c15	2288-2476
c16	2477-2601
c17	2602-2681
c18	2682-2923

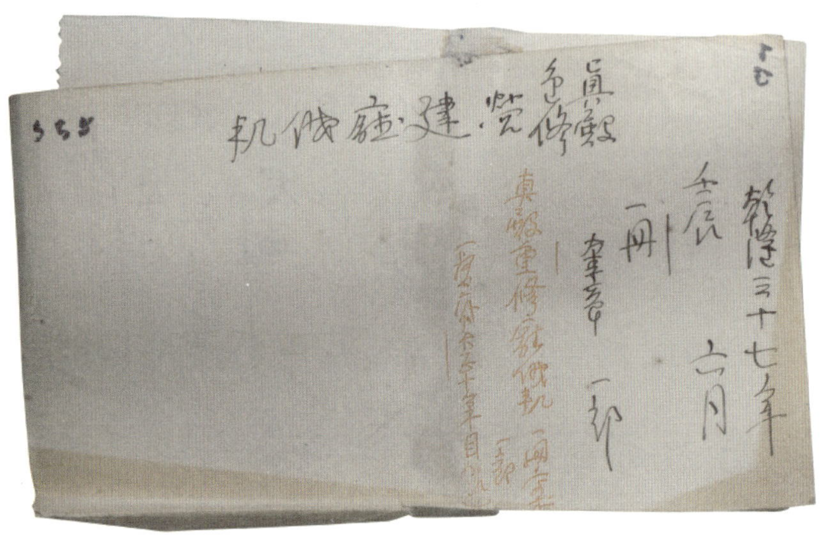

〈그림 3.1〉 접착된 카드 앞면(b12_2034)

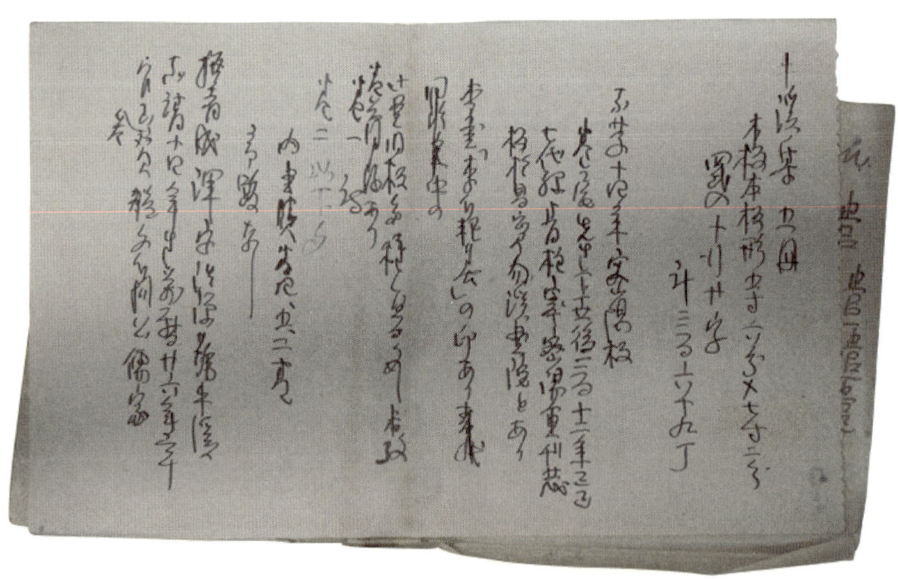

〈그림 3.2〉 접착된 카드 뒷면(b12_2034b)

3.2. 마에마 카드의 거시구조와 미시구조

3.2.1. 마에마 카드의 거시구조

3.2.1.1. 카드 상자의 형태적 특징

마에마 작업카드는 총 10,461장의 분량으로, 모두 네 개의 상자에 나누어 담겨 있다. 각각의 상자는 ≪일성록(日省錄)≫의 책 상자를 잘라 만든 것으로 발견 당시부터 각각 A, B, C, D로 명명되어 있었다. 각 상자의 크기는 가로 13.7cm × 세로 30.5cm × 높이 4.5cm이다.

〈그림 3.3〉 마에마 카드 상자의 전체적인 모습

각 상자에 담긴 카드의 수는 〈표 3.4〉와 같다.

〈표 3.4〉 마에마 카드 상자별 카드 수

상자명	A	B	C	D	계
카드 수	2,013	2,696	2,919	2,833	10,461

카드 상자는 두꺼운 판지들로 구획되어 있다. 판지들은 일종의 단락을 구성하고 있는 것으로 파악된다. 대체로 일본어 50음순의 한 음의 단락이 끝날 때 판지가

나타나는 경우가 많다. 그러나 항상 그러한 것은 아니므로 판지의 의미 기능에 대해서는 추후 연구가 필요하다.

〈그림 3.4〉 열 구획 작업을 마친 마에마 상자의 전체적인 모습

〈그림 3.5〉 판지(c01_0244)

카드들에는 고무줄로 묶여 관리되었던 듯한 흔적이 남아 있는 경우가 있다. 그러나 고무줄이 낡아 부스러져 있어 정확히 어디에서부터 어디까지를 한 묶음으로

관리하려고 했던 것인지는 명확하지 않다. 한편, 개중에는 3.1.3.2에서 언급한 바와 같이 고무줄이 눌어붙어 떨어지지 않게 된 카드도 있다.

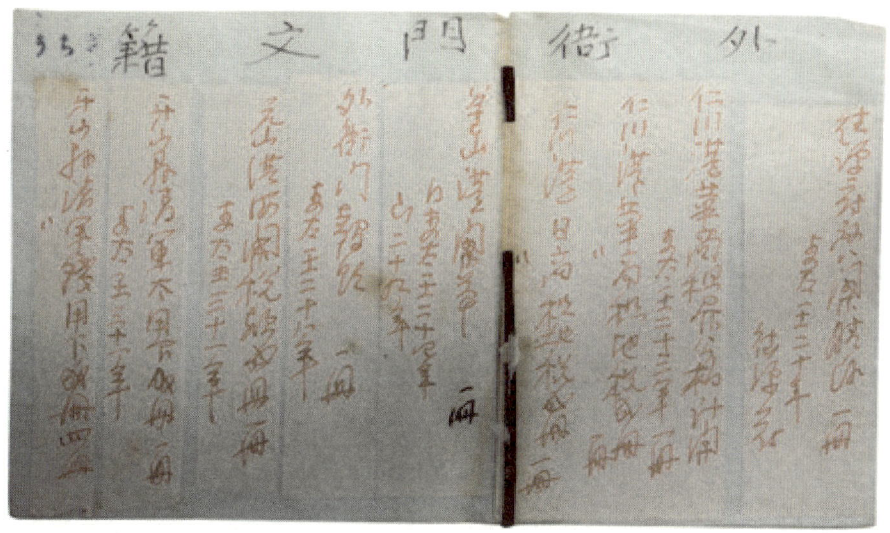

〈그림 3.6〉 고무줄 흔적 1(b08_1570)

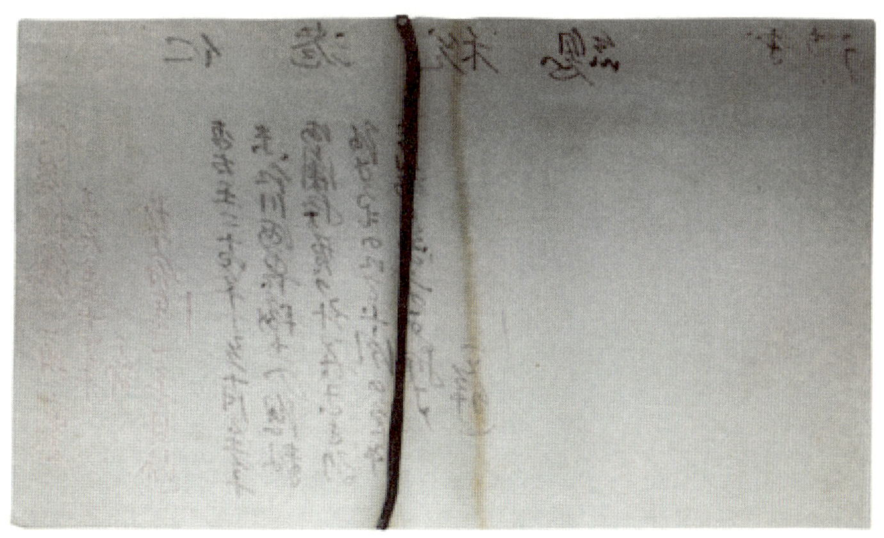

〈그림 3.7〉 고무줄 흔적 2(b08_1580b)

3.2.1.2. 마에마 카드의 지질(紙質)

규장각 소장 마에마 카드의 크기는 대체로 가로 12.5cm × 세로 7.5cm이다. 기록에 사용된 종이의 재질은 다양하다.

먼저, 재산루 수서카드를 이용한 기록의 예를 보겠다.

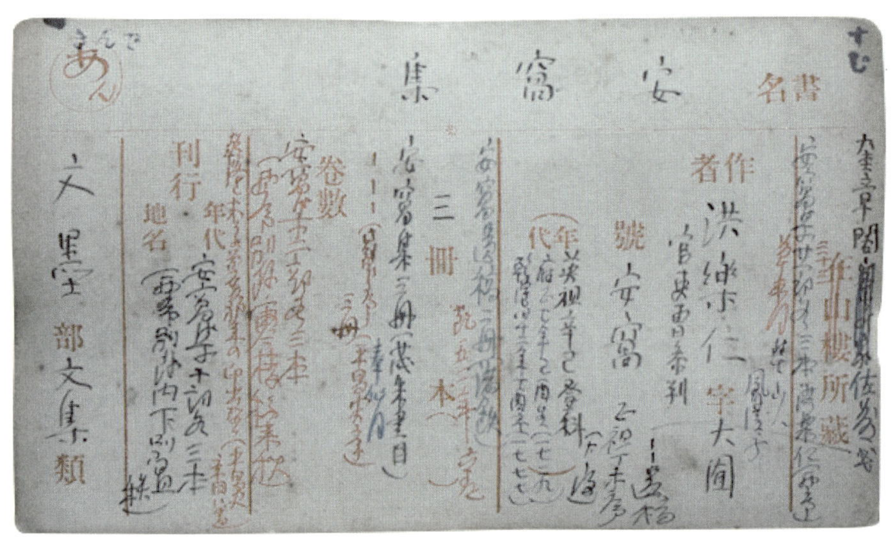

書名 安富集

作者

號

年代

卷數

刊行年代・地名

集部 文集類

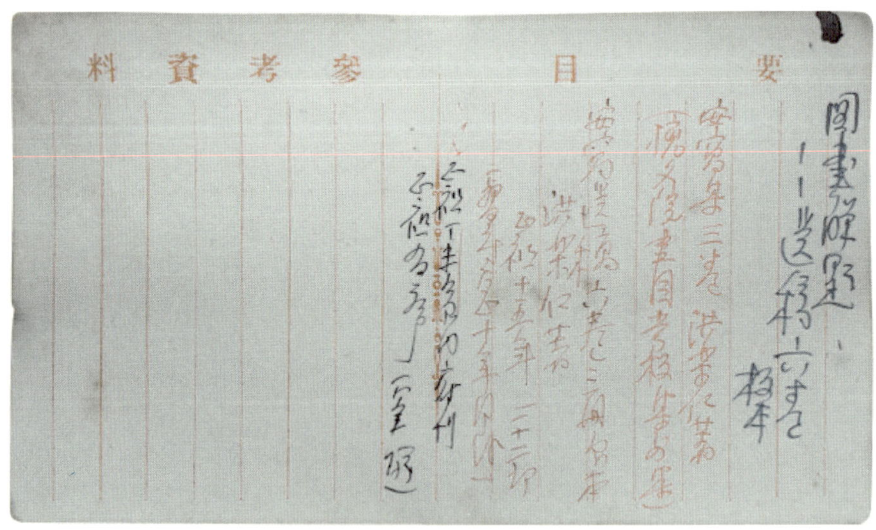

要目

參考資料

〈그림 3.8〉 재산루 수서카드를 이용한 기록(위: a01_0003, 아래: a01_0003b)

재산루 수서카드의 크기는 가로 12.6cm × 세로 7.6cm이다. 카드에는 붉은색으로 '在山樓所藏'이라고 인쇄되어 있는데, '在山樓'에 두 줄을 그어 지우고 '奎章閣'이라고 수정했다. 재산루 수서카드는 재질이 두꺼운 편이며 〈그림 3.8〉에서 보는 바와 같이 대체로 양면으로 기록되어 있다. 전 상자에 걸쳐 나타나나 A상자에 비교적 많이 분포한다.

다음으로 살펴볼 것은 일반 종이를 이용한 기록이다(그림 3.9).

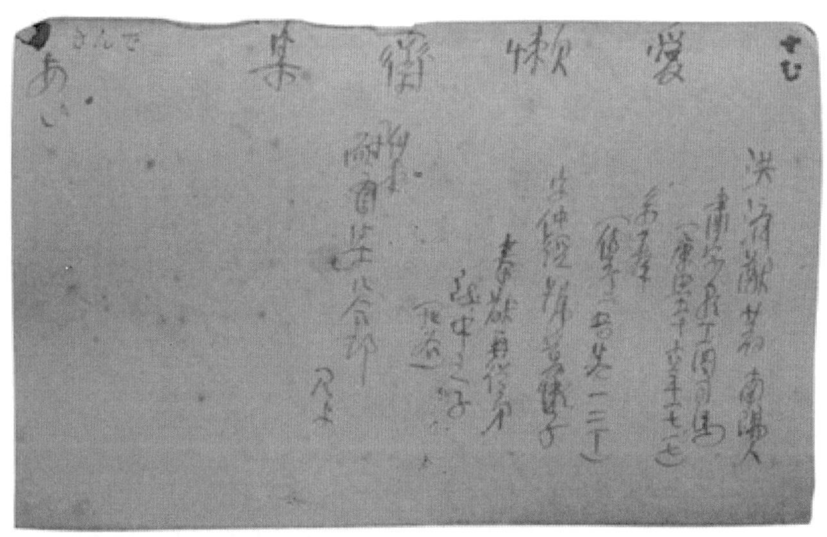

〈그림 3.9〉 일반 종이를 이용한 기록(a01_0002)

이러한 카드의 크기는 대체로 가로 12.5cm × 세로 7.5cm이나 약간의 차이가 있으며, 마에마가 직접 잘라 만든 것으로 보인다. 종이가 얇기 때문에 앞면에만 기록된 것이 대부분이나, 간혹 뒷면에까지 기록된 경우도 있다. 전 상자에 걸쳐 나타나며 가장 많은 수를 보인다.

기록에는 노트를 활용한 예도 나타난다. 이러한 노트를 이용한 기록 용지 역시 직접 잘라 만든 카드로 보이며 크기는 대체로 가로 12.5cm × 세로 7.4cm이며 약간의 차이가 있다. 노트에 기재된 정보의 양은 적은 〈그림 3.10〉에서 보듯 비교적 적은 편이다.

한편, 많은 경우 아주 얇은 종이에 기록하기도 하였다.

〈그림 3.10〉 노트를 활용한 기록(b08_1526)

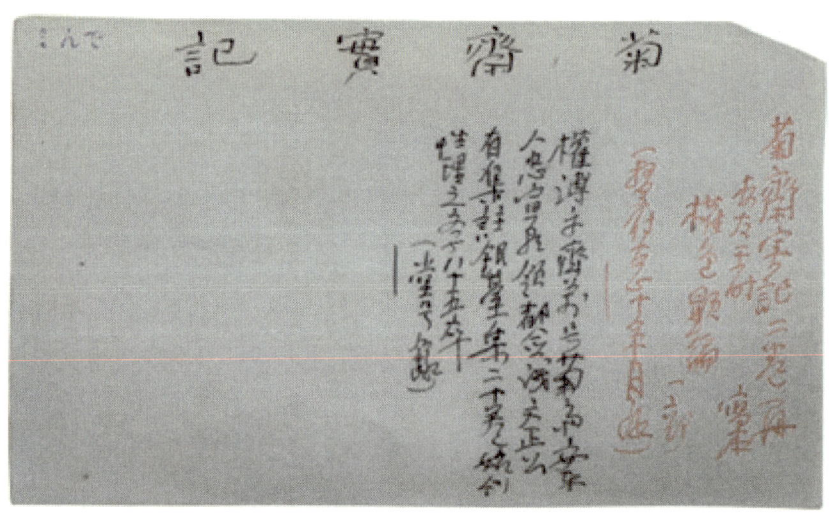

〈그림 3.11〉 얇은 종이를 이용한 기록(a03_0500)

이러한 얇은 종이의 크기는 대체로 가로 12.5cm × 세로 7.3cm이다. 이 종이는 뒷면이 비쳐 보이기 때문에 앞면에만 기록되어 있다. 이러한 얇은 종이에 기록된 사항은 대체로 간략한 편이다.

간혹, 크기가 다른 카드도 존재한다.

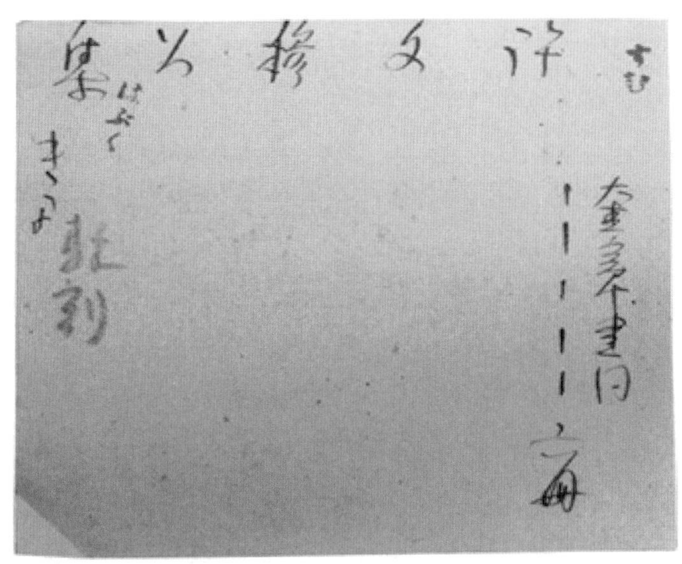

〈그림 3.12〉 크기가 특이한 카드 1(b07_1334, 가로 8.3 × 세로 7.6)

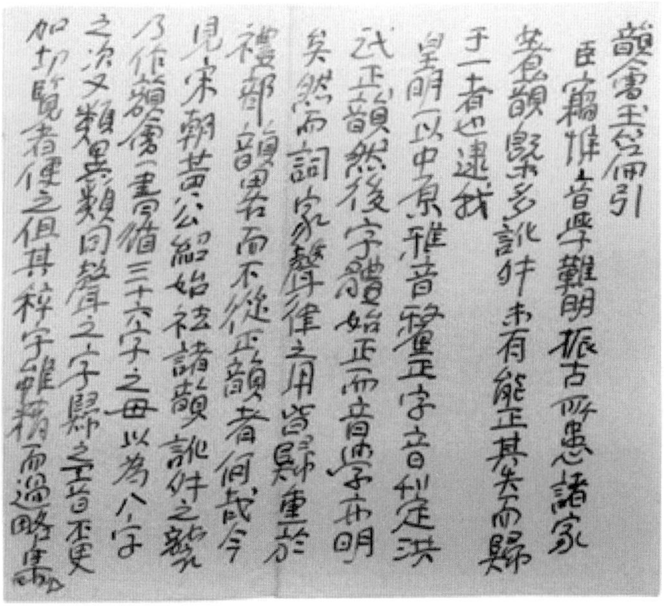

韻會玉篇引
臣竊惟音學難明振古所患諸家
著韻緊多訛舛未有能正其失而歸
于一者也遠哉
皇朝以中原雅音釐正字音刊定洪
武正韻然後字體始正而音學亦明
矣然而詞家聲律之用皆歸重於
禮部韻略者而不從正韻者何哉今
見宋朝黃公紹始祛諸韻訛舛之襲
乃作韻會一書循三十六字之母以爲入字
之次又類異類同聲之字歸之一音不更
加切覽者便之但其梓字雖稍而過略焉

〈그림 3.13〉 크기가 특이한 카드 2(b07_1362, 가로 10.6 × 세로 9.7)

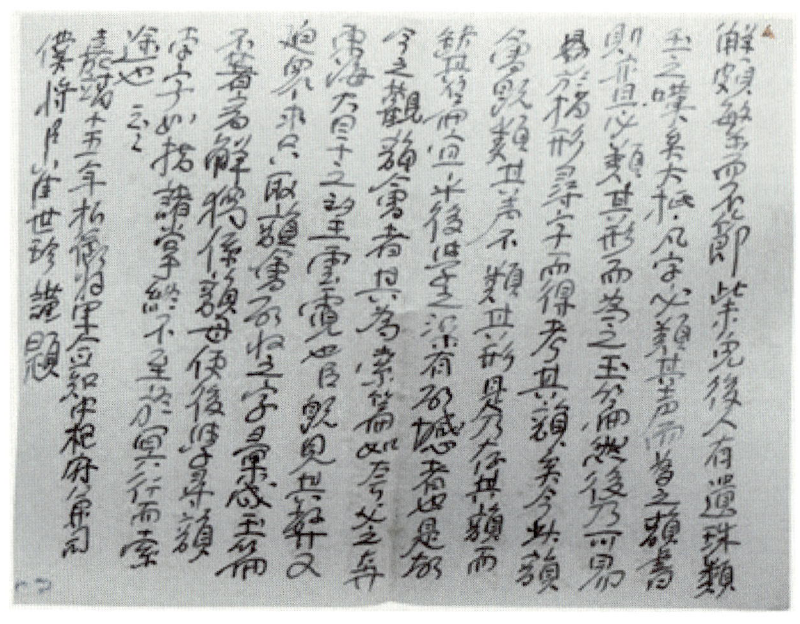

〈그림 3.14〉 크기가 특이한 카드 3(b07_1363, 가로 12.7 × 세로 9.8)

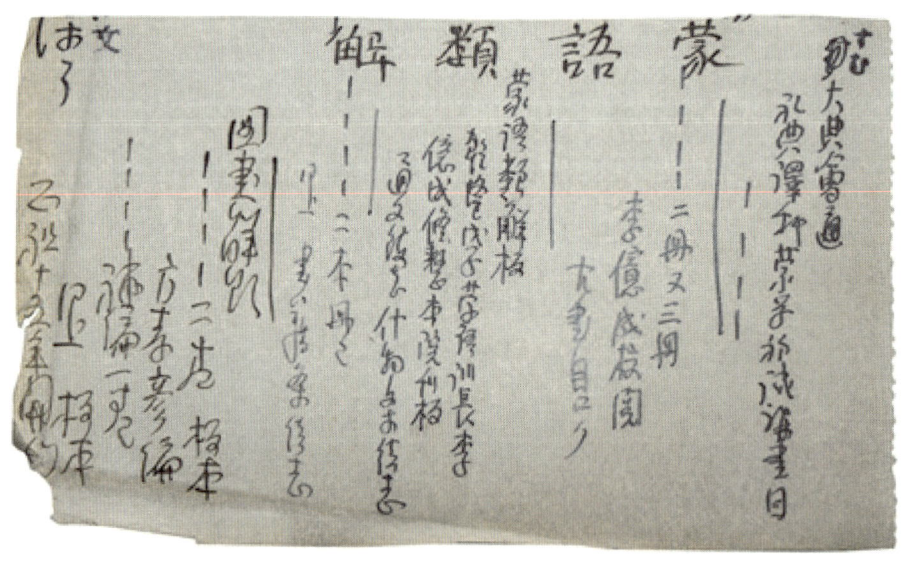

〈그림 3.15〉 작성 후 종이를 자른 흔적(d10_2156)

〈그림 3.12〉는 크기가 다른 카드의 경우로, 크기는 가로 8.3cm × 세로 7.6cm이다. 특히 〈그림 3.13〉과 〈그림 3.14〉는 각각 크기가 가로 10.6cm × 세로 9.7cm, 가로 12.7cm × 세로 9.8cm로 보통의 경우와 다를 뿐만 아니라, 카드의 내적 구성이나 글씨체도 일반적인 카드들과 차이를 보인다.

이러한 카드들을 통해 마에마의 작업 순서를 짐작해 보면, 대체로 종이를 자른 이후에 카드에 내용을 기입하고, 그 이후 분류기호를 적었던 것으로 보인다. 그러나 개중에는 기입을 먼저 한 후 종이를 자른 것과 같은 흔적이 보이는 것들이 있다. 〈그림 3.15〉를 보면 제목인 '蒙語類解'의 양옆 위로 무엇인가가 적혀 있었지만 잘린 것을 볼 수 있다. 뿐만 아니라 왼쪽 상단의 50음순 분류기호 'ぼう'도 위의 획이 잘려 있다. 이러한 점을 고려하면 전부가 그러하다고는 할 수 없지만, 작업의 순서는 카드의 기록과 분류 기호를 기입한 후에 종이를 자르기도 했었다고 할 수 있겠다.

3.2.1.3. 카드 상자의 내용적 구성

다음으로 마에마 카드 상자의 내용적인 구성을 살펴보도록 하겠다. 마에마 카드들은 대체로 일본어 50음순에 따라 나열되어 있다. 그 양상을 살펴보면 다음과 같다.

〈표 3.5〉에서 나타나듯이, a01열은 일본어 50음순의 첫 음인 あ로 시작하고 이러한 50음순의 연쇄는 b06열의 わ에 이르는 3,228장에 이어진다. 또한 b07열 역시 일본어 50음순의 첫 음인 あ로 시작하여 b08열의 b08_1568에 이르기까지 345장의 연쇄를 이룬다. 한편, b08열의 b08_1569부터 b14열의 b14_2706의 1,136장은 일본어 50음순을 따르지 않고 독자적인 원리로 배열되어 있다. 마지막으로 c01열부터 c18열, d11열부터 d13열, d01열부터 d10열에 이르기까지 5,752장 역시 일본어 50음순에 의하여 무리를 이루고 있다.

〈표 3.5〉 마에마 카드의 거시구조

군명	열명	50음순 수록범위	카드 수	각 열에 속하는 카드의 일련번호
A상자 (총 2,013장)				
α군	a01	あ～うん	172	a01_0001~a01_0172
	a02	か～かん	167	a02_0173~a02_0339
	a03	かん～きつ	148	a03_0340~a03_0514
	a04	きゅう～ぐう	187	a04_0515~a04_0701
	a05	けい～げん	148	a05_0702~a05_0849
	a06	こ～ごん	185	a06_0850~a06_1034
	a07	さ～しょう	302	a07_1035~a07_1336
	a08	しょう～せい	292	a08_1337~a08_1628
	a09	せい～せん	190	a09_1629~a09_1818
	a10	そ～たい	222	a10_1819~a10_2040
B상자 (총 2,696장)				
α군 (계속)	b01	ち～てん	171	b01_0001~b01_0172
	b02	と～のう	230	b02_0173~b02_0404
	b03	は～へん	257	b03_0405~b03_0662
	b04	ほ～もん	211	b04_0663~b04_0875
	b05	や～りょう	241	b05_0876~b05_1117
	b06	りょう～わ	105	b06_1118~b06_1223
계	16	あ～わ	3,228	
β군	b07	あ～ご	267	b07_1224~b07_1490
	b08	さく～し	78	b08_1491~b08_1568
계	2	あ～し	345	
γ군	b08	(b08_1569 ~)	168	b08_1569~b08_1736
	b09		139	b09_1737~b09_1877
	b10		93	b10_1878~b10_1970
	b11		62	b11_1971~b11_2032
	b12		138	b12_2033~b12_2170
	b13		268	b13_2171~b13_2438
	b14		268	b14_2439~b14_2706
계	7		1,136	

〈표 3.5〉 계속

C상자 (총 2,919장)				
δ군 I	c01	あ ~ おん	245	c01_0001~c01_0245
	c02	か ~ かい	211	c02_0246~c02_0456
	c03	かい ~ がん	292	c03_0457~c03_0752
	c04	き ~ き	88	c04_0753~c04_0840
	c05	き ~ ぎ	213	c05_0841~c05_1053
	c06	ぎ ~ ぎん	89	c06_1054~c06_1142
	c07	く ~ くん	72	c07_1143~c07_1214
	c08	け ~ けい	224	c08_1215~c08_1436
	c09	けい ~ げん	110	c09_1437~c09_1546
	c10	こ ~ こう	129	c10_1547~c10_1675
	c11	こう ~ こう	177	c11_1676~c11_1853
	c12	こう ~ こう	124	c12_1854~c12_1977
	c13	こう ~ ご	168	c13_1978~c13_2145
	c14	ご ~ さん	264	c14_2146~c14_2409
	c15	し ~ し	79	c15_2410~c15_2489
	c16	し ~ し	125	c16_2490~c16_2614
	c17	し ~ しゅう	189	c17_2615~c17_2803
	c18	しゅう ~ しょ	120	c18_2804~c18_2923
D상자 (총 2,833장)				
δ군III	d01	せい ~ せき	116	d01_0001~d01_0116
	d02	せき ~ ぞく[3]	356	d02_0117~d02_0472
	d03	たい ~ たん	182	d03_0473~d03_0654
	d04	ち ~ ちょう	178	d04_0655~d04_0832
	d05	ちょう~てん	183	d05_0833~d05_1015
	d06	と~とく	345	d06_1016~d06_1360
	d07	な ~ のう	136	d07_1361~d07_1496
	d08	は ~ ぶん	320	d08_1497~d08_1816
	d09	へい~ほん	240	d09_1817~d09_2056
	d10	ま~もう	102	d10_2057~d10_2158
δ군II	d11	しょう~しん	283	d11_2159~d11_2441
	d12	じ ~じん	259	d12_2442~d12_2700
	d13	じん ~ せい	133	d13_2701~d13_2833
계	31	あ ~ も	5,752	

3. d02열은 이와 같이 せき~ぞく의 순으로 배열되어 있어야 할 것이다. 그런데 그 내부를 살펴보면 d02_0117~d02_0330의 카드가 そ~ぞく의 순으로 배열된 후, d02_0331~d02_0472의 카드가 せき~せん의 순으로 나타나

우리는 이러한 네 군(群)에 대하여 각각 α군, β군, γ군, δ군이라고 명명하도록 하겠다. 이제 각각의 군에 대한 수치 분석을 제시하면 다음과 같다.

① α군

먼저 α군에 해당하는 a01열부터 b06열까지의 카드를 살펴보도록 하겠다.

〈표 3.6〉에서와 같이, α군에 해당하는 총 3,228장의 카드는 각각 ≪고선책보≫의 전권과 대응하고 있다. ≪고선책보≫의 페이지당 몇 장의 카드가 수록되어 있는지를 대략적으로 계산한 '대응밀도'[4]의 수치를 보면 a상자의 a01부터 a10과 b상자의 b01부터 b06이 1.64와 1.54로 대동소이함을 보인다. 마찬가지로 카드에는 있으나 ≪고선책보≫에는 수록되지 않은 '미대응 카드'[5]의 수 역시 그 비율이 유사하다. 따라서 일본어 50음순에 따른 배열과 대응되는 ≪고선책보≫의 범위, 대응밀도의 수치, 전반적인 대응밀도를 고려해 보았을 때 a01열부터 b06열까지를 하나의 군으로 묶는 것은 온당하다고 보인다.

〈표 3.6〉 α군의 수치 정보

α군	a01~a10	b01~b06	계
카드 수	2,013장	1,215장	3,228장
대응되는 ≪고선책보≫ 범위	1,238페이지 (1~2책)	793페이지 (3책)	2,031페이지
대응밀도	1.64장/페이지	1.54장/페이지	1.61장/페이지
미대응 카드 수	104장(5.1%)	69장(5.6%)	173장(5.3%)

고 있어 이 두 무리 간의 순서가 뒤바뀐 것은 아닌지 의심스럽다.

4. 여기에서 '대응밀도'는 '미대응 카드'가 없다고 가정했을 때의 수치임에 주의한다. 또한 현 단계에서의 '대응밀도'는 단순히 대응되는 ≪고선책보≫의 범위와 카드 수를 계산한 것으로, 어떠한 함의도 가지지 않는다. 카드에 수록된 정보가 많을수록, 즉 ≪고선책보≫에 기재된 내용이 많을수록 ≪고선책보≫의 페이지당 수록되는 문헌의 양은 적어지므로 대응밀도가 낮아질 수 있다. 그러나 각 군에 해당하는 '카드 수' 자체가 적은 경우나, '미대응 카드'가 많은 경우라도 대응밀도는 낮아질 수 있다. 이 책에서는 이 카드들이 α군, β군, γ군, δ군으로 대별되는 성질을 가지고 있다는 것을 증명하는 데에만 이 수치들을 사용하며, 이러한 목적에는 충분히 유효하다고 판단한다.

5 '미대응'이라는 용어를 사용하는 이유는 앞서 3.1.2에서 밝혔듯이, 우리의 대응 작업이 완벽한 것이 아니라 대략적인 성격을 띠고 있기 때문이다. '미대응 카드'로 분류된 것들 중 일부는 보다 면밀한 조사를 통하여 '대응'될 가능성도 존재할 수 있다. 따라서 현 단계에서는 '비대응'이라는 적극적인 용어 대신 '미대응'이라는 소극적인 용어를 사용하도록 한다.

실제로 B상자의 첫 카드 b01_0001은 '下'라고 적혀 있다. b01~b06의 내용이 '上'에서 이어지는 내용임을 나타내는 것이라고 할 수 있다.

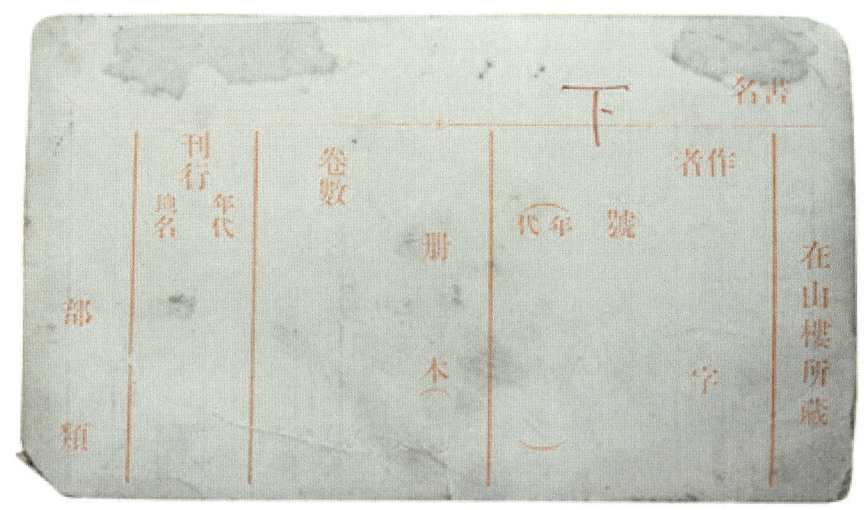

〈그림 3.16〉'□'라 적힌 카드(b01_0001)

참고로 마에마 카드에 대한 전반적인 수치는 〈표 3.7〉과 같다.

〈표 3.7〉의 전체 평균과 비교해 보았을 때 〈표 3.6〉의 α군의 특징은 미대응 카드의 수는 적지만 대응밀도는 낮음을 알 수 있다.

〈표 3.7〉 전체 카드의 수치 정보

전체	계
카드 수	10,461장
대응되는 《고선책보》 범위	2,031페이지
대응밀도	5.15장/페이지
미대응 카드 수	1,416장/10,461장 (13.5%)

② β군

다음으로 b07부터 b08의 중간까지(b07_1224~b08_1568)도 하나의 군을 이룬다.

〈표 3.8〉 β군의 수치 정보

β군	b07	b08의 일부 (~b08_1568)	계
카드	267장	78장	345장
대응되는 ≪고선책보≫ 범위	619페이지	136페이지	755페이지
대응밀도	0.43장/페이지	0.57장/페이지	0.46장/페이지
미대응 카드 수	–[6]	–	31장/345장 (9.0%)

〈표 3.8〉을 보면, B07열은 ≪고선책보≫ 1책의 처음부터 끝까지 순서대로 대응하고 있고, B08열의 일부(b08_1491~b08_1568)는 2책의 처음부터 중간까지 대응하고 있다. 대응밀도와 미대응 카드의 수는 앞의 α군과 확연히 다르다. 그리고 이러한 수치는 B07열과 B08열이 공유하고 있다. 이러한 〈표 3.8〉의 수치정보를 통해 우리는 β군의 존재를 확인할 수 있다.

β군은 α군, 그리고 후술할 δ군과 비교하면 그 규모가 매우 작으며, 책 항목과의 대응밀도도 매우 낮다. 대응 범위도 1책의 처음부터 2책의 중간까지만 대응하고 있다. β군의 정체에 대해서는 아직 미제로 남아 있다. 대체로 의학서, 역학서, 종교 관련 서적 등이 많이 속하는 듯하다는 점만 언급해 둔다.

③ γ군

γ군의 성격은 α군, β군, δ군과 확연히 다르다. 이들은 일차적인 대응 작업을 통해서는 ≪고선책보≫와 일정한 대응 관계를 찾을 수 없었다. 우리가 명명한 γ군은 α군, β군, δ군을 제외한 나머지, 즉 b08_1569부터 B상자의 마지막 카드인 b14_2706에 이르는 총 1,136장이다.

이 γ군의 정체를 알아내기 위해 우리는 더욱 세밀한 검토 작업을 진행하였다. 그 결과 우리는 다음과 같은 결론에 도달하였다.

γ군의 정체는, (아마도 ≪고선책보≫ 편찬의 거의 마지막에 가까운 단계에서) '함께 제시할 만한 카드들을 따로 모아서 처리한 부분'인 듯하다. ≪고선책보≫ 책 속에서는 "○○を見よ(○○을 보시오)"처럼 참조 처리되어, 대표 서적명으로 유도

6. 대응 작업이 아직 대략적이기 때문에, 너무 적은 수의 "미대응 카드 수"는 그다지 유의미한 수치가 되지 못한다. 여기서는 일단 총수만을 제시해 두기로 한다.

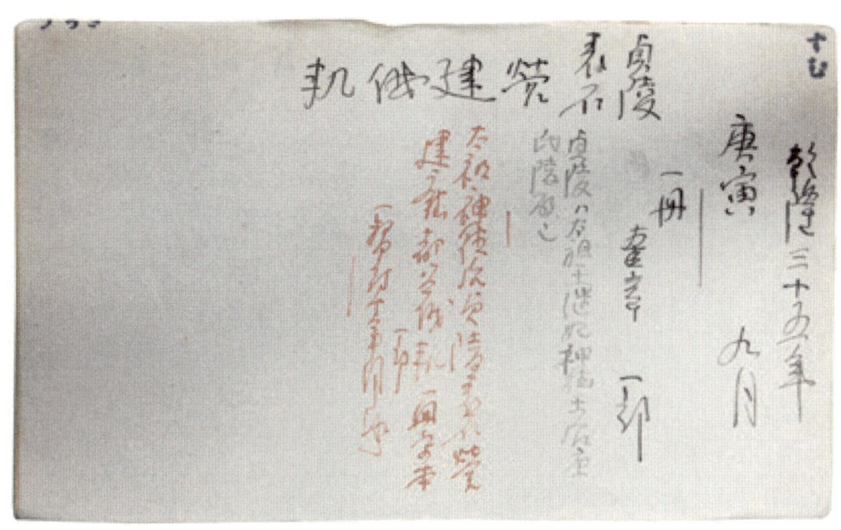

〈그림 3.17〉 γ군 카드(b09_1737)

되는 경우가 많다. 그러한 큰 항목들은, 종종 하위분류가 몇 페이지에 걸쳐 연속될 정도로 커진 경우가 많다.[7]

또한, 이들 카드에는 3.2.2에서 후술하는 일본어 50음순을 나타내는 기호가 적혀 있지 않다. 이러한 점 역시 이들 카드가 ≪고선책보≫의 질서인 '일본어 50음순'을 따르지 않고 다른 기준에 의하여 분류된 것임을 간접적으로 보여 준다고 하겠다.

이하에 γ군의 3장 이상의 연속된 카드와 대응하는 ≪고선책보≫의 "큰 항목"들을 카드에 나오는 순서대로 제시해 둔다. ≪고선책보≫ 책 속에서 하나의 항목이 아니더라도, 서로 인접해 있는 경우에는 역시 여기에 제시해 둔다. 예를 들어 ≪탁지부문적(度支部文籍)≫과 ≪탁지별진배등록(度支別進排謄錄)≫은 이름의 앞부분이 같기 때문에 결국은 ≪고선책보≫ 책 속에서 함께 나타나게 되어, "하나의 항목으로 모아서 제시하는 일"과 실질적으로는 같은 효과를 가져온다. 이러한 항목들은 표에서 카드명과 서명 앞에 공백을 두어 표시하였다. 〈표 3.9〉는 카드에 나오는 순서대로 제시한 것인데, 우리는 이 순서에 어떤 질서와 이유가 있는지는

7. 단, 그렇게 γ군에 모아져 있음에도 불구하고, ≪고선책보≫에서는 결국 アイウエオ 순으로 각각 흩어져서 나타나는 경우도 있다. "경상도○○", "충청도○○" 등 각 도(道)에 관한 책들이 그러한 경우가 많은데, 이것은 책의 편찬 과정에서 결국 최종적으로는 도(道) 이름으로 검색할 수 있게 해놓는 것이 좋다고 판단한 것이 아닐까 한다.

파악하지 못하였다. 주제별로 서목을 제시하는 ≪선책명제≫와 관련성이 있지 않을까 하는 가설에 머무르는 단계이다.

〈표 3.9〉 γ군의 3장 이상의 연속된 카드와 대응하는 ≪고선책보≫의 항목들

γ군의 연속된 카드	서명	≪고선책보≫ 수록 페이지
b08_1584-1593	度支部文籍(탁지부문적)	v.3 p.1267
b08_1594	度支別進排謄錄(탁지별진배등록)	v.3 p.1271
b08_1602-1658	宗廟儀軌(종묘의궤)	v.2 p.1199
b08_1659-1661	寶印儀軌(보인의궤)	v.3 p.1741
b08_1662-1735, b09_1737-1837	山陵儀軌(산릉의궤)	v.2 p.694
b09_1838-1873	冊禮儀軌(책례의궤)	v.2 p.640
b10_1878-1911	纂修儀軌(찬수의궤)	v.2 p.677
b10_1912-1925	實錄儀軌(실록의궤)	v.2 p.973
b10_1926-1968	史庫形止案(사고형지안)	v.2 p.732
b11_1971-1995	進宴儀軌(진연의궤)	v.2 p.909
b11_1996-2005	列聖冊文(열성책문)	v.3 p.1990-1992
b11_2006-2012, 2027-2031	藏胎儀軌(장태의궤)	v.2 p.1230
b11_2013-2026	眞殿儀軌(진전의궤)	v.2 p.935
b12_2044-2068	文科榜目(문과방목)	v.3 p.1688
b12_2070-2111	綸音(윤음)	v.3 p.1930-1937
b12_2120-2124	京畿監營文籍(경기감영문적)	v.1 p.368
b12_2127-2138	忠淸監營文籍(충청감영문적)	v.3 p.1345
b12_2139-2146	全羅監營文籍(전라감영문적)	v.2 p.1163
b12_2147-2150	慶尙監營文籍(경상감영문적)	v.1 p.403
b12_2151-2158	江原監營文籍(강원감영문적)	v.1 p.502-505
b12_2165-2170	平安監營文籍(평안감영문적)	v.3 p.1704
b13_2171-2178	咸鏡監營文籍(함경감영문적)	v.1 p.167-169
b13_2190-2193	統營文籍(통영문적)	v.3 p.1436
b13_2208-2213	河東府文籍(하동부문적)	v.1 p.104
b13_2214-2239	量案(양안)	v.3 p.1919
b13_2241-2252	戶籍(호적)	v.1 p.470
b13_2257-2303	三國金石拓本 附上代金石拓 (삼국금석탁본 부 상대금석탑)	v.2 p.666
b13_2304-2344	高麗古墳所出墓誌拓(고려고분소출묘지척)	v.1 p.562-564
b13_2348-2350	安平大君筆迹(안평대군필적)	v.1 p.5
b14_2490-2503	古簡帖(고간첩)	v.1 p.457

〈표 3.9〉 계속

b14_2532-2537	錄勳儀軌(녹훈의궤)	v.3 p.2019
b14_2539-2568	嘉禮儀軌(가례의궤)	v.1 p.111-115
b14_2582-2591	宣傳官廳文籍(선전관청문적)	v.2 p.1150
b14_2601-2604	議政府文籍(의정부문적)	v.1 p.315
b14_2608-2614	忠勳府文籍(충훈부문적)	v.3 p.1342
b14_2617	宗親府事例(종친부사례)	v.2 p.1192
b14_2618-2619	宗親府條例(종친부조례)	v.2 p.1192
b14_2620-2623	宗親府節目(종친부절목)	v.2 p.1193
b14_2624-2627	宗親府謄錄(종친부등록)	v.2 p.1193
b14_2628-2632	宗親府文籍(종친부문적)	v.2 p.1193
b14_2636-2705	上號儀軌(상호의궤)	v.2 p.998

〈표 3.9〉에서 제시한 것들에 대해서는, 입력한 파일에 이들의 '하위 항목'을 모두 추가 입력한 후 다시 '대응 작업'을 진행하여 세부 대응 관계를 밝히는 것이 바람직하긴 하나, 본 프로젝트에서는 진행하지 못하였다. 현 단계에서의 성과에 의거하여 γ군에 대해서도 대략적인 '대응 작업'을 진행한 결과, 1,136장 중 미대응 카드 수 180장(15.8%)을 제외한 카드들이 역시 α군, β군, δ군과 상보적 분포를 이루면서 ≪고선책보≫의 항목과 대응하고 있음을 밝힐 수 있었다.

③-1 γ군 뒷면의 한자음 메모

γ군 카드들의 뒷면에는, 간혹 한자를 해성부별로 모아서 한자음을 연구·조사·정리한 것과 같이 보이는 메모들이 남아 있는 것이 있다.

한자음 메모가 보이는 카드는 〈표 3.10〉과 같이 28장이다. 〈표 3.10〉에서 보듯이 한자음 메모는 b09_1743b~b09_1744b, b09_1746b~b09_1748b, b10_1881b~b10_1882b 등과 같이 연속적으로 나타나는 경우도 있다. 그렇지 않고 띄엄띄엄 나타나기도 한다. 한자음 메모와 그 앞면에 적힌 문헌명은 크게 관련이 없는 것으로 보인다.

〈표 3.10〉 γ 군의 한자음 메모가 적힌 카드

열명	한자음 메모가 적힌 카드	계
B08	b08_1623b, b08_1627b, b08_1631b, b08_1659b, b08_1722b, b08_1735b	6
B09	b09_1737b, b09_1739b, b09_1740b, b09_1743b, b09_1744b, b09_1746b, b09_1747b, b09_1748b, b09_1874b, b09_1875b, b09_1876b	11
B10	b10_1881b, b10_1882b, b10_1917b	3
B11	b11_1994b, b11_1995b, b11_2029b	3
B12	b12_2033b	1
B13	없음	0
B14	b14_2656b, b14_2658b, b14_2661b, b14_2662b	4
계		28

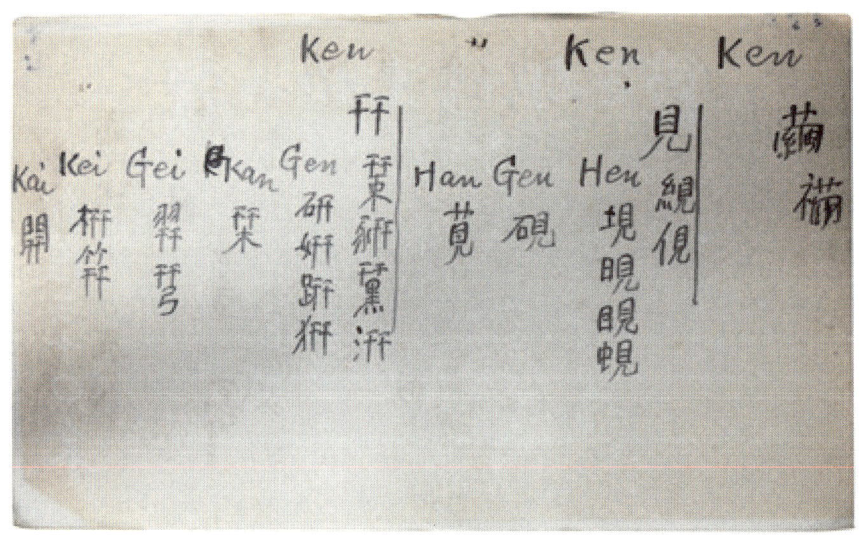

〈그림 3.18〉 한자음 메모(b09_1737b)

마에마 카드의 한자음 메모의 예시를 보면 〈그림 3.18〉과 같다. 이것들은 모두 일반 종이로 기록된 카드의 뒷면에 나타난다. 상단부에 로마자로 표기되어 있는 한자음은 아마도 민남어의 일종일 것으로 추정되는데, “硏(Gen), 硯(Gen)”(b09_1737b), “銀(Gin), 眼(Gan)”(b09_1740b), “我(Nga), 牙(Ngia), 瓦(Ngoa)”(b09_1748b) 등 중고음(中古音)의 의모(疑母)에 유래하는 성모(聲母)가 환경에 따라 ‘G’나 ‘Ng’로 나타난다는 점, 그리고 “兀(Gut)”(b08_1735b), “屵

(Gat)"(b09_1874b), "瀫(Get)"(b09_1875b), "訐(Ket)"(b10_1882b), "揞(oat)"(b10_1917b), "𩊄(Goat)"(b14_2658b), "搰(Hut)"(b14_2661b) 등, 벽자(僻字)들만 보이기는 하나 '-t'로 끝나는 입성(入聲)[8]이 기록되어 있다는 점 등이 특징적이다.

이 메모의 목적이 무엇인지, 왜 ≪고선책보≫의 원고로 보이는 이 카드들의 뒷면에 이러한 메모를 하고 있는지 등의 문제는 미결로 남아 있다. 당시 일본이 조선뿐만 아니라 대만도 식민지 지배하였다는 사실과 어떤 관계에 있는지, 그리고 왜 γ군에만 산발적으로 보이는 것인지 더 밝힐 필요가 있다.

④ δ군

마지막으로 δ군에 대하여 살펴보도록 하겠다. δ군의 자세한 수치 정보를 제시하면 〈표 3.11〉과 같다.

앞서 〈표 3.5〉에서 살펴본 바와 같이, δ군은 あ행부터 しょ행에 이르는 C01열~C18열과, しょう부터 せい에 이르는 D11열~D13열, 그리고 다시 せい부터 も이르는 D01열~D10열의 5,752장으로 이루어져 있다. 역시 일본어 50음순에 의하여 무리를 이루고 있으며, 각각의 대응밀도와 미대응 카드의 수치가 공통적이므로 이들을 균질적인 집합으로 간주할 수 있다. 〈표 3.11〉에서 보듯, δ군은 다른 군들에 비하여 대응밀도는 중간 정도이며 미대응 카드의 수는 매우 많은 편이다.

〈표 3.11〉 δ군의 수치 정보

δ군	c01~c18	d11~d13	d01~d10	계
카드 수	2,919장	675장	2,158장	5,752장
대응되는 ≪고선책보≫ 범위	852페이지 (1~2책 p.852)	221페이지 (2책 p.852~1072)	960페이지 (2책 p.1072~3책)	2,031페이지
대응밀도	3.43장/페이지	3.05장/페이지	2.24장/페이지	2.83장/페이지
미대응 카드 수	519장 (17.8%)	120장 (17.8%)	393장 (18.2%)	1,032장/5,752장 (17.9%)

8. '-k', '-p'로 끝나는 입성(入聲)은 확인할 수가 없으나, 자료가 매우 부분적으로만 남아 있어서 그럴 가능성이 크다.

⑤ 카드들의 상보적 분포

이상에서 살펴본 바와 같이, α군과 β군, δ군의 내부는 각각 동질적인 수치를 보이고 있다. 또한 γ군 역시 확연히 독자적인 성격을 띠고 있다. 따라서 이들을 우리가 분류한 바대로 각각 다른 성격을 가지는 집합들로 설정하는 것이 타당할 것이다. 이 집합들은 뒤에 4.1에서 자세히 살펴보겠지만 항목들이 거의 겹치지 않고 상보적인 분포를 이룬다. 즉, 이들은 한 권의 책, ≪고선책보≫를 만들기 위한 원고이며, 어떠한 목적에 따라 어떤 기준에 의해 네 부류로 분류된 것이다. 앞으로의 과제는 그 분류의 목적이 무엇이며 그 기준이 무엇인지 밝히는 것이다. 각 집합의 규모의 차이나 대응밀도, 미대응 카드 수 등의 차이는 왜 그러한지 무엇을 의미하는지는 현 단계로서는 모두 수수께끼로 남아 있다. 우리는 이에 대하여 "나중에 ≪선책명제≫를 편찬하기 위한 주제별 분류작업의 결과가 아니었을까" 하는 가설을 세워, ≪선책명제≫의 내용과의 비교 · 검토를 해 보기도 하였지만 성과를 내지는 못하였다.

⑥ 소결

지금까지 살펴본 마에마 카드의 거시적인 내용적 구성을 총괄하여 정리하면 다음과 같다.

규장각 소장 마에마 카드는 총 네 개의 상자에 나누어 담겨 있다. 총 10,461장에 달하는 카드를 관리하고 연구자의 접근을 용이하게 하기 위하여 우리는 A, B, C, D 네 상자를 각각 10에서 18개의 열로 나누고 모든 카드에 일련번호를 부여하였다. 〈부록 1〉은 카드를 전자 이미지화한 자료이며 〈부록 2〉는 마에마 카드와 ≪고선책보≫를 대응시킨 데이터이다. 이들을 분석한 결과, 이 카드들은 크게 네 군(群)으로 나누어질 수 있다. α군, β군, δ군은 일본어 50음순에 따라 배열되어 있으며, 각각의 군들은 서로 카드가 겹치지 않는 상보적인 분포를 이루고 있다. 또한 이들은 ≪고선책보≫와 매우 밀접한 연관성을 보며, 이 카드들이 ≪고선책보≫의 원고였음을 짐작하도록 한다. 한편 γ군은 일본어 50음순이 아닌 다른 기준에 의해 분류되어 있고 배열되어 있다는 점에서 ≪선책명제≫와의 관련성을 생각해 볼 수 있다. 각 군별 수치를 제시하면 〈표 3.12〉와 같다.

〈표 3.12〉 마에마 카드의 각 군별 수치 정보

군명	α군	β군	γ군	δ군	계
해당 열	a01~b06	b07~b08	b08~b14	c01~d13	
카드 수	3,228장	345장	1,136장	5,752장	10,461장
대응되는 ≪고선책보≫ 범위	2,031페이지	755페이지		2,031페이지	2,031페이지
대응밀도	1.61장/페이지	0.46장/페이지		2.83장/페이지	5.15장/페이지
미대응 카드 수	173장/3,228장 (5.3%)	31장/345장 (9.0%)	180장/1,136장 (15.8%)	1,032장/5,752장 (17.9%)	1,416장/10,461장 (13.5%)

3.2.2. 마에마 카드의 미시구조

다음으로 각 카드의 미시적인 구조를 살펴보도록 하겠다. 먼저 카드의 미시적인 내적 구성은 다음과 같다. 규장각 소장 마에마 카드는 ① 표제항, ② 소장처, ③ 저자 정보, ④ 서책의 이본 간의 서지사항, ⑤ 표제 첫 음의 일본어 50음 기호,

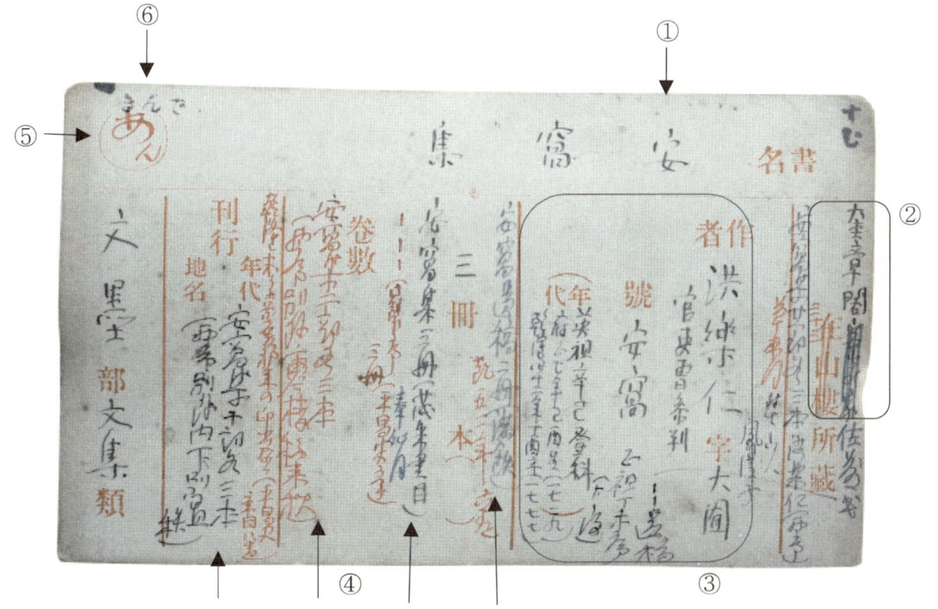

〈그림 3.19〉 마에마 카드의 내적 구성 예시(a01_0003)

⑥ 마에마 분류 기호,⑦ 기타 자세한 설명 등으로 구성되어 있다. 각각의 항목을 a01_0003의 예를 통하여 살펴보면 〈그림 3.19〉와 같다.

① 표제항

표제항은 카드에 기입된 서책의 표제를 가리키는 것으로, 상단에 큰 글씨로 적혀 있다. 예시에서 보이는 '安窩集' 부분이 이에 해당한다. 하나의 서책이 여러 카드에 걸쳐 기록될 때에는 '○○の二, ○○の三'과 같이 번호를 매기고 있다.

② 소장처

대체로 '奎章閣所藏'으로 소장처를 밝히고 있다. 〈그림 3.19〉와 같이 재산루 수서 카드에 기록하고 있는 경우, '在山樓'를 삭제하고 '奎章閣'이라고 기입하고 있다.

③ 저자 정보

저자의 이름과 자, 호, 생몰연대와 생애를 간략하게 적고 있다. 위의 예시에서 보면 '洪樂仁'의 자와 호, 생애가 간략하게 언급되어 있다. 한 저자의 저서가 여럿인 경우, 대표 저서에만 저자의 정보를 기입하고, 다른 카드에서는 '○○を見よ'라고 적고 그것을 참조하게 하고 있다.

④ 서책의 이본 간의 서지사항

①의 표제항으로 묶어 다루는 여러 이본의 서지사항, 즉 책권, 판본 사항, 이표제 등을 충실히 기록하고 있다. 아울러 인용한 정보는 인용한 서목의 출전을 밝히고 있다. 인용한 서목의 종류의 그 내용에 대해서는 5장에서 자세히 살펴보도록 하겠다.

⑤ 표제 첫 음의 일본어 50음 기호

표제를 일본 한자음으로 읽었을 때의 첫 음을 왼쪽 상단 혹은 오른쪽 상단에 히라가나로 적고 있다. 특징적인 것은, 이때에 사용된 일본 한자음은 한음(漢音) 계통의 한자음이라는 점과, 그 표기 방식은 오늘날과 같은 현대 가나 표기법(現代假名遣い)이 아닌, 역사적 가나 표기법(歷史的假名遣い)을 따르고 있다는 점이다. 이 기호는 카드의 정렬을 위하여 기입된 것으로 보인다. 그러나 결론적으로 말하면,

이 기호는 카드의 실제 정렬에는 사용되지 않은 것으로 추정된다.

일본 한자음은 모든 한자에 대해 체계적으로 오음(吳音) 계통과 한음(漢音) 계통의 두 가지(혹은 그 이상의) 한자음이 있다. 그런데 마에마 카드의 50음 기호는 관례적인 독음을 따르기보다 한음 계통의 한자음을 표기하는 것으로 일률적으로 통일하고 있는 것이 눈에 띈다.

예를 들어 '問' 자는 오음이 'もん'(moN), 한음이 'ぶん'(buN)이며, 일반적으로는 'もん'(moN)으로 읽히는 경우가 많다. 그런데 카드에는 'ぶん'(buN)이라고 표시되어 있다. 또한, '華嚴'과 같은 불교 용어는 관습적으로 오음으로 'けごん'(ke goN)처럼 읽는다. 그러나 c08_1216의 ≪華嚴錐洞記(화엄추동기)≫에는 '華'를 한음으로 읽은 'くわ'('kwa' /ka/)가 표시되어 있다. 마에마가 일본의 관습적인 독법을 따르지 않고 일률적으로 '한음(漢音)'을 기호로 택하여 적은 배경에는 아마도 마에마 카드가 다루고 있는 내용이 '조선의(한국의)' 고서이기 때문이었던 것은 아닌가 추측해 본다. 조선 책 중에는 '華嚴'과 같이 일반적인, 관습적인 일본의 독음이 있는 경우도 있겠지만 '問'과 같이 오음 'もん'(moN)과, 한음 'ぶん'(buN) 중 어느 쪽을 택해야 할지 정하기 어려운 경우도 있을 수 있다. 그렇기에 모든 서명을 일률적으로 한음(漢音)으로 읽음으로써 검색의 편의를 도모하였을 가능성이 있다. 그러나 이러한 원칙은 이 작업카드의 배열에서도, ≪고선책보≫ 속에서도 지켜지지 않았다.

곧 4.1에서 후술하겠지만, 카드의 배열은 카드에 표기된 일본어 50음 기호에 따른 것이 아니라, 일본의 관습적인 독음의 음가에 따르고 있다. 즉 c08_1216의 ≪華嚴錐洞記(화엄추동기)≫는 '華嚴'을 관습적으로 오음 'けごん'으로 읽는 것처럼 け행의 순서에 정렬되어 나타나고 있는 것이다. 처음 작업을 할 때에는 오음과 한음 중 한음을 택하여 50음 기호를 기입하였으나, 결국은 이미 관습화된 많은 서명을 인위적으로 한음으로 바꿔 읽어야 한다는 불편함 때문에 다시 관습을 따르는 방식을 취하게 된 것은 아니었을까 추측해 본다.

한편, 이 한자음 기호는 역사적 가나 표기법을 따르고 있다. 역사적 가나 표기법은 메이지 시대 이후 1946년 표기법 개정이 있기 전까지 일본어의 공식 표기법이었다. 이것은 실제 발음을 중시하는 현대 가나 표기법에 비하여 어원, 문법을 중시하는 보수적인 성격을 띠고 있다. 중요한 점은, 역시 이 기호들이 실제 정렬에는 반영되지 않았다는 점이다. 예를 들면 역사적 가나 표기법의 'かう'와 'こ

う'은 동일한 음가 /koː/를 나타낸다. 현대 가나 표기법으로는 둘 다 동일하게 'こう'라고 적히는 것이다. 그런데 왼쪽 상단에 역사적 가나 표기법에 따른 50음 기호 'かう'가 적힌 a06_0939(≪巷東集(항동집)≫)는 'こう'와 함께 배열되어 있다. 즉, 마에마 카드들은 발음에 따라, 현대 가나 표기법에 따라 배열되어 있는 것이다. 이러한 점은 실제 발음을 중시하여 독자의 편의를 도모한 것이라고 생각된다.

한편, 이 기호는 α군, β군, δ군에서 발견되며, γ군에 해당하는 b08_1569부터 b14_2706의 경우에는 50음 기호가 표시되어 있지 않다. 작업 순서를 추정해 보자면 γ군을 처음부터 부류로 묶어 놓을 생각으로 분류해 놓은 후, α군, β군, δ군의 카드에 한음으로 읽은 기호를 부여했으나, 사용상의 편의를 위하여 실제 발음에 따라 재배열했다고 할 수 있다.

⑥ 마에마 분류 기호

카드의 왼쪽 상단 혹은 오른쪽 상단에는 보라색 도장이나 붉은색 펜으로 분류 기호가 기입되어 있다. 이 기호들은 다른 곳에서는 찾아보기 어려운 마에마의 독자적인 기호들이다. 그 자체만으로는 의미를 쉽게 짐작할 수 없는 것도 있으나, 이것들을 ≪선책명제≫에서 제시한 마에마의 독자적인 분류 체계와 대응시켜 보면 어느 정도 그 의미를 알 수 있다.

이 보라색 분류 도장에는 음운론적으로 흥미로운 '실수'들이 엿보인다. 아마도 일본어가 아주 능숙하지 못한 한국인에 의해 만들어진 것이 아닌가 하는 의심을 하게 된다.

〈표 3.13〉 마에마 카드의 분류 기호

분류 기호	≪선책명제≫의 분류	분류 기호	≪선책명제≫의 분류
文	文藝	ちり	地理
じゆもん	儒門	ぎちう	儀注
らうしやく どしやく	道釋	史	史記
でんき, 傳	傳紀	記	記注
せいきよう	政教	ほじゆつ	方術

〈표 3.13〉 중에는 '道釋'에 해당하는 기호로 "どしやく"/dosyaku/~"らうしやく"/ro：syaku/가 나타나고, '方術'에 해당하는 기호로 "ほじゆつ"/hozyutu/가 나타나는 것을 확인할 수 있다. 이것은 사실 일본어로는 '잘못' 표기된 것이다. 각각 "だうしやく"/do：syaku/, "はうじゆつ"/ho：zyutu/[9]처럼 표기되어야 정확한 표기이다. 즉, 일본어 모어 화자라면 틀릴 수 없는 모음의 장단을 잘못 파악하고 있으며, 또한 어두의 유성음 /d/를 /r/로 잘못 파악하고 있는 것이다.

특히 모음의 장단을 잘못 파악하는 것은 바로 오늘날 일본어를 학습하는 한국어 모어 화자들이 저지르는 가장 흔한 실수 중의 하나라는 점에서 흥미롭다. 어두의 유성음 /d/를 /r/로 잘못 파악했다는 점은, 그러한 의미에서는 흔한 실수라고 할 수 없기는 하나, 한국어에서는 어두에 유성 파열음 d나 유음 r이 잘 나타나지 않는다는 데에서, 일본어의 어두의 /d/를 /r/로 잘못 파악할 여지를 찾을 수가 있을 것이다.

이처럼 만약에 일본어 모어 화자라면 생각하기 어려운 '음운론적 실수'들이 나타나는 것은, 이 책의 성격을 고려하면, 아마도 이 도장의 작성에 일본어에 충분히 능숙하지 못한 한국어 모어 화자가 관여했기 때문이라고 볼 타당성이 높다고 할 수 있을 것이다.

실제로 이 도장을 찍는 작업은 카드의 성립보다 후에 이루어진 것으로 보인다. 특히 β군의 카드 중에는 붉은 펜으로 '道' 등으로 분류 기호가 적혀 있고 그 위에 또다시 보라색 도장으로 'らうしやく'라고 찍힌 것들이 있다.

〈그림 3.20〉과 〈그림 3.21〉에서 보듯이, 이 카드들은 왼쪽 상단에 붉은색 글씨로 '術'이라는 분류 기호가 기입되어 있고 그 위에 다시 'ほじゆつ'라는 보라색 도장이 찍혀 있다. 그런데 〈그림 3.20〉을 자세히 보면 붉은색 글씨의 일부가 잘려 있는 것을 확인할 수 있다. 이것으로 보아, 이 카드의 작업 과정 중에는 붉은 글씨로 먼저 분류기호를 작성하고 종이를 자른 후 보라색 도장을 찍었을 수 있다고 추정할 수 있다.

---

9. 현대 가나 표기법으로는 각각 "どうしやく", "ほうじゆつ"가 된다.

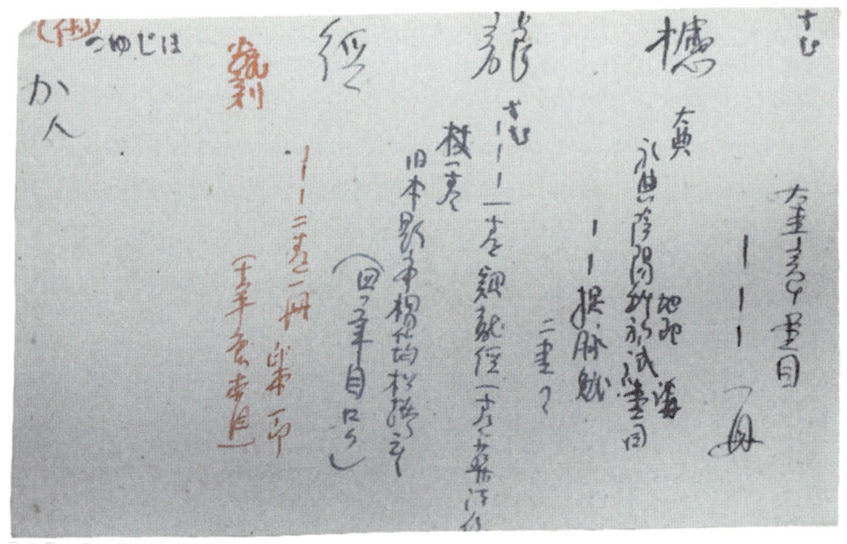

〈그림 3.20〉 마에마 분류 기호의 예 1(b07_1317)

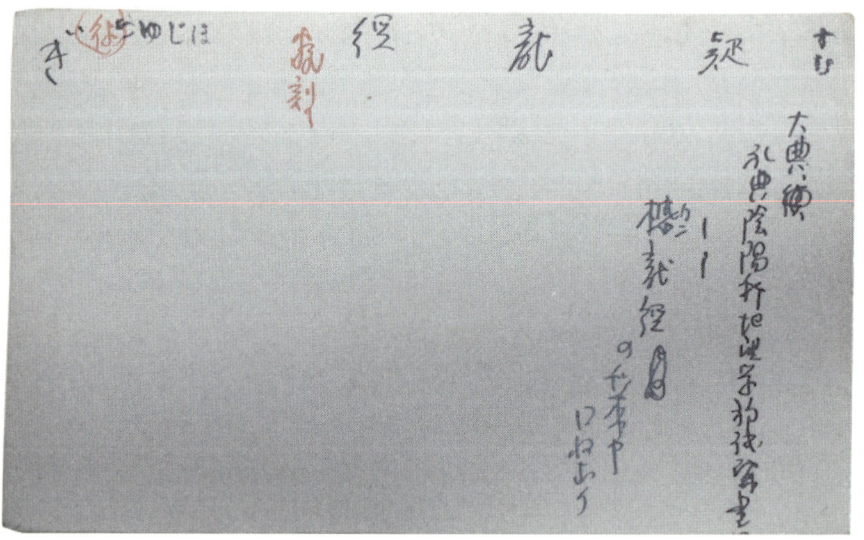

〈그림 3.21〉 마에마 분류 기호의 예 2(b07_1318)

그렇다면 이 도장은 누가 만들어 찍은 것일까. 보라색 도장은 〈표 3.13〉에서 보았듯이 ≪선책명제≫의 분류를 대변하고 있다. 그리고 α군, β군, γ군, δ군의 구성, 특히 γ군의 존재는 일본어 50음순 체계를 따르는 ≪고선책보≫에서 주제별 분류 체계를 따르는 ≪선책명제≫ 체제로의 이행과도 관련이 있다고 본다면, 이 도장 작업은 마에마 본인의 것일 가능성이 높다. 그렇다면 현재로서는 도장의 언어 표기에서 드러나는 음운론적인 특징을 설명할 수 없다. 아마도 마에마의 의뢰를 받은 한국인 도장공이 실수로 위와 같은 도장을 만들었지만, 마에마가 개의치 않고 '분류 기호'로서 도장을 사용한 것은 아닐까 추측해 볼 따름이다.

이 외에도 'はぶく(제외)'라는 도장이 찍힌 카드도 존재한다. 이 도장은 ≪고선책보≫의 편집과정에서 제외하라는 의미로 찍은 것으로 보인다. 그러나 실제로는 〈그림 3.22〉의 ≪許文穆公集(허문목공집)≫은 ≪고선책보≫에 실려 있고, 〈그림 3.23〉의 ≪伊路波(이로파)≫는 실려 있지 않다. 어떤 기준으로 어떤 카드들에 'はぶく' 도장을 찍었으며, 그것이 ≪고선책보≫에 어떻게 반영되어 있는지 명확하게 밝혀내지는 못하였다. 한편 〈그림 3.22〉에서 보이는 노란색 네모와 같이

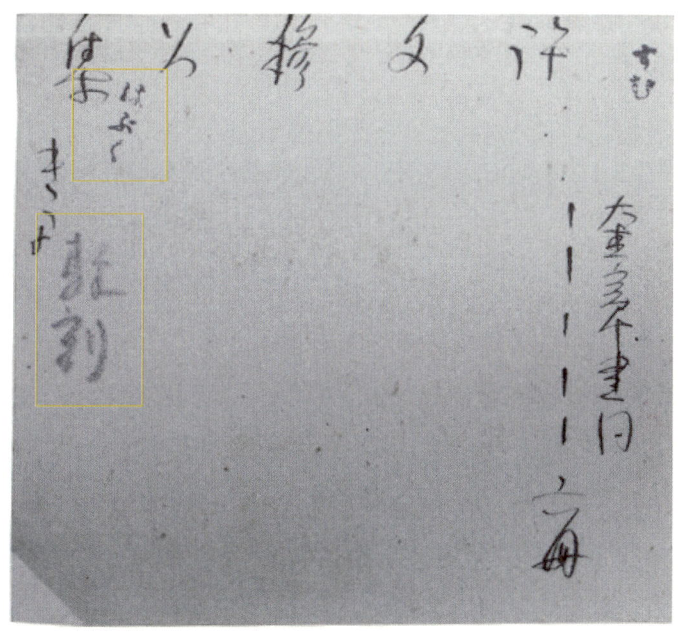

〈그림 3.22〉 'はぶく' 도장이 찍힌 카드 1(c01_0056)

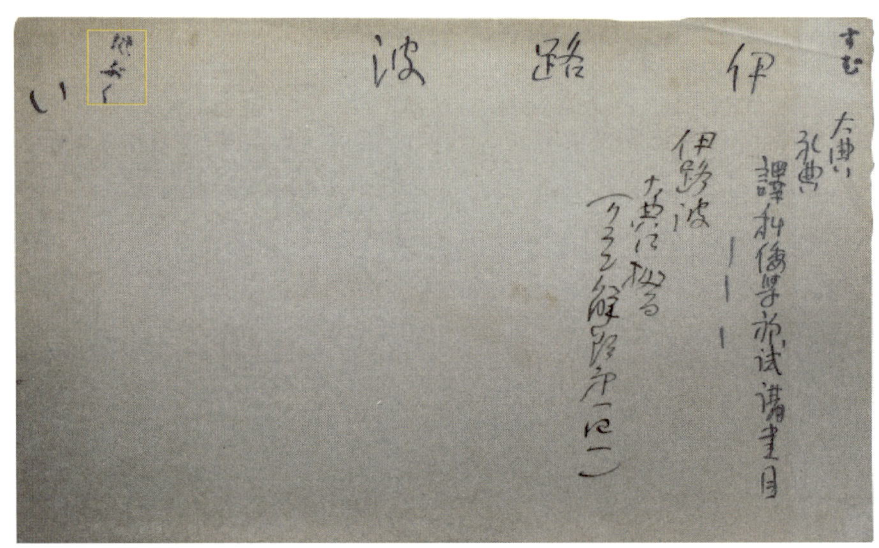

〈그림 3.23〉 'はぶく' 도장이 찍힌 카드 2(c01_0056)

'○刻'이라는 메모도 자주 나타난다. '○刻'의 앞 글자는 판독 미상이다.[10]

⑦ 기타 자세한 설명

서책에 관한 자세한 설명이나 그와 관련된 연구 내용 등이 자세하게 적힌 경우가 있다. 마에마 카드는 마에마 본인이 ≪고선책보≫의 〈예언〉에서 밝히고 있듯이 20여 년의 세월 동안 그때그때 접한 서책들을 모아 놓은 것이어서 기록의 편차가 심하다.

10. 이 기호는 앞서 〈그림 3.20〉, 〈그림 3.21〉에도 붉은 글씨로 쓰여 있다.

4. 규장각 소장 마에마 카드와 ≪고선책보≫, ≪선책명제≫의 관계

4.1. 마에마 카드와 ≪고선책보≫의 관계

규장각 소장 마에마 카드는 마에마의 대표적 저작물인 ≪고선책보≫와 매우 밀접하게 관련되어 있다. 우리는 3.1.2의 전자 데이터를 바탕으로 한 마에마 카드와 ≪고선책보≫의 '대응 작업'을 통하여 이 카드들이 ≪고선책보≫의 원고에 가까운 것임을 밝혀낼 수 있었다. '대응 작업'은 전술했다시피 대략적인 수준에 머물렀으나, 이 카드들의 정체를 밝히는 데에는 충분하였다. 그러므로 다음에서는 여기에 대한 상세한 내용을 보고하도록 한다.

4.1.1. 마에마 카드와 ≪고선책보≫의 대응 관계

우리는 3.2.1.3에서 마에마 카드의 거시적 구성을 살펴보았고, 이를 통하여 마에마 카드들을 서로 다른 성격의 α군, β군, γ군, δ군의 네 집합으로 나눌 수 있음을 확인하였다. 이 네 가지 집합과 ≪고선책보≫의 해당 부분을 대응시킨 결과, 각 군은 서로 중복되지 않게 ≪고선책보≫의 부분을 이루고 있었다. 그 대응 작업의 결과를 정리한 것이 〈표 4.1〉이다.

〈표 4.1〉 각 열별 첫 카드와 ≪고선책보≫의 대응 위치

α군	β군	δ군
第一冊(p.1~619)		
	b07_1224~(p.1~)	
a01_0002~(p.1~)		
		c01_0003~(p.1~)
a02_0173~(p.81~)		
		c02_0246~(p.82~)
		c03_0462~(p.144~)
a03_0342~(p.171~)		
		c04_0753~(p.222~)
		c05_0841~(p.247~)
a04_0516~(p.256~)		
		c06_1054~(p.314~)
		c07_1143~(p.341~)
		c08_1215~(p.360~)
a05_0702~(p.361~)		
		c09_1437~(p.421~)
a06_0850~(p.455~)		
		c10_1547~(p.457~)
		c11_1676~(p.496~)
		c12_1856~(p.538~)
		c13_1978~(p.569~)
	~b07_1489(~p.608)	
		c14_2146~(p.615~)
第二冊(p.621~1238)		
		c14_2168~(p.621~)
a07_1035~(p.622~)		
	b08_1491~(p.638~)	
		c15_2412~(p.722~)
		c16_2491~(p.744~)
	~b08_1567(~p.745)	
		c17_2615~(p.771~)
		c18_2804~(p.822~)
		d11_2161~(p.852~)
a08_1337~(p.882~)		
		d12_2443~(p.947~)

〈표 4.1〉 계속

		d13_2701~(p.1021~)
		d01_0004~(p.1072~)
a09_1629~(p.1073~)		
a10_1819~(p.1168~)		
		d02_0117~(p.1169~)
第三冊(p.1239~2031)		
		d03_0475~(p.1239~)
b01_0002~(p.1315~)		
		d04_0656~(p.1315~)
		d05_0833~(p.1371~)
b02_0173~(p.1424~)		
		d06_1016~(p.1424~)
		d07_1361~(p.1542~)
		d08_1498~(p.1587~)
b03_0405~(p.1588~)		
		d09_1817~(p.1706~)
b04_0663~(p.1729~)		
		d10_2058~(p.1785~)
b05_0876~(p.1824~)		
b06_1118~(p.1924~)		

이 표는 각 열에서 ≪고선책보≫와 대응하는 첫 번째 카드의 위치를 보인 것으로 내용은 다음과 같다. 예를 들어, a01열에는 일련번호 a01_0001부터 a01_0172까지 총 172장의 카드가 있는데, ≪고선책보≫ 항목과의 대응 관계가 확인되는 첫 번째 카드는 'a01_0002'이며 그 항목은 ≪고선책보≫ 第一冊의 1페이지에 나타난다. 또한 a02열은 일련번호 a02_0173에서 a02_0339까지 총 166장의 카드를 포함하는데, ≪고선책보≫와 대응 관계가 확인되는 첫 번째 카드는 'a02_0173'이며, 그 항목은 책의 第一冊 81페이지에 나타난다.

이런 식으로 A상자(a01~a10)에 이어 B상자(b01~b06)의 내용이 이어진다. 이는 우리가 앞서 살펴본 "α군"과 대응된다고 할 수 있다. 마찬가지로 C상자와 D상자의 c01~c18, d11~d13, d01~d10도 ≪고선책보≫의 第一冊 첫 페이지부터 第三冊 끝까지 대응 관계를 보이고 있다. 이것은 α군과 별개의 δ군이 명백히 존재함을 의미한다. b07열부터 b08열의 일부(b07_1224~b08_1568) 역시 각각 第一冊과 第二冊에 대응하고 있으며, 여기에서 α군과도 δ군과도 이질적인 "β군"의 존재를 확인할 수 있다. γ군은 이들과 또 다른 성격을 가진다.

여기에서 중요한 점은 α군, β군, δ군 모두가 '거의 완벽하게' 상보적 분포를 이루고 있다는 사실이다. 즉, 책 안에서의 출현 범위는 서로 겹칠 수도 있겠지만, 책 항목이 겹치는 경우는 '거의' 없는 것이다. 또한, 앞서 밝힌 바와 같이, 마에마 카드의 총 10,461장 중 86.3%에 해당하는 9,025장의 카드와 ≪고선책보≫의 표제항이 일치하고 있다. 이러한 점들은 이 카드들이 ≪고선책보≫의 원고라는 사실을 증명해 주는 것이라고 할 수 있다.

한편, 이 카드들과 ≪고선책보≫는 또 하나의 공통점을 가진다. 〈표 4.1〉에서도 간접적으로 드러났던 '배열 순서'가 바로 그것이다. 3.2.2에서 언급한 것과 같이 마에마 카드에는 '역사적 가나 표기법'으로 '한음(漢音)' 위주로 일본어 50음 기호가 적혀 있다. 그러나 마에마 카드의 실제 배열은 이 기호에 따라 정렬된 것이 아니라 실제 통용되는 발음을 '현대 가나 표기법'으로 적은 순서에 따라 이루어져 있다.

이 점에 대하여 우리는 1944년(쇼와 14년)에 동양문고(東洋文庫)에서 출판한 ≪고선책보≫의 〈범례(凡例)〉를 참고해 볼 수 있다.

> 六. 各項目は發音通りのアイウエオ順なるも、濁音は淸音の終った後に排列してある。(凡例 p.7)
>
> 六. 각 항목은 발음대로의 아이우에오 순인데, 탁음은 청음이 끝난 후에 배열해 놓았다.

또한 1925년(다이쇼 14년)에 작성된 〈고선책보예언(古鮮冊譜例言)〉에서 마에마가 다음과 같이 기술한 것을 확인할 수 있다.

> 「書名」の讀み方は、一字一字の漢音吳音(字引にある)には頓着せず、現時人の口頭に上る讀方によった。また家語(けご) 周禮(しゆらい)、通典(つてん)、文選(もんぜん)の舊讀、華嚴(けごん)、金剛(こんごう)の佛語、明淸(みんしん)などの唐音も今通用の讀方であるから、それに從った。
>
> 綴音法は、字音假名遣は棄てゝ」、最近[sic]國語調査會の改定案に倣って」、口頭の發音に近いやうにした。「を」は「お」、「くわ」は「か」、「づ」は「ず」、「ちやう」「てう」「てふ」は「ちよう」、「じう」「じふ」は「じゆう」、「かう」「かふ」は「こふ[sic]」、「くわう」は「こう」などとした。(古鮮册譜例言, p.1)
>
> '서명'의 독법은, 한 글자 한 글자의 한음(漢音)·오음(吳音)(사전상의 정확한 한자음)에는 상관하지 않고, 현재 사람들 입에 올라오는 대로 하였다. 또한 家語(けご), 周禮(しゆらい), 通典(つて

ん), 文選(もんぜん)과 같은 관용적 독법, 華嚴(けごん), 金剛(こんごう) 등의 불교 용어의 발음, 明(みん)淸(しん)과 같은 당음(唐音)도, 현재 통용하는 독법이라 할 수 있으므로, 그것을 따랐다.

철자법은, 字音假名遣(본래의 역사적인 한자음표기)는 버리고, 최근에 국어조사회에서 나온 개정안을 따라 실제 발음에 가깝게 하였다. 'を'('wo' /o/)는 'お'('o'), 'くわ'('kwa' /ka/)는 'か'('ka'), 'づ'('du' /zu/)는 'ず'('zu'), 'ちやう''てう''てふ'('tyau''teu''tehu' /tyo：/)는 'ちよう'('tyou' /tyo：/), 'じう''じふ'('ziu''zihu' /zyu：/)는 'じゆう'('zyuu' /zyu：/), 'かう''かふ'('kau''kahu' /ko：/)는 'こふ[sic][1]'('kohu[sic]', /ko：/), 'くわう'('kwau' /ko：/)는 'こう'('kou' /ko：/)처럼 처리하였다.

위에서 기술하는 바와 같이 실제로 ≪고선책보≫의 배열은 당시의 표기법("字音假名遣")에 의거한 순서가 아니라, 마치 1946년부터 시행되게 되는 현대 가나 표기법을 미리 받아들인 것과 같은 순서로 되어 있다. 예를 들어 역사적 가나 표기법(歷史的假名遣い)으로 표기된 'かう'('kau')는 /ko：/처럼 읽는데, 현대 가나 표기법으로는 이를 'こう(kou)'와 같이 표기한다. 'かう'를 역사적 가나 표기법에 의거하여 배열하면 'か'('ka')로 시작하는 말로 처리되는데, ≪고선책보≫에서는 'こ'(ko)로 시작하는 말로 처리되어 있다.

≪고선책보≫에서는 서명의 독음을 명시적으로 표시하지 않았기 때문에, '배열 순서'가 그것을 알 수 있는 유일한 단서가 된다는 점은 중요한 사실이다.

마에마 카드에서의 한자 독음 처리는 그 결과물인 ≪고선책보≫에서 처리하는 방식과 두 가지 점에서 차이가 있으며, 이에 대해서는 앞서 3.2.2에서 간략히 언급한 바 있다.

첫째, 카드의 경우에는 이들의 배열 순서를 정리하기 위하여 카드 왼쪽 위에 서명의 첫 번째 한자의 독음을 명시적으로 표시해 놓은 것이 종종 보인다. 그리고 그 한자음은 모두 역사적 가나 표기법으로 표기되어 있다. 마에마는 적어도 카드에 독음을 기입하는 작업을 할 때까지는 역사적 가나 표기법으로 처리했으나 후에 방침을 바꾸었던 것이다. 앞서 살펴본 〈예언〉의 기술에는 그러한 배경이 있었음을 알 수 있다.

1. 본고의 논의와는 상관이 없으나, 여기서 "'かう''かふ'('kau''kahu' /ko：/)는 'こふ[sic]'('kohu[sic]', /ko：/), 'くわう'('kwau' /ko：/)는 'こう'('kou' /ko：/)처럼 처리하였다"라는 기술은 사실 매우 비합리적이고 기묘한 기술이다. 문맥상 단순한 오자는 아닌 듯하다. 이 부분은 "'かう''かふ''こふ''くわう'('kau''kahu' 'kohu''kwau' /ko：/)는 모두 'こう'('kou' /ko：/)로 처리하였다"라고 해야 합리적인 처리라고 할 수 있으며, 실제로 책에서도 그렇게 되어 있다. 예를 들어 "甲寅錄"〈v.1 p.480〉은 '甲'('kahu' /ko：/)로 시작하나, 'こふ'('kohu')가 아니라 제대로 'こう'('kou' /ko：/)의 위치에 배열되어 있다.

둘째, 〈예언〉에서 밝히고 있듯이 ≪고선책보≫에서는 한자를 읽는 데에서 관례를 따르는 방식을 취하고 있다. 그러나 카드에 기입된 한자음은 그렇지 않다. 일본 한자음은 모든 한자에 대해 체계적으로 오음(吳音) 계통과 한음(漢音) 계통의 두 가지(혹은 그 이상의) 한자음이 있는데, 카드에서는 관례적인 독음보다 한음 계통의 한자음을 일률적으로 기입하고 있다.

예를 들어, 책에서 'もん'(moN) 위치에 나오는 ≪問月集(문월집)≫(v.3 p.1821)은 카드에는 'ぶん'(buN)이라고 표시되어 있다. '問' 자는 오음이 'もん'(moN), 한음이 'ぶん'(buN)이며, 일반적으로는 'もん'(moN)으로 읽히는 경우가 많다. 또한 책에서는 'け'(ke) 위치에 나오는 ≪華嚴錐洞記(화엄추동기)≫(v.1 p.360)가 카드에는 'くわ'('kwa' /ka/)라고 표시되어 있다. '華嚴'과 같은 불교 용어는 관습적으로 오음으로 'けごん'(ke goN)처럼 읽히며, 보통 한음으로 'くわげん'('kwa geN' /ka geN/)처럼 읽지는 않는다.

이런 경우들은 '일반적인 독음'을 정하기가 쉽지만, 이를테면 '文'은 오음 'もん'(moN)과 한음 'ぶん'(buN)이 모두 잘 사용되는 독음이어서, 일본 사람들에게 낯설 수도 있는 모든 조선 책에 대해 '일반적인 독음'을 정하기는 어려울 수 있다. 이러한 배경하에 처음에는 모든 서명을 일률적으로 한음(漢音)으로 읽음으로써 검색의 편의를 도모하였다가, 통용되는 관습화된 독법을 따르는 쪽으로 노선을 변경한 것으로 보인다. 어쨌든 간에 〈예언〉을 통해 우리는 마에마의 그러한 고민의 흔적을 읽을 수 있다.

4.1.2. 마에마 카드와 ≪고선책보≫의 미대응 관계

마에마 카드와 ≪고선책보≫는 높은 비율로 일치를 보이나, 카드와 서적이 대응되지 않는 경우도 존재한다. 먼저, 카드에는 있으나 ≪고선책보≫에는 수록되어 있지 않은 경우와, 다음으로 카드에는 없으나 ≪고선책보≫에는 수록되어 있는 경우로 나누어 살펴보도록 하겠다.

4.1.2.1. 카드에는 있으나 ≪고선책보≫에는 없는 것

먼저, 카드에는 있으나 ≪고선책보≫에는 수록되지 않은 '미대응 카드'는 총

1,436장이 존재한다. 상자별, 군별 미대응 카드의 수는 〈표 4.2〉와 같다. 〈부록 3〉은 그 목록에 해당한다.

〈표 4.2〉 상자별, 군별 미대응 카드 수

상자명	A	B			C	D	계
군명	α군	α군	β군	γ군	δ군	δ군	
미대응 카드 수	104	69	31	180	519	513	1,416

4.1.2.2. 카드에는 없으나 ≪고선책보≫에는 있는 것

다음으로 ≪고선책보≫에는 수록되어 있으나 카드에는 없는 '미대응 항목'은 ≪고선책보≫의 총 7,482항목 중 1,267항목에 해당한다. 〈부록 4〉는 그 목록에 해당한다.

〈표 4.3〉 ≪고선책보≫의 미대응 항목 수

	1책	2책	3책	계
미대응 항목 수	196	295	775	1,267
전체 항목 수	2,455	2,163	2,864	7,482
미대응 비율	8.0%	13.6%	27.1%	17.0%

4.2. 마에마 카드와 ≪선책명제≫의 관련성

≪선책명제≫는 1927년에 완성한 것으로, ≪고선책보≫와는 불가분의 관계에 있다. 총 12권이며, 자필(自筆) 수고본(手稿本)이다. ≪선책명제≫는 분류가 되어 있지 않아 주제 검색이 용이하지 않은 ≪고선책보≫의 단점을 보완해 주기 때문에 매우 중요하다(서열기 1995). ≪선책명제≫의 편찬 동기는 ≪고선책보≫의 방대한 양과 어순 배열에 따른 검색의 불편함을 해소하기 위한 것이다. 서열기(1995)에서도 제시하고 있는 바와 같이, 마에마 교사쿠는 ≪선책명제≫의 〈예언〉에서 이 책의 간행동기를 다음과 같이 직접적으로 밝히고 있다.

> "나는 古鮮冊譜 일부를 編纂한 적이 있는데 現在 東洋文庫에 所藏되어 있다. 그 冊의 卷帙이 浩瀚하고, 几上檢索에 편하지 않으므로 이제 그 책 중 書題를 抽出하여 撰人, 版種, 藏處 등을 붙이고 있는데 이 책의 이름이 鮮冊名題다."(서열기 1995: 29 재인용)

≪선책명제≫의 편성 체제는 12권 10편 68류로, '사기(史記), 기주(記注), 의주(儀注), 정교(政教), 지리(地理), 전기(傳紀), 유문(儒門), 도석(道釋), 방술(方術), 문예(文藝)' 등 10편의 주제들이 12권의 책으로 나누어 기술되며, 〈표 4.4〉를 통하여 확인할 수 있다.

〈표 4.4〉 ≪선책명제≫의 분류 체계

卷	篇	類	備考
劵第一	史記篇	中朝類, 國史類, 野乘類	
	記注篇	昭令類, 御製類, 奏議類, 承宜類, 經筵類, 翰苑封, 東官類	
劵第二	儀注篇	通禮類, 祭祀類, 國恤類, 陵墓類, 冠婚類, 冊封類, 燕射類, 朝聘類, 樂　類, 輿服類	
劵第三	政敎篇	通制類, 選擧類, 職官類, 貢賦類, 刑獄類, 衛戍類, 外任類	
劵第四	地理篇	通志類, 京畿類, 湖西類, 嶺南類, 湖南類, 關東類, 海西類, 關西類, 關北類, 外城類	
劵第五	傳紀篇 上	譜牒類, 人物類(宗室) 人物類(麗朝至鮮初) 人物類(太宗至燕山朝)	
劵第六	傳紀篇 中	人物類(中宗至明宗朝) 人物類(宣祖光海朝) 人物類(仁祖至顯宗朝)	
劵第七	傳紀篇 下	人物類(肅宗景宗朝) 人物類(英宗朝) 人物類(正宗以後) 人物類(附中朝人物)	
劵第八	儒門篇 上	古典類, 宋學類, 敎化類	
劵第九	儒門篇 下	儒家類 上, 儒家類 下	
劵第十	道釋篇	道籙類, 佛典類, 釋迦類	
	方術篇	曆算類, 陰陽類, 醫藥類, 農藝類	
劵第十一	文藝篇 上	文字類, 事文類, 方言類, 詞章類 俚文類, 藝玩類	
劵第十二	文藝篇 下	文人類 上, 文人類 下	
12卷	10篇	68類	

4.2.1. ≪고선책보≫와 ≪선책명제≫, 마에마 카드의 대응 관계

앞서 2.2.3에서 ≪고선책보≫와 ≪선책명제≫에 대한 전반적인 서지학적 분석과 두 문헌의 상호관련성을 검토해 보면서 선행 연구들의 의의 및 한계를 지적한 바 있다. 선행 연구들은 대체로 ≪고선책보≫와 ≪선책명제≫의 해제에 대한 설명이 단편적인 기술에 그쳤다. 이러한 사실을 통하여, 우리는 두 문헌을 보다 구체적으로 분석하고 비교해야 할 필요성을 깨닫게 되고, 동시에 ≪고선책보≫와 ≪선책명제≫의 관계를 확인하는 데에 마에마 카드가 중요한 연결고리가 될 수 있음을 깨닫게 되었다.

본 연구에서는 마에마 카드와 ≪고선책보≫, ≪선책명제≫를 동시에 분석해 보는 작업을 수행하였다. 그러나 현재 ≪선책명제≫는 국립중앙도서관에 소장된 권1(史記篇)과 권2(記注篇)만이 열람 가능한 상태이다. 따라서 권1, 2를 대상으로 분석을 하되 남은 10권은 이를 토대로 유추해도 무방할 것이라 예상된다.[2]

먼저 ≪선책명제≫와 ≪고선책보≫, 마에마 카드를 대응시킨 전자 파일을 수치화하여 분석한 결과, ≪선책명제≫ 권1, 2의 전체 표제 항목 728개 중에서 613개의 항목이 ≪고선책보≫와 일치하는 것으로 나타났다.[3] 즉 ≪고선책보≫와 ≪선책명제≫의 표제 항목은 약 84.2% 정도의 비율로 상당히 일치하고 있는 양상을 보이는 것이다. ≪고선책보≫와 ≪선책명제≫, 마에마 카드에서 모두 나타나는 문헌 항목들은 490개였는데, 이는 ≪선책명제≫ 전체 항목 728개에 비교해 보았을 때 약 67.3%의 일치 비율을 보이는 것이다. 이는 ≪고선책보≫와 ≪선책명제≫가 상보적 분포를 이루고 있지 않다는 것을 의미한다. 즉 ≪고선책보≫의 항목에 대응되

---

2. ≪고선책보≫, ≪선책명제≫, 마에마 카드 간의 대응 관계는 〈부록 5〉로 제시되는 전자 파일을 참조하기 바란다. 〈부록 5〉에서 '≪고선책보≫와의 대응'에서 'Y'는 ≪고선책보≫에는 있으나 마에마 카드에는 없는 경우를 가리킨다. 마에마 카드에서도 발견되는 것들은 해당하는 카드 일련번호를 기입하였고, 그 외 빈칸으로 남아 있는 것은 ≪고선책보≫와 마에마 카드 어디에도 대응되지 않는, ≪선책명제≫에서만 발견되는 항목을 의미한다.
3. 간혹 ≪선책명제≫의 표제에 둘 이상의 문헌이 등재된 경우가 있는데, 이런 경우에는 각 문헌을 독립된 항목으로 취급하여 처리하였다. 또한 한 표제 문헌에 마에마 카드가 둘 이상 대응되는 경우, 동일한 상자의 것이면 중복 처리를 하지 않되 상이한 상자의 것이면 각각 카드 하나로 처리하였다. 이를테면 '사찬(史纂)'에 관련된 마에마 카드는 'b08_1555'와 'c15_2459-2461'이므로 '사찬'은 B상자 카드에 대응되는 항목이자 C상자에도 대응되는 항목으로 각각 처리하는 방식이다. 이렇게 처리한 까닭은 ≪선책명제≫와 ≪고선책보≫, 마에마 카드 간에 대응 여부에 대한 경향성을 살펴보고자 하는 것이 통계적 분석을 하는 목적이지 숫자 그 자체가 중요한 의미를 가지는 것은 아니기 때문이다.

었던 카드들이 ≪선책명제≫의 항목에도 대응되고 있는 것이다.

좀 더 세부적으로 살펴보면 다음과 같다. ≪선책명제≫ 권1의 경우, 전체 318개의 표제 문헌 중 ≪고선책보≫ 혹은 마에마 카드와 일치하는 항목은 268개, 불일치하는 항목은 50개로 나타났다. 이는 각각 약 84.2%, 15.7%의 비율에 해당한다. ≪선책명제≫ 권1과 ≪고선책보≫만이 일치하는 항목은 46개로, ≪선책명제≫ 권1의 전체 항목 318개에 비할 때 약 14.5%를 차지한다. ≪선책명제≫ 권1과 ≪고선책보≫, 마에마 카드 모두 대응되는 항목은 총 222개로, ≪선책명제≫ 권1 전체에 비하면 약 69.8% 정도이다. 이는 ≪선책명제≫ 전체를 놓고 분석한 결과와 비슷한 경향성을 보이는 것이라 할 수 있겠다. ≪선책명제≫ 권1에서는 A상자의 카드에 해당하는 문헌이 발견되지 않는다. 나머지 B상자 카드는 5개, C상자는 84개, D상자는 133개가 각각 대응되었다.

≪선책명제≫ 권2에 등재된 표제 항목은 총 410개이다. 이 중 ≪고선책보≫ 혹은 마에마 카드와 일치하는 항목은 345개, 불일치하는 항목은 65개로 나타나 각각 전체 대비 약 84.1%, 15.8%에 이른다. ≪선책명제≫ 권2와 ≪고선책보≫만이 일치하는 항목은 77개로, ≪선책명제≫ 권2의 전체 항목 410개에 비할 때 약 18.8%를 차지한다. ≪선책명제≫ 권2와 ≪고선책보≫, 마에마 카드에서 모두 발견되는 문헌의 수는 268개로, ≪선책명제≫ 권2 대비 약 65.3% 정도이다. A상자 카드에 해당하는 항목은 10개이며, B상자는 43개, C상자는 98개, D상자는 117개로 나타났다. 이처럼 ≪선책명제≫ 권1에 이어 ≪선책명제≫ 권2를 분석해 보니, 각 권은 ≪선책명제≫ 전체와 비슷한 경향성을 보일 뿐만 아니라 권1과 권2는 그 비율이 비교적 일치하고 있어 특기할 만하다.

이와 더불어 마에마 카드의 관점에서 보았을 때에는, ≪선책명제≫ 권1, 권2의 '사기편(史記篇)', '기주편(記注篇)'에 속하는 카드에는 3.2.1.3에서 분류한 α군에 해당하는 A상자와 B상자의 카드들보다는 δ군에 해당하는 C상자와 D상자의 카드들이 많다는 점을 확인할 수 있었다.

이상으로 ≪선책명제≫와 ≪고선책보≫, 마에마 카드의 대응 관계를 분석한 결과는 〈표 4.5〉와 같이 수치화하여 정리해 볼 수 있다.

〈표 4.5〉 ≪선책명제≫와 ≪고선책보≫, 마에마 카드의 대응 관계

<table>
<tr><th colspan="2">≪선책명제≫
대응 항목</th><th colspan="2">≪선책명제≫ 권1, 2</th><th colspan="2">≪선책명제≫ 권1</th><th colspan="2">≪선책명제≫ 권2</th></tr>
<tr><td rowspan="5">일치</td><td>≪고선책보≫와만 대응</td><td colspan="2">123(20.2%)</td><td colspan="2">46(14.5%)</td><td colspan="2">77(18.8%)</td></tr>
<tr><td rowspan="4">≪고선책보≫와
마에마 카드에 대응</td><td rowspan="4">490
(67.3%)</td><td>a: 10</td><td rowspan="4">222
(69.8%)</td><td>a: 0</td><td rowspan="4">268
(65.3%)</td><td>a: 10</td></tr>
<tr><td>b: 48</td><td>b: 5</td><td>b: 43</td></tr>
<tr><td>c: 182</td><td>c: 84</td><td>c: 98</td></tr>
<tr><td>d: 250</td><td>d: 133</td><td>d: 117</td></tr>
<tr><td colspan="2">불일치</td><td colspan="2">115(15.8%)</td><td colspan="2">50(15.7%)</td><td colspan="2">65(15.8%)</td></tr>
<tr><td colspan="2">전체</td><td colspan="2">728(100%)</td><td colspan="2">318(100%)</td><td colspan="2">410(100%)</td></tr>
</table>

다음으로 구체적으로 ≪선책명제≫와 ≪고선책보≫에 기술된 문헌 항목들 중 일치하는 항목들의 성격과 불일치하는 항목들의 성격을 살펴보기로 한다. ≪선책명제≫와 ≪고선책보≫의 문헌 항목은 대체로 일치하는데, 두 문헌의 대응 관계에서는 별다른 규칙성이 발견되지 않는다. 이러한 사실을 미루어 볼 때, ≪선책명제≫는 ≪고선책보≫에서 미처 다루지 못한 서목을 수록한 것이 아니라, 〈예언〉에 언급되었듯이 서지검색을 용이하게끔 독자적인 분류법에 맞추어 편찬한 것이라 할 수 있다.

4.2.2. 마에마 카드와 ≪선책명제≫의 관련성

앞서 ≪고선책보≫와 마에마 카드 간에는 모종의 상관관계가 있음을 밝혔다. 이와는 달리 ≪선책명제≫와 마에마 카드의 문헌 항목은 다소 산발적으로 대응되는데, 특히 C상자와 D상자, 즉 δ군의 카드가 더욱 그러한 경향을 보인다. 그렇지만 우리는 여전히 ≪선책명제≫와 대응되는 마에마 카드를 상자별로 분석하여 해당 문헌들의 성격을 밝히는 작업이 필요할 것으로 생각한다.

① ≪선책명제≫와 A상자 마에마 카드의 대응 관계

≪선책명제≫와 대응되는 A상자 카드는 그리 많지 않다. 다음은 마에마 카드에서

〈표 4.6〉 A상자 카드와 대응되는 ≪선책명제≫ 문헌 목록

≪선책명제≫ 권2 기주편(記注篇)	
第三 奏議類	
洪翼靖公奏藁 三十五卷	a06_0954
沙溪筵席問對 一卷	a07_1203
沙溪疏箚 三卷	a07_1204
重峯東還封事 一卷	a08_1461, a08_1462, a08_1463
翠軒疏箚 三卷	a08_1514-1515
石谷封事 四卷	a09_1729-1730
宋子大全隨箚 十三卷	a10_1858
退溪戊辰封事 一卷	a10_1945-1946
第五 經筵類	
盧穌齋侍講錄 二卷	a10_1826-1828
高峯論思錄 二卷	a06_0949-0951

도 발견되는 ≪선책명제≫ 표제 문헌의 목록이다.

〈표 4.6〉에서 볼 수 있듯이 ≪선책명제≫와 대응하는 A상자, α군의 카드는 모두 ≪선책명제≫ 권2(記注篇)에서 주의류(奏議類), 경연류(經筵類)에 해당한다.

② ≪선책명제≫와 B상자 마에마 카드의 대응 관계

B상자의 카드 중에서 ≪선책명제≫와 일치하는 항목은 일정한 유(類)를 이루고 있다. 이러한 양상을 ≪선책명제≫의 분류 체계에 따라 간략하게 나눈 양상을 다음의 〈표 4.7〉과 같이 정리할 수 있다.

후술하겠지만, 〈표 4.7〉에서와 같이 특정 유(類)의 문헌 목록에 마에마 카드가 집중적으로 대응되는 것은 ≪고선책보≫와 ≪선책명제≫의 '서지기술법의 차이'에서 기인한다. ≪고선책보≫는 서명(書名)의 하위에 판본(板本)을 기록한 반면, ≪선책명제≫는 개별 판본들을 분류법에 따라 가른 것이고, 마에마 카드가 ≪고선책보≫ 집필의 준비 과정이라고 본다면 마에마 카드 구성 체계도 결국 ≪고선책보≫와 어느 정도 일치한다고 볼 수 있으므로 이 같은 결과가 도출되는 것이다.

〈표 4.7〉 B상자 카드와 대응되는 ≪선책명제≫ 문헌 목록

≪선책명제≫ 권1 사기편(史記篇)	
第一 中朝類	
史記 一百三十卷	b08_1548-1553
史纂 十四卷	b08_1555
後漢書 一百二十卷	b07_1484
三國志 六十五卷	b08_1524
≪선책명제≫ 권2 기주편(記注篇)	
第一 詔令類	
ㄱ. 綸音類	
綸音 一卷	b12_2109-2111
諭入庭宗親文武百官綸音 一卷	
諭中外大小臣庶綸音 一卷	
綸音 一卷	
同 三卷 諺解 二卷	
綸音 一卷 諺解 一卷	
綸音 一卷	
同 一卷	
同 一卷	
諭八道四都耆老人民等綸音 一卷	
第三 奏議類	
ㄱ. 封事類	
栗谷萬言封事 一卷	b05_1066~1067
八松封事 三卷	b03_0467
南溪時務萬言封事 一卷	b05_1034
長湖封事 二卷	b01_0107
趙司諫封事 四卷	b01_0109
ㄴ. 其他	
李忠定公章疏 三十二卷	b02_0333
獨對說話 一卷	b05_0904
閔文忠公奏議 十卷	b03_0575
櫟泉疏末條陳 一卷	b06_1167
第六 翰苑類	
ㄱ. 儀軌類	
東國新續三綱行實撰集廳儀軌 一卷	b10_1881
光海君日記纂修廳儀軌 一卷	
仁祖大王實錄廳儀軌 一卷	
宣祖朝實錄改修廳儀軌 一卷	

〈표 4.7〉 계속

實錄廳題名記 一卷 孝宗大王實錄纂修廳儀軌 一卷 顯宗大王實錄纂修廳儀軌 一卷 顯宗大王實錄改修廳儀軌 一卷 端宗大王實錄附錄撰輯廳儀軌 一卷 肅宗大王實錄纂修廳儀軌 二卷 景宗大王實錄廳儀軌 一卷 訓諭都監謄錄 一卷 景宗御製添刊儀軌 一卷 闡義昭鑑纂修廳儀軌 一卷 景宗大王實錄修正廳儀軌 一卷 英宗大王實錄廳儀軌 二卷 國朝寶鑑監印廳儀軌 三卷 羹墻錄纂修廳儀軌 一卷 四部手圈課程日表 一卷 正宗大王實錄刪節廳儀軌 一卷 實錄廳題名記 一卷 東省校餘集 二卷 純宗大王實錄刪節廳儀軌 一卷 實錄廳題名記 一卷 國朝寶鑑監廳儀軌 一卷 憲宗大王實錄廳儀軌 一卷 實錄廳題名記 一卷 哲宗大王實錄廳儀軌 一卷 實錄廳題名記 一卷 承政院日記改修廳儀軌 二卷 國朝寶鑑監印廳儀軌 一卷 璿源錄事目 一卷 璿源錄謄錄 二卷 璿源錄儀軌 璿源譜略謄錄 璿源譜略儀軌 璿源續譜儀軌 璿源派譜文籍 列聖御製更刊儀軌 一卷 列聖誌狀修正儀軌 一卷 仁敬王后明聖王后誌文改修儀軌 一卷	b10_1881

③ ≪선책명제≫와 C상자 및 D상자에 속하는 마에마 카드의 대응 관계

위에서 살펴본 ≪선책명제≫ 권1, 2 중 A상자 카드와 일치하는 표제항은 10개, B상자 카드와 일치하는 것은 48개로 큰 비중을 차지하지 않아 손쉽게 문헌들의 특성을 파악할 수 있었다. 이 외에 일치 항목들은 모두 C상자(182개), D상자(250개)에 집중되어 있는데, 이들은 ≪선책명제≫ 권1, 2 전 범위에 걸쳐 골고루 분포하고 있기 때문에 특별하게 나타나는 분포상의 특징을 발견할 수 없었다. 개별적인 대응 관계는 〈부록 5〉로 제시된 전자 파일에서 확인할 수 있다.

또 한 가지 주목할 만한 부분은 ≪고선책보≫와 ≪선책명제≫의 서지기술법의 차이다. 본 연구에서는 표제(標題) 서명(書名)에 주목하여 분석을 진행하였는데, ≪고선책보≫는 표제 아래 그에 해당하는 이본(異本) 목록(目錄)을 기술하는 방식을 따르고 있기 때문에 표제 서명 자체는 ≪선책명제≫의 것보다는 포괄적이다. 즉 ≪고선책보≫에서 이본으로 처리된 권질들이 ≪선책명제≫에서는 표제 서명으로 처리되어 있는 것이다. 이렇게 상이한 처리 방식으로 인해 ≪선책명제≫의 서명은 형태상으로도 ≪고선책보≫의 것보다 앞에 '어제(御製)'나 '익종(翼宗)' 등과 같이 구체적으로 기술되어 있는 것을 확인할 수 있다.

≪고선책보≫와 ≪선책명제≫의 서지 기술에 있어서 이러한 차이를 보이는 것들은 상당수 보인다. 그 단적인 예로 ≪열성어제(列聖御製)≫를 들 수 있는데, ≪열성어제≫는 ≪고선책보≫ 권3(1979~1984쪽)에 표제 서명으로 기술되어 있고, 그 하위 부류로 인묘어제(仁廟御製)에 관한 이본들부터 시작하여 6쪽에 걸쳐 여러 이본의 목록을 제시하고 있다. 한편 ≪선책명제≫ 권1(132~139쪽)에서는 표제부터 '≪열성어제≫ 1권'을 필두로 하여 ≪고선책보≫의 이본에 해당하는 문헌 목록들을 다음 〈표 4.8〉과 같이 나열하고 있다.

그런데 여기서 제기할 만한 몇 가지 의문점들이 있다. 첫째는 하나의 문헌명에 대한 모든 이본이 ≪선책명제≫에 표제로 기술되는 것은 아닌데, 그렇다면 그 선별 기준은 무엇인가 하는 것이다. 둘째는 ≪선책명제≫에서는 동일한 문헌이 불연속적으로 나타나는 경우가 있다는 점이다. 이를테면 '≪실록청제명기(實錄廳題名記)≫ 1권'은 ≪선책명제≫ 권2 208쪽부터 210쪽에 걸쳐 총 4회 등장하는데, 연속된 형태가 아니다. ≪고선책보≫에서는 '실록청제명기'가 단일한 서명으로 등재되어 있지만, 그렇지 않다고 하더라도 50음순으로 정렬되어 있기 때문에 이와 같은 문제는

〈표 4.8〉 ≪열성어제(□□□□)≫ 표제 서명 처리 방식

≪고선책보≫	≪선책명제≫
≪列聖御製≫	列聖御製 一卷 列聖御製補遺 一卷 新刊列聖御製 八卷 列聖御製 十六卷 同 十八卷 目錄 一卷 列聖御製別編 三卷 列聖御製 三十七卷 別編 三卷 目錄 二卷 列聖御製 四十卷 別編 一卷 目錄 二卷 列聖御製 十二卷 別編 一卷 目錄 一卷 列聖御製 六卷 別編 一卷 目錄 一卷 列聖御製 五卷 別編 一卷 目錄 一卷 列聖御製五卷別編一卷目錄一卷

나타나지 않는다. '≪서연강의(書筵講義)≫ 1권' 또한 ≪선책명제≫ 권2의 218쪽, 222쪽에 각각 제시되어 있음을 확인할 수 있었다.

5. ≪고선책보≫에 수록된 장서와 서목

마에마 교사쿠가 조선어를 습득하고 서울에서 생활하던 시기 및 그가 ≪고선책보≫에 수록하기 위하여 서목(書目)을 수집하던 시기는 모두 일제식민지 시기와 일직선상에 놓여 있다고도 할 수 있다. 그중에서도 마에마 교사쿠가 갖가지 서목을 수집하고 연구하기 시작하던 시점은 그가 조선총독부에서 통역관을 맡고 있었던 시기와 맞물리는 것으로 보인다. 조선총독부에서 진행한 일 중 하나는 조선의 고적을 조사·발굴하고자 하는 것이었다. 이는 식민지 지배를 합리화하고자 하기 위한 것이었으며, 고적을 조사·발굴하는 과정에 고서(古書)들도 함께 발굴되는 경우도 많았을 것임을 추측할 수 있다. 이러한 일은 대체로 조선총독부 소속의 일본인 학자들을 중심으로 진행되었을 것이며, 마에마 교사쿠도 그중 한 사람이었다.

5.1. ≪고선책보≫에 수록된 서목

≪고선책보≫에 수록된 한서(韓書)의 분량은 표제로서 세운 것을 기준으로 하면 해제가 붙은 것이 3,291종, 서목만을 내세운 것이 4,064종으로 총 7,355종이고 한 서목 아래에 배치된 이본(異本)은 24,998종으로 총 32,353종의 거질(巨帙)이다(서열기 1995: 23). 마에마 교사쿠는 ≪고선책보≫에 이렇게 방대한 양의 수록도서들이 당시 소장되어 있는 소장처까지 각 문헌의 해제에 기술하였다. 일반적으로

해제서(解題書)들은 책의 서문 또는 〈예언〉에만 참고한 장서명(藏書名)을 제시하고 본문에서는 별도로 기술하지 않는 편이다. 따라서 ≪고선책보≫는 다른 해제서들에서는 볼 수 없는, 마에마 교사쿠의 치밀함과 더불어 ≪고선책보≫의 집필에 대한 애착을 느낄 수 있는 도서이다.

마에마 교사쿠가 참고한 장서들에 대해서는 ≪고선책보≫의 〈예언〉에서 언급되고 있다. 마에마 교사쿠는 〈예언〉에서 대부분의 장서에 대하여 언급하고 있지만 언급하지 않은 장서도 존재한다. 따라서 마에마 교사쿠가 ≪고선책보≫를 집필하기 위하여 참고한 장서는 그에 대한 설명이 덧붙여진 것과 아닌 것으로 나누어 살펴볼 수 있다. 뿐만 아니라 장서는 마에마 교사쿠 본인이 직접 소유하고 있는 것과 그렇지 않은 것으로도 나눌 수 있고, 마에마 교사쿠의 장서가 아닌 것들은 다시 기관장서와 개인장서로 분류된다. 이러한 분류 내용을 정리해 보면 〈표 5.1〉과 같다.

〈표 5.1〉의 서목들은 모두 마에마 교사쿠가 ≪고선책보≫의 〈예언〉에 각 소장처에서 보관하고 있는 문헌들에 대하여 본인의 견해를 언급하고 있는 것들이다.

〈표 5.1〉 ≪고선책보≫ 수록도서의 서목 1

<table>
<tr><td>마에마 교사쿠의
소장 서목</td><td colspan="2">재산루장서(在山樓本, 在山樓蒐書目錄)</td></tr>
<tr><td rowspan="2">그 외
(마에마 교사쿠 비소장 서목)</td><td>기관장서</td><td>ㄱ. 南滿蒐書(南滿鐵道蒐書目錄, cf. 白山墨水文庫書目)
ㄴ. 江華史庫平昌史庫藏書目錄, 茂朱史庫藏書目錄, 奉化史庫藏書目錄
ㄷ. 奎章閣書目과 奎章閣記錄目錄
ㄹ. 督府解題(督府目錄)
ㅁ. 西序書目草本(cf. 西序書目)
ㅂ. 大阪圖書館書目(大阪圖書館目錄)
ㅅ. 帝國圖書館目錄
ㅇ. 密陽書目
ㅈ. 東國文獻備考 增訂本
ㅊ. 古書刊行會 古書目錄
ㅌ. 統監府藏本(統監府蒐書目錄)
ㅍ. 博物館書目</td></tr>
<tr><td>개인장서</td><td>ㄱ. 淺見氏藏書(淺見倫太郎氏藏書目)
ㄴ. 曾禰本
ㄷ. 佐臟六石氏藏書目錄(佐臟六石氏蒐書目錄, 佐藤本)
ㄹ. 金澤藏書(金澤氏書目)</td></tr>
</table>

위에서 괄호 안에 기술되어 있는 서목들은 그에 선행하는 주요 서목들이 쓰이는 자리에 쓰이기도 하는 것들이다. 위의 서목들 중에서는 마에마 교사쿠가 통감부에 이어 조선총독부에서 통역관으로서의 지위를 지니고 있었기 때문에 접할 수 있었던 것도 있었으리라 본다. 그뿐만 아니라 마에마 교사쿠는 1902년 한국연구회가 조직되는 데에 중심이 되는 역할을 하는 인물 중 한 사람이었으며 조선고서간행회의 평의원, 조선총독부 문서과장(文書科長), 그리고 조선연구회 회원으로서 활동하였다. 이렇게 다양한 활동을 하였던 것은 마에마 교사쿠가 ≪고선책보≫를 집필하는 데에 영향을 끼쳤을 것이라 생각할 수 있다.

이 외에도 마에마 교사쿠가 참고한 서목이지만, 어떠한 설명도 덧붙이지 않는 것들도 존재한다. 즉 〈예언〉에는 기술되어 있지 않지만 ≪고선책보≫에 수록된 도서들의 해제 부분에 기술되어 있는 서목인 것이다. 이러한 서목들을 나열해 보면 〈표 5.2〉와 같다.

〈표 5.1〉과 〈표 5.2〉에서 제시한 서목들을 합하여 보면 대략 30개 정도가 된다. 마에마 교사쿠가 ≪고선책보≫를 간행하기 위하여 자료를 수집하던 시기에 다양한 해제서들이 출판되었으나, ≪고선책보≫만큼 방대한 양의 서목을 참고한 해제서는 아마도 없었던 것으로 보인다. 마에마 교사쿠는 "이 책은 본래 필자 본인의 연구를 위하여 기록해 놓은 것을 책으로 엮은 것이므로, 이를 처음 쓰기 시작하여 마무리 수정작업을 할 때까지 20여 년이라는 간격이 있다. 수시로 흥미로운 것에

〈표 5.2〉 ≪고선책보≫ 수록도서의 서목 2

ㄱ. 東洋學報
ㄴ. 摛文院書目
ㄷ. 大東韻府羣玉引用書目
ㄹ. 國朝人物志引用書目
ㅁ. 翰南書林賣本目錄
ㅂ. 一乎賣本目錄
ㅅ. 帝國大學圖書館和漢書目錄
ㅇ. 足利學校藏書目
ㅈ. 燃藜室記述別集野史目錄
ㅊ. 彙語抄入羣書目
ㅌ. 新編海印寺雜板目錄
ㅍ. 史庫簡明目錄

따라 쓰고 있기 때문에, 전체적으로 보았을 때에는 일관된 것이 없다. 뿐만 아니라 기술하는 방식에 있어서도 상세하거나 간략한 기술이 불규칙적으로 나타나고 있어서 하나의 책으로는 이루어지기 어려운 모습을 지닌다. 다만 이 책을 본인 외에 다른 사람들이 서책(書冊)을 연구하는 데에 활용하게 하고 싶다는 마음으로 논리적이지 않게 하나의 책으로 엮어 봤으나, 과연 어떨지 의심스럽다."라고 하였다. 여기에 이어서 "하지만 일단 (집필을) 완성하였고 (서문을) 범례와 비슷한 분량으로 기술하였다. 이러한 이유로 이를 권두에 수록한다."라고 하면서, 마지막에 "大正乙丑 暮秋 靑山花山居にて, 前間恭作しるす"를 덧붙이고 있다. 이를 통하여 마에마 교사쿠가 서문을 기술한 시기가 1925년이었던 것을 알 수 있으며, ≪고선책보≫의 근원이 되는 카드에 적은 내용들은 처음부터 도서를 간행하기 위한 것은 아니었음을 파악할 수 있다.

5.1.1. ≪고선책보≫ 참고 서목의 특징

마에마 교사쿠가 ≪고선책보≫를 간행하는 과정에서 수집한 서목은 약 30개 정도가 된다. 마에마 교사쿠는 ≪고선책보≫에 수록된 모든 문헌의 해제 부분에 그 참고 서목을 기술하고 있으며, 〈예언〉에서 각 서목들의 특징에 대해서도 간략하게 기술하고 있다.

본 항에서는 〈표 5.1〉과 〈표 5.2〉에서 정리한 서목을 나열 및 기술하고자 한다. 이는 마에마 교사쿠가 ≪고선책보≫의 〈예언〉에 기술한 내용들 중에서 서목에 관련된 것들과 서열기(1995)를 참고한다.

(1) 재산루장서(在山樓藏)(〈재산루본(在山樓本)〉, 〈재산루 수서록(在山樓 蒐書錄)〉): 마에마 교사쿠 본인이 수집한 도서이다. 현재 동양문고에 기증되어 있다.

(2) 남만수서(南滿蒐書)(〈남만철도수서목록(南滿鐵道蒐書目錄)〉): 메이지 말년에 '남만철도회사 조사부'에서 수집한 책이다. 1913년(다이쇼 2년)에 남만철도회사의 동사루(同社樓)에서 발견했을 때 기록해 놓았던 것도 추가하였다. 대부분은 보았지만, 전부 볼 수는 없었다고 하였다. 이 문헌은 〈백산흑수 문고본(白山黑水文庫本〉으로 곧 동경대 도서관으로 옮겨졌지만, 1923년의 관동 대지진 이후 모두

소실하였다.

(3) 아사미 장서(淺見氏藏書)(〈아사미 린타로 장서목록(淺見倫太郎氏藏書目)〉): 아사미 린타로(淺見倫太郎) 씨가 수집한 문헌들을 일컫는 것으로, 400~500종의 문헌 중에서 본인의 판단에 따라 각 문헌에 대한 소견을 기록하였다. 이 책은 나중에 미쓰이(三井) 가의 소장처로 옮겨져, 모두 그 집의 오이 문고(大井文庫)에 소장되어 있다.

(4) 소네 본(曾禰本): 소네 아라스케(曾禰荒助) 자작(子爵)이 통감으로 재임하는 동안 수집한 것으로, 분량이 많지는 않다. 그 후 대부분의 문헌은 궁내성(宮內省) 등으로 옮겨졌고, 나머지는 조선총독부의 도서해제에서도 군데군데 흩어져 나타난다.

(5) 강화사고(江華史庫): 봉화 태백산, 무주 적상성, 평창 오대산의 세 군데에 위치한 사고의 서목으로, 〈평창사고장서목록(平昌史庫藏書目錄)〉, 〈무주사고장서목록(茂朱史庫藏書目錄)〉, 〈봉화사고장서목록(奉化史庫藏書目錄)〉이다. 이 서목은 한일병합보다 이른 시기에 경복궁으로 옮겨졌고, 한일병합 때 기존의 문헌들에 이어서 받아들였다. 그때 일부분은 실제로 보고 써 놓은 것을 기록하였으며, 이들은 그대로 총독부에서 보관하였다.

사고(史庫)의 책이지만 강화사고에 소장된 문헌들은 이상에서 언급한 대로이다. 봉화 태백산, 무주 적상성, 평창 오대산의 세 군데에 위치한 사고의 서목은 한일병합 때 마에마 본인이 책임자였기 때문에, 당시의 계승 목록부터 이 책보에 초입한 것이다. 세 사고가 동일하지는 않지만, 선원록(璿源錄) 외에도 그것에 수록된 여러 서적에는 순치(順治) 이전, 숭정(崇禎) 경에 들어온 문헌들도 있다. 오대산 사고의 목록은 이전 시기의 모습이 보존되고 있기 때문에 문헌이 들어온 순서와 연대를 추측해 볼 수가 있다. 이 책들은 나중에 모두 경성(京城)에 수집되어 조선총독부로 모이게 된 것처럼 보였지만, 그 잡서들은 총독부의 해제에 전혀 추가되어 있지 않다.

(6) 〈규장각서목(奎章閣書目)〉과 〈규장각기록목록(奎章閣記錄目錄)〉: 규장각본(奎章閣本)에는 한일병합 이전 시기의 궁중의 문헌들이 전부 규장각의 이름을 쓴 궁내부의 일과(一課)에 묶였을 때 〈제국도서목록(帝國圖書目錄)〉, 〈궁내부기록목록(宮內府記錄目錄)〉으로서 보관되고 있는 서적들을 전부 제시하고 있는 목록이

인쇄되어 있다. 이 목록에는 정확하지 않은 것들이 있었기 때문에 공개되지 못하고 폐기되었다. 이 목록을 옮겨 적은 것이 바로 ≪고선책보≫의 〈규장각서목〉과 〈규장각기록목록〉이라고 기술된 것이다. 이 책들이 한일병합 때에 모두 전달되어 〈총독부도서 조선본(總督府圖書 朝鮮本)〉의 본체가 되어 있다.

이후 조선총독부에서 출판한 ≪조선도서해제(朝鮮圖書解題)≫는 이들 목록에 사고(史庫)의 실록(實錄), 통감부본 외에 몇몇의 새로 들어온 책들을 목록에 추가하여 해설한 것이다. ≪조선도서해제≫는 조선본의 해제서로서 유일한 것이라 말할 수 있지만, 정부의 관료들에 의하여 만들어진 것이었다. 이 때문에 불분명하고 미완성적인 모습을 보이는 부분도 많이 있지만, 학계에 공헌한 바에 대해서는 인정해야 한다.

(7) 〈독부해제(督府解題)〉(〈독부목록(督府目錄)〉): 규장각 장서가 한일병합 당시 조선총독부로 인계되어 총독부 도서본(圖書本)의 본체가 되었다. 그리고 이것에 사고의 실록, 통감부본, 기타 입수된 책을 더해 해제하여 ≪조선도서해제≫가 만들어진다. ≪고선책보≫에서는 '독부해제'라는 약명을 사용하여 초입(抄入)하였다(서열기 1995 참조).

(8) 〈서서서목초본(西序書目草本)〉(cf. 〈서서서목(西序書目)〉): 조선본의 총목록이며, 그때 유일한 비부구본(備付扣本)이 오카다(岡田) 씨의 수중에 있었기에 현재까지 존재하고 있는 것이다. 이것은 가경(嘉慶) 초년까지 계속해서 다듬어 나아가고 있다.

〈서서서목〉(원본 가나자와(金澤) 씨 소장)은 건륭 말년에 초본을 깨끗하게 베낀 것으로, 초본보다는 잘못 기록된 부분이 많다. 그리고 당시에 규장각에서 일하는 당직자들의 부처(付處)로서 만들어진 '이문원(摛文院)'에도 서적들이 나누어 보관되어 있었다. 그리고 그곳에서 소장하는 문헌들의 목록인 〈이문원서목(摛文院書目)〉이라는 비본(備本)을 오카다 씨도 동일하게 소장하고 있다.

목록 중 어떤 책은 서서본(西序本)과의 사이에 서로 이동이 있었던 흔적도 있다. 이 서목에서는 '冊'은 '卷'이라 쓰여 있으며, 이것도 이 책보에 수록하였다. 이들 목록을 보면 현재 규장본(奎章本)은 모두 그때에 수집된 것이며, 그 후의 새로 추가된 책들은 정부기관의 책들을 합쳐도 10%에도 미치지 않는다. 모리스 쿠랑(Maurice Courant)이 규장각의 소장본을 보고 그 목록을 입수한 것은 한일병합

이 되기 10년 전 정도의 일이니, 그 당시의 것은 대략 〈제국도서목록(帝國圖書目錄)〉의 소재와 일치한다. 다만 2~3개의 도서목록에 변화가 있었을 뿐인 모양이다.

(9) 〈오사카도서관서목(大阪圖書館書目)〉: 오사카도서관 한서(漢書) 서목에서 볼 수 있는 책의 내용이 다른 책의 내용과 동일할 때, '大阪目'이라고 표시하여 다른 책에 쓰여 있는 내용을 본고에 기술하고 있는 책의 서명 옆에 추가로 써 놓은 경우도 있다. 내용이 중복되지만 〈오사카도서관 한서 서목(大阪圖書館 韓書書目)〉에 기록되어 있는 대로 수정하여 기록하였다. 인용문의 출전은 서명 다음에 괄호 안에 기술하고 있다. 단 그 책의 서문, 발문을 인용했을 때는 문두에 그대로 인용하였다.

(10) 사토 본(佐藤本)(〈사토 로쿠세키 장서목록(佐臟六石氏藏書目錄)〉): 사토 로쿠세키(佐藤六石) 씨는 1907년(메이지 40년) 경에 조선에서 개인이 수집한 규모 중 가장 많은 양의 문헌을 수집하였다. 책의 종류는 거의 규장각 소장본 수준이다. 소네 아라스케 자작이 소장하고 있었던 목록에 의하여 이 책보에 기록하였다. 현존하는 문헌은 한 책도 보지 못하였으며, 현재 오사카도서관에서 관서(官書) 제일의 조선본으로서 보존되고 있다.

(11) 〈제국도서관목록(帝國圖書館目錄)〉: 이와 같이 기술된 문헌은 우에노도서관본(上野圖書館本)이다. 1885년(메이지 11년) 내무성 박물관 출판인 〈박물관서목(博物館書目)〉도 포함되어 있다(서열기 1995 참조).

(12) 〈밀양서목(密陽書目)〉: 경성의 동경외국어학교 교우회에서 출판한 〈한적목록(韓籍目錄)〉에 첨부된 것이다. 여기에서 '密陽'이라는 것은 경성에서 제일가는 서점에서 판매한 문헌의 목록일 것이다.

(13) 〈동국문헌비고 증정본(東國文獻備考 增訂本)〉: 조선서목으로서 가장 널리 실려 있는 것이라 할 수 있다. 가경(嘉慶 1796~1820년) 초년에 완성되었으며, 거의 〈서서서목〉, 〈이문원서목(摛文院書目)〉과 동시대의 것이다. ≪고선책보≫에는 결미에 모두 비고증정본(備考贈呈本)이라고 기록하였다. 이만운 부자와 같이 책을 편찬할 때 흔히 나타나는 폐해는, 견식이 없는 것과 사물을 정밀히 철저하게 보지 못한다는 것이다. 하지만 이러한 점은 부득이한 것으로 치고, 그 노력은 놀랄 만하다고 할 수 있다. 그 목록에서는 '冊'은 '卷', '編卷'은 '編'이라고 쓰며, 사본(寫本)은 유명한 것만을 들고 있다. 여기에서는 ≪고미간행(姑未刊行)≫의 기록

방식을 취하고 있다. 그리고 여전히 신라, 고려 시대 책의 목록들 중에 현존하는 목록들도 포함시키고 있다. 마치 한일병합 직전에 조선에서 마지막으로 '관부찬술사업(官府撰述事業)'을 한다는 생각으로 ≪국조보감(國朝寶鑑)≫과 이 ≪문헌비고≫가 개찬(改撰) 및 개판(開板)되었다. ≪문헌비고≫는 '증보문헌비고(增補文獻備考)'라고 명명되어 있으며, 이는 증정본과 함께 이 책보에 '증보비고'라는 이름으로 기술하였다. 이 책의 〈예문고(藝文攷)〉는 이전시기의 문헌에 약간의 수정을 가하고 있지만, 새롭게 추가한 것은 잘 갖추어진 것이 아니라 손이 닿는 대로 추가적으로 기술한 것에 불과하다. 그리고 아마도 이전 시기의 문헌 중에 연보(年譜), 족보류(族譜類)에 관련된 한 부(部)를 완전히 삭제한 것으로 보인다. 또한 범례도 이전시기의 문헌과 다른 형식을 이루고, 새로 추가된 문헌에는 이름도 없는 사본까지 분별없이 포함시키고 있다.

(14) 〈고서간행회고서목록(古書刊行會古書目錄)〉: 1911년(메이지 44년)에 경성의 조선잡지사(朝鮮雜誌社)에서 출판한 고서목록 중 일부의 서명(書名)과 판지(板地)를 발췌한 것이다. 그러한 목록들은 출전을 제시하지는 않았으나, ≪고사촬요구본(攷事撮要舊本)≫에 근거를 둔 것이라 할 수 있다.

(15) 통감부장본(統監府藏本)(〈통감부수서목록(統監府蒐書目錄)〉): 상당히 많았으며, 소견서의 일부분밖에 써 놓지 않았기 때문에 그것만 기록하였다. 이후 대부분은 궁내성으로 옮겨졌다.

(16) 〈가나자와 장서본(金澤藏書本)〉(〈가나자와 씨 서목(金澤氏書目)〉): 가나자와 쇼자부로(金澤庄三郎) 박사가 메이지 말년에 인쇄 및 반포한 목록 중에서 일부를 언급하는 것에 그친다. 가나자와 씨가 소장하고 있는 전체 문헌의 10%에도 미치지 못하기 때문이다.

그의 ≪조선서적목록(朝鮮書籍目錄)≫(私家版)은 그가 1905년 유학생으로 방한하여 1908년 귀국할 때까지 수집한 한국본을 정리하여 독자적인 분류(9부문) 체계에 따라 간단하게 엮은 장서목록이다(서열기 1995).

(17) 시데하라 소장본(幣原坦所藏本): 시데하라 다이라(幣原坦) 박사가 목록을 입수하지 못했기 때문에, 그가 지은 ≪조선정쟁지≫의 범례에 들어간 것을 기록하였다. 이는 그가 소장하는 400여 종의 조선본장서의 10%도 되지 못한다.

(18) 〈박물관서목(博物館書目)〉: 1878년(메이지 11년) 내무성 박물관에서 출판

하였으며, 여기에 포함되어 있는 조선본도 적지 않은 듯하다. 이 〈박물관서목〉 중에 조선본의 목록은 도쿠가와(德川) 시대에 배로 실어 나른 것들 중 마지막 기록으로도 여겨지기도 한다.

5.1.2. 마에마 교사쿠의 고서 및 서목 수집

마에마 교사쿠의 장서(藏書)들은 현재 도쿄에 위치한 동양문고에서 소장하고 있다. 동양문고에 보관되어 있는 한국 고서 자료 중 가장 큰 부분을 차지하는 것은 바로 마에마 교사쿠의 '재산루장서(在山樓藏書)'이다. 현재 고려대학교 민족문화연구원의 해외 한국학 자료센터에서 동양문고에서 소장하고 있는 조선본을 연구하는 중 이다.[1] 그리고 이에 대한 1차 현지 자료 조사 경험을 토대로 정리한 내용을 백진우(2012)를 통하여 살펴볼 수 있다.

마에마 교사쿠는 이렇게 수백 종에 달하는 조선본 고서들을 어떠한 목적과 방법으로 수집하였을까. 마에마 교사쿠는 통감부 통역관이자 조선고서간행회의 임원 중 평의원을 역임하였다(1909~1910년). 이뿐만 아니라 ≪조선군서대계(朝鮮群書大系)≫ 정(正)에 수록된 본회역원(本會役員) 명단을 통하여 조선총독부 문서과장도 맡았음을 확인할 수 있다. 이러한 사실은 조선총독부와 조선고서간행회에서 진행하였던 해제서(解題書) 편찬 작업에 마에마 교사쿠가 직접적인 역할을 하였다는 것을 의미한다. 마에마는 조선고서간행회에서 평의원을 맡고 있었다. 이러한 사실은 마에마의 ≪고선책보≫가 조선총독부와 조선고서간행회에서 발행한 해제서의 영향을 받았을 것임을 시사한다. 이러한 환경은 마에마 교사쿠가 많은 해제서를 접하고 고서를 수집할 수 있었던 결정적인 요인이었을 것이다. 조선총독부에서 간행한 해제서로는 ≪조선도서해제≫가 있으며, 조선고서간행위원회에서 간행한 해제서로는 ≪조선고서목록≫, ≪조선군서대계(朝鮮群書大系)≫가 있다. 이 해제서들에 대

1. 고려대학교 민족문화연구원 해외한국학 자료센터에서는 2011년 7월부터 일본 동양문고 소장 한국 고전적 자료를 대상으로 연구 과제를 진행하고 있다. 동양문고 소장 고전적 자료에 대하여 자료 소장 경위 및 현황, 자료 검색 및 열람, 분야별 주요 자료 소개, 관련 연구 논저 등으로 구분하여 정보를 제공하고 있다(현재로서 준비 중인 항목도 존재한다). 이 연구는 한국 고전적 최대 소장기관 중의 하나인 동양문고 소장 자료의 전모를 밝혀 일본 소재 한국 고전적 자료의 구체적인 실상을 밝히고 이를 통하여 양질의 자료를 대상으로 연구하는 것을 목적으로 한다고 밝히고 있다. 더욱 자세한 내용은 고려대학교 민족연구원 해외 한국학 자료센터 웹사이트(https://riks.korea.ac.kr/kostma)에서 살펴볼 수 있다.

한 상세한 내용은 6장에서 다루고자 한다.

5.2. 마에마 교사쿠의 소장본 현황

5.2.1. 동양문고에 대하여

동양문고(東洋文庫, The Oriental Library)는 일본 도쿄에 위치하며, 일제강점기에 국외로 유출된 우리나라의 고서 가운데 가장 큰 규모의 컬렉션을 소장하는 기관이다. 일본의 유명 기업인 미쓰비시(三菱)의 제3대 총수인 이와사키 히사야(岩崎久彌)가 1924년에 설립한 동양학 전문도서관으로서, 동양학 분야에서는 일본 최고(最古)의 연구도서관으로 손꼽힌다(백진우 2012).

동양문고에서 소장하고 있는 문헌들의 목록들을 살펴보기 위한 것과 관련하여 가장 최근에 구축한 것은 '동양문고 웹 검색 목록'이다. 동양문고의 홈페이지에는 소장 자료를 카테고리별로 나누어 검색할 수 있도록 나누어 검색할 수 있도록 검색 서비스를 제공하고 있다. 이 페이지에 '朝鮮本韓籍'을 검색하면 총 3,892종의 자료를 목록으로 확인할 수 있다. 이들 목록에 마에마 교사쿠의 재산루문고에 소장된 문헌들도 포함되어 있으리라 본다(백진우 2012: 43). 동양문고에서 간행한 목록집에서 제공하는 서지정보는 대부분 상당히 간략한 형태로 이루어져 있다. 따라서 연구자가 이 목록만을 가지고 국내 소장본과의 비교를 진행하기 어려울뿐더러 실물의 형태를 대강이나마 짐작할 수도 없다. 이러한 점들을 보완하기 위하여 연구팀[2]에서는 자료 실물 조사를 통하여 〈한국문헌자동화목록기술규칙〉에 부합하

2. 여기에서 언급하는 연구팀은 고려대학교 민족문화연구원의 해외한국학자료센터에서 파견한 연구팀을 말한다. 이들은 2011년 7월 1일부터 2014년 6월 30일까지 3년간 일본 동양문고(東洋文庫) 소장 한국 고전적 자료에 대한 연구를 시작하고 있다. 지난 2012년 1월 31일부터 2012년 2월 11일까지 연구팀이 진행한 1차 현지 자료 조사 경험을 토대로 동양문고 소장 한국 고전적 자료의 내력과 현황을 정리하였다고 언급한다. 나아가 2012년 8월부터는 연구팀의 송호빈 연구원이 동양문고에 1년간 장기 파견되어 현지에서 자료 실물을 조사하고 있으며, 연구책임자와 공동연구원이 함께 참여하는 2차 현지 조사는 2013년 1월로 예정하고 있다. 연구팀은 연구 자료를 간행물과 DB 형태의 전자 목록으로 만들고, 이 가운데 서지적 가치가 높은 주요 자료에 대해서는 원문이미지의 디지털화 작업과 해제 작업을 병행할 예정이라고 하며, 더욱 상세한 내용들은 백진우(2012)를 참고한다.
이 연구를 통하여 현재 동양문고에 소장되어 있는 마에마 교사쿠의 소장본들에 대한 새로운 정보 또는 원문이미지 등을 확인하고 분석할 수 있는 매우 중요한 기회가 될 것으로 기대된다. 뿐만 아니라 연구팀의 연구 결

는 서지 정보를 담은 목록을 만드는 데 주력하고 있다.

5.2.2. 재산루문고의 현황

마에마 교사쿠는 조선총독부에서 행정 관료로 근무했던 사람이다. 그가 수집하여 동양문고에 기증한 재산루장서는 동양문고에 소장된 문헌들 중 가장 큰 비중을 차지하고 있다. 마에마 교사쿠는 1924년과 1942년 두 차례에 걸쳐 자신이 수집한 한국 고서를 동양문고에 기증하였다. 1924년 3월 25일에 기증한 책은 423종 1,764책이며, 이는 동양문고의 개관과 함께 이루어졌던 것으로 보인다. 1942년 마에마 교사쿠 사후(死後)에 유족들이 2차로 기증한 책은 431종 714책이다. 이 책들의 목록까지 포함하고 있는 것은 1979년에 작성된 〈(증보)동양문고 조선본 분류목록((增補)東洋文庫朝鮮本分類目錄)〉이다. 따라서 동양문고에 소장된 마에마 교사쿠의 소장 문헌들의 현재까지 파악된 규모는 854종 2,478책에 달하는 정도이다(백진우 2012).

동양문고에서 소장하고 있는 자료들 중 마에마 교사쿠가 소장하던 고서들에서 두 종류의 장서인(藏書印)이 확인되는데(백진우 2012: 50~51), 다음의 그림을 통해 확인할 수 있다.

〈그림 5.1〉과 〈그림 5.2〉, 〈그림 5.3〉은 백진우(2012)에서 공개된 마에마의 장서인으로 각각 '在山樓蒐書之一'(165종에 날인)과 'ま邊滿'(7종에 날인) 'K. Mayema'라고 찍혀 있다. '在山樓蒐書之一'은 단독으로 쓰이기도 하는데, 'ま邊滿'은 단독으로 쓰이지 않고 항상 '在山樓蒐書之一'의 장서인과 함께 쓰였다. 또한 마에마는 자신의 영문명인 'K. Mayema'와 자료의 수득 일자를 기록한 보라색 스탬프도 여러 차례 사용하였다. 마에마 교사쿠의 소장 문헌들 중 총 24종의 자료에서 수득 일자를 확인할 수 있으며, 수득 일자를 확인할 수 있는 자료는 매우 큰 의미를 지닌다. 이는 마에마 교사쿠의 자료 수집 내력과 양상을 추정할 수 있는 중요한 근거가 되기 때문이다(백진우 2012: 52). 이렇게 마에마 교사쿠는 자신이 직접 수집한 문헌은 장서인을 통하여 확인할 수 있도록 하였음을 알 수 있다.

과와 본 프로젝트의 결과를 함께 분석하여 후고를 기약해 볼 수도 있으리라 생각한다.

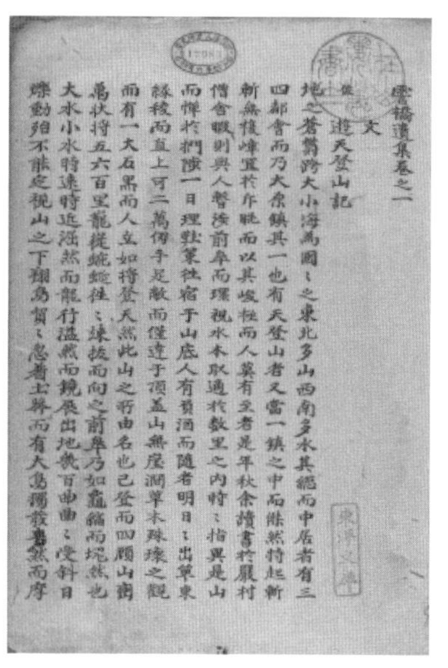

〈그림 5.1〉 동양문고 소장자료에 나타난 마에마 장서인 1
(좌: 필사본 『삽교집(霅橋集)』, 우: 在山樓蒐書之一(원형, 상하 4.9cm))

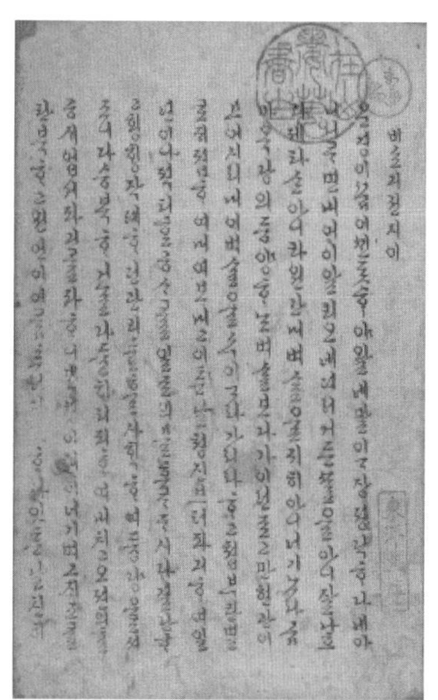

〈그림 5.2〉 동양문고 소장자료에 나타난 마에마 장서인 2
(좌: 필사본 『비소긔(悲笑記)』, 우: ま邊滿(원형, 상하 2.5cm))

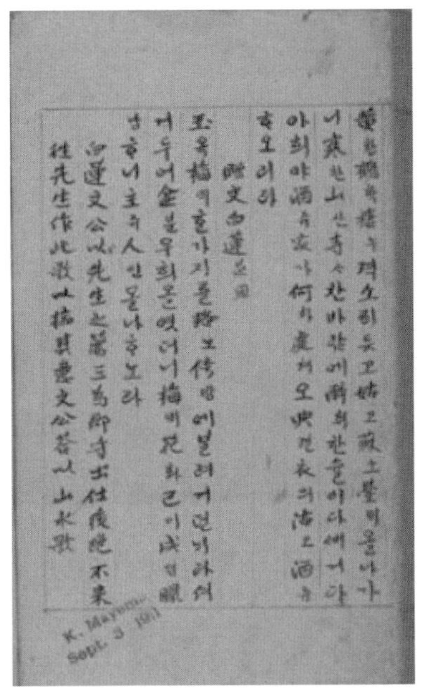

〈그림 5.3〉 동양문고 소장자료에 나타난 마에마 장서인 3
(좌: 동양문고 소장본, 우: K. Mayema 장서인)

6. ≪고선책보≫와 관련 문헌의 관계

일제 초기 조선총독부는 식민지사업정책의 하나로 취조국(取調局) 및 참사관실(參事官室), 중추원(中樞院) 등의 산하기관을 동원하여 조선의 각종 제도와 관습을 조사하였다. 이 사업은 식민지 지배정책의 기초자료를 마련하고 우리 민족의 정신과 문화를 말살하기 위한 토대를 마련하고자 실시된 것으로, 현지 조사와 아울러 광범위한 우리 문헌의 조사를 통하여 이루어졌다. 문헌 조사의 과정에서는 규장각, 구(舊) 황실 및 구 한국정부 각 기관의 도서와 문서류를 강제 인수하는 등 광범위한 한국 문헌의 수집이 이루어졌다(도태현 2003ㄴ).

≪고선책보≫의 원고(原稿)에 대하여 마에마 교사쿠는 서문에서 다음과 같이 이야기하고 있다.

> ≪고선책보≫의 原稿는 생전에 독서 및 문헌을 수집할 때마다 써 놓은 작은 메모(小片)들을 노트에 붙여 놓은 것이다. 따라서 형식적인 면에 있어서도 전체적으로 통일성이 없고 독자들이 이해하기 어려운 부분도 더러 발견되기 때문에, 명확하게 저자의 의도를 파악하기가 쉽지 않은 곳들이 있다. 때문에 책을 출판할 때 가능한 한 통일성을 형성하고자 시도하였고, 명료하지 않다고 생각되는 부분들은 내용을 추가하여 명확하게끔 하였다.

이러한 ≪고선책보≫를 동시대에 간행된 서적들과 비교하여 살펴볼 필요가 있다. 마에마 교사쿠는 1901년에 일본공사관 2등 통역관으로 두 번째 서울 생활을 시작하게 되고, 1905년 1월 통감부 통역관으로 임명된다. 이와 더불어 마에마 교사쿠는 1903년부터 1942년까지 서목을 수집하였고, 그것을 총합한 것이 ≪고선책보≫이다. 이는 즉 마에마 교사쿠가 다시 서울로 돌아와 일본 공사관 및 통감부 통역관 직위를 맡게 되면서 조선의 고서들과 서목들을 수집하기 시작하였다는 것을 암시한다. 따라서 동시대에 간행된 해제서들의 특징과 그것들과 ≪고선책보≫와 관련성이 있는 부분들에 대하여 살펴보고자 한다.

6.1. 개인 간행서

6.1.1. 최현배의 ≪한글갈≫

6.1.1.1. ≪한글갈≫에 대한 기본적 논의

외솔 최현배가 남긴 대표적인 업적으로는 ≪우리말본≫과 ≪한글갈≫을 꼽을 수 있다. 특별히 ≪한글갈≫은 외솔이 1938년 흥업구락부 사건으로 연희전문학교를 강제로 사직당하고 난 직후부터 훈민정음에 관한 모든 문제를 체계적으로 연구하여 1940년에 지은 것이다. 이후 1942년에 초판이 간행되었고, 개정판인 ≪고친 한글갈≫은 1961년에 간행되어 현재에 이르고 있다.[1]

외솔은 시대적으로 일본의 조선어 말살 정책에 대항하는 뜻으로 ≪우리말본≫을 저술하였고, 이에 나아가 국어 수호를 위한 저서로 ≪한글갈≫을 집필하였다. 이러한 인식하에 외솔은 훈민정음의 서지학상의 연구와, 훈민정음의 발전사, 훈민정음 연구의 역사, 훈민정음의 통시적 연구, 세계 문자와의 비교문자학 연구 등 한글을 총체적으로 연구, ≪한글갈≫을 집대성하였다. ≪한글갈≫은 기본적으로 한글(正音) 연구사로, 한글 관련 문헌들을 대상으로 하고 있다는 사실도 이러한 외솔의 역사관과 학문관과 관련시켜 이해할 수 있을 것이다. ≪한글갈≫의 초판 머리말에서 당시 외솔의 인식을 분명히 확인할 수 있다.

1. 초판과 개정판 사이에는 형식과 내용면에서 약간의 차이를 보이나 본 연구에서는 '역사편'에서 제시된 문헌 해제 부분을 ≪고선책보≫와 비교하는 목적에 이 같은 차이가 큰 영향을 미치지 않으므로 ≪고친 한글갈≫을 대상으로 연구를 진행하였다. 이하 ≪고친 한글갈≫은 ≪한글갈≫로 약칭하기로 한다.

"한글은 조선 사람의 지적 산물 중 가장 중요한 것인 동시에, 또 지적 탐구의 가장 긴밀한 대상이 아니면 안 된다 … 이즈음 수년 동안에 한가한 몸이 되매, 온 시간을 오르지 훈민정음의 연구에 바침을 얻어, 부지런히 갈고 닦은 성과를 뭉뚱그려, 이에 세상에 내어놓게 된 것이다."(초판 머리말)

≪한글갈≫은 '역사편'과 '이론편' 두 부분으로 구성되어 있다. 초판 머리말에서는 ≪한글갈≫의 집필 동기 및 방향도 다음과 같이 제시하고 있다.

"이 책은 ≪훈민정음≫에 관한 일체의 역사적 문제와 한글에 관한 일체의 이론적 문제를 크고 작고 망라하여, 이를 체계적으로 논구하여, 그 숨은 것을 들어내며, 그 어두운 것을 밝히며, 그 어지러운 것을 간추리어, 써 정연한 체계의 한글갈(正音學)을 세워, 우로는 신 경준, 유 희의 유업을 잇고, 아래론 주 시경 스승의 가르침의 유지를 이루고자 하였다."(초판 머리말)

역사편은 훈민정음의 창제, 한글 쓰기의 번짐(=한글 발전 역사), 한글 갈기의 피어남(=한글 연구의 역사)으로 구성되어 있는데, 이 중 본 연구에서 주목하는 부분은 한글 발전 역사에 해당하는 부분이다. 먼저 '훈민정음의 창제'에서는 훈민정음을 만든 경과를 설명하고, 그것이 쓰여 온 역사적 전개상을 시기별로 구분하였다. 한글 문헌 간행 시기는 한글 창제 시기, 한글 정착 시기, 한글 변동 시기, 한글 간편화 시기, 한글 각성 시기, 한글 대성 시기 등 총 여섯 시기로 구분하였다. '한글 쓰기의 번짐'에서는 한글 사용 문헌을 독립스럽게 쓰는 것(正音類)과 다른 글자나 말을 뒤치는 데 쓰는 것으로 이분한 뒤, 종속적 사용에 한문의 뒤침(譯文類), 한자의 뒤침(譯字類), 외국말의 뒤침(譯語類)을 하위 부류로 두었다. 이에 앞서 가른 시기 구분에 따라 서지학적으로 서술하였다.

구체적으로 살펴보면 한문의 뒤침에는 대부분의 언해서가 포함되는데, ≪훈민정음 언해≫를 비롯한 불경, 사서오경, 두시, 윤리, 의학, 무술 서적들이 이에 해당된다. 한자의 뒤침에는 운서, 옥편, 유가름한 글자책(類別字書)[2], 이두 · 이문에 관한 한글 등의 내용이 서술되어 있고, 외국말의 뒤침에는 일본어, 중국어, 만주어, 몽골어, 산스크리트어, 서양어 등으로 나누어 기술되었다. 또한 이들 각각은 말광 부류(辭書類)와 독본으로 나누어 문헌 해제를 제시하였다.

2. 유가름한 글자책(類別字書)은 한자를 여러 가지로 분류 편찬하여, 한글로 그 음과 새김을 달고, 혹은 한자로 간단한 설명을 붙여, 어린이의 한자 학습서가 되게 한 것을 말한다.

6.1.1.2. ≪고선책보≫와 ≪한글갈≫의 서지학적 비교

권재일(1994)에서는 ≪한글갈≫에서 보이는 문헌학적 연구의 특징 및 성과를 다음과 같이 평가한 바 있다.

> "〈한글갈〉은 많은 양의 한글 문헌을 다루어서 한글 창제 이후 현대에 이르기까지의 한글 쓰기의 번짐, 즉 한글 사용의 역사적 전개 과정을 서술하였을 뿐만 아니라, 많은 양의 한글 문헌을 수집하여, 그 문헌들을 독창적인 방법으로 분류하고, 실증적으로 고증하여, 이를 체계적으로 기술하였다."

권재일(1994: 150)에서 ≪한글갈≫의 특징을 ① 분류 방법의 독창성, ② 고증 방법의 실증성, ③ 기술 방법의 체계성으로 정리한바, 먼저 이 특징들을 고려하면서 ≪고선책보≫와 ≪한글갈≫의 관계를 개략적으로 살펴보고자 한다.

첫째, ≪한글갈≫은 일차적으로 한글 쓰기의 방법에 따라 문헌을 분류했다는 점에서 독창적이라고 할 수 있다. 권재일(1994)에서는 ≪한글갈≫의 저술 목적을 고려했을 때 시대별이나 주제별 분류를 일차적 기준으로 삼지 않고 유별 분류를 먼저 하는 것이 타당하다고 판단했을 것이라고 설명하고 있다. 이에 비해 ≪고선책보≫는 특별한 분류 체계 없이 일차적으로 일본어 50음순을 기준으로 기술한 문헌이다. 이는 편자의 집필 의도에 따라 가장 효율적인 방식으로 제시한 것일 터이므로, 두 학자 간 인식의 차이가 극명하게 대비되는 부분이라고 할 수 있다.

이 외에도 ≪한글갈≫의 독창성이 돋보이는 부분은 계층적, 양분적 분류 방법을 따르고 있다는 점이다. 단일한 기준이 아니라 종류별, 주제별, 시대별 분류 등 여러 기준을 순차적으로 적용하였다. 덧붙여 권재일(1994)는 한문의 뒤침과 한자의 뒤침을 구별한 분류 역시 독창적인 분류 방법을 드러내 주는 것이라 하였다.

둘째, ≪한글갈≫의 고증 방법은 실증적이다. 판본에 대해 원간본과 중간본을 구별하였고, 판본과 관련하여 '덮새김'이라는 개념도 세웠다. 문헌의 간행 연대를 파악하는 데도 간기를 중시하였고, 문헌의 간행 시기도 실증적으로 고증하였다. 권재일(1994)에서는 사진 도판을 제시한 것도 고증의 실증성을 높여 주는 요인으로 꼽고 있다. 이러한 점은 ≪고선책보≫에도 동일하게 평가할 수 있는 부분이다. ≪고선책보≫ 역시 이본(異本)을 구체적인 목록으로 제시하고 있으며, 간행 연대가 명시되어 있다. 영인본의 사진 도판을 제시한 것도 일치한다. 더불어 ≪고선책

보≫에서는 저자의 초상 도판까지도 수록하였다.

셋째, ≪한글갈≫은 체계적으로 기술되었다는 특징을 보인다. 한문 뒤침 부류만 하더라도 문헌을 편찬 시기별로 나누고, 각 시기 안에서는 왕조별로 나누었으며, 각 왕조 안에서는 연도 및 주제에 따라 체계적으로 기술하였다. 또한 원간본과 중간본의 관계나 서명(書名)을 기술하는 데 있어서도 일관성을 보이고 있다.

6.1.1.3. ≪고선책보≫와 ≪한글갈≫의 대응 관계 비교

본 연구에서는 ≪한글갈≫의 표제 서명을 중심으로 이에 ≪고선책보≫가 대응되는지를 분석해 보았다. 분석한 결과 발견할 수 있었던 몇 가지 특징은 다음과 같다. 먼저 전반적으로 서목(書目) 간 일치 정도를 확인해 보았다. ≪한글갈≫에 기술된 문헌은 총 659권으로, ≪고선책보≫와 일치하는 것은 240개 항목이었다. 비율로 따져 보았을 때 약 36.4%의 일치율을 보이는 것으로 나타났다. 앞서 ≪고선책보≫와 ≪선책명제≫의 비교에서 높은 일치율을 보인 것에 비했을 때에는 다소 낮은 수치라고 할 수 있다.

이렇게 두 문헌에서 해제한 서목들 간에 상당한 차이를 보이는 것은 첫 번째로 마에마 교사쿠와 최현배의 고문헌의 범위 설정의 차이에서 기인하는 것으로 해석할 수 있다. ≪한글갈≫은 1900년대 이후 근대 문헌들까지도 목록에 포함하여 기술하고 있으나 해방 뒤의 연구 업적들은 개정판에서도 증보되지 않았다. 이와 달리 ≪고선책보≫에서는 1880년대 문헌까지를 대상으로 해제를 하였다. 실제로 ≪한글갈≫에서는 기술되어 있으나 ≪고선책보≫에는 나타나지 않는 문헌들 가운데 근대 시기의 것은 약 163권으로 불일치하는 항목 가운데 38.9%가량이나 차지하고 있다.

두 번째 요인으로는 마에마 교사쿠와 최현배의 개인적인 고문헌 수집 성향을 꼽을 수 있다. ≪한글갈≫과 비교해 보았을 때, ≪고선책보≫에는 사전 및 옥편류, 서양문적 등이 등재되지 않았다는 점이 두드러진다. 특히 ≪한글갈≫에는 서양문적은 61권이 기술되어 비대응 문헌에서 약 14.5%의 비중을 차지하고 있다.

이처럼 두 학자가 해제 대상이 되는 고문헌의 범위를 각기 다르게 설정한 것이나 특정 문헌 부류를 선호한 것은 앞서 언급한 바와 같이 이들의 역사관 및 학문관, 저서의 편찬 동기 등이 다른 방향을 지향하고 있었던 데서 그 원인을 찾을 수 있다.

6.1.2. 오구라 신페이의 ≪조선어학사≫

6.1.2.1. ≪조선어학사≫에 대한 기본적 논의

오구라 신페이는 1910년대부터 조선어 연구를 시작하여 조선어학 연구사에 관한 많은 논문을 남겼다. ≪조선어학사≫는 그 연구들의 집적물(集積物)로, 발표 논문들을 재구성한 것이다. ≪조선어학사≫는 1920년에 초판이 간행되었고, 1940년에 내용이 보충된 증보판이 간행되었다. 초판에 수록된 도서는 22종이고, 증정본은 28종이다. 이후 오구라 사후인 1964년에 그의 제자 고노 로쿠로(河野六郎)가 해방 이후에 한국과 일본에서 이루어진 한국어 연구에 관한 대표적인 저술에 관한 내용을 대폭 보강하여 ≪증보주정 조선어학사(增補注訂 朝鮮語學史)≫를 발간하였다.

≪조선어학사≫는 총 560여 편의 자료와 123명의 연구자들의 검토를 바탕으로 고문헌의 조선어 관련 기록과 조선어와 연관된 주변 언어를 상세하게 기술한 문헌이다.

서열기(1995)에서는 ≪조선어학사≫에 대해 다음과 같이 기술하고 있다.

> "사실 ≪조선어학사≫는 圖書解題式 語學史로서 韓國語의 性質系統을 밝히기 위해서 그 역사적 變遷과 國內外 學者의 韓國語에 대해서 시도했던 각종 연구의 業績을 밝히어 편찬한 冊이다. 1920年의 初版에는 韓國文字와 言語에 대한 國內外 資料와 硏究業績은 물론 우리나라에서 거두어진 語學的 認識을 종합 서술하였으며, 1940年에 第3章 朝鮮語學에 대한 부분을 增補하였다."

이러한 사실로 볼 때 ≪조선어학사≫는 개인이 편찬한 것으로, 일반적인 해제서로 보기는 어렵다. 기관 발행 해제서에 비해 수록도서에 대해서는 내용이 충실하지만 많은 도서 해제를 하지 못하고 있다(서열기 1995).

≪조선어학사≫의 국어학사적 업적에 대해서는 국내외 학자들 사이에서 평가가 갈리기도 한다. 그렇지만 한국 문자와 언어에 관한 사항들을 나라 안팎의 자료와 연구 업적을 총괄하여 연구사적으로 서술하고, 한글 연구 자료 문헌인 고문서에 대해 많은 기술을 한 것은 이 ≪조선어학사≫가 국어학사상 최초였다는 점만은 자명한 사실이다(최성옥 · 이태환 2010).

≪조선어학사≫의 서지학적 특징 중 하나는 본문의 내용이 크게 조선인 및 외국인의 조선어 연구사와 조선인의 외국어에 대한 연구사로 구성되어 있다는 점이

다. 특히 후자 부분에서는 조선인의 일본어, 지나어, 만주어, 몽골어, 여진어, 거란어 등에 관한 연구사를 검토하였다. 제3장에서는 조선어학에 관하여 사서(辭書), 음운(音韻), 어법(語法), 어계(語系), 문체(文體), 방언(方言), 어원(語源) 등 다각도에서 체계적으로 서술이 되어 있다. 제4장부터 제9장까지는 조선어와 관련된 외국어학을 개별연구사, 관련 사서, 독본, 연구자로 나누어 다루었다. 마지막 제10장에서는 앞서 다루지 않은, 비교적 비중이 적은 기타 언어에 대한 내용을 기술하고 있다.

6.1.2.2. ≪고선책보≫와 ≪조선어학사≫의 대응 관계 비교

≪조선어학사≫ 역시 6.1.1.3.에서 ≪한글갈≫과 ≪고선책보≫를 비교한 것과 동일한 방식으로 ≪고선책보≫와의 대응 관계를 검토하였다. ≪한글갈≫과는 달리 ≪조선어학사≫의 수록도서는 ≪고선책보≫의 것과 상당 부분 일치한다. ≪조선어학사≫에서 해제된 183여 권의 문헌 중 114권이 ≪고선책보≫와도 대응되고 있어 약 62.3%의 일치율을 보인다.

≪조선어학사≫에 수록된 문헌 목록들 중 ≪고선책보≫와 불일치하는 것을 제시하면 〈표 6.1〉과 같다.

특히 ≪조선어학사≫에서 ≪고선책보≫와 대응하지 않는 문헌들은 주로 1940년에 증보된 제3장 조선어학에 해당하는 부분이다. 이를 제외한 일본어학, 지나어학, 만주어학, 몽고어학, 여진어학 등 외국어에 관한 문헌에서는 비교적 대응이 잘 이루어지고 있다. 시기상으로는 조선어학사 부분에서 소개된 근대 시기의 문헌이 ≪고선책보≫에서는 해제 대상에서 제외되었다고 할 수 있겠다. 또한 ≪조선어학사≫에서는 어학사전 및 백과사전류도 기술하고 있어 이 같은 부분에서도 ≪고선책보≫와 차이를 보인다.

이상으로 ≪조선어학사≫와 ≪고선책보≫를 비교하면서 살펴본바, ≪조선어학사≫는 ≪고선책보≫와 서지학적 분류 체계에 있어서는 상이하나 수록도서만 보았을 때에는 두 문헌의 목록이 상당히 유사하다는 점이 특기할 만하다. 후자의 경우 한국인 학자와는 대비되는 일본인 학자들만의 연구 경향이 반영된 것이 아닌가 생각된다.

〈표 6.1〉 ≪고선책보≫와 불일치하는 ≪조선어학사≫ 문헌 목록

鷄林類事 麗言攷 一卷	龍歌故語箋 一卷
こほり(郡)むら(村)なる語の原義	龍龕手鏡
交隣須知 四卷	우리말본
國文正理	音韻考證
國語及び朝鮮語の數詞について	日本書紀に見えたる韓語の解釋
國語文法 一卷	日本語と朝鮮語との類似
國漢文新玉篇 一卷	日鮮同祖論 一卷
大韓文典 一卷	日鮮 いるは辭典 一卷
獨學 韓語大成 一卷	日鮮會話辭典 一卷
東雅 二十卷	日韓 善隣通語 二卷
羅馬字 索引 朝鮮地名字彙 一卷	日韓英三國對話 一卷
類苑叢寶 四十七卷	日韓兩國語の比較硏究
萬姓大同譜 二卷	日韓兩國語同系論
蒙語類解補篇 一卷	日韓通話 一卷
蒙漢韻要	字類註釋 二卷
方言集釋 寫本四卷	字典釋要 一卷
方言集釋 寫本一卷	雜攷
方言集釋 一卷寫本	全一道人 一卷
磻溪隨錄 二十六卷	朝鮮圖書解題 一卷
三韻補遺 四卷	朝鮮文字及語學史
三韻聲彙補玉篇 一卷	朝鮮書籍目錄 一卷
三學譯語 六卷	朝鮮語の先生 一卷
三學譯語 二篇	朝鮮語典 一卷
象胥紀聞拾遺 三卷	朝鮮語學
鮮譯國語大辭典 一卷	朝鮮言文 一枚摺
鮮和新辭典 一卷	朝鮮言語考
新刊排字禮部玉篇 二卷	朝鮮醫籍考 一卷
新刊排字禮部韻略玉篇	朝鮮人物號譜 二卷
新字典 一卷	中等教科 朝鮮語文典
言語の硏究と古代の文化 一卷	初等國語語典 三卷
言語に映じたる原人の思想 一卷	最新 鮮英辭典 一卷
約韻圖	衝口發 一卷
御史箴	吐高安
御定奎章全韻 一卷	韓語硏究法 一卷
譯語類解補 一卷	韓語の數詞
伍倫全備記 五卷	韓語文典
伍倫全備記諺解 五卷	韓語入門 二卷
玉篇直音	韓語通 一卷
玉彙韻考 一卷	漢吳音圖 一卷

6.1.3. 모리스 쿠랑의 ≪한국서지≫

모리스 쿠랑의 ≪한국서지≫(*Bibliographie Coréene*)는 앙리 코르디(Henri Cordier)에의 ≪중국서지≫와 오스카 나호스트의 ≪일본서지≫와 함께 동양의 3대 서지를 이룬다. 이는 1894년 제1권을 출판하였고, 1901년 증보판 제4권이 출판되었으며, ≪직지심경≫이 ≪한국서지≫에 수록되어 그 존재가 알려지기 시작하였다. 모리스 쿠랑은 1899년 구한말 프랑스대사관에 와 있던 서양인으로서, 한국 연구의 선구자이며, ≪한국서지≫에는 조선의 역사와 정치, 문자, 판소리, 음악에 이르기까지 매우 다양한 종류의 문헌이 수록되어 있다. ≪고선책보≫에서 가장 많이 인용한 해제서 중 ≪한국서지≫도 포함되어 있으며, 서열기(1995)에서도 인용한 해제서들 중 ≪한국서지≫에 대하여 상세하고 기술하고 있는바, 이에 대해서도 살펴볼 필요성이 있는 것으로 본다.

6.2. 기관 간행서

마에마 교사쿠의 ≪고선책보≫를 조선고서간행위원회가 집필한 ≪조선고서목록≫ 및 고려대학교 민족문화연구소에서 간행한 ≪한국도서해제≫와 비교해 보고자 한다. 마에마 교사쿠는 조선총독부에서 통역관으로 일하던 시절에 조선고서간행회 및 한국연구회의 회원으로서 활발하게 활동했다.

6.2.1. 조선고서간행위원회의 ≪조선고서목록≫

≪조선고서목록(朝鮮古書目錄)≫은 샤쿠오 슌죠(釋尾春芿, 1875~?)가 서문을 기술하였다. ≪조선고서목록≫은 아세아문화사에서 1972년 영인본을 간행하였으며, 145페이지로 이루어져 있다. ≪조선고서목록≫의 서문에는 다음과 같은 내용이 기술되어 있다.

"조선은 본디 古物 保存에 냉담한 태도를 지니며, 정책상 조선 이전 시기의 서적에 대하여 기록하는 일을 싫어하는 것은 國風이다. 고로 조선의 고서가 세상에 전해지는 일은 결코 적을 수밖에 없다. … 조선에는 도서를 해제한 문헌의 완성본이 없다. 뿐만 아니라 문헌들을 수집하여 큰 규모의 도서 목록을 완성해 놓은 것도 없다. 나는 이 결함을 보충하여 시대의 요구에 응하고자 하기에 도서해제를 시작하게 되었으며, 단기간에 완성하고자 한다."

즉 샤쿠오 슌죠는 서문에서 조선에서 간행된 문헌들의 목록을 수집해 놓은 것이 없음에 대하여 비판적인 시각으로 접근하고 있다. 나아가 근대 시기의 조선에 대한 연구열이 점차 높아지고 조선의 고서에 대해서도 심층적으로 살펴보고자 하는 사람들이 증가하고 있다는 것을 이유로 삼아 조선고서간행회의 위원들이 ≪조선고서목록≫을 집필하고 간행하게 되었다고 언급하고 있다.

≪조선고서목록≫의 범례에는 쿠랑의 ≪한국서지≫, ≪문헌비고≫, ≪해동역사≫ 등의 문예고(文藝考) 등을 주로 하고, 조선총독부의 도서목록, 조선왕실의 도서목록, 외국어학교 경성지부에서 발행한 한적 목록, 기타 시데하라(弊原), 가나자와(金澤), 마에마(前間), 아사미(淺見), 가와이(河合)와 같은 가문의 소장목록을 참고했다고 밝혀져 있다. 판본과 사본(寫本)의 구별 없이 이 책에서 다루는 문헌의 수는 약 3,000부이며, 현존하는 것을 중심으로 수록 및 해설하였다. 그중에는 절본(중간 중간 소실된 문헌)도 없지는 않다.

이뿐만 아니라 목록을 분류하는 기준을 정하는 데에 편집자의 고민이 있었다고 기술되어 있으며, 결국 다섯 개로 분류하여 기술하였다(經籍儒家, 歷史地理, 制度典章其他, 諸子百家其他, 文章詩歌其他). 이 책의 목적은 이를 통하여 조선 고서의 일반적인 특징에 대하여 파악할 수 있게 하는 것이다. 이로 인해 조선 연구자의 편의를 생각하여 말미에 각국의 사람들이 조선에 대하여 연구한 신구(新舊) 저서(著書)들을 개재해 둔다고 밝히고 있다.

조선고서간행회가 간행한 문헌 중에는 ≪조선군서대계(朝鮮群書大系)≫가 존재한다. ≪조선군서대계≫는 일본인에 의하여 최초로 간행된 총서로, 샤쿠오 슌죠(釋尾春芿)에 의하여 1908년 설립된 조선고서간행회에서 발간한 것이다(박영미 2013). 샤쿠오 슌죠는 1909년 ≪삼국사기≫를 시작으로 1916년까지 7년 동안에 정(正)·속(續)·속속(續續)·별집(別集) 등 4기(四期)에 걸쳐 137책의 ≪조선군서대계≫를 간행하였다. 한국의 고대시대에서 조선시대 사이에 주요한 고금 사료(史

料)를 모아 엮은 책이다.

6.2.2. 조선총독부의 ≪조선도서해제≫

≪조선도서해제≫는 일반인에게 널리 알려진 조선도서를 중심으로 세 차례에 걸쳐 편찬, 간행한 해제목록이다. 이전 시기부터 우리나라에서 간행된 문헌들은 대체로 사부 분류 체계(經·史·子·集)에 의해 배열된 단식목록(單式目錄)[3]이었으나, ≪조선도서해제≫에 이르러서는 사부 분류순 배열 외에 서명과 인명의 검색이 가능하도록 한 색인 기법이 도입되었다. 뿐만 아니라 각각의 저록에는 해당 도서의 서가상 위치를 안내해 주는 규장각도서번호가 기입되는 등 현대적 목록의 특성이 나타나게 된다(도태현 2003ㄱ: 2).

이 문헌의 목차는 '간행사 → 범례 → 본문(해제) → 부록(분류별 서명 색인과 편저자명 색인이 모두 첨부되어 있음) → 도판(圖板)'의 순서로 구성되어 있다. ≪조선도서해제≫의 편저자에 대해서는 책의 범례에서 조선총독부라는 기관명만 명시하고 있을 뿐, 실제로 해제를 담당한 사람에 대한 기록은 나타나지 않는다. 1932년에는 ≪조선도서해제≫의 중간판(重刊版)이 발행된다. 중간판은 지형을 바꾸어 전체 쪽수가 변한 것 외에 수록문헌의 종류나 해제의 내용, 편찬체제는 1919년 판과 거의 동일하다. ≪조선도서해제≫는 그 기술의 체제나 양식이 이전의 우리나라 전통적 해제목록들에 비하여 다소 정형화된 것으로 생각되며, 한편으로 편저자에 대하여 비교적 자세한 전기적 사실을 기술한다. 그리고 이렇게 함으로써 저술의 수준과 내용을 간접적으로 반영할 수 있도록 하였다(도태현 2003ㄱ). ≪조선도서해제≫는 주제, 저자명을 비롯하여 몇 가지 검색체계를 갖추고 있다.

6.2.3. 고려대학교 민족문화연구소의 ≪한국도서해제≫

우리 학자 및 기관에서 출판된 한국전적해제서(韓國典籍解題書) 중 가장 방대한 수록도서를 포함한다(서열기 1995). 그리고 이는 ≪고선책보≫가 일본인에 의해

3. 단식목록(單式目錄)은 각 문헌에 대하여 하나씩 작성된 저록들을 분류순과 같은 단일체제로 배열한 목록을 칭하는 용어로 사용된다. 단식목록 대신 '단일기입(單一記入)', '단수기입(單數記入)'이라고도 한다(도태현 2003ㄱ).

저술된 것 중 가장 거질의 것임과 일맥상통한다. 방대한 수록도서는 해제서의 1차적 평가 대상으로 볼 수 있으며, 이 두 해제서가 이 점에서 양국의 한적 해제서로서 대표성을 가진다.

≪한국도서해제≫의 범례에는 본 도서 해제는 한국 고도서 중의 중요 도서를 선정 해제하여 각국 학자를 위시하여 일반 국민이 이용함으로써 학문 연구에 참고되고, 우리 정신문화 유산을 바로 이해할 수 있는 길잡이가 된다고 기술되어 있으며, 1910년 이전에 저술된 주요 도서 5,267종을 해설하였다. 1963년부터 80여 명의 집필자가 동원되고 박종홍 박사 등 26명의 감수를 거쳐 9년 만에 출간되었다. 조선총독부가 1919년 간행한 ≪조선도서해제≫(2,700여 종)에 비하여 두 배 이상의 문헌을 해제한 것이다.

≪한국도서해제≫는 저자 중심의 해설을 지양하고 서지학적 입장에서 도서 내용을 중심으로 다루었으며, 도서의 분류별 인덱스와 귀중본 136권의 도판(圖板)을 붙여 편의와 참고 자료를 제공한다.

7. 요약 및 제언

7.1. 요약

이 책에서는 규장각한국학연구원의 신규장각 자료구축사업의 일환으로 규장각 소장 자료인 마에마 교사쿠(前間恭作, 1868~1942)의 서지 작업카드를 정리하였다. 마에마의 친필 메모인 10,461장의 카드들을 전자 파일로 만들어 그 활용 가능성을 높였다. 또한 이 카드들의 성격을 밝히고, 마에마 교사쿠의 다른 작업, 즉 ≪고선책보≫ · ≪선책명제≫와의 관련성, 그리고 동시대 학자들의 해제 작업과의 관련성을 탐구하여 그 자료적 가치를 조명하였다.

제1장에서는 연구의 필요성과 연구의 목적을 서지학적 측면과 국어학적 측면에서 살펴보고, 국내외의 연구 동향 및 연구 배경을 정리하였다. 마에마 교사쿠는 20여 년간 한국의 고서를 수집하고 그 서지사항을 정리했다. 규장각에 소장된 이 카드들은 그 메모에 해당하는 것으로 보인다. 그렇지만 총 10,461장에 달하는 방대한 분량의 카드들은 별다른 관리 조치가 취해지지 않은 채 보관되어 있었다. 이미 낡아 가고 있는 이 카드들을 각각 전자 이미지화하고 일련번호를 부여하는 등의 관리 조치가 필요했다. 또한 이 카드들이 정말 마에마의 서지 작업카드가 맞는가 하는 의문도 남아 있었다. 우리는 모든 카드를 고해상도의 전자 이미지로 만들어, 〈부록 1〉로 제시한다.[1] 그리고 이 카드들과 마에마의 저작인 ≪고선책보≫를 비교한 결과 이 둘은

1. 전자 파일화된 카드 내용은 80기가바이트 정도로 방대하다. 연구 등의 필요로 파일을 구하고자 하는 이들에게

매우 밀접한 관련을 맺고 있었다. 이를 통하여 이 카드들이 마에마의 메모 카드이며, 마에마는 이를 통해 ≪고선책보≫를 만들었음이 확실하다는 결론을 얻었다. 〈부록 2〉는 ≪고선책보≫와 규장각 소장 마에마 작업 카드를 비교, 대응한 결과이다.

본격적인 논의에 앞서 제2장에서는 마에마 교사쿠의 생애와 업적을 살펴보았다. 특히, 마에마의 대표작인 ≪고선책보≫와 ≪선책명제≫에 대하여 언급하자면, ≪고선책보≫는 표제항만 7,482종, 이본을 포함하면 총 32,353종에 달하는 방대한 분량의 한국 고서 해제이다. 그리고 그러한 ≪고선책보≫의 내용을 주제별로 묶어 펴낸 것이 ≪선책명제≫이다. 마에마 교사쿠의 이 두 저서는 서지학적으로 매우 큰 의의를 지닌다. 그러나 그 높은 자료적 가치에도 불구하고 방대한 분량으로 인해 연구자가 쉽게 접근할 수 있는 것이 아니었다. 이 책의 〈부록 2〉는 ≪고선책보≫를 전자 데이터화한 것을 바탕으로 한 것이다. 이를 통하여 ≪고선책보≫를 본격적으로 분석 · 연구할 수 있는 기틀을 마련했다고 할 수 있다.

제3장에서는 규장각 소장 마에마 카드를 본격적으로 분석했다. 먼저 3.1에서는 마에마 작업카드들을 전자 자료로 만든 작업의 내용을 상술하였다. 3.2에서는 마에마 카드들을 거시구조와 미시구조로 나누어 분석하였다. 먼저 거시구조를 살펴보면, 네 개의 상자에 나누어 담긴 총 10,461장의 마에마 작업카드는 각각 상이한 성질을 보이는 네 군(群)으로 대별됨을 확인하였으며, 이들을 각각 α군, β군, γ군, δ군이라고 명명하였다. α군 총 3,228장, β군 총 345장, δ군 총 5,782장은 각각 일본어 50음순에 따라 배열되어 있다. γ군 총 1,136장은 이들과 달리 주제 부류에 따라 묶여 있는 것으로 보인다. 각 군의 카드들은 서로 거의 중복되지 않는, 상보적인 분포를 이루고 있다. 이 카드들과 ≪고선책보≫를 비교한 결과, 총 9,045장이 ≪고선책보≫의 표제항 및 이본 서명과 대응을 이루어 86.5%의 일치율을 보이고 있다. 이러한 높은 일치율은 이 카드들이 ≪고선책보≫의 원고에 해당하는 것임을 짐작하게 한다. 그리고 주제 부류로 묶인 듯한 γ군의 존재는 주제별 해제서인 ≪선책명제≫ 작업의 일면을 보여 준다고 하겠다.

카드의 미시구조는 서명, 소장처, 저자명, 이본의 서명 및 서지사항, 일본어 50음 기호, 마에마 분류 기호 등으로 이루어져 있다. 이는 서명, 소장처, 저자명, 이본 서명 및 서지사항을 다루고 있는 ≪고선책보≫의 편제와 매우 유사하다. 이 역시 이

는 저자들에게 연락을 취하면 적절한 방법을 통하여 제공할 예정이다.

카드들이 ≪고선책보≫ 성립의 바탕이 되었음을 말해 준다. 한편 흥미로운 것은 카드에 표시된 일본어 50음 기호와 마에마 분류 기호이다. 카드에 표기된 일본어 50음 기호는 일본 한자음의 오음(吳音)과 한음(漢音) 중 일률적으로 한음을 택하고 있으며, '현대 가나 표기법(現代假名遣い)'이 아닌 '역사적 가나 표기법(歷史的假名遣い)'을 따라 기입되어 있다. 그러나 카드의 배열과 ≪고선책보≫의 수록 순서는 실제 발음을 중시하는 '현대 가나 표기법'과 관습적인 발음을 기준으로 정렬되어 있다. 카드의 기호와 카드의 배열 순서, 그리고 "현재 사람들 입에 오르는 대로"의 독법을 택하였다는 ≪고선책보≫의 〈예언〉의 기술을 통해 보았을 때 마에마 교사쿠의 고민의 흔적과 ≪고선책보≫의 성립 과정을 엿볼 수 있다. 또한, 마에마 분류 기호는 ≪선책명제≫에서 선보이는 마에마 독자적인 분류법을 반영한 것으로 짐작되며, 히라가나로 적힌 보라색 도장으로 나타나 있다. 그런데 이 기호에는 장음이 누락된다거나 어두 자음을 잘못 쓰는 등 일본인이라면 범하지 않을 오류가 나타나 있다.

제4장에서는 마에마 카드와 ≪고선책보≫, 그리고 ≪고선책보≫와 ≪선책명제≫의 관련성을 살펴보았다. 제3장에서 살펴본 것과 마찬가지로 마에마 카드와 ≪고선책보≫는 모두 실제 발음을 중시하는 '현대 가나 표기법'을 기준으로 배열되어 있다는 점, 86.5%의 높은 대응 비율을 보인다는 점에서 마에마 카드를 ≪고선책보≫를 위하여 작성된 원고의 성격을 가지는 것으로 결론지었다. 한편, 카드에는 있으나 ≪고선책보≫에는 담기지 않은 미대응 카드 1,416장은 〈부록 3〉으로 정리하였으며, 카드에는 없으나 ≪고선책보≫에는 수록된 1,267개의 미대응 항목들은 〈부록 4〉로 정리하였다.

아울러, ≪선책명제≫와 ≪고선책보≫, 마에마 카드의 비교 작업을 행하여 〈부록 5〉로 제시하였다. ≪선책명제≫는 총 12권이나 현재 권1, 권2만이 국립중앙도서관에서 열람 가능하다. 비교 작업은 이 두 권만을 대상으로 하되, 경향성을 알아보는 데에 의의를 두었다. 그 결과, ≪선책명제≫ 권1, 권2와 ≪고선책보≫는 728개 항목 중 613개 항목이 일치하여 84.2%의 일치율을 보였다. 또한, 이들 일치 항목 중 마에마 카드와 일치하는 항목은 490개로 전체적으로 67.3%의 일치율을 보이고 있다. ≪선책명제≫가 ≪고선책보≫에서 다루지 못한 서목을 수록한 것이 아니라 검색을 쉽게 하기 위해 분류법에 의해 편찬한 것이지만, 이러한 수치의 차이가 발생한 이유는 ≪고선책보≫와 ≪선책명제≫가 표제항과 하위 항목을 정하는 방식의 차이에서 오는 것으로 보인다. 한편, ≪선책명제≫의 권1, 권2는 마에마 분류에 따르면 '사기편(史記篇)'과 '기주편(記注篇)'에 해당하는데, δ군에 해당하는 카드들과 일치율이 높았다는 점을 언급해 둔다.

제5장은 마에마 카드와 ≪고선책보≫에 수록된 장서와 서목에 관한 내용이다. 마에마는 ≪고선책보≫의 〈예언〉에서 참고한 장서와 서목을 간략하게 기술하고 있다. ≪고선책보≫를 간행하는 과정에서 참고한 서목은 30개가량이며, 그가 소장했던 재산루장서를 비롯하여 당시에 존재하던 기관장서 및 개인장서들을 포함한다. 이러한 점들은 마에마 카드에도 기록되어 있으며 ≪고선책보≫에 수록된 모든 문헌의 해제 부분에도 그 참고 서목이 기술되어 있다.

제6장에서는 마에마 교사쿠의 ≪고선책보≫와 동시대에 간행된 해제서들을 비교하여 그 특징을 밝혔다. 특히 개인 저자들의 간행서인 최현배의 ≪한글갈≫, 오구라 신페이(小倉進平)의 ≪조선어학사≫, 모리스 쿠랑의 ≪한국서지≫와 비교 작업을 통해 각각의 특징을 보였다. ≪한글갈≫과의 대응 양상은 〈부록 6〉에, ≪조선어학사≫와의 대응 양상은 〈부록 7〉에 나타나 있다. 마에마의 작업은 최현배의 작업과는 고문헌의 범위뿐만 아니라 역사관 및 학문관, 편찬 동기가 상이하여 일치하는 비율이 낮았다. 이에 비하여 오구라 신페이의 ≪조선어학사≫와는 일치하는 비율이 높은데, 이것은 마에마와 오구라가 연구 성과를 공유했을 가능성을 시사한다.

이상과 같이 마에마 교사쿠의 작업카드의 성격을 밝히고 이와 밀접하게 관련된 ≪고선책보≫에 대하여 살펴보았다. 규장각 소장 마에마 작업카드는 ≪고선책보≫의 편찬으로 이어지는 마에마 교사쿠의 20년 노력의 흔적이며, ≪고선책보≫와 ≪선책명제≫의 수립 과정을 생생하게 보여 준다는 점에서 큰 의의를 가진다. 이 자료를 전자 데이터화함으로써 연구자의 활용이 용이해졌으며 누구나 쉽게 마에마의 육필에 접근할 수 있게 되었다. 본 연구를 통하여 한국의 고서를 총망라하는 해제집을 만들고자 한 마에마 교사쿠의 노력이 21세기의 형태로 빛을 보게 된 것이다.

7.2. 제언

마지막으로 이 책에서 미진하게 다룬 점과 앞으로의 활용 방안, 이러한 연구의 효용가치에 대하여 언급하도록 하겠다.

먼저 본 연구에서 미처 밝혀내지 못한 점을 정리해 두면 다음과 같다. 첫째, 마에마 카드가 α군, β군, γ군, δ군으로 나누어져 있는 이유를 밝혀야 한다. 누가 어떠한 목적을 위하여 어떠한 기준으로 이들 카드들을 이렇게 나누었는지 보다 면밀한 검토가 필요하다.

둘째, γ군의 성격을 보다 명확하게 규정해야 한다. γ군은 주제 부류로 묶여 있는 것처럼 보이나 좀 더 자세한 검토가 필요하다. 또한 이들의 배열 순서도 의문으로 남아 있다. 이 모든 연구를 위해서는 ≪고선책보≫의 데이터화를 하위 항목에 이르기까지 보다 자세하게 하는 작업이 필요할 것이다.

셋째, ≪선책명제≫ 전권에 대한 분석이 필요하다. 본 연구에서는 현재 국립중앙도서관에서 열람 가능한 권1과 권2만을 대상으로 비교 분석하였으므로, ≪고선책보≫와의 전반적인 비교 작업이 필요하다. 이러한 전반적인 분석이 앞선 두 의문, 즉 α군, β군, γ군, δ군의 성격을 밝히는 데에 큰 도움을 줄 것이라고 예상한다.

넷째, 카드에는 있으나 ≪고선책보≫에는 등재되지 않은 미대응 카드 1,416장의 성격, 그리고 카드에는 없지만 ≪고선책보≫에는 등재된 미대응 항목 1,267개의 성격을 밝혀야 한다. 이를 통하여 마에마 카드와 ≪고선책보≫의 관계가 더욱 분명해질 것이며, 마에마의 작업 방향과 그 수립 과정이 보다 분명하게 드러날 것이다.

다섯째, 마에마 카드들이 현 상태로 보관되기까지의 과정을 밝힐 필요가 있다. 카드들이 담긴 ≪일성록≫ 책상자는 비교적 최근의 것으로 보인다. 그리고 그 상자에 명명되어 있던 A, B, C, D라는 표기 역시 마에마의 것은 아닌 것으로 보인다. 누가 어떠한 이유로 이 카드들을 이렇게 관리하게 되었으며, C상자의 일부 카드들은 왜 한 장 한 장 앞뒤로 뒤집힌 채 보관되게 되었는지 등의 문제도 명확히 할 필요가 있다.

여섯째, γ군의 일부 카드에 적힌 한자음 메모의 의미가 불명이다. 이 메모들의 성격과 그 작성 목적에 대하여 연구가 필요하다.

다음으로, 우리 연구의 활용 방안을 살펴보도록 하겠다. 우리는 마에마 교사쿠의 ≪고선책보≫와 ≪선책명제≫의 일부를 전자 데이터화하였다. 총 2,031쪽에 이르는 ≪고선책보≫에 대해서는 그 서지학적 중요성에도 불구하고 방대한 분량 때문에 대략적인 연구가 이루어졌을 뿐이었다. 본 연구에서 이를 전자 데이터화함으로써 마에마의 서지학 작업에 대한 본격적인 분석과 그에 대한 재평가가 활발하게 이루어질 수 있도록 하였다. 그것은 비단 서지학 분야뿐만 아니라 역사학, 국어학, 국문학 등의 분야에서의 활용도 기대된다.

또한 이 작업카드에는 기재하고 있는 문헌들에 대하여 '규장각 소장'이라고 그 소장처를 밝히고 있다. 이들 문헌의 행방을 확인함으로써 한국 고서들의 소재처를 추적하는 데에도 활용할 수 있을 것이다.

자료는 활용할 수 있도록 정리되어야 비로소 가치를 가진다. 본 연구에서는 지금까지 그 존재조차 잊혀져 있던 마에마 카드를 정리하고 분석하여 다양한 연구자가 이에 쉽게 접근할 수 있게 하였고 학제간 연구의 틀을 마련하였다. 이러한 작업은 자료적 가치가 높은 자료를 발굴함과 동시에 그것을 활용할 수 있게 데이터베이스를 구축하였다는 점에서 큰 의의가 있다. 앞으로도 정리를 요하는 자료가 발굴된다면 본 연구의 자료 처리 방식과 분석 방법이 참조가 될 수 있으리라고 본다.

참고문헌

강복수(1974), 〈≪한글갈≫, 한글 발전의 역사〉, ≪나라사랑≫ 14, 외솔회.

강신항(1993), 〈'한글갈'의 훈민정음〉, ≪새국어생활≫ 3-3, 국립국어연구원.

곽철완(2011), ≪정보학의 이해≫, 한국도서관협회.

권재일(1994), 〈〈한글갈〉을 통해 본 외솔의 문헌 연구〉, ≪나라사랑≫ 89, 외솔회.

김근수(1976), 〈前間恭作의 韓國學 上의 功過 檢討〉, ≪韓國學≫ 9 · 10, 영신아카데미 한국학연구소.

김태웅(2008), 〈日帝强占期 京城帝國大學의 奎章閣 관리와 所藏 資料 활용〉, ≪규장각≫ 33, 규장각 한국학연구원.

김석득(1985), 〈최 현배-[한글갈]〉, ≪한글≫ 190, 한글학회.

김소희(2012), 〈≪사기영선≫의 편찬과 간행에 관한 연구〉, ≪서지학보≫ 40, 한국서지학회.

김태수(2008), ≪목록의 이해≫(개정증보판), 한국도서관협회.

김포옥 · 백항기(2011), ≪문헌분류론≫(개정판), 조은글터.

노경희(2010), 〈일제 강점기 京城 거주 일본인의 한국 고문헌 연구 활동〉, ≪서지학보≫ 35, 한국서지학회.

도태현(2003ㄱ), 〈≪朝鮮圖書解題≫의 목록적 특성에 관한 연구〉, ≪한국도서관정보학회지≫ 34-2, 한국도서관정보학회.

_____(2003ㄴ), ≪한국의 목록규칙 변천사≫, 한국도서관협회.

동아시아고대학회 편(2011), ≪동아시아 세계의 기록 문화와 학문 정신≫, 경인문화사.

모리스 쿠랑, 정기수 역(1989), ≪조선서지학서론: 서양인이 본 한국문화≫, 탐구당.

박영미(2013), 〈일본의 조선고전총서 간행에 대한 시론: 조선연구회 고서진서 간행을 중심으로〉, ≪漢文學論集≫ 37, 근역한문학회.

박재현(2000), 〈고서해제의 작성요소 및 체제에 관한 연구〉, 중앙대학교 석사학위논문.

박현규(1993), 〈18世紀 後半 韓 · 中校正刷本 ≪詳說古文眞寶大全≫과 ≪國語≫에 대한 調查 分析〉, ≪서지학보≫ 11, 한국서지학회.

배현숙(1996), ≪정보문화사≫, 아세아문화사.

백진우(2012), 〈일본 동양문고 소장 한국 고서에 대해〉, ≪열상고전연구≫ 36, 열상고전연구회.

사이토 아케미(齊藤明美)(2006), 〈明治時期 日本의 韓語 學習書 硏究: ≪交隣須知≫의 影響을 中心으로〉, 고려대학교 박사학위논문.

서앵주(1995), 〈≪朝鮮語學史≫의 書誌的 硏究: 百科辭書 · 特殊辭書를 中心으로〉, 한양대학교 교육대학원 석사학위논문.

서열기(1995), 〈≪古鮮册譜(附 · 鮮册名題)≫의 서지적 연구〉, 한양대학교 석사학위논문.

_____(1996), 〈≪古鮮册譜≫의 서지적 연구〉, ≪서지학보≫ 12, 서지학회.

서지학개론 편찬위원회 편(2004), ≪서지학개론≫, 한울.

서철원(2008), 〈≪校註 歌曲集≫을 통해 본 20세기의 고시조 향유와 전승 양상〉, ≪한국문학이론과 비평≫ 41,

한국문학이론과 비평학회.
성무경(2005), 〈주제별 분류 가곡 가집 ≪고금가곡≫의 문화도상 탐색: 마에마 교사쿠(前間恭作) 전사(轉寫) 동양문고본을 대상으로〉, ≪韓國詩歌硏究≫ 19, 한국시가학회.
시라이 준(白井順)(2011), 〈마에마 교사쿠와 손진태: 큐슈대학 소장 자이산로문고 자료를 중심으로〉, ≪근대서지≫ 4, 근대서지학회.
_____(2012), 〈前間恭作과 小倉進平의 交流: 자료 및 昭和 6年(1931)의 교류에 대하여〉, 규장각 콜로키엄 발표문.
신양선(2012), ≪조선중기 서지사 연구: 16세기 관찬서를 중심으로≫, 혜안.
안춘근(1974), 〈≪朝鮮の板本≫〉, ≪韓國學≫ 2, 영신아카데미 한국학연구소.
여강출판사(驪江出版社)(1990), ≪日本所在韓國古文獻目錄≫(全四冊), 驪江出版社.
염정삼 외(2013), ≪문헌과 주석≫, 소명출판.
오용섭(2006), 〈버클리대학 아사미문고의 선본〉, ≪서지학보≫ 30, 한국서지학회.
유창균(1974), 〈≪한글갈≫, 국어학사〉, ≪나라사랑≫ 14, 외솔회.
윤남한(1974), 〈≪고선책보≫〉, ≪韓國學≫ 2, 영신아카데미 한국학연구소.
이강민(1998), 〈아스톤 본(本) ≪교린수지≫의 일본어〉, ≪日本學報≫ 41, 한국일본학회.
이병근 외(2007), ≪일제 식민지 시기 한국의 언어와 문학≫, 서울대학교출판부.
이재철(1975), 〈한국에서의 고전적분류고〉, ≪민족문화≫ 1.
이현희(1993), 〈龍歌故語箋〉, ≪주시경학보≫ 11, 탑출판사.
_____(1996), 〈韓國語辭典과 古語〉, ≪冠嶽語文硏究≫ 21, 서울대학교 국어국문학과.
_____(2012), 〈權悳奎의 생애와 그의 국어학적 업적에 대한 연구〉, ≪규장각≫ 41, 규장각한국학연구원.
이현희 · 가와사키 케이고(河崎啓剛)(2011), 〈奎章閣韓國學硏究院 所藏 ≪校訂交隣須知原稿≫에 대하여〉, ≪서지학보≫ 37, 한국서지학회.
이호권(1993), 〈'한글갈'의 문헌 연구〉, ≪새국어생활≫ 3-3, 국립국어원.
이홍직(1958), 〈(서평) 前間恭作編: 古鮮冊譜[三冊]〉, ≪亞細亞硏究≫ 1-2, 고려대학교 아세아문제연구소.
임용기(2000), 〈≪한글갈≫을 통해 본 국어학 연구의 방향: 외솔의 역자류 전적 해제를 중심으로〉, ≪나라사랑≫ 100, 외솔회.
장을연(2009), 〈冊文의 筆寫本에 관한 서지학적 고찰〉, ≪서지학보≫ 33, 한국서지학회.
정광 외(2000), 〈외국 국어사 자료연구(1): 일본의 東京大學 圖書館 小倉文庫와 駒澤大學 金澤 · 江田文庫 소장자료를 중심으로〉, ≪국어사연구≫ 1, 국어사학회.
정동열 · 김성진(2010), ≪문헌정보학: 이론과 원칙≫, 한국도서관협회.
James M. O'Toole, 이승억 역(2004), ≪기록의 이해≫, (한국국가기록원 기록학 번영총서 50, (SAA) 기록학기초시리즈 5), 진리탐구.
조선고서간행회(1972), ≪(影印)朝鮮古書目錄≫, 亞細亞文化社.
진태하(1991), 〈前間恭作(1915), ≪계림유사 여언고≫〉, ≪주시경학보≫ 9, 탑출판사.
천혜봉(1970), ≪古書分類目錄法≫ 상 · 하, 韓國圖書館協會.
최성옥 · 이태환(2010), 〈오구라신뻬(小倉進平)의 ≪조선어학사(朝鮮語學史)≫ 재평가: 金允經의 ≪朝鮮文字及語學史≫와 비교를 중심으로〉, ≪일본문화연구≫ 36.
최인실(2012), 〈≪택리지≫ 초기 필사본 추정을 위한 서지적 고찰〉, ≪서지학보≫ 40, 한국서지학회.
최현배(1940), ≪한글갈≫, 정음사.
_____(1961), ≪고친 한글갈≫, 정음사.

최혜주(2005), 〈일제강점기 조선연구회의 활동과 조선인식〉, ≪한국민족운동사연구≫ 42, 한국민족운동사학회.
_____(2007), 〈일본 동양학회의 식민 활동과 조선인식: 동양시보를 중심으로〉, ≪한국민족운동사연구≫ 51, 한국민족운동사학회.
_____(2009), 〈한말 일제하 재조일본인의 조선고서 간행사업〉, ≪대동문화연구≫ 66, 성균관대학교 대동문화연구원.
_____(2010), 〈근대 일본의 한국사관과 역사왜곡〉, ≪한국독립운동사연구≫ 35, 독립기념관 한국독립운동연구소.
테라무라 마사오(寺村政男)(2010), 〈조선시대 한어(漢語)교과서 ≪훈세평화≫: 동아시아의 관점에서〉, ≪儒教文化研究≫ 15, 성균관대학교 유교문화연구소.
한재영(2004), 〈한글 옛 文獻 情報 調査 硏究: 16世紀의 國語資料를 中心으로〉, ≪語文硏究≫ 32, 어문학회.
허영란(2006), 〈일본 궁내청 서릉부와 한국 고도서〉, ≪역사와 현실≫ 59, 한국역사연구회.
허 웅(1974), 〈외솔 선생의 생애와 학문〉, ≪나라사랑≫ 14, 외솔회.
현영아(1996), 〈近代 韓國의 古典籍 書目에 관한 硏究〉, ≪인문과학연구논총≫ 14, 명지대학교 인문과학연구소.
후지모토 유키오(藤本幸夫)(2003), 〈일본 소장 한국학 자료의 현황과 연구 동향〉, ≪국학연구≫ 2, 한국국학진흥원.

小倉進平(1940), ≪(增訂)朝鮮語學史≫, 東京: 刀江書院.
小倉進平 著, 河野六郎 補注(1964), ≪(增訂補注)朝鮮語学史≫, 東京: 刀江書院.
京都大學文學部會 國語學國文學研究室 編(1974), 前間恭作著作集(上,下), 京都大學國文學會.
申忠均(2000), 〈≪隣語大方≫の假定條件表現: 朝鮮資料の流れから〉, ≪日本語文學≫ 9, 韓國日本語文學會.
末松保和(1956), 〈前間先生小傳〉, ≪古鮮册譜≫, 東洋文庫.
朝鮮總督府(1969), ≪(影印)朝鮮圖書解題≫, 東京; 名著刊行會.
鄭世桓(2010), 〈朝鮮語學習書≪韓語通≫の言語學的一考察 - 動詞についての記述を中心に〉, ≪日本近代學研究≫ 27, 韓國日本近代學會.
前間恭作(1936), ≪鮮册名題(複寫板)≫, 筆寫本.

부록

부록 1. 규장각 소장 마에마 교사쿠 서지 작업카드
부록 2. ≪고선책보≫와 마에마 카드의 대응 양상
부록 3. ≪고선책보≫ 미대응 카드 일람
부록 4. ≪고선책보≫ 미대응 항목 일람
부록 5. ≪고선책보≫, ≪선책명제≫, 마에마 카드의 대응 양상
부록 6. ≪고선책보≫와 ≪한글갈≫의 대응 양상
부록 7. ≪고선책보≫와 ≪조선어학사≫의 대응 양상

부록 1. 규장각 소장 마에마 교사쿠 서지 작업카드

◎ 일러두기

- 〈부록 1〉은 규장각 소장 마에마 교사쿠의 서지 작업카드 10,461장을 전자 이미지 파일로 만든 자료이다. 파일 용량은 총 80기가바이트에 달하며 필요로 하는 독자에게는 따로 전할 수 있는 방안을 모색하기로 한다.
- 이미지 파일의 파일명은 이 책의 3.2.1에서 설명한 바와 같이 마에마 카드의 일련번호와 일치한다. 일련번호는 다음과 같이 두 부분으로 구성된다.

상자명 및 열명 + 누적 번호

예) a01_0001

또한, 양면에 기입된 카드의 경우에는 뒷면을 가리키는 카드에도 앞면을 가리키는 카드와 동일한 일련번호를 부여하되, '뒷면(back)'을 뜻하는 'b'를 첨가하였다.

예) a01_0003b

- 상자명 및 열명을 폴더명으로 하여 해당 이미지 파일을 저장하였다.
- 일련번호의 누적 번호에는 '결번'이 존재한다. 그에 대해서는 본문의 〈표 3.2〉나 〈부록 3〉을 참조하기 바란다.
- 자세한 사항은 3.1.1을 참조하기 바란다.

〈예시〉

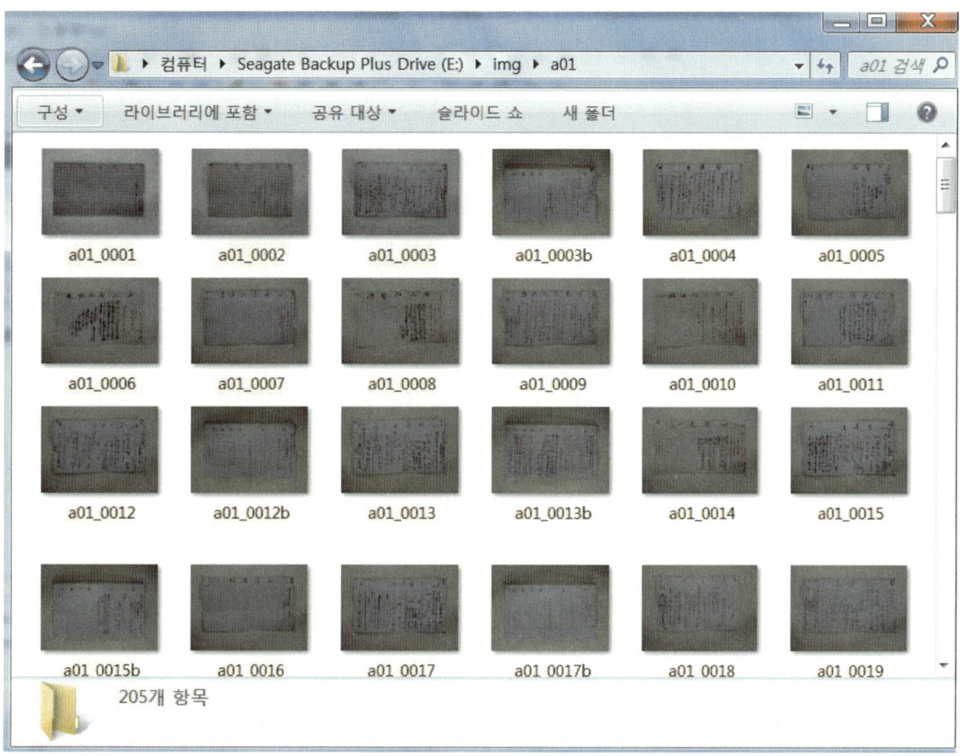

컴퓨터 ▸ Seagate Backup Plus Drive (E:) ▸ img ▸ a01
a01 검색
구성 ▾
라이브러리에 포함 ▾
공유 대상 ▾
슬라이드 쇼
새 폴더
a01_0001
a01_0002
a01_0003
a01_0003b
a01_0004
a01_0005
a01_0006
a01_0007
a01_0008
a01_0009
a01_0010
a01_0011
a01_0012
a01_0012b
a01_0013
a01_0013b
a01_0014
a01_0015
a01_0015b
a01_0016
a01_0017
a01_0017b
a01_0018
a01_0019
205개 항목

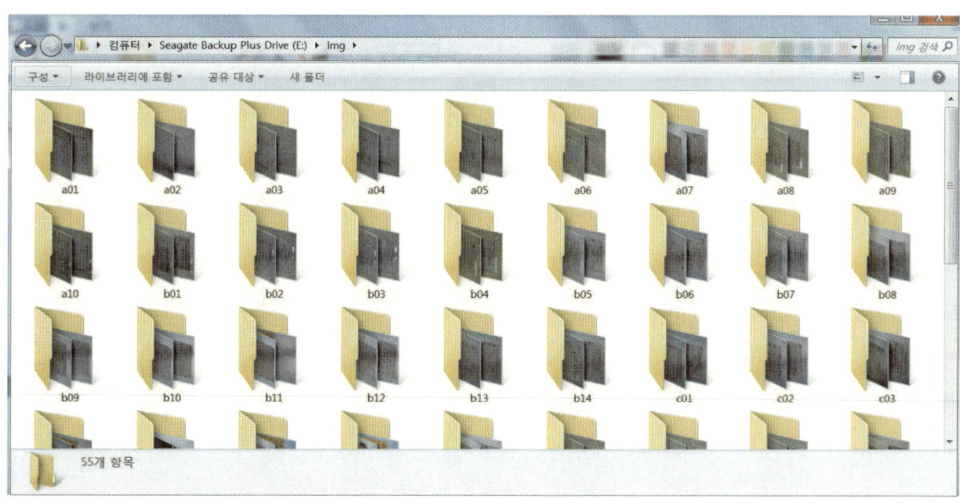

컴퓨터 ▸ Seagate Backup Plus Drive (E:) ▸ img ▸
img 검색
구성 ▾
라이브러리에 포함 ▾
공유 대상 ▾
새 폴더
a01
a02
a03
a04
a05
a06
a07
a08
a09
a10
b01
b02
b03
b04
b05
b06
b07
b08
b09
b10
b11
b12
b13
b14
c01
c02
c03
55개 항목

부록 2. ≪고선책보≫와 마에마 카드의 대응 양상

◎ 일러두기

- 〈부록 2〉는 ≪고선책보(古鮮冊譜)≫와 마에마 카드의 대응 양상을 살펴본 작업 결과물이다. 지면 관계상 여기에서 제시하는 정보는 '고선책보 수록 페이지', '문헌명', '저자', '이본 서명 및 상호참조' 그리고 '대응 카드' 등 주요 정보만을 제시한다. 한편, 규장각에 제출된 〈부록 2〉 파일에는 이러한 주요 정보 외에도 '서지사항', '출전서목', '기타' 정보도 입력되어 있다.
- 본 자료는 한자를 입력할 때 아래의 원칙을 따랐다.

1) 한중일 통합 한자(CJK Unfied Ideographs)의 사용
본 전자 자료에서 한자를 입력하는 데 있어서는, Unicode 상의 '한중일 통합 한자'(CJK Unified Ideographs, U+4E00~U+9FFF) 및 '한중일 통합 한자 확장 A'(CJK Unified Ideographs Extension A, U+3400~U+4DBF)에 수록되어 있는 한자만을 사용하였고, '한중일 호환용 한자'(CJK Compatibility Ideographs, U+F900~U+FAFF) 영역의 한자들은 사용하지 않았다.

즉, 예를 들어 "來", "樂" 등의 한자를 입력하는 데 있어서는, 통일적으로 '한중일 통합 한자'인 "來(래)"(U+4F86), "樂(악)"(U+6A02)만을 사용하였으며, '한중일 호환용 한자' 영역에 있는 "來(내)"(U+F92D), "樂(락)"(U+F95C), "樂(낙)"(U+F914), "樂(요)"(U+F9BF) 등은 사용하지 않았음을 의미한다.

이는 중국, 대만, 일본 등 한국 이 외의 한자권의 입력기로 입력된 한자들과의 상호 호환성을 보증하고 서로 검색이 가능하게 만들기 위한 처리이다. 자료 중의 모든 서명은 한글 독음과 병렬되어 있기 때문에, 한국어에 의한 서명 검색에 큰 지장은 없을 것이다. 만약에 한국어 환경에서 한자에 의한 검색을 실행할 경우의

요령은, 한국 이 외의 한자권에서 입력된 한자자료를 검색하는 일반적인 경우와 같다.[1]

2) 자형의 표현 방식

'한 · 중 · 일 통합 한자' 및 '한중일 통합 한자 확장 A'에 수록되어 있지 않은 한자가 필요한 경우에는, 다음과 같은 방식으로, [ ]에 의해 조합식으로 자형을 표현하도록 한다.

① [AB]는, A가 좌측에, B가 우측에 위치하는 한 글자임을 표현한다.
　　예: [日月] → 밝을 明(명)

② [A/B]는, A가 위에, B가 아래에 위치하는 한 글자임을 표현한다.
　　예: [田/力] → 사내 男(남)

③ 필요에 따라 ( )를 사용하여 묶는다.
　　예: [言(五/口)] → 말씀 語(어)

---

1. 구체적으로는, 다음의 한자들('한 · 중 · 일 호환용 한자' 영역에 속하는 U+F900~U+FA0B)을 입력하는 데 있어서, 왼쪽의 한자음을 쓰지 말고 오른쪽의 한자음으로 입력하면 '한 · 중 · 일 통합 한자'가 입력된다.

> 豈(개〉기), 更(갱〉경), 車(거〉차), 賈(고〉가), 滑(골〉활), 串(곶〉관), 句(귀〉구), 龜(귀〉구), 龜(균〉구), 契(글〉계), 金(김〉금), 喇(나〉라), 奈(나〉내), 懶(나〉라), 癩(나〉라), 羅(나〉라), 蘿(나〉라), 螺(나〉라), 裸(나〉라), 邏(나〉라), 樂(낙〉악), 洛(낙〉락), 烙(낙〉락), 珞(낙〉락), 落(낙〉락), 酪(낙〉락), 駱(낙〉락), 亂(난〉란), 卵(난〉란), 欄(난〉란), 爛(난〉란), 蘭(난〉란), 鸞(난〉란), 嵐(남〉람), 濫(남〉람), 藍(남〉람), 襤(남〉람), 拉(납〉랍), 臘(납〉랍), 蠟(납〉랍), 廊(낭〉랑), 朗(낭〉랑), 浪(낭〉랑), 狼(낭〉랑), 郎(낭〉랑), 來(내〉래), 冷(냉〉랭), 勞(노〉로), 擄(노〉로), 櫓(노〉로), 爐(노〉로), 盧(노〉로), 老(노〉로), 蘆(노〉로), 虜(노〉로), 路(노〉로), 露(노〉로), 魯(노〉로), 鷺(노〉로), 碌(녹〉록), 祿(녹〉록), 綠(녹〉록), 菉(녹〉록), 錄(녹〉록), 鹿(녹〉록), 論(논〉론), 壟(농〉롱), 弄(농〉롱), 籠(농〉롱), 聾(농〉롱), 牢(뇌〉뢰), 磊(뇌〉뢰), 賂(뇌〉뢰), 雷(뇌〉뢰), 壘(누〉루), 屢(누〉루), 樓(누〉루), 淚(누〉루), 漏(누〉루), 累(누〉루), 縷(누〉루), 陋(누〉루), 勒(늑〉륵), 肋(늑〉륵), 凜(늠〉름), 凌(능〉릉), 稜(능〉릉), 綾(능〉릉), 菱(능〉릉), 陵(능〉릉), 讀(두〉독), 拏(라〉나), 樂(락〉악), 諾(락〉낙), 丹(란〉단), 寧(령〉녕), 怒(로〉노), 率(률〉솔), 異(리〉이), 北(배〉북), 磻(번〉반), 便(변〉편), 復(복〉부), 不(부〉불), 泌(비〉필), 數(삭〉수), 索(삭〉색), 參(삼〉참), 塞(색〉새), 省(생〉성), 葉(섭〉엽), 說(세〉설), 殺(쇄〉살), 辰(신〉진), 沈(심〉침), 拾(십〉습), 若(야〉약), 掠(약〉략), 略(약〉략), 亮(앙〉량), 兩(양〉량), 凉(양〉량), 梁(양〉량), 糧(양〉량), 良(양〉량), 諒(양〉량), 量(양〉량), 勵(여〉려), 呂(여〉려), 女(여〉녀), 廬(여〉려), 旅(여〉려), 濾(여〉려), 礪(여〉려), 閭(여〉려), 驪(여〉려), 麗(여〉려), 黎(여〉려), 力(역〉력), 曆(역〉력), 歷(역〉력), 轢(역〉력), 年(연〉년), 憐(연〉련), 戀(연〉련), 撚(연〉년), 漣(연〉련), 煉(연〉련), 璉(연〉련), 秊(연〉년), 練(연〉련), 聯(연〉련), 輦(연〉련), 蓮(연〉련), 連(연〉련), 鍊(연〉련), 列(열〉렬), 劣(열〉렬), 咽(열〉인), 烈(열〉렬), 裂(열〉렬), 說(열〉설), 廉(염〉렴), 念(염〉념), 捻(염〉념), 殮(염〉렴), 簾(염〉렴), 獵(엽〉렵), 令(영〉령), 囹(영〉령), 寧(영〉녕), 嶺(영〉령), 怜(영〉령), 玲(영〉령), 瑩(영〉형), 羚(영〉령), 聆(영〉령), 鈴(영〉령), 零(영〉령), 靈(영〉령), 領(영〉령), 例(예〉례), 禮(예〉례), 醴(예〉례), 隸(예〉례), 惡(오〉악), 了(요〉료), 僚(요〉료), 寮(요〉료), 尿(요〉뇨), 料(요〉료), 樂(요〉악), 燎(요〉료), 療(요〉료), 蓼(요〉료), 遼(요〉료), 龍(용〉룡), 暈(운〉훈), 阮(원〉완), 劉(유〉류), 杻(유〉뉴), 柳(유〉류), 流(유〉류), 溜(유〉류), 琉(유〉류), 留(유〉류), 硫(유〉류), 紐(유〉뉴), 類(유〉류), 六(육〉륙), 戮(육〉륙), 陸(육〉륙), 倫(윤〉륜), 崙(윤〉륜), 淪(윤〉륜), 輪(윤〉륜), 律(율〉률), 慄(율〉률), 栗(율〉률), 率(율〉솔), 隆(융〉륭), 利(이〉리), 吏(이〉리), 履(이〉리), 易(이〉역), 李(이〉리), 梨(이〉리), 泥(이〉니), 理(이〉리), 痢(이〉리), 罹(이〉리), 裏(이〉리), 裡(이〉리), 里(이〉리), 離(이〉리), 匿(익〉닉), 溺(익〉닉), 吝(인〉린), 燐(인〉린), 璘(인〉린), 藺(인〉린), 隣(인〉린), 鱗(인〉린), 麟(인〉린), 林(임〉림), 淋(임〉림), 臨(임〉림), 立(입〉립), 笠(입〉립), 粒(입〉립), 狀(장〉상), 炙(적〉자), 識(지〉식), 什(집〉십), 茶(차〉다), 刺(척〉자), 切(체〉절), 度(탁〉도), 拓(탁〉척), 糖(탕〉당), 宅(택〉댁), 洞(통〉동), 暴(포〉폭), 輻(폭〉복), 行(항〉행), 降(항〉강), 見(현〉견), 廓(확〉곽)

[(女又)/力]　　→　　힘쓸 努(노)

④ 기타 자형에 관해 특기사항이 있을 경우에는, 설명을 추가하도록 한다.

≪古鮮冊譜≫ 第一冊 (v.1 p.1~619)

쪽수	문헌명	저자	이본서명 및 상호참조	대응카드
v.1 p.1	阿彌陀經(아미타경)			b07_1224-1226
v.1 p.1	愛懶子稿(애라자고)		耐齋集을 보라	a01_0002
v.1 p.1	握機橐籥(악기탁약)	林懽 著(임환 저)		c01_0003
v.1 p.2	握奇圖說(악기도설)	梁垸 著(양완 저)		c01_0004
v.1 p.2	幄對說話(악대설화)			c01_0005, c01_0007
v.1 p.2	安窩遺稿(안와유고)	洪樂仁 著(홍낙인 저)		a01_0003
v.1 p.2	按覈使奏本(안핵사주본)			c01_0008
v.1 p.2	行宮便殿奏箚(행궁편전주차)		朱文公行宮便殿奏箚를 보라	
v.1 p.3	安峽邑誌(안협읍지)			c01_0010
v.1 p.3	安齋集(안재집)	成任 著(성임 저)		a01_0004
v.1 p.3	安齋集(안재집)	張瑠 著(장류 저)		a01_0005
v.1 p.3	安山金氏家乘(안산김씨가승)			a01_0006
v.1 p.3	安山金氏族譜(안산김씨족보)			a01_0007
v.1 p.3	安山邑誌(안산읍지)			c01_0012
v.1 p.3	安氏列賢傳(안씨열현전)	車知玉 著(차지옥 저)		a01_0008
v.1 p.4	安州邑誌(안주읍지)			c01_0013
v.1 p.4	安城邑誌(안성읍지)			c01_0014
v.1 p.4	安宅記(안택기)	崔河臨 著(최하림 저)		c01_0015
v.1 p.4	安東金氏族譜(안동김씨족보)			a01_0009-0010
v.1 p.4	安東權氏族譜(안동권씨족보)			a01_0011
v.1 p.4	安東太師廟事蹟抄畧(안동태사묘사적초략)	金履翼 著(김이익 저)		c01_0017-0018
v.1 p.5	安東邑誌(안동읍지)		花山誌를 보라	c01_0019
v.1 p.5	安南使臣唱和集(안남사신창화집)	李睟光 著(이수광 저)		c01_0020
v.1 p.5	安分堂詩集(안분당시집)	李希輔 著(이희보 저)		a01_0012
v.1 p.5	安平大君筆迹(안평대군필적)			b13_2348-2350
v.1 p.5	帷幄龜鑑(유악귀감)			c01_0022
v.1 p.6	頤庵遺稿(이암유고)	宋寅 著(송인 저)		a01_0013-0014
v.1 p.6	怡庵遺稿(이암유고)			a01_0016
v.1 p.6-7	韋庵集(위암집)	李最中 著(이최중 저)		a01_0015
v.1 p.7	韋庵詩錄(위암시록)	金相岳 著(김상악 저)		a01_0017
v.1 p.7	易安堂文集(이안당문집)	趙天經 著(조천경 저)		a01_0018
v.1 p.7	畏窩集(외와집)	崔琳 著(최림 저)		a01_0019-0020
v.1 p.7	醫科八世譜(의과팔세보)			c01_0023
v.1 p.7	醫鑑集要(의감집요)			c01_0024
v.1 p.7	爲學之方圖(위학지방도)	成渾 鈔(성혼 초)		b07_1227-1228
v.1 p.8	醫學正傳(의학정전)	明 虞摶 著(명 우박 저)		b07_1229
v.1 p.8	醫學入門(의학입문)	明 李梴 著(명 이정 저)		b07_1230
v.1 p.9	彝阮尺辭(이완척사)			a01_0021

v.1 p.9	醫眼方(의안방)			c01_0025
v.1 p.9	伊溪集(이계집)	李賓國 著(이빈국 저)		a01_0022
v.1 p.9	惟輕錄(유경록)			c01_0026
v.1 p.9	遺賢遺逸(유현유일)			c01_0027
v.1 p.9	委巷瑣聞(위항쇄문)			c01_0030
v.1 p.9	彙語(휘어)	金搢 著(김진 저)		c01_0031-0033
v.1 p.10	頤齋遺稿(이재유고)	黃胤錫 著(황윤석 저)		a01_0024-0025
v.1 p.10	頤齋集(이재집)	曹友仁 著(조우인 저)		a01_0026
v.1 p.11	畏齋集(외재집)	李端夏 著(이단하 저)		a01_0027
v.1 p.11	頤齋集(이재집)	李義肅 著(이의숙 저)		a01_0028
v.1 p.11	彝齋實記(이재실기)			a01_0029
v.1 p.12	畏齋存守錄(외재존수록)	李端夏 著(이단하 저)	인물은 畏齋集의 아래에 기록되어 있음	a01_0030
v.1 p.12	彙纂功過格(휘찬공과격)			b07_1232
v.1 p.12	彙纂高麗史(휘찬고려사)	洪汝河 著(홍여하 저)		c01_0034-0035
v.1 p.12	韋士集(위사집)	申錫禧 著(신석희 저)		a01_0031
v.1 p.12	醫書纂要(의서찬요)		丹溪纂要라는 이름으로도 불림	b07_1231, b07_1233
v.1 p.12	爲將必覽(위장필람)	英祖王 御製(영조왕 어제)		c01_0036
v.1 p.13	懿昭廟營建儀軌(의소묘영건의궤)		宗廟儀軌의 아래를 보라	
v.1 p.13	肄陣總方(이진총방)	正祖王 御製(정조왕 어제)		c01_0037-0038
v.1 p.13	醫說(의설)	宋 張杲 著(송 장고 저)		b07_1234
v.1 p.13	伊川邑誌(이천읍지)			c01_0039
v.1 p.13	韋蘇州集(위소주집)	唐 韋應物 著(당 위응물 저)		b07_1235
v.1 p.14	彙叢(휘총)			c01_0040-0041
v.1 p.14	醫宗損益(의종손익)	黃道純 著(황도순 저)		c01_0042
v.1 p.14	彝尊錄(이존록)	金宗直 著(김종직 저)		c01_0043-0045
v.1 p.14-15	位版造成儀軌(위판조성의궤)		宗廟儀軌의 아래를 보라	
v.1 p.14-15	已百編(이백편)	徐耕輔 編(서경보 편)		c01_0046
v.1 p.14-15	醫方活套(의방활투)	黃道純 著(황도순 저)		c01_0047-0050
v.1 p.16	醫方類聚(의방유취)	世宗王朝 官撰(세종왕조 관찬)		c01_0051
v.1 p.16	醫脈眞經(의맥진경)	宋 楊士瀛 撰(송 양토영 찬)		b07_1236
v.1 p.16	醫藥論(의약론)			c01_0053
v.1 p.16	伊洛淵源錄(이락연원록)			b07_1237-1238
v.1 p.17	醫閭集(의려집)			b07_1239
v.1 p.17	懿陵誌狀(의릉지장)		列聖誌狀을 보라	
v.1 p.17	醫林撮要(의림촬요)	楊禮壽 等 著(양예수 등 저)		c01_0055
v.1 p.17	伊路波(이로파)			c01_0056
v.1 p.17	育英姓彙(육영성휘)			c01_0058
v.1 p.17	一庵遺稿(일암유고)	尹東源 著(윤동원 저)		a01_0032
v.1 p.18	一广遺稿(일엄유고)	金相日 著(김상일 저)		a01_0033-0034
v.1 p.18	一庵集(일암집)			a01_0036
v.1 p.18	一庵行狀(일암행장)	李光庭 著(이광정 저)		a01_0035
v.1 p.18	逸翁集(일옹집)	崔希亮 著(최희량 저)		a01_0037
v.1 p.18	一何翁文集別錄(일하옹문집별록)			a01_0038

v.1 p.19	一齋集(일재집)	權漢功 著(권한공 저)		a01_0039
v.1 p.19	一齋集(일재집)	李恒 著(이항 저)		a01_0040-0041
v.1 p.20	逸史記聞(일사기문)	撰人不詳(찬인불상)		c01_0059
v.1 p.20	一松集(일송집)	沈喜壽 著(심희수 저)		a01_0042
v.1 p.21	一松南遊錄(일송남유록)	朴榮汶 著(박영문 저)		a01_0043
v.1 p.21	一善志(일선지)	崔晛 著(최현 저)		c01_0060
v.1 p.21	一蠹實紀(일두실기)		文獻公實紀를 보라	a01_0044
v.1 p.21	逸圃集(일포집)	朴時源 著(박시원 저)		a01_0045
v.1 p.21	一峯集(일봉집)	趙顯期 著(조현기 저)		a01_0046
v.1 p.22	一峯集(일봉집)			a01_0047
v.1 p.22	一夢雜著(일몽잡저)			a01_0048
v.1 p.22	一默軒集(일묵헌집)	趙正緯 著(조정위 저)		a01_0049
v.1 p.22	陰雨備(음우비)			c01_0061
v.1 p.22	韻會(운회)(本名 古今韻會(고금운회))			b07_1241, c01_0062-0064, b07_1362-1363
v.1 p.24	韻會玉篇(운회옥편)		韻會를 보라	c01_0062-0064
v.1 p.24	陰崖雜記(음애잡기)			a01_0052-0053
v.1 p.24	陰崖集(음애집)	李耔 著(이자 저)		a01_0054
v.1 p.25	因繼錄(인계록)		公私見聞을 보라	c01_0065
v.1 p.25	韻考(운고)		三韻通考를 보라	c01_0066
v.1 p.25	殷山邑誌(은산읍지)			c01_0067
v.1 p.25	允摯堂遺稿(윤지당유고)	申光裕 妻 任氏 著(신광유 처 임씨 저)		a01_0056
v.1 p.26	陰隲文註解(음척문주해)			b07_1242
v.1 p.26	印信謄錄(인신등록)			c01_0069
v.1 p.26	陰城邑誌(음성읍지)			c01_0070
v.1 p.26	引接說話(인접설화)			c01_0071
v.1 p.26	陰竹邑誌(음죽읍지)			c01_0072
v.1 p.26	尹忠憲公實記(윤충헌공실기)		通名 後村實記	a01_0057-0058
v.1 p.26	尹斗壽神道碑(윤두수신도비)	明 汪輝 書(명 왕휘 서)		a01_0059
v.1 p.26	隱坡集(은파집)	申命鼎 著(신명정 저)		a01_0060
v.1 p.27	蔭譜(음보)			c01_0073-0074
v.1 p.27	韻府群玉(운부군옥)			b07_1243-1244
v.1 p.27	陰符經註解(음부경주해)	張維 著(장유 저)	인물은 谿谷集의 아래에 기록되어 있음	b07_1245
v.1 p.27	尹文肅公實蹟(윤문숙공실적)			a01_0061
v.1 p.28	隱峯全書(은봉전서)	安邦俊 著(안방준 저)		a01_0062-0064
v.1 p.29	隱峯野史別錄(은봉야사별록)	安邦俊 著(안방준 저)	인물은 隱峯全書의 아래에 기록함	a01_0065
v.1 p.29	殷栗縣邑誌(은율현읍지)			c01_0075
v.1 p.29	尹鈴原事蹟(윤령원사적)		鈴原府院君事蹟을 보라	a01_0066
v.1 p.29	雨溪集(우계집)	李洸 著(이광 저)		a01_0067
v.1 p.29	雨溪集(우계집)	金命錫 著(김명석 저)		a01_0068
v.1 p.29	迂齋集(우재집)	趙持謙 著(조지겸 저)		a01_0069
v.1 p.30	迂山稿(우산고)	李承元 著(이승원 저)		a01_0070

v.1 p.30	右侍御廳薦案(우시어청천안)			
v.1 p.30	雩沙集(우사집)	李世白 著(이세백 저)		a01_0071
v.1 p.30	迂書(우서)			c01_0076
v.1 p.30	宇宙說(우주설)		旅軒性理說을 보라	c01_0077
v.1 p.31	宇宙要括(우주요괄)			c01_0078-0079
v.1 p.31	雨念齋集(우념재집)	李鳳煥 著(이봉환 저)		a01_0151
v.1 p.31	蔚山邑誌(울산읍지)			c01_0080
v.1 p.31	蔚山朴氏族譜(울산박씨족보)			a01_0152
v.1 p.31	尉遲敬德傳(울지경덕전)			c01_0081
v.1 p.31	尉繚子(위료자)		武經七書를 보라	
v.1 p.32	雲庵集(운암집)			a01_0153
v.1 p.32	雲英傳(운영전)			c01_0083
v.1 p.32	雲烟過眼錄(운연과안록)		金石過眼錄을 보라	c01_0085
v.1 p.32	芸窩集(운와집)	洪重聖 著(홍중성 저)		a01_0154
v.1 p.32	雲科榜目(운과방목)			c01_0086
v.1 p.33	芸閣冊都錄(운각책도록)			c01_0087
v.1 p.33	芸閣唐字藪(운각당자수)		字藪를 보라	c01_0088-0089
v.1 p.33	雲觀節目(운관절목)		觀象監節目을 보라	c01_0091
v.1 p.33	雲漢篇(운한편)			c01_0092
v.1 p.33	雲巖逸稿(운암일고)	李興 著(이흥 저)		a01_0155
v.1 p.33	雲巖逸稿(운암일고)	金祿 著(김록 저)		a01_0156-0157
v.1 p.33	雲巖雜記(운암잡기)	柳成龍 著(유성룡 저)		c01_0093
v.1 p.34	雲巖實記(운암실기)		車文節公遺事의 하단부분을 참고하여 보시오	a01_0159
v.1 p.34	雲巖雪冤錄(운암설원록)		車雲巖雪冤錄을 보라	a01_0158
v.1 p.34	雲溪漫稿(운계만고)	金鍾正 著(김종정 저)		a01_0160
v.1 p.34	雲湖集(운호집)	任靖周 著(임정주 저)		a01_0161
v.1 p.34	雲岡集(운강집)	朴時默 著(박시묵 저)		a01_0164
v.1 p.34	雲皐集(운고집)	金在堉 著(김재육 저)		a01_0162
v.1 p.34	雲谷集(운곡집)	宋翰弼 著(송한필 저)	인물은 龜峯集 아래에 첨부되어 있음	a01_0165
v.1 p.35	雲谷集(운곡집)	釋冲徽 著(석충휘 저)		a01_0166
v.1 p.35	篔谷集(운곡집)	鄭宗悳 著(정종덕 저)		a01_0167
v.1 p.35	耘谷事蹟(운곡사적)			a01_0168-0169
v.1 p.35	雲谷文艸(운곡문초)	李羲發 著(이희발 저)		a01_0170
v.1 p.36	芸齋稿(운재고)	李坪 著(이평 저)		a01_0172
v.1 p.36	芸齋集(운재집)	偰長壽 著(설장수 저)		a01_0072-0073
v.1 p.36	雲齋集(운재집)	李重慶 著(이중경 저)		a01_0090, a01_0171
v.1 p.36	雲樵漫錄(운초만록)	白榮洙 著(백영수 저)		a01_0091
v.1 p.36	雲水僧家禮(운수승가례)			c01_0095
v.1 p.37	雲水壇(운수단)	釋 休靜 著(석 휴정 저)	인물은 虛堂集의 아래에 기록함	c01_0096
v.1 p.37	雲水壇歌詞(운수단가사)			
v.1 p.37	雲水壇儀文(운수단의문)			
v.1 p.37	雲石遺稿(운석유고)	趙寅永 著(조인영 저)		a01_0093

v.1 p.38	耘石外史(운석외사)	洪敬謨 著(홍경모 저)		a01_0092
v.1 p.38	雲雪錄(운설록)			c01_0097
v.1 p.38	雲川集(운천집)	金涌 著(김용 저)		a01_0094
v.1 p.38	雲巢山房集(운소산방집)	朴文逵 著(박문규 저)		a01_0095
v.1 p.38	雲坪文集(운평문집)	宋能相 著(송능상 저)		a01_0096
v.1 p.39	雲浦集(운포집)			a01_0097
v.1 p.39	雲峰山水圖帖(운봉산수도첩)			c01_0099
v.1 p.39	雲峯邑誌(운봉읍지)			
v.1 p.39	雲養集(운양집)	金允植 著(김윤식 저)		a01_0098
v.1 p.39	永安國舅奉和睿製帖(영안국구봉화예제첩)	金祖淳 著(김조순 저)	인물은 楓皐集의 아래를 보라	c01_0100
v.1 p.39	瀛隱集(영은집)	南宋壽 著(남송수 저)		a01_0099
v.1 p.39	淮南子(회남자)	漢 淮南王劉安 撰 高誘 註(한 회남왕류안 찬 고유 주)		b07_1246
v.1 p.40	潁翁續藁(영옹속고)	南公轍 著(남공철 저)		a01_0100-0101
v.1 p.41	永嘉三怡集(영가삼이집)	洪奭周 洪吉周 洪顯周(홍석주 홍길주 홍현주)		a01_0102
v.1 p.41	永嘉誌(영가지)			c01_0101
v.1 p.41	永嘉連魁集(영가연괴집)	權踶 權擥 著(권제 권람 저)		a01_0103
v.1 p.41	影海大師詩集抄(영해대사시집초)	釋 若坦 著(석 약탄 저)		a01_0105
v.1 p.41	永禧殿儀軌(영희전의궤)		眞殿儀軌를 보라	
v.1 p.41	瀛奎律髓(영규률수)		元方回編	b07_1248
v.1 p.41	瀯湖實紀(영호실기)			a01_0106
v.1 p.41	永興本宮儀式(영흥본궁의식)		咸興永興本宮儀式을 보라	c01_0103-0105
v.1 p.41	永興邑誌(영흥읍지)			c01_0106
v.1 p.41	永思齋集(영사재집)			a01_0104
v.1 p.41	詠史詩(영사시)	唐 胡曾 著(당 호증 저)		b07_1249
v.1 p.41	嬰處稿(영처고)	李德懋 著(이덕무 저)	인물은 雅亭道稿의 아래에 기록되어 있음	a01_0107
v.1 p.43	永昌大君位土成册(영창대군위토성책)			c01_0109
v.1 p.43	永柔學士臺詩帖(영유학사대시첩)			c01_0110
v.1 p.43	潁西集(영서집)	任魯 著(임로 저)		a01_0108
v.1 p.43	永世追慕錄(영세추모록)		追慕錄을 보라	c01_0112
v.1 p.43	瀛選考(영선고)			c01_0115
v.1 p.43	永川郡誌(영천군지)			c01_0113
v.1 p.43	榮川誌(영천지)			c01_0114
v.1 p.43	英宗記事(영종기사)			c01_0117
v.1 p.43	英宗御製(영종어제)			c01_0116, c01_0118-0121
v.1 p.45	睿宗實錄(예종실록)			c01_0123
v.1 p.45	睿宗實錄(예종실록)		實錄을 보라	
v.1 p.45	英宗實錄(영종실록)		實錄을 보라	d12_2550-2551
v.1 p.45	睿宗唱和集(예종창화집)	奎章閣 撰(규장각 찬)		c01_0122
v.1 p.45	英宗鎭邑誌(영종진읍지)			c01_0124
v.1 p.45	影幀摹寫儀軌(영정모사의궤)		眞殿儀軌를 보라	
v.1 p.45	永同邑誌(영동읍지)			c01_0126

v.1 p.45	永寧殿改修儀軌(영녕전개수의궤)		宗廟儀軌를 보라	
v.1 p.45	永平邑誌(영평읍지)			c01_0128
v.1 p.45	永陽四難倡義錄(영양사난창의록)			c01_0130
v.1 p.46	穎陽千氏族譜(영양천씨족보)			a01_0109
v.1 p.46	英陽南氏族譜(영양남씨족보)			a01_0110
v.1 p.46	英陽邑誌(영양읍지)			c01_0131
v.1 p.46	睿陵誌狀(예릉지장)		列聖誌狀을 보라	c01_0132
v.1 p.46	永類鈐方(영류검방)	元 李仲南 著(원 이중남 저)		b07_1250
v.1 p.46	易(역)		周易을 보라	
v.1 p.46	易解(역해)	高麗 尹彦頤 著(고려 윤언이 저)		c01_0134
v.1 p.46	易解參攷(역해참고)			c01_0135
v.1 p.46	易學啓蒙(역학계몽)	宋 朱熹 著(송 주희 저)		b07_1251, b07_1396
v.1 p.47	易學啓蒙集箋(역학계몽집전)	徐命膺 編(서명응 편)		c01_0136-0138
v.1 p.47	易學啓蒙段釋(역학계몽단석)			c01_0139
v.1 p.47	易學啓蒙傳疑(역학계몽전의)		啓蒙傳疑를 보라	c01_0140
v.1 p.47	易學啓蒙要解(역학계몽요해)	世祖王大君 著(세조왕대군 저)	卽位候補解追命撰進	c01_0141-0144
v.1 p.48	易學啓蒙翼傳(역학계몽익전)	元 胡一桂 著(원 호일계 저)		b07_1252, b07_1397
v.1 p.48	易學緖言(역학서언)	丁若鏞 著(정약용 저)	인물은 與猶堂集의 아래를 보라	c01_0145-0146
v.1 p.49	易學圖解(역학도해)	金錫文 著(김석문 저)		c01_0147
v.1 p.49	易學圖說(역학도설)	張顯光 著(장현광 저)	인물은 軒文集의 아래에 기록되어 있음	c01_0148-0149
v.1 p.49	易學的(역학적)			c01_0150
v.1 p.49	易學傳義考(역학전의고)			c01_0151
v.1 p.50	易經疾書(역경질서)			c01_0155
v.1 p.50	易義窺班(역의규반)	李玄錫 著(이현석 저)	인물은 游齋集의 아래에 기록함	c01_0152
v.1 p.50	易疑義言(역의의언)			c01_0153
v.1 p.50	易卦總說(역괘총설)		이 책은 旅軒性理說에 수록되어 있음	c01_0154
v.1 p.50	易言(이언)			c01_0028
v.1 p.50-53	益齋集(익재집)	高麗 李齊賢 著(고려 이재현 저)		a01_0111-0113
v.1 p.53	益齋編年(익재편년)		史略을 보라	a01_0114
v.1 p.53	易釋(역석)		經書訣釋을 보라	c01_0158
v.1 p.53	易書詩吐(역서시토)		經書口訣을 보라	c01_0160
v.1 p.53	易象概略(역상개략)	趙翼 著(조익 저)	인물은 浦渚集의 아래에 기록되어 있음	c01_0159
v.1 p.53	易象說(역상설)	曺好益 著(조호익 저)		c01_0161
v.1 p.54	易象翼傳(역상익전)	洪良浩 著(홍량호 저)	인물은 耳溪集의 아래에 기록이 있음	c01_0162
v.1 p.54	掖庭署帽次新定節目(액정서모차신정절목)			c01_0164
v.1 p.54	易傳(역전)		程氏易傳을 보라	
v.1 p.54	易東遺蹟(역동유적)			a01_0115
v.1 p.54	易圖(역도)		孤山易圖를 보라	c01_0163
v.1 p.54	易問(역문)	趙鎭寬 著(조진관 저)		c01_0165
v.1 p.54	易本義(역본의)		周易本義를 보라	
v.1 p.55	悅庵集(열암집)	夏時贊 著(하시찬 저)		a01_0116-0117
v.1 p.55	월왕전(越王傳(월왕전))			c01_0167

v.1 p.55	悅心集(열심집)			b07_1255
v.1 p.55	淵庵遺迹(연암유적)	金若淵 著(김약연 저)		a01_0118
v.1 p.55	延安金氏族譜(연안김씨족보)			a01_0119
v.1 p.55	延安誌(연안지)	尹斗壽 著(윤두수 저)	인물은 梧陰集을 보라	c01_0168
v.1 p.56	延安李氏族譜(연안이씨족보)			a01_0120-0121
v.1 p.56	演易治平要覽(연역치평요람)			c01_0169-0170
v.1 p.56	燕轅直指(연원직지)	金景善 著(김경선 저)		c01_0172
v.1 p.56	燕轅目錄(연원목록)			c01_0171
v.1 p.57	園翁集(원옹집)	李宜繩 著(이의승 저)		a01_0122-0123
v.1 p.57	遠觀軒集(원관헌집)	金克光 著(김극광 저)		a01_0124
v.1 p.57	圓鑑國師歌頌(원감국사가송)	高麗 釋 冲止 著(고려 석 충지 저)		a01_0125-0126
v.1 p.57	圓鑑國師語錄(원감국사어록)	高麗 釋 冲止 著(고려 석 충지 저)		a01_0127
v.1 p.57	圓鑑國師集(원감국사집)	高麗 釋 冲止 著(고려 석 충지 저)		a01_0128
v.1 p.58	圓覺經(원각경) 大方廣圓覺修多羅了義經 (대방광원각수다라료의경)			b07_1256-1258
v.1 p.58	烟巖詩集(연암시집)	李佐薰 著(이좌훈 저)		a01_0129
v.1 p.59-60	燕巖集(연암집)	朴趾源 著(박지원 저)		a01_0130-0131
v.1 p.61	演機新篇(연기신편)	安命老 著(안명로 저)		c01_0173-0175
v.1 p.62	燕岐邑誌(연기읍지)			c01_0176
v.1 p.62	宛丘遺集(완구유집)	申大羽 著(신대우 저)		a01_0132
v.1 p.62	圓嶠集(원교집)	李匡師 著(이광사 저)		a01_0133
v.1 p.63	圓嶠書訣(원교서결)	李匡師 著(이광사 저)	인물은 圓嶠集의 아래를 보라	
v.1 p.63	圓嶠筆迹(원교필적)	李匡師 著(이광사 저)		a01_0134
v.1 p.63	剡溪集(섬계집)	陳景文 著(진경문 저)		a01_0135
v.1 p.63	淵源錄(연원록)		伊洛淵源錄과 東儒淵源錄을 보라	c01_0178
v.1 p.63	淵古堂珍玩(연고당진완)			c01_0179
v.1 p.64	燕行記(연행기)			c01_0180-0182
v.1 p.64	燕行壎篪錄(연행훈호록)			c01_0183
v.1 p.64	燕行見聞錄(연행견문록)	嚴璹 著(엄주 저)		c01_0184, c01_0190
v.1 p.64	燕行唱酬(연행창수)			c01_0185
v.1 p.64	燕行總錄(연행총록)			
v.1 p.64	園幸定例(원행정례)			c01_0186
v.1 p.65	燕行日記(연행일기)			c01_0187-0188
v.1 p.65	燕行日錄(연행일록)			c01_0189
v.1 p.65	淵谷書院講會韻(연곡서원강회운)			c01_0191
v.1 p.65	燕槎日錄(연차일록)	李㝢 著(이우 저)		c01_0192
v.1 p.66	燕齋稿(연재고)	李光顯 著(이광현 저)		a01_0136
v.1 p.66	圓齋集(원재집)	鄭樞 著(정추 저)		a01_0137-0138
v.1 p.66	淵齋集(연재집)	尹宗儀 著(윤종의 저)		a01_0139
v.1 p.66	燕山君日記(연산군일기)		實錄을 보라	d12_2531-2532
v.1 p.66	燕肆書目(연사서목)			c01_0194
v.1 p.66	閻氏尙書抄(염씨상서초)	丁若鏞 著(정약용 저)		
v.1 p.66	燕射錄(연사록)			c01_0195

v.1 p.67	園所儀軌(원소의궤)		山陵儀軌를 보라	
v.1 p.67	延嗣經(연사경)			b07_1259
v.1 p.67	延日鄭氏族譜(연일정씨족보)			a01_0140
v.1 p.67	淵西遺稿(연서유고)		遂初堂集을 보라	a01_0141
v.1 p.67	筵說可觀(연설가관)	朴聖源 著(박성원 저)	인물은 謙齋集의 아래를 보라	c01_0196
v.1 p.67	延接儀軌(연접의궤)			
v.1 p.67	淵泉集(연천집)	洪奭周 著(홍석주 저)		a01_0142-0144
v.1 p.68	烟村事蹟(연촌사적)			a01_0145
v.1 p.68	筵中講啓(연중강계)		南溪筵中講啓를 보라	c01_0201
v.1 p.68	琬琰弘章(완염홍장)			c01_0197
v.1 p.68	琬琰通考(완염통고)			c01_0198-0199
v.1 p.68	琬琰同號抄(완염동호초)			c01_0200
v.1 p.69	筵中說話(연중설화)		老峯筵中說話를 보라	c01_0202
v.1 p.69	燕超齋遺稿(연초재유고)	吳尙濂 著(오상렴 저)		a01_0146
v.1 p.69	燕超樓藏書錄(연초루장서록)			c01_0203
v.1 p.69	延勅儀軌(연칙의궤)		迎接儀軌를 보라	
v.1 p.69	袁天綱五星三命指南(원천강오성삼명지남)			b07_1260
v.1 p.69	燕途紀行(연도기행)	麟坪大君 淯 著(인평대군 요 저)	인물은 松溪集의 아래를 보라	c01_0204
v.1 p.70	演礮圖說輯要(연포도설집요)			b07_1261
v.1 p.70	延平答問(연평답문)	宋 朱熹 著(송 주희 저)		b07_1262
v.1 p.70	延平日記(연평일기)		歐齋日記를 보라	a01_0148
v.1 p.70	沿邊防戍圖(연변방수도)	梁誠之 著(양성지 저)		c01_0205
v.1 p.70	延齡君墓道文(연령군묘도문)			a01_0149
v.1 p.70	於于集(어우집)	柳夢寅 著(유몽인 저)		a01_0074-0076
v.1 p.71	於于野譚(어우야담)	柳夢寅 著(유몽인 저)	인물은 於千集의 아래를 보라	a01_0077-0078
v.1 p.72	應永記(응영기)			c01_0208
v.1 p.72	王可汗(왕가한)			c01_0209
v.1 p.72	王羲之法帖(왕희지법첩)			b14_2463
v.1 p.72	王昫生集(왕구생집)			b07_1267
v.1 p.72	王荊公集(왕형공집)	宋 王安石 著(송 왕안석 저)		b07_1268-1269
v.1 p.73	橫縱累黍古今尺圖說(횡종루서고금척도설)			c01_0210
v.1 p.73	橫城具鎰灌漑碑(횡성구일관개비)	李端夏 撰文(이단하 찬문) 陳絓 書(진괘 서)		c01_0211
v.1 p.73	橫城邑誌(횡성읍지)			c01_0213
v.1 p.73	往生淨土集(왕생정토집)	唐 慧日 集(당 혜일 집)		c01_0212
v.1 p.74	王人姓名記(왕인성명기)		征倭詔使將臣錄을 보라	c01_0214
v.1 p.74	應制詩(응제시)		陽村應悧詩를 보라	
v.1 p.74	歐蘇手簡(구소수간)			b07_1270, b07_1275
v.1 p.74	王代宗族記(왕대종족기)		王代宗錄을 보라	c01_0215
v.1 p.74	王代宗錄(왕대종록)			c01_0216
v.1 p.74	黃疸瘧方(황저학방)			c01_0217
v.1 p.74	應天歌(응천가)			b07_1271
v.1 p.75	王妃世譜(왕비세보)		列亳王妃啇譜을 요약한 것임	c01_0218-0219

v.1 p.75	鷗浦集(구포집)	安獻徵 著(안헌징 저)		a01_0080
v.1 p.75	鷗浦集(구포집)	羅萬甲 著(나만갑 저)		a01_0081
v.1 p.75	盎葉記(앙엽기)	李德懋 著(이덕무 저)	인물은 縉亭遺稿의 아래를 보라	c01_0220
v.1 p.75	盎葉記(앙엽기)	柳得恭 著(유득공 저)	인물은 冷脊集의 아래에 기록되어 있음	
v.1 p.75	歐陽文集(구양문집)	宋 歐陽修 著(송 구양수 저)		b07_1272-1274
v.1 p.76	歐陽法帖(구양법첩)			
v.1 p.76	王陽明集(왕양명집)	明 王守仁 著(명 왕수인 저)		b07_1276
v.1 p.76	왕랑반혼젼(王郎返魂傳(왕랑반혼전))			c01_0221
v.1 p.76	乙亥後交涉文字(을해후교섭문자)			c01_0222
v.1 p.76	乙巳定難記(을사정난기)		武定寶鑑을 보라	c01_0223-0224
v.1 p.76	乙巳傳聞錄(을사전문록)	編人不詳		c01_0226
v.1 p.77	乙巳誣案(을사무안)			c01_0227
v.1 p.77	乙巳錄(을사록)	安鴻 著(안홍 저)		c01_0228
v.1 p.78	乙巳錄(을사록)		乙巳傳聞錄 또는 冲齋日錄을 보라	
v.1 p.78	乙未日記(을미일기)			c01_0230
v.1 p.78	乙卯公私要錄(을묘공사요록)			c01_0231
v.1 p.78	乙卯秋疏[車丑](을묘추소추)			c01_0232
v.1 p.78	乙覽要語(을람요어)			c01_0233
v.1 p.78	音彙(음휘)		音韻編彙를 보라	c01_0234
v.1 p.78	音韻編彙(음운편휘)			c01_0235
v.1 p.78	恩休集(은휴집)	申恦 著(신상 저)		a01_0082
v.1 p.79	溫宮事實(온궁사실)			c01_0236
v.1 p.79	溫溪逸稿(온계일고)	李瀣 著(이해 저)		a01_0083
v.1 p.79	恩彦君夫人宋氏墓誌(은언군부인송씨묘지)	金汶根 著(김문근 저)		a01_0084
v.1 p.79	溫幸故事(온행고사)		溫宮事實을 보라	c01_0237
v.1 p.79	溫幸陪從錄(온행배종록)		溫泉陪從錄을 보라	
v.1 p.79	恩誦堂集(은송당집)	李尙迪 著(이상적 저)		a01_0085
v.1 p.80	恩重經(은중경)		大報父母恩重經을 보라	
v.1 p.80	溫城世稿(온성세고)	溫陽鄭氏三世 著(온양정씨삼세 저)		a01_0086
v.1 p.80	恩津宋氏世家(은진송씨세가)			a01_0087
v.1 p.80	恩津宋氏族譜(은진송씨족보)			
v.1 p.80	溫泉陪從錄(온천배종록)			c01_0239-0240
v.1 p.80	溫裕齋集(온유재집)	尹鍾燮 著(윤종섭 저)		a01_0088
v.1 p.81	溫陽方氏族譜(온양방씨족보)			a01_0089
v.1 p.81	溫陵志(온릉지)			c01_0242-0243
v.1 p.81	荷衣集(하의집)	洪迪 著(홍적 저)		a02_0173
v.1 p.81	河陰一竹遺稿(하음일죽유고)	姜大虎 姜樹 著(강대호 강수 저)		a02_0175
v.1 p.81	嘉隱集(가은집)	沈大孚 著(심대부 저)		a02_0176
v.1 p.82	華隱集(화은집)	南撥 著(남발 저)		a02_0177
v.1 p.82	河陰奉氏族譜(하음봉씨족보)			a02_0178
v.1 p.82	華營日錄(화영일록)			c02_0246
v.1 p.82	夏園詩鈔(하원시초)	鄭芝潤 著(정지윤 저)		a02_0179
v.1 p.82	華音啓蒙(화음계몽)			c02_0247-0249

v.1 p.83	過化存神(과화존신)			b07_1277
v.1 p.83	華海彙編(화해휘편)	李源順 著(이원순 저)		c02_0250
v.1 p.83	華海師全(화해사전)			c02_0251
v.1 p.83	河回柳氏文記册(하회류씨문기책)			c02_0252
v.1 p.84	下學指南(하학지남)	安鼎福 著(안정복 저)		c02_0254
v.1 p.84	火器新式(화기신식)			c02_0255
v.1 p.84	火器都監儀軌(화기도감의궤)			c02_0256
v.1 p.84	河渠志(하거지)			c02_0257
v.1 p.84	科擧謄錄(과거등록)			c02_0258
v.1 p.84	歌曲源流(가곡원류)			c02_0259
v.1 p.85	花溪集(화계집)	柳宜健 著(유의건 저)		a02_0180-0181
v.1 p.85	河謙蔚墓碣(하겸울묘갈)			a02_0182
v.1 p.85	花原勳節錄(화원훈절록)			a02_0183-0184
v.1 p.85	可考(가고)			c02_0260
v.1 p.85	課講講義(과강강의)			c02_0261
v.1 p.85	華谷遺稿(화곡유고)		松江集을 보라	a02_0185
v.1 p.85	花谷逸稿(화곡일고)	柳鼎漢 著(유정한 저)		a02_0186
v.1 p.86	荷谷集(하곡집)	許篈 著(허봉 저)		a02_0187
v.1 p.86	霞谷稿(하곡고)	尹堦 著(윤계 저)		
v.1 p.86	霞谷集(하곡집)	鄭齊斗 著(정제두 저)		a02_0191-0192
v.1 p.86	華谷集(화곡집)	黃宅厚 著(황댁후 저)		a02_0193
v.1 p.86	荷谷粹言(하곡수언)	許篈 著(허봉 저)		a02_0188
v.1 p.87	荷谷朝天記(하곡조천기)	許篈 著(허봉 저)		a02_0189-0190
v.1 p.87	禾谷筆述(화곡필술)	鄭賜湖 書(정사호 서)		
v.1 p.87	嘉梧藁略(가오고략)	李裕元 著(이유원 저)	인물은 林下筆記의 아래를 보라	a02_0194
v.1 p.87	華語類抄(화어유초)			c02_0262
v.1 p.88	果齋集(과재집)	成近默 著(성근묵 저)		a02_0195
v.1 p.88	科作(과작)			c02_0263-0267
v.1 p.89	花山逸稿(화산일고)	權柱 著(권주 저)		a02_0196-0197
v.1 p.89	伽山藁(가산고)	釋 戒悟 著(석 계오 저)		a02_0198
v.1 p.89	花山誌(화산지)		永嘉誌를 보라	c02_0268
v.1 p.89	何山集(하산집)	崔孝騫 著(최효건 저)		a02_0199
v.1 p.90	華山集(화산집)	鄭奎漢 著(정규한 저)		a02_0200
v.1 p.90	華山集義(화산집의)			c02_0270
v.1 p.90	嘉山邑誌(가산읍지)			c02_0269
v.1 p.90	花史(화사)	林悌 著(임제 저)	인물은 白湖集의 아래에 기록되어 있음	c02_0271
v.1 p.90	科試詩抄(과시시초)			c02_0272
v.1 p.90	下枝集(하지집)	李象辰 著(이상진 저)		a02_0203
v.1 p.90	賈子粹言(가자수언)	洪良浩 撰(홍량호 찬)	인물은 耳溪集의 아래에 기록되어 있음	c02_0273
v.1 p.91	課試謄錄(과시등록)			c02_0274
v.1 p.91	科詩二選(과시이선)			c02_0275
v.1 p.91	河秋槎家狀(하추차가상)			a02_0205
v.1 p.91	家州集(가주집)	李尙質 著(이상질 저)		a02_0204
v.1 p.91	花春君筆迹(화춘군필적)	李瀞 書(이정 서)		

v.1 p.92	課誦(과송)			c02_0276
v.1 p.92	歌頌雜著(가송잡저)	高麗 釋 混丘 著(고려 석 혼구 저)		b04_0688
v.1 p.92	稼穡篇(가색편)		訓書를 보라	c02_0277
v.1 p.92	華城城役儀軌(화성성역의궤)			c02_0279-0280
v.1 p.93	華城城役賞典(화성성역상전)			c02_0282
v.1 p.93	華城北門樓上樑文(화성북문루상량문)			c02_0283
v.1 p.93	加上尊號儀軌(가상존호의궤)		上號儀軌를 보라	
v.1 p.93	家政(가정)			
v.1 p.93	華西雅言(화서아언)	李恆老 著(이항로 저)	인물은 華西集의 아래에 기록되어 있음	a02_0206-0207
v.1 p.93-95	河西集(하서집)	金麟厚 著(김인후 저)		a02_0208-0213
v.1 p.95	荷棲集(하서집)	趙璥 著(조경 저)	原名은 荷棲趙忠定公文集附 荷棲趙 忠定	a02_0214-0215
v.1 p.95	華西集(화서집)	李恆老 著(이항로 저)		a02_0216
v.1 p.96	河西從享事實(하서종향사실)			a02_0217
v.1 p.96	河西筆蹟(하서필적)	金麟厚 書(김인후 서)		
v.1 p.96	嘉靖柳譜(가정류보)			c02_0284
v.1 p.96	何赤厚羅(하적후라)			c02_0285
v.1 p.96	華泉集(화천집)	李采 著(이채 저)		a02_0218
v.1 p.96	家則(가칙)			c02_0288
v.1 p.97	家藏寶硯記(가장보연기)			c02_0289
v.1 p.97	花潭集(화담집)	徐敬德 著(서경덕 저)		a02_0219-0222
v.1 p.98	花潭集(화담집)	金時讓 著(김시양 저)		a02_0223
v.1 p.98	荷潭破寂錄(하담파적록)	金時讓 著(김시양 저)		a02_0224
v.1 p.99	科題各體(과제각체)			c02_0291
v.1 p.99	果癡集(과치집)	宋祥濂 著(송상렴 저)		a02_0225
v.1 p.99	河忠烈貫系辨誣錄(하충렬관계변무록)			a02_0226
v.1 p.100	花珍傳(화진전)			c02_0292
v.1 p.100	하진량문록(河陳兩門錄(하진량문록))			c02_0293
v.1 p.100	柯汀遺稿(가정유고)	趙鎭寬 著(조진관 저)		a02_0227
v.1 p.100	瓜亭樂府(과정악부)		瓜亭雜書를 보라	a02_0228
v.1 p.100	瓜亭雜書(과정잡서)	高麗 鄭叙 著(고려 정서 저)		
v.1 p.101	稼亭集(가정집)	高麗 李穀 著(고려 이곡 저)		a02_0229-0230
v.1 p.101	夏亭集(하정집)	柳寬 著(유관 저)		a02_0231
v.1 p.102	夏亭集(하정집)	金克成 著(김극성 저)		a02_0232
v.1 p.102	苄享集(하향집)	李德胄 著(이덕주 저)		a02_0233
v.1 p.102	家庭拾錄(가정습록)			c02_0294
v.1 p.102	加髢申禁事目(가체신금사목)			c02_0295-0296
v.1 p.103	稞程日表(과정일표)		四部手同課程日表를 보라	
v.1 p.103	柯汀筆迹(가정필적)	趙鎭寬 書(조진관 서)		
v.1 p.103	下都體察使有旨(하도체찰사유지)			c02_0298
v.1 p.103	華東叶音通釋(화동협음통석)	朴性源 著(박성원 저)	인물은 華東正音通釋讀考의 아래를 보라	c02_0299
v.1 p.103	和陶詩(화도시)		象村和陶詩를 보라	
v.1 p.103	華東史略(화동사략)		史略을 보라	
v.1 p.103	河東鄭氏族譜(하동정씨족보)			a02_0234
v.1 p.103	華東正音通釋韻考(화동정음통석운고) 또는	朴性源 著(박성원 저)		c02_0300-0303

	正音通釋(정음통석)			
v.1 p.104	華東通典(화동통전)			c02_0305
v.1 p.104	河東府文籍(하동부문적)			b13_2208-2213
v.1 p.105	加屯(가둔)			c02_0307
v.1 p.105	花堂遺集(화당유집)			a02_0236
v.1 p.105	化堂集(화당집)	申敏一 著(신민일 저)		a02_0235
v.1 p.106	華寧殿應行節目(화녕전응행절목)			c02_0308
v.1 p.106	課農小抄(과농소초)	朴趾源 著(박지원 저)	인물은 燕巖集의 아래에 기록이 있음	c02_0309
v.1 p.106	科表(과표)			c02_0312-0314
v.1 p.106	河濱集(하빈집)	尹墀 著(윤지 저)		a02_0237
v.1 p.107	河濱李氏族譜(하빈이씨족보)			a02_0238
v.1 p.107	科譜(과보)		文科姓譜를 보라	c02_0310, 0315
v.1 p.107	科賦(과부)			c02_0311
v.1 p.107	科文(과문)			c02_0316
v.1 p.107	科文程式(과문정식)			c02_0317-0318
v.1 p.107	科弊釐正綸音(과폐리정윤음)	英組王朝 頒(영조왕조 반)		c02_0319
v.1 p.107	加平邑誌(가평읍지)			c02_0320
v.1 p.107	花浦集(화포집)	洪翼漢 著(홍익한 저)		a02_0239
v.1 p.108	火砲式諺解(화포식언해)	李曙 著(이서 저)		c02_0321-0324
v.1 p.108	歌謠(가요)			c02_0325
v.1 p.108	河陽許氏族譜(하양허씨족보)			a02_0240
v.1 p.108	華陽語錄(화양어록)		宋時烈의 語錄이다. 인물은 宋子大全의 아래에 기록이 있음	a02_0241
v.1 p.109	華陽誌(화양지)			c02_0326
v.1 p.109	華陽尊周錄(화양존주록)	尹鳳九 著(윤봉구 저)	인물은 屛溪集의 아래에 기록이 있음	c02_0327
v.1 p.109	河陽邑誌(하양읍지)			c02_0328
v.1 p.109	駕洛國記(가락국기)			c02_0329
v.1 p.109	嘉林四稿(가림사고)	李德胄 三兄弟(이덕주 삼형제) 及族弟 瑞胄(서주)	李德胄 三兄弟 及 族弟 瑞胄의 合稿이다	a02_0243
v.1 p.109	嘉林世稿(가림세고)	林川趙氏三世(임천조씨삼세)	林川 趙氏 三世의 著作集이다	a02_0244
v.1 p.110	嘉林報草(가림보초)			c02_0330
v.1 p.110	家禮(가례)			b07_1278-1280
v.1 p.111	科儷(과려)			c02_0331
v.1 p.111	家禮外篇(가례외편)	朴世采 著(박세채 저)		c02_0332
v.1 p.111	科儷規式(과려규식)			
v.1 p.111-115	嘉禮儀軌(가례의궤)		昭顯世子 婉美氏 嘉禮이다	b14_2539-2568
v.1 p.115	家禮儀節(가례의절)			b07_1281-1282
v.1 p.116	家禮諺解(가례언해)	申湜 著(중식 저)		c02_0333-0334
v.1 p.116	家禮源流(가례원류)	俞棨 撰(유계 찬)		c02_0335-0337
v.1 p.117	家禮考證(가례고증)	曹好益 著(조호익 저)		c02_0338-0339
v.1 p.117	家禮集考(가례집고)	金鍾厚 著(김종후 저)		c02_0340
v.1 p.118	家禮輯要(가례집요)			c02_0341
v.1 p.118	家禮輯覽(가례집람)	金長生 著(김장생 저)		c02_0342-0345
v.1 p.119	家禮疏義(가례소의)			c02_0348

v.1 p.119	家禮增解(가례증해)	李宜朝 著(이의조 저)		c02_0349-0350
v.1 p.119	家禮剝解(가례박해)	李芬 著(이분 저)		c02_0351
v.1 p.119	家禮附贅(가례부췌)	安[王卂] 著(안신 저)		c02_0352
v.1 p.119	家禮便覽(가례편람)			c02_0353
v.1 p.119	家禮要解(가례요해)	朴世采 著(박세채 저)		c02_0354
v.1 p.120	家禮或問(가례혹문)			c02_0355
v.1 p.120	花郎世紀(화랑세기)	金大問 撰(김대문 찬)		c02_0356
v.1 p.120	科論(과론)			c02_0357
v.1 p.120	介庵集(개암집)	姜翼 著(강익 저)		a02_0245
v.1 p.120	晦庵退溪奏箚(회암퇴계주차)			c02_0358
v.1 p.120	夬頤會通(쾌이회통)			c02_0359
v.1 p.120	掛一錄(괘일록)	李肇敏 著(이조민 저)		c02_0360
v.1 p.121	海隱遺稿(해은유고)	姜必孝 著(강필효 저)		a02_0246
v.1 p.121	晦隱雜識(회은잡식)	南鶴鳴 著(남학명 저)		a02_0248
v.1 p.121	乖隱集(괴은집)	鄭球 著(정구 저)		a02_0247
v.1 p.121	晦隱集(회은집)	南鶴鳴 著(남학명 저)		a02_0249
v.1 p.122	海印寺古籍(해인사고적)			c02_0361
v.1 p.122	槐院謄錄(괴원등록)			c02_0362
v.1 p.122	海雲遺事(해운유사)	洪啓夏(홍계하)		a02_0250
v.1 p.122	海營狀啓謄錄(해영상계등록)			c02_0363
v.1 p.122	海翁遺稿(해옹유고)	洪翰周 著(홍한주 저)		a02_0251
v.1 p.123	解價式(해가식)			c02_0364
v.1 p.123	悔窩集(회와집)	安重觀 著(안중관 저)		a02_0252-0253
v.1 p.123	開化大程全集(개화대정전집)			c02_0365
v.1 p.123	晦窩筆迹(회와필적)	尹陽來 書(윤양래 서)		
v.1 p.123	乖崖集(괴애집)		拭疣集을 보라	a02_0254
v.1 p.123	乖崖遺集(괴애유집)			
v.1 p.123	海嶽集(해악집)	李明煥 著(이명환 저)		c02_0367
v.1 p.124	開巖集(개암집)	金宇宏 著(김우굉 저)		a02_0255
v.1 p.124	海居詩稿(해거시고)	洪顯周 著(홍현주 저)		a02_0256
v.1 p.124	海狂遺稿(해광유고)	宋齊民 著(송제민 저)		a02_0257
v.1 p.124	海鏡細艸解(해경세초해)	南秉哲 著(남병철 저)		c02_0368-0369
v.1 p.124	戒懼庵集(계구암집)	尹衡老 著(윤형로 저)		a02_0258
v.1 p.125	會稽懷古(회계회고)	宋 王十朋 撰(송 왕십붕 찬)		b07_1283
v.1 p.125	檜軒逸稿(회헌일고)	柳義孫 著(유의손 저)		a02_0259
v.1 p.125	悔軒燕行詩(회헌연행시)	趙觀彬 著(조관빈 저)		a02_0260
v.1 p.125	悔軒集(회헌집)	趙觀彬 著(조관빈 저)		a02_0261
v.1 p.126	悔軒集(회헌집)	李廷綽 著(이정작 저)		a02_0262
v.1 p.126	晦軒實紀(회헌실기)	安珦(안향)		a02_0263
v.1 p.127	海月集(해월집)	黃汝一 著(황여일 저)		a02_0265
v.1 p.127	回甲書示元良(회갑서시원량)	英宗王 御製(영종왕 어제)		c02_0371
v.1 p.127	會玄記(회현기)			c02_0370
v.1 p.127	海行總載(해행총재)	趙曮 著(조엄 저)		c02_0372
v.1 p.127	曾講班次圖(증강반차도)			c02_0373

v.1 p.127	回甲編錄(회갑편록)	英宗王 御製(영종왕 어제)		c02_0374-0375
v.1 p.128	海行錄(해행록)			c02_0376
v.1 p.128	悔谷集(회곡집)	權春蘭 著(권춘란 저)		a02_0268
v.1 p.128	晦谷集(회곡집)	曹漢英 著(조한영 저)		a02_0266
v.1 p.128	晦谷進學(회곡진학)	權春蘭 著(권춘란 저)		a02_0267
v.1 p.129	海左紀年(해좌기년)			c02_0377
v.1 p.129	海左金石錄(해좌금석록)			c02_0378
v.1 p.129	海左全圖(해좌전도)			c02_0379
v.1 p.129	海左文集(해좌문집)	丁範祖 著(정범조 저)		a02_0269
v.1 p.129	海槎錄(해사록)	金誠一 著(김성일 저)		c02_0380
v.1 p.130	懷齋集(회재집)	朴光玉(박광옥)	朴光玉의 著作集 및 行錄이다	a02_0270-0271
v.1 p.130	晦齋文集(회재문집)	李彦迪 著(이언적 저)		a02_0272-0276
v.1 p.131	槐山三綱錄(괴산삼강록)		槐山의 孝子忠臣烈女溥이다	c02_0382
v.1 p.131	檜山雜記(회산잡기)			c02_0383
v.1 p.131	檜山集(회산집)	丁煥 著(정환 저)		a02_0277
v.1 p.131	皆山集(개산집)	柳碩 著(유석 저)		a02_0278
v.1 p.132	槐山邑誌(괴산읍지)			c02_0381
v.1 p.132	開市定例(개시정례)	李彝章 撰進(이이장 찬진)		c02_0384-0385
v.1 p.132	戒酒文(계주문)	金希壽 書(김희수 서)		b13_2347
v.1 p.132	戒酒綸音(계주윤음)			c02_0387
v.1 p.133	海州吳氏族譜(해주오씨족보)			a02_0279-0280
v.1 p.133	海州崔氏世德錄(해주최씨세덕록)			a02_0281
v.1 p.133	海州崔氏族譜(해주최씨족보)			a02_0282
v.1 p.133	海州鄭氏族譜(해주정씨족보)			a02_0283
v.1 p.133	海州邑誌(해주읍지)			c02_0388
v.1 p.133	誡初心學人文(계초심학인문)			c02_0389
v.1 p.133	快心篇(쾌심편)			b07_1284
v.1 p.133	開城高氏族譜(개성고씨족보)			a02_0284
v.1 p.133	海上日記草(해상일기초)			c02_0391
v.1 p.134	開城留營文籍(개성류영문적)			b12_2112
v.1 p.134	海西京畿海路圖(해서경기해로도)			
v.1 p.134	海西支勅定例(해서지칙정례)			b12_2161
v.1 p.134	海西摠釐(해서총리)			b12_2162
v.1 p.134	海西奴婢事目(해서노비사목)			c02_0394
v.1 p.134	海西文牒錄(해서문첩록)			c02_0395
v.1 p.135	海西邑誌(해서읍지)			c02_0396
v.1 p.135	海石集(해석집)	金載瓚 著(김재찬 저)		a02_0285
v.1 p.135	海石日錄(해석일록)	金載瓚 著(김재찬 저)		a02_0286
v.1 p.135	懷川往復書(회천왕복서)			
v.1 p.135	海叢(해총)			c02_0399
v.1 p.135	改葬儀(개장의)	朴世采 著(박세채 저)		c02_0400
v.1 p.136	海莊集(해장집)	申錫愚 著(신석우 저)		a02_0287
v.1 p.136	諧鐸(해탁)			c02_0401
v.1 p.136	槐亭集(괴정집)	權湛 著(권담 저)		a02_0288

v.1 p.136	晦亭集(회정집)	閔在南 著(민재남 저)		a02_0289
v.1 p.136	海東異語(해동이어)			c02_0402
v.1 p.136	海東遺珠(해동유주)	洪世泰 撰(홍세태 찬)		c02_0403-0404
v.1 p.136	海東異蹟(해동이적)	洪萬宗 著(홍만종 저)		c02_0405
v.1 p.137	海東繹史(해동역사)	韓致奫 著(한치윤 저)		c02_0406-0408
v.1 p.137	海東樂府(해동악부)	沈光世 著(심광세 저)		c02_0410-0411
v.1 p.138	海東樂府(해동악부)	李瀷 著(이익 저)		
v.1 p.138	海東金鏡錄(해동금경록)		金鏡錄을 보라	
v.1 p.138	海東古記(해동고기)		三國史記를 보라	c02_0413
v.1 p.138-140	海東高僧傳(해동고승전)			c02_0414-0420
v.1 p.140	海東三國通曆(해동삼국통력)			c02_0424
v.1 p.140	海東雜錄(해동잡록)	權鼈 撰(권별 찬)		c02_0422-0423
v.1 p.141	海東詩選(해동시선)	趙琮燮 編(조종섭 편)		c02_0425
v.1 p.141	海東詩話(해동시화)			c02_0426
v.1 p.141	海東書院錄(해동서원록)			c02_0428
v.1 p.141	海東諸國記(해동제국기)	申叔舟 撰進(신숙주 찬진)		c02_0429-0430
v.1 p.142	海東掌考(해동장고)			c02_0431
v.1 p.142	海東臣鑑(해동신감)			c02_0433
v.1 p.142	海東辭賦(해동사부)	金錫胄 選(김석주 선)		c02_0434-0435
v.1 p.142	海東姓苑(해동성원)	洪汝河 著(홍여하 저)		c02_0436
v.1 p.142	海東姓氏錄(해동성씨록)	梁誠之 撰進(양성지 찬진)		c02_0437
v.1 p.143	海東聖蹟誌(해동성적지)			c02_0438-0439
v.1 p.143	海東續小學(해동속소학)	朴在馨 撰(박재형 찬)		c02_0441-0442, d02_0305
v.1 p.143	海東道里表(해동도리표)		道里表를 보라	c02_0443
v.1 p.143	海東農書(해동농서)			c02_0444
v.1 p.143	海東祕錄(해동비록)			c02_0445-0446
v.1 p.144	海東文獻錄(해동문헌록)		東幽文獻錄을 보라	c02_0447
v.1 p.144	海東名將傳(해동명장전)	洪良浩 著(홍량호 저)		c02_0449-0451
v.1 p.144	海東名臣行蹟(해동명신행적)			c02_0452
v.1 p.144	海東名臣言行錄(해동명신언행록)		海東名臣錄을 보라	c03_0460-0461
v.1 p.144-146	海東名臣錄(해동명신록)			c02_0453-0456, c03_0457-0459, c03_0463-0465
v.1 p.147	海東名述(해동명술)	申公濟 撰刊(신공제 찬간)		c03_0466-0467
v.1 p.147	海東野言(해동야언)	許篈撰(허봉찬)		c03_0468-0469
v.1 p.148	海東輿地通載(해동여지통재)			c03_0472-0473
v.1 p.148	懷德誌(회덕지)			c03_0474
v.1 p.148	悔堂集(회당집)	申元祿 著(신원록 저)		a02_0290
v.1 p.149	海南縣蠲貢成册(해남현견공성책)			c03_0475
v.1 p.149	懷尼往復(회니왕복)		懷川往復書를 보라	c03_0477
v.1 p.149	懷尼本末(회니본말)			
v.1 p.149	會寧邑誌(회령읍지)			c03_0479
v.1 p.149	誡百僚書(계백료서)			c03_0480

v.1 p.149	海美邑誌(해미읍지)			c03_0481
v.1 p.149	기벽연의(開闢演義(개벽연의))			
v.1 p.149	回文詩(회문시)	宋 桑世昌 編(송 상세창 편)		b14_2507
v.1 p.150	海平尹氏族譜(해평윤씨족보)			a02_0291-0292
v.1 p.150	海平家傳(해평가전) 又 海平家乘(해평가승)			a02_0293
v.1 p.150	海篇心鏡(해편심경)			b07_1285
v.1 p.150	海峯集(해봉집)		好除集의 다른 이름이다	a02_0294
v.1 p.150	海峯集(해봉집)	洪命元 著(홍명원 저)		a02_0295
v.1 p.151	會盟謄錄(회맹등록)			c03_0484
v.1 p.151	解由規則(해유규칙)			c03_0485
v.1 p.151	海遊錄(해유록)	申維翰 著(신유한 저)		b14_2449, c03_0486
v.1 p.151	海陽遺稿(해양유고)			a02_0297
v.1 p.151	海陽詩集(해양시집)	羅烈 著(나열 저)		a02_0296
v.1 p.152	鶴庵集(학암집)	崔愼 著(최신 저)		a02_0298
v.1 p.152	곽히룡젼(郭海龍傳(곽해룡전))			c03_0487
v.1 p.152	角干實紀(각간실기)		金良信의 傳記이다	a02_0299
v.1 p.152	鶴巖集(학암집)	朴廷璠 著(박정번 저)		a02_0300
v.1 p.152	鶴湖集(학호집)	金奉祖 著(김봉조 저)		a02_0301
v.1 p.153	鶴岡散筆(학강산필)	洪奭周 著(홍석주 저)		a02_0302
v.1 p.153	鶴谷集(학곡집)	洪瑞鳳 著(홍서봉 저)		a02_0303
v.1 p.153	各祭享祭物謄錄(각제향제물등록)			c03_0490
v.1 p.153	格齋集(격재집)	孫肇瑞 著(손조서 저)		a02_0304
v.1 p.153	覺齋集(각재집)	河沆 著(하항 저)		a02_0305
v.1 p.154	鶴山雜錄(학산잡록)		嘗見鶴山辛先生樸錄記云々(菅橋漫錄六巷癸巳條)	
v.1 p.154	鶴山樵錄(학산초록)	許筠 著(허균 저)		a02_0306-0307
v.1 p.154	各司受敎(각사수교)			c03_0492
v.1 p.154	鶴沙集(학사집)	金應祖 著(김응조 저)		a02_0308
v.1 p.154	獲珠(획주)			c03_0493
v.1 p.154	鶴洲集(학주집)	金弘郁 著(김홍욱 저)		a02_0309
v.1 p.155	鶴洲集(학주집)	鄭希僑 著(정희교 저)		a02_0310
v.1 p.155	鶴松集(학송집)	金有亨 著(김유형 저)		a02_0311
v.1 p.155	鶴城三綱行實錄(학성삼강행실록)			c03_0494
v.1 p.155	覺世新編(각세신편)		覺世八鑑을 보라	b07_1286
v.1 p.156	覺世八鑑(각세팔감)			b07_1286
v.1 p.156	覺世寶箴(각세보잠)			b07_1287-1288
v.1 p.156	鶴石集(학석집)			a02_0313
v.1 p.156	鶴棲集(학서집)	柳台佐 著(유태좌 저)		a02_0312
v.1 p.156	鶴泉集(학천집)	成汝學 著(성여학 저)		a02_0314
v.1 p.156	鶴村雜錄(학촌잡록)			c03_0496
v.1 p.156	格致外篇(격치외편)	洪良浩 著(홍양호 저)		c03_0497
v.1 p.156	擴智新篇(확지신편)			c03_0498
v.1 p.156	郭忠翼公實紀(곽충익공실기)		郭再祚의 實記이다	a02_0315-0316

v.1 p.157	郭忠烈公言紀(곽충렬공언기)			
v.1 p.157	各殿宮動駕儀節(각전궁동가의절)		鹵簿式을 보라	c03_0499-0505
v.1 p.157	各道輿地圖(각도여지도)			
v.1 p.157	各屯田畓成册(각둔전답성책)			c03_0506
v.1 p.157	鶴南筆迹(학남필적)	鄭羽良 書(정우량 서)		
v.1 p.157	鶴坡實記(학파실기)			a02_0317
v.1 p.157	鶴眉叢書(학미총서)			c03_0507
v.1 p.157	곽분양젼(郭汾陽傳(곽분양전))			c03_0508
v.1 p.158	鶴峯文集(학봉문집)	金誠一 著(김성일 저)		a02_0318-0319
v.1 p.159	各樣巾製(각양건제)			c03_0509
v.1 p.159	各陵祭器都監儀軌(각릉제기도감의궤)			c03_0510
v.1 p.159	各陵謄錄(각릉등록)			c03_0511-0515
v.1 p.159	鶴林玉露(학림옥로)			b07_1289-1290
v.1 p.160	活溪集(활계집)	李大胄 著(이대주 저)		a02_0320
v.1 p.160	活山集(활산집)	南龍萬 著(남용만 저)		a02_0322
v.1 p.160	活人心方(활인심방)	朴英 著(박영 저)		c03_0516
v.1 p.160	活水翁遺稿(활수옹유고)	尹大淳 著(윤대순 저)		a02_0323
v.1 p.160	葛川文集(갈천문집)	林薰 著(임훈 저)		a02_0324
v.1 p.161	割圖八線表(할도팔선표)			b07_1291
v.1 p.161	葛來塔事蹟(갈래탑사적)			c03_0517-0518
v.1 p.161	還安儀制(환안의제)			c03_0519
v.1 p.161	咸安趙氏族譜(함안조씨족보)			a02_0325
v.1 p.161	咸安邑誌(함안읍지)			c03_0520
v.1 p.162	咸安李氏遺蹟彙編(함안이씨유적휘편)			a02_0326
v.1 p.162	簡易堂集(간역당집)	崔岦 著(최립 저)		a02_0327-0328
v.1 p.163	簡易辟瘟方(간이벽온방)		辟疽方을 보라	
v.1 p.163	感異編(감이편)			c03_0521
v.1 p.163	簡易方(간이방)			
v.1 p.163	監印儀軌(감인의궤)		纂修儀軌를 보라	
v.1 p.163	漢陰言行錄(한음언행록)	李貴 著(이귀 저)	李穗馨(澆陰集을 보라)言行錄	a02_0331
v.1 p.163	漢陰文稿(한음문고)	李德馨 著(이덕형 저)		a02_0329
v.1 p.164	寰瀛誌(환영지)	魏伯珪 著(위백규 저)		c03_0522-0523
v.1 p.164	咸悅南宮氏族譜(함열남궁씨족보)			a02_0332
v.1 p.164	咸悅邑誌(함열읍지)			c03_0525
v.1 p.164	翰苑題名錄(한원제명록)		翰林先生案을 보라	c03_0685
v.1 p.164	感應篇(감응편)		太上感應篇을 보라	
v.1 p.164	感恩源流錄(감은원류록)			c03_0528
v.1 p.164	寬窩遺稿(관와유고)	趙炳彬 著(조병빈 저)		a02_0333
v.1 p.164	簡窩詩稿(간와시고)			a02_0334
v.1 p.165	觀稼亭筆帖(관가정필첩)			c03_0529
v.1 p.165	觀海集(관해집)	林檜 著(임회 저)		a02_0335
v.1 p.165	觀海集(관해집)	朴瀰 著(박유 저)		a02_0336
v.1 p.165	勘界顚末(감계전말)			c03_0530
v.1 p.165	勘界日記(감계일기)			c03_0531

v.1 p.165	館閣(관각)			c03_0532
v.1 p.165	韓客巾衍集(한객건연집)			c03_0533-0534
v.1 p.166	館閣講義(관각강의)		摛文院誌義를 보라	c03_0535
v.1 p.166	館閣隨錄(관각수록)			c03_0536-0538
v.1 p.166	館閣類集(관각유집)			c03_0539
v.1 p.166	館閣儷類(관각여류)			c03_0540
v.1 p.166	觀感古人積德報恩說(관감고인적덕보은설)			c03_0541
v.1 p.166	觀刈樂章(관예악장)			c03_0542
v.1 p.167	冠巖紀年(관암기년)	洪敬謨 著(홍경모 저)		a02_0338
v.1 p.167	浣巖集(완암집)	鄭來僑 著(정내교 저)		a02_0339
v.1 p.167	管窺輯要大成(관규집요대성)		天文大成을 보라	b07_1293-1294
v.1 p.167	閑居漫錄(한거만록)		公私見聞을 보라	c03_0546
v.1 p.167-9	咸鏡監營文籍(함경감영문적)			b13_2171-2178
v.1 p.169	咸鏡功令生名錄(함경공령생명록)			
v.1 p.169	還餉策文(환향책문)			c03_0548
v.1 p.169	感興詩註解(감흥시주해)			b07_1295
v.1 p.170	諫議謄錄(간의등록)			c03_0550-0552
v.1 p.170	感義錄(감의록)		唱善感義錄을 보라	c03_0554
v.1 p.170	寒癯雜錄(한구잡록)			c03_0556
v.1 p.170	圜吽宗鏡錄(원후종경록)		宗鏡錄을 보라	
v.1 p.170	感君恩曲(감군은곡)			c03_0557
v.1 p.170	涵溪集(함계집)	鄭碩達 著(정석달 저)		a03_0341
v.1 p.170	閑溪漫錄(한계만록)	姜栢年 著(강백년 저)		c03_0558
v.1 p.170	寒暄箚錄(한훤차록)			c03_0559-0560
v.1 p.171	寒暄堂師友門人錄(한훤당사우문인록)		景賢錄을 보라	
v.1 p.171	寒暄堂集(한훤당집)		景賢錄을 보라	a03_0342
v.1 p.171	寒暄堂年譜(한훤당연보)		景賢錄을 보라	a03_0344-0345
v.1 p.171	寒暄錄(한훤록)			
v.1 p.171	諫言龜鑑(간언귀감)	李敏求 著(이민구 저)		c03_0561-0562
v.1 p.171	漢源集(한원집)			a03_0346
v.1 p.172	鑑湖集(감호집)	楊萬古 著(양만고 저)		a03_0347
v.1 p.172	咸興永興本宮儀式(함흥영흥본궁의식)			
v.1 p.173	寒岡集(한강집)	鄭逑 著(정술 저)		a03_0348-0355
v.1 p.174	韓構字藪(한구자수)		字藪를 보라	c03_0563
v.1 p.174	咸興大同庫救弊節目(함흥대동고구폐절목)			c03_0564
v.1 p.174	寬谷集(관곡집)	金起泓 著(김기홍 저)		a03_0356
v.1 p.174	韓國法令(한국법령)			c03_0569
v.1 p.175	閑骨董(한골동)			c03_0568
v.1 p.175	冠婚喪祭儀(관혼상제의)			c03_0570
v.1 p.175	漢語抄(한어초)			c03_0571
v.1 p.175	關西戶歛給代事目(관서호감급대사목)			c03_0572
v.1 p.175	關西支勅定例(관서지칙정례)			b12_2163
v.1 p.175	簡齋集(간재집)		陳簡齋集을 보라	a03_0357
v.1 p.175	簡齋集(간재집)	邊中一 著(변중일 저)		

v.1 p.175	關西辛未狀啓(관서신미상계)			c03_0575
v.1 p.175	關西忠孝錄(관서충효록)			c03_0577
v.1 p.176	關西通志(관서통지)	李時恆 著(이시항 저)		c03_0578
v.1 p.176	關西賓興錄(관서빈흥록)		賓興錄을 보라	c03_0579-0580
v.1 p.176	關西武士試取榜(관서무사시취방)			c03_0581
v.1 p.176	關西別曲(관서별곡)	白光弘 著(백광홍 저)		c03_0582-0583
v.1 p.176	關西問答錄(관서문답록)	李彦迪 述(이언적 술) 李全仁 編(이전인 편)		c03_0584-0586
v.1 p.177	關西邑誌(관서읍지)			c03_0587
v.1 p.177	漢山記(한산기)	金大問 著(김대문 저)		c03_0588
v.1 p.178	完山誌(완산지)			a03_0358, c03_0590
v.1 p.178	咸山誌(함산지)			c03_0591-0592
v.1 p.178	完山誌狀(완산지장)			a03_0358
v.1 p.179	咸山誌通記(함산지통기)		咸山誌를 보라	c03_0593
v.1 p.179	甘山集(감산집)	李簧中 著(이황중 저)		a03_0359
v.1 p.179	咸山板題(함산판제)			c03_0594
v.1 p.179	關山別曲(관산별곡)			c03_0595
v.1 p.179	韓山李氏族譜(한산이씨족보)			a03_0360
v.1 p.179	韓詩(한시)		韓昌黎集을 보라	
v.1 p.179	韓詩外傳(한시외전)			b07_1296
v.1 p.179	監試初場榜目(감시초장방목)			c03_0597
v.1 p.179	管子弟子職(관자제자직)			b07_1297
v.1 p.180	漢史列傳抄(한사열전초)	崔岦 撰(최립 찬)		c03_0598-0600
v.1 p.180	簡式(간식)			
v.1 p.180	簡式假令(간식가령)			c03_0601
v.1 p.180	簡式精要(간식정요)			c03_0602
v.1 p.180	簡式類編(간식유편)			c03_0603
v.1 p.181	寒沙集(한사집)	姜大遂 著(강대수 저)		a03_0361-0362
v.1 p.181	咸州誌(함주지)			c03_0604
v.1 p.181	寒洲集(한주집)			
v.1 p.181	觀象監節目(관상감절목) 또는 雲觀節目(운관절목)			c03_0606-0607
v.1 p.181	觀象監日錄(관상감일록)			c03_0608
v.1 p.181	觀象玩占(관상완점)	李世華 補編(이세화 보편)		c03_0609
v.1 p.182	澗松堂集(간송당집)	趙任道 著(조임도 저)		a03_0363
v.1 p.182	咸昌邑誌(함창읍지)			c03_0610
v.1 p.182	韓昌黎集(한창려집)			b07_1298-1300
v.1 p.183	漢淸文鑑(한청문감)			c03_0612-0613
v.1 p.183	監玆(감자)		이 책은 正宗御製 印本에 들어 있음	c03_0615
v.1 p.184	觀時錄(관시록)			c03_0616
v.1 p.184	觀寂寺碑(관적사비)		谷山에 있음	c03_0617
v.1 p.184	咸從魚氏族譜(함종어씨족보)			a03_0365
v.1 p.184	咸從世稿(함종세고)	咸從魚氏三世 著(함종어씨삼세 저)	咸從魚氏 三世 著作集이다	a03_0366-0370

v.1 p.185	咸從邑誌(함종읍지)			c03_0618
v.1 p.185	漢書(한서)			b07_1303-1304
v.1 p.185	漢書字例(한서자례)			
v.1 p.185	漢書傳抄(한서전초)	安瑋 著(안위 저)		c03_0619-0620
v.1 p.186	漢書略選(한서약선)		漢章의 아래를 보라	c03_0621
v.1 p.186	漢書列傳選(한서열전선)		漢章의 아래를 보라	
v.1 p.186	杆城邑誌(간성읍지)			c03_0622-0623
v.1 p.186	杆城流民還接成冊(간성유민환접성책)			c03_0624
v.1 p.186	閑情錄(한정록)	許筠 著(허균 저)		
v.1 p.186	觀水齋遺稿(관수재유고)	洪啓英 著(홍계영 저)		a03_0371
v.1 p.186	寒水齋集(한수재집)	權尙夏 著(권상하 저)		a03_0373, a03_0375
v.1 p.187	觀水漫錄(관수만록)			c03_0625
v.1 p.187	官制(관제)			c03_0626
v.1 p.187	喚醒庵遺稿(환성암유고)	陳克純 著(진극순 저)		a03_0376
v.1 p.188	勸世爲孝悌文(권세위효제문)	英宗王 御製(영종왕 어제)		c03_0627
v.1 p.188	喚醒齋集(환성재집)	河洛 著(하락 저)		
v.1 p.188	關聖帝君聖蹟圖誌(관성제군성적도지)			b07_1306-1309
v.1 p.188	喚醒堂逸稿(환성당일고)	朴演 著(박연 저)		a03_0377-0378, a03_0382
v.1 p.189	閑靜堂集(한정당집)	宋文欽 著(송문흠 저)		a03_0380
v.1 p.189	漢雋(한준)			c03_0628
v.1 p.190	感泉孝行圖(감천효행도)			c03_0629
v.1 p.190	寒泉集(한천집) 또는 一峯集(일봉집)	鄭敏僑 著(정민교 저)		a03_0383
v.1 p.190	勸善書(권선서)			
v.1 p.190	勸善懲惡歌(권선징악가)			c03_0630
v.1 p.190	漢草(한초)			c03_0631
v.1 p.191	感戴廳故事(감대청고사)			b14_2592
v.1 p.191	感戴廳侍射帖(감대청시사첩)			b14_2600
v.1 p.191	感戴廳節目(감대청절목)			
v.1 p.191	感戴廳先生案(감대청선생안)			b14_2593-2594
v.1 p.191	感戴廳日記(감대청일기)			b14_2595
v.1 p.192	看竹集(간죽집)		惺所覆瓿藁를 보라	a03_0385
v.1 p.192	寒竹堂集(한죽당집)	申銋 著(신임 저)		a03_0386
v.1 p.192	寒竹堂涉筆(한죽당섭필)	李德懋 著(이덕무 저)		a03_0387
v.1 p.192	閑中啓齒(한중계치)	鄭眉壽 著(정미수 저)		c03_0632
v.1 p.192	關帝玉寶本(관제옥보본)			c03_0633
v.1 p.192	浣亭集(완정집)	李彦英 著(이언영 저)		a03_0388
v.1 p.192	關帝靈籤(관제령첨)			b07_1311
v.1 p.193	漢都頌(한도송)	李弘美 著(이홍미 저)		c03_0634
v.1 p.193	關東瓦注(관동와주)	高麗 安軸 著(고려 안축 저)		c03_0635-0636
v.1 p.193	關東金石錄(관동금석록)			c03_0637
v.1 p.193	關東十一境(관동십일경)			c03_0638
v.1 p.193	關東日錄(관동일록)			c03_0639

v.1 p.193	關東賓興錄(관동빈흥록)			c03_0640-0641
v.1 p.193	關東別曲(관동별곡)			c03_0642
v.1 p.193-6	關東邑誌(관동읍지)			c03_0643-0644
v.1 p.196	簡牘(간독)			c03_0646-0647
v.1 p.196	簡牘會粹(간독회수)			c03_0648
v.1 p.196	簡牘精要(간독정요)			c03_0649-0650
v.1 p.197	簡牘切要(간독절요)			c03_0651-0652
v.1 p.197	漢南樓記(한남루기)			c03_0653
v.1 p.197	觀音現相記(관음현상기)			c03_0655
v.1 p.197	韓非子(한비자)			b07_1313
v.1 p.197	觀風案(관풍안)		慶付道地理志를 보라	c03_0656
v.1 p.197	觀風軒重修記帖(관풍헌중수기첩)		莊陵靈泉記帖을 보라	c03_0657
v.1 p.197	觀復庵詩稿(관복암시고)	金崇謙 著(김숭겸 저)		a03_0389
v.1 p.198	觀物筆記(관물필기)			c03_0658
v.1 p.198	觀物篇(관물편)	李瀷 著(이익 저)		c03_0659
v.1 p.198	韓文正宗(한문정종)			b07_1314-1315
v.1 p.198	咸平李氏族譜(함평이씨족보)			a03_0391
v.1 p.198	寒圃齋集(한포재집)	李健命 著(이건명 저)		a03_0392-0393
v.1 p.199	灌圃詩集(관포시집) 一名 東洲集(동주집)	魚得江 著(어득강 저)		a03_0394
v.1 p.199	灌圃文集(관포문집)	朴弘美 著(박홍미 저)		a03_0396-0397
v.1 p.200	官報(관보)			c03_0663
v.1 p.200	冠峯遺稿(관봉유고)	玄尙璧 著(현상벽 저)		a03_0398
v.1 p.200	環報刪節(환보산절)			c03_0661
v.1 p.200	關北海弊釐正節目(관북해폐리정절목)			c03_0664
v.1 p.200	關北詩選(관북시선)			c03_0665-0666
v.1 p.201	關北賓興錄(관북빈흥록)		賓興錄을 보라	c03_0670-0671
v.1 p.201	關北邑誌(관북읍지)			c03_0667-0668
v.1 p.201	關防集錄(관방집록)			c03_0672
v.1 p.202	漢陽韓氏族譜(한양한씨족보)			a03_0400
v.1 p.202	咸陽郡邑誌(함양군읍지)			c03_0677
v.1 p.202	漢陽歲時記(한양세시기)	徐有榘 著(서유구 저)		c03_0678
v.1 p.202	冠陽集(관양집)	李匡德 著(이광덕 저)		a03_0401
v.1 p.202	漢陽趙氏族譜(한양조씨족보)			a03_0402
v.1 p.202	咸陽朴氏族譜(함양박씨족보)			a03_0403
v.1 p.202	咸陽呂氏族譜(함양여씨족보)			a03_0404
v.1 p.202	看羊錄(간양록)			c03_0679-0680
v.1 p.203	觀瀾齋遺稿(관란재유고)	高晦 著(고회 저)		a03_0405
v.1 p.203	勘亂錄(감란록)			c03_0681-0682
v.1 p.204	撼龍經(감룡경)		搖龍疑龍捉脈賦를 보라	b07_1317, b07_1319
v.1 p.204	撼龍疑龍捉脈賦(감룡의룡착맥부)			b07_1318
v.1 p.204	完陵集(완릉집)			b07_1320
v.1 p.204	翰林會圈錄(한림회권록)			c03_0683
v.1 p.204	翰林先生案(한림선생안)			c03_0684

v.1 p.204	翰林別曲(한림별곡)			c03_0686
v.1 p.205	簡禮彙纂(간례휘찬)			c03_0687
v.1 p.205	冠禮考定(관례고정)			c03_0688
v.1 p.205	冠禮謄錄(관례등록)			c03_0689-0691
v.1 p.205	簡禮要覽(간례요람)			c03_0693
v.1 p.205	看話決疑論(간화결의론)	釋 知訥 著(석 지눌 저)		c03_0695
v.1 p.205	臥雲遺稿(와운유고)	宋煥經 著(송환경 저)		a03_0407
v.1 p.206	雅音會編(아음회편)			c03_0698
v.1 p.206	我我錄(아아록)	南紀濟 著(남기제 저)		c03_0699-0700
v.1 p.206	雅樂譜(아악보)		朝祭雅樂譜 또는 줄여서 樂譜 또는 大樂譜	c03_0701
v.1 p.207	鵝溪遺稿(아계유고)	李山海 著(이산해 저)		a03_0408
v.1 p.207	雅言覺非(아언각비)	丁若鏞 著(정약용 저)		c03_0702
v.1 p.208	雅語指南(아어지남)			c03_0703-0704
v.1 p.208	牙山誌(아산지)			c03_0705
v.1 p.208	牙山李氏族譜(아산이씨족보)			a03_0410
v.1 p.208	鵝洲雜錄(아주잡록)	洪重寅 輯編(홍중인 집편)		c03_0706-0708
v.1 p.209	雅誦(아송)			c03_0710-0712
v.1 p.210	畫帖(화첩)			b14_2529
v.1 p.210	鵝城雜記(아성잡기)	李濟臣 著(이제신 저)		c03_0713
v.1 p.210	畫千手(화천수)			b07_1321
v.1 p.210	雅亭遺稿(아정유고)	李德懋 著(이덕무 저)		
v.1 p.211	我邦疆域考(아방강역고)	丁若鏞 著(정약용 저)		c03_0714
v.1 p.212	臥游錄(와유록)	南鶴鳴 編(남학명 편)		c03_0715
v.1 p.212	外案(외안)			c03_0716
v.1 p.212	外官印文(외관인문)			c03_0717
v.1 p.212-4	外衙門文籍(외아문문적)			b08_1570-1571
v.1 p.214	艾熙亭集(애희정집)			b07_1322
v.1 p.214	外奎章閣形止案(외규장각형지안)			b14_2574-2575
v.1 p.215	樂院規憲(악원규헌)			c03_0718
v.1 p.215	樂院故事(악원고사)	李世弼 著(이세필 저)		c03_0719-0720
v.1 p.215	學易齋集(학역재집)	鄭麟趾 著(정인지 저)		a03_0413
v.1 p.216	學音稿(학음고)	尹春年 著(윤춘년 저)		a03_0414
v.1 p.216	學海(학해)	洪奭周 著(홍석주 저)		c03_0721
v.1 p.216	樂學軌範(악학궤범)	成俔 撰進(성현 찬진)		c03_0723-0726
v.1 p.217	學顔錄(학안록)	朴吉應 著(박길응 저)		c03_0727
v.1 p.217	樂器造成儀軌(악기조성의궤)			c03_0728-0730
v.1 p.217	學吟集(학음집)		惕若齋集을 보라	a03_0415
v.1 p.217	學求聖賢(학구성현)			c03_0732
v.1 p.218	學古堂集(학고당집)	白胤耈 著(백윤구 저)		a03_0416
v.1 p.218	學校謄錄(학교등록)			c03_0733
v.1 p.218	樂書孤存(악서고존)	丁若鏞 著(정약용 저)		c03_0735
v.1 p.218	樂章(악장)		進饌樂章 또는 觀刈樂章 또는 上號樂章을 보라	c03_0736
v.1 p.218	樂掌謄錄(악장등록)			c03_0737
v.1 p.218	學則(학칙)			b07_1323

v.1 p.218	樂通(악통)			c03_0739
v.1 p.219	岳南集(악남집)	鄭哲 著(정철 저)		a03_0417
v.1 p.219	學範(학범)			c03_0741
v.1 p.219	岳飛書帖(악비서첩)			
v.1 p.219	樂譜(악보)		雅樂譜를 보라. 또한 東國樂譜를 보라	c03_0742
v.1 p.219	學蔀通辨(학부통변)			b07_1324
v.1 p.219	岳武穆精忠錄(악무목정충록)		精忠錄을 보라	
v.1 p.219	學圃遺集(학포유집)	梁彭孫 著(양팽손 저)		a03_0418
v.1 p.220	學圃軒集(학포헌집)			a03_0420
v.1 p.220	學法總說(학법총설)	朴世采 著(박세채 저)		c03_0745
v.1 p.220	樂本(악본)	金大問 著(김대문 저)		c03_0746
v.1 p.220	岳麓集(악록집)	許筬 著(허성 저)		
v.1 p.220	玩易齋集(완역재집)	姜碩德 著(강석덕 저)		a03_0422
v.1 p.220	顔眞卿法帖(안진경법첩)			
v.1 p.220	巖叟詩話(암수시화)			c03_0748
v.1 p.221	元朝五箴及論太極五書(원조오잠급론태극오서)		太極圖說을 보라	c09_1533-1534
v.1 p.221	阮堂集(원당집)	金正喜 著(김정희 저)		a03_0423
v.1 p.221	阮堂尺牘(완당척독)	金正喜 著(김정희 저)		a03_0425
v.1 p.221	顔樂堂集(안악당집)	金訢 著(김소 저)		a03_0426
v.1 p.222	玩樂編(완락편)			c03_0750
v.1 p.222	龜庵擬政內外案(구암의정내외안)	金濟學 著(김제학 저)		c04_0753-0754
v.1 p.222	踦庵集(기암집)	羅應斗 著(나응두 저)		a03_0427
v.1 p.222	畸庵集(기암집)	鄭弘溟 著(정홍명 저)		a03_0430
v.1 p.223	希庵集(희암집)	蔡彭胤 著(채팽윤 저)		a03_0428
v.1 p.223	希庵集(희암집)		房氏世槁를 보라	a03_0433
v.1 p.223	歸隱狀碣(귀은상갈)			a03_0434
v.1 p.224	沂雨祭謄錄(기우제등록)			c04_0755
v.1 p.224	杞園集(기원집)	魚有鳳 著(어유봉 저)		a03_0435-0436
v.1 p.224	杷園年譜(파원연보)			a03_0437
v.1 p.224	奇翁集(기옹집)	南漢紀 著(남한기 저)		a03_0438
v.1 p.225	畸翁漫筆(기옹만필)	鄭弘溟 著(정홍명 저)		a03_0440
v.1 p.225	歸恩堂集(귀은당집)	南公轍 著(남공철 저)		a03_0442
v.1 p.225	希窩集(희와집)	玄德升 著(현덕승 저)		a03_0444
v.1 p.226	龜窩集(구와집)			a03_0445
v.1 p.226	箕雅(기아)	南龍翼 選(남용익 선)		c04_0756-0757
v.1 p.226	己亥儀禮(기해의례)			c04_0758
v.1 p.226	龜厓集(구애집)	李垸 著(이완 저)		a03_0446
v.1 p.226	癸亥靖社錄(계해정사록)			c04_0759
v.1 p.227	龜巖集(구암집)	李楨 著(이정 저)		a03_0447-0448
v.1 p.227	奇巖集(기암집)	釋 法堅 著(석 법견 저)		a03_0449
v.1 p.227	龜巖集(구암집)	李元培 著(이원배 저)		a03_0450-0452
v.1 p.228	歸巖集(귀암집)	李元禎 著(이원정 저)		a03_0453
v.1 p.228	棄棄齋集(기기재집)	金尙埏 著(김상연 저)		a03_0454-0455

v.1 p.228	歸休堂集(귀휴당집)	李培元 著(이배원 저)		a03_0457
v.1 p.228	騎牛子集(기우자집)	李行 著(이행 저)		a03_0458
v.1 p.229	喜懼齋遺稿(희구재유고)	李道翼 著(이도익 저)		a03_0460
v.1 p.229	歸溪遺稿(귀계유고)	金佐明 著(김좌명 저)		a03_0461
v.1 p.229	徽慶園誌(휘경원지)			c04_0761
v.1 p.229	歸溪筆迹(귀계필적)			
v.1 p.229	杷溪俞氏族譜(파계유씨족보)			a03_0463-0464
v.1 p.230	記言(기언)		眉叟記言을 보라	c04_0762
v.1 p.230	紀元篇(기원편)			c04_0763
v.1 p.230	耆耉宴會錄(기구연회록)			c04_0765-0767
v.1 p.230	紀効新書(기효신서)	明 戚繼光 著(명 척계광 저)		b07_1326
v.1 p.231	紀効新書節要(기효신서절요)	柳馨遠 編(유형원 편)		c04_0768
v.1 p.231	癸甲日錄(계갑일록) 또는 癸未甲甲日錄(계미갑갑일록)	禹性傳 著(우성전 저)		c04_0769-0770, c04_0773
v.1 p.232	癸甲錄(계갑록)		萬曆癸未甲申東人等 栗谷牛溪排斥에 대한 記事이다	c04_0771-0772
v.1 p.232	寄傲筆迹(기오필적)	金宇亨 書(김우형 서)		b13_2367
v.1 p.232	龜谷集(구곡집)	崔奇男 著(최기남 저)		a03_0465
v.1 p.232	企齋記異(기재기이)	申光漢 著(신광한 저)		a03_0466
v.1 p.232	寄齋雜記(기재잡기)	朴東亮 著(박동량 저)		a03_0470-0474
v.1 p.233	企齋集(기재집)	申光漢 著(신광한 저)		a03_0467
v.1 p.234	龜山年譜(구산연보)			a03_0476-0477
v.1 p.234	葵史(규사)			c04_0774-0775
v.1 p.234	己巳遺聞(기사유문)			c04_0777
v.1 p.235	癸巳往復書(계사왕복서)			c04_0778-0779
v.1 p.235	箕子外記(기자외기)	徐命膺 著(서명응 저)		c04_0780
v.1 p.235	箕子志(기자지)	尹斗壽 著(윤두수 저)		c04_0781-0782
v.1 p.236	箕子實紀(기자실기)	李珥 著(이이 저)		c04_0784-0785
v.1 p.237	箕子井田紀績碑帖(기자정전기적비첩)	徐命膺 撰文 曹允亨 書(서명응 찬문 조윤형 서)		c04_0786
v.1 p.237	奇詞總錄(기사총록)			c04_0783
v.1 p.237	箕子通記(기자통기)			c04_0787
v.1 p.237	己巳日記(기사일기)			c04_0788
v.1 p.238	癸巳日錄(계사일록)	尹卓然 著(윤탁연 저)		c04_0789
v.1 p.238	耆社慶會曆(기사경회력)	乾隆乙巳 官撰(건륭을사 관찬)		c04_0790-0791
v.1 p.238	龜沙金剛錄(구사금강록)			a03_0478
v.1 p.238	耆社志(기사지)	洪敬謨 編(홍경모 편)		c04_0793
v.1 p.238	龜沙集(구사집)	權慄 著(권엽 저)		a03_0479
v.1 p.239	耆社諸臣謚狀(기사제신익상)			c04_0794
v.1 p.239	耆社題名記(기사제명기)			
v.1 p.239	耆社日記(기사일기)			c04_0796
v.1 p.239	貴愁(귀수)			c04_0797
v.1 p.239	鬼神死生論(귀신사생론)	徐敬德 著(서경덕 저)		
v.1 p.240	鬼神論(귀신론)	南孝溫 著(남효온 저)		c04_0799-0800

v.1 p.240	起信論(기신론)			b07_1327
v.1 p.240	記事撰草(기사찬초)		陽坡記事撰草를 보라	c04_0801
v.1 p.240	麾事總要(휘사총요)			c04_0802
v.1 p.240	箕城橋重修石刻(기성교중수석각)			c04_0803
v.1 p.240	祈禳祭謄錄(기양제등록)			c04_0804
v.1 p.240	箕城志(기성지)		平壤誌를 보라	c04_0805
v.1 p.240	龜城城役誌(구성성역지)			c04_0806
v.1 p.240	箕城圖(기성도)			c04_0807
v.1 p.241	旗制(기제)			c04_0809
v.1 p.241	箕井學政(기정학정)			c04_0810
v.1 p.241	奇正圖譜(기정도보)		陣法을 보라	c04_0811
v.1 p.241	葵窓集(규창집)	海原君健 著(해원군건 저)		a03_0480-0481
v.1 p.241	龜村遺稿(구촌유고)	李溟 著(이명 저)		a03_0482
v.1 p.241	龜村集(구촌집)	柳景深 著(유경심 저)		a03_0483
v.1 p.241	己丑記事(기축기사)	安邦俊 著(안방준 저)		c04_0815-0816
v.1 p.242	己丑事蹟(기축사적) 又 己丑逆案(기축역안)	黃赫 著(황혁 저)		c04_0817
v.1 p.242	癸丑覃恩錄(계축담은록)			c04_0818
v.1 p.243	癸丑大統日課(계축대통일과)			c04_0819
v.1 p.243	癸丑被譴錄(계축피견록)	嚴惺 撰(엄성 찬)		c04_0820
v.1 p.243	己丑錄(기축록)	李壽慶 著(이수경 저)	笑醒己丑錄으로 통합	c04_0821-0823
v.1 p.244	熙朝軼事(희조일사)	李慶民 著(이경민 저)		c04_0824
v.1 p.244	龜亭遺稿(구정유고)	南在 著(남재 저)		a03_0484
v.1 p.244	葵亭集(규정집)	申厚載 著(신후재 저)		a03_0485
v.1 p.244	奇貞武公實紀(기정무공실기)			a03_0486
v.1 p.245	箕田攷(기전고)	李家煥 李義駿 著(이가환 이의준 저)		c04_0826-0827
v.1 p.245	箕田圖說(기전도설)	韓百謙 著(한백겸 저)		c04_0828
v.1 p.245	紀年兒覽(기년아람)	李德懋 撰訂(이덕무 찬정)		c04_0830-0831
v.1 p.246	紀年通考(기년통고)			c04_0832-0833
v.1 p.246	箕範衍義(기범연의)			c04_0835
v.1 p.246	癸未記事(계미기사)	李誠中 著(이성중 저)		c04_0836
v.1 p.246	紀譜通編(기보통편)		文公紀譜通編을 보라	c04_0837
v.1 p.247	祈福偈(기복게)			c04_0838
v.1 p.247	起復謄錄(기복등록)			c04_0839
v.1 p.247	龜文旨(구문지)			c04_0840
v.1 p.247	記聞叢話(기문총화)			c05_0841-0842
v.1 p.247	記聞錄(기문록)		南溪記聞을 보라. 또한 南塘經義記聞錄을 보라	c05_0843
v.1 p.247	奇平章奉使錄(기평장봉사록)			c05_0844
v.1 p.247	龜峯遺集(구봉유집)	權德麟 著(권덕린 저)		a03_0487
v.1 p.248	龜峯集(구봉집)	宋翼弼 著(송익필 저)		a03_0488-0491
v.1 p.249	驥峯集(기봉집)	李時省 著(이시성 저)		a03_0492
v.1 p.249	碁峯集(기봉집)	南正重 著(남정중 저)		a03_0493
v.1 p.249	己卯遺蹟(기묘유적)	安邦俊 著(안방준 저)		c05_0845

v.1 p.249	己卯諸賢手筆(기묘제현수필)			c05_0846
v.1 p.250	己卯諸賢傳(기묘제현전)		金堉編己卯錄을 보라	
v.1 p.250	癸卯時事錄(계묘시사록)			c05_0847
v.1 p.250	己卯竊科(기묘절과)		康熙己卯削科事件에 관련된 記事이다	c05_0848
v.1 p.250	己卯黨籍(기묘당적)	金正國 著(김정국 저)		c05_0849
v.1 p.251	己卯黨籍補(기묘당적보)		己卯窩籍을 보라	c05_0850
v.1 p.251	己卯錄(기묘록)		己卯黛籍을 보라	c05_0851
v.1 p.251	己卯錄(기묘록) 又名 己卯諸賢傳(기묘제현전)	金堉 著(김육 저)		c05_0852
v.1 p.251	己卯錄補遺(기묘록보유)		己卯黛籍을 보라	
v.1 p.251	己酉移粟碑(기유이속비)			c05_0853
v.1 p.251	岐陽世稿(기양세고)			a03_0494
v.1 p.252	歸樂堂集(귀악당집)	李晩成 著(이만성 저)		a03_0495
v.1 p.252	龜龍集(귀룡집)			b07_1328
v.1 p.252	奇靈玄妙經(기령현묘경)			c05_0855
v.1 p.252	耆老所先生案(기로소선생안)			c05_0856
v.1 p.252	歸鹿集(귀록집)	趙顯命 著(조현명 저)		a03_0496
v.1 p.252	菊磵集(국간집)	尹鉉 著(윤현 저)		a03_0498
v.1 p.252	菊軒集(국헌집)	蘇始萬 著(소시만 저)		a03_0499
v.1 p.252	菊齋實紀(국재실기)			a03_0500
v.1 p.253	菊窓集(국창집)			a03_0502
v.1 p.253	菊潭集(국담집)	金孝一 著(김효일 저)		a03_0503
v.1 p.253	菊潭集(국담집)	朴壽春 著(박수춘 저)		a03_0504
v.1 p.253	菊堂俳語(국당배어)	鄭泰齊 著(정태제 저)		a03_0505
v.1 p.253	菊圃瑣錄(국포쇄록)	姜樸 著(강박 저)		a03_0506
v.1 p.253	菊圃集(국포집)	姜樸 著(강박 저)		a03_0507
v.1 p.254	菊圃集(국포집)	權裕 著(권유 저)		a03_0509
v.1 p.254	橘隱齋集(귤은재집)	金瀏 著(김류 저)		a03_0510
v.1 p.254	橘屋集(귤옥집)	尹光啓 著(윤광계 저)		a03_0511-0512
v.1 p.254	吉氏世孝錄(길씨세효록)			a03_0513
v.1 p.254	吉州事蹟記(길주사적기)	崔有海 著(최유해 저)		c05_0857
v.1 p.255	吉城誌(길성지)		古州牧邑誌이다	
v.1 p.255	橘亭集(귤정집)	尹衢 著(윤구 저)		a03_0514
v.1 p.255	吉禮要覽(길례요람)			c05_0860
v.1 p.255	及庵詩集(급암시집)	高麗 閔思平 著(고려 민사평 저)		a04_0516
v.1 p.256	久庵集(구암집)	金就文 著(김취문 저)		a04_0516-0517
v.1 p.256	久庵集(구암집)	韓百謙 著(한백겸 저)		a04_0518
v.1 p.257	久庵集(구암집)		屛溪集을 보라	a04_0519-0520
v.1 p.257	九雲夢(구운몽)	金春澤 著(김춘택 저)		c05_0862-0863
v.1 p.257	구운몽(九雲夢(구운몽))			c05_0864
v.1 p.257	弓裔佛經(궁예불경)			
v.1 p.258	宮園儀(궁원의)		景慕宮永佑園儀軌, 山陵儀軌의 아래를 참고하여 본다	c05_0865-0867
v.1 p.259	九畹詩集(구원시집)	李春元 著(이춘원 저)		a04_0521
v.1 p.259	宮園式例(궁원식례)		毓祥宮昭察園式例	c05_0868-0869

v.1 p.260	宮園展省錄(궁원전성록)			c05_0870
v.1 p.260	休翁集(휴옹집)	沈光世 著(심광세 저)		a04_0522-0523
v.1 p.260	休翁集(휴옹집)	鄭弘翼 著(정홍익 저)		a04_0524-0525
v.1 p.260	休窩野談(휴와야담)	任有後 著(임유후 저)		a04_0526
v.1 p.260	休殼稿(휴각고)	金鼎大 著(김정대 저)		a04_0527
v.1 p.261	救急簡易方(구급간이방)		村家救急方을 보라	c05_0871
v.1 p.261	救急方(구급방)	宋人名不詳 撰(송인명불상 찬)		c05_0873-0874
v.1 p.261	九曲集(구곡집)			c05_0875
v.1 p.261	九經(구경)		中庸九紅衍義를 보라	b07_1329
v.1 p.261	九經衍義(구경연의)			c05_0876
v.1 p.261	宮闕營建儀軌(궁궐영건의궤)			
v.1 p.262	宮闕誌(궁궐지)			c05_0877-0879
v.1 p.263	泣血錄(읍혈록)			c05_0880
v.1 p.263	求賢論(구현론)			c05_0881
v.1 p.263	汲古遺稿(급고유고)	李洪男 著(이홍남 저)		a04_0529
v.1 p.264	救荒撮要(구황촬요)			c05_0882-0883
v.1 p.265	窮悟集(궁오집)	任天當 著(임천당 저)		a04_0530
v.1 p.265	九思堂續集(구사당속집)	金樂行 著(김낙행 저)		a04_0531
v.1 p.265	九社學規(구사학규)			c05_0884
v.1 p.265	救時急務(구시급무)	李聖時 著(이성시 저)		c05_0885
v.1 p.265	求仁錄(구인록)	李彦迪 著(이언적 저)		c05_0886-0888
v.1 p.266	九數略(구수략)	崔錫鼎 著(최석정 저)		c05_0889
v.1 p.266	九成宮蠶書(구성궁잠서)			b07_1330
v.1 p.266	求正錄(구정록)	申欽 著(신흠 저)		c05_0890
v.1 p.267	休川集(휴천집)	趙重呂 著(조중려 저)		a04_0532
v.1 p.267	朽淺集(후천집)	黃宗海 著(황종해 저)		a04_0533
v.1 p.267	求善集(구선집)	高麗 姜邯贊 著(고려 강감찬 저)		c05_0891
v.1 p.267	鳩巢集(구소집)	權聖矩 著(권성구 저)		a04_0534
v.1 p.267	久堂集(구당집)	朴長遠 著(박장원 저)		a04_0535
v.1 p.268	仇難(구난)			c05_0892
v.1 p.268	急難圖詩(급난도시)	李增祿 編刻(이증록 편각)		c08_1406
v.1 p.268	九包蔘都錄(구포삼도록)			c05_0893-0894
v.1 p.269	九峯集(구봉집)	柳恆 著(유항 저)		a04_0536
v.1 p.269	九峯集(구봉집)	趙遠期 著(조원기 저)		a04_0537
v.1 p.269	臼砲裝放法(구포장방법)			c05_0895
v.1 p.269	及幼(급유)			c05_0896
v.1 p.269	鳩養物語(구양물어)			c05_0897
v.1 p.269	九龍齋集(구룡재집)			a04_0538
v.1 p.270	宮僚疏(궁료소)			c05_0899
v.1 p.270	求禮邑誌(구례읍지)			c05_0900
v.1 p.270	九老詩帖(구로시첩)			c05_0901
v.1 p.270	虛庵遺稿(허암유고)	鄭希良 著(정희량 저)		a04_0539
v.1 p.271	去化(거화) 又作 巨化(거화)			c05_0902
v.1 p.271	巨化(거화)		去化를 보라	

v.1 p.271	居家襍服(거가잡복)			c05_0904
v.1 p.271	居官雜錄(거관잡록)			c05_0905
v.1 p.271	居官大要(거관대요)			c05_0906
v.1 p.271	居官要覽(거관요람)			c05_0907
v.1 p.271	居業窩集(거업와집)	元斗樞 著(원두추 저)		a04_0540
v.1 p.271	居業錄(거업록)			b07_1331
v.1 p.272	虛舟窩遺稿(허주와유고)	金錫一 著(김석일 저)		a04_0541
v.1 p.272	居昌愼氏族譜(거창신씨족보)			a04_0542
v.1 p.272	居昌劉氏世譜(거창유씨세보)			a04_0543
v.1 p.272	居助道方(거조도방)			b07_1332
v.1 p.272	虛靜集(허정집)	釋 法宗 著(석 법종 저)		a04_0544-0545
v.1 p.272	許貞簡公遺事(허정간공유사)			a04_0547
v.1 p.273	虛白亭文集(허백정문집)	洪貴達 著(홍귀달 저)		a04_0548
v.1 p.273	虛白堂詩集(허백당시집)	釋 明照 著(석 명조 저)		a04_0552
v.1 p.273	虛白堂集(허백당집)	成俔 著(성현 저)		a04_0549-0550
v.1 p.274	虛白堂奏議(허백당주의)	成俔 著(성현 저)		a04_0551
v.1 p.274	虛白堂風雅錄(허백당풍아록)	成俔 著(성현 저)		
v.1 p.274	許文穆公集(허문목공집)			b07_1334
v.1 p.274	巨里羅(거리라)			c05_0910
v.1 p.274	疆域關防圖說(강역관방도설)	李頤命 著(이이명 저)		c05_0912
v.1 p.275	敎閱儀註(교열의주)			c05_0913
v.1 p.275	叶音考(협음고)		華東叶音通釋을 보라	c05_0914
v.1 p.275	薌隱集(향은집)	李章贊 著(이장찬 저)		a04_0553
v.1 p.275	彊界志(강계지)	申景濬 著(신경준 저)		c05_0915-0916
v.1 p.275	敎誨先生案(교회선생안)			c05_0917
v.1 p.275	敎學定例(교학정례)			c05_0918-0919
v.1 p.276	鏡巖集(경암집)	釋 應允 著(석 응윤 저)		a04_0555
v.1 p.276	協紀辨方書(협기변방서)			b07_1335
v.1 p.276	協吉通義(협길통의)	正祖 命撰(정조 명찬)		c05_0920-0922
v.1 p.277	杏溪集(행계집)	張昌復 著(장창복 저)		a04_0556
v.1 p.277	鄕憲(향헌)			c05_0923-0924
v.1 p.277	杏湖日記(행호일기)			
v.1 p.277	歙谷縣誌(흡곡현지)			
v.1 p.277	兢齋集(긍재집)	鄭趾善 著(정지선 저)		a04_0557
v.1 p.277	兢齋編錄(긍재편록)	魚有龜 著(어유구 저)		a04_0558
v.1 p.278	薑山集(강산집)	李書九 著(이서구 저)		a04_0559
v.1 p.278	敎書抄(교서초)			c05_0926
v.1 p.278	敎書謄錄(교서등록)			c05_0927
v.1 p.278	杏村集(행촌집)	閔純 著(민순 저)		a04_0561-0562
v.1 p.278	杏村大字法帖(행촌대자법첩)	李嵒手迹摹刻(이암수적모각)		b13_2368
v.1 p.279	杏壇源流(행단원류)			c05_0929
v.1 p.279	姜忠烈公行錄(강충렬공행록)			a04_0563
v.1 p.279	杏亭集(행정집)	洪大猷 著(홍대유 저)		a04_0564
v.1 p.279	喬桐地圖(교동지도)			c05_0930

v.1 p.279	嶠南舊聞(교남구문)			c05_0932
v.1 p.279	嶠南賓興錄(교남빈흥록)		賓興錄을 보라	c05_0933-0934
v.1 p.279	鄕兵日記略(향병일기략)			c05_0935
v.1 p.279	杏蒲志(행포지)	徐有榘 著(서유구 저)		c05_0936
v.1 p.280	鏡浦臺(경포대)	肅宗王 御製(숙종왕 어제)		c05_0937
v.1 p.280	恭命齋集(공명재집)	金德行 著(김덕행 저)		a04_0565
v.1 p.280	敎命册文謄錄(교명책문등록)			c05_0938
v.1 p.280	恭默閣記帖(공묵각기첩)			c05_0939
v.1 p.280	經文纂鈔(경문찬초)			c05_0940
v.1 p.280	鄕約(향약)			c05_0941-0943
v.1 p.281	鄕約諺解(향약언해)	金安國 著(김안국 저)		
v.1 p.282	鄕藥濟生集成方(향약제생집성방)			c05_0945-0948
v.1 p.282	鄕約章程(향약장정)			c05_0949
v.1 p.282	鄕約折中(향약절중)	洪良浩 著(홍량호 저)		c05_0950
v.1 p.282	鄕藥本草(향약본초)		本草를 보라	
v.1 p.282	鄕約綸音(향약윤음)			c05_0951-0952
v.1 p.283	鄕里約法(향리약법)			c05_0953
v.1 p.283	橋梁變通節目(교량변통절목)			c05_0954
v.1 p.283	杏林詩稿(행림시고)	鄭耼壽 著(정담수 저)		
v.1 p.283	鄕禮合編(향례합편)			c05_0955-0958
v.1 p.284	鄕禮三選(향례삼선)			c05_0959
v.1 p.284	旭軒集(욱헌집)	鄭榏 著(정익 저)		a04_0566
v.1 p.284	近庵燕行日記(근암연행일기)	尹汲 著(윤급 저)		a04_0567
v.1 p.284	近庵集(근암집)	尹汲 著(윤급 저)		a04_0568
v.1 p.284	近庵立朝始末錄(근암입조시말록)	尹汲 著(윤급 저)		a04_0569
v.1 p.284	金員外集(금원외집)		金居士集을 보라	
v.1 p.284	琴隱詩集(금은시집)			a04_0570
v.1 p.285	均役廳事目(균역청사목)			c05_0961-0964
v.1 p.285	均役廳謄錄(균역청등록)			c05_0965
v.1 p.285	김원전(金圓傳(김원전))			c05_0966
v.1 p.286	金甌錄(금구록)			c05_0967
v.1 p.286	金華耕讀記(금화경독기)	徐有榘 著(서유구 저)		c05_0968
v.1 p.286	金華集(금화집)	李知白 著(이지백 저)		a04_0571
v.1 p.286	金華寺夢遊錄(금화사몽유록)			c05_0969
v.1 p.286	金化邑誌(금화읍지)			c05_0970
v.1 p.286	金海許氏族譜(김해허씨족보)			a04_0572
v.1 p.286	金海金氏族譜(김해김씨족보)			a04_0573
v.1 p.286	金海兵書(김해병서)			c05_0971
v.1 p.287	金官誌(금관지)			c05_0973
v.1 p.287	琴巖集(금암집)	宋夢寅 著(송몽인 저)		a04_0574-0575
v.1 p.287	金鏡錄(금경록)		千秋金鏡錄의 大略이다	c05_0975-0977
v.1 p.288	欽欽私案(흠흠사안)			c05_0978
v.1 p.288	欽欽新書(흠흠신서)	丁若鏞 著(정약용 저)		c05_0979-0980
v.1 p.289	金議政江都丁丑錄(김의정강도정축록)	金光煥 編(김광환 편)		a04_0576

v.1 p.289	錦溪家錄(금계가록)		寄齋雜記를 보라	a04_0578
v.1 p.289	錦溪集(금계집)	黃俊良 著(황준량 저)		a04_0577
v.1 p.290	錦溪集(금계집)		鳳洲集을 보라	a04_0579
v.1 p.290	錦溪集(금계집)	魯認 著(노인 저)		a04_0580
v.1 p.290	錦溪筆談(금계필담)	黃俊良 著(황준량 저)		a04_0581
v.1 p.290	襟溪文集(금계문집)	李鳳秀 著(이봉수 저)		a04_0582
v.1 p.290	今獻彙言(금헌휘언)			c05_0981
v.1 p.290	琴軒集(금헌집)	李長坤 著(이장곤 저)		a04_0583
v.1 p.290	錦湖遺稿(금호유고)	林亨秀 著(임형수 저)		a04_0584
v.1 p.291	琴湖遺稿(금호유고)	李志傑 著(이지걸 저)		a04_0585-0586
v.1 p.291	今古雜錄(금고잡록)			c05_0982
v.1 p.291	金居士集(김거사집)	高麗 金克己 著(고려 김극기 저)		a04_0587-0588
v.1 p.292	金江湖行蹟(김강호행적)			a04_0589
v.1 p.292	琴岡集(금강집)	李尙眞 著(이상진 저)		a04_0590
v.1 p.292	錦江集(금강집)	張璶著(장신저)		a04_0591
v.1 p.292	金口譚(금구담)			c05_0984
v.1 p.292	금향뎡긔(金香亭記(금향정기))			c05_0985
v.1 p.293	김홍전(金紅傳(김홍전))			c05_0986
v.1 p.293	金溝邑誌(금구읍지)			c05_0987
v.1 p.293	芹谷集(근곡집)	李觀徵 著(이관징 저)		a04_0592
v.1 p.293	錦谷集(금곡집)	宋來熙 著(송래희 저)		a04_0593
v.1 p.293	金吾稧帖(금오설첩)			c05_0988
v.1 p.293	金吾憲錄(금오헌록)			c05_0989
v.1 p.293	金鰲新話(금오신화)	金時習 著(김시습 저)		c05_0990-0991
v.1 p.294	謹齋集(근재집)	高麗 安軸 著(고려 안축 저)		a04_0594-0596
v.1 p.294	近齋集(근재집)	朴胤源 著(박윤원 저)		a04_0597-0598
v.1 p.295	近齋禮說(근재예설)	朴胤源 著(박윤원 저)		a04_0599
v.1 p.295	金山寺宴(금산사연)			c05_0992
v.1 p.295	金山寺事蹟(금산사사적)			c05_0993
v.1 p.295	金山寺夢曾錄(금산사몽증록)			c05_0994
v.1 p.296	금산사몽유록(金山寺夢遊錄(금산사몽유록))			c05_0995
v.1 p.296	錦山邑誌(금산읍지)			c05_0996-0997
v.1 p.296	近思齋逸藁(근사재일고)	高麗 偰遜 著(고려 설손 저)		a04_0600
v.1 p.296	近始齋集(근시재집)	金垓 著(김해 저)		a04_0601-0602
v.1 p.296	金氏世孝讚圖(김씨세효찬도)			a04_0604
v.1 p.297	金氏分貫錄(김씨분관록)	金昌熙 編(김창희 편)		a04_0605
v.1 p.297	近思錄(근사록)	宋 朱熹 呂祖謙 著(송 주희 여조겸 저)		b07_1337-1339
v.1 p.298	近思錄口訣(근사록구결)	李珥 著(이이 저)		c05_0998
v.1 p.298	近思錄疾書(근사록질서)	李瀷 著(이익 저)		c05_0999
v.1 p.298	近思錄釋疑(근사록석의)	金長生 著(김장생 저)		c05_1000-1001
v.1 p.298	近思錄釋疑(근사록석의)	鄭曄 著(정엽 저)		c05_1002-1004
v.1 p.299	巾車錄(건차록)	姜時煥 著(강시환 저)		c05_1005
v.1 p.300	近取篇(근취편)	張混 著(장혼 저)		c05_1007

v.1 p.300	錦繡策(금수책)			b07_1340
v.1 p.300	錦繡叢花(금수총화)			c05_1008
v.1 p.300	金將軍遺事(김장군유사)			a04_0606-0607
v.1 p.300	金將軍傳(김장군전)	朴希賢 著(박희현 저)		a04_0608
v.1 p.300	김진옥전(金振玉傳(김진옥전))			c05_1011
v.1 p.301	筠心閣叢書(균심각총서)			c05_1010
v.1 p.301	欽恤典則(흠휼전칙)			c05_1014-1015
v.1 p.301	欽恤堂志(흠휼당지)			c05_1016
v.1 p.301	錦城尉神道碑銘(금성위신도비명)	正宗王 御製(정종왕 어제)		c05_1017-1018
v.1 p.302	錦城括覽(금성괄람)		錦絨邑誌를 보라	c05_1019
v.1 p.302	錦城日記(금성일기)			c05_1020
v.1 p.302	錦城邑誌(수성읍지)			c05_1021
v.1 p.302	勤政訓論(근정훈론)	英宗王 御製(영종왕 어제)		c05_1022
v.1 p.303	金生筆迹(김생필적)	新羅 金生 書(신라 김생 서)		b13_2369
v.1 p.303	金石一班(금석일반)			c05_1023
v.1 p.303	金石過眼錄(금석과안록) 또는 雲烟過眼錄(운연과안록)	金正喜 著(김정희 저)		c05_1024
v.1 p.303	錦石集(금석집)	朴準源 著(박준원 저)		a04_0610
v.1 p.303	金石錄(금석록)			c05_1026-1027
v.1 p.304	金石錄(금석록)		慶州金氏金石錄을 보라	
v.1 p.304	沂川集(기천집)	洪命夏 著(홍명하 저)		a04_0611
v.1 p.304	琴川集(금천집)	鄭時修 著(정시수 저)		a04_0612
v.1 p.304	均稅行覽(균세행람)			c05_1029
v.1 p.304	金宗直神道碑(김종직신도비)			b13_2370
v.1 p.304	錦帶集(금대집)	李家煥 著(이가환 저)		a04_0613
v.1 p.304	金忠毅公遺事(김충의공유사)		白村遺事라고도 한다	a04_0614
v.1 p.305	金忠壯公遺事(김충장공유사)			a04_0615-0617
v.1 p.306	金鎭岳詩稿(김진악시고)	金鎭岳 著(김진악 저)		a04_0618
v.1 p.306	錦汀集(금정집)	辛慶衍 著(신경연 저)		a04_0619
v.1 p.306	金堤邑誌(김제읍지)			c05_1030
v.1 p.306	欽典(흠전)			c05_1031
v.1 p.306	金德齡致祭文(김덕령치제문)	正宗王 御製(정종왕 어제)		a04_0621
v.1 p.307	錦堂新哦(금당신아)			a04_0622
v.1 p.307	錦南君事蹟(금남군사적)			a04_0624
v.1 p.307	錦南雜題(금남잡제)			c05_1032
v.1 p.307	錦南集(금남집)	崔溥 著(최부 저)		a04_0623
v.1 p.307	錦南集(금남집)	鄭忠信 著(정충신 저)		a04_0625
v.1 p.308	錦囊經(금낭경)			b07_1341
v.1 p.308	錦囊行跡(금낭행적)	成俔 著(성현 저)		c05_1034
v.1 p.308	近八戒冲子文(근팔계충자문)	英宗王 御製(영종왕 어제)		c05_1035
v.1 p.308	近八裕昆錄(근팔유곤록)	英宗王 御製(영종왕 어제)		c05_1036
v.1 p.309	芹曝錄(근폭록)		懲毖錄을 보라	
v.1 p.309	禁府發關册(금부발관책)			c05_1037
v.1 p.309	今文啓蒙(금문계몽)			c05_1039

v.1 p.309	金文節公逸稿(김문절공일고)	金淡 著(김담 저)		a04_0626
v.1 p.309	金文烈公集(김문렬공집)	高麗 金富軾 著(고려 김부식 저)		a04_0627
v.1 p.310	金寶儀軌(김보의궤)		寶印儀軌를 보라	
v.1 p.310	禁紋事目(금문사목)			c05_1041-1042
v.1 p.310	金庾信行錄(김유신행록)	新羅 金長淸 著(신라 김장청 저)		a04_0628
v.1 p.310	衿陽雜錄(금양잡록)	姜希孟 著(강희맹 저)		c05_1043
v.1 p.310	沂洛編芳(기락편방)			c05_1044
v.1 p.310	禁旅操鍊笏記(금여조련홀기)			c05_1045
v.1 p.311	金陵誌(금릉지)			a04_0630, c05_1046
v.1 p.311	金陵詩帖(금릉시첩)			a04_0629
v.1 p.311	金陵集(금릉집)	南公轍 著(남공철 저)		
v.1 p.311	금방울전(金方乙(금방을)/金鈴傳)			c05_1047
v.1 p.312	義安大君派譜(의안대군파보)			a04_0631
v.1 p.312	巍巖遺稿(외암유고)	李柬 著(이간 저)		a04_0632
v.1 p.312	巍巖雜著(외암잡저)			a04_0633
v.1 p.312	儀器輯說(의기집설)	南秉哲 著(남병철 저)		c05_1048
v.1 p.312	義禁府決獄案(의금부결옥안)			c05_1049
v.1 p.313	義禁府謄錄(의금부등록)			c05_1050
v.1 p.313	戲具說略(희구설략)			c05_1051
v.1 p.313	義興邑誌(의흥읍지)			c05_1052
v.1 p.313	義谷集(의곡집)	高麗 李邦直 著(고려 이방직 저)		a04_0634
v.1 p.313	毅齋漫筆(의재만필)			a04_0635
v.1 p.313	宜齋野乘(의재야승)			c05_1053
v.1 p.313	義州崔義士事蹟(의주최의사사적)		樹烈千秋傳을 보라	a04_0636
v.1 p.313	宜春世乘(의춘세승)		宜寧南氏族譜를 보라	a04_0637
v.1 p.313	義昌君筆迹(의창군필적)			
v.1 p.313	儀象志(의상지)		新制靈臺儀象志라고도 한다	b07_1343-1344
v.1 p.314	義城金氏族譜(의성김씨족보)			a04_0638
v.1 p.314	儀仗班次圖(의장반차도)			c06_1054
v.1 p.314	義城邑誌(의성읍지)			c06_1055
v.1 p.314	議政府當參節目(의정부당참절목)			c06_1058
v.1 p.314	議政府啓牒錄(의정부계첩록)			c06_1057
v.1 p.314	議政府謄錄(의정부등록)			c06_1059-1060
v.1 p.315	議政府文籍(의정부문적)			b14_2601-2604
v.1 p.316	議政府藥房式例(의정부약방식례)			c06_1061
v.1 p.316	議政府郎廳先生案(의정부랑청선생안)			c06_1062
v.1 p.317	宜石筆迹(의석필적)	金應根 書(김응근 서)		
v.1 p.317	毅宗實錄(의종실록)			c06_1063
v.1 p.317	義僧番錢節目(의승번전절목)			c06_1064
v.1 p.317	儀曹別謄錄(의조별등록)			c06_1065
v.1 p.317	魏鄭公諫錄(위정공간록)			b07_1345
v.1 p.317	疑東(의동)			c06_1066
v.1 p.317	巍塘往復書(외당왕복서)			a04_0640

v.1 p.318	宜田稿(의전고)			a04_0639
v.1 p.318	宜寧南氏族譜(의녕남씨족보)			a04_0641
v.1 p.318	宜寧邑誌(의녕읍지)			c06_1067
v.1 p.318	儀表圖(의표도)	申景濬 著(신경준 저)		c06_1068
v.1 p.318	儀禮(의례)			b07_1348
v.1 p.319	儀禮經傳通解(의례경전통해)		儀禮를 보라	b07_1349-1350
v.1 p.319	儀禮註疏(의례주소)		儀禮를 보라	b07_1346
v.1 p.319	儀禮圖(의례도)			b07_1347
v.1 p.320	疑龍經(의룡경)		撼龍疑龍捉脈賦를 보라	
v.1 p.320	義林寺岡形(의림사강형)			c06_1069
v.1 p.320	疑禮正解(의례정해)	李敏德 著(이민덕 저)		c06_1070
v.1 p.320	疑禮通攷(의례통고)			c06_1071
v.1 p.320	疑禮問解(의례문해)	金長生 著(김장생 저)		c06_1072-1076
v.1 p.321	疑禮問答(의례문답)		明齊疑禮問答을 보라	c06_1077
v.1 p.321	疑禮類說(의례유설)	申涎 著(신연 저)		c06_1078
v.1 p.321	義烈圖(의열도)			c06_1079
v.1 p.321	議論(의론)			c06_1080
v.1 p.322	牛溪集(우계집)	成渾 著(성혼 저)		a04_0642, 0646-0647
v.1 p.323	牛溪年譜(우계연보)			a04_0643-0644
v.1 p.324	牛山集(우산집)	安邦俊 著(안방준 저)		a04_0645, 0648
v.1 p.324	牛山答問(우산답문)	安邦俊 著(안방준 저)		a04_0649
v.1 p.324	牛馬治療方(우마치료방)			c06_1081
v.1 p.325	牛癖方(우벽방)			c06_1082
v.1 p.325	御醫撮要方(어의촬요방)	高麗朝 茶房 撰(고려조 다방 찬)		c06_1083
v.1 p.325	漁隱遺稿(어은유고)	吳國獻 著(오국헌 저)		a04_0650-0651
v.1 p.325	漁灌圖詩(어관도시)			c06_1085
v.1 p.325	漁溪集(어계집)	趙旅 著(조려 저)		a04_0652-0653
v.1 p.326	御考恩賜節目(어고은사절목)			c06_1086
v.1 p.326	漁山詩集(어산시집)			a04_0654
v.1 p.326	御史箴(어사잠)			c06_1087
v.1 p.326	御賜棠溪寶硯記蹟(어사당계보연기적)		家藏寶硯記를 보라	c06_1088
v.1 p.326	御史別單(어사별단)			c06_1089
v.1 p.326	御射古風帖(어사고풍첩)			c06_1090
v.1 p.326	御射臺碑銘(어사대비명)			
v.1 p.327	御眞圖寫儀軌(어진도사의궤)		眞殿儀軌를 보라	
v.1 p.327	魚水錄(어수록)			
v.1 p.327	御製條問(어제조문)			
v.1 p.327	御製大誥(어제대고)			c06_1099
v.1 p.327	御製文集(어제문집)		明太祖文集을 보라	
v.1 p.327	御前親幕題名帖(어전친막제명첩)			
v.1 p.328	漁村集(어촌집)	沈彦光 著(심언광 저)		a04_0655
v.1 p.328	御定詩韻(어정시운)			c06_1101
v.1 p.328	漁父詞(어부사)			c06_1103

v.1 p.328	御屛十六幅贊(어병십육폭찬)	李玄逸 著(이현일 저)		c06_1104-1105
v.1 p.328	禦眠楯(어면순)	宋世琳 著(송세림 저)		c06_1106
v.1 p.329	御藥院方(어약원방)			b07_1351
v.1 p.329	漁洋詩抄(어양시초)			c06_1107
v.1 p.329	御容圖寫儀軌(어용도사의궤)		眞殿儀軌를 보라	
v.1 p.329	凝窩集(응와집)	李源祚 著(이원조 저)		a04_0656
v.1 p.329	凝溪實記(응계실기)			a04_0657
v.1 p.330	凝齋集(응재집)	朴泰觀 著(박태관 저)		a04_0658
v.1 p.330	凝齋集(응재집)	李喜之 著(이희지 저)		a04_0659
v.1 p.330	凝川日錄(응천일록)	朴鼎賢 編著(박정현 편저)		c06_1108-1109
v.1 p.331	玉海(옥해)			b07_1353
v.1 p.331	옥환긔봉(玉環奇逢(옥환기봉))			c06_1111
v.1 p.331	玉局齋集(옥국재집)	李運永 著(이운영 저)		a04_0660
v.1 p.331	玉溪遺稿(옥계유고)	姜鳳文 著(강봉문 저)		a04_0661-0662
v.1 p.332	玉溪破顔錄(옥계파안록)	李貞敏 著(이정민 저)		a04_0667
v.1 p.332	玉溪文集(옥계문집)	盧禛 著(노진 저)		a04_0663
v.1 p.332	玉溪文集(옥계문집)	潘祐亨 著(반우형 저)		a04_0664-0665
v.1 p.333	玉壺集(옥호집)	魚用翼 著(어용익 저)		a04_0668
v.1 p.333	玉壺氷(옥호빙)			b07_1354
v.1 p.333	玉皇寶訓(옥황보훈)			b07_1355-1356
v.1 p.333	玉吾齋集(옥오재집)	宋相琦 著(송상기 저)		a04_0669
v.1 p.334	玉纂(옥찬)			c06_1113
v.1 p.334	玉山詩稿(옥산시고)	李瑀 著(이우 저)		a04_0670
v.1 p.334	玉山精舍記(옥산정사기)			c06_1114
v.1 p.334	玉少華談(옥소화담)			
v.1 p.334	옥인긔(玉人記(옥인기))			c06_1126
v.1 p.335	玉樞眞經(옥추진경)			b07_1357, b07_1358-1359
v.1 p.335	玉跡抄集(옥적초집)			c06_1117
v.1 p.335	玉川集(옥천집)	趙德隣 著(조덕린 저)		a04_0672
v.1 p.335	玉叢(옥총)		본래의 서명은 新編玉叢이다	c06_1118-1119
v.1 p.335	玉通(옥통)			
v.1 p.335	玉堂釐正字海篇心鏡(옥당이정자해편심경)		海篇心鏡의 아래를 보라	
v.1 p.336	玉堂才調集(옥당재조집)			b07_1361
v.1 p.336	玉堂先生案(옥당선생안)			c06_1122
v.1 p.336	玉篇(옥편)		全韻玉篇을 보라. 또는 大廣益會玉篇	c06_1123, b07_1364
v.1 p.336	玉峯集(옥봉집)	白光勳 著(백광훈 저)		a04_0674
v.1 p.337	玉峯集(옥봉집)			a04_0675-0680
v.1 p.337	玉龍歌(옥룡가)	元 王國瑞 著(원 왕국서 저)		
v.1 p.338	玉龍集(옥룡집)		玉龍記라고도 한다	c06_1125
v.1 p.338	玉麟夢(옥린몽)			c06_1127-1128
v.1 p.338	옥린몽(玉麟夢(옥린몽))			
v.1 p.338	옥루몽(玉樓夢(옥루몽))			c06_1130

v.1 p.338	銀溪筆錄(은계필록)	洪憲 著(홍헌 저)		a04_0681
v.1 p.338	銀臺史綱(은대사강)			c06_1132
v.1 p.338	銀臺集(은대집)	高麗 李仁老 著(고려 이인로 저)		c06_1133-1135
v.1 p.339	銀臺條例(은대조례)			c06_1136-1137
v.1 p.339	銀臺先生案(은대선생안)			c06_1138
v.1 p.340	銀臺日記(은대일기)	鄭維城 著(정유성 저)		c06_1139
v.1 p.340	銀臺日錄(은대일록)			
v.1 p.340	銀臺便攷(은대편고)			c06_1140
v.1 p.340	銀臺要覽(은대요람)	仁祖朝 編(인조조 편)		
v.1 p.341	懼庵集(구암집)	禹伏龍 著(우복룡 저)		a04_0683
v.1 p.341	句解南華眞經(구해남화진경)	朴世堂 諺吐(박세당 언토)		c07_1143-1146
v.1 p.342	孔雀詩(공작시)			b07_1366-1367
v.1 p.342	宮內府文籍(궁내부문적)			c07_1148-1154
v.1 p.342	訓營箚錄(훈영차록)	英祖王 御製(영조왕 어제)		c07_1156
v.1 p.343	君鑑(군감)	英宗王 御製(영종왕 어제)		c07_1157
v.1 p.343	訓局總要(훈국총요)			
v.1 p.343	訓局謄錄(훈국등록)			
v.1 p.343	訓義綱目(훈의강목)		通鑑綱目을 보라	
v.1 p.343	訓義小學諺解(훈의소학언해)		小學諺解를 보라	c07_1158-1166
v.1 p.343-345	訓義小學大全(훈의소학대전)			
v.1 p.345	訓義通鑑(훈의통감)		資治通鑑을 보라	
v.1 p.345	塤篪兩先生集(훈호양선생집)	鄭萬陽 葵陽 兄弟 著(정만양 규양 형제 저)		a04_0684
v.1 p.345	訓子五說(훈자오설)	姜希孟 著(강희맹 저)		c07_1171
v.1 p.345	訓書(훈서)	英宗王 御製(영종왕 어제)		c07_1172-1173
v.1 p.346	訓書諺解(훈서언해)			
v.1 p.346	君臣同會錄(군신동회록)			c07_1174
v.1 p.346	訓辭(훈사)	世祖王 御製(세조왕 어제)		c07_1175-1176
v.1 p.346	訓世孫書(훈세손서)	英宗王 御製(영종왕 어제)		c07_1177
v.1 p.347	訓世評話(훈세평화)			c07_1178-1179
v.1 p.347	君範輯策(군범집책)			c07_1180
v.1 p.347	訓民歌(훈민가)	鄭澈 著(정철 저)		c07_1181
v.1 p.348-350	訓民正音(훈민정음)	世宗王 御製(세종왕 어제)		c07_1182-1186
v.1 p.350	訓蒙字會(훈몽자회)	崔世珍 著(최세진 저)		c07_1187-1188
v.1 p.351	訓蒙排韻(훈몽배운)			c07_1189
v.1 p.351	訓論(훈론)	英宗王 御製(영종왕 어제)		c07_1191-1192
v.1 p.351	訓要(훈요)	傳 高麗 太祖 御製(전 고려 태조 어제)		c07_1193
v.1 p.351	訓鍊都監文籍(훈련도감문적)			c07_1194
v.1 p.352	愚溪漫錄(우계만록)	金敏材 著(김민재 저)		a04_0685
v.1 p.352	愚軒遺稿(우헌유고)			a04_0686
v.1 p.352	愚谷訓子格言(우곡훈자격언)	姜德後 著(강덕후 저)		a04_0687
v.1 p.352	愚谷集(우곡집)			a04_0688
v.1 p.352	愚齋實記(우재실기)			a04_0689-0690

v.1 p.353	俱舍論頌疏抄(구사론송소초)			b07_1368-1369
v.1 p.353	愚川集(우천집)			a04_0691
v.1 p.353	具足戒本(구족계본)			c07_1196
v.1 p.354	愚得錄(우득록)		困齋愚得錄을 보라	
v.1 p.354	愚芚庵集(우둔암집)	李世炎 著(이세염 저)		a04_0692
v.1 p.354	愚夫艸(우부초)			c07_1197
v.1 p.354	愚伏集(우복집)	鄭經世 著(정경세 저)		a04_0693-0694
v.1 p.355	愚伏日記(우복일기)	鄭經世 著(정경세 저)		a04_0695
v.1 p.355	寓庵遺集(우암유집)	金澍 著(김주 저)		a04_0698
v.1 p.355	寓庵集(우암집)	洪彦忠 著(홍언충 저)		a04_0696-0697
v.1 p.355	寓軒集(우헌집)	朴尙玄 著(박상현 저)		a04_0699
v.1 p.356	寓軒集(우헌집)	柳世鳴 著(유세명 저)		
v.1 p.356	藕船詩(우선시)		恩誦堂集을 보라	a04_0700
v.1 p.356	寓慕錄(우모록)			c07_1199
v.1 p.356	軍威邑誌(군위읍지)			c07_1200
v.1 p.356	羣雅集(군아집)			c07_1201
v.1 p.356	軍國機務處文籍(군국기무처문적)			c07_1202
v.1 p.356	軍國總目(군국총목)			c07_1203
v.1 p.356	群書五部(군서오부)		纂錄群書五部를 보라	c07_1205
v.1 p.356	群書發悱(군서발비)	洪良浩 著(홍양호 저)		c07_1206
v.1 p.356	群書備考(군서비고)			c07_1207
v.1 p.356	軍人要訣(군인요결)	韓圭卨 著(한규설 저)		c07_1208
v.1 p.357	軍中醫藥(군중의약)			c07_1209
v.1 p.357	群豹一班錄(군표일반록)			c07_1210
v.1 p.357	軍門謄錄(군문등록)			c07_1211
v.1 p.357	軍門要覽(군문요람)	徐厚 撰進(서후 찬진)		c07_1212
v.1 p.357	軍旅大成(군려대성)			c07_1213
v.1 p.357	家語(가어)		孔子家語를 보라	b07_1370-1372
v.1 p.357-359	華嚴經(화엄경)			b07_1373-1380
v.1 p.359	華嚴教分記釋(화엄교분기석)		또는 釋華嚴教分記圓通鈔	b07_1381
v.1 p.360	華嚴經探玄記(화엄경탐현기)			b07_1385
v.1 p.360	華嚴寺事蹟(화엄사사적)			c08_1215
v.1 p.360	華嚴錐洞記(화엄추동기)	新羅 釋 義相 述(신라 석 의상 술)		c08_1216
v.1 p.361	華嚴法華畧纂(화엄법화략찬)			
v.1 p.361	敬庵遺稿(경암유고)	朴齊近 著(박제근 저)		a05_0702-0703
v.1 p.362	敬庵遺事(경암유사)	李憲洛 著(이헌락 저)		a05_0704
v.1 p.362	景庵詩稿(경암시고)	金周鉉 著(김주현 저)		a05_0705
v.1 p.362	圭庵集(규암집)	宋麟壽 著(송린수 저)		a05_0706
v.1 p.362	敬庵集(경암집)	盧景任 著(노경임 저)		a05_0707
v.1 p.363	敬庵集(경암집)			a05_0709
v.1 p.363	絅庵集(경암집)	申琓 著(신완 저)		a05_0708
v.1 p.363	敬庵文集(경암문집)	李漢膺 著(이한응 저)		a05_0710
v.1 p.363	荊庵文略(형암문략)			a05_0711
v.1 p.363	經緯說(경위설)		旅軒性理說을 보라	c08_1217-1218

v.1 p.363	溪隱集(계은집)	李廷立 著(이정립 저)		a05_0712
v.1 p.363	溪陰漫筆(계음만필)		陶齋隨筆을 보라	c08_1220
v.1 p.364	奎韻府(규운부)			c08_1219
v.1 p.364	經筵故事(경연고사)		程朱經筵故事를 보라	
v.1 p.364	經筵故事書進錄(경연고사서진록)		故事書進錄을 보라	
v.1 p.364	經筵故事謄錄(경연고사등록)		故事謄錄을 보라	c08_1221
v.1 p.364	經筵故事比例(경연고사비례)			c08_1222-1223
v.1 p.364	經筵講義(경연강의)		東岡講義를 보라	c08_1224
v.1 p.364	經筵日記(경연일기)		石潭日記를 보라	c08_1227
v.1 p.364	經筵日錄(경연일록)		列朝經筵進講册錄을 보라	c08_1228
v.1 p.364-366	桂苑筆耕集(계원필경집)	新羅 崔致遠 著(신라 최치원 저)		c08_1229-1233
v.1 p.366	經筵問答(경연문답)			c08_1235
v.1 p.366	桂苑錄(계원록)	高麗 權溥 著(고려 권부 저)		a05_0713, c08_1236
v.1 p.366	景遠錄(경원록)			c08_1237
v.1 p.366	溪下見聞(계하견문)			c08_1238
v.1 p.366	啓下咨文錄(계하자문록)			c08_1239
v.1 p.366	桂窩集(계와집)			
v.1 p.366	啓下書册儀軌置簿(계하서책의궤치부)			c08_1240
v.1 p.366	奎華名選(규화명선)	正祖朝 官印(정조조 관인)		c08_1241-1243
v.1 p.367	谿磵酬唱(계간수창)			a05_0714
v.1 p.367	京衙員役錄(경아원역록)			c08_1244
v.1 p.367	溪巖集(계암집)	金坽 著(김령 저)		a05_0715
v.1 p.368	京畿監營文籍(경기감영문적)			b12_2120-2124
v.1 p.369	慶熙宮志(경희궁지)			c08_1246
v.1 p.369	京畿支勅定例(경기지칙정례)			b12_2125
v.1 p.369	京畿水營文籍(경기수영문적)			b12_2126
v.1 p.369	京畿邑誌(경기읍지)			c08_1247
v.1 p.369	桂宮誌(계궁지)			c08_1248
v.1 p.370	惠局志(혜국지)			c08_1249
v.1 p.370	惠局定例(혜국정례)		度支定例를 보라	c08_1250
v.1 p.370	經義記聞錄(경의기문록)		南塘經義記聞錄을 보라	c08_1251-1253
v.1 p.370	經義條對人姓名成册(경의조대인성명성책)			c08_1254
v.1 p.370	惠慶宮樂章(혜경궁악장)		進饌樂章을 보라	c08_1256
v.1 p.370	景獻公日記(경헌공일기)		睡翁日記를 보라	a05_0717
v.1 p.370	敬軒集(경헌집)			b07_1386
v.1 p.370	景賢新篇(경현신편)	柳光翼 輯(유광익 집)		c08_1257
v.1 p.370	景賢堂御製(경현당어제)		英祖御製를 보라	c08_1258
v.1 p.370	景賢堂宣麻錄(경현당선마록)	英宗王 御製(영종왕 어제)		c08_1260-1261
v.1 p.371	經驗方(경험방)		鍼灸經驗方을 보라	c08_1262
v.1 p.371	經驗方(경험방)	朴英 著(박영 저)		
v.1 p.371	景賢錄(경현록)	李楨 著(이정 저)		c08_1264-1270
v.1 p.372	警弦齋集(경현재집)	姜世晉 著(강세진 저)		a05_0718
v.1 p.373	慶源邑誌(경원읍지)			c08_1271

v.1 p.373	璚源錄(경원록)			c08_1272
v.1 p.373	稽古錄(계고록)			b07_1387
v.1 p.374	經香集(경향집)		眉山集을 보라	a05_0719
v.1 p.374	閨閤叢書(규합총서)	徐有本 號左蘇 妻女 著(서유본 호좌소 처녀 저)		c08_1273
v.1 p.374	慶興邑誌(경흥읍지)			c08_1274
v.1 p.374	馨香錄(형향록)	尹泰駿 著(윤태준 저)		c08_1275
v.1 p.375	谿谷集(계곡집)	張維 著(장유 저)		a05_0720
v.1 p.375-378	經國大典(경국대전)			c08_1276-1282
v.1 p.378	經國大典註解(경국대전주해)	安瑋 等 撰(안위 등 찬)		c08_1283
v.1 p.378	經國典(경국전)	鄭道傳 撰進(정도전 찬진)		
v.1 p.379	谿谷漫筆(계곡만필)	張維 著(장유 저)		a05_0721
v.1 p.380	警語雜編(경어잡편)	李睟光 著(이수광 저)		c08_1286
v.1 p.380	繼後草記抄錄(계후초기초록)			c08_1288
v.1 p.380	繼後謄錄(계후등록)			c08_1289
v.1 p.380	敬齋遺稿(경재유고)	南秀文 著(남수문 저)		a05_0722-0723
v.1 p.380	敬齋遺稿(경재유고)	慶世仁 著(경세인 저)		a05_0724
v.1 p.381	圭齋遺稿(규재유고)	南秉哲 著(남병철 저)		a05_0725-0726
v.1 p.381	景齋集(경재집)	禹成圭 著(우성규 저)		a05_0727
v.1 p.381	敬齋箴(경재잠)			b07_1388
v.1 p.382	敬齋實紀(경재실기)			a05_0728
v.1 p.382	桂察訪集(계찰방집)	桂德海 著(계덕해 저)	鳳谷桂察訪遺集이라고도 한다	a05_0729
v.1 p.382	經濟文鑑(경제문감)	鄭道傳 著(정도전 저)		c08_1293-1294
v.1 p.383	經濟野言(경제야언)	禹禎圭 著(우정규 저)		c08_1295-1296
v.1 p.383	經濟六典(경제육전)			c08_1297-1299
v.1 p.384	溪山記善錄(계산기선록)	李德弘 著(이덕홍 저)		c08_1300-1301
v.1 p.384	薊山紀程(계산기정)	徐長輔 著(서장보 저)		c08_1302
v.1 p.385	京山誌(경산지)			c08_1303
v.1 p.385	經山集(경산집)	鄭元容 著(정원용 저)		a05_0730
v.1 p.385	慶山邑誌(경산읍지)			c08_1304
v.1 p.385	桂氏四代忠孝錄(계씨사대충효록)			a05_0731
v.1 p.386	經史集說(경사집설)			c08_1305-1306
v.1 p.386	經史倫會(경사윤회)			c08_1308
v.1 p.386	溪社遺唾(계사유타)			c08_1309
v.1 p.386	慶州金氏族譜(경주김씨족보)			a05_0732
v.1 p.386	慶州崔氏族譜(경주최씨족보)			a05_0733
v.1 p.387	慶州鄭氏族譜(경주정씨족보)			a05_0734-0735
v.1 p.387	警修堂詩選(경수당시선)	申緯 著(신위 저)		a05_0736-0737
v.1 p.387	慶州裵氏大譜(경주배씨대보)			a05_0738
v.1 p.387	慶州府校院書册目錄(경주부교원서책목록)			c08_1310
v.1 p.387	慶州李氏族譜(경주이씨족보)			a05_0739-0740
v.1 p.388	經書音解(경서음해)	世宗朝 命撰(세종조 명찬)		c08_1311
v.1 p.388	經書解義(경서해의)	洪汝河 著(홍여하 저)		c08_1312
v.1 p.389	經書訣釋(경서결석)			c08_1340

v.1 p.389-396	經書諺解(경서언해)			c08_1313-1321
v.1 p.396	經書講解(경서강해)			c08_1338
v.1 p.396	經書講義(경서강의)			c08_1339
v.1 p.396	經書口訣(경서구결)			c08_1341
v.1 p.397-399	經書釋義(경서석의)	李滉 著(이혼 저)		c08_1342
v.1 p.399	經書正音(경서정음)			c08_1345-1347
v.1 p.400	經書正文(경서정문)		三經四書正文을 보라	
v.1 p.400	經書辨疑(경서변의)	金長生 著(김장생 저)		c08_1355-1357
v.1 p.400	經書類抄(경서유초)			c08_1358-1360
v.1 p.401	奎章韻瑞(규장운서)		奎章閣韻瑞를 보라	c08_1361
v.1 p.401	慶尙右兵營文籍(경상우병영문적)			b13_2182
v.1 p.401	奎章閣韻瑞(규장각운서)			c08_1362
v.1 p.402	奎章閣志(규장각지)	乾隆甲辰 命編(건릉갑진 명찬)	보통 內閣志라고 한다	c08_1363-1364
v.1 p.402	奎章閣書目(규장각서목)			c08_1365
v.1 p.402	奎章閣上樑文(규장각상량문)			c08_1366
v.1 p.403	奎章閣曝書目錄(규장각폭서목록)			b14_2573
v.1 p.403	奎章閣文籍(규장각문적)			b14_2571-2572
v.1 p.403	慶尙監營文籍(경상감영문적)			b12_2147-2150
v.1 p.403	瓊屑糕(경설고)	正祖王 命撰(정조왕 명찬)		c08_1367
v.1 p.404	慶尙左水營文籍(경상좌수영문적)			b13_2194
v.1 p.405	慶尙左兵營文籍(경상좌병영문적)			b13_2181
v.1 p.405	奎章字彙(규장자휘)			c08_1368
v.1 p.405	奎章字藪(규장자수)			c08_1370
v.1 p.405	慶尙巡營錄(경상순영록)			c08_1371
v.1 p.405-407	奎章全韻(규장전운)			c08_1372-1377
v.1 p.407	奎章總目(규장총목)	正祖辛丑 命撰(정조신축 명찬)		c08_1378-1379
v.1 p.407-408	慶尙道地理志(경상도지리지)			c08_1380, 1382
v.1 p.409	警心箴(경심잠)	金光粹 著(김광수 저)		c08_1381
v.1 p.409	敬信錄(경신록)			b07_1389
v.1 p.409	敬信錄諺釋(경신록언석)			
v.1 p.409	敬信錄諺解(경신록언해)			b07_1390-1391
v.1 p.410	慶壽集(경수집)	李繼福 編刻(이계복 편각)		c08_1385-1386
v.1 p.410	繼述受宴錄(계술수연록)			c08_1387
v.1 p.410	溪西遺稿(계서유고)	成以性 著(성이성 저)		
v.1 p.410	經世遺表(경세유표)	丁若鏞 著(정약용 저)		c08_1389-1390
v.1 p.411	惠政撮要(혜정촬요)			c08_1391
v.1 p.411	溪西雜錄(계서잡록)		溪西野談의 아래를 보라	a05_0744-0745
v.1 p.411	經世指掌(경세지장)	洪啓禧 著(홍계희 저)		c08_1393
v.1 p.411	稽制司別謄錄(계제사별등록)			c08_1392
v.1 p.411	溪西集(계서집)	崔柱岳 著(최주악 저)		a05_0743
v.1 p.412	經世正韻圖說(경세정운도설)	崔錫鼎 著(최석정 저)		c08_1394
v.1 p.412	警世編(경세편)			c08_1395-1396
v.1 p.412	惠政年表(혜정연표)		惠政要覽을 보라	c08_1400
v.1 p.412	經世問答(경세문답)	英宗 御製(영종 어제)		c08_1397

v.1 p.413	溪西野談(계서야담)	李羲準 著(이희준 저)		
v.1 p.413	惠政要覽(혜정요람)		惠政年表라고도 한다	c08_1401
v.1 p.413	景宗實錄(경종실록)		實錄을 보라	d12_2549
v.1 p.413	桂潭集(계담집)	鄭復始 著(정복시 저)		a05_0746
v.1 p.413	經臺集(경대집)	金尙鉉 著(김상현 저)		a05_0747
v.1 p.414	京兆府誌(경조부지)			c08_1405
v.1 p.414	桂庭集(계정집)	高麗 釋 省敏 著(고려 석 성민 저)		
v.1 p.414	敬亭集(경정집)	李民宬 著(이민성 저)		a05_0748-0750
v.1 p.415	桂田集(계전집)	申應朝 著(신응조 저)		a05_0751-0752
v.1 p.415	京都雜志(경도잡지)	柳得恭 著(유득공 저)		c08_1408
v.1 p.415	溪東集(계동집)	全慶昌 著(전경창 저)		a05_0754-0755
v.1 p.415	景德傳燈錄(경덕전등록)			b07_1392-1393
v.1 p.416	溪堂遺稿(계당유고)	崔興霖 著(최흥림 저)		a05_0756
v.1 p.416	敬堂集(경당집)	張興孝 著(장흥효 저)		a05_0757
v.1 p.416	絅堂集(경당집)	徐膺淳 著(서응순 저)		a05_0758-0759
v.1 p.416	桂南詩集(계남시집)	李龜齡 著(이구령 저)		a05_0760
v.1 p.416	敬寧君派譜(경녕군파보)			a05_0761
v.1 p.416	惠嬪宮日記(혜빈궁일기)			c08_1410
v.1 p.417	景福宮志(경복궁지)			c08_1412
v.1 p.417	景福宮圖(경복궁도)			
v.1 p.417	敬奉閣形止案(경봉각형지안)			c08_1413
v.1 p.417	景慕宮儀軌(경모궁의궤)		宗廟儀軌를 보라	
v.1 p.417	景慕宮志(경모궁지)			c08_1414
v.1 p.417	景慕宮植木節目(경모궁식목절목)			
v.1 p.418	景恭宮展省錄(경공궁전성록)			
v.1 p.418	景恭宮筆迹(경공궁필적)			
v.1 p.418	桂坊日記(계방일기)			c08_1416
v.1 p.418	警民編(경민편)	金正國 著(김정국 저)		c08_1417-1420
v.1 p.419	涬溟集(행명집)	尹順之 著(윤순지 저)		a05_0762
v.1 p.419	啓蒙習字(계몽습자)			c08_1423
v.1 p.419	啓蒙集箋(계몽집전)		易學啓蒙集箋을 보라	c08_1424
v.1 p.419	啓蒙傳疑(계몽전의)	李滉 著(이황 저)		c08_1427-1429
v.1 p.420	啓蒙圖說(계몽도설)	徐命膺 撰進(서명응 찬진)		c08_1430
v.1 p.420	啓蒙篇諺解(계몽편언해)			c08_1431
v.1 p.420	啓蒙要解(계몽요해)		易學啓蒙要解를 보라	c08_1422
v.1 p.420	啓蒙翼傳(계몽익전)		易學啓蒙翼傳을 보라	b07_1397
v.1 p.420	陘陽遺書(형양유서)		華本顧高遺書를 보라	b07_1398
v.1 p.421	景陵誌狀(경릉지장)		列聖誌狀을 보라	c08_1432
v.1 p.421	桂林(계림)			c08_1434
v.1 p.421	瓊林奎藻帖(경림규조첩)		賡載[車丑]를 보라	c11_1749
v.1 p.421	雞林雜傳(계림잡전)			
v.1 p.421	經綸大軌(경륜대궤)	成俔 著(성현 저)		c09_1437
v.1 p.421	瓊林聞喜錄(경림문희록)	乾隆辛亥 官撰(건륭신해 관찬)		c09_1438-1440
v.1 p.422	經禮問答(경례문답)	宋時烈 著(송시열 저)	(又)經禮說 (又)經禮疑義	c09_1543-1544

v.1 p.422	經禮類纂(경례유찬)	許穆 著(허목 저)		c09_1445
v.1 p.422	景濂集(경렴집)		卓氏世稿를 보라	a05_0763
v.1 p.422	結社文(결사문)		修禪結社文을 보라	c09_1446
v.1 p.422	結手文(결수문)			b07_1399
v.1 p.423	決訟類聚補(결송유취보)			c09_1447
v.1 p.423	決訟類抄(결송유초)			c09_1448
v.1 p.423	結城邑誌(결성읍지)			c09_1449
v.1 p.423	結束謄錄(결속등록)			c09_1450
v.1 p.423	闕里誌(궐리지)			b07_1400-1402
v.1 p.424	結隣集(결린집)			c09_1451
v.1 p.424	謙庵逸稿(겸암일고)	柳雲龍 著(유운룡 저)		a05_0764
v.1 p.424	健庵集(건암집)	金陽澤 著(김양택 저)		a05_0765
v.1 p.424	檢案謄錄(검안등록)			c09_1452-1454
v.1 p.425	倦翁易圖(권옹역도)		孤山易圖의 異名	c09_1455
v.1 p.425	賢閣法語(현각법어)			c09_1456
v.1 p.425	遣閑雜錄(유한잡록)	沈守慶 著(심수경 저)		c09_1457
v.1 p.425	遣閒錄(유한록)	淸衍郡主 著(청연군주 저)		c09_1458-1459
v.1 p.425	儉巖山人詩集(검암산인시집)	范慶文 著(범경문 저)		a05_0766
v.1 p.426	賢己(현기)			c09_1460
v.1 p.426	涓吉龜鑑(연길귀감)	南相吉 著(남상길 저)		c09_1461
v.1 p.426	獻芹錄(헌근록)	柳希春 撰進(유희춘 찬진)		c09_1462
v.1 p.426	健元陵齋壁詩(건원릉재벽시)			c09_1463
v.1 p.426	健元陵碑帖(건원릉비첩)			c09_1464
v.1 p.426	權衡一書(권형일서)			c09_1466
v.1 p.427	見行曆(견행력)		太一曆을 보라	
v.1 p.427	賢谷隨筆(현곡수필)	鄭宗愈 著(정종유 저)		a05_0767
v.1 p.427	健齋逸稿(건재일고)	朴遂一 著(박수일 저)		a05_0768, a08_1348
v.1 p.427	謙齋集(겸재집)	河弘度 著(하홍도 저)		a05_0769-0770
v.1 p.428	謙齋集(겸재집)	趙泰億 著(조태억 저)		a05_0771
v.1 p.428	謙齋集(겸재집)	朴聖源 著(박성원 저)		a05_0772
v.1 p.428	瓛齋集(환재집)	朴珪壽 著(박규수 저)		a05_0773
v.1 p.428	瓛齋繡啓(환재수계)			a05_0774
v.1 p.428	峴山誌(현산지)			c09_1467
v.1 p.429	見山集(견산집)	鄭期遠 著(정기원 저)		a05_0775
v.1 p.429	兼山集(겸산집)	俞肅基 著(유숙기 저)		a05_0776
v.1 p.429	兼山筆記(겸산필기)	劉在健 著(유재건 저)		a05_0777
v.1 p.429	乾止山禁養節目(건지산금양절목)			c09_1468
v.1 p.429	顯思廟別廟儀軌(현사묘별묘의궤)		宗廟儀軌를 보라	
v.1 p.430	見思錄(견사록)	鄭翬良 著(정휘량 저)		c09_1469
v.1 p.430	建州聞見錄(건주문견록)	李民寏 著(이민환 저)	(一名)柵中日錄李民寏著	c09_1470
v.1 p.430	현숙전(賢淑傳(현숙전))			c09_1472
v.1 p.430	檢詳先生案(검상선생안)			c09_1471
v.1 p.430	見捷錄(견첩록)			c09_1473-1474

v.1 p.430	檢身錄(검신록)	李縡 著(이재 저)		c09_1475
v.1 p.430	賢首諸乘法數(현수제승법수)			b07_1403
v.1 p.431	顯節書院懸板摺本(현절서원현판접본)			c09_1476
v.1 p.431	憲宗紀事(헌종기사)			c09_1477
v.1 p.432	憲宗御製(헌종어제)		列聖御製를 보라	c09_1479
v.1 p.432	顯宗實錄(현종실록)		實錄을 보라	d12_2546-2547
v.1 p.432	憲宗實錄(헌종실록)		實錄을 보라	d12_2555
v.1 p.432	檢題謄錄(검제등록)		檢案謄錄을 보라	
v.1 p.432	顯忠祠誌(현충사지)			c09_1480
v.1 p.432	萱庭集(훤정집)	廉廷秀 著(염정수 저)		a05_0778
v.1 p.432	軒適集(헌적집)	呂春永 著(여춘영 저)		a05_0779
v.1 p.432	研灘集(연탄집)	洪祐吉 著(홍우길 저)		a05_0780
v.1 p.432	憲府日記(헌부일기)			c09_1481
v.1 p.432	顯隆園志(현륭원지)			c09_1483
v.1 p.433	顯隆園守護軍節目(현륭원수호군절목)			c09_1485
v.1 p.433	顯隆園碑帖(현륭원비첩)			c09_1484
v.1 p.433	乾隆帝筆蹟(건륭제필적)			
v.1 p.433	健陵誌狀(건릉지장)		列聖誌狀을 보라	c09_1487
v.1 p.433	健陵碑文(건릉비문)			c09_1490
v.1 p.433	外科精要(외과정요)	宋 陳自明 著(송 진자명 저)		b07_1404
v.1 p.433	解深密經疏(해심밀경소)	新羅 釋 元曉 著(신라 석 원효 저)		c09_1491
v.1 p.433	藝苑巵言(예원치언)			b07_1405
v.1 p.433	藝苑新篇(예원신편)			b07_1406-1407
v.1 p.434	迎恩慶喜錄(영은경희록)	英宗王 御製(영종왕 어제)		c09_1493
v.1 p.434	藝海珠塵駢字分箋(예해주진병자분전)			b07_1408
v.1 p.434	猊山農隱拙藁(예산농은졸고)	高麗 崔瀣 著(고려 최해 저)		a05_0781-0782
v.1 p.435	迎日縣誌(영일현지)			c09_1507
v.1 p.435-437	迎接儀軌(영접의궤)			c09_1494-1503
v.1 p.437	迎勅實錄抄(영칙실록초)			
v.1 p.437	藝文類聚(예문유취)			b07_1409
v.1 p.437	藝林漱芳(예림수방)			c09_1508
v.1 p.437	屐園集(극원집)		屐翁集을 보라	a05_0783
v.1 p.437	屐翁集(극옹집)	李晚秀 著(이만수 저)		a05_0784
v.1 p.437	屐翁筆迹(극옹필적)	李晚秀 書(이만수 서)		
v.1 p.438	擊壤集(격양집)			b07_1410
v.1 p.438	擊蒙要訣(격몽요결)	李珥 著(이이 저)		c09_1511-1515
v.1 p.439	擊蒙編(격몽편)	朴雲 著(박운 저)		c09_1509-1510
v.1 p.440	月印千江之曲(월인천강지곡)		(一名)月印釋譜	c09_1516
v.1 p.440	月淵集(월연집)	李迨 著(이태 저)		a05_0785
v.1 p.440	月磵集(월간집)	李埂 著(이전 저)		a05_0786
v.1 p.440	月嶽書疏(월악서소)	韓祉 著(한지 저)		a05_0787
v.1 p.440	月軒集(월헌집)	丁壽崗 著(정수강 저)		a05_0788
v.1 p.441	月谷集(월곡집)	吳瑗 著(오원 저)		a05_0790
v.1 p.441	月谷實記(월곡실기)			a05_0791

v.1 p.442	月簑集(월사집)	成好善 著(성호선 저)		a05_0792
v.1 p.442-444	月沙集(월사집)	李廷龜 著(이정구 저)		a05_0793-0801
v.1 p.444	月洲集(월주집)	蘇斗山 著(소두산 저)		a05_0802
v.1 p.444	月食假令(월식가령)		交食推步假令을 보라	c09_1517
v.1 p.444	月城家史(월성가사)	金昌熙 著(김창희 저)		a05_0803-0804
v.1 p.444	月城李氏世藏(월성이씨세장)			a05_0805
v.1 p.444	月川集(월천집)	金吉通 著(김길통 저)		a05_0806
v.1 p.445	月川集(월천집)	趙穆 著(조목 저)		a05_0807
v.1 p.445	月窓野話(월창야화)	宣祖王子仁興君瑛 著(선조왕자인흥군영 저)		a05_0808-0809
v.1 p.445	月村家狀(월촌가장)	黃冕 著(황면 저)		a05_0810
v.1 p.445	月村埜言(월촌야언)			a05_0811
v.1 p.446	月潭年譜(월담연보)			a05_0812
v.1 p.446	月渚集(월저집)	釋道安 著(석도안 저)		a05_0813
v.1 p.446	月汀集(월정집)	尹根壽 著(윤근수 저)		a05_0814-0816
v.1 p.447	月汀漫筆(월정만필)	尹根壽 著(윤근수 저)		a05_0817
v.1 p.447	月塘集(월당집)	姜碩期 著(강석기 저)		a05_0818
v.1 p.447	月波集(월파집)	釋兌律 著(석태률 저)		a05_0819
v.1 p.448	月坡漫錄(월파만록)	李廷燮 著(이정섭 저)		a05_0820
v.1 p.448	月浦集(월포집)	李佑贇 著(이우윤 저)		a05_0821
v.1 p.448	月圃仁經(월포인경)			c09_1518
v.1 p.448	월봉긔(月峯記(월봉기))			c09_1519-1520
v.1 p.448	月蓬集(월봉집)	柳永吉 著(유영길 저)		a05_0822
v.1 p.448	月峰集(월봉집)	金順命 著(김순명 저)		a05_0823
v.1 p.449	月峰集(월봉집)	高傅川 著(고부천 저)		a05_0824-0825
v.1 p.449	月峰集(월봉집)	洪寶 著(홍보 저)		a05_0826-0827
v.1 p.449	月離集(월리집)			b07_1411
v.1 p.449	月令粹編(월령수편)			c09_1521
v.1 p.449	弦窩集(현와집)	尹東野 著(윤동야 저)		a05_0828
v.1 p.450	玄巖(현암)			c09_1522
v.1 p.450	諺簡牘(언간독)			c09_1523
v.1 p.450	玄巖集(현암집)	崔有淵 著(최유연 저)		a05_0829
v.1 p.450	玄駒記事(현구기사)	朴宗謙 著(박종겸 저)		c09_1524
v.1 p.450	玄軒集(현헌집)	睦世秤 著(목세칭 저)		a05_0830
v.1 p.450	玄軒和陶詩(현헌화도시)		象村和陶詩를 보라	a05_0831
v.1 p.450	玄湖瑣談(현호쇄담)			a05_0832
v.1 p.450	嚴戶長實記(엄호장실기)			a05_0833
v.1 p.451	玄皐記(현고기)			c09_1526
v.1 p.451	嚴興道旋閭碑帖(엄흥도선려비첩)			c09_1527
v.1 p.451	玄谷集(현곡집)	趙緯韓 著(조위한 저)		a05_0834
v.1 p.451	玄谷集(현곡집)	鄭百昌 著(정백창 저)		a05_0835-0836
v.1 p.451	元史(원사)			b07_1412
v.1 p.452	元史節要(원사절요)			b07_1413
v.1 p.452	原州元氏族譜(원주원씨족보)			a05_0837

v.1 p.452	현슈문전(玄守文傳(현수문전))			c09_1528
v.1 p.452	玄洲集(현주집)	尹新之 著(윤신지 저)		a05_0838
v.1 p.452	玄洲集(현주집)	趙纘韓 著(조찬한 저)		a05_0839
v.1 p.453	玄洲集(현주집)	李昭漢 著(이소한 저)		a05_0840
v.1 p.453	原州李氏族譜(원주이씨족보)			a05_0841
v.1 p.453	諺書音解(언서음해)	由景濬 著(유경준 저)		c09_1530
v.1 p.453	諺書簡帖(언서간첩)			c09_1531
v.1 p.453	元世祖事跡(원세조사적)	高麗 忠烈王朝 命撰(고려 충렬왕조 명찬)		c09_1532
v.1 p.453	玄石文鈔(현석문초)		南溪集을 보라	a05_0842
v.1 p.454	原泉稿(원천고)	李驥秀 著(이기수 저)		a05_0843
v.1 p.454	嚴燾日記(엄도일기)	嚴燾 著(엄도 저)		a05_0844
v.1 p.454	嚴堤防裕昆錄(엄제방유곤록)	英宗王 御製(영종왕 어제)		c09_1535
v.1 p.454	原道攷(원도고)	李鎬冕 著(이호면 저)		c09_1536
v.1 p.454	玄同室遺稿(현동실유고)	鄭東愈 著(정동유 저)		a05_0845
v.1 p.454	元播芳(원파방)			c09_1537
v.1 p.454	玄風郭氏族譜(현풍곽씨족보)			a05_0846
v.1 p.455	玄風邑誌(현풍읍지)			c09_1538
v.1 p.455	諺文圖(언문도)		反切을 보라	
v.1 p.455	玄圃集(현포집)	尹治 著(윤치 저)		a05_0847
v.1 p.455	彦陽金氏族譜(언양김씨족보)			a05_0848
v.1 p.455	元陵誌狀(원릉지장)		列聖誌狀을 보라	c01_0127, c09_1545
v.1 p.455	元六典大全(원육전대전)			b07_1415
v.1 p.455	顧庵集(고암집)	丁胤禧 著(정윤희 저)		a06_0850
v.1 p.455	顧庵集(고암집)	李世愿 著(이세원 저)		a06_0851
v.1 p.455	孤隱遺事(고은유사)			a06_0852
v.1 p.456	湖陰雜稿(호음잡고)	鄭士龍 著(정사룡 저)		
v.1 p.456	湖隱集(호은집)	申湸著(신량 저)		a06_0853-0854
v.1 p.456	壺隱集(호은집)	洪受疇 著(홍수주 저)		a06_0855-0856
v.1 p.456	古芸堂筆記(고운당필기)	柳得恭 著(유득공 저)		a06_0857-0858
v.1 p.457	古歌(고가)			c10_1547
v.1 p.457	古簡帖(고간첩)			b14_2490-2503
v.1 p.458	古懽堂詩集(고환당시집)	姜瑋 著(강위 저)		a06_0859
v.1 p.458	古鑑錄(고감록)	尹彬 著(윤빈 저)		c10_1549
v.1 p.458	古樂歌補(고악가보)			c10_1550
v.1 p.458	古鏡重磨方(고경중마방)	李滉 著(이황 저)		c10_1551-1553
v.1 p.459	古玉集(고옥집)		北窓古玉集을 보라	a06_0863
v.1 p.459	古溪亭實記(고계정실기)			a06_0862
v.1 p.459	顧高遺書(고고유서)			b07_1416
v.1 p.459	雇工歌(고공가)			c10_1554
v.1 p.460	戶口總數(호구총수)			c10_1556
v.1 p.460	壺谷詩話(호곡시화)	南龍翼 著(남용익 저)		a06_0864
v.1 p.460	壺谷集(호곡집)	南龍翼 著(남용익 저)		a06_0865

v.1 p.460	壺谷乘槎錄(호곡승차록)	南龍翼 著(남용익 저)		a06_0866
v.1 p.460	壺谷漫筆(호곡만필)	南龍翼 著(남용익 저)		a06_0867
v.1 p.461	古今韻會(고금운회)		韻會를 보라	b07_1417-1418
v.1 p.461	古今詠物近體詩(고금영물근체시)	劉在健 編(유재건 편)		c10_1557
v.1 p.461	古今奇聞(고금기문)			c10_1558
v.1 p.461	古今士範(고금사범)			c10_1560
v.1 p.461	古今詩律精選(고금시률정선)			c10_1561
v.1 p.461	古今釋林(고금석림)	李義鳳 著(이의봉 저)		c10_1563
v.1 p.462	古今詳定禮(고금상정례)		詳定古今禮를 보라	c10_1565
v.1 p.462	古今事實類聚(고금사실유취)			c10_1566
v.1 p.462	古今年代龜鑑(고금연대귀감)	英宗王 御製(영종왕 어제)		c10_1568
v.1 p.462	古今法語(고금법어)	劉在健 著(유재건 저)		c10_1569
v.1 p.463	古今名喩(고금명유)			b07_1419
v.1 p.463	古今類聚(고금유취)			c10_1571
v.1 p.463	古今歷代法帖(고금역대법첩)			c10_1572
v.1 p.463	古今錄(고금록)	高麗 朴寅亮 著(고려 박인량 저)		c10_1573-1574
v.1 p.464	孤山遺稿(고산유고)	尹善道 著(윤선도 저)		a06_0868
v.1 p.464	孤山易圖(고산역도)	柳贇 著(유윤 저)		c10_1575-1576
v.1 p.464	鼓山家狀(고산가장)			a06_0870
v.1 p.464	壺山外記(호산외기)	趙熙龍 著(조희룡 저)		c10_1577-1579
v.1 p.465	孤山集(고산집)	黃耆老 著(황기로 저)		a06_0869
v.1 p.465	鼓山集(고산집)	任憲晦 著(임헌회 저)		a06_0871
v.1 p.465	孤山文集(고산문집)	李惟樟 著(이유장 저)		a06_0872
v.1 p.466	孤山筆迹(고산필적)	黃耆老 書(황기로 서)		
v.1 p.466	湖山錄(호산록)	高麗 釋 眞靜 著(고려 석 진정 저)		c10_1580
v.1 p.466	顧諟(고시)	正祖王 命撰(정조왕 명찬)		c10_1582
v.1 p.466	古詩源流(고시원류)			c10_1585
v.1 p.466	胡氏春秋(호씨춘추)		春秋附註大全은 其下를 보라	
v.1 p.467	古詩選(고시선)	李敏叙 選(이민서 선)		c10_1586
v.1 p.467	湖洲集(호주집)	蔡裕後 著(채유후 저)		a06_0873
v.1 p.468	孤舟集(고주집)			a06_0874
v.1 p.468	胡舜申(호순신)			b07_1421
v.1 p.468	孤松遺稿(고송유고)	崔纘 著(최찬 저)		a06_0875-0876
v.1 p.468	孤松集(고송집)	申弘望 著(신홍망 저)		a06_0877
v.1 p.469	故事書進錄(고사서진록)			c10_1587
v.1 p.469	故事謄錄(고사등록)			
v.1 p.469	故事類聚(고사유취)			c10_1588
v.1 p.469	固城邑誌(고성읍지)			a06_0878, c10_1589
v.1 p.469	鼓吹篇(고취편)		唐詩鼓吹를 보라	
v.1 p.469	孤青遺稿(고청유고)	徐起 著(서기 저)		a06_0879-0880
v.1 p.470	湖西大同事目(호서대동사목)			
v.1 p.470	湖西邑誌(호서읍지)			
v.1 p.470	戶籍(호적)			b13_2241-2252

v.1 p.471	戶籍事目(호적사목)			b13_2253
v.1 p.471	戶籍謄關册(호적등관책)			b13_2254
v.1 p.471	湖叟實紀(호수실기)			a06_0881
v.1 p.472	戶曹文籍(호조문적)			b08_1581
v.1 p.473	孤潭逸稿(고담일고)	李純仁 著(이순인 저)		a06_0882-0883
v.1 p.473	孤竹遺稿(고죽유고)	崔慶昌 著(최경창 저)		a06_0884-0885
v.1 p.474	胡傳春秋(호전춘추)		胡氏春秋를 보라	
v.1 p.474	古道庵遺稿(고도암유고)	李心永 著(이심영 저)		a06_0887
v.1 p.474	湖堂製進(호당제진)			c10_1596
v.1 p.474	湖堂文衡錄(호당문형록)			c10_1597
v.1 p.475	湖南舊聞(호남구문)			c10_1598
v.1 p.475	湖南義錄(호남의록)	安邦俊 著(안방준 저)		c10_1599
v.1 p.475	湖南査啓錄(호남사계록)			c10_1600
v.1 p.475	湖南三鋼錄(호남삼강록)			c10_1601
v.1 p.475	湖南倡義同事錄(호남창의동사록)			c10_1602
v.1 p.475	湖南倡義錄(호남창의록)		湖南義錄을 보라	
v.1 p.475	湖南節義錄(호남절의록)			c10_1603
v.1 p.475	湖南大同事目(호남대동사목)			c10_1604
v.1 p.475	湖南丙子倡義錄(호남병자창의록)			c10_1605
v.1 p.476	湖南邑誌(호남읍지)			c10_1606-1607
v.1 p.476	古賦(고부)			c10_1608
v.1 p.477	古阜郡邑誌(고부군읍지)			c10_1610
v.1 p.477	古佛應驗明聖經(고불응험명성경)			
v.1 p.477	古文各體(고문각체)			c10_1612
v.1 p.477	古文眞寶(고문진보)			b07_1422-1424
v.1 p.478	古文精粹(고문정수)			c10_1613
v.1 p.478	古文精選(고문정선)			c10_1614
v.1 p.478	古文選(고문선)			b07_1425
v.1 p.478	古文統選(고문통선)	洪敬謨 選(홍경모 선)		c10_1615
v.1 p.478	古文百選(고문백선)	金錫胄 選(김석주 선)		c10_1616-1617
v.1 p.479	古文謬選(고문류선)			
v.1 p.479	古別離曲(고별리곡)			c10_1618
v.1 p.479	糊本集(호본집)	新羅 崔承祐 著(신라 최승우 저)		c10_1619
v.1 p.479	古論(고론)			c10_1620
v.1 p.479	高安(고안)			c10_1621
v.1 p.479	戇庵集(당암집)	姜翼文 著(강익문 저)		a06_0890
v.1 p.479	厚庵集(후암집)			a06_0891
v.1 p.479	公移占錄(공이점록)		臺山公移占錄을 보라	
v.1 p.479	喉院笏記(후원홀기)			c10_1622
v.1 p.480	郊隱集(교은집)	高麗 鄭以吾 著(고려 정이오 저)		a06_0892
v.1 p.480	好隱集(호은집)	釋 有璣 著(석 유기 저)		a06_0893-0894
v.1 p.480	庚寅辛卯日本書契(경인신묘일본서계)			c10_1623
v.1 p.480	賡韻帖(갱운첩)		賡載軸을 보라	
v.1 p.480	喉院便覽(후원편람)			c10_1625

v.1 p.480	甲寅錄(갑인록)			c10_1626
v.1 p.480	賡韻錄(갱운록)		賡載軸을 보라	
v.1 p.480	황운젼(黃雲傳(황운전))			c10_1627
v.1 p.481	講筵說話(강정설화)			c10_1628-1629
v.1 p.481	高王觀世音經(고왕관세음경)			b07_1426
v.1 p.481	興王肇乘(홍왕조승)	洪良浩 撰進(홍량호 찬진)		c10_1630-1631
v.1 p.481	甲乙錄(갑을록)			c10_1632
v.1 p.481-486	皇華集(황화집)			c10_1634-1647
v.1 p.486	功過新格(공과신격)			c10_1633
v.1 p.486	搆禍事實(구화사실)	宋疇錫 著(송주석 저)		c10_1648
v.1 p.486	向化人謄錄(향화인등록)			c10_1649
v.1 p.486	江華地圖(강화지도)			c10_1650
v.1 p.487	皇華程塗考(황화정도고)			c10_1651
v.1 p.487	江華府宮殿簿(강화부궁전부)			c10_1652
v.1 p.487	江華府誌(강화부지)			c10_1653-1655
v.1 p.488	江華留營文籍(강화유영문적)			b12_2114-2115
v.1 p.489	交河盧氏族譜(교하노씨족보)			a06_0897
v.1 p.489	黃海監營文籍(황해감영문적)			b12_2159-2160
v.1 p.490	江界還接民戶成册(강계환접민호성책)			
v.1 p.490	光海君日記(광해군일기)		實錄을 보라	d12_2541-2542
v.1 p.490	沆瀣集(항해집)	洪吉周 著(홍길주 저)		a06_0895
v.1 p.490	光海初喪錄(광해초상록)		凝川日記를 보라	c10_1658
v.1 p.490	黃海水營文籍(황해수영문적)			b13_2198
v.1 p.490	光海朝日記(광해조일기)	編者不詳(편자불상)		
v.1 p.490	光海日記(광해일기)		光海朝日記를 보라	c10_1659
v.1 p.491	江界府蔘價節目(강계부삼가절목)			c10_1661
v.1 p.491	江界府事例釐整記(강계부사례리정기)			c10_1662
v.1 p.491	黃海兵營文籍(황해병영문적)			b13_2183-2184
v.1 p.491	江界邑誌(강계읍지)			c10_1664
v.1 p.491	綱鑑會要(강감회요)	姜沆 著(강항 저)		c10_1665-1666
v.1 p.492	衡鑑合編(형감합편)			c10_1667
v.1 p.492	江漢集(강한집)	黃景源 著(황경원 저)		a06_0896
v.1 p.492	黃澗邑誌(황간읍지)			c10_1668
v.1 p.492	廣寒樓記(광한루기)			c10_1669
v.1 p.493	講官論(강관론)	崔漢綺 著(최한기 저)		c10_1670
v.1 p.493	孝娥頓氏碑(효아돈씨비)	宋眞明 (判書) 撰文 李性孝 書 (송진명 (판서) 찬문 이성효 서)		c10_1671
v.1 p.493	慷慨翁行狀(강개옹행장)			a06_0898
v.1 p.493	洪厓集(홍애집)	高麗 洪侃 著(고려 홍간 저)		a06_0899
v.1 p.493	講學廳日記(강학청일기)		春坊日記의 아래를 보라	c10_1672
v.1 p.493	篁嵓集(황암집)	朴齊仁 著(박제인 저)		a06_0900
v.1 p.494	康熙帝筆蹟(강희제필적)			
v.1 p.494	廣橘詩帖(광귤시첩)		賡載軸을 보라	
v.1 p.494	홍길동젼(洪吉同傳(홍길동전))			c10_1674

v.1 p.494	郊居瑣篇(교거쇄편)	任相元 著(임상원 저)		c10_1675
v.1 p.494-496	孝經(효경)			b07_1428-1433
v.1 p.496	孝經刊誤(효경간오)		孝經을 보라	b07_1430
v.1 p.496	孝經諺解(효경언해)			c11_1676-1677
v.1 p.496	孝經小學抄解(효경소학초해)			c11_1678
v.1 p.497	興教寺事蹟碑(흥교사사적비)	李東郁 撰文 尹憲卿 書(이동욱 찬문 윤헌경 서)		c11_1679
v.1 p.497	孝經大義(효경대의)		孝經을 보라	b07_1431-1432
v.1 p.497	孝經大全(효경대전)			b07_1433
v.1 p.497	皇極一元圖(황극일원도)	徐命膺 撰進(서명응 찬진)		c11_1681-1682
v.1 p.498	皇極衍義書(황극연의서)	李敏坤 著(이민곤 저)		c11_1680
v.1 p.498	皇極經世書說(황극경세서설)	崔世珍 著(최세진 저)		c11_1683, b07_1434-1435
v.1 p.498	皇極經世書東史補篇通載(황극경세서동사보편통재)	申翊聖 著(신익성 저)		c11_1685-1687, b07_1435
v.1 p.499	皇極經世內篇通解(황극경세내편통해)	李純 著(이순 저)		c11_1691-1692
v.1 p.499	皇極治平圖(황극치평도)	梁誠之 撰進(양성지 찬진)		c11_1689
v.1 p.499	皇極通記(황극통기)			c11_1690
v.1 p.499	皇極篇(황극편)	正祖王 命編(정조왕 명편)		c11_1693
v.1 p.500	抗義新篇(항의신편)	安邦俊 著(안방준 저)		c11_1694-1697
v.1 p.500	功業錄(공업록)			c11_1698
v.1 p.500	行軍須知(행군수지)			c11_1699-1701
v.1 p.501	后溪集(후계집)	金範 著(김범 저)		a06_0901
v.1 p.501	后溪集(후계집)	趙裕壽 著(조유수 저)		a06_0902
v.1 p.502	興溪集(흥계집)			a06_0903
v.1 p.502-505	江原監營文籍(강원감영문적)			b12_2151-2158
v.1 p.505	洪原邑誌(홍원읍지)			c11_1703
v.1 p.505	高原邑誌(고원읍지)			c11_1702
v.1 p.505	好古窩文集(호고와문집)	柳徽文 著(유휘문 저)		a06_0904
v.1 p.506	勾股述要圖解(구고술요도해)			b07_1437
v.1 p.506	洪公行狀(홍공행장)		南寧君行狀을 보라	a06_0905
v.1 p.506	嘐嘐齋集(교교재집)	金用謙 著(김용겸 저)		a06_0906
v.1 p.506	黃江書院廟庭碑(황강서원묘정비)	宋煥箕 撰文 閔台爀 書 金履九 篆(송환기 찬문 민태혁 서 김리구 전)	宋煥箕(性潭集의 아래를 보라)	c11_1704
v.1 p.506	黃岡實紀(황강실기)			a06_0907-0908
v.1 p.506	幸行謄錄(행행등록)			c11_1705
v.1 p.506	黃皐文集(황고문집)	愼守彝 著(신수이 저)		a06_0909-0910
v.1 p.507	黃江問答(황강문답)		江上問答을 보라	c11_1706-1707
v.1 p.507	高勾麗新集(고구려신집)			c11_1714
v.1 p.507	高勾麗留記(고구려유기)			c11_1715
v.1 p.507	高興柳氏族譜(고흥유씨족보)			a06_0911
v.1 p.507	孝行錄(효행록)			c11_1708-1711
v.1 p.508	廣孝錄(광효록)	英宗王 御製(영종왕 어제)		c11_1712-1713

v.1 p.509	公穀合選(공곡합선)		春秋公穀合選을 보라	c11_1716
v.1 p.509	光國志慶錄(광국지경록)			c11_1717-1721
v.1 p.510	亨齋詩集(형재시집)	李稷 著(이직 저)		a06_0912
v.1 p.510	厚齋集(후재집)	金榦 著(김간 저)		a06_0913
v.1 p.511	賡載軸(갱재축)			c11_1722-1729, c11_1757-1759, c11_1763
v.1 p.516	弘齋全書(홍재전서)	正祖王 御製(정조왕 어제)		c11_1764-1768
v.1 p.517	賡載帖(갱재첩)		賡載軸을 보라	
v.1 p.517	厚齋年譜(후재연보)			a06_0914
v.1 p.518	廣濟祕笈(광제비급)	李景華 撰(이경화 찬)		c11_1769-1770
v.1 p.518	賡載錄(갱재록)		賡載軸을 보라	c11_1762
v.1 p.518	光山金氏世稿(광산김씨세고)	金珽 金式南 著(김정 김식남 저)		a06_0924-0925
v.1 p.518	光山金氏族譜(광산김씨족보)			
v.1 p.518	黃山谷集(황산곡집)			b07_1438-1439
v.1 p.519	甲山三水長津邑誌(갑산삼수장진읍지)			c11_1774, d04_0779
v.1 p.519	香山三體法(향산삼체법)		白民文集을 보라	b07_1440
v.1 p.519	公山誌(공산지)		公州邑誌를 보라	c11_1771
v.1 p.519	蛟山詩話(교산시화)	許筠 著(허균 저)	(一名)惺叟詩話 許筠著	a06_0915
v.1 p.519	后山集(후산집)		陳后山集을 보라	
v.1 p.519	蛟山集(교산집)		惺所覆瓿藁를 보라	
v.1 p.519	耕山集(경산집)	吳翼煥 著(오익환 저)		a06_0916
v.1 p.520	光山卓氏世稿(광산탁씨세고)		卓氏世稿를 보라	a10_1983
v.1 p.520	荒山大捷碑(황산대첩비)			b13_2361
v.1 p.520	蚊山堂識少錄(문산당식소록)		惺翁識少錄을 보라	
v.1 p.520	荒山碑閣懸板帖(황산비각현판첩)			b13_2362
v.1 p.520	鴻山邑誌(홍산읍지)			c11_1773
v.1 p.520	高山邑誌(고산읍지)			c11_1772
v.1 p.520-523	廣史(광사)			c11_1775-1785
v.1 p.520-523	鴻史(홍사)		池氏鴻史를 보라	c11_1787
v.1 p.524	孔子家語(공자가어)			b07_1370-1372
v.1 p.524	公私見聞(공사견문)	鄭載崙 著(정재륜 저)	(通名)東平記聞 鄭載崙著	c11_1788-1791
v.1 p.525	洪氏雜錄(홍씨잡록)	洪禹翰 著(홍우한 저)		a06_0917
v.1 p.525	孔子實紀(공자실기)			b07_1441
v.1 p.525	孔子通記(공자통기)			b07_1442-1443
v.1 p.526	行笥入抄(행사입초)			c11_1792
v.1 p.526	孔子編年(공자편년)			b07_1444
v.1 p.526	公使領事費用條例(공사령사비용조례)			c11_1793
v.1 p.526	公車文抄(공거문초)			
v.1 p.526	公車文叢(공거문총)			c11_1797
v.1 p.527	公車類(공거류)			c11_1798
v.1 p.527	候謝類輯(후사류집)			c11_1799

v.1 p.527	公車類選(공거류선)			c11_1800
v.1 p.527	公車類編(공거류편)			c11_1801
v.1 p.527	公車類覽(공거류람)			c11_1802
v.1 p.527	廣州安氏族譜(광주안씨족보)			a06_0918
v.1 p.527	幸州奇氏族譜(행주기씨족보)			a06_0919
v.1 p.527	光州金氏族譜(광주김씨족보)			a06_0920
v.1 p.527	江州事蹟(강주사적)			c11_1803
v.1 p.528	光州世稿(광주세고)		卓氏世稿를 보라	a06_0921
v.1 p.528	洪州稅船添補節目(홍주세선첨보절목)			c11_1805
v.1 p.528	光州牧志(광주목지)			
v.1 p.528	公州邑誌(공주읍지)			c11_1807
v.1 p.528	黃州邑誌(황주읍지)			c11_1809
v.1 p.528	廣州邑誌(광주읍지)		南漢誌를 보라	c11_1806
v.1 p.528	洪州邑誌(홍주읍지)			c11_1810
v.1 p.528	廣州李氏族譜(광주이씨족보)			a06_0922
v.1 p.528	廣州留營文籍(광주유영문적)			b12_2116-2117
v.1 p.529	光州盧氏世稿(광주노씨세고)			a06_0926
v.1 p.529	光州盧氏族譜(광주노씨족보)			a06_0923
v.1 p.529	講書院日記(강서원일기)		東宮日의 아래를 보라	c11_1811
v.1 p.529	孝章世子年譜(효장세자연보)			a06_0927
v.1 p.529	孝昌墓碑帖(효창묘비첩)			c11_1812
v.1 p.530	羹墻錄(갱장록)		列朝羹墻錄을 보라	c11_1816
v.1 p.530	高敞邑誌(고창읍지)			c11_1814
v.1 p.530	交食推步假令(교식추보가령)	李純之 著(이순지 저)		c11_1817-1819
v.1 p.531	交食法(교식법)			c11_1820
v.1 p.531	庚申逆獄推案(경신역옥추안)			c11_1821
v.1 p.531	功臣都監儀軌(공신도감의궤)		錄勳儀軌를 보라	b14_2532
v.1 p.531	甲申日使往復抄(갑신일사왕복초)			c11_1822
v.1 p.531	庚申日錄(경신일록)			c11_1823
v.1 p.531	甲辰漫筆(갑진만필)	尹國馨 著(윤국형 저)		c11_1824
v.1 p.531	後自警編(후자경편)	金昌集 著(김창집 저)	(一名)續自警編 金昌集著	c11_1828-1830
v.1 p.532-535	攷事撮要(고사촬요)			c11_1831-1838
v.1 p.535	攷事新書(고사신서)		攷事撮要를 보라	c11_1839-1840
v.1 p.535	公事謄錄(공사등록)			c11_1841
v.1 p.535	洪受濟墓碣(홍수제묘갈)			a06_0928
v.1 p.535	口授要語(구수요어)			c11_1842
v.1 p.535	庚戌施惠(경술시혜)			c11_1843
v.1 p.535	甲戌萬言封事(갑술만언봉사)		栗谷萬言封事를 보라	c11_1844
v.1 p.535	孝順事實(효순사실)			b07_1445
v.1 p.536	供上定例(공상정례)		度支定例를 보라	c11_1845
v.1 p.536	江上問答(강상문답)		(通稱)黃江問答	c11_1846
v.1 p.536	高城邑誌(고성읍지)			c11_1847
v.1 p.536	校生考講謄錄(교생고강등록)			c11_1848
v.1 p.536	侯鯖瑣語(후청쇄어)	李濟臣 著(이제신 저)		c11_1849-1850

v.1 p.537	江西三綱錄(강서삼강록)			c11_1851
v.1 p.537	孔聖誕辰筵話(공성탄진연화)			c11_1853
v.1 p.538	講製文臣題名錄(강제문신제명록)			c12_1856
v.1 p.538	江西邑誌(강서읍지)			c12_1857
v.1 p.538	孝說(효설)	朴敦行 著(박돈행 저)		c12_1859
v.1 p.538	香雪堂詩集(향설당시집)	韓景琦 著(한경기 저)		a06_0929
v.1 p.538	洪川縣誌(홍천현지)			c12_1862
v.1 p.538	陜川邑誌(합천읍지)			c12_1861
v.1 p.539	陜川李氏世稿(합천이씨세고)			a06_0930
v.1 p.539	陜川李氏族譜(합천이씨족보)			a06_0931
v.1 p.539	貢稅要略(공세요략)			c12_1863
v.1 p.539	貢膳定例(공선정례)		度支定例를 보라	c12_1864
v.1 p.539	綱草(강초)			c12_1865
v.1 p.539	江叟遺稿(강수유고)		訥齋江叟遺稿를 보라	b02_0294
v.1 p.539	孝宗實錄(효종실록)		實錄을 보라	c12_1866, d12_2545
v.1 p.539	高僧傳(고쾌전)		海東高僧傳을 보라	c12_1867-1868
v.1 p.539	後村實紀(후촌실기)		尹忠憲實紀를 보라	a06_0932
v.1 p.539	後村漫錄(후촌만록)	李匡尹 著(이광윤 저)		a06_0933
v.1 p.539	工曹瓮器色節目(공조옹기색절목)			c12_1869
v.1 p.539	皇壇儀軌(황단의궤)			c12_1870
v.1 p.540	洪致中諡狀(홍치중익상)	俞拓基 著(유척기 저)		a06_0934
v.1 p.540	洪忠平公取義碑帖(홍충평공취의비첩)			
v.1 p.540	洪忠平公事蹟考(홍충평공사적고)			a06_0935
v.1 p.541	黃忠烈追配忠烈祠記帖(황충렬추배충렬사기첩)			a06_0936
v.1 p.541	皇朝人事蹟(황조인사적)			c12_1876
v.1 p.541	孝亭遺事(효정유사)	金元行 命 趙有善 纂(김원행 명 조유선 찬)		a06_0937, c12_1877
v.1 p.541	校訂玉篇(교정옥편)		全韻玉篇을 보라	c12_1878
v.1 p.541	皎亭詩集(교정시집)	玄鎰 著(현일 저)		
v.1 p.541	浩亭集(호정집)	河崙 著(하륜 저)		a06_0938
v.1 p.542	黃帝內經素問(황제내경소문)		素問을 보라	
v.1 p.542	孝悌篇(효제편)	英宗王 御製(영종왕 어제)		c12_1879-1880
v.1 p.542	黃兎記事(황토기사)	李廷馨 著(이정형 저)		c12_1882-1883
v.1 p.543	江都三忠傳(강도삼충전)	李頤命 著(이이명 저)		c12_1884
v.1 p.543	江都誌(강도지)		江華府誌를 보라	c12_1885
v.1 p.543	皇都大訓(황도대훈)			c12_1886
v.1 p.543	江都忠烈錄(강도충렬록)	金昌協 編(김창협 편)		c12_1887
v.1 p.543	江都日記(강도일기)	魚漢朋 著(어한붕 저)		c12_1888
v.1 p.543	江東顚末(강동전말)			c12_1890
v.1 p.544	江都錄(강도록)			c12_1889
v.1 p.544	巷東集(항동집)	金當賢 著(김당현 저)		a06_0939
v.1 p.544	江東邑誌(강동읍지)			c12_1891
v.1 p.544	興德邑誌(홍덕읍지)			c12_1892

v.1 p.544	香洞問答(향동문답)			c12_1893
v.1 p.544	高難(고난)			c12_1894
v.1 p.544	興寧勝覽(홍녕승람)			c12_1896
v.1 p.545	孝寧大君派譜(효령대군파보)			a06_0940
v.1 p.545	紅白花傳(홍백화전)			c12_1897
v.1 p.545	拱白堂集(공백당집)	黃德壹 著(황덕일 저)		a06_0941
v.1 p.545	洪範(홍범)			
v.1 p.545	洪範羽翼(홍범우익)	禹汝楙 著(우여무 저)		c12_1898
v.1 p.545	洪範衍奇(홍범연기)		(一名)四區玄覽	c12_1899
v.1 p.545	洪範衍義(홍범연의)	李玄逸 著(이현일 저)		c12_1900
v.1 p.545	洪範九疇(홍범구주)		洪範口義를 보라	c12_1901
v.1 p.546	洪範口義(홍범구의)			c12_1902
v.1 p.546	洪範正宗(홍범정종)			c12_1903
v.1 p.546	洪範直指(홍범직지)	徐瀅修 著(서형수 저)		c12_1904
v.1 p.546	考槃遺編(고반유편)	南彦紀 著(남언기 저)		a06_0942
v.1 p.546	后妃明鑑(후비명감)	世祖朝 命撰(세조조 명찬)		c12_1905
v.1 p.546	效顰雜記(효빈잡기)	高尙顔 著(고상안 저)		c12_1908
v.1 p.547	孔夫子(공부자)			c12_1910
v.1 p.547	홍부젼(興夫傳(홍부전))			c12_1909
v.1 p.547	興武王實記(홍무왕실기)			c12_1912
v.1 p.547	講武事目(강무사목)	世祖朝 官撰(세조조 관찬)		c12_1913
v.1 p.547	洪武正韻(홍무정운)			c12_1914-1917, b07_1448
v.1 p.548	洪武正韻譯訓(홍무정운역훈)	申叔舟 撰進(신숙주 찬진)	(略名)洪武正韻	
v.1 p.549	貢物定案(공물정안)			c12_1919
v.1 p.549	弘文館行下禮木節目(홍문관행하례목절목)			
v.1 p.549	弘文館志(홍문관지)			c12_1920-1921
v.1 p.550	弘文館書目(홍문관서목)			c12_1922
v.1 p.551	弘文館沃溝收稅節目(홍문관옥구수세절목)			
v.1 p.551	貢弊(공폐)			c12_1923
v.1 p.551	廣平大君派譜(광평대군파보)			a06_0943
v.1 p.551	廣補自警編(황보자경편)			c12_1924-1925
v.1 p.551	皇甫忠定公子孫譜(황보충정공자손보)			a06_0946
v.1 p.551	皇甫忠定公實紀(황보충정공실기)			a06_0944-0945
v.1 p.551	公法會通(공법회통)			b07_1449
v.1 p.552	甲峯稿(갑봉고)	金宇杭 著(김우항 저)		a06_0947
v.1 p.552	高峯集(고봉집)	奇大升 著(기대승 저)		a06_0948
v.1 p.553	廣法寺事蹟碑(광법사사적비)	李時恆 撰文 黃敏厚 書 洪鉉輔 篆 (이시항 찬문 황민후 서 홍현보 전)	李時恆(和隱集의 아래를 보라)	c12_1926
v.1 p.553	高峰禪要(고봉선요)			b07_1450-1451
v.1 p.553	高峯論思錄(고봉론사록)		高峯集을 보라	a06_0949-0951
v.1 p.554	公木作米謄錄(공목작미등록)			c12_1927
v.1 p.554	皇明遺民傳(황명유민전)	成海應 著(성해응 저)		c12_1928
v.1 p.554	皇明遺民錄(황명유민록)			c12_1929

v.1 p.554	皇明紀畧(황명기략)	金堉 著(김육 저)		c17_2764
v.1 p.554	皇明玉牒紀略(황명옥첩기략)			c12_1932
v.1 p.554	皇明綱目(황명강목)		綱自新篇을 보라	c12_1934
v.1 p.554	皇明詔令(황명조령)			b07_1453
v.1 p.555	皇明殉節錄(황명순절록)			c12_1936
v.1 p.555	皇明十六朝廣彙記(황명십육조광휘기)			b07_1454
v.1 p.555	皇明正嘉八才子文鈔(황명정가팔재자문초)			c12_1906
v.1 p.555	皇明通紀(황명통기)			b07_1455-1456
v.1 p.555	皇明二大家文抄(황명이대가문초)	申最 選(신최 선)		c12_1937
v.1 p.556	皇明陪臣傳(황명배신전)	黃景源 著(황경원 저)		c12_1939-1940
v.1 p.556	皇明文敎錄(황명문교록)			c12_1941
v.1 p.556	皇明名臣言行錄(황명명신언행록)		(原)皇朝名臣言行錄	b07_1457-1458
v.1 p.556	孔明心書(공명심서)			b07_1459
v.1 p.557	綱目(강목)		通鑑綱目을 보라	c12_1942
v.1 p.557	綱目訓義(강목훈의)		通綱鑑目을 보라	c12_1943
v.1 p.557	綱目考異(강목고이)	柳希春 著(유희춘 저)		c12_1944
v.1 p.557	綱目輯要(강목집요)	興宣大院君昰應 著(흥선대원군하응 저)		c12_1945
v.1 p.557	綱目輯覽(강목집람)			c12_1946
v.1 p.557	綱目抄(강목초)			c12_1947
v.1 p.557	綱目新增(강목신증)			c12_1948
v.1 p.557	綱目新編(강목신편)		通鑑綱目을 보라	c12_1949-1951
v.1 p.557	孔門言仁錄(공문언인록)	權春蘭 著(권춘란 저)		c12_1953
v.1 p.558	孝友錄(효우록)			c12_1954
v.1 p.558	廣輿記(광여기)			b07_1460
v.1 p.558	公餘雜載(공여잡재)	申欽 著(신흠 저)		c12_1955
v.1 p.558	高陽世稿(고양세고)			a06_0952, c12_1957
v.1 p.558	高陽邑誌(고양읍지)			
v.1 p.558	光陽邑誌(광양읍지)			c12_1958
v.1 p.558	興陽邑誌(흥양읍지)			
v.1 p.558	洪翼靖公遺事(홍익정공유사)			a06_0953
v.1 p.559	洪翼靖公實紀叙引(홍익정공실기서인)			a06_0955
v.1 p.559	洪翼靖公奏藁(홍익정공주고)	洪鳳漢 著(홍봉한 저)		a06_0954
v.1 p.560	洪翼靖公年譜略(홍익정공연보략)			a06_0956
v.1 p.560-562	高麗金石拓本(고려금석척본)		墓誌は高麗古墳所出墓誌를 보라	
v.1 p.562	高麗古都徵(고려고도징)	韓在濂 著(한재렴 저)		c12_1960
v.1 p.562-564	高麗古墳所出墓誌拓(고려고분소출묘지척)			b13_2304-2344
v.1 p.564	高麗國史(고려국사)	鄭摠 著(정총 저)		
v.1 p.565	高麗史(고려사)		高麗國史를 보라	c12_1961-1964
v.1 p.565-567	高麗史(고려사)	世宗朝末年 撰成(세종조말년 찬성)		c12_1965-1969
v.1 p.567	高麗史節要(고려사절요)			c12_1970-1971
v.1 p.567	廣瀨集(광뢰집)	李野淳 著(이야순 저)		a06_0957

v.1 p.567	高麗圖經(고려도경)			b07_1461
v.1 p.568	高麗宗室傳(고려종실전)		史略을 보라	c12_1973
v.1 p.568	高麗八家文集(고려팔가문집)			c12_1974
v.1 p.568	고려보감(高麗寶鑑(고려보감))			c12_1976
v.1 p.568	高麗名臣傳(고려명신전)	南公轍 著(남공철 저)		c12_1977
v.1 p.568	黃驪志(황려지)			
v.1 p.568	黃驪世稿(황려세고)	驪興李氏累代 著(여흥이씨누대 저)		a06_0958-0960
v.1 p.569	江陵金氏族譜(강릉김씨족보)			a06_0962
v.1 p.569	江陵崔氏族譜(강릉최씨족보)			a06_0963
v.1 p.569	孝陵志(효릉지)			c13_1978
v.1 p.569	강능츄월젼(江陵秋月傳(강릉추월전))			c13_1979
v.1 p.569	江陵邑誌(강릉읍지)		臨瀛誌의 아래를 보라	c13_1982
v.1 p.570	江陵劉氏族譜(강릉유씨족보)			a06_0964
v.1 p.570	交隣志(교린지)		增正交隣志의 약명이다. 그 아래를 보라	c13_1983
v.1 p.570	交隣禮單合編(교린예단합편)			c13_1984
v.1 p.570	高靈申氏族譜(고령신씨족보)			a06_0965
v.1 p.570	高靈世稿續編(고령세고속편)		靈川集의 아래를 보라	a06_0966
v.1 p.570	高靈朴氏族譜(고령박씨족보)			a06_0967
v.1 p.570	高靈邑誌(고령읍지)			c13_1985
v.1 p.570	廣禮覽(광례람)			c13_1987
v.1 p.570	黃烈成公年譜(황열성공연보)			a06_0968
v.1 p.570	孝廉齋集(효렴재집)	李擎柱 著(이경주 저)		a06_0969
v.1 p.571	홍누몽(紅樓夢(홍루몽))			c13_1989
v.1 p.571	谷雲雜錄(곡운잡록)	金壽增 著(김수증 저)		a06_0971
v.1 p.571	谷雲集(곡운집)	金壽增 著(김수증 저)		a06_0970
v.1 p.571	谷雲筆迹(곡운필적)			
v.1 p.572	國漢會話(국한회화)			c13_1990
v.1 p.572	谷口園記(곡구원기)			c13_1992
v.1 p.572	國穀總錄(국곡총록)		穀簿合錄을 보라	c13_1993
v.1 p.572	國婚定例(국혼정례)		度支定例를 보라	c13_1994-1995
v.1 p.572	國語(국어)			b07_1462-1463
v.1 p.573	克齋集(극재집)			a06_0972
v.1 p.573	克齋集(극재집)	盧俍淵 著(노필연 저)		
v.1 p.573	谷山延氏族譜(곡산연씨족보)			a06_0973
v.1 p.573	國私忌册(국사기책)			c13_1998
v.1 p.573	告祝輯覽(고축집람)			c13_2000
v.1 p.573	告示(고시)			c13_1997
v.1 p.573	國恤謄錄(국휼등록)			c13_2001
v.1 p.573	谷城邑誌(곡성읍지)			c13_2002
v.1 p.574	谷川集(곡천집)			a06_0974
v.1 p.574	國葬儀軌(국장의궤)		山陵儀軌를 보라	
v.1 p.574	穀總便攷(곡총편고)			c13_2003
v.1 p.574	剋擇通書(극택통서)			b07_1465

v.1 p.574	國朝彙鑑(국조휘감)			c13_2004
v.1 p.574	國朝印譜(국조인보)			c13_2006
v.1 p.574	國朝彙言(국조휘언)		東圃彙言을 보라	c13_2005
v.1 p.574	國朝榮選續(국조영선속)			c13_2007
v.1 p.574	國朝樂歌(국조악가)			c13_2008
v.1 p.574	國朝樂章(국조악장)	英祖王 命撰(영조왕 명찬)		c13_2009-2010
v.1 p.575	國朝記事(국조기사)	沈光世 著(심광세 저)		c13_2011
v.1 p.575	國朝記略(국조기략)			
v.1 p.575	國朝御牒(국조어첩)		國朝譜牒을 보라	
v.1 p.575	國朝故事(국조고사)			c13_2013
v.1 p.575	國朝古蹟(국조고적)			c13_2014
v.1 p.575	國朝功臣錄(국조공신록)		司勳考를 보라	c13_2016
v.1 p.575-579	國朝五禮儀(국조오례의)			
v.1 p.579	國朝五禮通論(국조오례통론)	李祉永 撰進(이지영 찬진)		c13_2019
v.1 p.579	國朝詩(국조시)			b07_1464
v.1 p.579	國朝詩樂(국조시악)	正祖王 命撰(정저왕 명찬)		c13_2021
v.1 p.579	國朝詩刪(국조시산)	權韠 選(권필 선)		c13_2023
v.1 p.579	國朝詩正聲集(국조시정성집)			b07_1464
v.1 p.580	國朝詩別裁(국조시별재)			b07_1464
v.1 p.580	國朝儒先錄(국조유선록)	柳希春 撰進(유희춘 찬진)		c13_2026-2029
v.1 p.581	國朝人物考(국조인물고)			c13_2030
v.1 p.581	國朝人物志(국조인물지)	安鍾和 著(안종화 저)		c13_2031
v.1 p.582	國朝征討錄(국조정토록)		西征錄을 보라	c13_2032
v.1 p.582	國朝全鑑(국조전감)	權忭 著(권변 저)		c13_2033
v.1 p.582	國朝喪禮補編(국조상례보편)	英祖朝 命撰(영조조 명찬)		c13_2034
v.1 p.583	國朝續五禮儀(국조속오례의)		國朝五禮儀를 보라	
v.1 p.583	國朝通紀(국조통기)			c13_2036
v.1 p.583	國朝典故(국조전고)			c13_2037
v.1 p.583	國朝典謨(국조전모)	李世璉 編(이세련 편)		c13_2038
v.1 p.583	國朝典禮考(국조전례고)			c13_2039
v.1 p.583	國朝年綱(국조연강)			c13_2040
v.1 p.584	國朝年代紀(국조연대기)			c13_2041
v.1 p.584	國朝譜牒(국조보첩)		일명 國朝御牒이라고도 한다	c13_2042-2043
v.1 p.584	國朝武定寶鑑(국조무정보감)		武定寶鑑을 보라	c13_2045
v.1 p.584	國朝文科姓譜(국조문과성보)		文科姓譜를 보라	c13_2044
v.1 p.584	國朝文衡圈點銖(국조문형권점수)		文衡圈點錄을 보라	
v.1 p.584	國朝文科榜目(국조문과방목)		文科榜目을 보라	c13_2046-2049
v.1 p.584	國朝編年(국조편년)			c13_2050
v.1 p.584-589	國朝寶鑑(국조보감)			c13_2051-2066
v.1 p.589	國朝寶鑑類抄(국조보감유초)		國朝寶鑑을 보라	c13_2067
v.1 p.589	國朝謨烈(국조모열)			c13_2068
v.1 p.590	國朝榜目(국조방목)		文科傍目을 보라	c13_2069
v.1 p.590	國朝名臣言行錄(국조명신언행록)		海東名臣錄을 보라	c13_2071
v.1 p.590	國朝名臣奏議要略(국조명신주의요약)		名臣奏議要略을 보라	c13_2073

v.1 p.590	國朝名臣銖(국조명신수)		海東名臣錄을 보라	c13_2072
v.1 p.590	國朝陵寢謄錄(국조능침등록)			c13_2074
v.1 p.590	國朝曆象考(국조력상고)	成周悳 著(성주덕 저)		c13_2075-2076
v.1 p.590	國朝列聖御筆(국조열성어필)		列聖御筆을 보라	
v.1 p.590	克復齋集(극복재집)	權[王集] 著(권집 저)		a06_0975
v.1 p.590	穀簿合錄(곡부합록)		國穀總錄이라고도 한다	c13_2077-2078
v.1 p.591	滑稽志(활계지)			c13_2081
v.1 p.591	滑稽傳(활계전)	徐居正 著(서거정 저)		c13_2082
v.1 p.591	骨董飯(골동반)			c13_2083
v.1 p.591	艮翁遺稿(간옹유고)	李瀷 著(이익 저)		a06_0976
v.1 p.591	艮翁集(간옹집)	李獻慶 著(이헌경 저)		a06_0977
v.1 p.592	艮翁疣墨(간옹우묵)		松窩雜說을 보라	a06_0978
v.1 p.592	艮窩集(간와집)	尹東美 著(윤동미 저)		a06_0979
v.1 p.592	金光明經(금광명경)			b07_1467
v.1 p.592	艮谷遺稿(간곡유고)	李喬年 著(이교년 저)		a06_0980
v.1 p.592-596	金剛經(금강경)		즉 金剛般若波羅蜜經이다	b07_1468-1480
v.1 p.596	金剛三昧經論(금강삼매경론)	新羅 釋 元曉 著(신라 석 원효 저)		c13_2084-2086
v.1 p.596	金剛山記(금강산기)	趙成夏 著(조성하 저)		c13_2087
v.1 p.597	金剛夢遊錄(금강몽유록)			c13_2088
v.1 p.597	金剛錄(금강록)	李黿 著(이원 저)		c13_2089
v.1 p.597	困齋愚得錄(균재우득록)	鄭介淸 著(정개청 저)		a06_0981-0982
v.1 p.597	艮齋年譜(간재연보)			a06_0983
v.1 p.598	艮齋文集(간재문집)	李德弘 著(이덕홍 저)		a06_0984
v.1 p.598	艮齋漫錄(간재만록)	崔奎瑞 著(최규서 저)	病後漫錄의 通稱이다	a06_0985-0986
v.1 p.599	困知錄(균지록)		庸學困得을 보라	c13_2091
v.1 p.599	艮庭集(간정집)	李惟弘 著(이유홍 저)		a06_0987
v.1 p.599	混定編錄(혼정편록)	安邦俊 著(안방준 저)		c13_2092-2093
v.1 p.599	困得編(균득편)	吳道一 著(오도일 저)		c13_2094-2095
v.1 p.600	紺坡集(감파집)		默守堂集을 보라	a06_0988
v.1 p.600	困辨錄(균변록)			b07_1481
v.1 p.600	困六齋集(균육재집)	金義元 著(김의원 저)		a06_0989
v.1 p.600	昆陽邑誌(곤양읍지)			c13_2096
v.1 p.600	崑崙集(곤륜집)	崔昌大 著(최창대 저)		a06_0990
v.1 p.600	五位龜鑑(오위귀감)	石之衍 著(석지연 저)		c13_2098
v.1 p.601	五緯表(오위표)			b07_1482-1483
v.1 p.601	五緯曆指(오위역지)			b07_1483
v.1 p.601	梧陰遺稿(오음유고)	尹斗壽 著(윤두수 저)		a06_0992-0993
v.1 p.602	梧陰雜說(오음잡설)	尹斗壽 著(윤두수 저)		a06_0991
v.1 p.602	五衛陣法(오위진법)		陣法의 아래에 기록되어 있음	c13_2099
v.1 p.602	五衛岡(오위강)		陣法도 동일하게 아래를 보라	c13_2100
v.1 p.602	吳越春秋(오월춘추)	世組朝 命撰(세조조 명찬)		c13_2101
v.1 p.602	五音類聚(오음유취)			c13_2102
v.1 p.602	後漢書(후한서)			b07_1484
v.1 p.603	吳學士集(오학사집)		吳忠烈公遺稿를 보라	a06_0994

v.1 p.603	五經釋義(오경석의)		經書訣釋을 보라	c13_2103
v.1 p.603	五經淺見錄(오경천견록)		禮記淺見錄을 보라	c13_2104
v.1 p.603	五經百篇(오경백편)	正祖王 命撰(정조왕 명찬)		c13_2105-2106
v.1 p.603	五行精紀(오행정기)			b07_1485
v.1 p.604	五行妙法(오행묘법)			
v.1 p.604	五侯鯖(오후청)		歷代會靈을 보라	c13_2108
v.1 p.604	吳嶽顚末(오악전말)			c13_2109
v.1 p.604	五言絕句(오언절구)		唐音을 보라	
v.1 p.604	寤齋集(오재집)	趙正萬 著(조정만 저)		a06_0995
v.1 p.604	五山集(오산집)	車天輅 著(차천로 저)		a06_0996-0999
v.1 p.605	梧山集(오산집)	徐昌載 著(서창재 저)		a06_1000
v.1 p.606	五山說林(오산설림)	車天輅 著(차천로 저)		a06_1001-1002
v.1 p.606	吳子(오자)		武經七書를 보라	c13_2110
v.1 p.606	吳子(오자)			
v.1 p.606	五子近思錄(오자근사록)			b07_1486
v.1 p.606	五子手圈(오자수권)		四部手圈을 보라	c13_2111
v.1 p.606	五子粹言(오자수언)	金昌協 編(김창협 편)		c13_2112
v.1 p.607	五詩別裁(오시별재)			b07_1487
v.1 p.607	五洲衍文長箋散稿(오주연문장전산고)	李圭景 著(이규경 저)		a06_1005
v.1 p.607	後西征錄(후서정록)		西征錄을 보라	d01_0044
v.1 p.607	梧川集(오천집)	李宗城 著(이종성 저)		a06_1003
v.1 p.607	五先生禮說分類(오선생예설분류)	鄭逑 著(정구 저)		c13_2113-2115
v.1 p.608	梧川年譜(오천연보)		淵相年譜를 보라	a06_1004
v.1 p.608	梧村集(오촌집)	柳聖趾 著(유성지 저)		a06_1006
v.1 p.608	五臟圖(오장도)			b07_1488-1489
v.1 p.608	五大眞言(오대진언)		俤項心陀羅尼經眞言集에 나란히 기록되어 있음	c13_2117
v.1 p.608	吳忠烈公遺稿(오충렬공유고)	吳達濟 著(오달제 저)	秋澤道稿 또는 吳學士集이라고도 한다	a06_1007
v.1 p.609	梧亭遺稿(오정유고)	朴蘭 著(박란 저)		a06_1008
v.1 p.609	梧亭集(오정집)	鄭鎔 著(정용 저)		a06_1009
v.1 p.609	峿堂集(어당집)			a06_1010
v.1 p.609	悟堂文集(오당문집)	李象秀 著(이상수 저)		
v.1 p.609	梧灘集(오탄집)	沈攸 著(심유 저)		a06_1011
v.1 p.610	五服沿革圖(오복연혁도)	鄭逑 著(정구 저)		c13_2118-2119
v.1 p.610	五服通考(오복통고)	申渫 著(신설 저)		c13_2120
v.1 p.610	五服通考(오복포고)	趙有善 著(조유선 저)		c13_2121
v.1 p.610	五服便覽(오복편람)	權綵 撰(권구 찬)		c13_2122
v.1 p.611	五服名義(오복명의)	俞彦鏶 著(유언집 저)		c13_2123
v.1 p.611	五峯集(오봉집)	李好閔 著(이호민 저)		a06_1013
v.1 p.611	梧峯集(오봉집)	申之悌 著(신지제 저)		a06_1014, b14_2445
v.1 p.612	五峯贈褒錄(오봉증포록)			a06_1015
v.1 p.612	五友記(오우기)			c13_2124
v.1 p.612	梧里集(오리집)	李元翼 著(이원익 저)		a06_1016

v.1 p.613	梧里日記(오리일기)	李元翼 著(이원익 저)		a06_1017
v.1 p.613	五龍齋遺稿(오룡재유고)	南溟學 著(남명학 저)		a06_1018
v.1 p.613	五倫歌(오륜가)			c13_2125
	五倫行實圖(오륜행실도)			c13_2126-2131
v.1 p.614	伍倫全備(오륜전비)			c13_2132-2134
v.1 p.615	五倫錄(오륜록)	梁誠之 撰進(양성지 찬진)		c13_2135
v.1 p.615	五禮(오례)		國朝五禮儀를 보라	c13_2136
v.1 p.615	五禮儀(오례의)		國朝五禮儀를 보라	c13_2136-2144, c14_2146-2152
v.1 p.615	五禮通編(오례통편)		國朝五禮通編을 보라	c14_2153-2154
v.1 p.615	五禮便攷(오례편고)	熙王朝 命撰(희왕조 명찬)		c14_2155
v.1 p.616	語錄解(어록해)			c14_2156-2159
v.1 p.617	恒齋集(항재집)	鄭宗榮 著(정종영 저)		a06_1020
v.1 p.617	剛齋集(강재집)	宋穉圭 著(송치규 저)		a06_1021
v.1 p.617	鰲山名人錄(오산명인록)			c14_2160
v.1 p.617	鰲亭逸稿(췌정일고)	金邦翰 著(김방한 저)		a06_1022
v.1 p.617	號牌事目(호패사목)			c14_2161
v.1 p.618	號譜(호보)			c14_2163-2164
v.1 p.618	鰲峯集(오봉집)	金齊閔 著(김제민 저)		a06_1023
v.1 p.618	鰲峰祖孫諡狀(오봉조손익상)			a06_1024
v.1 p.619	濠梁集(호량집)	申翊隆 著(신익륭 저)		a06_1025
v.1 p.619	權益慶諡狀(권익경익상)			a06_1026
v.1 p.619	權元帥實蹟(권원사실적)		權忠壯公實紀를 보라	a06_1027-1028
v.1 p.619	權氏聯珠集(권씨연주집)			a06_1029
v.1 p.619	權忠壯公實紀(권충장공실기)			a06_1030
v.1 p.619	權忠敏公雜錄(권충민공잡록)	權健 著(권건 저)		a06_1031
v.1 p.619	權忠敏公集(권충민공집)	權健 著(권건 저)		a06_1032

第一冊 끝

≪古鮮冊譜≫ 第二冊 (v.2 p.621~1238)

쪽수	문헌명	저자	이본서명 및 상호참조	대응카드
v.2 p.621	銷院程式(소원정식)			c14_2168
v.2 p.621	左海經邦(좌해경방)			c14_2169
v.2 p.621	左溪裒談(좌계부담)			c14_2170
v.2 p.621	左氏輯選(좌씨집선)	崔錫鼎 編(최석정 편)		c14_2176
v.2 p.622	左氏輯選續(좌씨집선속)	金在魯 編(김재로 편)	인물은 著作은 爛餘의 아래에 기록함	
v.2 p.622	左氏精華(좌씨정화)	姜沆 著(강항 저)	인물은 睡隱集의 아래에 기록함	c14_2178
v.2 p.622	槎川詩鈔(사천시초)	李秉淵 著(이병연 저)		a07_1035-1036
v.2 p.623	左蘇集(좌소집)	徐有本 著(서유본 저)		a07_1037
v.2 p.623	左傳(좌전)		春秋, 春秋集傳 參看	
v.2 p.624	左傳彙類(좌전휘류)			c14_2180
v.2 p.624	左傳文字抄(좌전문자초)			c14_2181
v.2 p.625	瑣篇(쇄편)	李廷龜 著(이정구 저)	人物 月沙集의 아래에 기록함	c14_2182
v.2 p.625	差倭謄錄(차왜등록)			c14_2183-2184
v.2 p.625	霽庵集(제암집)			a07_1038
v.2 p.625	災異考(재이고)			c14_2185
v.2 p.625	濟嬰新篇(제영신편)			c14_2186
v.2 p.626	最窩集(최와집)	金奎五 著(김규오 저)		a07_1040
v.2 p.626	睟窩集(재와집)	崔昇羽 著(최승우 저)		a07_1039
v.2 p.626	霽巖(제암)	丁鳴說 著(정명설 저)		a07_1041
v.2 p.626	祭器樂器都監儀軌(제기악기도감의궤)			c14_2187
v.2 p.626	祭器都監儀軌(제기도감의궤)			c14_2188
v.2 p.626	祭儀抄(제의초)	李珥 著(이이 저)	人物 栗谷全書의 아래를 보라	
v.2 p.626	祭儀正本(제의정본)	朴世采 著(박세채 저)	人物 南溪集의 아래에 기록함	c14_2189
v.2 p.627	西京志(서경지)	李時恆 著(이시항 저)	평양읍지(和隱集 總目末尾)	d13_2793
v.2 p.627	霽軒集(제헌집)	沈定鎭 著(심정진 저)	梅山文集十九卷 霽軒行狀	a07_1042
v.2 p.627	崔孤雲書(최고운서)	崔致遠 手迹(최치원 수적)	人物 崔致遠文集의 아래를 보라	b13_2381
v.2 p.627	霽湖詩話(제호시화)	梁慶遇 著(양경우 저)	人物 霽湖集의 아래를 보라	a07_1045
v.2 p.627	霽月堂集(제월당집)	宋奎濂 著(송규렴 저)		a07_1043-1044
v.2 p.628	霽湖集(제호집)	梁慶遇 著(양경우 저)		a07_1046-1048
v.2 p.628	濟齋集(제재집)	李觀周 著(이관주 저)		a07_1050
v.2 p.628	崔察訪寓言(최찰방우언)		滄浪寓言을 보라	a07_1051
v.2 p.628	崔氏五世遺稿(최씨오세유고)	崔繼林(최계림) 崔齊華(최제화) 崔命三(최명삼) 崔進大(최진대) 崔星景(최성경)	陽川崔氏五世著作集	a07_1052
v.2 p.629	再思堂集(재사당집)	李黿 著(이원 저)		a07_1053
v.2 p.629	濟衆甘露(제중감로)			c14_2191-2192
v.2 p.629	濟州高氏族譜(제주고씨족보)			a07_1054
v.2 p.629	濟衆新編(제중신편)	康命吉 撰進(강명길 찬진)		c14_2193-2194
v.2 p.630	濟州風土記(제주풍토기)	金淨 著(김정 저)	인물은 冲庵集의 아래를 보라	c14_2195

v.2 p.630	濟州牧場事實(제주목장사실)			c14_2196
v.2 p.630	濟州牧文籍(제주목문적)			b13_2199-2200
v.2 p.631	濟州邑誌(제주읍지)			c14_2197
v.2 p.631	采薪雜錄(채신잡록)	李睟光 著(이수광 저)	인물은 芝峯集의 아래에 기록함	c14_2200
v.2 p.631	采眞子遺稿(채진자유고)	金聖甲 著(김성갑 저)		a07_1055
v.2 p.632	歲船謄錄(세선등록)			c14_2201
v.2 p.632	細艸類彙(세초유휘)	許遠 著(허원 저)		c14_2202-2203
v.2 p.633	再造藩邦志(재조번방지)	申炅 著(신경 저)		c14_2204-2205
v.2 p.633	崔致遠文集(최치원문집)	新羅 崔致遠 著(신라 최치원 저)	삼국사기 인용	a07_1056
v.2 p.634	霽亭集(제정집)	高麗 李達衷 著(고려 이달충 저)	고려사, 성현의 용재총화 인용	a07_1057-1058
v.2 p.634	崔貞武公實記(최정무공실기)		潛窩實記를 보라	a07_1059
v.2 p.634	祭謄錄(제등록)			c14_2206
v.2 p.634	載寧康氏族譜(재령강씨족보)			a07_1060
v.2 p.634	採薇軒實記(채미헌실기)			a07_1061
v.2 p.634	才物譜(재물보)			c14_2208
v.2 p.635	崔文憲公遺稿(최문헌공유고)	高麗 崔冲 著(고려 최충 저)	고려사 인용	a07_1062
v.2 p.635	崔文淑公集(최문숙공집)	高麗 崔惟淸 著(고려 최유청 저)	고려사, 보한집 인용	a07_1063
v.2 p.635	崔文淸公家集(최문청공가집)	高麗 崔滋 著(고려 최자 저)	고려사 인용	a07_1064
v.2 p.636	霽峯集(제봉집)	高敬命 著(고경명 저)	一名 苔軒集	a07_1065
v.2 p.636	彩峯集(채봉집)	洪萬遂 著(홍만수 저)		a07_1067
v.2 p.637	霽峯年譜(제봉연보)		高敬命연보. 인물은 霽峯集의 아래에 기록함	a07_1066
v.2 p.637	崔烈士傳(최열사전)			a07_1068
v.2 p.637	作觀文(작관문)			c14_2210
v.2 p.637	策學衍義(책학연의)			c14_2211
v.2 p.637	朔州邑誌(삭주읍지)			c14_2212
v.2 p.637	作聖圖論(작성도론)	權採 撰(권채 찬)		c14_2214
v.2 p.637	策題(책제)			c14_2217, d05_1009
v.2 p.638	柵中日錄(책중일록)		建州見聞錄(건주견문록)을 보라	c14_2216
v.2 p.638	朔寧崔氏族譜(삭녕최씨족보)			a07_1069
v.2 p.638	朔寧邑誌(삭녕읍지)			c14_2218
v.2 p.638	策文謄錄(책문등록)			c14_2219
v.2 p.638	朔方備乘圖說(삭방비승도설)			b08_1491
v.2 p.638	策問(책문)			c06_1092
v.2 p.638	策林繁露(책림번로)			c14_2220
v.2 p.638	策類(책류)			c14_2221
v.2 p.638	作曆式(작력식)	觀象監 編		c14_2222
v.2 p.638	册儲實錄抄(책저실록초)			c14_2223
v.2 p.639	册板置簿(책판치부)			c14_2224-2225
v.2 p.639	册寶修改儀軌(책보수개의궤)			c14_2227
v.2 p.639	册封入學日記抄錄(책봉입학일기초록)			c14_2228
v.2 p.639	册寶奉安置簿(책보봉안치부)			c14_2229
v.2 p.639	撮要新書(촬요신서)	朴興生 著(박흥생 저)		c14_2230

v.2 p.640	册禮儀軌(책례의궤)			b09_1838-1873
v.2 p.645	三韻一覽(삼운일람)			
v.2 p.645	三隱合稿(삼은합고)	高麗 田祿生 田貴生 田祖生 著 (고려 전녹생 전귀생 전조생 저)	인물은 埜隱逸稿의 아래를 보라	a07_1070
v.2 p.646	三隱詩(삼은시)			b08_1492
v.2 p.646	三韻聲彙(삼운성휘)	洪啓禧 著(홍계희 저)	인물은 經世指掌의 아래를 보라	c14_2232-2234
v.2 p.647	三韻通考(삼운통고)	初本 撰者不明		c14_2235-2236, c14_2239-2241
v.2 p.649	三韻通考補遺(삼운통고보유)		三韻通考를 보라	c14_2237-2238
v.2 p.649	山雲集(산운집)	李亮淵 著(이양연 저)		a07_1071
v.2 p.649	簪纓譜(잠영보)		文科姓譜를 보라	c14_2242
v.2 p.649	三淵雜錄(삼연잡록)	金昌翕 著(김창흡 저)	인물은 三淵集의 아래에 기록함	a07_1072
v.2 p.649	三淵集(삼연집)	金昌翕 著(김창흡 저)		a07_1073-1074
v.2 p.650	三淵年譜(삼연연보)		金昌翕年譜	a07_1075
v.2 p.650	三可集(삼가집)	朴遂良 著(박수량 저)		a07_1076
v.2 p.650	山家淸事(산가청사)	尹毅立 著(윤의립 저)	인물은 野言通載의 아래에 기록함	c14_2244
v.2 p.651	三嘉邑誌(삼가읍지)			c14_2246
v.2 p.651	山海淵源錄(산해연원록)		山海師友淵源錄을 보라	c14_2247
v.2 p.651	三魁觀光錄(삼괴관광록)			c14_2248
v.2 p.651	山海師友淵源錄(산해사우연원록)	曺植師友의 言行錄	인물은 南冥集의 아래를 보라	
v.2 p.651	三魁堂集(삼괴당집)	申從濩 著(신종호 저)		a07_1077
v.2 p.651	三角山明堂記(삼각산명당기)		道詵明堂記를 보라	c14_2249
v.2 p.651	三韓華族(삼한화족)			c14_2250
v.2 p.651	三官記(삼관기)	李縡 著(이재 저)	通名陶庵三官記, 인물은 陶庵集의 아래를 보라	c14_2251
v.2 p.652	三韓龜鑑(삼한귀감)		三韓詩龜鑑을 보라	c14_2252-2253
v.2 p.652	三寬記事(삼관기사)			c14_2254
v.2 p.652	三韓金石錄(삼한금석록)	吳慶錫 著(오경석 저)		c14_2262
v.2 p.652	三韓古記(삼한고기)		三國史記를 보라	c14_2263
v.2 p.652	三韓詩(삼한시)		三韓詩龜鑑을 보라	
v.2 p.652	三韓詩龜鑑(삼한시귀감)	趙云仡 編(조운흘 편)	略稱 三韓龜鑑 石澗集의 아래를 보라	c14_2255
v.2 p.653	三官通(삼관통)	尹東晳 著(윤동절 저)		c14_2256
v.2 p.653	算學啓蒙(산학계몽)			b08_1493
v.2 p.654	三學士傳(삼학사전)	宋時烈 著(송시열 저)	淸軍被擄洪翼漢等傳記. 인물은 宋子大全의 아래를 보라	c14_2257
v.2 p.654	算學拾遺(산학습유)			c14_2258
v.2 p.654	算學正義(산학정의)	南相吉 著(남상길 저)	初名秉吉. 인물은 晩香齋詩鈔의 아래를 보라	c14_2259
v.2 p.654	參巖遺集(참암유집)			a07_1078
v.2 p.654	三棄齋集(삼기재집)			a07_1079
v.2 p.654	三休子集(삼휴자집)	趙休 著(조휴 저)		a07_1080-1081
v.2 p.654	山居四要(산거사요)			a07_1082, b08_1494
v.2 p.655	三魚堂集(삼어당집)			a07_1083
v.2 p.655	三軍總考(삼군총고)	官撰(관찬)		c14_2261

v.2 p.655	山經(산경)		山水經을 보라	c14_2264
v.2 p.655	三經四書諺解(삼경사서언해)		經書諺解를 보라	c14_2266
v.2 p.655	三經四書釋義(삼경사서석의)		經書釋義를 보라	c14_2267-2275
v.2 p.655	三經四書正文(삼경사서정문)			b08_1495-1497
v.2 p.656	三經四書大全(삼경사서대전)			b08_1499-1519
v.2 p.660	三經四書傳註(삼경사서전주)		周易傳義 書傳 詩傳 及四書를 보라	b08_1520-1521
v.2 p.660	三經釋義(삼경석의)		經書釋義를 보라	c14_2276
v.2 p.660	三經表(삼경표)		山水經을 보라	
v.2 p.660	三賢珠玉(삼현주옥)		인물은 北窓古玉集의 아래에 기록함	c14_2277
v.2 p.660	三元延壽書(삼원연수서)			b08_1522
v.2 p.661	三元交會(삼원교회)			b08_1523
v.2 p.661	三元交通會神書(삼원교통회신서)		三元交會를 보라	a07_1084
v.2 p.661	三古堂集(삼고당집)	成以敏 著(성이민 저)		a07_1085
v.2 p.661	三綱行實圖(삼강행실도)			c14_2278-2287, d02_0297, d06_1109
v.2 p.665	三綱事略(삼강사략)	梁誠之 著(양성지 저)	인물은 訥齋集의 아래에 기록함	c14_2291
v.2 p.665	三公先生案(삼공선생안)			c14_2292
v.2 p.665	三綱明行錄(삼강명행록)			c14_2293
v.2 p.665	三綱錄(삼강록)		三綱行實圖의 아래를 보라	c14_2294
v.2 p.666	山谷集(산곡집)		黃山谷集을 보라	
v.2 p.666	三國遺事(삼국유사)	高麗 釋 一然 著(고려 석 일연 저)		c14_2296-2297
v.2 p.666	三國金石拓本 附上代金石拓(삼국금석탁본 부 상대금석탑)			b13_2257-2303
v.2 p.670	三國志(삼국지)			b08_1524
v.2 p.670	三國誌(삼국지)			b08_1525
v.2 p.671	삼국지(三國誌)			c14_2298
v.2 p.671	三國史(삼국사)		三國史記를 보라	c14_2299
v.2 p.671	三國史記(삼국사기)			c14_2300-2315
v.2 p.675	三國史節要(삼국사절요)			c14_2316
v.2 p.675	三國史略(삼국사략)		東國史略을 보라	c14_2317
v.2 p.675	三國地圖(삼국지도)	高麗 李詹 著(고려 이첨 저)		c14_2318
v.2 p.675	三歲兒(삼세아)			c14_2319
v.2 p.675	參三齋詩百選(참삼재시백선)	洪顯圭 著(홍현규 저)		a07_1086
v.2 p.676	三山齋集(삼산재집)	金履安 著(김이안 저)		a07_1087
v.2 p.676	三山集(삼산집)	李台重 著(이태중 저)		a07_1088
v.2 p.676	三山文集(삼산문집)	柳正源 著(유정원 저)		a07_1089
v.2 p.677	三四釋義(삼사석의)		經書釋義를 보라	c14_2320
v.2 p.677	山史略抄(산사략초)			c14_2321
v.2 p.677	纂修儀軌(찬수의궤)		실록찬수의궤는 별도의 〈실록의궤〉를 볼 것	b10_1878-1911
v.2 p.679	三秀軒遺稿(삼수헌유고)	李賀朝 著(이하조 저)		a07_1090
v.2 p.680	蠶書(잠서)			c14_2322-2323, c14_2326-2327

v.2 p.680	產書(산서)		胎産集要를 보라	
v.2 p.680	三書輯疑(삼서집의)	權尙夏 著(권상하 저)		c14_2325
v.2 p.680	三十八分功德疏經(삼십팔분공덕소경)			b08_1527
v.2 p.680	算術管見(산술관견)	李尙赫 著(이상혁 저)		c14_2328
v.2 p.680	三場文選古賦(삼장문선고부)	明 劉仁初 編(명 유인초 편)		b08_1528
v.2 p.681	三仁錄(삼인록)	李尙逸 著(이상일 저)		c14_2329-2330
v.2 p.681	山水記(산수기)	李胤永 編(이윤영 편)		c14_2331
v.2 p.681	山水經(산수경)	申景濬 著(신경준 저)		c14_2332
v.2 p.682	山水志(산수지)			c14_2334
v.2 p.682	三水邑誌(삼수읍지)			c14_2335
v.2 p.682	纂圖脈訣(찬도맥결)	(稱)六朝 高陽生 撰(육조 고양생 찬)	纂圖方論脈訣集成의 통명	b08_1529-1530
v.2 p.683	纂圖互註周禮(찬도호주주례)		周禮를 보라	
v.2 p.683	三聖訓經(삼성훈경)	편자미상		b08_1531
v.2 p.683	三政釐整廳謄錄(삼정이정청등록)	釐整廳 編(이정청 편)		
v.2 p.683	三政攷(삼정고)			c14_2336
v.2 p.683	三政策(삼정책)			c14_2337
v.2 p.683	三政圖說(삼정도설)	趙汶 撰(조문 찬)		c14_2339
v.2 p.684	山西雜錄(산서잡록)			c14_2338
v.2 p.684	三聖寶典(삼성보전)			b08_1532
v.2 p.684	三淸邑誌(삼청읍지)			c14_2340
v.2 p.684	三節遺稿(삼절유고)	尹暹 尹棨 尹集 著(윤섬 윤계 윤집 저)		a07_1091
v.2 p.685	삼셜긔(三說記(삼설기))			c14_2341
v.2 p.685	三先生遺書(삼선생유서)			c14_2343-2344
v.2 p.685	蠶桑撮要(잠상촬요)	李祐珪 著(이우규 저)		c14_2345-2346
v.2 p.686	蠶桑輯要(잠상집요)			c14_2347
v.2 p.686	山窓小鈔(산창소초)			b08_1533
v.2 p.686	三足堂遺稿(삼족당유고)		濯纓集을 보라	a07_1092
v.2 p.686	三體詩(삼체시)		(原)唐賢三體詩法	b08_1534
v.2 p.686	三澤齋集(삼택재집)	權泰疇 著(권태주 저)		a07_1093
v.2 p.686	三大家詩集(삼대가시집)		唐三大家詩全集을 보라	
v.2 p.686	三代目(삼대목)			c14_2350
v.2 p.687	山中記(산중기)		山史略抄를 보라	
v.2 p.687	三忠志(삼충지)		表忠祠志를 보라	c14_2351
v.2 p.687	三忠祠致祭文(삼충사치제문)	正宗 御製(정종 어제)		c14_2352
v.2 p.687	山中獨言(산중독언)	申欽 著(신흠 저)		c14_2355
v.2 p.687	三朝實錄(삼조실록)			c14_2357
v.2 p.687	三朝寶鑑(삼조보감)		國朝寶鑑을 보라	
v.2 p.687	三朝要典(삼조요전)			c14_2358
v.2 p.688	三陟沈氏族譜(삼척심씨족보)			a07_1094
v.2 p.688	三陟邑誌(삼척읍지)		陟州誌의 아래를 보라	c14_2360
v.2 p.688	三陟兩墓守護節目(삼척양묘수호절목)			c14_2359
v.2 p.688	蔘莲小識(삼저소지)	英祖 撰(영조 찬)		c14_2361
v.2 p.688	山天易說(산천역설)	金相岳 著(김상악 저)		c14_2362
v.2 p.688	三典類抄(삼전유초)			c14_2363

v.2 p.688	三都賦(삼도부)	高麗 崔滋 著(고려 최자 저)		c14_2364
v.2 p.688	三塘集(삼당집)	金瑛 著(김영 저)		a07_1096
v.2 p.689	三東歷史(삼동역사)	편자미상		c14_2366
v.2 p.689	山堂集(산당집)	崔忠成 著(최충성 저)		a07_1097-1098
v.2 p.689	三南海西院宇事蹟(삼남해서원우사적)			c14_2367
v.2 p.689	三灘集(삼탄집)	李承召 著(이승소 저)		a07_1099-1100
v.2 p.690	山南集(산남집)	金富仁 著(김부인 저)		a07_1101
v.2 p.690	三班禮式(삼반예식)			c14_2367-2368
v.2 p.690	三丙詩錄(삼병시록)			
v.2 p.690	算法(산법)			b08_1538-1540
v.2 p.691	三峯集(삼봉집)	鄭道傳 著(정도전 저)		a07_1102-1104
v.2 p.692	三峯集(삼봉집)	新羅 釋 慧昭 著(신라 석 혜소 저)		a07_1105
v.2 p.692	三寶章記(삼보장기)	高麗 釋 均如 述(고려 석 균여 술)	(又)三寶章圓通記	b07_1384
v.2 p.693	山北集(산북집)	李薇 著(이미 저)		a07_1106
v.2 p.693	三門直指(삼문직지)			c14_2373
v.2 p.693	三譯總解(삼역총해)			c14_2374-2376
v.2 p.694	三憂堂實記(삼우당실기)			a07_1107
v.2 p.694	山陽雜錄(산양잡록)			
v.2 p.694	產要書(산요서)		胎産集要를 보라	c14_2377
v.2 p.694	山里攷(산리고)		山水經의 아래를 보라	c14_2333, c14_2378
v.2 p.694	三留齋遺稿(삼류재유고)	金義行 著(김의행 저)		a07_1108
v.2 p.694	山陵儀軌(산릉의궤)		魂殿日記(附)	b08_1662-1735, b09_1737-1837
v.2 p.717	三略(삼략)		武經七書를 보라	
v.2 p.717	三陵誌狀續篇(삼릉지장속편)		列聖誌狀을 보라	c14_2379
v.2 p.717	山林經濟(산림경제)	洪萬選 著(홍만선 저)		c14_2380-2384, d02_0282
v.2 p.718	參禮驛禮木節目(참례역례목절목)			c14_2387
v.2 p.718	三禮儀(삼례의)			c14_2388-2389
v.2 p.719	三禮手圈(삼례수권)		四部手圈을 보라	c14_2390
v.2 p.719	三禮圖(삼례도)			b08_1541
v.2 p.719	三禮分彙(삼례분휘)			c14_2392
v.2 p.719	三禮錄(삼례록)			c14_2395
v.2 p.719	纂錄羣書五部(찬록군서오부)	李睟光 著(이수광 저)		c14_2396
v.2 p.719	坐忘子遺稿(좌망자유고)	申[(日后)/土] 著(신[?] 저)		a07_1109
v.2 p.719	在澗集(재간집)	任希聖 著(임희성 저)		a07_1110-1111
v.2 p.720	雜語(잡어)			c14_2400
v.2 p.720	雜同散異(잡동산이)	安鼎福 著(안정복 저)		c14_2403
v.2 p.720	雜筆(잡필)			c14_2404
v.2 p.720	雜書(잡서)			c14_2401
v.2 p.720	雜錄(잡록)			c14_2405-2407
v.2 p.720	詩(시)			b08_1542
v.2 p.721	思庵集(사암집)	柳淑 著(유숙 저)		a07_1113-1116

v.2 p.721	思庵實記(사암실기)			a07_1117-1118
v.2 p.721	思庵文集(사암문집)	朴渟 著(박정 저)		
v.2 p.722	史彙(사휘)			c15_2412
v.2 p.722	史緯(사위)			c15_2413
v.2 p.722	祠院攷(사원고)			c15_2414
v.2 p.722	詩韻釋義(시운석의)			c15_2415
v.2 p.723	市隱集(시은집)	韓舜繼 著(한순계 저)		a07_1119
v.2 p.723	祠院諸處題額帖(사원제처제액첩)			c15_2419
v.2 p.723	市隱日錄(시은일록)	金相奭 著(김상석 저)		a07_1120
v.2 p.723	祠字修改謄錄(사자수개등록)			c15_2418
v.2 p.723	四雨亭集(사우정집)	富林君湜 著(부림군식 저)		a07_1121
v.2 p.723	詞垣英華(사원영화)			c15_2420-2421
v.2 p.724	詩家一旨(시가일지)			c15_2423
v.2 p.724	思窩集(사와집)	柳宜貞 著(유의정 저)		a07_1122
v.2 p.724	紫霞集(자하집)		警修堂詩選을 보라. 又申紫霞詩集을 보라	a07_1123-1124
v.2 p.724	四佳亭集(사가정집)	徐居正 著(서거정 저)		a07_1125
v.2 p.724	紫霞筆迹(자하필적)	申緯 書(신위 서)		
v.2 p.725	紫海筆談(자해필담)	金時讓 著(김시양 저)		c15_2424-2425
v.2 p.725	紫閣漫稿(자각만고)	任百經 著(임백경 저)		a07_1126
v.2 p.725	詩觀(시관)			c15_2427
v.2 p.725	史漢一統(사한일통)			c15_2428-2429
v.2 p.726	止觀齋遺稿(지관재유고)	朴銑 著(박선 저)		a07_1127
v.2 p.726	史漢略選(사한약선)			c15_2430
v.2 p.726	四雅子遺稿(사아자유고)		春沼子集을 보라	a07_1128
v.2 p.726	芝崖集(지애집)			a07_1129
v.2 p.726	詩學指南(시학지남)			c15_2431-2432
v.2 p.726	詩學入門(시학입문)			c15_2433
v.2 p.727	詩樂和聲(시악화성)			c15_2434
v.2 p.727	紫巖集(자암집)	李民寏 著(이민환 저)		a07_1130
v.2 p.727	史記(사기)			b08_1548-1553
v.2 p.727	史記英選(사기영선)			c15_2435-2436
v.2 p.728	仔夔刪補文(자기산보문)			c15_2437
v.2 p.728	史記贊(사기찬)			
v.2 p.728	史記纂要(사기찬요)			
v.2 p.728	旨歸章記(지귀장기)	高麗 釋 均如 述(고려 석 균여 술)	(又)旨歸章圓通鈔	b07_1382
v.2 p.729	仔夔文節次條例(자기문절차조례)			c15_2438
v.2 p.729	子規樓記文帖(자규루기문첩)		莊陵靈泉記帖을 보라	c15_2439-2441
v.2 p.729	詩經(시경)		詩를 보라	
v.2 p.729	詩經講義(시경강의)	편인미상		c15_2443
v.2 p.730	詩經講義(시경강의)	丁若鏞 著(정약용 저)		c15_2444
v.2 p.730	四矯集(사교집)	柳浚 著(유준 저)		a07_1131
v.2 p.730	詩經要義(시경요의)	朴世采 著(박세채 저)		c15_2445
v.2 p.730	史局題名錄(사국제명록)		實錄廳名記를 보라	c15_2446

v.2 p.730	士儀(사의)	許傳 著(허전 저)		c15_2448-2449
v.2 p.730	諡議(시의)			c15_2447
v.2 p.730	士儀節要(사의절요)			c15_2450
v.2 p.730	司勳考(사훈고)			c15_2451
v.2 p.731	四郡志(사군지)	柳得恭 著(유득공 저)		c15_2452
v.2 p.731	止軒集(지헌집)	俞彦鎬 著(유언호 저)		a07_1132
v.2 p.731	思軒集(사헌집)	鄭來成 著(정래성 저)		a07_1133
v.2 p.731	思謙堂集(사겸당집)	李承孝 著(이승효 저)		a07_1134
v.2 p.731	司憲府文籍(사헌부문적)	司憲府 編(사헌부 편)		b08_1598-1599
v.2 p.731	試藝謄錄(시예등록)			c15_2455
v.2 p.732	史庫形止案(사고형지안)			b10_1926-1968
v.2 p.734	思湖集(사호집)	吳長 著(오장 저)		a07_1137
v.2 p.734	芝湖集(지호집)	李選 著(이선 저)		a07_1135
v.2 p.734	史庫藏書目錄(사고장서목록)			b10_1969
v.2 p.734	芝湖編錄(지호편록)	李選 著(이선 저)		a07_1136
v.2 p.735	詩故辨(시고변)			c15_2456
v.2 p.735	止谷集(지곡집)	李泰壽 著(이태수 저)		a07_1139
v.2 p.735	芝谷集(지곡집)	柳組 著(유조 저)		a07_1140
v.2 p.735	子午流注(자오류주)			b08_1554
v.2 p.735	諡號儀軌(시호의궤)		宗廟儀軌를 보라	
v.2 p.735	止齋集(지재집)	權踶 著(권제 저)		a07_1141
v.2 p.735	思齋集(사재집)	金正國 著(김정국 저)		a07_1142-1143
v.2 p.736	趾齋集(지재집)	閔鎭厚 著(민진후 저)		a07_1146
v.2 p.736	巵齋集(치재집)	任珽 著(임정 저)		a07_1147
v.2 p.736	思齋摭言(사재척언)	金正國 著(김정국 저)		a07_1144-1145
v.2 p.737	史纂(사찬)			b08_1555, c15_2459-2461
v.2 p.737	芝山集(지산집)	金八元 著(김팔원 저)		a07_1149-1150
v.2 p.737	芝山文集(지산문집)	曹好益 著(조호익 저)		
v.2 p.738	四子詳略撮要(사자상략촬요)			c15_2462
v.2 p.738	止止堂詩集(지지당시집)	金孟性 著(김맹성 저)		a07_1151
v.2 p.739	四七往復書(사칠왕복서)			c15_2464
v.2 p.739	四七新編(사칠신편)	李瀷 著(이익 저)		c15_2466
v.2 p.740	四七續篇(사칠속편)			c15_2467-2468
v.2 p.740	四七辨證(사칠변증)	洪重寅 著(홍중인 저)		c15_2469
v.2 p.740	詩釋(시석)		經書訣釋을 보라	c15_2470
v.2 p.740	詩集傳(시집전)		詩傳을 보라	
v.2 p.740	私淑齋集(사숙재집)	姜希孟 著(강희맹 저)		a07_1152-1154
v.2 p.741	四書(사서)			b08_1556-1557, b08_1559
v.2 p.741	芝所遺稿(지소유고)		秋浦集을 보라	a07_1155
v.2 p.741	詩書易義(시서역의)			c15_2472
v.2 p.741	四書廣註(사서광주)	明 張謙宜 註(명 장겸의 주)		b08_1561
v.2 p.741	四書困得編(사서균득편)		庸學困得及論孟淺說을 보라	c15_2473

v.2 p.741	四書五經音解(사서오경음해)		經書音解를 보라	c15_2474
v.2 p.741	四書五經口訣(사서오경구결)		經書口訣을 보라	c15_2475-2476
v.2 p.741	四書質疑(사서질의)	李德弘 著(이덕홍 저)		c15_2477-2478
v.2 p.742	詩書釋義(시서석의)	柳希春 著(유희춘 저)		c15_2482
v.2 p.742	四書釋義(사서석의)		經書釋義를 보라	c15_2479-2480
v.2 p.742	四書釋疑(사서석의)		經書釋義를 보라	c15_2481
v.2 p.742	四書輯釋(사서집석)			b08_1558
v.2 p.743	四書章圖纂釋(사서장도찬석)			
v.2 p.743	四書小註刪正(사서소주산정)	李珥 著(이이 저)		c15_2484
v.2 p.743	四書直解(사서직해)			b08_1560
v.2 p.743	四書通義(사서통의)			b08_1562
v.2 p.743	四書吐釋(사서토석)		經書訣釋을 보라	c15_2485
v.2 p.743	四書栗谷諺解(사서율곡언해)		經書諺解를 보라	c08_1336-1337
v.2 p.743	四書或問(사서혹문)			b08_1563
v.2 p.743	史抄(사초)			c15_2487
v.2 p.743	指頌事苑(지송사원)	高麗 釋 混丘 著(고려 석 혼구 저)		c15_2488
v.2 p.744	士小節(사소절)	李德懋 著(이덕무 저)		c15_2489
v.2 p.744	詞訟類聚(사송유취)	金伯幹 著(김백간 저)		c16_2491-2493
v.2 p.744	詞訟類抄(사송유초)	李志奭 撰(이지석 찬)		c16_2494
v.2 p.745	詞訟錄(사송록)			c16_2495
v.2 p.745	四箴(사잠)			b08_1564
v.2 p.745	四時逸事(사시일사)			c16_2496
v.2 p.745	四時纂要(사시찬요)			c16_2497
v.2 p.745	示兒代筆(시아대필)	李植 著(이식 저)		c16_2498
v.2 p.745	四十二章經(사십이장경)			b08_1565
v.2 p.745	諡狀約錄(시장약록)			c16_2499
v.2 p.745	詩人玉屑(시인옥설)			b08_1566-1567
v.2 p.746	師任堂筆蹟(사임당필적)	申氏 書(신씨 서)		b13_2383
v.2 p.746	泗水李氏壽瑞詩編(사수이씨수서시편)			c16_2500
v.2 p.746	詩藪(시수)			
v.2 p.746	資生經(자생경)	宋 王執中 著(송 왕집중 저)	(本名)鍼炙資生經	
v.2 p.747	至正條格(지정조격)			
v.2 p.747	四聲通解(사성통해)	崔世珍 著(최세진 저)		c16_2502-2504
v.2 p.748	四聲通攷(사성통고)		(元名)東國正韻	c16_2505
v.2 p.749	思政殿訓義資治通鑑(사정전훈의자치통감)		資治通鑑을 보라	c16_2506
v.2 p.749	思政殿訓義資治通鑑綱目(사정전훈의자치통감강목)		通鑑綱目을 보라	c16_2507
v.2 p.750	思齊堂實記(사제당실기)			a07_1157-1158
v.2 p.750	僿說(사설)		星湖僿說을 보라	
v.2 p.750	詩選(시선)	官撰(관찬)		c16_2509
v.2 p.750	詩選(시선)	金萬基 選(김만기 선)		c16_2510
v.2 p.750	史選(사선)		歷代史選을 보라	c16_2508
v.2 p.750	士箋(사전)			c16_2511
v.2 p.750	四仙悟世邯鄲奇談(사선오세감단기담)			c16_2512

v.2 p.750	芝川集(지천집)	黃廷彧 著(황정욱 저)		a07_1159-1160
v.2 p.751	四先生問答(사선생문답)			c16_2513
v.2 p.751	泗川睦氏族譜(사천목씨족보)			a07_1161
v.2 p.751	詩宗(시종)	張混 選(장혼 선)		c16_2516
v.2 p.752	芝村文集(지촌문집)	金邦杰 著(김방걸 저)		a07_1163
v.2 p.752	芝村文集(지촌문집)	李喜朝 著(이희조 저)		a07_1164-1165
v.2 p.752	氏族源流(씨족원류)	趙仲耘 撰(조중운 찬)		c16_2517
v.2 p.753	氏族大全綱目(씨족대전강목)			
v.2 p.753	四端七情分理氣書(사단칠정분리기서)		四七往復書를 보라	c15_2465
v.2 p.753	四大家掇英(사대가철영)			c16_2517
v.2 p.753	芷潭遺稿(지담유고)	申得洪 著(신득홍 저)		a07_1166
v.2 p.753	資治通鑑(자치통감)			c16_2521-2525
v.2 p.754	資治通鑑綱目(자치통감강목)		通鑑綱目을 보라	
v.2 p.754	資治通鑑節要(자치통감절요)		通鑑節要를 보라	
v.2 p.754	司畜署事目(사축서사목)			c16_2526
v.2 p.754	四忠合集(사충합집)			c16_2527
v.2 p.754	四朝實錄(사조실록)			c16_2529
v.2 p.754	使朝鮮錄(사조선록)			
v.2 p.755	止亭集(지정집)	南袞 著(남곤 저)		a07_1167
v.2 p.755	祀典(사전)			c16_2530
v.2 p.755	祀典別儀軌(사전별의궤)		諸祀儀軌를 보라	c16_2531
v.2 p.755	詩傳(시전)			b08_1543-1547
v.2 p.756	詩傳諺解(시전언해)		經書諺解를 보라	c08_1326-1327
v.2 p.756	詩傳正音(시전정음)		經書正音을 보라	c08_1349
v.2 p.756	詩傳大全(시전대전)		三綱四書大全을 보라	b08_1512
v.2 p.756	至德誌(지덕지)			c16_2533
v.2 p.756	至德祠記(지덕사기)			c16_2534
v.2 p.756	止堂集(지당집)	鄭夏彦 著(정하언 저)		a07_1168
v.2 p.756	市南集(시남집)	俞棨 著(유계 저)		a07_1169
v.2 p.757	市南年譜(시남연보)			a07_1170
v.2 p.757	詩襄(시양)			c16_2536
v.2 p.757	司馬法(사마법)		武經七書를 보라	
v.2 p.757	司馬榜目(사마방목)			c16_2539-2588
v.2 p.763	俟百錄(사백록)			c16_2589-2591
v.2 p.763	思美人曲(사미인곡)			c16_2592
v.2 p.763	詩賦私草(시부사초)			
v.2 p.763	思復齋集(사복재집)	宋鎭鳳 著(송진봉 저)		a07_1171
v.2 p.764	詩賦同人(시부동인)			
v.2 p.764	四部手圈(사부수권)			c16_2595-2598
v.2 p.764	四部手圈課程日表(사부수권과정일표)			c16_2599
v.2 p.765	四部選要(사부선요)	柳稚敬 著(유치경 저)	著者名未攷	c16_2601
v.2 p.765	四分律詳集記(사분률상집기)			
v.2 p.765	市弊(시폐)			c16_2604
v.2 p.765	子平三命通變淵源(자평삼명통변연원)		(略名)徐子平	

v.2 p.765	思辨錄輯要(사변록집요)			
v.2 p.765	止浦集(지포집)	高麗 金坵 著(고려 김저 저)		a07_1172
v.2 p.766	史補略(사보략)			c16_2605
v.2 p.766	芝峯集(지봉집)	李睟光 著(이수광 저)		a07_1173-1176
v.2 p.767	謚法總記(시법총기)	李選 著(이선 저)		c16_2606
v.2 p.767	詩法入門(시법입문)			c16_2608
v.2 p.767	詩法要標(시법요표)			
v.2 p.768	芝峯類說(지봉유설)	李睟光 著(이수광 저)		a07_1177-1179
v.2 p.769	士民必知(사민필지)			c16_2607
v.2 p.769	四名子詩集(사명자시집)			a07_1180
v.2 p.769	詩名多識(시명다식)	丁學祥 著(정학상 저)		c16_2609
v.2 p.769	四溟堂大師集(사명당대사집)	釋 惟政 著(석 유정 저)		a07_1181-1183
v.2 p.770	四勿齋集(사물재집)			a07_1185
v.2 p.770	菑野集(치야집)	韓敬儀 著(한경의 저)		a07_1186
v.2 p.770	司譯院等第節目(사역원등제절목)			c16_2610-2612
v.2 p.770	師友淵源錄(사우연원록)	趙有善 纂(조유선 찬)		c16_2613
v.2 p.771	師友鑑戒(사우감계)	安邦俊 著(안방준 저)		c16_2614
v.2 p.771	師友言行錄(사우언행록)	辛永僖 著(신영희 저)		c17_2615
v.2 p.771	拭疣集(식우집)	金守溫 著(김수온 저)	(又)乖崖集	a07_1184
v.2 p.771	四友堂集(사우당집)	宋國澤 著(송국택 저)		a07_1187
v.2 p.772	師友名行錄(사우명행록)	南孝溫 著(남효온 저)		c17_2616
v.2 p.772	師友錄(사우록)			c17_2617
v.2 p.772	詩餘圖本(시여도본)			c17_2618
v.2 p.772	紫陽子會英(자양자회영)			c17_2619
v.2 p.772	紫陽集抄(자양집초)			
v.2 p.772	史要聚選(사요취선)		歷代會靈을 보라	c17_2620-2621
v.2 p.772	紫陽心學至論(자양심학지론)	朴雲 著(박운 저)		c17_2622-2623
v.2 p.773	四養堂集(사양당집)	沈忠謙 著(심충겸 저)		a07_1188
v.2 p.773	紫陽文集(자양문집)			
v.2 p.773	芝陽漫錄(지양만록)			c17_2624
v.2 p.773	史略(사략)			c17_2627
v.2 p.775	史略(사략)	高麗 李齊賢 撰(고려 이재현 찬)		
v.2 p.775	詩略(시략)			c17_2628
v.2 p.775	史略諺解(사략언해)		史略을 보라	c17_2629
v.2 p.775	四留齋集(사류재집)	李廷馣 著(이정암 저)		a07_1189
v.2 p.776	詩林樂府(시림악부)	柳希齡(유희령)		c17_2633
v.2 p.776	詩林廣記(시림광기)			c17_2634
v.2 p.776	絲綸全集(사륜전집)		(又)大小絲綸集	
v.2 p.776	四禮按(사례안)			c17_2636
v.2 p.776	士禮彙攷(사례휘고)	咸鎭泰 著(함진태 저)		c17_2637
v.2 p.776	四禮家式(사례가식)	丁若鏞 著(정약용 저)		c17_2638
v.2 p.777	四禮儀(사례의)			c17_2639
v.2 p.777	四禮訓蒙(사례훈몽)	李恆福 著(이항복 저)		c17_2640-2641
v.2 p.777	四禮撮要(사례촬요)	尹義培 編(윤의배 편)		c17_2642

v.2 p.777	四禮纂說(사례찬설)	宗室義原君爀 著(종실의원군혁 저)		c17_2644, c17_2654
v.2 p.778	四禮集說(사례집설)	朴枝華 著(박지화 저)		c17_2643
v.2 p.778	四禮正變(사례정변)	金景遊 著(김경유 저)		c17_2645
v.2 p.778	四禮節要(사례절요)			
v.2 p.778	四禮變節(사례변절)	朴世采 著(박세채 저)		c17_2647
v.2 p.778	四禮便覽(사례편람)	李縡 著(이재 저)		c17_2648-2649, d02_0283
v.2 p.779	四禮問答(사례문답)	金應祖 著(김응조 저)		c17_2651
v.2 p.779	四六指南(사륙지남)			c17_2652
v.2 p.779	司錄先生案(사록선생안)			c17_2653
v.2 p.779	識少錄(식소록)		惺翁識少錄을 보라	c17_2656
v.2 p.779	式目編修錄(식목편수록)		高麗 式目都監謄錄	c17_2657
v.2 p.780	式禮會統(식례회통)	洪養默 編(홍양묵 편)		c17_2658
v.2 p.780	七狂遺蹟(칠광유적)			a07_1191
v.2 p.780	七言長編(칠언장편)		唐音을 보라	
v.2 p.780	七歲兒(칠세아)			c17_2661
v.2 p.780	七衆受戒儀軌(칠중수계의궤)			c17_2662
v.2 p.780	七事帖(칠사첩)			c17_2663
v.2 p.780	七事問答(칠사문답)			c17_2664
v.2 p.780	七政細草(칠정세초)	觀象監 編(관상감 편)		c17_2665-2666
v.2 p.781	七政算(칠정산)	鄭麟趾 鄭欽之 李純之 等 撰 (정인지 정흠지 이순지 등 찬)		c17_2667
v.2 p.783	七政百中曆(칠정백중력)	觀象監 編(관상감 편)		c17_2680-2686
v.2 p.784	七政步法(칠정보법)			c17_2687-2688
v.2 p.784	七代實錄(칠대실록)			
v.2 p.784	七峯遺稿(칠봉유고)			a07_1194
v.2 p.785	七曜曆(칠요력)		太一曆을 보라	
v.2 p.785	瑟僩齋集(슬한재집)	朴民獻(박민헌)		a07_1190
v.2 p.785	漆原邑誌(칠원읍지)			c17_2690-2691
v.2 p.785	漆坪君家狀(칠평군가장)			a07_1192-1193
v.2 p.785	釋迦如來遺跡圖(석가여래유적도)			
v.2 p.785	車雲巖雪冤錄(차운암설원록)		(又)改題 車文節公遺事	
v.2 p.786	車義士行蹟(차의사행적)			a07_1196
v.2 p.786	沙溪遺稿(사계유고)	金長生 著(김장생 저)		a07_1197-1201
v.2 p.788	沙溪筵席問對(사계연석문대)	金長生 著(김장생 저)		a07_1203
v.2 p.788	沙溪語錄(사계어록)		金長生語錄	a07_1207
v.2 p.788	沙溪實記(사계실기)			a07_1208
v.2 p.788	沙溪疎箚(사계소차)	金長生 著(김장생 저)		a07_1204
v.2 p.789	射侯集(사후집)			c17_2692
v.2 p.789	社皐集(사고집)	朴承輝 著(박승휘 저)		a07_1205
v.2 p.789	社皐世稿(사고세고)	權應生 及 子孫(권응생 급 자손)	權應生及子孫著作合編	a07_1206
v.2 p.789	謝氏南征記(사씨남정기)	金春澤 著(김춘택 저)		c17_2693-2695
v.2 p.790	샤시남졍긔(謝氏南征記(사씨남정기))	金萬重 著(김만중 저)		c17_2696

v.2 p.790	煮硝方(자초방)	金指南 著(김지남 저)		c17_2697-2699
v.2 p.791	社稷署儀軌(사직서의궤)			c17_2700
v.2 p.791	舍人先生案(사인선생안)			c17_2701
v.2 p.791	沙西集(사서집)	全湜 著(전식 저)		a07_1209
v.2 p.791	沙村集(사촌집)	張經世 著(장경세 저)		a07_1210
v.2 p.791	沙村集(사촌집)	金致垕 著(김치후 저)		a07_1211
v.2 p.792	車文節公遺事(차문절공유사)		車雲巖雪冤錄은 보라	a07_1195
v.2 p.792	沙浦集(사포집)	李志賤 著(이지천 저)		a07_1212
v.2 p.792	借根法蒙求(차근법몽구)			c17_2703
v.2 p.792	釋氏源流(석씨원류)			c17_2704
v.2 p.792	釋奠儀式(석전의식)			c17_2705
v.2 p.792	釋門家禮抄(석문가례초)			c17_2706
v.2 p.792	守庵遺稿(수암유고)	朴枝華 著(박지화 저)		a07_1213-1214
v.2 p.793	守虛齋集(수허재집)	洪啓迪 著(홍계적 저)		a07_1215
v.2 p.793	守禦廳謄錄(수어청등록)	守禦廳 編(수어청 편)		c17_2710
v.2 p.793	守愚堂集(수우당집)	崔承慶 著(최승경 저)		a07_1216
v.2 p.793	守愚堂實記(수우당실기)	梁天翼 編(양천익 편)		a07_1217
v.2 p.793	朱子會選(주자회선)			c17_2711
v.2 p.794	朱子學的(주자학적)			
v.2 p.794	朱子言論同異攷(주자언론동이고)			
v.2 p.794	朱子行狀(주자행장)	李滉 註(이황 주)		
v.2 p.794	朱子經筵講義(주자경연강의)			
v.2 p.794	洙泗言仁錄(수사언인록)	鄭述 著(정술 저)		c17_2712
v.2 p.794	朱子語類(주자어류)			
v.2 p.795	朱子語類考證(주자어류고증)			
v.2 p.795	朱子語類抄(주자어류초)	選人不詳(선인불상)		c17_2714
v.2 p.796	朱子語類抄節(주자어류초절)	李縡 編(이재 편)		c17_2715
v.2 p.796	朱子語類小分(주자어류소분)	宋時烈 編(송시열 편)		c17_2716-2717
v.2 p.796	朱子語類節略(주자어류절략)	魚有鳳 著(어유봉 저)		c17_2718
v.2 p.796	朱子語類箋解(주자어류전해)	柳希春 著(유희춘 저)		c17_2719
v.2 p.796	朱子語類要解(주자어류요해)	李宜哲 編(이의철 편)		c17_2720
v.2 p.797	朱子語錄(주자어록)			
v.2 p.797	朱子箚疑(주자차의)		朱子大全箚疑를 보라	
v.2 p.797	朱子詩集(주자시집)			
v.2 p.797	朱子詩集(주자시집)		朱子子詩를 보라	
v.2 p.797	朱子書節要(주자서절요)	李滉 著(이황 저)		c17_2722-2727
v.2 p.799	朱子書節要記疑(주자서절요기의)	李滉 著(이황 저)		c17_2728-2729
v.2 p.799	朱子書節要講錄(주자서절요강록)		(又)朱子書節要質疑	c17_2730
v.2 p.800	朱子書節略(주자서절략)			c17_2731
v.2 p.800	朱子實紀(주자실기)			
v.2 p.800	朱子成書(주자성서)			
v.2 p.800	朱子節要(주자절요)		朱子書節要 또는 朱子文錄을 보라	
v.2 p.800	朱子選統(주자선통)			c17_2732
v.2 p.800	朱子大全(주자대전)			

v.2 p.801	朱子大全箚疑(주자대전차의)	宋時烈 著(송시열 저)		c17_2733-2735
v.2 p.802	朱子大全箚疑後語(주자대전차의후어)	李宜哲 著(이의철 저)		c17_2736
v.2 p.802	朱子大全箚疑問目(주자대전차의문목)	金昌協 著(김창협 저)		c17_2737-2738
v.2 p.802	朱子大全箚疑問目標補(주자대전차의문목표보)	金邁淳 著(김매정 저)		c17_2739-2740
v.2 p.803	朱子大全拾遺(주자대전습유)	朴世采 纂(박세채 찬)		c17_2741
v.2 p.803	朱子年譜(주자연보)		文公年譜를 보라	
v.2 p.803	朱子蕃等筆迹(주자번등필적)			
v.2 p.803	朱子筆帖(주자필첩)			
v.2 p.803	朱子文錄(주자문록)	奇大升 著(기대승 저)		c17_2742
v.2 p.803	朱子封事(주자봉사)			
v.2 p.804	朱子封事箚疑(주자봉사차의)	宋時烈 著(송시열 저)		c17_2743
v.2 p.804	朱子門人訓(주자문인훈)			c17_2744
v.2 p.804	朱書記疑(주서기의)		朱子書節要記疑를 보라	c17_2745
v.2 p.804	朱子講錄刊補(주자강록간보)	李栽 著(이재 저)		c17_2746-2747
v.2 p.804	朱書節要(주서절요)		朱子書節要를 보라	c17_2748
v.2 p.804	朱書百選(주서백선)			c17_2750-2752
v.2 p.805	種藷譜(종저보)	徐有榘 著(서유구 저)		c17_2753
v.2 p.805	朱書分類(주서분류)	姜浩溥 著(강호부 저)		c17_2754
v.2 p.806	朱書要類(주서요류)	趙翼 著(조익 저)		c17_2755
v.2 p.806	守城節目(수성절목)	官撰(관찬)		c17_2756-2757
v.2 p.806	守成事鑑(수성사감)			c17_2759
v.2 p.807	守拙齋家訓(수졸재가훈)	姜宗說 著(강종설 저)		a07_1218
v.2 p.807	首善全圖(수선전도)			c17_2760
v.2 p.807	守宗齋集(수종재집)	宋達浩 著(송달호 저)		a07_1219
v.2 p.807	取大(취대)			c17_2761
v.2 p.807	種德新編(종덕신편)	金堉 著(김육 저)		c17_2762-2763, c17_2765
v.2 p.808	朱夫子詩(주부자시)			c17_2766
v.2 p.808	朱文公行宮便殿奏箚(주문공행궁편전주차)			
v.2 p.809	朱文公年譜(주문공연보)		文公年譜를 보라	
v.2 p.809	朱文酌海(주문작해)	鄭經世 著(정경세 저)		c17_2769-2770
v.2 p.810	朱文拾遺(주문습유)		朱子大全拾遺를 보라	c17_2767-2768
v.2 p.810	朱文抄(주문초)		朱子語類抄를 보라	c17_2773
v.2 p.810	朱文抄選(주문초선)	宋時烈 著(송시열 저)		c17_2771-2772
v.2 p.810	守夢集(수몽집)	鄭曄 著(정엽 저)		a07_1221
v.2 p.811	朱門旨訣(주문지결)	成渾 著(성혼 저)		c17_2774
v.2 p.811	守默堂遺稿(수묵당유고)			a07_1222
v.2 p.811	首陽世譜(수양세보)			a07_1223-1224
v.2 p.811	周禮(주례)			
v.2 p.812	周禮集解(주례집해)			
v.2 p.813	周易(주역)			
v.2 p.813	周易會通(주역회통)			
v.2 p.813	周易諺解(주역언해)		經書諺解를 보라	c08_1322-1323
v.2 p.813	周易講義(주역강의)		條文을 보라	c06_1095

v.2 p.813	周易參同契(주역참동계)			b08_1535-1537
v.2 p.814	周易參同契註(주역참동계주)	南九萬 著(남구만 저)		
v.2 p.814	周易四箋(주역사전)	丁若鏞 著(정약용 저)		c17_2776-2777
v.2 p.815	周易質疑(주역질의)	李德弘 著(이덕홍 저)		c17_2778
v.2 p.815	周易集解(주역집해)			c17_2779
v.2 p.815	周易大全(주역대전)		三經四書大全을 보라	b08_1505
v.2 p.815	周易註疏(주역주소)			
v.2 p.815	周易傳義(주역전의)			b08_1506, 1508
v.2 p.816	周易傳義口訣(주역전의구결)	李珥 著(이이 저)		c17_2780
v.2 p.816	周易傳義大全(주역전의대전)		三經四書大全을 보라	b08_1507, 1509-1510
v.2 p.816	周易本義(주역본의)	宋 朱熹 撰(송 주희 찬)		b07_1394
v.2 p.816	周易本義啓蒙翼傳(주역본의계몽익전)		易學啓蒙翼傳을 보라	
v.2 p.816	周易本義口訣附說(주역본의구결부설)	崔岦 著(최립 저)		c17_2781-2782
v.2 p.816	聚遠堂集(취원당집)	曹光益 著(조광익 저)		a07_1225
v.2 p.817	周漢雜事攷(주한잡사고)			c17_2783
v.2 p.817	秋官志(추관지)	官撰(관찬)		c17_2784-2785
v.2 p.817	周官六翼(주관육익)	高麗 金九容 撰(고려 김구용 찬)		c17_2786-2788
v.2 p.818	秀巖志(수암지)			
v.2 p.818	修巖集(수암집)	柳袗 著(유진 저)		a07_1226, c17_2789
v.2 p.818	就岩集(취암집)			a07_1227
v.2 p.818	周急(주급)			c17_2791
v.2 p.818	舟橋司節目(주교사절목)		園幸定例를 보라	c17_2792
v.2 p.818	舟橋指南(주교지남)		園幸定例를 보라	c17_2793-2794
v.2 p.818	宗鏡錄(종경록)			
v.2 p.819	集玉齋書籍目錄(집옥재서적목록)			c17_2795
v.2 p.819	秋溪家乘(추계가승)	秋世文 編(추세문 편)		a07_1229
v.2 p.819	秋溪抄考(추계초고)			
v.2 p.820	楸溪實記(추계실기)			a07_1230
v.2 p.820	集慶殿舊基圖帖(집경전구기도첩)			c17_2797
v.2 p.820	集慶堂頌(집경당송)			c17_2798
v.2 p.820	緝敬堂曝曬書目總錄(집경당포쇄서목총록)			c17_2799
v.2 p.820	集慶堂編輯(집경당편집)			c17_2800-2802
v.2 p.820	集古眞帖(집고진첩)			b14_2487
v.2 p.821	修好講約時文草(수호강약시문초)			c17_2803
v.2 p.821	秋江師友錄(추강사우록)		師友名行錄을 보라	a07_1231
v.2 p.821	秋江集(추강집)	南孝溫 著(남효온 저)		a07_1232
v.2 p.822	衆香集(중향집)	劉雲 輯(유운 집)		c18_2804-2805
v.2 p.822	周公書(주공서)			c18_2806
v.2 p.822	秋江冷話(추강령화)	南孝溫 著(남효온 저)		a07_1233-1234
v.2 p.823	秋齋記異(추재기이)	趙秀三 著(조수삼 저)		a07_1236
v.2 p.823	秋齋詩鈔(추재시초)	趙秀三 著(조수삼 저)		a07_1237
v.2 p.823	習齋集(습재집)	權擘 著(권벽 저)		a07_1235

v.2 p.824	修山集(수산집)	李種徽 著(이종휘 저)		a07_1238-1240
v.2 p.824	秋山文集(추산문집)	朴弘中 著(박홍중 저)		
v.2 p.824	周子全書(주자전서)			
v.2 p.825	秋史筆帖(추사필첩)			a07_1241
v.2 p.825	習之文(습지문)			a07_1242
v.2 p.825	周書國編(주서국편)	朴泰輔 著(박태보 저)		c18_2807
v.2 p.825	修書雜志(수서잡지)	李宜哲 著(이의철 저)		c18_2808-2809
v.2 p.826	修心訣(수심결)			c18_2810-2811
v.2 p.826	聚精會神(취정회신)			c18_2812
v.2 p.826	修正儀軌(수정의궤)			
v.2 p.826	習靜集(습정집)	宋邦祚 著(송방조 저)		a07_1244
v.2 p.826	修省便覽(수성편람)		歷代修省便覽을 보라	c18_2813
v.2 p.826	舟川集(주천집)	康惟善 著(강유선 저)		a07_1245
v.2 p.827	修禪結社文(수선결사문)	高麗 釋 知訥 撰(고려 석 지눌 찬)		c18_2814
v.2 p.827	秋曹決獄案(추조결옥안)	刑曹 編(형조 편)		c18_2815
v.2 p.827	秋曹審理案(추조심리안)	刑曹 編(형조 편)		c18_2816
v.2 p.827	秋曹事目(추조사목)			c18_2817
v.2 p.827	秋曹龍圖錄(추조용도록)			c18_2818
v.2 p.827	秋潭遺稿(추담유고)		吳忠烈公遺稿를 보라	a07_1246
v.2 p.827	秋潭集(추담집)	俞瑒 著(유창 저)		a07_1247
v.2 p.828	終天永慕錄(종천영모록)	柳成龍 編(유성룡 편)		c18_2819
v.2 p.828	楸灘集(추탄집)	吳允謙 著(오윤겸 저)		a07_1249
v.2 p.828	終南叢志(종남총지)	金得臣 著(김득신 저)		c18_2820
v.2 p.829	秋波集(추파집)	釋 泓宥 著(석 홍유 저)		a07_1250
v.2 p.829	修眉淸史(수미청사)			c18_2821
v.2 p.829	秋浦集(추포집)	黃愼 著(황신 저)		a07_1251-1252
v.2 p.829	秋浦東使日錄(추포동사일록)	黃愼 著(황신 저)		a07_1253
v.2 p.830	秋峯集(추봉집)	尹履之 著(윤이지 저)		a07_1254
v.2 p.830	收養承嫡日記(수양승적일기)			c18_2822
v.2 p.830	슉영낭ᄌ젼(淑英娘子傳(숙영낭자전))			c18_2823
v.2 p.830	夙惠記略(숙혜기략)			c18_2824
v.2 p.830	슉향젼(淑香傳(숙향전))			c18_2825
v.2 p.830	夙興夜寐箴(숙흥야매잠)			c18_2826-2827
v.2 p.831	肅齋集(숙재집)	趙秉悳 著(조병덕 저)		a07_1255
v.2 p.831	슉녀지긔(淑女知己(숙녀지기))			c18_2829
v.2 p.831	肅川邑誌(숙천읍지)			c18_2830
v.2 p.832	肅宗實錄(숙종실록)		實錄을 보라	c18_2831, d12_2548
v.2 p.832	肅廟寶鑑(숙묘보감)		國朝寶鑑을 보라	c18_2832-2833
v.2 p.832	出金神課(출금신과)			
v.2 p.832	春官志(춘관지)	李孟休 選進(이맹휴 선진)		c18_2835-2837
v.2 p.832	春官通考(춘관통고)			c18_2838-2839
v.2 p.833	春官六箴(춘관육잠)	英宗王 御製(영종왕 어제)		c18_2840-2841
v.2 p.833	春桂坊先生案(춘계방선생안)			c18_2842

v.2 p.833	春江集(춘강집)	呂祐吉 著(여우길 저)		a07_1256
v.2 p.833	春香傳(춘향전)	呂圭亨 著(여규형 저)		c18_2844
v.2 p.833	츈향젼(春香傳(춘향전))			c18_2843
v.2 p.833	春谷集(춘곡집)	李元紘 著(이원굉 저)		a07_1257
v.2 p.833	春種(춘종)			b14_2518
v.2 p.834	春洲集(춘주집)	金道洙 著(김도수 저)		a07_1258
v.2 p.834	春沼子集(춘소자집)	申最 著(신최 저)		a07_1259
v.2 p.835	春秋(춘추)			
v.2 p.836	春秋館日記(춘추관일기)			c18_2845
v.2 p.836	春秋胡氏傳(춘추호씨전)		胡氏春秋를 보라	
v.2 p.836	春秋公穀合選(춘추공곡합선)	洪仁謨 撰(홍인모 찬)		c18_2846-2847
v.2 p.836	春秋考徵(춘추고징)	丁若鏞 著(정약용 저)		c18_2848
v.2 p.836	春秋左氏傳(춘추좌씨전)		左傳을 보라	
v.2 p.836	春秋四傳(춘추사전)			c18_2849-2850
v.2 p.837	春秋集傳大全(춘추집전대전)	官撰(관찬)		
v.2 p.837	春秋人物類聚(춘추인물유취)	편자미상		c18_2851
v.2 p.837	春秋正音(춘추정음)		經書正音을 보라	c08_1350
v.2 p.837	春秋大全(춘추대전)			
v.2 p.837	春秋註解考異(춘추주해고이)			c18_2852
v.2 p.838	春秋日食攷(춘추일식고)	南秉吉 著(남병길 저)		c18_2853
v.2 p.838	春秋附錄大全(춘추부록대전)			
v.2 p.838	春秋補編(춘추보편)	朴世采 著(박세채 저)		c18_2854-2855
v.2 p.838	春秋封裏錄(춘추봉리록)			c18_2856
v.2 p.838	츈츄녈국지(春秋列國誌(춘추열국지))			c18_2857
v.2 p.838	春城錄(춘성록)	申欽 著(신흠 저)		c18_2858
v.2 p.839	春川志(춘천지)	嚴愰 撰(엄황 찬)		c18_2859-2860
v.2 p.839	濬川事實(준천사실)			c18_2861
v.2 p.839	春川留營文籍(춘천유영문적)			b12_2119
v.2 p.839	春臺陪射帖(춘대배사첩)			c18_2862
v.2 p.840	春亭集(춘정집)	卞季良 著(변계량 저)		a07_1260-1261
v.2 p.840	春堂遺稿(춘당유고)	卞中良 著(변중량 저)		a07_1262
v.2 p.840	春坡日月錄(춘파일월록)	李星齡 著(이성령 저)	(本名)春坡堂日月錄	c18_2863-2865
v.2 p.841	春坊故事(춘방고사)	官撰(관찬)		c18_2866
v.2 p.841	春坊藏書目錄(춘방장서목록)			
v.2 p.841	春坊隨錄(춘방수록)			c18_2867
v.2 p.841	春坊達辭(춘방달사)			c18_2873
v.2 p.841	春坊日記(춘방일기)		(又名)侍講院日記 東宮日記	c18_2869-2872
v.2 p.843	書(서)		尙書 書經 同	
v.2 p.844	初庵集(초암집)	申混 著(신혼 저)		a07_1263
v.2 p.844	初庵全集(초암전집)	金憲基 著(김헌기 저)		a07_1264-1265
v.2 p.844	書院可攷(서원가고)		俎豆錄을 보라	c18_2875
v.2 p.844	書院謄錄(서원등록)			c18_2876
v.2 p.844	書雲觀志(서운관지)	成周悳 編(성주덕 편)		c18_2877-2878
v.2 p.845	書筵講義(서연강의)	李廷龜 著(이정구 저)		c18_2879

v.2 p.845	書筵講義(서연강의)	趙靖世 錄(조정세 록)		c18_2880-2881
v.2 p.845	書筵講說(서연강설)			c18_2882
v.2 p.845	書筵備覽(서연비람)	趙贇 著(조윤 저)		c18_2883-2884
v.2 p.846	書筵文義(서연문의)			c18_2885
v.2 p.846	諸家秘說(제가비설)			c18_2886
v.2 p.846	諸家曆象集(제가역상집)	李純之 著(이순지 저)		c18_2888-2891
v.2 p.847	書格(서격)			c18_2892
v.2 p.847	所閑堂集(소한당집)	權擥 著(권람 저)		a07_1266
v.2 p.847	初學字會(초학자회)			c18_2893
v.2 p.847	初學字訓增輯(초학자훈증집)			c18_2894-2896
v.2 p.847	書儀(서의)			
v.2 p.847	書經(서경)		書를 보라	
v.2 p.847	書經講義(서경강의)			
v.2 p.848	書經淺說(서경천설)	趙翼 著(조익 저)		c18_2898
v.2 p.848	書契違式謄錄(서계위식등록)			c18_2899
v.2 p.848	書計瑣錄(서계쇄록)	裵相說 著(배상설 저)		c18_2900
v.2 p.848	書啓輯錄(서계집록)			c18_2901
v.2 p.848	書啓謄錄(서계등록)			c18_2902
v.2 p.848	書諺吐(서언토)			
v.2 p.848	諸祀儀軌(제사의궤)			c18_2903
v.2 p.848	書示世孫帖(서시세손첩)	英宗王 御製(영종왕 어제)		c18_2905-2907
v.2 p.849	諸史東國傳(제사동국전)			c18_2909
v.2 p.849	事社輪誦(사사윤송)	李縡 著(이재 저)		c18_2911-2912
v.2 p.849	書釋(서석)		經書訣釋을 보라	c18_2913
v.2 p.849	諸書類聚(제서유취)			c18_2914
v.2 p.850	初心發心自警(초심발심자경)			c18_2915
v.2 p.850	諸姓譜(제성보)	李世胄 撰(이세주 찬)		c18_2917
v.2 p.850	諸姓譜(제성보)	丁時述 撰(정시술 찬)		c18_2918
v.2 p.850	書巢集(서소집)	金宗烋 著(김종휴 저)		a07_1267
v.2 p.850	書大文釋吐(서대문석토)		經書訣釋을 보라	c18_2921
v.2 p.850	書傳(서전)			c18_2922-2923
v.2 p.851	書傳諺解(서전언해)		經書諺解를 보라	c08_1324-1325
v.2 p.851	書傳口訣(서전구결)		經書口訣을 보라	c18_2919
v.2 p.851	書傳人物類聚(서전인물유취)			c18_2920
v.2 p.851	書傳正音(서전정음)		經書正音을 보라	
v.2 p.851	書傳大全(서전대전)		三經四書大全을 보라	b08_1511, b08_1513
v.2 p.851	諸般文(제반문)			
v.2 p.851	小安齋遺稿(소안재유고)	金[肅/心] 著(김숙 저)		a07_1268
v.2 p.851	松庵詩集(송암시집)	鄭和 著(정화 저)		a07_1269
v.2 p.851	象緯考(상위고)		歷代象緯考를 보라. 又天東象緯考를 보라	
v.2 p.851	少爲浦倡義錄(소위포창의록)			
v.2 p.851	松隱遺集(송은유집)			a07_1272-1273

v.2 p.852	簫隱遺稿(소은유고)	鄭敏河 著(정민하 저)		a07_1270
v.2 p.852	樵隱集(초은집)	高麗 李仁復 著(고려 이인복 저)		a07_1271
v.2 p.852	松隱集(송은집)	金光粹 著(김광수 저)		a07_1274
v.2 p.852	象院題語(상원제어)			d11_2161
v.2 p.852	松塢實記(송오실기)			a07_1275
v.2 p.853	松塢文集(송오문집)			a07_1276
v.2 p.853	掌苑署謄錄(장원서등록)	掌苑署 編(장원서 편)		d11_2163
v.2 p.853	蕉園賸墨(초원잉묵)			d11_2164
v.2 p.853	小華外史(소화외사)			d11_2165-2167
v.2 p.854	小華言行錄(소화언행록)			
v.2 p.854	松窩雜說(송와잡설)	李墍 著(이기 저)		a07_1277-1278
v.2 p.854	小華詩評(소화시평)	洪萬宗 著(홍만종 저)		d11_2168
v.2 p.855	小華集(소화집)	高麗 朴寅亮 金覲 著(고려 박인량 김관 저)		d11_2169-2170
v.2 p.855	松窩集(송와집)	李墍 著(이기 저)		a07_1279
v.2 p.855	松窩集(송와집)	金相离 著(김상리 저)		a07_1280
v.2 p.855	松下筆迹(송하필적)	曹允亨 書(조윤형 서)		b13_2384
v.2 p.855	松禾邑誌(송화읍지)			d11_2171
v.2 p.856	承華樓懸板帖(승화루현판첩)			d11_2172
v.2 p.856	承華樓書目(승화루서목)			d11_2173
v.2 p.856	捷解新語(첩해신어)	康遇聖 著(강우성 저)		d11_2174-2180
v.2 p.858	捷解蒙語(첩해몽어)			d11_2181-2182
v.2 p.858	松磵集(송간집)	黃應奎 著(황응규 저)		a07_1281
v.2 p.858	抄漢書(초한서)			d11_2183
v.2 p.858	將鑑博議(장감박의)	宋戴溪 著(송대계 저)		
v.2 p.859	傷寒論(상한론)			
v.2 p.859	松厓集(송애집)	朴汝龍 著(박여룡 저)		a07_1282-1284
v.2 p.860	松厓集(송애집)	李邃大 著(이수대 저)		a07_1285
v.2 p.860	小學(소학)	宋 朱熹 著(송 주희 저)		
v.2 p.861	小學啓蒙(소학계몽)			
v.2 p.861	小學諺解(소학언해)			d11_2184-2186
v.2 p.862	小學口訣(소학구결)			
v.2 p.863	小學後錄推句(소학후록추구)			
v.2 p.863	小學箚記(소학차기)	金榦 著(김간 저)		d11_2187
v.2 p.863	小學枝言(소학지언)	丁若鏞 著(정약용 저)		d11_2188
v.2 p.863	小學指南(소학지남)	英祖王 御製(영조왕 어제)		d11_2189-2190, d11_2192
v.2 p.863	小學珠串(소학주곶)	丁若鏞 著(정약용 저)		d11_2191
v.2 p.863	小學集成(소학집성)			
v.2 p.864	小學集說(소학집설)	明 程愈 著(명 정유 저)		
v.2 p.865	小學輯註(소학집주)	李珥 著(이이 저)		
v.2 p.865	小學抄略(소학초략)		訓義小學大全을 보라	
v.2 p.865	小學抄略諺解(소학초략언해)		小學諺解를 보라	d11_2193
v.2 p.865	小學宣政殿訓義(소학선정전훈의)		訓義小學大全을 보라	d11_2194

v.2 p.865	小學續篇(소학속편)	韓嶠 著(한교 저)		d11_2195
v.2 p.866	小學讀書記(소학독서기)		南溪讀書記를 보라	
v.2 p.866	小學便蒙(소학편몽)	崔世珍 篇(최세진 편)		d11_2198
v.2 p.866	小學問答(소학문답)			d11_2200
v.2 p.866	松巖集(송암집)	權好文 著(권호문 저)		a07_1286
v.2 p.866	松巖集(송암집)	李載亨 著(이재형 저)		a07_1287-1288
v.2 p.866	松巖文集(송암문집)	李魯 著(이로 저)		
v.2 p.867	松禁事目(송금사목)			d11_2201
v.2 p.867	將訓元龜(장훈원귀)	徐厚 撰進(서후 찬진)		d11_2205
v.2 p.867	昌慶宮志(창경궁지)			d11_2206
v.2 p.867	祥刑考(상형고)		審理錄을 보라	d11_2207
v.2 p.867	松京誌(송경지)		松都志를 보라	d11_2208
v.2 p.867	松溪集(송계집)	權應仁 著(권응인 저)		a07_1289
v.2 p.867	松溪集(송계집)	李麟奇 著(이인기 저)		a07_1290
v.2 p.868	松溪集(송계집)	麟坪大君淯 著(인평대군요 저)	麟坪大君淯 著	a07_1291-1293
v.2 p.868	松溪實記(송계실기)			a07_1296
v.2 p.869	抄啓文臣講製節目(초계문신강제절목)	官撰(관찬)		d11_2210-2212
v.2 p.869	抄啓文臣題名錄(초계문신제명록)			d11_2213
v.2 p.870	松京訪古錄(송경방고록)	閔聖徽 著(민성휘 저)		d11_2214
v.2 p.870	松溪漫錄(송계만록)	權慶仁 著(권경인 저)		a07_1294-1295
v.2 p.870	松軒實記(송헌실기)			a07_1297
v.2 p.870	橡軒隨筆(상헌수필)	安鼎福 著(안정복 저)		a07_1298
v.2 p.870	象藝會粹(상예회수)	洪奭周 選(홍석주 선)		d11_2215
v.2 p.871	松月齋集(송월재집)	李時善 著(이시선 저)		a07_1299
v.2 p.871	松月堂集(송월당집)	尹豐亨 著(윤풍형 저)		a07_1300
v.2 p.871	昌原黃氏族譜(창원황씨족보)			
v.2 p.871	昌原孔氏族譜(창원공씨족보)			a07_1302
v.2 p.871	昌原邑誌(창원읍지)			d11_2217
v.2 p.872	祥原邑誌(상원읍지)			
v.2 p.872	松湖集(송호집)	俞彥述 著(유언술 저)		a07_1303
v.2 p.872	松皐遺稿(송고유고)			a07_1304
v.2 p.872	松江歌辭(송강가사)	鄭澈 著(정철 저)		a07_1308-1311
v.2 p.873	松江行狀(송강행장)			a07_1307
v.2 p.874	誦孔訓勉今世(송공훈면금세)	英宗王 御製(영종왕 어제)		
v.2 p.874	松江行錄(송강행록)	金長生 著(김장생 저)		a07_1312-1313
v.2 p.874	嘯皐集(소고집)	朴承任 著(박승임 저)		a07_1305
v.2 p.875	松郊集(송교집)	李楘 著(이목 저)		a07_1306
v.2 p.875	松廣寺事蹟(송광사사적)			
v.2 p.875	松廣寺普照國師碑(송광사보조국사비)	金君綏 撰文 崔致翁 書 朗善君 篆(김군수 찬문 최치옹 서 낭선군 전)		b14_2456
v.2 p.875	松江時政錄(송강시정록)			a07_1314
v.2 p.875	邵康節心易梅花數(소강절심역매화수)		邵子易을 보라	
v.2 p.875	松江年譜(송강연보)			a07_1321
v.2 p.876	嘯皐集迹(소고집적)	徐命均 書(서명균 서)		

v.2 p.876	松江文集(송강문집)	鄭澈 著(정철 저)		a07_1315-1320
v.2 p.878	松谷遺集(송곡유집)			a07_1322
v.2 p.878	勝國遺事(승국유사)	申欽 著(신흠 저)		d11_2218
v.2 p.878	松谷集(송곡집)	趙復陽 著(조복양 저)		a07_1323-1324, a07_1326
v.2 p.878	商谷集(상곡집)		商谷集의 아래를 보라	
v.2 p.878	勝國新書(승국신서)			d11_2219
v.2 p.879	松谷年譜(송곡연보)			a07_1325
v.2 p.879	昭剛公世譜(소강공세보)			a07_1327
v.2 p.879	松齋遺稿(송재유고)	羅世纘 著(나세찬 저)		a07_1328
v.2 p.879	瀟灑園遺事(소쇄원유사)			a07_1329
v.2 p.880	松齋關東行錄(송재관동행록)	李堣 著(이우 저)		a07_1330
v.2 p.880	松齋集(송재집)	李堣 著(이우 저)		a07_1331
v.2 p.880	松齋集(송재집)	鄭文英 著(정문영 저)		a07_1332
v.2 p.880	松齋集(송재집)	韓忠 著(한충 저)		a07_1333
v.2 p.881	歗齋集(소재집)	卞鍾運 著(변종운 저)		a07_1334
v.2 p.881	章箚彙編(장차휘편)			d11_2220
v.2 p.881	商山志(상산지)			d11_2221-2222
v.2 p.882	小山集(소산집)	李光靖 著(이광정 저)		a07_1336
v.2 p.882	鐘山集(종산집)			a08_1337
v.2 p.882	邵子易(소자역)			
v.2 p.882	昌舍集(창사집)			a08_1338
v.2 p.882	尙州邑誌(상주읍지)		尙由志의 아래를 보라	d11_2222
v.2 p.882	尙州靈光金氏族譜(상주영광김씨족보)			a08_1339
v.2 p.882	誦夙興夜寐嵐扇勉沖子(송숙흥야매잠욱면충자)	英宗王 御製(영종왕 어제)		d11_2223-2224
v.2 p.883	小松集(소송집)	李志容 著(이지용 저)		a08_1340
v.2 p.883	小心齋實記(소심재실기)			a08_1341
v.2 p.883	將進酒詞(장진주사)		松江歌辭를 보라	d11_2225
v.2 p.883	相臣拜罷考(상신배파고)			d11_2226
v.2 p.883	相臣錄(상신록)			d11_2227
v.2 p.883	昌城邑誌(창성읍지)			d11_2228
v.2 p.883	尙瑞故事(상서고사)	徐建中 著(서건중 저)		d11_2230
v.2 p.883	承政院日記(승정원일기)		通稱 政院日記	d11_2231-2232
v.2 p.884	承政院文籍(승정원문적)			d11_2233
v.2 p.885	笑醒己丑錄(소성기축록)		己丑錄을 보라	a08_1342
v.2 p.885	松西筆迹(송서필적)	李景在 著(이경재 저)		
v.2 p.885	小石遺稿(소석유고)	趙秉夒 著(조병노 저)		a08_1343
v.2 p.885	松石軒集(송석헌집)	宋成明 著(송성명 저)		a08_1344
v.2 p.885	松石集(송석집)	金學性 著(김학성 저)		a08_1345
v.2 p.885	松川集(송천집)	梁應鼎 著(양응정 저)		a08_1346
v.2 p.886	松川集(송천집)	金千鎰 著(김천일 저)		a08_1347
v.2 p.886	苕川集(초천집)	金時粲 著(김시찬 저)		a08_1349
v.2 p.886	松泉筆譚(송천필담)			a08_1350

v.2 p.886	唱善感義錄(창선감의록)	金道洙 著(김도수 저)		d11_2234-2236
v.2 p.886	章疏彙攷(장소휘고)			d11_2237
v.2 p.886	章疏類攷(장소류고)			d11_2238
v.2 p.887	松巢集(송소집)	權字 著(권자 저)		a08_1351
v.2 p.887	蕉窓集(초창집)	金盛後 著(김성후 저)		a08_1352
v.2 p.887	消息(소식)			d11_2239
v.2 p.887	象村雜錄(상촌잡록)	申欽 著(신흠 저)	(附記)象村彙言	a08_1353-1355
v.2 p.888	象村集(상촌집)	申欽 著(신흠 저)		a08_1356-1358
v.2 p.889	象村和陶詩(상촌화도시)	申欽 著(신흠 저)		a08_1359
v.2 p.890	召對夜對(소대야대)			d11_2240
v.2 p.890	松潭遺事(송담유사)			a08_1360
v.2 p.890	松潭集(송담집)	宋柟壽 著(송남수 저)		a08_1361
v.2 p.890	松潭集(송담집)	李榮仁 著(이영인 저)		a08_1362-1363
v.2 p.891	昭代紀年(소대기년)			d11_2241
v.2 p.891	松臺集(송대집)			
v.2 p.891	昭代粹言(소대수언)	鄭道應 編(정도응 편)		d11_2244-2246
v.2 p.891	昌臺鄭公實紀(창대정공실기)			a08_1364
v.2 p.891	昭代風謠(소대풍요)	高時彦 撰(고시언 찬)		d11_2247-2249
v.2 p.893	松竹堂集(송죽당집)	鄭文翼 著(정문익 저)		a08_1365
v.2 p.893	尙忠旌武碑帖(상충정무비첩)	正宗王 御製(정종왕 어제)		d11_2251-2252
v.2 p.893	詔勅謄錄(조칙등록)			d11_2253
v.2 p.894	松亭記(송정기)			
v.2 p.894	詳定古今禮(상정고금례)	崔允儀 撰進(최윤의 찬진)		d11_2254-2255
v.2 p.894	邵亭稿(소정고)	金永爵 著(김영작 저)		a08_1366
v.2 p.895	松亭集(송정집)	河受一 著(하수일 저)		a08_1367
v.2 p.895	松都各陵圖(송도각릉도)			d11_2260
v.2 p.895	松都記異(송도기이)	李德泂 著(이덕형 저)		d11_2256
v.2 p.895	松都志(송도지)			d11_2257-2259
v.2 p.896	松都續志(송도속지)		松都志를 보라	
v.2 p.896	松塘集(송당집)	俞泓 著(유홍 저)		a08_1368
v.2 p.897	昌德宮志(창덕궁지)			d11_2262
v.2 p.897	昌德宮圖(창덕궁도)			
v.2 p.897	證道歌(증도가)			b14_2475
v.2 p.898	松堂集(송당집)	趙浚 著(조준 저)		a08_1369
v.2 p.898	松堂集(송당집)	朴英 著(박영 저)		a08_1370
v.2 p.899	小兒論(소아론)			d11_2263-2265
v.2 p.899	昭寧園齋舍碑(소녕원재사비)			d11_2266
v.2 p.899	昌寧成氏族譜(창녕성씨족보)			a08_1371-1374
v.2 p.899	昌寧曹氏族譜(창녕조씨족보)			a08_1375
v.2 p.900	少年行(소년행)			d11_2268
v.2 p.901	松坡遺稿(송파유고)			a08_1376
v.2 p.901	松坡集(송파집)	崔誠之 著(최성지 저)		a08_1377
v.2 p.901	松坡集(송파집)	李海昌 著(이해창 저)		a08_1378
v.2 p.901	松蘗堂筆迹(송벽당필적)	李正臣 書(이정신 서)		

v.2 p.901	抄馬史(초마사)			d11_2269
v.2 p.901	勝盤院誌(승반원지)	趙秉常 柳命基 著(조병상 유명기 저)		d11_2270
v.2 p.902	少微通鑑(소미통감)		通鑑節要를 보라	
v.2 p.902	尙武軒遺稿(상무헌유고)			a08_1379
v.2 p.902	昌平客舍重修記(창평객사중수기)			d11_2273
v.2 p.902	昇平志(승평지)			d11_2274
v.2 p.903	尙方定例(상방정례)		度支定例를 보라	d11_2276
v.2 p.903	昌平邑誌(창평읍지)			d11_2275
v.2 p.903	松穆館集(송목관집)	李彦瑱 著(이언진 저)		a08_1384
v.2 p.903	詳明算法(상명산법)			
v.2 p.904	尙友堂集(상우당집)	許琮 著(허종 저)		a08_1381
v.2 p.904	逍遙堂逸稿(소요당일고)	朴河淡 著(박하담 저)		a08_1387-1388
v.2 p.904	逍遙齋集(소요재집)	崔淑精 著(최숙정 저)		a08_1385-1386
v.2 p.904	涉亂事迹(섭난사적)		看羊錄을 보라	d11_2277
v.2 p.904	少陵集(소릉집)	李尙毅 著(이상의 저)		a08_1389
v.2 p.904	少林寺事蹟碑(소림사사적비)	李必馨 撰幷書(이필형 찬병서)		d11_2278
v.2 p.904	昌黎集(창려집)		韓昌黎集을 보라	b07_1301
v.2 p.905	嗇庵遺稿(색암유고)	李世玉 著(이세옥 저)		a08_1390
v.2 p.905	稷下三綱錄(직하삼강록)			d11_2279
v.2 p.905	食鑑本草(식감본초)			
v.2 p.905	穡經(색경)	朴世堂 著(박세당 저)		d11_2280-2281
v.2 p.905	食物本草(식물본초)		本草를 보라	d11_2283
v.2 p.905	食療纂要(식료찬요)	成世昌 著(성세창 저)		d11_2284
v.2 p.906	食療本草(식료본초)		本草를 보라	
v.2 p.906	愼庵詩集(신암시집)	魚錫定 著(어양정 저)		a08_1391
v.2 p.906	新安朱氏族譜(신안주씨족보)			a08_1392
v.2 p.906	信庵集(신암집)	尹得孚 著(윤득부 저)		a08_1393
v.2 p.906	晉庵集(진암집)	李天輔 著(이천보 저)		a08_1394-1395
v.2 p.907	新庵集(신암집)	朴應漢 著(박응한 저)		a08_1397
v.2 p.907	心庵集(심암집)	趙斗淳 著(조두순 저)		a08_1396
v.2 p.907	心庵世稿(심암세고)			a08_1398
v.2 p.907	深衣攷證(심의고증)			d11_2285-2286
v.2 p.908	震維勝覽(진유승람)			d11_2287
v.2 p.908	深衣制度(심의제도)	鄭述 著(정술 저)		d11_2288
v.2 p.908	振威邑誌(진위읍지)			d11_2289
v.2 p.908	眞逸齋集(진일재집)	成侃 著(성간 저)		a08_1399-1400
v.2 p.908	眞一齋集(진일재집)	柳崇祖 著(유숭조 저)		a08_1401
v.2 p.908	震英粹語(진영수어)			d11_2290
v.2 p.909	進宴儀軌(진연의궤)			b11_1971-1995
v.2 p.913	伸冤牛栗兩賢疏(신원우률량현소)	李貴 著(이귀 저)		d11_2291
v.2 p.914	神應經(신응경)		玉龍歌를 보라	
v.2 p.914	心鑑(심감)	英宗王 御製(영종왕 어제)		d11_2292
v.2 p.914	震鑑(진감)			d11_2293
v.2 p.914	眞鑒禪師碑(진감선사비)			

v.2 p.915	淸漢文鑑(청한문감)		漢淸文鑑을 보라	
v.2 p.915	瀋館錄(심관록)			d11_2295
v.2 p.915	心學至訣(심학지결)	朴世采 著(박세채 저)		d11_2296-2298
v.2 p.915	進學圖(진학도)		晦谷進學을 보라	d11_2299
v.2 p.915	心學摘要(심학적요)	南弼文 著(남필문 저)		d11_2300-2301
v.2 p.915	心器圖說(심기도설)	崔漢綺 著(최한기 저)		d11_2304
v.2 p.916	神氣通(신기통)			d11_2305
v.2 p.916	神器祕訣(신기비결)	韓孝純 著(한효순 저)		d11_2302-2303
v.2 p.916	心氣理篇(심기리편)	鄭道傳 著(정도전 저)		d11_2306-2307
v.2 p.917	鍼灸經驗方(침구경험방)	許任 著(허임 저)		d11_2308-2309
v.2 p.917	心經(심경)	宋 眞德秀 著(송 진덕수 저)		
v.2 p.918	針經(침경)			
v.2 p.919	心經口訣(심경구결)	宋浚吉 著 朴世采 改作(송준길 저 박세채 개작)		d11_2310-2311
v.2 p.919	心經講錄(심경강록)			
v.2 p.919	心經講錄刊補(심경강록간보)	李象靖 著(이상정 저)		d11_2312
v.2 p.919	心經質疑(심경질의)		心經釋疑의 아래를 보라	d11_2313
v.2 p.919	心經質疑考誤(심경질의고오)	曺好益 著(조호익 저)		d11_2314-2315
v.2 p.920	心經釋疑(심경석의)	李滉 著 李德弘等 輯 宋時烈 校編(이황 저 이덕홍등 집 송시열 교편)		d11_2317-2318
v.2 p.921	心經心學圖(심경심학도)	周世鵬 著(주세붕 저)		d11_2319
v.2 p.921	心經發揮(심경발휘)	鄭逑 著(정술 저)		d11_2320
v.2 p.921	心經標題(심경표제)			d11_2321
v.2 p.922	心經附註(심경부주)	明 程敏政 著(명 정민정 저)		
v.2 p.922	心經密驗(심경밀험)	丁若鏞 著(정약용 저)		d11_2322
v.2 p.922	心經要解(심경요해)	朴世采 著(박세채 저)		d11_2324
v.2 p.922	鍼經要訣(침경요결)	柳成龍 著(유성룡 저)		
v.2 p.923	莘憩集(신계집)	李敦宇 著(이돈우 저)		a08_1402
v.2 p.923	椮溪集(심계집)	尹定鉉 著(윤정현 저)		a08_1403
v.2 p.923	新溪邑誌(신계읍지)			
v.2 p.923	親繭儀(친견의)		親蠶儀軌를 보라	d11_2325
v.2 p.923	進獻心圖(진헌심도)		聖學十圖를 보라	d11_2326
v.2 p.923	親行閱武儀(친행열무의)			d11_2327
v.2 p.923	親耕儀軌(친경의궤)			d11_2330-2331
v.2 p.923	進講册子次第(진강책자차제)			d11_2333
v.2 p.924	進香謄錄(진향등록)			b11_1976, d11_2334
v.2 p.924	新谷隨纂(신곡수찬)			a08_1404
v.2 p.924	淸國戊戌政變記(청국무술정변기)			d11_2335
v.2 p.924	淸語老乞大(청어노걸대)		老乞大를 보라	
v.2 p.924	進號儀軌(진호의궤)		上號儀軌를 보라	
v.2 p.924	眞言集(진언집)		佛頂心陀羅尼經眞言集을 보라	d11_2336-2338
v.2 p.924	心齋遺稿(심재유고)	李太源 著(이태원 저)		a08_1406
v.2 p.924	新齋文粹(신재문수)	洪樂命 著(홍악명 저)		a08_1407

v.2 p.924	晉山姜氏行狀實錄(진산강씨행장실록)			a08_1408
v.2 p.924	親蠶儀軌(친잠의궤)			d11_2340-2342
v.2 p.925	晉山志(진산지)		晉陽志를 보라	d11_2343
v.2 p.925	晉山世稿(진산세고)	晉州姜氏(진주강씨)		a08_1409-1413
v.2 p.926	震詩(진시)			d11_2344
v.2 p.926	申紫霞詩集(신자하시집)	申緯 著(신위 저)		
v.2 p.927	心史(심사)			d11_2345
v.2 p.927	申氏寄憤(신씨기분)			d11_2346
v.2 p.927	震史記略(진사기략)			d11_2348
v.2 p.927	辛巳蠱變(신사고변)			d11_2347
v.2 p.927	辛巳西行事件(신사서행사건)		瀋陽日記를 보라	d11_2349
v.2 p.927	淸史提要(청사제요)			d11_2350
v.2 p.927	神誌祕詞(신지비사)			d11_2351
v.2 p.928	辛巳辨誣始末(신사변무시말)			d11_2352-2353
v.2 p.928	進爵儀軌(진작의궤)			
v.2 p.928	晉州河氏族譜(진주하씨족보)			a08_1414
v.2 p.928	進修楷範(진수해범)	柳雲 著(유운 저)		d11_2356-2357
v.2 p.929	晉州鄕校文籍(진주향교문적)			d11_2359
v.2 p.929	晉州姜氏族譜(진주강씨족보)			a08_1415
v.2 p.929	新修自警編(신수자경편)	朴世采 著(박세채 저)		d11_2361
v.2 p.929	晉州敍事(진주서사)	安邦俊 著(안방준 저)		d11_2362
v.2 p.929	晉州蘇氏族譜(진주소씨족보)			a08_1416
v.2 p.930	晉州鄭氏族譜(진주정씨족보)			a08_1417
v.2 p.930	晉州鄭氏兩世事蹟(진주정씨양세사적)			a08_1418
v.2 p.930	晉州柳氏族譜(진주류씨족보)			a08_1419
v.2 p.930	진쥬탑(眞珠塔(진주탑))			
v.2 p.930	新昌邑誌(신창읍지)			d11_2364
v.2 p.930	晉書(진서)			
v.2 p.931	進職官書屛疏(진직관서병소)			
v.2 p.931	縉紳畫像帖(진신화상첩)			d11_2366
v.2 p.931	縉紳外任案(진신외임안)			d11_2367
v.2 p.931	縉紳資歷(진신자역)			d11_2369
v.2 p.931	縉紳世譜(진신세보)			d11_2370-2372
v.2 p.931	搢紳風雨錄(진신풍우록)			d11_2373
v.2 p.931	審愼錄(심신록)	丁若鏞 著(정약용 저)		d11_2374
v.2 p.931	新序(신서)			
v.2 p.932	進上及各處所奉總錄(진상급각처소봉총록)			d11_2376
v.2 p.932	進上謄錄(진상등록)			d11_2377
v.2 p.932	辛壬紀年提要(신임기년제요)			d11_2378-2380
v.2 p.933	辛壬漫錄(신임만록)			d11_2382
v.2 p.933	眞四山集(진서산집)			
v.2 p.933	賑政實錄抄(진정실록초)			d11_2384
v.2 p.933	心性圖(심성도)	李仲虎 著(이중호 저)		d11_2385
v.2 p.933	新制靈臺儀象志(신제영대의상지)		儀象志를 보라	

v.2 p.933	進饌樂章(진찬악장)			d12_2447
v.2 p.934	進饌儀軌(진찬의궤)		進宴儀軌를 보라	b11_1977-1988
v.2 p.934	信川邑誌(신천읍지)			d11_2387
v.2 p.934	新增字藪(신증자수)		字藪를 보라	d11_2390
v.2 p.934	新增東國輿地勝覽(신증동국여지승람)		東國輿地勝覽을 보라	d11_2391
v.2 p.934	心潭齋集(심담재집)			a08_1421
v.2 p.934	辛丑引接說話(신축인접설화)		引接說話를 보라	d11_2393
v.2 p.934	新註道德經(신주도덕경)	朴世堂 著(박세당 저)		d11_2394
v.2 p.934	新訂字藪(신정자수)		字藪를 보라	d11_2396
v.2 p.934	心適堂松巖敬勝齋遺稿合編(심적당송암경승재유고합편)			a08_1422
v.2 p.935	眞殿儀軌(진전의궤)			b11_2013-2026
v.2 p.937	新傳煑硝方(신전자초방)		煑硝方을 보라	d11_2397
v.2 p.937	新塘集(신당집)			a08_1423
v.2 p.937	新堂集(신당집)	鄭鵬 著(정붕 저)		a08_1424
v.2 p.938	愼獨齋遺稿(신독재유고)	金集 著(김집 저)		a08_1425-1426
v.2 p.938	震閥彙攷(진벌휘고)			d11_2401
v.2 p.938	震表(진표)			d11_2402
v.2 p.939	신미록(辛未錄(신미록))			d11_2403
v.2 p.939	新編彙語(신편휘어)		彙語를 보라	d11_2404
v.2 p.939	新編玉叢(신편옥총)		玉叢을 보라	
v.2 p.939	新編諸宗教藏目錄(신편제종교장목록)	高麗 釋 義天 著(고려 석 의천 저)		
v.2 p.939	新補彙語(신보휘어)		彙語를 보라	d11_2405
v.2 p.939	心法(심법)		聖學心法을 보라	
v.2 p.939	震峯集(진봉집)	權宏 著(권굉 저)		a08_1427
v.2 p.939	新法中星紀(신법중성기)	金泳 著(김영 저)		d11_2407-2408
v.2 p.940	新法步天歌(신법보천가)		步天歌를 보라	d11_2409
v.2 p.940	眞寶邑誌(진보읍지)			d11_2410
v.2 p.940	眞寶李氏家乘(진보이씨가승)			a08_1428
v.2 p.940	新法漏籌通義(신법루주통의)	金泳 著(김영 저)		d11_2411
v.2 p.941	辛卯記事(신묘기사)	安邦俊 著(안방준 저)		d11_2412
v.2 p.941	辛卯式功令文(신묘식공령문)			d11_2413
v.2 p.941	辛卯日錄(신묘일록)			d11_2414
v.2 p.941	診脈須知(진맥수지)			d11_2419
v.2 p.941	箴銘頌(잠명송)			d11_2420
v.2 p.941	愼默齋集(신묵재집)			a08_1429-1430
v.2 p.942	神遊草(신유초)			d11_2421
v.2 p.942	心要(심요)	高麗 李資玄 著(고려 이자현 저)		d11_2422
v.2 p.942	晉陽志(진양지)			d11_2423
v.2 p.942	晉陽四世忠義合編(진양사세충의합편)			a08_1431
v.2 p.943	瀋陽狀啓(심양장계)			d11_2424
v.2 p.943	瀋陽日記(심양일기)			d11_2425-2426
v.2 p.944	晉陽聯藁(진양련고)	河演等 著(하연등 저)		a08_1432-1433
v.2 p.944	新羅古記(신라고기)		三國史記를 보라	

v.2 p.944	新羅古事(신라고사)			d11_2428
v.2 p.944	新羅國史(신라국사)			d11_2429
v.2 p.945	新羅始祖王碑(신라시조왕비)			
v.2 p.945	新羅殊異傳(신라수이전)		海東高僧傳을 보라	d11_2430-2431
v.2 p.945	新羅年代曆(신라연대력)			d11_2432
v.2 p.945	眞樂堂集(진락당집)	金就成 著(김취성 저)		a08_1435
v.2 p.945	審理獄案(심리옥안)			d11_2433
v.2 p.945	審理錄(심리록)			d11_2434-2436
v.2 p.946	親臨犒饋儀註(친림호궤의주)			d11_2438
v.2 p.946	親臨政府時儀軌(친림정부시의궤)			d11_2439
v.2 p.946	親臨摛文院講義(친림이문원강의)			d11_2440
v.2 p.946	自庵集(자암집)	金絿 著(김구 저)		a08_1436
v.2 p.946	時庵集(시암집)	趙相禹 著(조상우 저)		a08_1437
v.2 p.947	自庵筆蹟(자암필적)	金絿筆(김구필)		
v.2 p.947	字彙(자휘)			
v.2 p.947	爾雅(이아)			d12_2443
v.2 p.948	時享圖(시향도)			d12_2445
v.2 p.948	兒戲原覽(아희원람)	張混 撰(장혼 찬)		d12_2446
v.2 p.948	字訓(자훈)			d12_2450-2452
v.2 p.949	耳溪三編全書(이계삼편전서)		耳溪集을 보라	a08_1440
v.2 p.949	耳溪集(이계집)	洪良浩 著(홍양호 저)		a08_1438-1439
v.2 p.951	持敬圖說(지경도설)	趙翼 著(조익 저)		d12_2453
v.2 p.951	耳溪筆迹(이계필적)			
v.2 p.951	自警編(자경편)			
v.2 p.952	自慊窩集(자겸와집)	柳大源 著(유대원 저)		a08_1441
v.2 p.952	時憲紀要(시헌기요)	南相吉 撰(남상길 찬)		d12_2454-2455
v.2 p.952	時憲三書(시헌삼서)			d12_2456
v.2 p.952	時憲七政百中曆(시헌칠정백중력)		七政百中曆을 보라	d12_2457
v.2 p.952	時憲書(시헌서)			d12_2458
v.2 p.953	時憲前規(시헌전규)	觀象監 編(관상감 편)		d12_2459
v.2 p.953	時考(시고)			d12_2461
v.2 p.953	侍講院志(시강원지)			d12_2462
v.2 p.953	侍講院日記(시강원일기)		春坊日記를 보라	d01_0004-0005
v.2 p.953	時行簡禮彙纂(시행간례휘찬)		簡禮彙纂을 보라	d12_2464
v.2 p.953	侍講錄(시강록)		蘇齋侍講錄을 보라	
v.2 p.953	自娛(자오)	韓益相 著(한익상 저)		d12_2466
v.2 p.953	寺谷錄(사곡록)	洪啓禧 撰(홍계희 찬)	洪啓禧撰	d12_2465
v.2 p.953	自齋遺稿(자재유고)	尹東曄 著(윤동엽 저)		a08_1442
v.2 p.954	慈山邑誌(자산읍지)			d12_2467
v.2 p.954	時囚册(시수책)			d12_2469
v.2 p.954	自侍衛(자시위)			d12_2472
v.2 p.954	時種通篇(시종통편)			d12_2468
v.2 p.954	自笑集(자소집)	李弘載 著(이홍재 저)		d12_2471
v.2 p.955	自濡軒集(자유헌집)			a08_1443

v.2 p.955	字恤典則(자휼전칙)			d12_2473-2474
v.2 p.955	字藪(자수)			d12_2477
v.2 p.956	時政記(시정기)	梁誠之 著(양성지 저)		d12_2478
v.2 p.957	時政策要(시정책요)	金仁存 等 撰(김인존 등 찬)		d12_2479
v.2 p.957	自省編(자성편)			d12_2481-2484
v.2 p.958	自省錄(자성록)		退溪自省錄을 보라	d12_2486
v.2 p.958	時政錄(시정록)		松江時政錄을 보라	d12_2487
v.2 p.958	自醒錄(자성록)	英宗王 御製(영종왕 어제)		d12_2485
v.2 p.958	지장경(地藏經(지장경))			
v.2 p.959	地藏經懺法(지장경참법)			
v.2 p.959	事大考例(사대고례)			d12_2488
v.2 p.959	耳談續纂(이담속찬)	丁若鏞 著(정약용 저)		d12_2489
v.2 p.959	慈悲道場懺法(자비도장참법)			
v.2 p.959	時敏堂草本(시민당초본)	莊獻世子睿 製(?)(장헌세자예 제)		d12_2490
v.2 p.959	事文類聚(사문유취)			d12_2492
v.2 p.960	事文類抄(사문유초)			
v.2 p.960	事變日記(사변일기)			d12_2493
v.2 p.960	慈母山城節目(자모산성절목)			d12_2494
v.2 p.961	時務策(시무책)			d12_2495
v.2 p.961	時務萬言封事(시무만언봉사)		南溪時務萬言封事를 보라	b02_0338
v.2 p.961	耳目口心書(이목구심서)	李德懋 著(이덕무 저)		d12_2496
v.2 p.961	耳目所及(이목소급)	申欽 著(신흠 저)		d12_2497
v.2 p.961	時用通書(시용통서)		剋擇通書를 보라	b07_1466
v.2 p.961	時儷(시려)			d12_2498
v.2 p.961	時令紀事(시령기사)			d12_2499
v.2 p.961	十家近體(십가근체)	崔岦 著(최립 저)		d12_2500
v.2 p.962	十句章記(십구장기)	高麗 釋 均如 述(고려 석 균여 술)	(又)十句章圓通鈔	b07_1383
v.2 p.962	十經疾書(십경질서)	李瀷 著(이익 저)		d12_2501
v.2 p.962	日月交解(일월교해)		交食推步假令을 보라	d12_2505
v.2 p.962	日月食假令(일월식가령)		交食推步假令을 보라	d12_2506
v.2 p.962	日月錄(일월록)		春坡日月錄을 보라	d12_2507
v.2 p.962	十抄詩(십초시)			d12_2502
v.2 p.962	十箴發揮(십잠발휘)	李浹 著(이협 저)		d12_2503
v.2 p.963	十淸遺稿(십청유고)	金世弼 著(김세필 저)		a08_1446
v.2 p.963	十青集(십청집)	金近淳 著(김근순 저)		a08_1447
v.2 p.963	十省堂集(십성당집)	嚴昕 著(엄흔 저)		
v.2 p.964	十精曆(십정력)		太一曆을 보라	
v.2 p.964	十忠錄(십충록)			
v.2 p.964	十畝間覽(십무간람)	尹昕 著(윤흔 저)		d12_2504
v.2 p.964	實錄(실록)			d12_2508-2513
v.2 p.973	實錄儀軌(실록의궤)			b10_1912-1925
v.2 p.976	實錄字藪(실록자수)		字藪를 보라	d12_2559-2560
v.2 p.976	實錄廳題名記(실록청제명기)			d12_2561-2564
v.2 p.977	邪學罪人姓名成册(사학죄인성명성책)			d12_2565

v.2 p.977	邪學懲義(사학징의)			d12_2566
v.2 p.978	儒學經緯(유학경위)	申箕善 著(신기선 저)		d12_2567
v.2 p.978	受敎輯錄(수교집록)			d12_2568-2570
v.2 p.979	受敎條例(수교조례)			d12_2571
v.2 p.979	壽峴集(수현집)	石之珩 著(석지연 저)		a08_1449
v.2 p.979	儒賢奏議(유현주의)	崔世珍 著(최세진 저)		d12_2572
v.2 p.980	壽康齋上樑文(수강재상량문)			d12_2573
v.2 p.980	壽谷集(수곡집)	金桂臣 著(김계신 저)		a08_1450
v.2 p.980	壽齋遺稿(수재유고)	李崑秀 著(이곤수 저)		a08_1451
v.2 p.981	受爵儀軌(수작의궤)		進宴儀軌를 보라	
v.2 p.981	儒釋質疑論(유석질의론)			d12_2574
v.2 p.981	壽春君派譜(수춘군파보)			a08_1452
v.2 p.981	壽春雜記(수춘잡기)	李廷馨 著(이정형 저)		d12_2579
v.2 p.982	儒胥必知(유서필지)			d12_2575-2576
v.2 p.982	壽生經(수생경)			
v.2 p.982	壽進寶酌帖(수진보작첩)			d12_2577
v.2 p.982	壽親養老書(수친양로서)	宋 陳直 元 鄒鉉 著(송 진직 원 추현 저)		
v.2 p.983	授時曆捷法立成(수시력첩법입성)			d12_2580
v.2 p.983	壽瑞詩(수서시)			d12_2581
v.2 p.983	儒先錄(유선록)		國朝儒先錄을 보라	d12_2582
v.2 p.983	受廛錄(수전록)	許傳 著(허전 저)		d12_2583
v.2 p.983	樹德全篇(수덕전편)	英宗王 御製(영종왕 어제)		d12_2584
v.2 p.983	壽民妙詮(수민묘전)	御撰(어찬)		d12_2586-2587
v.2 p.984	壽養叢書(수양총서)			d12_2588
v.2 p.984	儒林考(유림고)			d12_2589
v.2 p.984	儒林錄(유림록)			d12_2590
v.2 p.984	樹烈千秋傳(수열천추전)			d12_2591
v.2 p.985	重庵稿(중암고)	姜彝天 著(강이천 저)		a08_1454
v.2 p.985	重庵集(중암집)	金平默 著(김평묵 저)		a08_1455
v.2 p.985	十王生七經(십왕생칠경)			
v.2 p.985	十九史略(십구사략)		史略을 보라	
v.2 p.985	十九史略通攷(십구사략통고)		史略을 보라	
v.2 p.985	戎軒指掌占(융헌지장점)			
v.2 p.985	重興寺受戒文(중흥사수계문)			d12_2594
v.2 p.985	重光錄(중광록)			d12_2596-2597
v.2 p.986	重宰臣考(중재신고)			
v.2 p.986	重宰總目(중재총목)		重宰臣考를 보라	d12_2598
v.2 p.986	十三經注疏(십삼경주소)			
v.2 p.986	重山齋集(중산재집)	李趾秀 著(이지수 저)		a08_1456
v.2 p.986	十四經發揮(십사경발휘)			
v.2 p.986	十七功臣會盟錄(십칠공신회맹록)			d12_2599
v.2 p.987	重修大明曆(중수대명력)		大明曆을 보라	
v.2 p.987	從政名言(종정명언)			
v.2 p.987	十二諸國(십이제국)			d12_2605

v.2 p.987	十八史略(십팔사략)		史略의 아래에 병기함	
v.2 p.987	重峯集(중봉집)	趙憲 著(조헌 저)		a08_1457-1458, a08_1464
v.2 p.988	重峯朝天日記(중봉조천일기)	趙憲 著(조헌 저)		a08_1459-1460
v.2 p.988	重峯東還封事(중봉동환봉사)	趙憲 著 安邦俊 編(조헌 저 안방준 편)		a08_1461-1463
v.2 p.988	十友軒集(십우헌집)			a08_1466
v.2 p.988	孰遂念(숙수념)	洪吉周 著(홍길주 저)		d12_2606-2607
v.2 p.989	述古齋集(술고재집)	金寶 著(김보 저)		a08_1467
v.2 p.989	述而(술이)			d12_2610
v.2 p.989	述夢瑣言(술몽쇄언)			d12_2611-2612
v.2 p.989	順庵集(순암집)	李秉成 著(이병성 저)		a08_1469
v.2 p.990	順庵集(순암집)	安鼎福 著(안정복 저)		a08_1468
v.2 p.990	醇庵集(순암집)	吳載純 著(오재순 저)		a08_1470
v.2 p.991	順安邑誌(순안읍지)			d12_2613
v.2 p.991	巡營錄(순영록)		慶尙巡營錄을 보라	d12_2614
v.2 p.991	醇溪集(순계집)	李正履 著(이정리 저)		a08_1471
v.2 p.991	順興安氏族譜(순흥안씨족보)			a08_1472-1473
v.2 p.991	順興邑誌(순흥읍지)			d12_2616
v.2 p.991	醇言(순언)	李珥 著(이이 저)		d12_2615
v.2 p.992	旬五志(순오지)	洪萬宗 著(홍만종 저)		d12_2617
v.2 p.992	純齋課程(순재과정)		列聖御製를 보라	d12_2618
v.2 p.992	旬子(순자)			
v.2 p.992	淳昌邑誌(순창읍지)			d12_2619
v.2 p.992	順川邑誌(순천읍지)			d12_2621
v.2 p.992	純祖紀事(순조기사)			d12_2622
v.2 p.992	純祖實錄(순조실록)		實錄을 보라	d12_2553-2554
v.2 p.992	純宗御製(순종어제)		列聖御製를 보라	d12_2623
v.2 p.993	順天金氏族譜(순천김씨족보)			a08_1474
v.2 p.993	順天文籍(순천문적)			b13_2201-2202
v.2 p.993	順天朴氏族譜(순천박씨족보)			a08_1475
v.2 p.993	順天邑誌(순천읍지)			d12_2624
v.2 p.993	順天李氏族譜(순천이씨족보)			a08_1476
v.2 p.993	巡撫營謄錄(순무영등록)			d12_2625
v.2 p.993	恕庵集(서암집)	申靖夏 著(신정하 저)		a08_1477
v.2 p.994	鋤漁遺稿(서어유고)	金鼎均 著(김정균 저)		a08_1478
v.2 p.994	女訓(여훈)			d12_2628
v.2 p.994	恕軒集(서헌집)	李世珩 著(이세형 저)		a08_1479
v.2 p.994	敍後雜錄(서후잡록)	李植 著(이식 저)		d12_2627
v.2 p.995	徐志修諡狀(서지수시장)			a08_1480
v.2 p.995	女四書(여사서)			d12_2629
v.2 p.995	徐子平(서자평)		子平三命通變淵源을 보라	
v.2 p.995	女仙外史(여선외사)			d12_2632
v.2 p.995	常窩稿(상와고)	李敏輔 著(이민보 저)		a08_1481
v.2 p.995	丈巖集(장암집)	鄭澔 著(정호 저)		a08_1482

v.2 p.996	淨巖寺事蹟(정암사사적)			d12_2633
v.2 p.996	貞觀政要(정관정요)			d12_2634
v.2 p.996	貞觀政要(정관정요)			
v.2 p.996	貞觀政要註(정관정요주)	金仁存 等 撰進(김인존 등 찬진)		d12_2635-2636
v.2 p.997	貞觀政要註解(정관정요주해)			
v.2 p.997	蒸氣器械書(증기기계서)			d12_2637
v.2 p.997	拯急遺方(증급유방)			d12_2638
v.2 p.997	常訓(상훈)	英宗王 御製(영종왕 어제)		d12_2639-2641
v.2 p.998	常訓輯覽(상훈집람)	鄭恆齡 撰(정항령 찬)		d12_2642
v.2 p.998	上言謄錄(상언등록)			d12_2643
v.2 p.998	上號樂章(상호락장)			d12_2644
v.2 p.998	上號儀軌(상호의궤)			b14_2636-2705
v.2 p.1013	乘槎錄(승차록)			d12_2645-2646
v.2 p.1013	上諡儀軌(상시의궤)		宗廟儀軌를 보라	
v.2 p.1013	尙書(상서)		書를 보라	
v.2 p.1013	尙書(상서)		太公尙書를 보라	
v.2 p.1013	尙書諺吐(상서언토)		經書口訣을 보라	d12_2647
v.2 p.1013	尙書古訓(상서고훈)	丁若鏞 著(정약용 저)		d12_2648
v.2 p.1013	尙書知速錄(상서지원록)			d12_2649
v.2 p.1014	尙書補傳(상서보전)	洪奭周 著(홍석주 저)		d12_2650
v.2 p.1014	城津府民擾査案(성진부민요사안)			d12_2651
v.2 p.1014	城制圖說(성제도설)			d12_2653
v.2 p.1014	剩說餘編(잉설여편)	李睟光 著(이수광 저)		d12_2654
v.2 p.1014	篠叢遺稿(소총유고)	洪裕孫 著(홍유손 저)		a08_1484
v.2 p.1015	上尊號儀軌(상존호의궤)		上號儀軌를 보라	
v.2 p.1015	城圖全篇(성도전편)			d12_2656
v.2 p.1015	常泰寺圓覺祖師碑(상태사원각조사비)			d12_2655
v.2 p.1015	淨土三部妙典(정토삼부묘전)			
v.2 p.1015	上堂錄(상당록)	高麗 釋 知訥 著(고려 석 지눌 저)		d12_2657
v.2 p.1015	讓寧大君事蹟(양녕대군사적)	李趾光 編(이지광 편)		a08_1485
v.2 p.1015	襄敏公遺事(양민공유사)			a08_1486-1487
v.2 p.1016	襄武公實記(양무공실기)			a08_1488-1489
v.2 p.1016	成佛圖(성불도)			
v.2 p.1016	常變通攷(상변통고)	柳長源 著(유장원 저)		d12_2659-2660
v.2 p.1016	杖銘(장명)			d12_2661
v.2 p.1016	常目總覽(상목총람)			d12_2662
v.2 p.1016	請文(청문)			d12_2658
v.2 p.1017	襄陽邑誌(양양읍지)			d12_2663
v.2 p.1017	人易(인역)			d12_2664-2665
v.2 p.1017	仁經(인경)	沈能圭 著(심능규 저)		d12_2666
v.2 p.1017	仁興君家乘(인흥군가승)		靖孝公家乘을 보라	
v.2 p.1017	仁興君年譜(인흥군연보)		靖孝公譜를 보라	a08_1490
v.2 p.1017	仁興君墨蹟(인흥군묵적)			
v.2 p.1017	仁港日記(인항일기)			d12_2667

v.2 p.1017	仁齋集(인재집)	成熺 著(성희 저)		a08_1491-1492
v.2 p.1018	訒齋集(인재집)	崔晛 著(최현 저)		a08_1493
v.2 p.1018	仁齋直指方論(인재직지방론)		直指方을 보라	
v.2 p.1018	仁山集(인산집)	蘇輝冕 著(소휘면 저)		a08_1494-1496
v.2 p.1018	人子須知(인자수지)			
v.2 p.1018	壬辰遺聞(임진유문)	閔鼎重 著(민정중 저)		d12_2669
v.2 p.1018	壬辰雜事(임진잡사)			d12_2671
v.2 p.1019	壬辰筆錄(임진필록)		宋經略書를 보라	d12_2673
v.2 p.1019	壬辰錄(임진록)			d12_2674
v.2 p.1019	임진록(壬辰錄(임진록))			d12_2675
v.2 p.1019	壬申定亂錄(임신정난록)			d12_2672
v.2 p.1019	任實文籍(임실문적)			d12_2677
v.2 p.1019	仁城君行蹟(인성군행적)			a08_1497
v.2 p.1019	人瑞錄(인서록)			d12_2680-2681
v.2 p.1020	仁川邑誌(인천읍지)			d12_2684
v.2 p.1020	仁祖實錄(인조실록)		實錄을 보라	d12_2535, d12_2544
v.2 p.1020	仁宗實錄(인종실록)			d12_2685
v.2 p.1020	仁宗實錄(인종실록)		實錄을 보라	
v.2 p.1020	仁村集(인촌집)			a08_1498
v.2 p.1020	仁智篇(인지편)			d12_2686
v.2 p.1020	壬丁事蹟(임정사적)			d12_2687
v.2 p.1021	仁廟御製(인묘어제)		列聖御製를 보라	d12_2690
v.2 p.1021	人物考(인물고)		國朝人物考를 보라	d12_2692-2694
v.2 p.1021	仁陵誌狀(인릉지장)		列聖誌狀을 보라	d13_2701-2703
v.2 p.1021	推案及鞫案(추안급국안)			d13_2704
v.2 p.1021	醉庵實記(취암실기)			a08_1505
v.2 p.1021	遂安邑誌(수안읍지)			d13_2705
v.2 p.1022	睡隱集(수은집)	姜沆 著(강항 저)		a08_1506-1507
v.2 p.1022	睡隱錄(수은록)		看羊錄을 보라	
v.2 p.1022	醉翁集(취옹집)	俞撤 著(유철 저)		a08_1508
v.2 p.1022	睡翁日記(수옹일기)	宋甲祚 著(송갑조 저)	(本名)景獻公日記	a08_1509
v.2 p.1023	垂恩廟營建儀軌(수은묘영건의궤)		宗廟儀軌를 보라	
v.2 p.1023	推鞫日記(추국일기)			d13_2706
v.2 p.1023	翠虛集(취허집)	成琓 著(성완 저)		a08_1510
v.2 p.1023	醉琴遺筆(취금유필)			b13_2392
v.2 p.1023	醉琴軒千字文(취금헌천자문)			b13_2393
v.2 p.1023	醉愚堂集(취우당집)			a08_1511
v.2 p.1023	綏慶園碑帖(수경원비첩)			d13_2707
v.2 p.1024	睡軒詩集(수헌시집)	權五福 著(권오복 저)		a08_1512-1513
v.2 p.1024	翠軒疏箚(취헌소차)	俞伯會 著(유백회 저)		a08_1514-1515
v.2 p.1025	水月遺稿(수월유고)			a08_1516
v.2 p.1025	水月亭歌(수월정가)			d13_2708-2709
v.2 p.1025	推月離法(추월리법)	觀象監 編(관상감 편)		

v.2 p.1025	水原幸行班次圖(수원행행반차도)			d13_2711
v.2 p.1025	水原旨令謄錄(수원지령등록)			d13_2712
v.2 p.1025	水原新邑營建册(수원신읍영건책)		華城城役儀軌를 보라	c02_0281
v.2 p.1025	水原府邑誌(수원부읍지)			d13_2713
v.2 p.1026	水原留營文籍(수원류영문적)			b12_2118
v.2 p.1026	水滸誌(수호지)			d13_2714
v.2 p.1026	슈호지(水滸誌(수호지))			d13_2715
v.2 p.1026	睡谷集(수곡집)	李畬 著(이여 저)		a08_1517
v.2 p.1027	睡谷年譜(수곡연보)			a08_1518
v.2 p.1027	睡齋集(수재집)	柳仁貴 著(유인귀 저)		a08_1519
v.2 p.1027	推刷儀軌(추쇄의궤)			d13_2718
v.2 p.1027	睡山集(수산집)	李友信 著(이우신 저)		a08_1520
v.2 p.1027	遂初堂集(수초당집)	權忭 著(권변 저)		a08_1521
v.2 p.1028	醉松稿(취송고)	李義師 著(이의사 저)		a08_1522
v.2 p.1028	水色集(수색집)	許적 著(허적 저)		a08_1523
v.2 p.1029	水城志(수성지)	李植 著(이식 저)		d13_2719
v.2 p.1029	推測錄(추측록)	崔漢綺 著(최한기 저)		d13_2720
v.2 p.1029	水村集(수촌집)	任埅 著(임방 저)		a08_1524
v.2 p.1029	睡村集(수촌집)			a08_1525
v.2 p.1029	醉痴子集(취치자집)	鄭廣運 著(정광운 저)		a08_1526
v.2 p.1029	슈져옥란(水渚玉鸞(수저옥란))	釋 守初 著(석 수초 저)		d13_2721
v.2 p.1030	水鐵契節目(수철계절목)			d13_2723
v.2 p.1030	翠微集(취미집)	釋 守初 著(석 수초 저)		a08_1527
v.2 p.1030	翠微集(취미집)	申在植 著(신재식 저)		a08_1528
v.2 p.1030	水部謄錄(수부등록)			d13_2724
v.2 p.1030	推步捷例(추보첩례)	南相吉 著(남상길 저)		d13_2725
v.2 p.1030	推步續解(추보속해)	南秉哲 著(남병철 저)		d13_2726-2727
v.2 p.1031	水北遺稿(수북유고)	金光炫 著(김광현 저)		a08_1529
v.2 p.1031	水北亭集(수북정집)	金興國 著(김흥국 저)		a08_1532
v.2 p.1031	睡餘演筆(수여연필)	洪吉周 著(홍길주 저)		d13_2728
v.2 p.1031	睡餘放筆(수여방필)	洪吉周 著(홍길주 저)		d13_2729
v.2 p.1031	水陸儀文(수륙의문)	高麗 釋 混丘 著(고려 석 혼구 저)		d13_2731-2732
v.2 p.1032	綏陵誌狀(수릉지장)		列聖誌狀을 보라	d13_2735
v.2 p.1032	垂老十詠(수로십영)			d13_2737
v.2 p.1032	崧岳集(숭악집)	林昌澤 著(임창택 저)		a08_1533-1534
v.2 p.1032	崇古文訣(숭고문결)			
v.2 p.1032	崇孝錄(숭효록)	朴世采 著(박세채 저)		d13_2738-2739
v.2 p.1033	鄒書約誦(추서구송)			
v.2 p.1033	鄒書敬選(추서경선)			d13_2740
v.2 p.1033	崇仁殿致祭文(숭인전치제문)	正宗王 御製(정종왕 어제)		d13_2741
v.2 p.1033	崇節祠三忠錄(숭절사삼충록)			d13_2742
v.2 p.1033	鄒川集(추천집)			a08_1535
v.2 p.1033	崇陵誌狀(숭릉지장)		列聖誌狀을 보라	d13_2745
v.2 p.1033	崇靈殿致祭文(숭영전치제문)	正宗王 御製(정종왕 어제)		d13_2743

v.2 p.1034	崧陽耆舊傳(숭양기구전)	金澤榮 著(김택영 저)	(又)松都名人錄	d13_2744
v.2 p.1034	數類彙覽(수류휘람)			d13_2746
v.2 p.1034	圖繪寶鑑(도회보감)			
v.2 p.1034	圖章會纂(도장회찬)			d13_2747
v.2 p.1035	瑞興府誌(서흥부지)			d13_2748
v.2 p.1035	隨求陀羅尼(수구다라니)		佛項心陀羅尼經眞言集에 병기함	
v.2 p.1035	隨手錄(수수록)	金澄 著(김징 저)		d13_2749
v.2 p.1035	隋書(수서)			
v.2 p.1035	隨事備錄(수사비록)			d13_2751
v.2 p.1035	隋城崔氏族譜(수성최씨족보)			a08_1536
v.2 p.1035	瑞石集(서석집)	金萬基 著(김만기 저)		a08_1537
v.2 p.1036	瑞石年譜(서석연보)			a08_1538
v.2 p.1036	隋唐五代人物傳(수당오대인물전)			d13_2753
v.2 p.1036	隨筆雜錄(수필잡록)			d13_2754
v.2 p.1036	隨筆錄(수필록)		南溪隨筆錄을 보라	d13_2755
v.2 p.1036	隨聞錄(수문록)	李聞政 著(이문정 저)		d13_2756-2758
v.2 p.1037	隨錄(수록)			d13_2759
v.2 p.1038	世界萬國年契(세계만국년계)			d13_2762
v.2 p.1038	施食儀文(시식의문)			d13_2763
v.2 p.1038	正庵雜記(정암잡기)	李顯益 著(이현익 저)		a08_1541
v.2 p.1038	省庵集(성암집)	金孝元 著(김효원 저)		a08_1542
v.2 p.1038	正庵集(정암집)	李顯益 著(이현익 저)		a08_1543
v.2 p.1039	誠庵集(성암집)			a08_1544
v.2 p.1039	靜庵文集(정암문집)	趙光祖 著(조광조 저)		a08_1545-1550
v.2 p.1040	青已世稿(청이세고)		(又名)青松沈氏世稿	a08_1551-1553
v.2 p.1041	淸伊府志(청이부지)	申錫愚 撰(신석우 찬)		d13_2767
v.2 p.1041	精一迂叟集(정일우수집)	金瀷 著(김익 저)		a01_0150, a08_1554
v.2 p.1041	靜一堂遺稿(정일당유고)			a08_1555
v.2 p.1041	政院故事(정원고사)			d13_2768
v.2 p.1042	淸陰集(청음집)	金尙憲 著(김상헌 저)		a08_1556-1557, a08_1559
v.2 p.1043	青韻襍叢(청운잡총)			d13_2769
v.2 p.1043	政院日記(정원일기)		承政院日記를 보라	d13_2770
v.2 p.1043	政院日記(정원일기)			
v.2 p.1043	青烏經(청오경)			
v.2 p.1043	姓苑叢錄(성원총록)			d13_2774
v.2 p.1044	醒翁遺稿(성옹유고)	金德誠 著(김덕성 저)		a08_1560
v.2 p.1044	醒翁識少錄(성옹식소록)		(一名)蛟山堂識少錄	a08_1561
v.2 p.1045	正音指南(정음지남)	柳馨速 著(유형속 저)		d13_2775
v.2 p.1045	省窩遺稿(성와유고)	著者未詳(저자미상)		a08_1562
v.2 p.1045	青霞集(청하집)	權克中 著(권극중 저)		a08_1563
v.2 p.1045	惺窩集(성와집)			a08_1564
v.2 p.1045	精華選存(정화선존)		漁洋詩抄를 보라	d13_2777

v.2 p.1045	聖迦抳忿怒金剛童子菩薩成就儀軌經阿唎多羅陁羅尼阿嚕力經(성가니분노금강동자보살성취의궤경아리다라타라니아로력경)			
v.2 p.1046	政誡(정계)	高麗 太祖 御製(고려 태조 어제)	(內)誡百察書傳	d13_2778
v.2 p.1046	青海李氏族譜(청해이씨족보)			a08_1565
v.2 p.1046	西郭雜錄(서곽잡록)			a08_1566
v.2 p.1046	靜觀齋外裔譜(정관재외예보)			a08_1567
v.2 p.1046	靜觀齋集(정관재집)	李端相 著(이단상 저)		a08_1568
v.2 p.1047	靜觀齋年譜(정관재연보)			a08_1569
v.2 p.1047	西漢詔書抄(서한조서초)			d13_2780
v.2 p.1047	西澗筆迹(서한필적)	李眞洙(이진수)		
v.2 p.1047	西河集(서하집)	林椿 著(임춘 저)		a08_1540, a08_1570-1571
v.2 p.1048	西河集(서하집)	李敏叙 著(이민서 저)		a08_1572
v.2 p.1048	正衙朝會之圖(정아조회지도)			d13_2781
v.2 p.1049	西涯擬古樂府(서애의고악부)			
v.2 p.1049	西厓文集(서애문집)	柳成龍 著(유성룡 저)		a08_1573-1575
v.2 p.1051	聖學淵源(성학연원)		聖賢道學淵源을 보라	
v.2 p.1051	西岳志(서악지)	鄭克後 編(정극후 편)		d13_2784-2785
v.2 p.1051	聖學指南(성학지남)	宋言愼 著(송언신 저)		d13_2814
v.2 p.1052	青岳集(청악집)	金壽翼 著(김수익 저)		a08_1576
v.2 p.1052	聖學輯要(성학집요)	李珥 著(이이 저)		d13_2815-2817, d13_2832
v.2 p.1053	聖學輯要贊(성학집요찬)			d13_2831
v.2 p.1053	聖學輯略(성학집략)			d13_2830
v.2 p.1053	聖學心法(성학심법)			
v.2 p.1053	聖學十圖(성학십도)	李滉 著(이황 저)		d13_2825-2829
v.2 p.1055	西學先生案(서학선생안)			d13_2824
v.2 p.1055	聖學要語(성학요어)			d13_2823
v.2 p.1055	西巖遺稿(서암유고)	李震白 著(이진백 저)		a08_1577-1578
v.2 p.1055	正氣歌(정기가)			
v.2 p.1056	西歸遺稿(서귀유고)	李起浡 著(이기발 저)		a08_1579
v.2 p.1056	正氣錄(정기록)	高用厚 編(고용후 편)		d13_2821-2822
v.2 p.1057	青宮龜鑑(청궁귀감)	李雲翼 撰(이운익 찬)		d13_2820
v.2 p.1057	青邱尺牘(청구척독)			d13_2812
v.2 p.1057	青邱叢笑(청구총소)			d13_2811
v.2 p.1057	青邱叢話(청구총화)			d13_2810
v.2 p.1057	青邱圖(청구도)			d13_2813
v.2 p.1058	青邱風雅(청구풍아)	金宗直 著(김종직 저)		d13_2804-2808
v.2 p.1059	青邱文獻錄(청구문헌록)		東國文獻錄을 보라	d13_2809
v.2 p.1059	青邱野談(청구야담)			d13_2803
v.2 p.1059	淸虛堂集(청허당집)	釋 休靜 著(석 휴정 저)		a08_1580-1581
v.2 p.1060	靜虛堂集(정허당집)	洪桂世 著(홍계세 저)		a08_1582
v.2 p.1060	淸虛樓題詠帖(청허루제영첩)			d13_2800-2801

v.2 p.1060	政經(정경)			
v.2 p.1061	星鏡(성경)	南相吉 著(남상길 저)		d13_2798-2799
v.2 p.1061	醒狂子集(성광자집)	朱溪君深源 著(주계군심원 저)		a08_1583
v.2 p.1061	成謹甫集(성근보집)	成三問 著(성삼문 저)		a08_1584
v.2 p.1062	政訓(정훈)	英宗王 御製(영종왕 어제)		d13_2795-2796
v.2 p.1063	醒愚集(성우집)	許啓 著(허계 저)		a08_1585
v.2 p.1063	西溪家藏訣(서계가장결)			a08_1586
v.2 p.1063	誠敬齋集(성경재집)			a08_1587
v.2 p.1063	清卿集(청경집)	尹淮 著(윤회 저)		a08_1588-1589
v.2 p.1063	西垌集(서경집)	柳根 著(유근 저)		a08_1590-1591
v.2 p.1064	青溪集(청계집)	梁大樸 著(양대박 저)		a08_1592-1593
v.2 p.1065	清溪集(청계집)	洪葳 著(홍위 저)		a08_1594
v.2 p.1065	西溪集(서계집)	朴世堂 著(박세당 저)		a08_1595-1596
v.2 p.1066	青溪集(청계집)	李東運 著(이동운 저)		a08_1597
v.2 p.1066	西溪集(서계집)	李得胤 著(이득윤 저)		a08_1598
v.2 p.1066	青溪倡義錄(청계창의록)			a08_1599-1600
v.2 p.1067	生溪隨記(생계수기)	嚴璹 著(엄숙 저)		a08_1602
v.2 p.1067	靜軒瀛海處坎錄(정헌영해처감록)	趙貞喆 著(조정철 저)		a08_1603
v.2 p.1067	聖賢道學淵源(성현도학연원)	李滉 著(이황 저)		d13_2791-2792
v.2 p.1067	靖獻篇(정헌편)	金獻材 著(김헌재 저)		d13_2790
v.2 p.1067	西原家稿(서원가고)			a08_1604-1605
v.2 p.1068	西原世稿(서원세고)			a08_1606
v.2 p.1068	西原世稿(서원세고)			a08_1607
v.2 p.1069	精言妙選(정언묘선)	李珥 著(이이 저)		d13_2789
v.2 p.1069	聖源錄(성원록)		璿源錄을 보라	d13_2788
v.2 p.1069	西湖故事(서호고사)			d13_2787
v.2 p.1069	星湖僿說(성호사설)	李瀷 著(이익 저)		a08_1609-1611
v.2 p.1070	星湖集(성호집)	李瀷 著(이익 저)		a08_1612, a08_1608
v.2 p.1070	星湖禮式(성호예식)	李瀷 著(이익 저)		a08_1613
v.2 p.1070	靖孝公家乘(정효공가승)	朗善君俁 編(낭선군우 편)		a08_1614-1615
v.2 p.1071	靖孝公年譜(정효공연보)	朗原君偘 編(낭원군간 편)		a08_1616-1617
v.2 p.1071	清江集(청강집)	李濟臣 著(이제신 저)		a08_1618-1619
v.2 p.1071	清江小說(청강소설)		侯鯖瑣語를 보라	a08_1621
v.2 p.1072	西行時侍講院日記(서행시시강원일기)			d01_0004-0005
v.2 p.1072	青郊墨談(청교묵담)	安應昌 著(안응창 저)		d01_0006
v.2 p.1072	西谷筆迹(서곡필적)	李正英 書(이정영 서)		
v.2 p.1072	省吾堂集(성오당집)	李介立 著(이개립 저)		a08_1623
v.2 p.1072	誠齋易傳(성재역전)			
v.2 p.1072	靜齋集(정재집)	成聃年 著(성담년 저)		a08_1624
v.2 p.1072	惺齋集(성재집)	鄭以問 著(정이문 저)		a08_1625
v.2 p.1072	醒齋集(성재집)	申翼相 著(신익상 저)		a08_1627
v.2 p.1073	靜齋集(정재집)	李聃命 著(이담명 저)		a08_1626
v.2 p.1073	西齋集(서재집)	任徵夏 著(임징하 저)		a08_1628

v.2 p.1073	省齋集(성재집)	高時彦 著(고시언 저)		a09_1629
v.2 p.1074	成齋集(성재집)	趙秉鉉 著(조병현 저)		a09_1630
v.2 p.1074	性齋集(성재집)	許傳 著(허전 저)		a09_1631-1632
v.2 p.1074	惺齋集(성재집)	柳重敎 著(유중교 저)		a09_1633
v.2 p.1074	淸齋事實記(청재사실기)			a09_1634
v.2 p.1074	靜齋實記(정재실기)			a09_1635
v.2 p.1075	成册規式(성책규식)			d01_0007
v.2 p.1075	省齋漫錄(성재만록)	辛應純 著(신응순 저)		a09_1636
v.2 p.1075	省齋零藁(성재령고)	南岳老 著(남악로 저)		a09_1637
v.2 p.1075	西山大師事蹟帖(서산대사사적첩)		淸虛堂集에 병기함	b13_2396
v.2 p.1075	西山大師秘訣(서산대사비결)			a09_1638
v.2 p.1075	青山邑誌(청산읍지)			d01_0008
v.2 p.1075	正史彙鑑(정사휘감)	洪鳳漢 撰進(홍봉한 찬진)		d01_0010
v.2 p.1075	青史遺稿(청사유고)			a09_1639
v.2 p.1075	世子行錄(세자행록)			d01_0011-0012
v.2 p.1076	正始文程(정시문정)	官撰(관찬)		d01_0013-0014
v.2 p.1076	晴沙集(청사집)	高用厚 著(고용후 저)		a09_1640
v.2 p.1076	靖社錄(정사록)		癸亥靖社錄을 보라	d01_0015
v.2 p.1076	淸州郭氏族譜(청주곽씨족보)			a09_1641
v.2 p.1076	淸州韓氏族譜(청주한씨족보)			a09_1642
v.2 p.1077	淸州韓氏碑誌(청주한씨비지)			a09_1643
v.2 p.1077	淸州慶氏族譜(청주경씨족보)			a09_1644
v.2 p.1077	靜修齋遺稿(정수재유고)	金應夏 著(김응하 저)		a09_1645-1646
v.2 p.1077	靜修齋集(정수재집)	崔後亮 著(최후량 저)		a09_1647
v.2 p.1077	西洲集(서주집)	曹夏望 著(조하망 저)		a09_1648
v.2 p.1078	星州裵氏族譜(성주배씨족보)			
v.2 p.1078	淸州李氏族譜(청주이씨족보)			a09_1649
v.2 p.1078	星州李氏族譜(성주이씨족보)			a09_1650
v.2 p.1078	惺所覆瓿藁(성소복부고)	許筠 著(허균 저)		a09_1651-1652
v.2 p.1078	青松誌(청송지)			d01_0017
v.2 p.1079	青松詩集(청송시집)	鄭子堂 著(정자당 저)		a09_1653
v.2 p.1079	青松世稿(청송세고)			a09_1654-1661
v.2 p.1080	青松沈氏族譜(청송심씨족보)			a09_1662
v.2 p.1081	制勝方略(제승방략)	金宗瑞 撰(김종서 찬)		d01_0018-0020
v.2 p.1081	誠信堂諸記帖(성신당제기첩)			d01_0021
v.2 p.1081	醒心錄(성심록)			d01_0022
v.2 p.1081	政事册(정사책)			d01_0023
v.2 p.1081	成侍中孝行錄(성시중효행록)	成瑍 編(성환 편)		a09_1663
v.2 p.1082	政術對案(정술대안)			d01_0024
v.2 p.1082	西序書目(서서서목)			d01_0026
v.2 p.1082	青城集(청성집)	成大中 著(성대중 저)		a09_1664
v.2 p.1083	成仁傳(성인전)	洪桂翼 著(홍계익 저)		d01_0027
v.2 p.1083	成仁年表(성인연표)	洪永燮 著(홍영변 저)		d01_0028
v.2 p.1083	成仁錄(성인록)	尹斗壽 撰(윤두수 찬)		d01_0029-0030

v.2 p.1084	淸水日記(청수일기)	洪祐昌 著(홍우창 저)		d01_0031
v.2 p.1084	正藪(정수)			d01_0033
v.2 p.1084	生生字譜(생생자보)	奎章閣 編(규장각 편)		d01_0034-0035
v.2 p.1084	西征錄(서정록)	高麗 李齊賢 著(고려 이제현 저)		d01_0036-0046
v.2 p.1085	西征錄(서정록)			d01_0036-0046
v.2 p.1086	西征錄(서정록)	金起宗 撰(김기종 찬)		d01_0036-0046
v.2 p.1086	西征錄(서정록)	洪翼漢 著(홍익한 저)		d01_0036-0046
v.2 p.1087	聖蹟之圖(성적지도)			
v.2 p.1087	聖蹟圖(성적도)			
v.2 p.1087	聖蹟圖誌(성적도지)		關聖帝君聖圖誌를 보라	
v.2 p.1087	世說新語(세설신어)			
v.2 p.1087	淸選考(청선고)			d01_0047
v.2 p.1087	西銓考(서전고)			d01_0048
v.2 p.1087	成川誌(성천지)			d01_0049-0050
v.2 p.1088	靑川子稿(청천자고)	任敬周 著(임경주 저)		a09_1665
v.2 p.1088	西川集(서천집)	魚世謙 著(어세겸 저)		a09_1666
v.2 p.1088	靑泉集(청천집)	申維翰 著(신유한 저)		a09_1667
v.2 p.1089	菁川日記(청천일기)	姜綖 著(강연 저)		a09_1668
v.2 p.1089	菁川養花小錄(청천양화소록)	姜希顔 著(강희안 저)		d01_0051
v.2 p.1089	旌善全氏族譜(정선전씨족보)			a09_1669
v.2 p.1090	旌善邑誌(정선읍지)			d01_0052
v.2 p.1090	世祖實錄(세조실록)		實錄을 보라	d12_2527-2528
v.2 p.1090	靑莊館稿(청장관고)	李德懋 著(이덕무 저)		a09_1670
v.2 p.1090	靑莊館全書(청장관전서)	李德懋 著(이덕무 저)		a09_1671
v.2 p.1090	正宗記事(정종기사)			d01_0055-0056, d01_0076
v.2 p.1091	正宗御製(정종어제)		列聖御製를 보라	d01_0053
v.2 p.1091	惺叟詩話(성수시화)		蛟山詩話를 보라	a09_1672
v.2 p.1091	世宗實錄(세종실록)		實錄을 보라	d12_2520-2522
v.2 p.1091	成宗實錄(성종실록)		實錄을 보라	d12_2530
v.2 p.1091	正宗實錄(정종실록)		實錄을 보라	d12_2552
v.2 p.1091	世宗朝事實(세종조사실)			d01_0057-0058
v.2 p.1091	成宗朝事實(성종조사실)			d01_0059-0060
v.2 p.1091	晴窓軟談(청창연담)	申欽 著(신흠 저)		d01_0061
v.2 p.1092	靜存齋集(정존재집)	李湛 著(이담 저)		a09_1673
v.2 p.1092	世孫册封儀便覽(세손책봉의편람)			d01_0062-0064
v.2 p.1093	西村集(서촌집)	李慶昌 著(이경창 저)		a09_1674-1675
v.2 p.1093	正俗(정속)			d01_0065
v.2 p.1093	正俗諺解(정속언해)	金安國 撰(김안국 찬)		
v.2 p.1093	性潭集(성담집)	宋煥箕 著(송환기 저)		a09_1676-1677
v.2 p.1093	西潭文集(서담문집)	洪瑋 著(홍위 저)		a09_1678-1679
v.2 p.1094	世代編年節要(세대편년절요)		金鏡錄을 보라	d13_2764-2765
v.2 p.1094	西疇遺稿(서주유고)	鄭禮男 著(정례남 저)		a09_1680
v.2 p.1094	成忠文孝忠簡遺詩(성충문효충간유시)	成三問 李塏 著(성삼문 이개 저)		a09_1681

v.2 p.1094	精忠錄(정충록)			
v.2 p.1095	旌忠錄(정충록)	黃暐 編 撰(황위 편 찬)		d01_0066
v.2 p.1095	蜻蜓國志(청정국지)	李德懋 著(이덕무 저)		d01_0067
v.2 p.1095	西天提納薄陀尊者偈頌(서천제납박타존자계송)	元 釋 指空 撰(원 석 지공 찬)		
v.2 p.1096	聖德(성덕)			d01_0069
v.2 p.1096	淸道金氏族譜(청도김씨족보)			a09_1682
v.2 p.1096	西堂釋褐錄(서당석갈록)	李德壽 著(이덕수 저)		a09_1683
v.2 p.1096	西堂集(서당집)	李德壽 著(이덕수 저)		a09_1684
v.2 p.1096	性堂集(성당집)	鄭赫臣 著(정혁신 저)		a09_1685
v.2 p.1097	淸道邑誌(청도읍지)			d01_0070
v.2 p.1097	西南地圖(서남지도)			
v.2 p.1097	世年歌(세년가)		歷代世年歌를 보라	d01_0071
v.2 p.1097	靑坡劇談(청파극담)	李陸 著(이륙 저)		a09_1686-1688
v.2 p.1098	靑坡集(청파집)	李陸 著(이륙 저)		a09_1689-1690
v.2 p.1098	西坡集(서파집)	吳道一 著(오도일 저)		a09_1691
v.2 p.1099	靑坡實記(청파실기)		貞武公實記를 보라	a09_1693
v.2 p.1099	淸葩堂孝感錄(청파당효감록)	進士 李廷簡 輯(진사 이정간 집)		a09_1694
v.2 p.1099	西坡年譜(서파연보)			a09_1692
v.2 p.1099	靑白堂日記(청백당일기)	申翊聖 著(신익성 저)		a09_1695
v.2 p.1099	淸白吏抄案(청백리초안)			d01_0072
v.2 p.1099	世範(세범)			d01_0073
v.2 p.1099	제마무전(齊馬武傳(제마무전))			d01_0074
v.2 p.1099	靑梅集(청매집)	釋 印悟 著(석 인오 저)		a09_1696
v.2 p.1100	淸脾錄(청비록)	李德懋 著(이덕무 저)		d01_0075
v.2 p.1100	正百將傳(정백장전)			
v.2 p.1100	政府故事(정부고사)			d01_0078
v.2 p.1100	政府條例(정부조례)			d01_0079
v.2 p.1100	淸風金氏族譜(청풍김씨족보)			a09_1697-1698
v.2 p.1101	淸風世稿(청풍세고)			a09_1699
v.2 p.1101	淸風府院君行狀(청풍부원군행장)	金錫冑 著(김석주 저)		a09_1700
v.2 p.1101	淸風邑誌(청풍읍지)			d01_0080
v.2 p.1101	靑壁集(청벽집)	李守淵 著(이수연 저)		a09_1701
v.2 p.1101	西壁先生案(서벽선생안)			d01_0081
v.2 p.1102	西浦記聞(서포기문)	朴東善 著(박동선 저)		a09_1702
v.2 p.1102	西浦集(서포집)	金萬重 著(김만중 저)		a09_1703
v.2 p.1102	西浦漫筆(서포만필)	金萬重 著(김만중 저)		a09_1704
v.2 p.1102	晴峯集(청봉집)	沈東龜 著(심동구 저)		a09_1705
v.2 p.1103	西峯日記(서봉일기)	李時昉 著(이시방 저)		a09_1706
v.2 p.1103	西北疆域辨(서북강역변)			d01_0082
v.2 p.1103	西北邊界攷(서북변계고)			d01_0083
v.2 p.1103	性命圭旨(성명규지)			
v.2 p.1103	西銘考證講義(서명고증강의)	李滉 撰(이황 찬)		d01_0084
v.2 p.1103	靜明國師詩集(정명국사시집)	釋 天因 著(석 천인 저)		a09_1707

v.2 p.1104	西銘淺見錄(서명천견록)	崔有海 著(최유해 저)		d01_0085
v.2 p.1104	星命總括(성명총괄)			
v.2 p.1104	靜默堂集(정묵당집)	權重經 著(권중경 저)		a09_1708
v.2 p.1104	靜默堂集(정묵당집)	李聖肇 著(이성조 저)		a09_1709
v.2 p.1104	青野漫輯(청야만집)	李喜謙 編(이희겸 편)		d01_0086-0087
v.2 p.1105	聖諭錄(성유록)			d01_0088
v.2 p.1105	西遊記(서유기)			d01_0089
v.2 p.1105	서유긔(西遊記(서유기))			d01_0090
v.2 p.1106	井邑邑誌(정읍읍지)			d01_0091
v.2 p.1106	西洋新法曆書(서양신법역서)			
v.2 p.1106	性理遺編(성리유편)	李楨 撰(이정 찬)		d01_0094
v.2 p.1106	性理淵源撮要(성리연원촬요)	柳崇祖 著(유숭조 저)		d01_0095-0096
v.2 p.1106	性理管窺(성리관규)	蔡之洪 著(채지홍 저)		d01_0097-0098
v.2 p.1107	整理儀軌(정리의궤)		山陵儀軌를 보라	d01_0099
v.2 p.1107	性理群書句解(성리군서구해)	宋 熊節 編 熊剛大 註(송 웅절 편 웅강대 주)		
v.2 p.1107	性理字義(성리자의)			
v.2 p.1107	整理字譜(정리자보)			d01_0100
v.2 p.1108	性理說(성리설)		旅軒性理說을 보라	d01_0101-0103
v.2 p.1108	性理節要(성리절요)	金正國 著(김정국 저)		d01_0104
v.2 p.1108	性理大全(성리대전)	官撰(관찬)		
v.2 p.1109	性理明鑑(성리명감)	李仲虎 撰(이중호 찬)		d01_0105
v.2 p.1109	青陸集(청륙집)	金德謙 著(김덕겸 저)		a09_1710
v.2 p.1109	青陵具氏族譜(청릉구씨족보)		綾城具氏族譜와 동일함	a09_1711
v.2 p.1109	清凉講錄(청량강록)			d01_0106
v.2 p.1109	清凉志(청량지)			d01_0107
v.2 p.1109	靖陵志略(정릉지략)			d01_0108
v.2 p.1109	清冷子遺稿(청랭자유고)	崔守哲 著(최수철 저)		a09_1712
v.2 p.1110	性靈集(성영집)			d01_0109
v.2 p.1110	青蓮集(청련집)	李後白 著(이후백 저)		a09_1713
v.2 p.1110	生老堂遺稿(생로당유고)	吳孝錫 著(오효석 저)		a09_1714
v.2 p.1110	淸麓集(청록집)	李尙泰 著(이상태 저)		a09_1715
v.2 p.1111	生六臣合集(생육신합집)			a09_1716-1718
v.2 p.1111	政論(정론)			d01_0110
v.2 p.1111	征倭雜志(정왜잡지)	申欽 著(신흠 저)		d01_0092
v.2 p.1112	征倭詔使將臣錄(정왜조사장신록)			d01_0093
v.2 p.1112	石雲集(석운집)	尹顯東 著(윤현동 저)		a09_1720
v.2 p.1112	石澗集(석간집)	趙云仡 著(조운흘 저)		a09_1721
v.2 p.1112	石棊枰帖(석기판첩)			d01_0112
v.2 p.1112	石居集(석거집)	金基纘 著(김기찬 저)		
v.2 p.1113	石溪集(석계집)	閔昱 著(민욱 저)		a09_1722-1723
v.2 p.1113	石軒實記(석헌실기)	柳沃 著(유옥 저)		a09_1724
v.2 p.1113	石見樓詩鈔(석견서시초)	李復鉉 著(이복현 저)		a09_1726
v.2 p.1114	石湖遺稿(석호유고)	尹文擧 著(윤문거 저)		a09_1727

v.2 p.1114	斥堠(척후)			d01_0113
v.2 p.1114	石公尺牘(석공척독)			b07_1264
v.2 p.1114	石谷集(석곡집)	成彭年 著(성팽년 저)		a09_1728
v.2 p.1114	石谷封事(석곡봉사)			a09_1729-1730
v.2 p.1115	坼獄體要(탁옥체요)			
v.2 p.1115	碩齋集(석재집)		方是閑集을 보라	
v.2 p.1115	石室啣命錄(석실함명록)			d01_0114
v.2 p.1115	石室語錄(석실어록)			a09_1731
v.2 p.1115	石室秘錄(석실비록)			d01_0115
v.2 p.1115	石洲集(석주집)	權韠 著(권필 저)		a09_1732-1736
v.2 p.1117	赤裳山城條陳成冊(적상산성조진성책)			d02_0331
v.2 p.1117	斥邪綸音(척사윤음)			d02_0332-0333
v.2 p.1118	斥邪論(척사론)			d02_0334
v.2 p.1118	石城三綱錄(석성삼강록)			d02_0335
v.2 p.1118	赤城誌(적성지)		茂朱邑誌를 보라	
v.2 p.1118	石城文行錄(석성문행록)			d02_0336
v.2 p.1118	積城邑誌(적성읍지)			d02_0338
v.2 p.1118	石城邑誌(석성읍지)			d02_0337
v.2 p.1118	石藪集(석수집)			a09_1737
v.2 p.1118	石世遺稿(석세유고)	金鼎集 著(김정집 저)		a09_1739
v.2 p.1119	石川集(석천집)	林億齡 著(임억령 저)		a09_1740
v.2 p.1119	石潭遺事(석담유사)		石潭日記를 보라	
v.2 p.1119	石潭語錄(석담어록)	朴汝龍 著(박여룡 저)	(又名)門人問答說	a09_1741
v.2 p.1119	石潭集(석담집)	李潤雨 著(이윤우 저)		a09_1742
v.2 p.1120	石潭實記(석담실기)			a09_1743
v.2 p.1120	石潭日記(석담일기)	李珥 著(이이 저)		a09_1744-1746
v.2 p.1121	石潭年譜(석담연보)		栗谷年譜를 보라	a09_1747
v.2 p.1121	石田集(석전집)	成輅 著(성로 저)		a09_1748
v.2 p.1121	石堂遺稿(석당유고)	金相定 著(김상정 저)		a09_1749
v.2 p.1121	尺牘完備(척독완비)			d02_0339
v.2 p.1121	尺牘要覽(척독요람)			d02_0340
v.2 p.1122	石灘集(석탄집)	李存吾 著(이존오 저)		a09_1750
v.2 p.1122	石灘集(석탄집)	李愼儀 著(이신의 저)		a09_1751
v.2 p.1122	石屛集(석병집)	李回寶 著(이회보 저)		a09_1752
v.2 p.1122	石峯集(석봉집)	韓修 著(한수 저)		a09_1753
v.2 p.1122	石峯筆迹(석봉필적)	韓濩 書(한호 서)		
v.2 p.1123	石北集(석북집)	申光洙 著(신광수 저)		a09_1754
v.2 p.1123	石門集(석문집)	鄭榮邦 著(정영방 저)		a09_1756
v.2 p.1123	石文集(석문집)	尹鳳五 著(윤봉오 저)		a09_1755
v.2 p.1123	石菱集(석릉집)	金昌熙 著(김창희 저)		a09_1757
v.2 p.1124	石樓遺稿(석루유고)	李慶全 著(이경전 저)		a09_1758
v.2 p.1124	拙隱遺稿(졸은유고)	李漢輔 著(이한보 저)		a09_1759
v.2 p.1124	說苑(설원)		新序를 보라	
v.2 p.1124	雪冤錄(설원록)		車雲巖雪冤錄을 보라	

v.2 p.1124	拙翁集(졸옹집)	洪聖民 著(홍성민 저)		a09_1760
v.2 p.1125	折花奇談(절화기담)	洪聖民 著(홍성민 저)		d02_0342
v.2 p.1125	說海(설해)			d02_0343-0348
v.2 p.1127	雪海集(설해집)	李晚榮 著(이만영 저)		a09_1761
v.2 p.1127	設官篇(설관편)			d02_0349
v.2 p.1127	雪壑謏聞(설학소문)	李大期 著(이대기 저)		a09_1762-1763
v.2 p.1127	雪嵒日錄(설암일록)	金𨩌 著(김로 저)		a09_1764
v.2 p.1127	雪巖亂藁(설암난고)	釋 秋鵬 著(석 추붕 저)		a09_1765
v.2 p.1128	節惠攷(절혜고)			d02_0350
v.2 p.1128	雪溪隨錄(설계수록)	朴致遠 著(박치원 저)		a09_1766
v.2 p.1128	拙軒集(졸헌집)			a09_1767
v.2 p.1128	雪月梅傳(설월매전)			d02_0352
v.2 p.1128	節孝稿(절효고)		聽松集을 보라	a09_1768
v.2 p.1128	雪窖唱酬集(설교창수집)			d02_0353
v.2 p.1129	雪谷集(설곡집)	鄭誧 著(정포 저)		a09_1769-1770
v.2 p.1129	節谷集(절곡집)	金時觀 著(김시관 저)		
v.2 p.1129	雪簑集(설사집)	南以恭 著(남이공 저)		a09_1771
v.2 p.1129	拙齋集(졸재집)	權五紀 著(권오기 저)		a09_1773
v.2 p.1129	拙齋集(졸재집)	柳元之 著(유원지 저)		a09_1772
v.2 p.1129	節酌通編(절작통편)	宋時烈 編(송시열 편)		d02_0355-0356
v.2 p.1130	拙修齋集(졸수재집)	趙聖期 著(조성기 저)		a09_1774
v.2 p.1131	셜인귀젼(薛仁貴傳(설인귀전))			d02_0359
v.2 p.1131	雪川經義(설천경의)			d02_0358
v.2 p.1131	葉蒼霞疏抄(엽창하소초)			
v.2 p.1131	接待倭人事例(접대왜인사례)			d02_0360
v.2 p.1131	雪汀詩集(설정시집)	曹文秀 著(조문수 저)		a09_1775-1776
v.2 p.1131	薛文清公行實記(설문청공행실기)			d02_0363
v.2 p.1132	雪峯集(설봉집)	姜柏年 著(강백년 저)		a09_1778-1779, b13_2403
v.2 p.1132	說文解字翼徵(설문해자익징)			d02_0364
v.2 p.1132	節要集覽(절요집람)			d02_0366
v.2 p.1132	切用方(절용방)	張混 撰(장혼 찬)		d02_0367
v.2 p.1132	攝養要法(섭양요법)	撰人未攷(찬인미고)		
v.2 p.1132	潛庵遺稿(잠암유고)	金義貞 著(김의정 저)		a09_1780
v.2 p.1133	[人(西/升)]庵續集(선암속집)	劉敞 著(유창 저)		a09_1781
v.2 p.1133	瞻猗軒遺稿(첨의헌유고)			a09_1782
v.2 p.1133	千一錄(천일록)			d02_0368
v.2 p.1133	遷園事實(천원사실)		山陵儀軌를 보라	b09_1750, d02_0368
v.2 p.1133	遷園謄錄(천원등록)			d02_0370
v.2 p.1133	宣醞謄錄(선온등록)			d02_0371
v.2 p.1133	潛窩遺稿(잠와유고)	李命俊 著(이명준 저)		a09_1784
v.2 p.1133	潛窩實紀(잠와실기)		(本名)貞武公崔先生實紀	a09_1785
v.2 p.1134	戰兢齋集(전긍재집)	金瑞一 著(김서일 저)		a09_1786

v.2 p.1134	闡義昭鑑(천의소감)			d02_0373-0376
v.2 p.1135	潛溪集(잠계집)	李全仁 著(이전인 저)		a09_1787
v.2 p.1135	潛溪集(잠계집)			
v.2 p.1135	宣惠廳定例(선혜청정례)		度支定例를 보라	d02_0377-0378
v.2 p.1135	宣惠廳文籍(선혜청문적)			b08_1582-1583
v.2 p.1136	僭言(참언)	鄭士元 著(정사원 저)		d02_0380
v.2 p.1137	仙源遺稿(선원유고)	金尙容 著(김상용 저)		a09_1788-1789
v.2 p.1137	璿源系譜記略(선원계보기략)			d02_0381
v.2 p.1139	璿源續譜(선원속보)			d02_0382-0390
v.2 p.1140	仙源淸陰年譜(선원청음연보)			a09_1790, a08_1558
v.2 p.1140	璿源殿儀軌(선원전의궤)		眞殿儀軌를 보라	
v.2 p.1140	璿源譜略(선원보략)		璿源系譜記略을 보라	
v.2 p.1140	選諺篇(선언편)			d02_0391
v.2 p.1140	璿源錄(선원록)			d02_0392
v.2 p.1140	璿源錄(선원록)			d02_0393-0394
v.2 p.1141	先庚後甲錄(선경후갑록)			d02_0396
v.2 p.1141	潛谷遺稿(잠곡유고)	金堉 著(김육 저)		a09_1792
v.2 p.1142	潛谷碑誌(잠곡비지)			a09_1793
v.2 p.1142	潛谷筆談(잠곡필담)	金堉 著(김육 저)		a09_1794
v.2 p.1142	戰國策(전국책)			
v.2 p.1143	潛齋稿(잠재고)	金益謙 著(김익겸 저)		a09_1795
v.2 p.1143	千歲曆(천세력)	正祖 命撰(정조 명찬)		d02_0398-0404
v.2 p.1144	選詩(선시)			d02_0405
v.2 p.1144	千秋金鏡錄(천추금경록)		金鏡錄을 보라	d02_0407
v.2 p.1144	撰輯儀軌(찬집의궤)		纂修儀軌를 보라	
v.2 p.1144	讖書類聚(참서유취)			d02_0408
v.2 p.1144	千字(천자)			d02_0409
v.2 p.1144	千字(천자)			
v.2 p.1144	千字文(천자문)			
v.2 p.1144	千手經(천수경)			
v.2 p.1148	쳔슈경(千手經(천수경))			
v.2 p.1148	先儒史評(선유사평)			d02_0410
v.2 p.1148	先儒姓氏(선유성씨)			d02_0411
v.2 p.1148	選粹集(선수집)	高麗 金九容 著(고려 김구용 저)		d02_0412
v.2 p.1148	船政實錄抄(선정실록초)			d02_0413
v.2 p.1148	千石亭試射(천석정시사)			d02_0415
v.2 p.1148	宣川地圖(선천지도)			
v.2 p.1149	宣祖實錄(선조실록)		實錄을 보라	d02_0417-0418, d12_2537-2540, d12_2543
v.2 p.1149	選擇紀要(선택기요)	南相吉 著(남상길 저)		d02_0419
v.2 p.1149	選擇要略(선택요약)	李純之 著(이순지 저)		d02_0420-0421
v.2 p.1149	宣廳日記(선청일기)			b14_2576

v.2 p.1149	先天管窺(선천관규)	申欽 著(신흠 저)		d02_0425
v.2 p.1150	宣傳官廳笏記(선전관청홀기)			b14_2577
v.2 p.1150	宣傳官廳先生案(선전관청선생안)			b14_2579
v.2 p.1150	宣傳官廳謄錄(선전관청등록)			b14_2580-2581
v.2 p.1150	宣傳官廳文籍(선전관청문적)			b14_2582-2591
v.2 p.1151	剪燈新話(전등신화)			
v.2 p.1152	先輩手柬帖(선배수간첩)		簡牘을 보라	d02_0426
v.2 p.1152	薦拜錄(천배록)			d02_0427
v.2 p.1152	剪跋撮要(전발촬요)			d02_0428
v.2 p.1152	宣廟中興誌(선묘중흥지)			d02_0438
v.2 p.1152	宣廟寶鑑(선묘보감)		國朝寶鑑을 보라	d02_0429-0430
v.2 p.1152	選賦(선부)			d02_0431-0432
v.2 p.1153	選文掇英(선문철영)			d02_0434
v.2 p.1153	箋文謄錄(전문등록)			d02_0435-0436
v.2 p.1153	箋文副本(전문부본)			d02_0437
v.2 p.1153	戰兵各船圖本(전병각선도본)			d02_0439
v.2 p.1154	千峯詩藁(천봉시고)	釋 卍雨 著(석 만우 저)		a09_1796-1797
v.2 p.1154	瞻慕堂集(첨모당집)	林芸 著(임운 저)		a09_1798
v.2 p.1154	宣麻錄(선마록)		景賢堂宣麻錄을 보라	d02_0440
v.2 p.1154	潛冶集(잠야집)	朴知誡 著(박지계 저)		a09_1799
v.2 p.1155	先憂錄(선우록)	趙憲 著(조헌 저)		d02_0441
v.2 p.1155	蟾樂里碑帖(섬락리비첩)			
v.2 p.1155	占例(점례)			d02_0445
v.2 p.1155	銓郎先生案(전랑선생안)			d02_0446
v.2 p.1155	是庵集(시암집)			a09_1800
v.2 p.1155	是窩遺稿(시와유고)	韓泰東 著(한태동 저)		a09_1801
v.2 p.1156	筮蒙(서몽)	南衡秀 著(남형수 저)		d02_0447
v.2 p.1156	全韻玉篇(전운옥편)			d02_0448-0449
v.2 p.1157	禪敎釋(선교석)	釋 休靜 著(석 휴정 저)		d02_0451
v.2 p.1157	全義李氏族譜(전의이씨족보)			a09_1802-1804
v.2 p.1158	禪家龜鑑(선가귀감)	釋 休靜 著(석 휴정 저)		d02_0450
v.2 p.1158	禪家宗派圖(선가종파도)	高麗 李藏用 著(고려 이장용 저)		d02_0452
v.2 p.1158	前言往行錄(전언왕행록)	許曄 著(허엽 저)		d02_0453
v.2 p.1158	禪源諸詮都叙(선원제전집도서)			
v.2 p.1159	全山郡夫人墓表(전산군부인묘표)			d02_0454
v.2 p.1159	善山金氏族譜(선산김씨족보)			a09_1805
v.2 p.1159	全史銓評(전사전평)			d02_0457
v.2 p.1159	全州金氏族譜(전주김씨족보)			a09_1806
v.2 p.1159	全州崔氏族譜(전주최씨족보)			a09_1807
v.2 p.1159	禪宗唯心訣(선종유심결)			d02_0458
v.2 p.1159	禪宗永嘉集(선종영가집)			
v.2 p.1160	全州李氏族譜(전주이씨족보)			a09_1808-1809
v.2 p.1160	全州柳氏族譜(전주유씨족보)			a09_1810
v.2 p.1160	全城世稿(전성세고)			a09_1811-1813

v.2 p.1161	禪坦師詩集(선탄사시집)	釋 禪坦 著(석 선탄 저)		a09_1814
v.2 p.1161	前朝諸陵禁標受教(전조제릉금표수교)		麗陵禁標受教를 보라	d02_0460
v.2 p.1161	全唐近體選(전당근체선)	申緯 選(신위 선)		d02_0461
v.2 p.1161	善鳴集(선명집)			a09_1815
v.2 p.1161	禪門五宗綱要(선문오종강요)			d02_0462
v.2 p.1162	禪門撮要(선문촬요)			d02_0463
v.2 p.1162	禪門拈頌集(선문염송집)	高麗 釋 慧諶 著(고려 석 혜심 저)		d02_0465-0467
v.2 p.1163	禪門拈頌說話(선문염송설화)	高麗 釋 覺雲 著(고려 석 각운 저)		d02_0468-0470
v.2 p.1163	善養疏箚(선양소차)		翠軒疏箚를 보라	a09_1816
v.2 p.1163	善養亭遺稿(선양정유고)			a09_1817
v.2 p.1163	全羅右水營文籍(전라우수영문적)			b13_2196
v.2 p.1163	全羅監營文籍(전라감영문적)			b12_2139-2146
v.2 p.1166	全羅左水營文籍(전라좌수영문적)			b13_2195
v.2 p.1167	全羅南道山水志(전라남도산수지)			d02_0471
v.2 p.1167	全羅兵營文籍(전라병영문적)			b13_2180
v.2 p.1168	疎庵言行錄(소암언행록)	李植 著(이식 저)		
v.2 p.1168	疎庵集(소암집)	任叔英 著(임숙영 저)		a10_1819
v.2 p.1169	素隱湖山合集(소은호산합집)	愼天翊 愼海翊 兄弟 著(신천익 신해익 형제 저)		a10_1821
v.2 p.1169	素隱稿(소은고)			a10_1820
v.2 p.1169	蘇營經歷(소영경력)			d02_0117
v.2 p.1169	素王事紀(소왕사기)			d02_0118
v.2 p.1169	疎窩集(소와집)	洪重孝 著(홍중효 저)		a10_1822
v.2 p.1170	祖鑑(조감)			d02_0119-0121
v.2 p.1170	素雅堂心觀錄(소아당심관록)			c14_2166, d02_0122
v.2 p.1170	素玩亭遺文(소완정유문)	李書九 著(이서구 저)		a10_1823
v.2 p.1171	祖訓(조훈)	英宗王 御製(영종왕 어제)		d02_0123
v.2 p.1171	遡源錄(소원록)		朴氏遡源錄을 보라	d02_0124
v.2 p.1171	鼠獄說(서옥설)			d02_0125
v.2 p.1171	蘇齋侍講錄(소재시강록)	盧守愼 著(노수신 저)	一名蘇齋日記	a10_1826-1828
v.2 p.1172	疎齋集(소재집)	李頤命 著(이신명 저)		a10_1829, a10_1825
v.2 p.1172	蘇齋文集(소재문집)	盧守愼 著(노수신 저)		a10_1824
v.2 p.1173	疎齋漫錄(소재만록)	李頤命 著(이신명 저)		a10_1830
v.2 p.1173	疏箚可則(소차가칙)			d02_0127
v.2 p.1173	疏箚謄錄(소차등록)			d02_0128
v.2 p.1174	疏箚類纂(소차류찬)			d02_0129
v.2 p.1174	疏箚類集(소차류집)			d02_0130
v.2 p.1174	素山集(소산집)	李應辰 著(이응진 저)		a10_1831
v.2 p.1174	楚山邑誌(초산읍지)			d02_0131
v.2 p.1174	蘇詩摘律(소시적률)			
v.2 p.1174	訴訟法律(소송법률)			d02_0136
v.2 p.1174	疏章類鈔(소장유초)			d02_0137

v.2 p.1174	楚辭(초사)			
v.2 p.1175	蘇世讓神道碑(소세양신도비)			
v.2 p.1175	祖孫同講大學文(조손동강대학문)	英宗王 御製(영종왕 어제)		d02_0138-0139
v.2 p.1175	쇼대셩젼(蘇大成傳(소대성전))			d02_0140
v.2 p.1176	楚亭集(초정집)	朴齊家 著(박제가 저)		a10_1832
v.2 p.1176	俎豆錄(조두록)			d02_0141-0142
v.2 p.1177	祖堂集(조당집)			d02_0143-0144
v.2 p.1177	祖範(조범)			d02_0145
v.2 p.1177	蘇文抄(소문초)		東坡集을 보라	
v.2 p.1177	素問(소문)			
v.2 p.1178	草屋子集(초옥자집)			a10_1833
v.2 p.1178	장화홍년젼(壯花紅蓮傳(장화홍련전))			d02_0148
v.2 p.1178	蒼霞集(창하집)	元景夏 著(원경하 저)		a10_1834
v.2 p.1179	宋家賤案(송가천안)			d02_0149
v.2 p.1179	倉可樓外史(창가루외사)	金鑢 編(김려 편)	野史 叢書	d02_0150
v.2 p.1179	滄海集(창해집)	許格 著(허격 저)		a10_1835
v.2 p.1179	壯懷堂集(장회당집)			
v.2 p.1179	宋鑑(송감)			
v.2 p.1180	草澗集(초간집)	權文海 著(권문해 저)		a10_1836
v.2 p.1180	草簡牘(초간독)			d02_0151-0152
v.2 p.1180	蒼厓集(창애집)	崔大立 著(최대립 저)		a10_1837
v.2 p.1180	滄厓集(창애집)	李重光 著(이중광 저)		a10_1838
v.2 p.1180	霜嶽發問(상악발간)			d02_0153
v.2 p.1181	蒼巖集(창암집)	金尙彩 著(김상채 저)		a10_1839
v.2 p.1181	槽巖集(조암집)	趙昌期 著(조창기 저)		a10_1840
v.2 p.1181	宋熙業十二世系(송희업십이세계)	宋熙業 著(송희업 저)		a10_1841
v.2 p.1181	宋季元明理通錄(송계원명리학통록)		理學通錄을 보라	d02_0154
v.2 p.1181	奏議纂要(주의찬요)		名臣奏議要略을 보라	d02_0155
v.2 p.1181	奏議輯覽(주의집람)			d02_0156
v.2 p.1181	喪儀節要(상의절요)	丁若鏞 著(정약용 저)		d02_0157
v.2 p.1182	叢玉(총옥)		萬家叢玉을 보라	d02_0158
v.2 p.1182	窓玉合集(창옥합집)		北窓吉玉合集을 보라	
v.2 p.1182	竈君靈蹟誌(조군영적지)			d02_0159-0160
v.2 p.1182	雙溪遺稿(쌍계유고)	李福源 著(이복원 저)		a10_1842
v.2 p.1182	滄溪集(창계집)	文敬仝 著(문경동 저)		a10_1843
v.2 p.1182	叢桂集(총계집)	趙備 著(조비 저)		a10_1844
v.2 p.1182	滄溪集(창계집)	林泳 著(임영 저)		a10_1845
v.2 p.1183	草溪鄭氏行狀(초계정씨행장)			a10_1846
v.2 p.1183	草溪鄭氏族譜(초계정씨족보)			a10_1847
v.2 p.1183	叢桂堂集(총계당집)	鄭之升 著(정지승 저)		a10_1848-1850
v.2 p.1183	宋系辦誣(송계판무)			d02_0161
v.2 p.1183	草溪密陽卞氏族譜(초계밀양변씨족보)			a10_1851
v.2 p.1183	草溪邑誌(초계읍지)			d02_0162
v.2 p.1183	宋經略書(송경약서)			d02_0163

v.2 p.1184	宋元華東史合編綱目(송원화동사합편강목)	李恆老 編(이항로 편)		d02_0164
v.2 p.1184	搜玄記(수현기)			
v.2 p.1184	宋元綱目(송원강목)		通鑑綱目을 보라	
v.2 p.1184	滄江日錄(창강일록)	趙涑 著(조속 저)		a10_1852
v.2 p.1184	桑谷集(상곡집)	成石珚 著(성석연 저)		a10_1853
v.2 p.1185	草谷集(초곡집)	黃啓沃 著(황계옥 저)		a10_1854
v.2 p.1185	喪祭燭定例(상제촉정례)		度支定例를 보라	d02_0167
v.2 p.1185	繰最要(조최요)			d02_0168
v.2 p.1185	喪祭要錄(상제요록)	安璐 撰(안로 찬)		d02_0169
v.2 p.1185	喪祭類抄(상제류초)			d02_0170
v.2 p.1185	喪祭禮抄目(상제례초목)			d02_0171
v.2 p.1185	喪祭禮答問(상제례답문)	李滉 著(이황 저)		d02_0172-0173
v.2 p.1185	甑山邑誌(증산읍지)			d02_0174
v.2 p.1185	叢史(총사)		野史叢著	d02_0175, d02_0181-0182
v.2 p.1186	莊子(장자)			d02_0189
v.2 p.1187	宋史(송사)			d02_0185
v.2 p.1187	宋史撮要(송사촬요)			d02_0186
v.2 p.1187	宋史筌(송사전)		(又)宋史眞筌	d02_0188
v.2 p.1187	宋子大全(송자대전)	宋時烈 著(송시열 저)		a10_1855-1857
v.2 p.1189	宋子大全隨箚(송자대전수차)			a10_1858
v.2 p.1189	宋氏忠孝傳(송씨충효전)			a10_1859
v.2 p.1190	莊子辨解(장자변해)	韓元震 著(한원진 저)		d02_0177
v.2 p.1190	宋史補傳(송사보전)		宋史筌을 보라	d02_0176
v.2 p.1190	宗室傳(종실전)		史略을 보라	
v.2 p.1190	草榭談獻(초사담헌)	成海應 著(성해응 저)		d02_0178
v.2 p.1190	宗社謄錄(종사등록)			d02_0179
v.2 p.1190	滄洲遺稿(창주유고)	金益熙 著(김익희 저)		a10_1860
v.2 p.1191	滄洲遺事(창주유사)			a10_1862
v.2 p.1191	滄洲閒詠(창주한영)	趙宗鉉 著(조종현 저)		a10_1863
v.2 p.1191	滄洲集(창주집)	蓬萊君炯胤 著(봉래군형윤 저)		a10_1864
v.2 p.1191	滄洲集(창주집)	沈之漢 著(심지한 저)		a10_1865-1866
v.2 p.1191	草書韻會(초서운회)		韻會를 보라	d02_0190
v.2 p.1191	宋書節要(송서절요)	李宣哲 編(이의철 편)		a10_1867
v.2 p.1192	宋書百選(송서백선)	宋時烈 著 李勝愚 選(송시열 저 이승우 선)		a10_1868
v.2 p.1192	(宋書百選刊印記實(송서백선간인기실))三丙詩錄(삼병시록)			a10_1869
v.2 p.1192	瘡疹集(창진집)	任元濬 撰(임원준 찬)		
v.2 p.1192	宗親府事例(종친부사례)			b14_2617
v.2 p.1192	宗親府條例(종친부조례)			b14_2618-2619
v.2 p.1193	宗親府節目(종친부절목)			b14_2620-2623
v.2 p.1193	宗親府謄錄(종친부등록)			b14_2624-2627
v.2 p.1193	宗親府文籍(종친부문적)			b14_2628-2632
v.2 p.1194	瘡疹方(창진방)	金安國 撰(김안국 찬)	諺解	d02_0191-0193

v.2 p.1194	草字原(초자원)			d02_0194
v.2 p.1194	葬日通要(장일통요)			d02_0195
v.2 p.1195	總戎營定式成冊(총융영정식성책)			d02_0196
v.2 p.1195	宋人八家(송인팔가)			d02_0197
v.2 p.1195	雙翠軒漫錄(쌍취헌만록)			a10_1870
v.2 p.1195	宗正院謄錄(종정원등록)			b14_2634
v.2 p.1195	宗正府傳掌記(종정부전장기)			b14_2633
v.2 p.1195	蒼石文集(창석문집)	李埈 著(이준 저)		a10_1871
v.2 p.1196	雙節錄(쌍절록)		一名 自巖踏海實紀	d02_0198
v.2 p.1196	草千字文(초천자문)		千字의 아래에 기록함	
v.2 p.1196	滄桑錄(창상록)	洪啓禧 撰(홍계희 찬)		d02_0199
v.2 p.1196	相宅經(상택경)			
v.2 p.1196	草竹錄(초죽록)	洪趾海 李興宗 著(홍지해 이흥종 저)		a10_1872
v.2 p.1197	宗中致祭謄錄(종중치제등록)			d02_0200
v.2 p.1197	雙忠錄(쌍충록)			d02_0201
v.2 p.1197	宋朝史詳節(송조사상절)			d02_0202-0203
v.2 p.1197	雙塘集(쌍당집)	權弘 著(권홍 저)		a10_1873
v.2 p.1197	草塘集(초당집)	具宬 著(구성 저)		a10_1874
v.2 p.1197	草堂集(초당집)	姜景叙 著(강경서 저)		a10_1875-1876
v.2 p.1198	草堂集(초당집)	許曄 著(허엽 저)		a10_1877
v.2 p.1198	蒼白軒集(창백헌집)	權적 著(권적 저)		a10_1878
v.2 p.1198	雙栢堂集(쌍백당집)	李世華 著(이세화 저)		a10_1879
v.2 p.1198	宗班行蹟(종반행적)			d02_0204-0205
v.2 p.1199	雙梅堂集(쌍매당집)	李詹 著(이첨 저)		a10_1880
v.2 p.1199	走盤珠(주반주)			d02_0207
v.2 p.1199	宗廟樂章(종묘악장)			
v.2 p.1199	宗廟儀軌(종묘의궤)			b08_1602-1658
v.2 p.1209	宗府條例(종부조례)		宗親府條例를 보라	
v.2 p.1209	漕錄釐正事自(조록리정사목)			d02_0209
v.2 p.1210	早辨錄(조변록)			d02_0210
v.2 p.1210	霜浦白蓬合稿(상포백봉합고)	尹[日敏] 父子 著(윤민 부자 저)	尹[日敏]父子著	a10_1881
v.2 p.1210	雙峯集(쌍봉집)			a10_1882
v.2 p.1210	滄北遺稿(창북유고)			a10_1883
v.2 p.1210	宗簿寺揭板(종부시게판)			d02_0211
v.2 p.1210	宗簿寺節目(종부시절목)			d02_0212
v.2 p.1210	宗簿寺謄錄(종부시등록)			d02_0213-0214
v.2 p.1210	宋明欽疏末條陳(송명흠소말조진)		櫟泉疏宋條陳을 보라	a10_1884
v.2 p.1210	雙明齋詩集(쌍명재시집)	李仁老 編(이인로 편)		a10_1885-1886
v.2 p.1211	溟集(명집)	南翧 著(남훤 저)		a10_1887
v.2 p.1211	宋名臣言行錄(송명신언행록)			
v.2 p.1212	宋門記述(송문기술)			a10_1888
v.2 p.1212	桑楡集(상유집)	柳思規 著(유사규 저)		a10_1889
v.2 p.1212	桑楡備覽(상유비람)	成俔 著(성현 저)		d02_0215
v.2 p.1213	壯勇營撮要(장용영촬요)			d02_0216

v.2 p.1213	宋李問答(송이문답)		香洞問答을 보라	a10_1890
v.2 p.1213	莊陵志(장릉지)	朴慶餘 編(박경여 편)		d02_0217-0219
v.2 p.1214	莊陵史補(장릉사보)		莊陵志를 보라	d02_0220-0221
v.2 p.1214	莊陵謄錄(장릉등록)		莊陵志를 보라	d02_0224
v.2 p.1214	莊陵配食錄(장릉배식록)			d02_0225-0226
v.2 p.1215	莊陵靈泉記帖(장릉영천기첩)			
v.2 p.1216	喪禮外編(상례외편)	丁若鏞 著(정약용 저)		d02_0228
v.2 p.1216	喪禮考證(상례고증)	柳成龍 著(유성룡 저)		d02_0229
v.2 p.1216	喪禮考證(상례고증)	金誠一 著(김성일 저)		d02_0230-0231
v.2 p.1217	喪禮四箋(상례사전)	丁若鏞 著(정약용 저)		d02_0232
v.2 p.1217	喪禮抄(상례초)			d02_0233, d02_0239-0240
v.2 p.1217	喪禮備要(상례비요)	金長生 著(김장생 저)		d02_0241-0246
v.2 p.1218	喪禮便覽(상례편람)			d02_0234
v.2 p.1218	喪禮補編(상례보편)		國朝喪禮補編을 보라	d02_0235-0238
v.2 p.1218	草廬集(초로집)	李惟泰 著(이유태 저)		a10_1891
v.2 p.1219	滄浪寓言(창랑우언)	崔濬 著(최준 저)		a10_1892
v.2 p.1219	滄浪詩集(창랑시집)	成文濬 著(성문준 저)		a10_1893
v.2 p.1220	草樓集(초루집)	權韐 著(권협 저)		a10_1894
v.2 p.1220	滄浪實蹟(창랑실적)			a10_1895
v.2 p.1220	蒼麓集(창록집)	金時模 著(김시모 저)		a10_1896
v.2 p.1220	息庵遺稿(식암유고)	金錫胄 著(김석주 저)		a10_1897
v.2 p.1221	息庵集(식암집)	黃暹 著(황섬 저)		a10_1898
v.2 p.1222	息影庵集(식영암집)	息影庵(僧人名失) 著(식영암(승인명실) 저)		a10_1899
v.2 p.1222	則言(칙언)			d02_0248
v.2 p.1222	則克錄(칙극록)			
v.2 p.1222	息山集(식산집)	李萬敷 著(이만부 저)		a10_1900
v.2 p.1222	足睡堂集(족수당집)	洪仁謨 著(홍인모 저)		a10_1901-1902
v.2 p.1222	足徵錄(족징록)			d02_0249
v.2 p.1223	息波錄(식파록)			d02_0250
v.2 p.1223	速八實章記(속팔실장기)			d02_0251
v.2 p.1223	捉脈賦(착맥부)		撼龍疑龍捉脈賦를 보라	
v.2 p.1223	率庵集(솔암집)	趙綸 著(조륜 저)		a10_1903
v.2 p.1223	損庵集(손암집)	趙根 著(조근 저)		a10_1904
v.2 p.1223	村隱集(촌은집)	劉希慶 著(유희경 저)		a10_1905-1906
v.2 p.1224	村家救急方(촌가구급방)			d02_0253-0254
v.2 p.1224	遜窩集(손와집)	李寅達 著(이인달 저)		a10_1908
v.2 p.1225	尊華錄(존화록)			d02_0255
v.2 p.1225	尊賢閣日記(존현각일기)			d02_0256
v.2 p.1225	孫彦記錄(손언기록)			d02_0257
v.2 p.1225	蓀谷集(손곡집)	李達 著(이달 저)		a10_1910-1911
v.2 p.1226	存齋集(존재집)	李徽逸 著(이휘일 저)		a10_1912
v.2 p.1226	遜齋集(손재집)	朴光一 著(박광일 저)		a10_1913

v.2 p.1226	存齋集(존재집)	魏伯珪 著(위백규 저)		a10_1914-1915
v.2 p.1227	存齋集(존재집)			a10_1916
v.2 p.1227	存齋實記(존재실기)		郭忠熱公實記를 보라	a10_1917-1918
v.2 p.1227	遜齋日記(손재일기)			a10_1919
v.2 p.1227	孫子(손자)		武經七書를 보라	d02_0258
v.2 p.1227	孫子(손자)			
v.2 p.1227	存笥新鈔(존사신초)			d02_0259
v.2 p.1227	孫子髓(손자수)	趙義純 著(조의순 저)		d02_0261
v.2 p.1227	尊周彙編(존주휘편)			d02_0262-0264
v.2 p.1228	尊周錄(존주록)	洪錫箕 著(홍석기 저)		d02_0265
v.2 p.1228	尊攘編(존양편)			d02_0266
v.2 p.1228	尊崇儀軌(존숭의궤)		上號儀軌를 보라	
v.2 p.1228	村西集(촌서집)			a10_1920
v.2 p.1228	村談解頤(촌담해신)	姜希孟 著(강희맹 저)		d02_0267
v.2 p.1228	孫武子(손무자)		武經七書를 보라	
v.2 p.1229	尊聞錄(존문록)	門人徐鳳翎 著(문인서봉령 저)		d02_0268
v.2 p.1229	藏谷集(장곡집)	權泰一 著(권태일 저)		a10_1921
v.2 p.1229	增刪卜易(증산복역)			d02_0269
v.2 p.1229	藏種受繭儀軌(장종수견의궤)		親蠶儀軌를 보라	d02_0271
v.2 p.1229	增修無冤錄(증수무원록)		無冤錄을 보라	d02_0272-0273
v.2 p.1229	象胥故事(상서고사)			d02_0274
v.2 p.1229	增正交隣志(증정교린지)			d02_0275-0276
v.2 p.1230	藏拙窩實記(장졸와실기)			a10_1922
v.2 p.1230	增損功過格(증손공과격)			
v.2 p.1230	增損投壺儀(증손투호의)	朴泰輔 著(박태보 저)		d02_0277
v.2 p.1230	藏胎儀軌(장태의궤)			b11_2006-2012, b11_2027-2031
v.2 p.1232	增訂文獻備考(증정문헌비고)		東國文獻備考를 보라	
v.2 p.1232	造筆謄錄(조필등록)			d02_0278
v.2 p.1232	藏永謄錄(장영등록)			d02_0279
v.2 p.1232	增補韻考(증보운고)		三韻通考를 보라	
v.2 p.1232	增補韻府群玉(증보운부군옥)		韻府群玉을 보라	d02_0280
v.2 p.1232	增補三韻通考(증보삼운통고)		三韻通考를 보라	d02_0281
v.2 p.1232	增補文獻備考(증보문헌비고)		東國文獻備考를 보라	d02_0284
v.2 p.1232	增補歷代總目(증보역대총목)		歷代總目을 보라	d02_0285-0287
v.2 p.1232	藏六堂詩稿(장육당시고)	李鼈 著(이별 저)		
v.2 p.1232	藏六堂集(장육당집)	趙龜錫 著(조구석 저)		a10_1923-1924
v.2 p.1233	續永世追慕錄(속영세추모록)		追慕錄을 보라	d02_0289, d05_0895
v.2 p.1233	續諱辨(속휘변)	柳希春 著(유희춘 저)		d02_0288
v.2 p.1233	續近思錄(속근사록)	韓夢麟 著(한몽린 저)		d02_0290
v.2 p.1233	續近思錄(속근사록)	李漢膺 著(이한응 저)		
v.2 p.1233	續玉露(속옥로)			d02_0291
v.2 p.1233	續經筵故事(속경연고사)	李喜朝 著(이희조 저)		d02_0292-0293

v.2 p.1233	續警世問答(속경세문답)		警世問答을 보라	
v.2 p.1233	續光國志慶錄(속광국지경록)		光國志慶錄을 보라	
v.2 p.1233	續綱目(속강목)		通鑑綱目을 보라	d02_0294
v.2 p.1234	續綱目疑補起見(속강목의보기견)	柳馨遠 著(유형원 저)		d02_0295
v.2 p.1234	續五禮儀(속오례의)		國朝五禮儀를 보라	d02_0296
v.2 p.1234	續資治通鑑綱目(속자치통감강목)		通鑑綱目을 보라	
v.2 p.1234	續史略(속사략)	洪仁謨 著(홍인모 저)		d02_0298-0299
v.2 p.1234	續史略通攷續錄(속사략통고속록)			d02_0300
v.2 p.1234	續史略翼箋(속사략익전)	洪奭周 著(홍석주 저)		d02_0301-0302
v.2 p.1235	續質疑錄(속질의록)		豐壤趙氏族譜를 보라	
v.2 p.1235	續集慶堂編輯(속집경당편집)		英宗御製를 보라	
v.2 p.1235	續修三綱錄(속수삼강록)		三綱錄을 보라	d02_0303-0304
v.2 p.1235	續自警編(속자경편)		後自警編을 보라	d02_0306
v.2 p.1235	續自省編(속자성편)		自省編을 보라	d02_0307
v.2 p.1235	續常訓(속상훈)		常訓을 보라	d02_0308
v.2 p.1235	續青邱風雅(속청구풍아)		青邱風雅를 보라	d02_0309
v.2 p.1235	續精忠錄(속정충록)			d02_0310-0311
v.2 p.1235	續大學或問(속대학혹문)	李彦迪 著(이언적 저)		d02_0314
v.2 p.1235	續大典(속대전)			d02_0315-0317
v.2 p.1236	續陟岵(속척호)	英宗王 御製(영종왕 어제)		d02_0319
v.2 p.1237	續通鑑(속통감)		通鑑節要를 보라	d02_0320
v.2 p.1237	續通鑑(속통감)			
v.2 p.1237	續東儒師友錄(속동유사우록)	李世瑍 著(이세환 저)		d02_0321-0322
v.2 p.1237	續東文選(속동문선)		東文選을 보라	d06_1248
v.2 p.1237	續武定寶鑑(속무정보감)		武定寶鑑을 보라	
v.2 p.1237	續文苑黼黻(속문원보불)		文苑黼黻을 보라	
v.2 p.1237	續兵將圖說(속병장도설)		陣法을 보라	d02_0324
v.2 p.1237	續平壤誌(속평양지)		平壤誌를 보라	d02_0325
v.2 p.1237	續篇星命總括新集(속편성명총괄신집)		星命總括을 보라	
v.2 p.1237	續蒙求(속몽구)	柳希春 著(유희춘 저)		d02_0328-0329
v.2 p.1238	續六一論(속육일론)			d02_0330
v.2 p.1238	續或問(속혹문)		續大學或問을 보라	d02_0313

第二冊 끝

≪古鮮冊譜≫ 第三冊 (v.3 p.1239~2031)

쪽수	문헌명	저자	이본서명 및 상호참조	대응카드
v.3 p.1239	多義堂室記(다의당실기)			a10_1926
v.3 p.1239	耐庵集(내암집)	鄭士雄 著(정사웅 저)		a10_1927
v.3 p.1239	太乙統宗(태을통종)			d03_0475
v.3 p.1240	太一曆(태일력)			d03_0476-0477
v.3 p.1240	太華子稿(태화자고)	南有常 著(남유상 저)		a10_1928
v.3 p.1241	太學恩杯詩集(태학은배시집)			d03_0479
v.3 p.1241	太學志(태학지)			d03_0480
v.3 p.1241	太學志慶詩(태학지경시)	官撰(관찬)		d03_0481
v.3 p.1242	戴記志疑(대기지의)	洪爽周 撰(홍상주 찬)		d03_0483
v.3 p.1242	太虛亭集(태허정집)	崔恒 著(최항 저)		a10_1929
v.3 p.1242	太極圖說(태극도설)			d03_0485-0486
v.3 p.1244	太極說(태극설)		旅軒性理說을 보라	d03_0484
v.3 p.1244	太極問辨(태극문변)		太極圖說을 보라	d03_0487-0489
v.3 p.1244	退漁堂集(퇴어당집)	金鎭商 著(김진상 저)		a10_1930
v.3 p.1244	退漁筆迹(퇴어필적)			
v.3 p.1244	退溪言行錄(퇴계언행록)			a10_1932-1937
v.3 p.1246	台溪集(태계집)	河溍 著(하진 저)		a10_1931
v.3 p.1246	退溪書節要(퇴계서절요)		陶山書節要를 보라	a10_1944
v.3 p.1246	退溪自省錄(퇴계자성록)	李滉 著(이황 저)		a10_1941
v.3 p.1247	退溪年譜(퇴계연보)	柳成龍 著(유성룡 저)		a10_1942-1943
v.3 p.1247	退溪筆迹(퇴계필적)	李滉 筆(이황 필)		b13_2411
v.3 p.1248	退溪文集(퇴계문집)	李滉 著(이황 저)		a10_1938-1940
v.3 p.1249	退溪戊辰封事(퇴계무진봉사)	李滉 著(이황 저)		a10_1945-1946
v.3 p.1249	苔軒集(태헌집)		齊峯集을 보라	a10_1947
v.3 p.1250	退軒集(퇴헌집)	趙營順 著(조영순 저)		a10_1948
v.3 p.1250	太古遺音(태고유음)	高麗 釋 普愚 著(고려 석 보우 저)		a10_1949
v.3 p.1250	太湖遺稿(태호유고)	洪元燮 著(홍원섭 저)		a10_1951
v.3 p.1251	太古語錄(태고어록)			a10_1950
v.3 p.1251	太公尙書(태공상서)		略名(尙書)	d03_0490
v.3 p.1251	退谷集(퇴곡집)	洪萬積 著(홍만적 저)		a10_1952
v.3 p.1251	泰齋集(태재집)	柳方善 著(유방선 저)		a10_1953-1954
v.3 p.1252	耐齋集(내재집)	洪泰猷 著(홍태유 저)		a10_1955
v.3 p.1253	胎產集要(태산집요)			d03_0492
v.3 p.1253	對山集(대산집)	姜溍 著(강진 저)		a10_1956-1957
v.3 p.1254	太師權公實紀(태사권공실기)			a10_1958
v.3 p.1254	胎室儀軌(태실의궤)		藏胎儀軌를 보라	
v.3 p.1254	太上感應篇(태상감응편)			d03_0494
v.3 p.1255	太常志(태상지)			d03_0497-0498
v.3 p.1255	泰仁邑誌(태인읍지)			d03_0499

v.3 p.1255	苔泉集(태천집)	閔仁伯 著(민인백 저)		a10_1960-1962
v.3 p.1256	苔川集(태천집)	金地粹 著(김지수 저)		a10_1959, a10_1963
v.3 p.1256	泰川邑誌(태천읍지)			d03_0501
v.3 p.1256	太祖紀年(태조기년)		史略을 보라	d03_0502
v.3 p.1256	體泰集(체태집)	李春英 著(이춘영 저)		a10_1964
v.3 p.1257	太祖實錄(태조실록)		實錄을 보라	d03_0503, d12_2514-2515
v.3 p.1257	太宗實錄(태종실록)		實錄을 보라	d12_2518-2519
v.3 p.1257	退村遺稿(퇴촌유고)	洪進 著(홍진 저)		a10_1965
v.3 p.1257	退陶書尺(퇴도서척)	李滉 著(이황 저)		a10_1967
v.3 p.1257	退陶梅花詩(퇴도매화시)		退溪筆迹을 보라	b13_2412-2413
v.3 p.1257	太平閑話(태평한화)	徐居正 著(서거정 저)		d03_0504-0505
v.3 p.1258	太平御覽(태평어람)			
v.3 p.1258	太平廣記(태평광기)			
v.3 p.1258	太平廣記詳節(태평광기상절)	成任 著(성임 저)		d03_0506
v.3 p.1258	太平通載(태평통재)	成任 著(성임 저)		d03_0507
v.3 p.1258	胎封儀軌(태봉의궤)		藏胎儀軌를 보라	
v.3 p.1259	帶方世家言行錄(대방세가언행록)			a10_1968
v.3 p.1259	帶方世稿(대방세고)	朔寧崔氏三世(삭녕최씨삼세)		a10_1969
v.3 p.1259	胎封謄錄(태봉등록)			d03_0508
v.3 p.1259	退憂亭遺事(퇴우정유사)			a10_1970
v.3 p.1259	退憂堂集(퇴우당집)	金壽興 著(김수홍 저)		a10_1971
v.3 p.1260	退憂漫筆(퇴우만필)	金壽興 著(김수홍 저)		a10_1972
v.3 p.1260	太陽更漏表(태양경루표)	南秉吉 著(남병길 저)		d03_0509
v.3 p.1260	待漏院記(대루원기)			d03_0510
v.3 p.1260	濯纓請廡事實(탁영청무사실)			a10_1973
v.3 p.1260	濯纓年譜(탁영연보)			a10_1974
v.3 p.1261	濯纓文集(탁영문집)	金馹孫 著(김일손 저)		a10_1975-1977
v.3 p.1262	琢玉斧(탁옥부)			
v.3 p.1262	澤齋遺唾(택재유타)	金昌立 著(김창립 저)		a10_1979
v.3 p.1262	度支各年財用出入簿(탁지각년재용출입부)			d03_0511
v.3 p.1263	度支五禮考(탁지오례고)			d03_0512
v.3 p.1263	度支志(탁지지)	官撰(관찬)		d03_0513-0514
v.3 p.1263	卓氏世稿(탁씨세고)	光山卓氏二世 著(광산탁씨이세 저)	內藏院文籍(幷記)	a10_1980-1983
v.3 p.1264	度支定例(탁지정례)			d03_0515-0518
v.3 p.1267	度支田賦考(탁지전부고)			d03_0519-0520
v.3 p.1267	度支部文籍(탁지부문적)			b08_1584-1593
v.3 p.1271	度支別進排謄錄(탁지별진배등록)			b08_1594
v.3 p.1272	澤堂集(택당집)	李植 著(이식 저)		a10_1984-1985
v.3 p.1273	澤堂小說(택당소설)	李植 著(이식 저)		a10_1986
v.3 p.1273	澤堂字訓(택당자훈)		字訓을 보라	a10_1987
v.3 p.1273	澤堂年譜(택당연보)	李植(이식)		a10_1988
v.3 p.1273	擇里志(택리지)	李重煥 著(이중환 저)	(別名)八域卜居志	d03_0521-0523

v.3 p.1274	達城鄕校講會錄(달성향교강회록)			d03_0524
v.3 p.1274	達城鄕約錄名案(달성향약록명안)			d03_0525
v.3 p.1274	達城徐氏族譜(달성서씨족보)		大邱徐氏族譜를 보라	a10_1989
v.3 p.1274	達城碑誌錄(달성비지록)	徐文重 編(서문중 편)		a10_1990
v.3 p.1274	達道集註大全(달도집주대전)			d03_0526
v.3 p.1274	澹雲筆迹(담운필적)	曹命敎 書(조명교 서)		
v.3 p.1275	炭翁遺事(탄옹유사)			a10_1991
v.3 p.1275	炭翁行狀(탄옹행장)			a10_1992
v.3 p.1275	炭翁集(탄옹집)	權諰 著(권시 저)		a10_1993-1994
v.3 p.1275	澹翁集(담옹집)	朴昌元 著(박창원 저)		a10_1995
v.3 p.1275	短豁翁集(단활옹집)	李惠 著(이혜 저)		a10_1996
v.3 p.1275	丹巖漫錄(단암만록)	閔鎭遠 著(민진원 저)		a10_1997, c03_0751
v.3 p.1276	丹溪纂要(단계찬요)		醫書纂要를 보라	
v.3 p.1276	丹溪實紀(단계실기)			a10_1998
v.3 p.1276	覃揅齋詩稿(담연재시고)	金正喜 著(김정희 저)		a10_1999
v.3 p.1277	湛軒說叢(담헌설총)	洪大容 著(홍대용 저)		a10_2000
v.3 p.1277	端賢全書(단현전서)			d03_0527
v.3 p.1277	湛軒筆談(담헌필담)	洪大容 著(홍대용 저)	(本名)乾淨筆談 (又)會友錄	a10_2001
v.3 p.1278	短堠(단후)			d03_0528
v.3 p.1278	丹谷經驗方抄(단곡경험방초)			d03_0529
v.3 p.1278	湍相年譜(단상연보)		(一名)梧川年譜	a10_2002
v.3 p.1278	耽津世稿(탐진세고)	安遇 安克家 著(안우 안극가 저)		a10_2003
v.3 p.1278	丹泉遺稿(단천유고)	林瑜 著(임유 저)		a10_2005
v.3 p.1278	端川邑誌(단천읍지)			d03_0531
v.3 p.1278	端宗御製(단종어제)		列聖御製를 보라	
v.3 p.1279	端宗實錄(단종실록)		實錄을 보라	d12_2525-2526
v.3 p.1279	端宗朝記聞(단종조기문)			d03_0532
v.3 p.1279	澹亭遺稿(담정유고)	南泰齊 著(남태제 저)		a10_2006
v.3 p.1279	薄庭集(담정집)	金鑢 著(김려 저)		a10_2007
v.3 p.1279	丹圃遺稿(단포유고)	趙希進 著(조희진 저)		a10_2008
v.3 p.1279	[炭攵][曼攵]集(탄만집)	李用休 著(이용휴 저)		a10_2009
v.3 p.1279	丹陽禹氏族譜(단양우씨족보)			a10_2010
v.3 p.1279	潭陽邑誌(담양읍지)			d03_0534
v.3 p.1279	丹陽李氏族譜(단양이씨족보)			a10_2011
v.3 p.1280	耽羅志(탐라지)			d03_0535
v.3 p.1280	耽羅賓興錄(탐라빈홍록)		賓興錄을 보라	d03_0536-0537
v.3 p.1280	丹陵遺集(단릉유집)	李胤永 著(이윤영 저)		a10_2012
v.3 p.1280	打愚集(타우집)	李翔 著(이상 저)		a10_2013-2014
v.3 p.1281	茶毗文(다비문)			d03_0538
v.3 p.1281	陀羅尼(타라니)		佛頂心陀羅尼經眞言集을 보라	
v.3 p.1281	大庵集(대암집)	朴惺 著(박성 저)		a10_2015

v.3 p.1281	大慧日覺禪師書(대혜일각선사서)			
v.3 p.1281	大易理象(대역리상)			d03_0541
v.3 p.1281	大閱儀注(대열의주)			d03_0542
v.3 p.1282	大海稿(대해고)		海月集을 보라	a10_2016
v.3 p.1282	大覺國師行錄(대각국사행록)	釋 惠素 著(석 혜소 저)		a10_2018
v.3 p.1282	大覺國師文集(대각국사문집)	高麗王子 釋 義天 著(고려 왕자 석 의천 저)		a10_2017
v.3 p.1282	大觀遺稿(대관유고)		東溪集을 보라	a10_2019
v.3 p.1283	大韓會典(대한회전)			
v.3 p.1283	大韓疆域考(대한강역고)		我邦疆域考를 보라	d03_0547
v.3 p.1283	大觀軒集(대관헌집)			
v.3 p.1283	大觀齋亂藁(대관재난고)	沈義 著(심의 저)		a10_2020-2021
v.3 p.1283	大韓地誌(대한지지)			d03_0549
v.3 p.1283	大韓帝國愛國歌(대한제국애국가)			d03_0550
v.3 p.1283	大觀本草(대관본초)		本草를 보라	
v.3 p.1283	大韓禮典(대한예전)			d03_0551-0552
v.3 p.1284	大韓歷代史略(대한력대사략)			d03_0553
v.3 p.1284	大學(대학)	宋 朱熹 著(송 주희 저)		
v.3 p.1285	大學衍義(대학연의)			
v.3 p.1285	大學衍義七月章附註(대학연의칠월장부주)			d03_0554
v.3 p.1285	大學衍義輯畧(대학연의집략)	李石亭 著(이석정 저)		d03_0555-0558
v.3 p.1287	大學衍義補(대학연의보)			
v.3 p.1287	大學改正章(대학개정장)	高應陟 著(고응척 저)		d03_0559
v.3 p.1287	大學講義(대학강의)	宋 朱熹 著(송 주희 저)		d03_0560
v.3 p.1287	大學講義(대학강의)	丁若鏞 著(정약용 저)		d03_0561
v.3 p.1287	大學公議(대학공의)			
v.3 p.1288	大學講語(대학강어)	李延龜 著(이연구 저)		d03_0562-0563
v.3 p.1288	大學綱目箴(대학강목잠)		大學三綱八目箴을 보라	d03_0564
v.3 p.1288	大學諺解(대학언해)		經書講解를 보라	c08_1328-1329
v.3 p.1288	大學三綱八目箴(대학삼강팔목잠)	柳崇祖 著(유숭조 저)		d03_0566-0567
v.3 p.1289	大學輯畧(대학집략)		大學衍義輯略을 보라	d03_0569
v.3 p.1289	大學章句(대학장구)		大學을 보라	
v.3 p.1289	大學章句補遺(대학장구보유)	李彦迪 著(이언적 저)		d03_0571-0572
v.3 p.1289	大學章圖(대학장도)			d03_0573
v.3 p.1290	大學箴(대학잠)			
v.3 p.1290	大學序文分節(대학서문분절)			d03_0574
v.3 p.1290	大學圖(대학도)	閔箕 著(민기 저)		d03_0575
v.3 p.1290	大學正音(대학정음)		經書正音을 보라	c08_1351
v.3 p.1290	大學大全(대학대전)		三經四書大全을 보라	
v.3 p.1290	大學中庸指南(대학중용지남)			
v.3 p.1291	大學通指(대학통지)		大學中庸指南을 보라	
v.3 p.1291	大學童子問答(대학동자문답)	曹好益 著(조호익 저)		d03_0576
v.3 p.1291	大學讀書記(대학독서기)		南溪讀書記를 보라	
v.3 p.1291	大學堂筆算書(대학당필산서)			d03_0545
v.3 p.1291	大學補遺(대학보유)		大學章句補遺를 보라	d03_0577

v.3 p.1291	大學補遺辨(대학보유변)	朴世采 著(박세채 저)		d03_0578
v.3 p.1291	大學類義(대학류의)			d03_0579-0581
v.3 p.1292	大學或問(대학혹문)	宋 朱熹 著(송 주희 저)		
v.3 p.1292	大邱徐氏族譜(대구서씨족보)			a10_2022-2024
v.3 p.1293	大邱府邑誌(대구부읍지)			d03_0582
v.3 p.1293	大義源流彙考(대의원류휘고)			d03_0473
v.3 p.1293	大訓(대훈)			
v.3 p.1294	大溪遺稿(대계유고)	黃在英 著(황재영 저)		a10_2025
v.3 p.1295	大經類輯(대경류집)			d03_0585
v.3 p.1295	大元通制(대원통제)			
v.3 p.1295	大廣益會玉篇(대광익회옥편)			b07_1365
v.3 p.1295	大興邑誌(대흥읍지)			d03_0588
v.3 p.1295	大谷遺稿(대곡유고)	金錫龜 著(김석구 저)		a10_2026
v.3 p.1295	大谷集(대곡집)	成運 著(성운 저)		a10_2027
v.3 p.1296	大策正宗(대책정종)			d03_0589
v.3 p.1296	臺山公移占錄(대산공이점록)	金邁淳 著(김매순 저)		a10_2029
v.3 p.1296	大山集(대산집)	李象靖 著(이상정 저)		a10_2028
v.3 p.1296	臺山集(대산집)	金邁淳 著(김매순 저)		a10_2030-2031
v.3 p.1297	大射禮儀軌(대사례의궤)			d03_0591
v.3 p.1297	大小河圖(대소하도)			d03_0592
v.3 p.1297	大笑軒集(대소헌집)	趙宗道 著(조종도 저)		a10_2032
v.3 p.1298	大小絲綸集(대소사륜집)		絲綸全集을 보라	
v.3 p.1298	大事綸年(대사륜년)			
v.3 p.1298	大政攷(대정고)			d03_0595
v.3 p.1298	大藏一覽(대장일람)			
v.3 p.1298	大藏經(대장경)			
v.3 p.1298	大藏經目錄(대장경목록)			
v.3 p.1298	大端錄(대단록)			d03_0596
v.3 p.1299	大畜觀書目(대축관서목)			d03_0597
v.3 p.1299	代聽時日記(대청시일기)			d03_0598
v.3 p.1299	大典(대전)		經國大典을 보라	d03_0599
v.3 p.1299	大典會通(대전회통)			d03_0600-0601
v.3 p.1299	大典後續錄(대전후속록)		經國大典을 보라	
v.3 p.1299	大田實記(대전실기)		李忠莊公實記를 보라	a10_2033
v.3 p.1299	大典續錄(대전속록)		經國大典을 보라	d03_0602-0605
v.3 p.1299	大典註解(대전주해)		經國大典註解를 보라	
v.3 p.1299	大典通編(대전통편)			d03_0609-0611
v.3 p.1301	大東韻府群玉(대동운부군옥)	權文海 著(권문해 저)		d03_0612-0613
v.3 p.1301	大東紀年(대동기년)			d03_0614
v.3 p.1301	大東金石(대동금석)			
v.3 p.1302	大東金石錄(대동금석록)	朗善君俁 著(낭선군우 저)		d03_0615
v.3 p.1302	大東詩選(대동시선)			d03_0616
v.3 p.1302	大東詩林(대동시림)	柳希齡 著(유희령 저)		d03_0617-0619
v.3 p.1303	大統式例(대통식례)			d03_0620

v.3 p.1303	大統七政百中曆(대통칠정백중력)		七政百中曆을 보라	d03_0621
v.3 p.1303	大東書法(대동서법)			d03_0622
v.3 p.1303	大東掌攷(대동장고)	洪敬謨 著(홍경모 저)		d03_0623-0624
v.3 p.1303	大東正路(대동정로)	許佽 著(허칙 저)		d03_0625
v.3 p.1304	大東禪敎攷(대동선교고)			d03_0626
v.3 p.1304	大東稗林(대동패림)	李宜哲 編(이의철 편)	野史叢書	d03_0627
v.3 p.1304	大東文粹(대동문수)			d03_0628
v.3 p.1304	大東方輿全圖(대동방흥전도)			d03_0629
v.3 p.1304	大東野乘(대동야승)	編人未詳(편인미상)	野史叢書	d03_0630
v.3 p.1305	大東輿地圖(대동여지도)			d03_0631-0632
v.3 p.1306	大東歷史(대동역사)			d03_0633-0634
v.3 p.1306	大統曆註(대통역주)	觀象監 著(관상감 저)		d03_0635
v.3 p.1306	大統曆轉神法式(대통역전신법식)			
v.3 p.1307	大東聯珠詩格(대동련주시격)	柳希齡 著(유희령 저)		d03_0636
v.3 p.1307	大報壇事筵說(대보단사연설)			d03_0637
v.3 p.1307	大報父母恩重經(대보부모은중경)			
v.3 p.1308	大峯文集(대봉문집)	楊熙止 著(양희지 저)		a10_2035
v.3 p.1308	大明集禮(대명집례)			
v.3 p.1309	大明律(대명률)			d03_0639
v.3 p.1309	大明律(대명률)	官撰(관찬)		
v.3 p.1311	大明律詩(대명률시)			d03_0640
v.3 p.1311	大明曆(대명력)			
v.3 p.1312	大無量壽經宗要(대무량수경종요)	新羅 釋 元曉 著(신라 석 원효 저)		
v.3 p.1312	大明居士集(대명거사집)			a10_2034
v.3 p.1312	大略韻(대략운)		略韻을 보라	d03_0641
v.3 p.1312	大陵集(대릉집)	洪樂純 著(홍악순 저)		a10_2036
v.3 p.1312	大遼事蹟(대료사적)			d03_0642
v.3 p.1312	大禮儀軌(대례의궤)		上號儀軌를 보라	b14_2695
v.3 p.1312	大老逸稿(대로일고)			a10_2037
v.3 p.1313	大麓三綱實錄(대록삼강실록)			d03_0645
v.3 p.1313	大麓誌(대록지)		木川邑誌를 보라	d03_0646
v.3 p.1313	大六壬課經集(대육임과경집)		六壬斷經秘訣의 아래를 보라	
v.3 p.1313	檀墟九衢記(단허구구기)			d03_0648
v.3 p.1313	壇究捷錄(단구첩록)			d03_0647
v.3 p.1313	譚屑(담설)	金昌熙 著(김창희 저)		d03_0649
v.3 p.1313	談草(담초)			d03_0650
v.3 p.1313	談叢外記(담총외기)			d03_0651
v.3 p.1314	斷爛(단란)	趙榮祐 著(조영우 저)		d03_0653
v.3 p.1315	耻庵集(치암집)	李之濂 著(이지렴 저)		b01_0002
v.3 p.1315	耻庵集(치암집)	宋瓆 著(송질 저)		b01_0003
v.3 p.1315	痴庵集(치암집)			b01_0004
v.3 p.1315	治家節要(치가절요)			d04_0656
v.3 p.1315	痴巖逸稿(치암일고)	裵尙益 著(배상익 저)		b01_0005-0006

v.3 p.1315	地璆略論(지구략론)			d04_0659
v.3 p.1315	地球典要(지구전요)	崔漢綺 著(최한기 저)		d04_0658
v.3 p.1315	治郡要訣(치군요결)			d04_0660
v.3 p.1315	癡軒集(치헌집)			b01_0007
v.3 p.1315	致祭守護軍謄錄(치제수호군등록)			d04_0661
v.3 p.1316	耻齋遺稿(치재유고)	洪仁祐 著(홍인우 저)		b01_0009
v.3 p.1316	耻齋集(치재집)	李昌壽 著(이창수 저)		b01_0008
v.3 p.1316	痴齋集約抄(치재집약초)			b01_0012
v.3 p.1316	耻齋日錄(치재일록)	洪仁祐 著(홍인우 저)	(本名)關東日錄	b01_0010-0011
v.3 p.1316	地算(지산)			d04_0662
v.3 p.1316	池氏鴻史(지씨홍사)	池光翰 著(지광한 저)		d04_0663-0664
v.3 p.1317	痴史集(치사집)	安瓚 著(안찬 저)		b01_0013
v.3 p.1317	知守齋集(지수재집)	俞拓基 著(유척기 저)		b01_0014-0015
v.3 p.1317	治腫秘方(치종비방)			d04_0666
v.3 p.1318	地圖(지도)			d04_0667-0670
v.3 p.1319	稚川集(치천집)	尹昉 著(윤방 저)		b01_0016
v.3 p.1320	遲川集(지천집)	崔鳴吉 著(최오길 저)		b01_0017-0018
v.3 p.1320	知足堂詩集(지족당시집)	朴明榑 著(박명박 저)		b01_0019
v.3 p.1320	知足堂內外忠烈記(지족당내외충열기)			b01_0020
v.3 p.1321	知退堂集(지퇴당집)	李廷馨 著(이정형 저)		b01_0021
v.3 p.1321	遲遲臺碑帖(지지대비첩)			b01_0023
v.3 p.1321	痴堂遺稿(치당유고)	延最績 著(연최적 저)		b01_0022
v.3 p.1321	知非軒詩稿(지비헌시고)	尹善大 著(윤선대 저)		
v.3 p.1322	知非稿抄(지비고초)			b01_0024
v.3 p.1322	治平要覽(치평요람)	集賢殿 撰(집현전 찬)		d04_0698-0701
v.3 p.1323	治疱易驗(치포역험)			d04_0702
v.3 p.1323	地方制度(지방제도)			d04_0703
v.3 p.1323	知命堂稿(지명당고)	金盛大 著(김성대 저)		b01_0025
v.3 p.1323	地理志(지리지)			d04_0704-0706
v.3 p.1324	地理志略(지리지략)			
v.3 p.1324	地理新法(지리신법)		胡舜申을 보라	
v.3 p.1324	地理人子須知(지리인자수지)		人子須知를 보라	d04_0708
v.3 p.1324	地理全志(지리전지)	柳光翼 著(유광익 저)		
v.3 p.1324	地理門庭(지리문정)			
v.3 p.1324	竹陰集(죽음집)	趙希逸 著(조희일 저)		b01_0026
v.3 p.1324	竹下集(죽하집)	金熤 著(김익 저)		b01_0027
v.3 p.1325	竹下集(죽하집)	金時和 著(김시화 저)		b01_0029
v.3 p.1325	竹下日錄(죽하일록)	金熤 著(김익 저)		b01_0028
v.3 p.1325	竹磵集(죽간집)			b01_0030
v.3 p.1325	竹磵集(죽간집)	康復誠 著(강부성 저)		b01_0031
v.3 p.1325	竹橋便覽(죽교편람)			d04_0711
v.3 p.1325	竹溪志(죽계지)	周世鵬 著(주세붕 저)		d04_0712-0714
v.3 p.1327	竹溪世蹟(죽계세적)			b01_0032-0033
v.3 p.1327	竹軒集(죽헌집)	金民澤 著(김민택 저)		b01_0034

v.3 p.1327	竹峴年譜(죽현연보)			b01_0035
v.3 p.1328	竹齋集(죽재집)	尹仁涵 著(윤인함 저)		b01_0037
v.3 p.1328	竹山安氏族譜(죽산안씨족보)			b01_0038
v.3 p.1328	竹山朴氏族譜(죽산박씨족보)			b01_0039, b01_0040
v.3 p.1328	竹山邑誌(죽산읍지)			d04_0716
v.3 p.1328	竹室集(죽실집)	任弘望 著(임홍망 저)		b01_0041
v.3 p.1329	竹所集(죽소집)	金光煜 著(김광욱 저)		b01_0042
v.3 p.1329	竹醉藁(죽취고)	金濟謙 著(김제겸 저)		b01_0043
v.3 p.1329	逐睡篇(축수편)	姜俔 著(강현 저)		
v.3 p.1329	竹西集(죽서집)	李敏廸 著(이민적 저)	(一名)竹西疏箚	b01_0044, b01_0045
v.3 p.1330	竹石叢凾(죽석총함)	徐榮輔 著(서영보 저)		b01_0047
v.3 p.1330	竹石筆迹(죽석필적)			
v.3 p.1330	竹石文集(죽석문집)	徐榮輔 著(서영보 저)		
v.3 p.1331	竹泉閒說(죽천한설)			b01_0048
v.3 p.1331	竹泉集(죽천집)	金鎭圭 著(김진규 저)		b01_0049
v.3 p.1331	竹川文集(죽천문집)	朴光前 著(박광전 저)		b01_0050-0051
v.3 p.1332	竹窓遺稿(죽창유고)		八谷集을 보라	
v.3 p.1332	竹窓閑話(죽창한화)	李德泂 著(이덕형 저)		b01_0052-0054
v.3 p.1333	竹窓集(죽창집)	姜籒 著(강추 저)		b01_0055-0056
v.3 p.1333	竹亭集(죽정집)		景濂集을 보라	b01_0057
v.3 p.1333	竹塘實記(죽당실기)			b01_0058
v.3 p.1333	竹堂集(죽당집)	申濡 著(신유 저)		b01_0059
v.3 p.1334	竹南堂稿(죽남당고)	吳竣 著(오준 저)		b01_0060
v.3 p.1334	竹南筆迹(죽남필적)			
v.3 p.1334	竹圃集(죽포집)	金禹鉉 著(김우현 저)		b01_0061
v.3 p.1334	畜牧書(축목서)		諸書類聚의 아래에 기록함	d04_0719
v.3 p.1335	竹牖文集(죽유문집)	吳澐 著(오운 저)		b01_0062
v.3 p.1335	竹里集(죽리집)	金履喬 著(김이교 저)		b01_0063
v.3 p.1335	竹里筆迹(죽리필적)			
v.3 p.1335	竹林實記(죽림실기)			b01_0064
v.3 p.1335	竹老集(죽로집)			b01_0065
v.3 p.1335	蟄窩遺稿(칩와유고)	洪有人 著(홍유인 저)		b01_0066
v.3 p.1335	茶山集(다산집)	睦大欽 著(목대흠 저)		b01_0067
v.3 p.1336	茶山叢書(다산총서)		與猶堂集을 보라	b01_0068
v.3 p.1336	冲庵集(충암집)	金淨 著(김정 저)		b01_0069-0072
v.3 p.1337	中庵集(중암집)	蔡洪哲 著(채홍철 저)		b01_0074
v.3 p.1338	冲庵年譜(충암연보)			b01_0073
v.3 p.1338	晝永編(주영편)	鄭東愈 著(정동유 저)		d04_0720
v.3 p.1338	柱下集(주하집)	池運浩 著(지운호 저)		b01_0075
v.3 p.1338	中華圖(중화도)			d04_0722
v.3 p.1338	籌學啓蒙(주학계몽)			
v.3 p.1339	中學兼教授先生案(중학겸교수선생안)			d04_0723

v.3 p.1339	籌學入格案(주학입격안)			d04_0724
v.3 p.1339	籌學本原(주학본원)	朴繘 撰(박율 찬)		d04_0728
v.3 p.1339	中岩集(중암집)			b01_0076
v.3 p.1339	忠經(충경)			
v.3 p.1340	中京科譜(중경과보)			d04_0730
v.3 p.1340	中京誌(중경지)		松都誌를 보라	
v.3 p.1340	忠義鄕射節目(충의향사절목)			d04_0731
v.3 p.1340	忠毅公遺事(충의공유사)		金忠毅公遺事를 보라	b01_0077
v.3 p.1340	忠義集傳(충의집전)			d04_0732
v.3 p.1341	忠義直言(충의직언)			d04_0733
v.3 p.1341	忠逆辨(충역변)	李敏輔 著(이민보 저)		d04_0729
v.3 p.1341	忠勳府謄錄(충훈부등록)			b14_2607
v.3 p.1342	忠勳府文籍(충훈부문적)			b14_2608-2614
v.3 p.1342	忠憲公實紀(충헌공실기)		尹忠憲公實紀를 보라	b01_0078
v.3 p.1342	宙衡(주형)	李縡 著(이재 저)		d04_0734
v.3 p.1342	中興嘉謨(중흥가모)	洪良浩 著(홍량호 저)		d04_0735
v.3 p.1342	柱江集(주강집)			b01_0079
v.3 p.1342	忠孝謄錄(충효등록)			d04_0738
v.3 p.1342	忠孝錄(충효록)			d04_0739
v.3 p.1342	宙合樓藏書錄(주합루장서록)			d04_0740
v.3 p.1343	盅齋集(충재집)	崔淑生 著(최숙생 저)		b01_0080
v.3 p.1343	冲齋集(충재집)	權撥 著(권발 저)		b01_0081-0082
v.3 p.1343	冲齋日錄(충재일록)	權撥 著(권발 저)		
v.3 p.1344	中山覆匱集(중산복궤집)	崔致遠 著(최치원 저)		d04_0741
v.3 p.1344	中洲集(중주집)	李直輔 著(이직보 저)		b01_0083
v.3 p.1344	忠州池氏族譜(충주지씨족보)			b01_0084
v.3 p.1344	中州道學篇(중주도학편)			d04_0742
v.3 p.1344	忠州朴氏族譜(충주박씨족보)			b01_0085
v.3 p.1344	忠州邑誌(충주읍지)			
v.3 p.1344	忠肅公年譜(충숙공연보)			b01_0086
v.3 p.1345	忠臣義士壇賜額帖(충신의사단사액첩)			d04_0743
v.3 p.1345	鑄字所應行節目(주자소응행절목)			d04_0744
v.3 p.1345	鑄字事實記(주자사실기)			
v.3 p.1345	鑄字目錄(주자목록)			d04_0746
v.3 p.1345	中順堂集(중순당집)	羅興儒 著(나홍유 저)		b01_0087
v.3 p.1345	忠淸監營文籍(충청감영문적)			b12_2127-2138
v.3 p.1351	中星紀(중성기)		新法中星紀를 보라	
v.3 p.1351	中星新表(중성신표)	南秉吉 著(남병길 저)	인물은 晩香齋詩鈔의 아래를 보라	d04_0748
v.3 p.1351	忠淸水營文籍(충청수영문적)			b13_2197
v.3 p.1352	中西聞見錄(중서문견록)			d04_0749
v.3 p.1352	忠淸兵營文籍(충청병영문적)			b13_2179
v.3 p.1352	中說(중설)			
v.3 p.1352	忠壯遺事(충장유사)		金忠壯公遺事를 보라.	b01_0088

			又南忠壯公遺事	
v.3 p.1352	中宗實錄(중종실록)		實錄을 보라	d12_2533-2534
v.3 p.1352	中朝人收用傳教(중조인수용전교)			d04_0750
v.3 p.1352	中東地圖(중동지도)			d04_0751
v.3 p.1353	中東歷代名墨(중동역대명묵)			d04_0752
v.3 p.1353	忠敏公雜錄(충민공잡록)		權忠敏公雜錄을 보라	b01_0089
v.3 p.1353	忠武公家乘(충무공가승)		李忠武公家乘을 보라	b01_0090, b01_0091
v.3 p.1353	中峯集(중봉집)	朴漪 著(박의 저)		b01_0092-0093
v.3 p.1353	籌謨類輯(주모류집)		章箚彙編의 아래에 기록함	d04_0754
v.3 p.1353	忠勇金將軍傳(충용김장군전)	李敏叙 撰(이민서 찬)		d04_0755
v.3 p.1353	中庸(중용)	宋 朱熹 編(송 주희 편)		
v.3 p.1354	中庸九經衍義(중용구경연의)	李彦迪 著(이언적 저)		d04_0757-0761
v.3 p.1355	中庸諺解(중용언해)		經書諺解를 보라	c08_1330-1331
v.3 p.1355	中庸講義(중용강의)			d04_0762
v.3 p.1355	中庸箚疑(중용차의)			
v.3 p.1356	中庸集略(중용집략)	宋 朱熹 著(송 주희 저)		
v.3 p.1356	中庸章句(중용장구)		中庸을 보라	
v.3 p.1356	中庸自箴(중용자잠)	丁若鏞 著(정약용 저)		d04_0765
v.3 p.1356	中庸大全(중용대전)		三經四書大全을 보라	
v.3 p.1356	中庸讀書記(중용독서기)		南溪讀書記를 보라	
v.3 p.1356	中庸或問(중용혹문)	宋 朱熹 撰(송 주희 찬)		
v.3 p.1356	忠翼公實記(충익공실기)		郭忠翼公實記를 보라	b01_0094
v.3 p.1356	忠翊府式例(충익부식례)			d04_0766
v.3 p.1356	忠翊府田畓加定(충익부전답가정)			
v.3 p.1357	忠翊府謄錄(충익부등록)			b14_2616
v.3 p.1357	中禮文(중예문)			
v.3 p.1357	忠烈遺事(충열유사)			b01_0095
v.3 p.1357	忠烈公實記(충열공실기)		郭忠烈公實記를 보라	b01_0096
v.3 p.1357	忠烈祠志(충열사지)			d04_0767
v.3 p.1357	忠烈祠碑帖(충열사비첩)	正宗王 御製(정종왕 어제)		
v.3 p.1357	忠烈書院誌(충열서원지)			d04_0769
v.3 p.1357	忠烈小五義(충열소오의)			d04_0770
v.3 p.1360	忠烈實錄(충열실록)			d04_0771-0772
v.3 p.1360	忠烈錄(충열록)			d04_0773
v.3 p.1359	忠烈錄(충열록)			d04_0774
v.3 p.1359	忠烈錄(충열록)		金將軍遺事를 보라	d04_0775
v.3 p.1359	中和齋實紀(중화재실기)			b01_0097
v.3 p.1360	中和邑誌(중화읍지)			d04_0777
v.3 p.1360	著庵集(저암집)	俞漢雋 著(유한준 저)		b01_0098-0099
v.3 p.1360	樗軒集(저헌집)	李石亨 著(이석형 저)		b01_0100
v.3 p.1361	褚遂良法帖(저수량법첩)			b14_2469
v.3 p.1361	樗村集(저촌집)	李廷燮 著(이정섭 저)		b01_0101
v.3 p.1361	楮竹田事實(저죽전사실)			d04_0778

v.3 p.1361	釣隱集(조은집)	韓夢參 著(한몽참 저)		b01_0102
v.3 p.1361	朝雲暮雨(조운모우)			d04_0779
v.3 p.1362	長淵邑誌(장연읍지)			d04_0780
v.3 p.1362	朝賀謄錄(조하등록)			d04_0783
v.3 p.1362	쟝한졀효긔(張韓節孝記(장한절효기))			d04_0782
v.3 p.1362	長吟亭遺稿(장음정유고)	羅湜 著(나식 저)		b01_0103
v.3 p.1362	肇慶壇守護節目(조경단수호절목)			d04_0786
v.3 p.1362	쟝경젼(張慶傳(장경전))			d04_0787
v.3 p.1363	聽軒遺稿(청헌유고)	李敬一 著(이경일 저)		
v.3 p.1363	聽軒集(청헌집)			b01_0104-0105
v.3 p.1363	帖月眞吐(첩월진토)			d04_0788
v.3 p.1363	澄月大師集(징월대사집)			b01_0106
v.3 p.1363	長湖封事(장호봉사)	尹致敬 著(윤치경 저)		b01_0107
v.3 p.1363	長興郡邑誌(장흥군읍지)			d04_0790
v.3 p.1364	長興庫楮注紙節目(장흥고저주지절목)			d04_0789
v.3 p.1364	長語(장어)			d04_0791
v.3 p.1364	朝祭雅樂譜(조제아악보)		雅樂譜를 보라	d04_0793-0794
v.3 p.1364	徵債謄錄(징채등록)			d04_0795
v.3 p.1364	趙子(조자)			
v.3 p.1364	趙司諫封事(조사간봉사)	趙昌期 著(조창기 저)		b01_0109
v.3 p.1364	趙氏三世遺稿(조씨삼세유고)	趙應祿 趙邦直 趙光享 著(조응록 조방직 조광향 저)		b01_0109
v.3 p.1365	趙氏十忠實錄(조씨십충실록)	趙希孟 輯(조희맹 집)		b01_0110
v.3 p.1365	쟝즈방젼(張子房傳(장자방전))			d04_0797
v.3 p.1365	長洲集(장주집)	尹暉 著(윤휘 저)		b01_0111
v.3 p.1365	聽訟指南(청송지남)			d04_0798
v.3 p.1365	聽松堂集(청송당집)	成守琛 著(성수침 저)		a08_1382-1383
v.3 p.1366	張汝弼法帖(장여필법호)			b14_2468
v.3 p.1366	長壽滅罪經(장수멸죄경)			
v.3 p.1366	趙子昂法帖(조자앙법첩)			
v.3 p.1367	長水黃氏族譜(장수황씨족보)			b01_0112
v.3 p.1367	長水邑誌(장수읍지)			
v.3 p.1367	聽政日記(청정일기)			d04_0803-0804
v.3 p.1368	증셰비틱록(懲世否泰錄(징세부태록))			d04_0805
v.3 p.1368	朝鮮官職考(조선관직고)			d04_0806
v.3 p.1368	朝鮮金石錄(조선금석록)			d04_0807
v.3 p.1368	朝鮮國譜(조선국보)			d04_0809
v.3 p.1368	朝鮮國辨誣奏文(조선국변무주문)		辨誣奏文을 보라	d04_0810
v.3 p.1368	朝鮮志(조선지)			d04_0811
v.3 p.1368	朝鮮詩選(조선시선)			d04_0812
v.3 p.1368	朝鮮史略(조선사략)		東國史略을 보라	d04_0813-0814
v.3 p.1368	朝鮮水經(조선수경)	丁若鏞 著(정약용 저)		d04_0815
v.3 p.1369	朝鮮政鑑(조선정감)			d04_0817
v.3 p.1369	朝鮮地理圖(조선지리도)			d04_0819

v.3 p.1369	朝鮮賦(조선부)			
v.3 p.1369	朝鮮風俗(조선풍속)	李浚慶 著(이준경 저)		d04_0821
v.3 p.1369	朝鮮風俗考異(조선풍속고이)			d04_0822
v.3 p.1369	朝鮮略史十課(조선약사십과)			d04_0823
v.3 p.1369	朝鮮歷史(조선역사)			d04_0824
v.3 p.1369	朝鮮歷代史略(조선역대사략)			d04_0825
v.3 p.1370	長湍邑誌(장단읍지)			d04_0826
v.3 p.1370	聽竹衲被(청죽납피)	南泰膺 著(남태응 저)		d04_0827
v.3 p.1370	朝天紀行錄(조천기행록)	李廷龜 著(이정구 저)		d04_0828
v.3 p.1370	朝天記聞(조천기문)		白沙朝天記聞을 보라	d04_0829
v.3 p.1370	聽天堂集(청천당집)	沈守慶 著(심수경 저)		b01_0113, b01_0114
v.3 p.1370	朝天日乘(조천일승)		白沙朝天日乘을 보라	d04_0830
v.3 p.1370	朝天日錄(조천일록)	鄭士龍 著(정사룡 저)		d04_0831
v.3 p.1371	朝日約章合編(조일약장합편)			d04_0801
v.3 p.1371	懲毖錄(징비록)	柳成龍 著(유성룡 저)		d05_0833-0836
v.3 p.1372	쟝빅젼(張百傳(장백전))			d05_0837
v.3 p.1372	長貧胡撰(장빈호찬)	尹耆獻 著(윤기헌 저)		b01_0115
v.3 p.1373	쟝풍운젼(張風雲傳(장풍운전))			d05_0838
v.3 p.1373	趙文節公遺稿(조문절공유고)	趙元紀 著(조원기 저)		b01_0116
v.3 p.1373	朝報(조보)		報聚를 보라	d05_0839
v.3 p.1373	朝野彙言(조야휘언)		東圃彙言을 보라	d05_0840
v.3 p.1373	朝野會通(조야회통)	金載久 著(김재구 저)		d05_0841-0842
v.3 p.1374	朝野記聞(조야기문)	徐文重 著(서문중 저)		d05_0843-0845
v.3 p.1374	朝野輯要(조야집요)			d05_0847-0848
v.3 p.1375	朝野僉載(조야첨재)	尹衡聖 著(윤형성 저)		d05_0849-0850
v.3 p.1375	朝野漫錄(조야만록)			d05_0851
v.3 p.1375	朝野要語(조야요어)			d05_0852
v.3 p.1375	朝野零言(조야령언)			d05_0853
v.3 p.1375	죠웅젼(趙雄傳(조웅전))			d05_0854
v.3 p.1376	聽凉軒集(청량헌집)		東溪集을 보라	
v.3 p.1376	長陵誌狀(장릉지장)		列聖誌狀을 보라	d05_0855
v.3 p.1376	鳥嶺山城節目(조령산성절목)			d05_0856
v.3 p.1376	直庵集(직암집)	申暻 著(신경 저)		b01_0118
v.3 p.1376	直解小學(직해소학)			d05_0858-0859
v.3 p.1376	直解大明律(직해대명률)		大明律을 보라	d05_0860-0862
v.3 p.1376	直軒集(직헌집)			b01_0120
v.3 p.1376	直齋集(직재집)	李箕洪 著(이기홍 저)		b01_0121
v.3 p.1377	勅使賜給錄(칙사사급록)			d05_0863
v.3 p.1377	勅使謄錄(칙사등록)			d05_0864
v.3 p.1377	勅使日記(칙사일기)			d05_0865
v.3 p.1377	直指方(직지방)	宋 楊士瀛 著(송 양사영 저)	仁齋直指方論의 통명	
v.3 p.1378	陟州誌(척주지)			d05_0866
v.3 p.1378	鎭安大君祠墓事蹟(진안대군사묘사적)	徐有防 著(서유방 저)		d05_0867

	(基→墓)			
v.3 p.1378	鎭安邑誌(진안읍지)			d05_0870
v.3 p.1378	枕雨談草(침우담초)	張之琬 著(장지완 저)		b01_0122
v.3 p.1379	枕雨堂集(침우당집)	張之琬 著(장지완 저)		b01_0123
v.3 p.1379	鎭海邑誌(진해읍지)			d05_0871
v.3 p.1379	陳簡齋集(진간재집)			
v.3 p.1380	陳后山集(진후산집)			
v.3 p.1380	沈孝靖日錄(심효정일록)	沈敬澤 著(심경택 저)		b01_0124
v.3 p.1380	珍山邑誌(진산읍지)			d05_0873
v.3 p.1380	珍珠塔(진주탑)		眞珠塔의 오류. 그 아래를 보라	
v.3 p.1380	陣書(진서)			
v.3 p.1380	陣圖戰法(진도전법)			
v.3 p.1380	심청전(沈靑傳(심청전))			d05_0874
v.3 p.1381	陣說(진설)	河崙 著(하륜 저)		d12_2682-2683
v.3 p.1381	陣說(진설)	韓孝純 著(한효순 저)		
v.3 p.1381	壬辰記事(임진기사)			
v.3 p.1381	陣法(진법)			d12_2695-2699
v.3 p.1384	陣法書(진법서)	鄭道傳 著(정도전 저)		d12_2700
v.3 p.1385	鎭川宋氏族譜(진천송씨족보)			b01_0125
v.3 p.1385	鎭川邑誌(진천읍지)			d05_0876
v.3 p.1385	진대방젼(陳大方傳(진대방전))			d05_0877
v.3 p.1385	珍島邑誌(진도읍지)			d05_0880
v.3 p.1386	通鑑(통감)		???를 보라	
v.3 p.1386	通鑑外記(통감외기)			
v.3 p.1386	通鑑綱目(통감강목)			d05_0881-0886
v.3 p.1388	通鑑纂要(통감찬요)		歷代通鑑纂要를 보라	
v.3 p.1388	通鑑節要(통감절요)			
v.3 p.1390	通鑑總論(통감총론)			
v.3 p.1390	通鑑增刪(통감증산)			d05_0887
v.3 p.1390	通典(통전)			
v.3 p.1390	追遠錄(추원록)	安應昌 著(안응창 저)		d05_0889
v.3 p.1391	追感皇恩編(추감황은편)	英宗王 御製(영종왕 어제)		d05_0890-0891
v.3 p.1391	追上尊號儀軌(추상존호의궤)		上號儀軌를 보라	
v.3 p.1391	追崇儀軌(추숭의궤)		上號儀軌를 보라	
v.3 p.1391	追尊儀軌(추존의궤)		上號儀軌를 보라	
v.3 p.1391	追慕垂戒錄(추모수계록)		追慕錄을 보라	d05_0896
v.3 p.1391	追慕錄(추모록)			d05_0893
v.3 p.1393	通言(통언)			d05_0898
v.3 p.1393	通塞撮要(통새촬요)			d05_0899
v.3 p.1393	通釋(통석)			d05_0901
v.3 p.1393	通商條約(통상조약)			d05_0902
v.3 p.1393	通商貿易(통상무역)			d05_0903
v.3 p.1393	通信(통신)			d05_0904

v.3 p.1393	通信使謄錄(통신사등록)			d05_0906
v.3 p.1393	通信院先生案(통신원선생안)			d05_0905
v.3 p.1393	通川邑誌(통천읍지)			d05_0908
v.3 p.1393	通亭集(통정집)		晉山世稿를 보라	b01_0126
v.3 p.1393	通度寺事蹟(통도사사적)			d05_0909
v.3 p.1394	通文館案(통문관안)			d05_0910
v.3 p.1394	通文館志(통문관지)			d05_0911-0914
v.3 p.1395	通文套(통문투)			d05_0915
v.3 p.1396	貞庵集(정암집)	閔遇洙 著(민우수 저)		b01_0129
v.3 p.1396	貞庵筆迹(정암필적)			
v.3 p.1396	帝王韻記(제왕운기)			d05_0916-0917
v.3 p.1397	帝王明鑑(제왕명감)	申叔舟 著(신숙주 저)		d05_0920
v.3 p.1397	帝王歷年記(제왕역년기)			d05_0921
v.3 p.1397	帝王歷年通攷(제왕역년통고)		歷年通攷를 보라	d05_0922
v.3 p.1397	정울션젼(鄭乙仙傳(정을선전))			d05_0923
v.3 p.1397	貞窩集(정와집)			b01_0130
v.3 p.1397	貞簡公遺事(정간공유사)		許貞簡公遺事를 보라	b01_0131
v.3 p.1397	鄭堪錄(정감록)			d05_0925
v.3 p.1398	丁亥燕槎錄(정해연차록)	李心源 著(이심원 저)		d05_0926
v.3 p.1398	鄭義士護聖錄(정의사호성록)			b01_0132
v.3 p.1398	庭訓往來(정훈왕래)			d05_0927
v.3 p.1399	鄭光儒侯行錄(정광유후행록)			b01_0133
v.3 p.1399	鄭剛義公實記(정강의공실기)		湖叟實記를 보라	
v.3 p.1399	貞齋集(정재집)	高麗 朴宜中 著(고려 박의중 저)		b01_0134-0135
v.3 p.1399	定齋集(정재집)	朴泰輔 著(박태보 저)		b01_0136-0137
v.3 p.1400	定齋集(정재집)	柳致明 著(유치명 저)		b01_0138
v.3 p.1400	定齋農巖遺墨(정재농암유묵)			
v.3 p.1400	鼎山誌(정산지)			d05_0928
v.3 p.1400	定山邑誌(정산읍지)			d05_0929
v.3 p.1400	程子遺書(정자유서)		二程全書를 보라	
v.3 p.1400	程氏易傳(정씨역전)	宋 程頤 著(송 정신 저)		
v.3 p.1400	程子家塾(정자가숙)			d05_0930
v.3 p.1400	程朱經筵故事(정주경연고사)		續經筵故事를 보라	
v.3 p.1401	定州忠義壇事蹟碑帖(정주충의단사적비첩)			d05_0931
v.3 p.1401	定州邑誌(정주읍지)			d05_0932
v.3 p.1401	程書分類(정서분류)	宋時烈 著(송시열 저)		d05_0933-0935
v.3 p.1401	鄭掌令事蹟(정장령사적)			b01_0140
v.3 p.1402	鄭進士遺稿(정진사유고)	鄭錫慶 著(정석경 저)		b01_0141
v.3 p.1402	貞蕤閣集(정유각집)	朴齊家 著(박제가 저)		b01_0142
v.3 p.1402	鄭西川族譜(정서천족보)			d02_0323
v.3 p.1403	定宗實錄(정종실록)		實錄을 보라	d12_2516-2517
v.3 p.1403	偵探日記(정탐일기)			d05_0937
v.3 p.1403	鄭忠壯公實記(정충장공실기)			b01_0144
v.3 p.1403	鄭忠壯公實紀(정충장공실기)			b01_0145

v.3 p.1403	鄭忠武公實紀(정충무공실기)			b01_0146
v.3 p.1403	丁丑錄(정축록)		金議政江都丁丑錄을 보라	d05_0938
v.3 p.1403	鄭統制事蹟(정통제사적)		梅軒實記를 보라	b01_0147
v.3 p.1403	定銅閨冠禮文(정동위관예문)	英宗朝 御製(영종조 어제)		d05_0939-0940
v.3 p.1404	帝範(제범)			
v.3 p.1404	정비젼(鄭妃傳(정비전))			d05_0941
v.3 p.1404	丁未傳信錄(정미전신록)			d05_0942-0943
v.3 p.1404	貞武公實記(정무공실기)		潛窩實記를 보라	b01_0148
v.3 p.1404	貞武公實紀(정무공실기)		奇貞武公實紀를 보라	b01_0149-0150
v.3 p.1404	鄭文獻公實紀(정문헌공실기)		一蠹實紀를 보라	b01_0151
v.3 p.1404	鄭文翼公遺稿(정문익공유고)	鄭光弼 著(정광필 저)		b01_0152-0153
v.3 p.1405	定平邑誌(정평읍지)			d05_0945
v.3 p.1405	丁戊錄(정무록)	黃有詹 著(황유첨 저)		d05_0946
v.3 p.1405	丁卯日記(정묘일기)	吳健 著(오건 저)		d05_0947
v.3 p.1405	丁卯兩湖擧義錄(정묘량호거의록)			d05_0948
v.3 p.1406	鄭夢周遺墟碑(정몽주유허비)			
v.3 p.1406	程里表(정리표)			d05_0950-0951
v.3 p.1406	定陵碑文(정릉비문)			d05_0952
v.3 p.1407	程麗諸家(정려제가)			d05_0953
v.3 p.1407	訂老(정로)	洪奭周 著(홍석주 저)		d05_0954
v.3 p.1407	適庵詩稿(적암시고)	曹伸 著(조신 저)		b01_0154-0155
v.3 p.1407	商谷集(적곡집)	姜瑜 著(강유 저)		b01_0156
v.3 p.1408	惕齋集(척재집)	李存中 著(이존중 저)		b01_0157
v.3 p.1408	惕若齋集(척약재집)	高麗 金九容 著(고려 김구용 저)		b01_0158
v.3 p.1408	적셩의젼(狄成義傳(적성의전))			d05_0955
v.3 p.1408	掇感錄(철감록)			d05_0956
v.3 p.1409	鐵城聯芳集(철성련방집)	固城李氏三世 著(고성리씨삼세 저)		b01_0159-0160
v.3 p.1410	哲宗御製(철종어제)			d05_0960
v.3 p.1410	哲宗實錄(철종실록)			
v.3 p.1410	哲命編(철명편)	許傳 著(허전 저)		d05_0961
v.3 p.1410	天安邑誌(천안읍지)			
v.3 p.1410	篆彙(전휘)			d05_0962
v.3 p.1410	篆韻便覽(전운편람)			d05_0963
v.3 p.1410	天隱亂藁(천은난고)	趙宗鉉 著(조종현 저)		b01_0161
v.3 p.1410	天運紹統(천운소통)			
v.3 p.1410	天下輿地全圖(천하여지전도)			d05_0964
v.3 p.1411	篆海心鏡(전해심경)	金振興 著(김진홍 저)		d05_0965-0966
v.3 p.1411	典客司謄錄(전객사등록)			
v.3 p.1411	典客司日記(전객사일기)			d05_0968
v.3 p.1411	典翰先生案(전한선생안)			d05_0969
v.3 p.1411	添刊大訓(첨간대훈)		大訓을 보라	d05_0970
v.3 p.1411	天學考(천학고)	安鼎福 著(안정복 저)		d05_0971
v.3 p.1412	天機大要(천기대요)			
v.3 p.1413	典享司發關册(전향사발관책)			d05_0972

v.3 p.1413	天君演義(천군연의)			d05_0974
v.3 p.1413	天君本紀(천군본기)			d05_0975
v.3 p.1413	恬軒集(염헌집)	任相元 著(임상원 저)		b01_0162
v.3 p.1413	天元玉曆祥異賦(천원옥력상이부)			
v.3 p.1414	天原發微(천원발미)			
v.3 p.1414	典故撮要(전고촬요)			d05_0978
v.3 p.1414	典故謄錄(전고등록)			d05_0979
v.3 p.1414	典攷一助(전고일조)			d05_0981
v.3 p.1415	天山齋集(천산재집)	李咸享 著(이함향 저)		b01_0163
v.3 p.1415	轉神法(전신법)		大統曆轉神法式을 보라	
v.3 p.1415	典牲署先生案(전생서선생안)			d05_0984
v.3 p.1415	篆千字文(전천자문)		千字文을 보라	
v.3 p.1415	天尊刼溫黃神呪經(천존겁온황신주경)			
v.3 p.1415	篆大學(전대학)	金振興 著(김진흥 저)		d05_0985
v.3 p.1415	天地八陽神呪經(천지팔양신주경)			
v.3 p.1416	天地萬物造化論(천지만물조화론)			
v.3 p.1416	天地冥陽水陸齋儀纂要(천지명양수륙재의찬요)			d05_0986
v.3 p.1416	天東象緯考(천동상위고)	崔天壁 著(최천벽 저)		d05_0987-0988
v.3 p.1417	天坡集(천파집)	吳䎘 撰(오숙 찬)		b01_0164
v.3 p.1417	佔畢齋集(점필재집)	金宗直 著(김종직 저)		b01_0165-0166
v.3 p.1418	佔畢齋門人錄(점필재문인록)			b01_0167
v.3 p.1418	天兵書(천병서)		(略名)兵書	d05_0989
v.3 p.1418	天放集(천방집)	劉好仁 著(유호인 저)		b01_0168
v.3 p.1419	天命圖說(천명도설)	鄭子雲 著(정자운 저)		d05_0990-0992
v.3 p.1420	天默齋遺稿(천묵재유고)	李尙馨 著(이상형 저)		b01_0169
v.3 p.1420	天文大成(천문대성)			
v.3 p.1420	天文八圖(천문팔도)			d05_0993
v.3 p.1420	天文類抄(천문류초)	李純之 著(이순지 저)		d05_0994-0995
v.3 p.1421	天文曆法(천문력법)			
v.3 p.1421	天游集古(천유집고)	朴文逵 著(박문규 저)		b01_0170
v.3 p.1421	篆餘日錄(전여일록)	金邁淳 著(김매순 저)		d05_0996-0997
v.3 p.1421	典律通補(전률통보)	具允明 著(구윤명 저)		d05_0998-0999
v.3 p.1422	典律錄抄(전률록초)			d05_1000
v.3 p.1422	天嶺誌(천령지)			d05_1001
v.3 p.1422	典錄通考(전록통고)			d05_1003-1004
v.3 p.1423	傳敎秩(전교질)		內閣受敎帖을 보라	d05_1006
v.3 p.1423	殿講謄錄(전강등록)			d05_1007
v.3 p.1423	田制詳定(전제상정)			d05_1011-1012
v.3 p.1423	傳燈錄(전등록)		景德傳燈錄을 보라	
v.3 p.1423	電編(전편)			d05_1014
v.3 p.1423	電報章程(전보장정)			
v.3 p.1424	斗巖集(두암집)	金應南 著(김응남 저)		b02_0173
v.3 p.1424	杜機集(두기집)	崔成大 著(최성대 저)		b02_0174-0175
v.3 p.1424	杜谷集(두곡집)	高應陟 著(고응척 저)		b02_0176

v.3 p.1424	兎山邑誌(토산읍지)			d06_1016
v.3 p.1424	杜詩(두시)			
v.3 p.1427	杜詩諺解(두시언해)		杜詩를 보라	d06_1017-1019
v.3 p.1427	杜師聰秘訣(두사총비결)			d06_1021
v.3 p.1427	杜詩批解(두시비해)		杜詩를 보라	d06_1020
v.3 p.1427	斗室寤言(두실오언)	李煥模 著(이환모 저)		b02_0177
v.3 p.1427	斗室存藁(두실존고)	沈象奎 著(심상규 저)		b02_0178
v.3 p.1428	斗室尺牘(두실척독)	沈象奎 著(심상규 저)		b02_0179
v.3 p.1428	斗室筆迹(두실필적)			
v.3 p.1428	圖書集成分編第次目錄(도서집성분편제차목록)			d06_1022
v.3 p.1428	圖書析要(도서석요)			d06_1023
v.3 p.1429	圖書發揮(도서발휘)		旂軒性理說을 보라	d06_1024
v.3 p.1429	斗南詩選(두남시선)	趙寅奎 著(조인규 저)		b02_0180
v.3 p.1429	杜樊川集(두번천집)	唐 杜牧 著(당 두목 저)		d06_1025
v.3 p.1429	斗浦稿(두포고)		松谷集을 보라	b02_0181
v.3 p.1429	杜門洞實記(두문동실기)			b02_0182, d06_1026
v.3 p.1429	杜陸千選(두육천선)			d06_1028-1029
v.3 p.1430	杜陸分韻(두육분운)			
v.3 p.1431	杜律虞註(두률우주)		杜詩를 보라	
v.3 p.1431	杜律分韻(두률분운)		杜陸分韻을 보라	d06_1031-1034
v.3 p.1431	斗畧(두략)			d06_1035
v.3 p.1431	杜陵集(두릉집)	李濟兼 著(이제겸 저)		b02_0183
v.3 p.1431	東庵遺稿(동암유고)	洪大龜 著(홍대구 저)		b02_0184
v.3 p.1432	陶庵家狀(도암가장)	朴聖源 撰(박성원 찬)		b02_0186
v.3 p.1432	陶庵行詩一篇(도암행시일편)			b02_0187
v.3 p.1432	陶庵語錄(도암어록)	朴大陽 著(박대양 저)		b02_0188
v.3 p.1432	陶庵三官記(도암삼관기)		三官記를 보라	b02_0189
v.3 p.1432	東庵集(동암집)	李瑱 著(이진 저)		b02_0190
v.3 p.1432	陶庵集(도암집)	李縡 著(이재 저)		b02_0185
v.3 p.1433	藤庵集(등암집)	裵尙龍 著(배상룡 저)		b02_0191
v.3 p.1433	東醫寶鑑(동의보감)	許浚 著(허준 저)		d06_1036-1040
v.3 p.1434	東彙錄(동휘록)			d06_1041
v.3 p.1434	陶隱集(도은집)	高麗 李崇仁 著(고려 이숭인 저)		b02_0192-0194
v.3 p.1435	鬧隱集(요은집)	高汝興 著(고여흥 저)		b02_0196
v.3 p.1436	陶隱姜公事蹟(도은강공사적)			b02_0195
v.3 p.1436	棠陰比事(당음비사)			
v.3 p.1436	陶雲遺集(도운유집)	李眞望 著(이진망 저)		b02_0197
v.3 p.1436	統衛營田沓改尺量(통위영전답개척량)			
v.3 p.1436	統營合操圖(통영합조도)			d06_1042
v.3 p.1436	統營地圖(통영지도)			d06_1043
v.3 p.1436	統營文籍(통영문적)			b13_2190-2193
v.3 p.1437	登瀛錄(등영록)			d06_1044-1045
v.3 p.1437	湯液本草(탕액본초)		本草를 보라	

v.3 p.1437	東援記略(동원기략)			d06_1046
v.3 p.1438	東園集(동원집)			b02_0198
v.3 p.1438	東垣十書(동원십서)			
v.3 p.1438	東援人物考(동원인물고)	趙萬永 著(조만영 저)		d06_1047
v.3 p.1439	陶淵明集(도연명집)		陶靖簡集의 아래를 보라	
v.3 p.1439	唐音(당음)		通名唐詩正音 又略唐詩	
v.3 p.1440	痘科彙編(두과휘편)			
v.3 p.1440	東華雜錄(동화잡록)			d06_1048
v.3 p.1441	陶窩集(도와집)	朴璿 著(박선 저)		b02_0199
v.3 p.1441	桐華寺事蹟(동화사사적)			d06_1049
v.3 p.1441	東華姓譜(동화성보)			d06_1050
v.3 p.1441	登科錄(등과록)		文科榜目을 보라	d06_1052
v.3 p.1441	東海遺稿(동해유고)	趙宗鎭 著(조종진 저)		b02_0200
v.3 p.1441	東海翁書法(동해옹서법)	趙宗鎭 筆(조종진 필)		b13_2424
v.3 p.1441	東海詩話(동해시화)		海東詩話의 아래에 기록함	d06_1053
v.3 p.1441	踏海實記(답해실기)		雙節錄을 보라	d06_1054
v.3 p.1441	東閣散錄(동각산록)			d06_1055
v.3 p.1441	東閣雜記(동각잡기)	李廷馨 著(이정형 저)		d06_1056-1057
v.3 p.1442	東鶴寺事實(동학사사실)			d06_1059
v.3 p.1442	唐鑑(당감)			
v.3 p.1442	蕩冠志(탕관지)			d06_1060
v.3 p.1443	東漢節義晉宋清談說(동한절의진송청담설)	鄭介清 著(정개청 저)		d06_1061-1062
v.3 p.1443	東寰錄(동환록)			d06_1063
v.3 p.1443	東學兼教授先生案(동학겸교수선생안)			d06_1064
v.3 p.1443	東岳集(동악집)	李安訥 著(이안눌 저)		b02_0201
v.3 p.1444	東學亂徒文籍(동학란도문적)			d06_1065-1066
v.3 p.1444	陶丘集(도구집)	李濟臣 著(이제신 저)		b02_0202
v.3 p.1444	東滸要覽(동호요람)			d06_1067
v.3 p.1444	雪橋藝學錄(삽교예학록)	安錫儆 著(안석경 저)		b02_0205
v.3 p.1445	雪橋集(삽교집)	安錫儆 著(안석경 저)		b02_0203
v.3 p.1446	雪橋漫錄(삽교만록)	安錫儆 著(안석경 저)		b02_0204
v.3 p.1446	黨議雜抄(당의잡초)			d06_1068
v.3 p.1446	統禦營文籍(통어영문적)			
v.3 p.1446	桐漁集(동어집)	李相璜 著(이상황 저)		b02_0206
v.3 p.1446	桐漁年譜(동어연보)			b02_0207
v.3 p.1447	東宮日記(동궁일기)			d06_1069
v.3 p.1447	東溪遺稿(동계유고)			
v.3 p.1447	陶溪遺稿(도계유고)			b02_0210
v.3 p.1447	東京雜記(동경잡기)	閔周冕 著(민주면 저)		d06_1071-1072
v.3 p.1449	東溪雜錄(동계잡록)	禹伏龍 著(우복룡 저)		b02_0208-0209
v.3 p.1449	桐溪集(동계집)	鄭蘊 著(정온 저)		b02_0211-0212
v.3 p.1450	東溪集(동계집)	朴泰淳 著(박태순 저)		b02_0213, b02_0215-0217
v.3 p.1450	棠溪集(당계집)	金華俊 著(김화준 저)		b02_0214

v.3 p.1450	東谿集(동계집)	趙龜命 著(조구명 저)		
v.3 p.1451	東闕圖(동궐도)		昌德宮圖를 보라	d06_1075
v.3 p.1451	東獻系譜(동헌계보)			d06_1077
v.3 p.1451	東賢事略(동현사략)	權近 著(권근 저)		d06_1078
v.3 p.1451	東賢奏議(동현주의)	李喜朝 著(이희조 저)		d06_1079-1080
v.3 p.1452	唐玄宗帝筆蹟(당현종제필적)			b14_2481
v.3 p.1452	東言當法(동언당법)			d06_1081
v.3 p.1452	東湖遺稿(동호유고)	文穗教 著(문수교 저)		
v.3 p.1452	投壺雅歌譜(투호아가보)	李晚秀 著(이만수 저)		d06_1082
v.3 p.1453	投壺儀(투호의)			d06_1083
v.3 p.1453	東湖集(동호집)	李季仝 著(이계동 저)		b02_0218-0219
v.3 p.1453	東湖文集(동호문집)	邊永清 著(변영청 저)		b02_0220
v.3 p.1453	東湖問答(동호문답)	李珥 著(이이 저)		d06_1084-1085
v.3 p.1454	桐湖禮說(동호예설)	李世弼 著(이세필 저)		b02_0221
v.3 p.1454	東皐遺稿(동고유고)	李浚慶 著(이준경 저)		b02_0222-0223
v.3 p.1454	東岡遺稿(동강유고)	崔是翁 著(최시옹 저)		b02_0224-0225
v.3 p.1454	桐江遺稿(동강유고)	李[氵奭] 著(이석 저)		b02_0226
v.3 p.1455	東江遺集(동강유집)	申翊全 著(신익전 저)		
v.3 p.1455	東岡行狀(동강행장)	張顯光 著(장현광 저)		b02_0227
v.3 p.1455	東岡講義(동강강의)		(本名)經筵講義	b02_0228-0230
v.3 p.1456	東江集(동강집)	呂爾徵 著(여이징 저)		b02_0233-0234
v.3 p.1456	東岡文集(동강문집)	金宇顒 著(김우옹 저)		b02_0231-0232
v.3 p.1457	東岡筆迹(동강필적)	趙相愚 書(조상우 서)		
v.3 p.1457	陶谷集(도곡집)	李宜顯 著(이의현 저)		b02_0235
v.3 p.1457	東谷集(동곡집)	金鴻運 著(김홍운 저)		b02_0236
v.3 p.1458	東谷集(동곡집)			b02_0237
v.3 p.1458	桐谷實紀(동곡실기)			b02_0239
v.3 p.1458	唐谷實紀(당곡실기)			b02_0238
v.3 p.1458	東國樂府(동국악부)	李匡師 著(이광사 저)		d06_1088
v.3 p.1458	東國樂譜(동국악보)			d06_1089
v.3 p.1458	東國記事(동국기사)			d06_1090
v.3 p.1458	東國闕里誌(동국궐리지)			d06_1092-1093
v.3 p.1459	東國歲時記(동국세시기)	洪錫謨 著(홍석모 저)		d06_1094
v.3 p.1459	東國算書(동국산서)			d06_1095
v.3 p.1459	東國諡號(동국시호)			d06_1096
v.3 p.1460	東國諡號考(동국시호고)			d06_1097
v.3 p.1460	東國史略(동국사략)	權近 著(권근 저)	(通稱)三國史略	d06_1098-1104
v.3 p.1460	東國史略(동국사략)	柳希齡 著(유희령 저)		d06_1098-1104
v.3 p.1461	東國壯元集(동국장원집)			d06_1108
v.3 p.1461	東國職官考(동국직관고)			d06_1105
v.3 p.1461	東國儒賢錄(동국유현록)	安泰定 著(안태정 저)		d06_1110
v.3 p.1462	東國圖經(동국도경)	世祖王朝命 梁誠之 撰(세조왕조명 양성지 찬)		d06_1106-1107
v.3 p.1462	東國正音(동국정음)		四聲通攷를 보라	
v.3 p.1462	東國世年歌(동국세년가)		歷代世年歌를 보라	d06_1112

v.3 p.1462	東國世譜(동국세보)			d06_1113
v.3 p.1462	東國僧尼傳(동국승니전)			d06_1114
v.3 p.1462	東國地理志(동국지리지)	韓百謙 著(한백겸 저)		d06_1116-1119
v.3 p.1463	東國通鑑(동국통감)	成化中 申叔舟 等 著(성화중 신숙주 등 저)		d06_1120-1125
v.3 p.1464	東國通鑑提綱(동국통감제강)	洪汝河 著(홍여하 저)	인물은 木齋集을 보라	d06_1127-1128
v.3 p.1465	東國文鑑(동국문감)	高麗 金台鉉 著(고려 김태현 저)		d06_1130-1131
v.3 p.1465	東國文獻(동국문헌)		東國文獻錄을 보라	d06_1135-1137
v.3 p.1465	東國文獻指掌(동국문헌지장)		文獻指掌을 보라	d06_1133
v.3 p.1465	東國文獻節要(동국문헌절요)			d06_1132
v.3 p.1465	東國文獻備考(동국문헌비고)			d06_1134
v.3 p.1467	東國文獻錄(동국문헌록)			d06_1138
v.3 p.1469	東國文籍置簿(동국문적치부)			
v.3 p.1469	東國文蹟類聚(동국문적유취)			d06_1139
v.3 p.1469	東國兵鑑(동국병감)			d06_1140-1141
v.3 p.1470	東國名山記(동국명산기)			d06_1143
v.3 p.1470	東國名臣錄(동국명신록)		海東名臣錄을 보라	
v.3 p.1470	東國名筆(동국명필)	朗善君俁 著(낭선군오 저)		d06_1144
v.3 p.1471	東國輿地勝覽(동국여지승람)			d06_1146
v.3 p.1474	東國李相國集(동국이상국집)		李相國集을 보라	
v.3 p.1474	東國類史(동국유사)			d06_1147
v.3 p.1474	東國歷代史抄(동국역대사초)			d06_1149
v.3 p.1474	東國歷代史略(동국역대사략)			d06_1150
v.3 p.1474	東國歷代總目(동국역대총목)		歷代總目을 보라	d06_1151-1152
v.3 p.1474	東槎日錄(동차일록)			
v.3 p.1474	東槎錄(동차록)			d06_1159
v.3 p.1475	東槎錄(동차록)	崔有海 著(최유해 저)		d06_1159
v.3 p.1476	陶齋集(도재집)	尹昕 著(윤흔 저)		b02_0240
v.3 p.1476	陶齋隨筆(도재수필)	尹昕 著(윤흔 저)		b02_0241-0242
v.3 p.1476	東策(동책)			d06_1160
v.3 p.1476	唐三大家詩全集(당삼대가시전집)	金堉 著(김육 저)		d06_1161
v.3 p.1477	東山遺稿(동산유고)	趙晟漢 著(조성한 저)		b02_0243
v.3 p.1477	踏山歌(답산가)		道詵踏山歌를 보라	d06_1162
v.3 p.1477	陶山記(도산기)			d06_1163
v.3 p.1477	唐山義烈錄(당산의열록)			d06_1164
v.3 p.1477	陶山書節要(도산서절요)	李象靖 著(이상정 저)		b02_0244
v.3 p.1477	棠山實記(당산실기)			b02_0245
v.3 p.1478	陶山通文(도산통문)			d06_1165
v.3 p.1478	東山年譜(동산연보)			b02_0246
v.3 p.1478	唐詩(당시)		唐音을 보라	
v.3 p.1478	東史會綱(동사회강)	林象德 著(임상덕 저)		d06_1168-1170
v.3 p.1479	唐詩鼓吹(당시고취)			
v.3 p.1479	東史綱目(동사강목)	安鼎福 著(안정복 저)		d06_1172
v.3 p.1479	東史撮要(동사촬요)			d06_1174
v.3 p.1480	東史纂要(동사찬요)	吳澐 著(오운 저)		d06_1175-1176

v.3 p.1480	東史輯略(동사집략)	金澤榮 著(김택영 저)		
v.3 p.1480	唐詩正音(당시정음)		唐音을 보라	
v.3 p.1480	東史世家(동사세가)	洪奭周 著(홍석주 저)		d06_1178
v.3 p.1481	唐詩淸覽(당시청람)			d06_1180
v.3 p.1481	東史年表(동사년표)			d06_1184
v.3 p.1481	唐詩品彙(당시품휘)			
v.3 p.1481	東史編年(동사편년)	柳光翼 著(유광익 저)		d06_1185
v.3 p.1482	東史補遺(동사보유)	趙挺 著(조정 저)		d06_1186-1188
v.3 p.1482	唐詩類苑(당시류원)			
v.3 p.1482	東詩零言(동시령언)			d06_1190
v.3 p.1482	唐什(당십)			d06_1191
v.3 p.1482	東洲遺稿(동주유고)	成悌元 著(성제원 저)		b02_0247
v.3 p.1483	東洲集(동주집)		灌圃詩集을 보라	b02_0248
v.3 p.1483	東洲集(동주집)	李敏求 著(이민구 저)		b02_0249
v.3 p.1483	登俊試榜目(등준시방목)		文科榜目을 보라	b12_2048
v.3 p.1484	당진연의(唐秦演義(당진연의))			d06_1192
v.3 p.1484	東省校餘集(동성교여집)	鄭元容 著(정원용 저)		d06_1211
v.3 p.1484	東省駐節錄(동성주절록)	洪敬謨 著(홍경모 저)		d06_1212
v.3 p.1484	東事原(동사원)			d06_1193
v.3 p.1484	東事剩言(동사잉언)			d06_1194
v.3 p.1484	東儒淵源錄(동유연원록)			d06_1195
v.3 p.1485	東儒經說(동유경설)			d06_1196
v.3 p.1485	東儒師友錄(동유사우록)	朴世采 著(박세채 저)		d06_1197-1199
v.3 p.1485	東儒錄抄(동유록초)			d06_1200
v.3 p.1485	唐書(당서)			
v.3 p.1486	東人玉響(동인옥향)			d06_1201
v.3 p.1486	東人詩(동인시)			d06_1202
v.3 p.1486	東人之文(동인지문)	崔瀣 著(최해 저)	(又)東人文	d06_1207-1208
v.3 p.1486	東人詩話(동인시화)	徐居正 著(서거정 저)		d06_1203-1206
v.3 p.1488	統制營誌(통제영지)			d06_1210
v.3 p.1488	陶靖節集(도정절집)			
v.3 p.1489	東銓考(동전고)			d06_1213
v.3 p.1489	東川集(동천집)	李尙吉 著(이상길 저)		b02_0250
v.3 p.1489	登選錄(등선록)			d06_1214
v.3 p.1490	唐宋句法(당송구법)			d06_1215
v.3 p.1490	痘瘡集要(두창집요)			
v.3 p.1490	唐宋八子百選(당송팔자백선)			d06_1218
v.3 p.1491	唐宋八大家文抄(당송팔대가문초)			
v.3 p.1491	唐宋分門名賢詩話(당송분문명현시화)			
v.3 p.1491	桐巢漫錄(동소만록)	南夏正 著(남하정 저)		d06_1219-1220
v.3 p.1492	東村遺稿(동촌유고)	柳帶春 著(유대춘 저)		b02_0251
v.3 p.1492	桃村實記(도촌실기)			b02_0252
v.3 p.1493	당틱죵젼(唐太宗傳(당태종전))			d06_1221
v.3 p.1493	東潭集(동담집)	韓嶠 著(한교 저)		b02_0253

v.3 p.1493	當代三綱錄(당대삼강록)			d06_1222
v.3 p.1493	登壇年表(등단연표)			d06_1223
v.3 p.1493	登壇錄(등단록)			d06_1224
v.3 p.1493	島中失火謄錄(도중실화등록)			d06_1225
v.3 p.1493	統長節目(통장절목)			d06_1226-1227
v.3 p.1494	東亭集(동정집)	廉興邦 著(염홍방 저)		b02_0254
v.3 p.1494	桐亭集(동정집)	尹紹宗 著(윤소종 저)		b02_0255
v.3 p.1494	東都成立記(동도성립기)	安弘 著(안홍 저)		d06_1229
v.3 p.1494	挑灘集(도탄집)	邊士貞 著(변사정 저)		b02_0256
v.3 p.1494	東坡集(동파집)			
v.3 p.1496	東坡筆迹(동파필적)			b14_2470
v.3 p.1496	東坡問答(동파문답)	金時和 著(김시화 저)		d06_1231
v.3 p.1496	東稗洛誦(동패락송)			d06_1232
v.3 p.1496	東樊集(동번집)	李晩用 著(이만용 저)		b02_0257
v.3 p.1497	唐百家詩刪(당백가시산)	金錫胄 選(김석주 선)		d06_1233
v.3 p.1497	東表(동표)			d06_1235
v.3 p.1497	東廟迎接錄(동묘영접록)			d06_1237
v.3 p.1497	東賦(동부)			d06_1234
v.3 p.1497	東文鑑(동문감)		東國文鑑을 보라	d06_1238
v.3 p.1497	東文粹(동문수)	金宗直 著(김종직 저)		d06_1239-1241
v.3 p.1498	東文選(동문선)	官撰(관찬)		d06_1242-1247, d06_1249-1250
v.3 p.1500	東文問答(동문문답)	金春澤 著(김춘택 저)		d06_1251
v.3 p.1500	東平記聞(동평기문)		公私見聞을 보라	b02_0258
v.3 p.1500	東編(동편)	李源達 著(이원달 저)		d06_1252
v.3 p.1500	東圃彙言(동포휘언)	金始煒 著(김시위 저)	(一名)國朝彙言	d06_1253-1255
v.3 p.1501	東圃集(동포집)	金時敏 著(김시민 저)		b02_0259
v.3 p.1502	東溟集(동명집)	金世濂 著(김세렴 저)		b02_0261
v.3 p.1502	東溟集(동명집)	鄭斗卿 著(정두경 저)		b02_0260
v.3 p.1503	東野彙輯(동야휘집)	李源命 著(이원명 저)		d06_1257
v.3 p.1503	東野記聞(동야기문)			d06_1258
v.3 p.1503	東埜集(동야집)	金養根 著(김양근 저)		b02_0262
v.3 p.1504	東野粹言(동야수언)	洪秉迪 編(홍병적 편)		d06_1259
v.3 p.1504	東遊紀行(동유기행)			d06_1260
v.3 p.1504	東興記略(동흥기략)			d06_1263
v.3 p.1504	東興考實(동흥고실)			d06_1264
v.3 p.1504	東萊築城謄錄(동래축성등록)			d06_1266
v.3 p.1504	東萊鄭氏家乘(동래정씨가승)			b02_0263
v.3 p.1505	東萊鄭氏族譜(동래정씨족보)			b02_0264-0265
v.3 p.1505	東萊博議(동래박의)			
v.3 p.1505	東萊府志(동래부지)			d06_1267
v.3 p.1506	東萊府事例(동래부사례)			d06_1268
v.3 p.1506	東萊文籍(동래문적)			b13_2207
v.3 p.1506	東里集(동리집)	李殷相 著(이은상 저)		b02_0266

v.3 p.1507	冬履集(동리집)			b02_0268
v.3 p.1507	東里小說(동리소설)	李殷相 著(이은상 저)		b02_0267
v.3 p.1507	唐律廣選(당률광선)	李敏求 著(이민구 저)		d06_1271
v.3 p.1507	唐律集英(당률집영)	張混 著(장혼 저)		d06_1272
v.3 p.1507	唐律疏義(당률소의)			
v.3 p.1507	島流配案(도류배안)			d06_1273
v.3 p.1507	東儷選百首(동려선백수)			d06_1275
v.3 p.1507	冬郎集(동랑집)	韓致元 著(한치원 저)		b02_0269
v.3 p.1508	東話(동화)			d06_1277
v.3 p.1508	東錄(동록)			d06_1276
v.3 p.1508	德隱遺稿(덕은유고)	朴雲壽 著(박운수 저)		b02_0270
v.3 p.1508	櫝韞(독온)			d06_1278
v.3 p.1508	德巖集(덕암집)	李膺擧 著(이응거 저)		b02_0271
v.3 p.1509	德溪集(덕계집)	吳健 著(오건 저)		b02_0272
v.3 p.1509	德源邑誌(덕원읍지)			d06_1279
v.3 p.1509	德興大院君碑帖(덕흥대원군비첩)			b02_0273-0274
v.3 p.1509	德效方(덕효방)	元 危亦林 撰(원 위역림 찬)		
v.3 p.1510	德谷集(덕곡집)	趙承肅 著(조승숙 저)		b02_0275
v.3 p.1510	德水李氏族譜(덕수이씨족보)			b02_0276
v.3 p.1510	德川師友錄(덕천사우록)		山海師友淵源錄을 보라	b02_0277
v.3 p.1510	德川邑誌(덕천읍지)			d06_1280
v.3 p.1510	德宗實錄(덕종실록)			d06_1281
v.3 p.1510	德村集(덕촌집)	梁得中 著(양득중 저)		b02_0278
v.3 p.1510	德浦遺稿(덕포유고)	尹搢 著(윤진 저)		b02_0279
v.3 p.1511	德峯集(덕봉집)	李鎭宅 著(이진댁 저)		b02_0280
v.3 p.1511	德陽遺稿(덕양유고)	奇遵 著(기준 저)		b02_0281-0282
v.3 p.1511	德陽日記(덕양일기)	奇遵 著(기준 저)		b02_0283
v.3 p.1511	訥翁集(눌옹집)	李光庭 著(이광정 저)		b02_0284
v.3 p.1512	訥軒集(눌헌집)	李思鈞 著(이사균 저)		b02_0285
v.3 p.1512	訥齋集(눌재집)	梁誠之 著(양성지 저)		b02_0287-0289
v.3 p.1514	訥齋集(눌재집)	朴祥 著(박상 저)		b02_0290-0292
v.3 p.1515	訥齋江叟史遺稿(눌재강수사유고)	朴增榮 朴薰 著(박증영 박훈 저)		b02_0293
v.3 p.1515	芚庵集(둔암집)	宋淵 著(송연 저)		b02_0295
v.3 p.1516	屯庵集(둔암집)	申昉 著(신방 저)		b02_0296
v.3 p.1516	遯庵全書(둔암전서)	鮮于浹 著(선우협 저)		b02_0297
v.3 p.1516	屯塢集(둔오집)	林宗七 著(임종칠 저)		b02_0298
v.3 p.1517	遁翁集(둔옹집)	韓汝愈 著(한여유 저)		b02_0299
v.3 p.1517	遯窩集(둔와집)	任守幹 著(임수간 저)		b02_0300
v.3 p.1517	遯溪集(둔계집)	許厚 著(허후 저)		b02_0301
v.3 p.1518	敦孝須知(돈효수지)			d06_1283
v.3 p.1518	遁甲曆(둔갑력)		太一曆을 보라	
v.3 p.1518	敦孝錄(돈효록)	朴聖源 著(박성원 저)		d06_1284-1286
v.3 p.1519	遯齋集(둔재집)	成世昌 著(성세창 저)		b02_0302
v.3 p.1519	遯齋筆蹟(둔재필적)			b13_2426

v.3 p.1519	遯村遺稿(둔촌유고)	金萬增 著(김만증 저)		b02_0304
v.3 p.1519	遁村雜詠(둔촌잡영)	李集 著(이집 저)		b02_0303
v.3 p.1521	敦寧府揭板(돈영부게판)			d06_1290
v.3 p.1521	遯峯集(둔봉집)	金寧 著(김녕 저)		b02_0305
v.3 p.1521	土亭遺稿(토정유고)	李之菡 著(이지함 저)		b02_0306
v.3 p.1521	土亭家藏訣(토정가장결)			d06_1291
v.3 p.1521	土木窩集(토목와집)	崔重純 著(최중순 저)		b02_0307
v.3 p.1522	動安居士集(동안거사집)	李承休 著(이승휴 저)		b02_0308
v.3 p.1522	銅闈訓書編輯(동위훈서편집)	英宗王 御製(영종왕 어제)		d06_1292
v.3 p.1522	峒隱稿(동은고)	李義健 著(이의건 저)		b02_0309
v.3 p.1523	動駕儀節(동가의절)		鹵簿式을 보라	
v.3 p.1523	道學淵源(도학연원)		聖賢道學淵源을 보라	d06_1294
v.3 p.1523	道學正脈(도학정맥)	權韠 著(권필 저)		d06_1296
v.3 p.1523	道學源流纂言(도학원류찬언)			d06_1295
v.3 p.1523	洞虛齋文集(동허재문집)	成獻徵 著(성헌징 저)		b02_0310
v.3 p.1523	道谷集(도곡집)			b02_0311
v.3 p.1523	堂后先生案(당후선생안)			d06_1299
v.3 p.1524	堂后日記(당후일기)			d06_1300
v.3 p.1524	堂號錄(당호록)		號譜를 보라	d06_1301
v.3 p.1524	洞山集(동산집)	李敏德 著(이민덕 저)		b02_0312
v.3 p.1524	童習數方圖(동습수방도)	張混 著(장혼 저)		d06_1302
v.3 p.1524	同春堂集(동춘당집)	宋浚吉 著(송준길 저)		b02_0313-0314
v.3 p.1525	同春堂年譜(동춘당연보)			b02_0315
v.3 p.1525	同春堂筆迹(동춘당필적)			
v.3 p.1526	同心經(동심경)			
v.3 p.1526	童子教(동자교)			d06_1303
v.3 p.1526	童子習(동자습)			d06_1304-1305
v.3 p.1527	同人詩詞(동인시사)			
v.3 p.1527	銅人鍼灸經(동인침구경)			
v.3 p.1527	道川集(도천집)	趙明履 著(조명리 저)		b02_0316
v.3 p.1527	道詵踏山歌(도선답산가)	(傳)新羅 釋道詵 著((전)신라 석도선 저)		
v.3 p.1528	道宣秘訣(도선비결)			d06_1312
v.3 p.1528	道詵密記(도선밀기)	(傳)新羅 釋道詵 著((전)신라 석도선 저)		d06_1307-1311
v.3 p.1529	道詵明堂記(도선명당기)	(傳)新羅 釋道詵 著((전)신라 석도선 저)		
v.3 p.1530	道村遺集(도촌유집)	吳次久 著(오차구 저)		b02_0317
v.3 p.1530	道村集(도촌집)	李藼 著(이훤 저)		b02_0318
v.3 p.1530	道藏輯要(도장집요)			
v.3 p.1530	童土筆迹(동토필적)			
v.3 p.1530	童土文集(동토문집)	尹舜擧 著(윤순거 저)		b02_0319
v.3 p.1531	道東編(도동편)	尹昕 著(윤흔 저)		d06_1314
v.3 p.1531	道東錄(도동록)	李瀷 著(이익 저)		d06_1315
v.3 p.1531	道德經(도덕경)			
v.3 p.1531	同福吳氏族譜(동복오씨족보)			b02_0320
v.3 p.1531	同福邑誌(동복읍지)			d06_1317

v.3 p.1531	同文彙考(동문휘고)			d06_1318-1321
v.3 p.1532	同文廣考(동문광고)			d06_1322
v.3 p.1533	同文攷略(동문고략)			d06_1323
v.3 p.1533	同文類解(동문유해)			d06_1325-1326
v.3 p.1533	同文類集(동문유집)			d06_1327
v.3 p.1534	童蒙易解(동몽이해)			d06_1328
v.3 p.1534	童蒙初讀(동몽초독)			d06_1330
v.3 p.1534	童蒙須知(동몽수지)			d06_1331-1332
v.3 p.1534	童蒙先習(동몽선습)	朴世茂 著(박세무 저)		d06_1333-1337
v.3 p.1536	童蒙筮告(동몽서고)			d06_1339
v.3 p.1536	童蒙禮講謄錄(동몽례강담록)			d06_1340
v.3 p.1536	道里總考(도리총고)	正祖王 御撰(정조왕 어찬)		d06_1341
v.3 p.1536	洞林照膽(동림조담)			
v.3 p.1537	道路考(도로고)	申景濬 著(신경준 저)		d06_1343
v.3 p.1537	道里表(도리표)			d06_1342
v.3 p.1537	獨庵遺稿(독암유고)	趙宗敬 著(조종경 저)		b02_0321
v.3 p.1538	獨谷集(독곡집)	成石璘 著(성석린 저)		b02_0322
v.3 p.1538	獨坐聞見日記(독좌문견일기)			d06_1344
v.3 p.1538	讀史隨筆(독사수필)	李敏求 著(이민구 저)		d06_1345-1346
v.3 p.1539	讀書記(독서기)		南溪讀書記를 보라	d06_1347-1351
v.3 p.1539	讀書講疑(독서강의)	趙瑗 著(조원 저)		d06_1352
v.3 p.1539	讀書抄語(독서초어)			d06_1353
v.3 p.1539	讀書錄(독서록)			d06_1356
v.3 p.1540	讀書錄(독서록)	英宗王 御製(영종왕 어제)		
v.3 p.1540	讀書錄解(독서록해)	李睟光 著(이수광 저)		d06_1357
v.3 p.1540	讀書錄抄(독서록초)			d06_1358
v.3 p.1541	獨石集(독석집)	黃赫 著(황혁 저)		b02_0323
v.3 p.1541	獨樂齋遺事(독락재유사)			b02_0324
v.3 p.1541	讀禮隨抄(독례수초)	金尙憲 著(김상헌 저)		d06_1359
v.3 p.1542	攤飯餘筆(탄반여필)			d07_1361
v.3 p.1542	儺禮謄錄(나례등록)			d07_1362
v.3 p.1542	內醫院式例(내의원식례)			d07_1363
v.3 p.1542	內宴御製詩(내연어제시)			d07_1364
v.3 p.1542	內閣故事節目(내각고사절목)			d07_1365
v.3 p.1542	內閣恒式(내각항식)	官撰(관찬)		d07_1366-1367
v.3 p.1542	內閣受敎帖(내각수교첩)	官撰(관찬)		d07_1369
v.3 p.1543	內閣日曆(내각일력)			d07_1368
v.3 p.1543	內閣訪書錄(내각방서록)			d07_1370
v.3 p.1543	內外案(내외안)			d07_1371
v.3 p.1543	內訓(내훈)	德宗妃昭惠王后 著(덕종비소혜왕후 저)		d07_1372-1374
v.3 p.1544	內需司文籍(내수사문적)			d07_1375
v.3 p.1544	內範(내범)			d07_1379
v.3 p.1544	內班院日記(내반원일기)			d07_1380
v.3 p.1544	南華經(남화경)		莊子 및 句解南華眞經을 보라	

v.3 p.1544	南華眞經(남화진경)		莊子 및 句解南華眞經을 보라	
v.3 p.1544	南海邑誌(남해읍지)			d07_1383
v.3 p.1544	南漢記略(남한기략)			d07_1384
v.3 p.1544	南漢誌(남한지)		(又)廣州邑誌	d07_1385-1387
v.3 p.1545	南關誌(남관지)			
v.3 p.1545	南磵集選(남간집선)	維應瑞 著(유응서 저)		b02_0326
v.3 p.1545	南漢日記(남한일기)	石之珩 著(석지형 저)		d07_1388
v.3 p.1546	南厓集(남애집)	鄭翬良 著(정휘량 저)		b02_0327
v.3 p.1546	南岳集(남악집)	趙宗著 著(조종저 저)		b02_0328
v.3 p.1547	南嶽唱酬(남악창수)			
v.3 p.1547	南岳唱酬錄(남악창수록)			d07_1389
v.3 p.1547	南宮錄(남궁록)	李廷龜 著(이정구 저)		d07_1391
v.3 p.1547	難經(난경)			
v.3 p.1547	南薰太平歌(남훈태평가)			d07_1392
v.3 p.1548	南溪遺稿(남계유고)	康應哲 著(강응철 저)		b02_0339
v.3 p.1548	南溪遺稿(남계유고)		光山金氏世稿를 보라	b02_0340
v.3 p.1548	南溪筵中講啓(남계연중강계)	朴世采 著(박세채 저)		
v.3 p.1548	南溪記聞(남계기문)	朴世采 著(박세채 저)		b02_0329-0330
v.3 p.1548	南溪集(남계집)	朴世采 著(박세채 저)		a04_0515, b02_0331-0332
v.3 p.1549	南溪時務萬言封事(남계시무만언봉사)	朴世采 著(박세채 저)		b02_0333
v.3 p.1550	南溪隨筆錄(남계수필록)	朴世采 著(박세채 저)		
v.3 p.1550	南溪讀書記(남계독서기)	朴世采 著(박세채 저)		b02_0334
v.3 p.1550	南溪年譜(남계연보)			b02_0335
v.3 p.1550	南溪禮說(남계예설)	朴世采 著(박세채 저)		b02_0336-0337
v.3 p.1551	南軒集(남헌집)			
v.3 p.1551	南原尹氏族譜(남원윤씨족보)			b02_0341
v.3 p.1551	남원고ᄉᆞ(南原故事(남원고사))			d07_1393
v.3 p.1551	南原節義錄(남원절의록)		旋忠錄을 보라	d07_1394
v.3 p.1551	南原府邑誌(남원부읍지)		龍城誌를 보라	d07_1395
v.3 p.1551	南原梁氏族譜(남원양씨족보)			b02_0342
v.3 p.1551	南岡遺集(남강유집)			b02_0343
v.3 p.1552	南皐集(남고집)			b02_0344
v.3 p.1552	南行錄(남행록)			d07_1396
v.3 p.1552	南谷集(남곡집)	權尙吉 著(권상길 저)		b02_0345
v.3 p.1552	南谷集(남곡집)		東溪集을 보라	b02_0346
v.3 p.1552	南師吉秘訣(남사길비결)			d07_1397
v.3 p.1552	南侍直聞見錄(남시직문견록)		晦隱雜識을 보라	
v.3 p.1552	南人縉譜(남인진보)			d07_1398
v.3 p.1552	南征歌(남정가)			d07_1399
v.3 p.1552	南征記(남정기)		謝氏南征記를 보라	d07_1400
v.3 p.1552	南征日錄(남정일록)			d07_1401
v.3 p.1553	남졍팔난긔(南征八難記(남정팔난기))			d07_1402

v.3 p.1553	南泉記(남천기)			b02_0347
v.3 p.1553	南泉雜記(남천잡기)	黃遇河 著(황우하 저)		b02_0348
v.3 p.1553	南川世稿(남천세고)	石希璞父子 著(석희박부자 저)		b02_0349
v.3 p.1553	南窓雜稿(남창잡고)	金玄成 著(김현성 저)		b02_0350
v.3 p.1554	南窓筆迹(남창필적)			b13_2432
v.3 p.1554	南忠壯公家乘(남충장공가승)	衛卒南淵 著(위졸남연 저)		b02_0351
v.3 p.1554	南忠壯公遺事(남충장공유사)			b02_0352
v.3 p.1555	南忠壯公詩稿(남충장공시고)	南延年 著(남연년 저)		b02_0353
v.3 p.1555	南趙兩先生事蹟(남조량선생사적)	韓廷鉉 等 著(한정현 등 저)		b02_0354
v.3 p.1555	楠亭集(남정집)	李堅起 著(이견기 저)		b02_0355
v.3 p.1555	南殿儀軌(남전의궤)		眞殿儀軌를 보라	
v.3 p.1555	南都集(남도집)	高麗 崔惟淸 著(고려 최유청 저)		d07_1403
v.3 p.1555	南塘經義記聞錄(남당경의기문록)	韓元震 著(한원진 저)		b02_0356
v.3 p.1556	南塘集(남당집)	韓元震 著(한원진 저)		b02_0357
v.3 p.1556	南寧君行狀(남령군행장)			b02_0358
v.3 p.1557	南坡集(남파집)	洪宇遠 著(홍우원 저)		b02_0359
v.3 p.1557	南坡相國集(남파상국집)	沈悅 著(심열 저)		b02_0360
v.3 p.1557	南判尹遺事(남판윤유사)	南鶴鳴 著(남학명 저)		b02_0361
v.3 p.1558	南兵營文籍(남병영문적)			b13_2186-2187
v.3 p.1558	南平文氏族譜(남평문씨족보)			b02_0362
v.3 p.1559	南平邑誌(남평읍지)			d07_1404
v.3 p.1559	南圃集(남포집)	金萬英 著(김만영 저)		b02_0363
v.3 p.1559	南浦集(남포집)			b02_0364
v.3 p.1559	南豐近體(남풍근체)			
v.3 p.1559	南冥學記(남명학기)	曹植 著(조식 저)		b02_0365-0366
v.3 p.1559	南冥行錄(남명행록)			b02_0367
v.3 p.1560	南冥師友錄(남명사우록)		山海師友淵源錄을 보라	b02_0368
v.3 p.1560	南冥文集(남명문집)	曹植 著(조식 저)		b02_0369-0372
v.3 p.1561	南陽洪氏族譜(남양홍씨족보)			b02_0373
v.3 p.1562	南陽集(남양집)	白賁華 著(백분화 저)		b02_0374-0376, d07_1405
v.3 p.1563	二家書法(이가서법)			b13_2346
v.3 p.1563	二家全律(이가전율)		朴陸分韻의 아래를 보라	d07_1407
v.3 p.1563	二阮遺稿(이완유고)	俞度基 叔姪 著(유도기 숙질 저)		b02_0377
v.3 p.1563	二經英華(이경영화)			d07_1408
v.3 p.1563	尼溪集(이계집)	朴來吾 著(박래오 저)		b02_0378
v.3 p.1563	二經抄略(이경초략)			d07_1409
v.3 p.1563	二十一都懷古詩(이십일도회고시)	抑德恭 著(억덕공 저)		d07_1410-1411
v.3 p.1564	二十功臣會盟錄(이십공신회맹록)			d07_1412-1413
v.3 p.1564	二旬錄(이순록)	具樹勳 著(구수훈 저)		d07_1415
v.3 p.1564	二大原流(이대원류)			d07_1416
v.3 p.1564	二程遺書(이정유서)		二程全書를 보라	
v.3 p.1565	二程全書(이정전서)	宋 朱熹 著(송 주희 저)		
v.3 p.1565	二程傳道粹言(이정전도수언)			d07_1417

v.3 p.1565	二憂堂集(이우당집)	趙泰采 著(조태채 저)		b02_0379
v.3 p.1566	二養篇(이양편)			d07_1418
v.3 p.1566	二樂亭集(이락정집)	申用漑 著(신용개 저)		b02_0380, b02_0382
v.3 p.1567	二陵事蹟(이릉사적)			d07_1419
v.3 p.1567	二倫行實圖(이륜행실도)			d07_1420-1424
v.3 p.1568	二禮演輯(이례연집)			d07_1425
v.3 p.1568	二禮祝式纂要(이례축식찬사)			
v.3 p.1568	日觀要考(일관요고)			d07_1426
v.3 p.1568	日記小學(일기소학)			
v.3 p.1568	日記廳儀軌(일기청의궤)		纂修儀軌를 보라	
v.3 p.1568	日休堂實記(일휴당실기)			b02_0383
v.3 p.1568	日谷集(일곡집)	趙德永 著(조덕영 저)		b02_0384
v.3 p.1569	日史(일사)			d07_1427
v.3 p.1569	日使文字(일사문자)			d07_1428
v.3 p.1569	日食假令(일식가령)		交食推步假令을 보라	d07_1429-1430
v.3 p.1569	日省錄(일성록)	洪錫 著(홍석 저)		d07_1432
v.3 p.1569	日省錄(일성록)			d07_1433-1435
v.3 p.1570	日纏細草(일전세초)			
v.3 p.1570	日纏表(일전표)			
v.3 p.1570	日東紀遊(일동기유)			d07_1436
v.3 p.1570	日東錄(일동록)			d07_1437
v.3 p.1570	日得錄(일득록)	奎章閣 編(규장각 편)		d07_1438-1439
v.3 p.1570	日用指訣(일용지결)			d07_1440
v.3 p.1571	日用方(일용방)			d07_1441
v.3 p.1571	日本國聞見事件書啓(일본국문견사건서계)			d07_1443-1448
v.3 p.1572	日本證韻(일본증운)	申景濬 著(신경준 저)		d07_1449
v.3 p.1572	入學圖說(입학도설)	權近 著(권근 저)		d07_1451-1454
v.3 p.1573	入廟儀軌(입묘의궤)		宗廟儀軌를 보라	
v.3 p.1573	忍庵集(인암집)	趙載道 著(조재도 저)		b02_0385
v.3 p.1573	忍齋雜錄(인재잡록)	洪暹 著(홍섬 저)		b02_0387
v.3 p.1573	忍齋集(인재집)	洪暹 著(홍섬 저)		b02_0386
v.3 p.1573	任實邑誌(임실읍지)			d07_1450
v.3 p.1574	涅槃經宗要(열반경종요)	新羅 釋 元曉 著(신라 석 원효 저)		
v.3 p.1574	寧越嚴氏族譜(영월엄씨족보)			b02_0388
v.3 p.1574	寧越題詠(영월제영)		莊陵靈泉記帖을 보라	
v.3 p.1574	寧越地圖(영월지도)			d07_1456
v.3 p.1574	寧越邑誌(영월읍지)			d07_1457
v.3 p.1574	寧遠邑誌(영원읍지)			d07_1458
v.3 p.1574	寧窩集(영와집)			b02_0389
v.3 p.1574	寧國原從功臣錄券(영국원종공신록권)			d07_1460
v.3 p.1574	寧社原從功臣錄券(영사원종공신록권)			d07_1461
v.3 p.1575	寧城君筆迹(영성군필적)			
v.3 p.1575	寧城誌(영성지)			

v.3 p.1575	寧邊邑誌(영변읍지)			d07_1464
v.3 p.1575	寧陵誌狀(영릉지장)		列聖誌狀을 보라	d07_1470
v.3 p.1575	熱河紀行詩註(열하기행시주)	柳得恭 著(유득공 저)		d07_1465
v.3 p.1575	熱河日記(열하일기)	朴趾源 著(박지원 저)		d07_1466-1467
v.3 p.1576	然松雜記(연송잡기)	權得己 著(권득기 저)		d07_1468
v.3 p.1576	拈頌(염송)		禪門拈頌集을 보라	d07_1469
v.3 p.1576	拈頌說話(염송설화)		禪門拈頌說話를 보라	d07_1471
v.3 p.1576	念睡軒集(염수헌집)	金龍翰 著(김용한 저)		b02_0390
v.3 p.1576	念佛普勸文(염불보권문)			d07_1472
v.3 p.1577	年分災實要覽(연분재실요람)			d07_1473
v.3 p.1577	燃藜室記述(연려실기술)	李肯翊 著(이긍익 저)		d07_1474-1477
v.3 p.1580	農淵語錄(농연어록)			b02_0393
v.3 p.1580	農淵挽別(농연만별)			b02_0392
v.3 p.1580	農家集成(농가집성)	申洬 著(신속 저)		d07_1478-1480
v.3 p.1581	農巖四端七情辨(농암사단칠정변)	魚有龜 著(어유구 저)		b02_0395
v.3 p.1581	農巖雜識(농암잡식)	金昌協 著(김창협 저)		b02_0394
v.3 p.1581	農巖集(농암집)	金昌協 著(김창협 저)		b02_0396-0398
v.3 p.1583	農蠶書(농잠서)	梁誠之 著(양성지 저)		d07_1482
v.3 p.1583	農書(농서)			d07_1483-1484
v.3 p.1583	農事直說(농사직설)			d07_1485-1487
v.3 p.1584	農政新篇(농정신편)	申箕善 著(신기선 저)		d07_1490
v.3 p.1584	農政新編(농정신편)			
v.3 p.1584	農叟遺稿(농수유고)	崔天翼 著(최천익 저)		b02_0400
v.3 p.1584	農桑集撮(농상집촬)			d07_1491
v.3 p.1584	農桑輯要(농상집요)	李嵒 著(이암 저)		
v.3 p.1585	農談(농담)			d07_1494
v.3 p.1585	能仁行跡(능인행적)			d07_1493
v.3 p.1585	農圃集(농포집)	鄭文孚 著(정문부 저)		b02_0401
v.3 p.1586	農務牧畜試驗場日錄(농무목축시험장목록)			d07_1495
v.3 p.1586	農廬集(농려집)	姜獻奎 著(강헌규 저)		b02_0402
v.3 p.1587	破閑雜記(파한잡기)	曹植 著(조식 저)		d08_1498
v.3 p.1587	破閑集(파한집)	李仁老 著(이인로 저)		d08_1499-1500
v.3 p.1588	坡谷遺稿(파곡유고)	李誠中 著(이성중 저)		b03_0405
v.3 p.1588	波斯(파사)			d08_1501
v.3 p.1588	派使章程(파사장정)			d08_1502
v.3 p.1589	坡州邑誌(파주읍지)			d08_1503
v.3 p.1589	破睡(파수)			d08_1504
v.3 p.1589	破睡奇談(파수기담)			d08_1505
v.3 p.1589	破睡雜記(파수잡기)	尹新之 著(윤신지 저)		d08_1506
v.3 p.1589	坡川集(파천집)	尹壕父子 著(윤호부자 저)		b03_0406
v.3 p.1589	坡平尹氏族譜(파평윤씨족보)			b03_0407
v.3 p.1590	坏窩筆迹(배와필적)	金相肅 書(김상숙 서)		
v.3 p.1590	稗官雜記(패관잡기)	魚叔權 著(어숙권 저)		d08_1508-1510
v.3 p.1590	稗言(패언)		鼠獄說을 보라	d08_1511

v.3 p.1591	稗史(패사)			d08_1512
v.3 p.1591	裵氏勿侵事目(배씨물침사목)			b03_0408
v.3 p.1591	裵氏六派合譜(배씨육파합보)			b03_0409
v.3 p.1591	裵太師遺蹟(배태사유적)			b03_0410
v.3 p.1591	拜陵謄錄(배능등록)			d08_1514
v.3 p.1591	白雲遺稿(백운유고)	吳載弘 著(오재홍 저)		b03_0412
v.3 p.1591	白雲齋實記(백운재실기)			b03_0413
v.3 p.1591	白雲小說(백운소설)	李奎報 著(이규보 저)		b03_0414
v.3 p.1591	白雲筆迹(백운필적)	李命殷 書(이명은 서)		
v.3 p.1592	泊翁詩鈔(박옹시초)	李明五 著(이명오 저)		b03_0415
v.3 p.1592	白下集(백하집)	尹淳 著(윤순 저)		b03_0416
v.3 p.1592	白花道場發願文略解(백화도장발원문략해)			d08_1515
v.3 p.1593	白華子集(백화자집)	洪愼猷 著(홍신유 저)		b03_0417
v.3 p.1593	白下筆迹(백하필적)			b13_2438-2439
v.3 p.1593	白窩漫錄(백와만록)	李基憲 著(이기헌 저)		b03_0418
v.3 p.1593	빅학션젼(白鶴扇傳(백학선전))			d08_1517
v.3 p.1594	白癜山淨土寺事籍(백전산정토사사적)			d08_1518
v.3 p.1594	栢巖集(백암집)	金玏 著(김륵 저)		b03_0419
v.3 p.1594	栢巖鄭公事實(백암정공사실)			b03_0420
v.3 p.1594	佰顏波豆(백안파두)			d08_1519
v.3 p.1595	白渠集(백거집)	俞萬柱 著(유만주 저)		b03_0422
v.3 p.1595	栢軒遺稿(백헌유고)			b03_0423
v.3 p.1595	白軒集(백헌집)	李景奭 著(이경석 저)		b03_0424
v.3 p.1595	白軒年譜(백헌연보)			b03_0425
v.3 p.1595	白湖集(백호집)	林悌 著(임제 저)		b03_0426-0427
v.3 p.1596	博古書史(박고서사)			d08_1520
v.3 p.1596	白江集(백강집)	李敬輿 著(이경여 저)		b03_0428
v.3 p.1596	白江年譜(백강연보)			b03_0429
v.3 p.1597	栢谷集(백곡집)	鄭崑壽 著(정곤수 저)		b03_0430
v.3 p.1597	栢谷集(백곡집)	金得臣 著(김득신 저)		b03_0431-0432
v.3 p.1597	白谷集(백곡집)	釋處能 著(석처능 저)		b03_0433
v.3 p.1598	柏後集(백후집)	金基洙 著(김기수 저)		b03_0434
v.3 p.1598	白氏文集(백씨문집)			
v.3 p.1599	白沙雜記(백사잡기)	李恒福 著(이항복 저)		b03_0440
v.3 p.1599	白沙集(백사집)	李恒福 著(이항복 저)		b03_0435-0439, b03_0441
v.3 p.1601	白沙集(백사집)	尹暄 著(윤훤 저)		b03_0448
v.3 p.1601	白沙書帖(백사서첩)	李恒福 著(이항복 저)		b14_2441
v.3 p.1601	白沙朝天記聞(백사조천기문)	李恒福 著(이항복 저)		b03_0442
v.3 p.1601	白沙朝天日乘(백사조천일승)	李恒福 著(이항복 저)		b03_0443
v.3 p.1602	白沙北遷日錄(백사북천일록)	鄭忠信 著(정충신 저)		b03_0444-0447
v.3 p.1602	白洲集(백주집)	李明漢 著(이명한 저)		b03_0449
v.3 p.1603	白石遺稿(백석유고)	柳楫 著(유집 저)		b03_0450
v.3 p.1603	白石筆迹(백석필적)	朴秦維 書(박진유 서)		

v.3 p.1603	博泉集(박천집)	李沃 著(이옥 저)		b03_0451
v.3 p.1604	白川趙氏族譜(백천조씨족보)			b03_0452
v.3 p.1604	白川邑誌(백천읍지)			d08_1521
v.3 p.1604	博川邑誌(박천읍지)			d08_1522
v.3 p.1604	博綜誌(박종지)			d08_1523
v.3 p.1604	白村遺事(백촌유사)		金忠毅公遺事를 보라	b03_0453
v.3 p.1604	栢潭文集(백담문집)	具鳳齡 著(구봉령 저)		b03_0455
v.3 p.1605	白檀香封裹笏記(백단향봉이홀기)			d08_1524
v.3 p.1605	白癡齋遺稿(백치재유고)			b03_0456
v.3 p.1605	白頭山圖(백두산도)			d08_1525
v.3 p.1605	白登錄(백등록)		丙子錄을 보라	d08_1526
v.3 p.1605	白眉故事(백미고사)			
v.3 p.1605	博物志(박물지)			
v.3 p.1606	白野記聞(백야기문)	趙錫周 著(조석주 저)		b03_0457
v.3 p.1606	白野集(백야집)	趙錫周 著(조석주 저)		b03_0458
v.3 p.1606	博覽(박람)			d08_1527
v.3 p.1606	白翎誌(백령지)	李大期 著(이대기 저)		d08_1528
v.3 p.1606	白麓遺稿(백록유고)	辛應時 著(신응시 저)		b03_0459-0460
v.3 p.1607	白鹿洞規集解(백록동규집해)	朴英 著(박영 저)		d08_1529-1530
v.3 p.1608	八域可居志(팔역가거지)			d08_1531
v.3 p.1608	八域志(팔역지)		擇里志를 보라	d08_1532
v.3 p.1608	八域卜居志(팔역복거지)		擇里志를 보라	d08_1533
v.3 p.1608	八家詩選(팔가시선)	安平大君瑢 選(안평대군용 선)		d08_1534
v.3 p.1608	八家手圈(팔가수권)		四部手圈을 보라	d08_1535
v.3 p.1608	八溪逸稿(팔계일고)	鄭悛 著(정전 저)		b03_0461
v.3 p.1608	八溪卞氏忠孝世蹟(팔계변씨충효세적)			b03_0462
v.3 p.1608	八谷集(팔곡집)	具思孟 著(구사맹 저)		b03_0463
v.3 p.1609	八歲兒(팔세아)			d08_1536-1538
v.3 p.1610	八斯遺稿(팔사유고)	裵幼華 著(배유화 지)		b03_0464
v.3 p.1610	八子百選(팔자백선)		唐宋八子百選을 보라	d08_1539-1541
v.3 p.1610	八駿圖誌(팔준도지)			d08_1542
v.3 p.1611	八松集(팔송집)	鄭必達 著(정필달 저)		b03_0465
v.3 p.1611	八松年譜(팔송연보)			b03_0466
v.3 p.1611	八松封事(팔송봉사)	尹煌 著(윤황 저)	疏箚集	b03_0467
v.3 p.1611	八相錄(팔상록)			d08_1543
v.3 p.1611	八旬書示後昆錄(팔순서시후곤록)	英宗王 御製(영종왕 어제)		d08_1544-1545
v.3 p.1612	八旬裕後錄(팔순유후록)	英宗王 御製(영종왕 어제)		d08_1546
v.3 p.1612	八旬裕昆錄(팔순유곤록)			
v.3 p.1612	八線表(팔선표)		割圓八線表를 보라	
v.3 p.1612	八道御史齎去事目(팔도어사재거사목)			d08_1548-1549
v.3 p.1612	八道賑穀假令(팔도진곡가령)			d08_1550
v.3 p.1612	八道總覽(팔도총람)			d08_1551
v.3 p.1613	八道地誌(팔도지지)	梁誠之 撰進(양성지 찬진)		d08_1552
v.3 p.1613	八道程里表(팔도정리표)		程里表를 보라	d08_1554

v.3 p.1613	八道輿地圖(팔도여지도)			
v.3 p.1613	發符總錄(발부총록)			d08_1556
v.3 p.1613	八禮節要(팔례절요)			d08_1555
v.3 p.1613	發蒙篇(발몽편)			d08_1557
v.3 p.1614	判案(판안)			d08_1558
v.3 p.1614	範圍數(범위수)			
v.3 p.1614	泛翁集(범옹집)	洪柱國 著(홍주국 저)		b03_0468
v.3 p.1615	範學全編(범학전편)	朴世采 著(박세채 저)		d08_1559-1560
v.3 p.1615	頒橘詩帖(반귤시첩)		賡載帖의 아래에 기록함	
v.3 p.1615	泛虛亭集(범허정집)	宋光淵 著(송광연 저)		b03_0469
v.3 p.1615	泮庠科詩集(반상과시집)			d08_1562
v.3 p.1616	泮製作(반제작)			d08_1563
v.3 p.1616	版籍司節目(판적사절목)			d08_1564
v.3 p.1616	反切(반절)			d08_1565
v.3 p.1616	船若經(선약경)			
v.3 p.1616	范文正公集(범문정공집)		文正集을 보라	
v.3 p.1616	馬醫方(마의방)	世祖朝官 著(세조조관 저)		d08_1567-1568
v.3 p.1617	馬經(마경)	唐 穆鑫 著(당 목려 저)		
v.3 p.1617	馬經諺解(마경언해)	李曙 著(이서 저)		d08_1569-1570
v.3 p.1617	馬牛方(마우방)		牛馬治療方을 보라	d08_1571
v.3 p.1617	馬氏先蹟(마씨선적)			b03_0473
v.3 p.1617	梅塢逸稿(매오일고)	鄭榮後 著(정영후 저)		b03_0474
v.3 p.1617	梅翁閑錄(매옹한록)	朴亮漢 著(박량한 저)		b03_0475
v.3 p.1618	梅窩遺事(매와유사)			b03_0487
v.3 p.1618	梅澗集(매간집)	李翊相 著(이익상 저)		b03_0476
v.3 p.1618	買還問答(매환문답)	安邦俊 著(안방준 저)		d08_1573
v.3 p.1618	涪溪記聞(부계기문)	金時讓 著(김시양 저)		d08_1574
v.3 p.1619	梅溪集(매계집)	曹偉 著(조위 저)		b03_0478
v.3 p.1619	梅溪叢話(매계총화)	曹偉 著(조위 저)		b03_0479
v.3 p.1619	梅軒集(매헌집)	權遇 著(권우 저)		b03_0480
v.3 p.1620	梅軒實記(매헌실기)		(又)鄭統制事蹟	b03_0481
v.3 p.1620	梅月堂四遊錄(매월당사유록)	金時習 著(김시습 저)		b03_0482
v.3 p.1620	梅月堂集(매월당집)	金時習 著(김시습 저)		b03_0483
v.3 p.1621	梅湖遺稿(매호유고)	陳澕 著(진화 저)		b03_0484
v.3 p.1621	梅山雜識(매산잡식)	洪直弼 著(홍직필 저)		b03_0485
v.3 p.1622	梅山集(매산집)	鄭重器 著(정중기 저)		b03_0486
v.3 p.1622	梅山書贈(매산서증)			b03_0488
v.3 p.1622	梅山文集(매산문집)	洪直弼 著(홍직필 저)		b03_0489
v.3 p.1622	梅山筆迹(매산필적)	李夏鎭 書(이하진 서)		
v.3 p.1623	梅山禮說(매산예설)	洪直弼 著(홍직필 저)		b03_0490
v.3 p.1623	梅氏尙書平(매씨상서평)	丁若鏞 著(정약용 저)		d08_1576
v.3 p.1623	梅石遺稿(매석유고)			b03_0491
v.3 p.1623	梅窓集(매창집)	鄭士信 著(정사신 저)		b03_0492
v.3 p.1623	梅窓集(매창집)	扶安妓 桂娘 著(부안기 계랑 저)		b03_0493

v.3 p.1623	梅竹軒集(매죽헌집)		成謹甫集을 보라	b03_0494
v.3 p.1623	閥閱考(벌열고)			d08_1578
v.3 p.1624	晩隱遺稿(만은유고)	洪冑華 著(홍주화 저)		b03_0495
v.3 p.1624	晩雲遺稿(만운유고)		錦南集을 보라	b03_0496
v.3 p.1624	晩雲集(만운집)	吳允諧 著(오윤해 저)		b03_0497
v.3 p.1624	晩雲日錄(만운일록)	鄭忠信 著(정충신 저)		b03_0498
v.3 p.1624	晩翁集(만옹집)	徐命瑞 著(서명서 저)		b03_0499
v.3 p.1624	萬家叢玉(만가총옥)			d08_1579-1580
v.3 p.1624	晩可齋集(만가재집)	金奭行 著(김석행 저)		b03_0501
v.3 p.1625	晩悔集(만회집)	權得己 著(권득기 저)		b03_0502-0503
v.3 p.1625	晩悔堂集(만회당집)	張慶遇 著(장경우 저)		b03_0504
v.3 p.1625	盤桓堂遺稿(반환당유고)	泰尙弘 著(태상홍 저)		b03_0505
v.3 p.1625	晩學會要(만학회요)		旅軒性理說을 보라	d08_1581
v.3 p.1625	樊巖集(번암집)	蔡濟恭 著(채제공 저)		b03_0506
v.3 p.1626	晩羲集(만희집)	梁進永 著(양진영 저)		b03_0507-0508
v.3 p.1626	萬機要覽(만기요람)	沈象奎 撰(심상규 찬)	인물은 斗室存藁의 아래에 기록함	d08_1582
v.3 p.1627	晩休堂集(만휴당집)	柳永忠 著(유영충 저)		b03_0509
v.3 p.1627	萬休堂集(만휴당집)	任有後 著(임유후 저)		b03_0510
v.3 p.1627	萬頃邑誌(만경읍지)			d08_1583
v.3 p.1627	磻溪邑誌(반계읍지)	柳馨遠 著(유형원 저)		
v.3 p.1627	樊溪詩稿(번계시고)			b03_0511-0512
v.3 p.1627	磻溪集(반계집)	柳馨遠 著(유형원 저)		b03_0513
v.3 p.1627	磻溪隨錄(반계수록)	柳馨遠 著(유형원 저)		b03_0514-0516
v.3 p.1628	만언ᄉ(萬言詞(만언사))			d08_1584
v.3 p.1629	萬古歌(만고가)	陳復昌 著(진복창 저)		d08_1585
v.3 p.1629	晩香齋詩鈔(만향재시초)	南相吉 著(남상길 저)		b03_0517
v.3 p.1629	磐谷集(반곡집)		人易을 보라	b03_0518-0519
v.3 p.1629	萬國政表(만국정표)			d08_1586
v.3 p.1629	蕃國禮儀(번국례의)			d08_1588
v.3 p.1629	晩晤集(만오집)	趙禧錫 著(조희석 저)		b03_0520
v.3 p.1630	晩晤實記(만오실기)			b03_0521
v.3 p.1630	萬歲曆(만세력)		千歲曆을 보라	
v.3 p.1630	晩沙稿(만사고)	沈之源 著(심지원 저)		
v.3 p.1630	晩沙集(만사집)	鄭昌冑 著(정창주 저)		b03_0522-0523
v.3 p.1630	晩守齋遺稿(만수재유고)	李敏琦 著(이민기 저)		b03_0524
v.3 p.1630	晩洲遺集(만주유집)	洪錫箕 著(홍석기 저)		b03_0525-0526
v.3 p.1631	晩翠逸稿(만취일고)	金盖國 著(김개국 저)		b03_0527
v.3 p.1631	晩翠逸稿(만취일고)			b03_0528
v.3 p.1631	晩翠文集(만취문집)	吳億齡 著(오억령 저)		b03_0529-0530
v.3 p.1632	晩醒集(만성집)			b03_0531
v.3 p.1632	晩靜堂集(만정당집)	徐宗泰 著(서종태 저)		b03_0532
v.3 p.1632	萬姓譜(만성보)			d08_1590
v.3 p.1632	樊川集(번천집)		杜樊川集을 보라	

v.3 p.1632	晩全集(만전집)	洪可臣 著(홍가신 저)		b03_0533
v.3 p.1633	晩全堂漫錄(만전당만록)	洪可臣 著(홍가신 저)		b03_0534
v.3 p.1633	晩村稿(만촌고)	朴宗喜 著(박종희 저)		b03_0535
v.3 p.1633	晩退集(만퇴집)	申應榘 著(신응구 저)		b03_0536
v.3 p.1633	萬竹軒集(만죽헌집)	徐益 著(서익 저)		b03_0537
v.3 p.1633	晩德唱酬錄(만덕창수록)	朴光一 著(박광일 저)		d08_1592
v.3 p.1633	潘南朴氏五世遺稿(반남박씨오세유고)	朴宗慶 編(박종경 편)		b03_0538-0539
v.3 p.1634	潘南朴氏三世遺稿(반남박씨삼세유고)			b03_0540
v.3 p.1634	潘南朴氏族譜(반남박씨족보)			b03_0541-0542
v.3 p.1635	潘南朴氏碑誌(반남박씨비지)			b03_0543
v.3 p.1635	萬物原始(만물원시)	洪良浩 著(홍양호 저)		d08_1593
v.3 p.1636	晩浦集(만포집)			b03_0549
v.3 p.1636	晩保堂集(만보당집)	李堉 著(이육 저)		b03_0550
v.3 p.1636	晩慕遺稿(만모유고)	鄭基安 著(정기안 저)		b03_0551
v.3 p.1636	樊悠合稿(번유합고)	金在華 在崑 兄弟 著(김재화 재곤형제 저)		b03_0552
v.3 p.1636	潘陽二先生遺稿(반양이선생유고)	朴尙衷 朴紹 著(박상충 박소 저)		b03_0553-0554
v.3 p.1638	比安邑誌(비안읍지)			d08_1595
v.3 p.1638	費隱發揮(비은발휘)			d08_1596
v.3 p.1638	匪懈堂集(비해당집)	安平大君瑢 著(안평대군용 저)		b03_0555
v.3 p.1638	秘局玉匙(비국옥시)			d08_1597
v.3 p.1638	秘訣輯錄(비결집록)			d08_1598
v.3 p.1638	秘訣全集(비결전집)			d08_1599
v.3 p.1638	被譴錄(피견록)		癸丑被譴錄을 보라	d08_1600
v.3 p.1638	비쇼긔(悲笑記(비소기))			d08_1601
v.3 p.1638	罷睡錄(파수록)			d08_1602
v.3 p.1638	罷睡錄(파수록)			d08_1603
v.3 p.1639	碑石重建儀軌(비석중건의궤)		山陵儀軌를 보라	
v.3 p.1639	斐然箱抄(비연상초)	張之琬 著(장지완 저)		d08_1604
v.3 p.1639	罷釣錄(파조록)	李德壽 著(이덕수 저)		d08_1605
v.3 p.1639	秘密敎(비밀교)			d08_1608
v.3 p.1639	弼雲遺稿(필운유고)	金令行 著(김영행 저)		b03_0556
v.3 p.1639	筆苑畵譜(필원화보)			d08_1610
v.3 p.1640	筆苑雜記(필원잡기)	徐居正 著(서거정 저)		b03_0472, d08_1611-1612
v.3 p.1641	筆苑錄(필원록)			d08_1613
v.3 p.1641	筆語(필어)			d08_1614
v.3 p.1641	筆籌(필주)			d08_1616
v.3 p.1641	筆迹帖(필적첩)			
v.3 p.1641	筆洞集(필동집)			b03_0557
v.3 p.1641	必有所濟(필유소제)			d08_1617
v.3 p.1641	百一集(백일집)	沈翼雲 著(심익운 저)		b03_0558
v.3 p.1641	百家衣集(백가의집)	林惟正 著(임유정 저)		d08_1618-1619
v.3 p.1642	百家譜(백가보)			d08_1620-1621
v.3 p.1642	百家類纂(백가유찬)			

v.3 p.1642	百官箴(백관잠)			d08_1623
v.3 p.1643	百官頒祿簿(백관반록부)			d08_1624
v.3 p.1643	百憲總要(백헌총요)			d08_1625
v.3 p.1643	百源文集(백원문집)	申碩蕃 著(신석번 저)		b03_0559
v.3 p.1643	百行源(백행원)	英宗王 御製(영종왕 어제)		d08_1626
v.3 p.1644	百歲榮壽帖(백세영수첩)			d08_1627-1628
v.3 p.1644	百濟書記(백제서기)			d08_1629
v.3 p.1644	百氏通譜(백씨통보)		百家譜를 보라	d08_1622
v.3 p.1644	百將傳(백장전)		正百將傳을 보라	
v.3 p.1644	百拙齋遺稿(백졸재유고)	韓應寅 著(한응인 저)		b03_0560
v.3 p.1645	百拙齋年譜(백졸재연보)			b03_0561
v.3 p.1645	百戰奇法(백전기법)	明章潢 著(명장황 저)		
v.3 p.1645	百千堂遺稿(백천당유고)	吳翮 著(오핵 저)		b03_0562
v.3 p.1645	百中曆(백중력)		七政百中曆을 보라	d08_1630
v.3 p.1645	百人草(백인초)			d08_1631
v.3 p.1645	百年錄(백년록)	曹伸 著(조신 저)		d08_1632
v.3 p.1645	百弗庵集(백불암집)	崔興遠 著(최흥원 저)		b03_0563-0564
v.3 p.1646	百里指南(백리지남)			d08_1633
v.3 p.1646	百聯抄解(백련초해)			
v.3 p.1646	豹庵集(표암집)	姜世晃 著(강세황 저)		b03_0565
v.3 p.1646	漂海錄(표해록)	崔溥 著(최단 저)		d08_1635-1638
v.3 p.1647	表格(표격)			d08_1639
v.3 p.1647	表義錄(표의록)	英宗王 御製(영종왕 어제)		d08_1640
v.3 p.1647	漂人謄錄(표인등록)			d08_1643
v.3 p.1647	表忠祠志(표충사지)			d08_1646-1647
v.3 p.1648	表忠祠題詠錄(표충사제영록)			d08_1648
v.3 p.1648	表忠綸音(표충윤음)		綸音을 보라	
v.3 p.1648	殯宮魂宮殿儀軌(빈궁혼궁전의궤)		山陵儀軌를 보라	
v.3 p.1648	賓興錄(빈흥록)			d08_1651
v.3 p.1651	賓奏抄錄(빈주초록)			d08_1652
v.3 p.1651	賓廳謄錄(빈청등록)			d08_1653
v.3 p.1651	殯殿魂殿儀軌(빈전혼전의궤)		山陵儀軌를 보라	b08_1729
v.3 p.1651	儐禮總覽(빈례총람)			d08_1654
v.3 p.1651	眉巖集(미암집)	柳希春 著(유희춘 저)		b03_0566
v.3 p.1652	眉巖日記抄錄(미암일기초록)	柳希春 著(유희춘 저)		b03_0567-0568
v.3 p.1652	備局故事(비국고사)			
v.3 p.1653	備局謄錄(비국등록)			d08_1657-1658
v.3 p.1653	備禦考(비어고)			d08_1659
v.3 p.1653	比丘二百五十戒(비구이백오십계)			
v.3 p.1653	渼湖集(미호집)	金元行 著(김원행 저)		b03_0569
v.3 p.1654	眉山集(미산집)	韓章錫 著(한장석 저)		b03_0570
v.3 p.1654	眉山唱酬錄拾遺(미산창수록습유)			b03_0571
v.3 p.1654	眉樵集(미초집)	朴孝誠 著(박효성 저)		b03_0572
v.3 p.1654	眉叟記言(미수기언)	許穆 著(허목 저)		b03_0573

v.3 p.1655	眉翁心畵(미옹심화)	許穆 著(허목 저)		b14_2444
v.3 p.1655	眉叟年譜(미수연보)			b03_0574
v.3 p.1655	眉叟筆迹(미수필적)			
v.3 p.1655	備邊司關牒(비변사관첩)			d08_1660-1662
v.3 p.1657	備邊司啓錄(비변사계록)			d08_1663-1668
v.3 p.1657	備邊司節目(비변사절목)			
v.3 p.1658	備邊司先生案(비변사선생안)			d08_1669
v.3 p.1658	備要補解(비요보해)		喪禮備要를 보라	d08_1671
v.3 p.1658	病後漫錄(병후만록)		艮齋漫錄을 보라	
v.3 p.1658	廟號儀軌(묘호의궤)		宗廟儀軌를 보라	b08_1606
v.3 p.1658	廟祀殿宮親祭日笏記(묘사전궁친제일홀기)		諸祀儀軌를 보라	d08_1672
v.3 p.1658	廟制箚記(묘제차기)			d08_1673
v.3 p.1658	廟謨彙編(묘모휘편)		章箚彙編을 보라	d08_1675
v.3 p.1658	閔文忠公奏議(민문충공주의)	閔鎭遠 著(민진원 저)		b03_0575
v.3 p.1661	扶安崔氏家狀(부안최씨가장)			b03_0578
v.3 p.1661	扶安邑誌(부안읍지)			d08_1674
v.3 p.1661	譜彙(보휘)		百家譜를 보라	d08_1677
v.3 p.1661	賦彙(부휘)			d08_1678
v.3 p.1661	賦役實總(부역실총)			d08_1679
v.3 p.1661	傅巖集(부암집)			b03_0579
v.3 p.1661	祔宮儀軌(부궁의궤)		宗廟儀軌를 보라	
v.3 p.1661	浮休子談論(부휴자담론)	成俔 著(성현 저)		b03_0580
v.3 p.1661	浮休堂集(부휴당집)	釋 善修 著(석 선수 저)		b03_0582
v.3 p.1661	不求堂集(불구당집)	金迋著(김광저)		b03_0581
v.3 p.1662	扶溪集(부계집)			b03_0583
v.3 p.1662	浮査集(부사집)	成汝信 著(성여신 저)		b03_0585
v.3 p.1662	孚齋集(부재집)	嚴慶遂 著(엄경수 저)		b03_0586
v.3 p.1662	普濟尊者語錄(보제존자어록)	懶翁和尙(나옹화상)		b03_0588
v.3 p.1662	孚齋日誌(부재일지)	嚴慶遂 著(엄경수 저)		b03_0587
v.3 p.1662	富春堂集(부춘당집)	李炳文 著(이병문 저)		b03_0589
v.3 p.1662	富春堂北遷錄(부춘당북천록)	李炳文 著(이병문 저)		b03_0590
v.3 p.1662	誣書辨破錄(무서변파록)			d08_1684
v.3 p.1662	普信閣鐘記(보신각종기)			d08_1686
v.3 p.1663	富士(부사)			d08_1685
v.3 p.1663	不自棄文(불자기문)			d08_1687
v.3 p.1663	婦人大全良方(부인대전량방)	宋 陳自明 著(송 진자명 저)		
v.3 p.1663	譜叢(보총)		萬姓譜를 보라	d08_1691
v.3 p.1663	富寧邑誌(부령읍지)			d08_1694
v.3 p.1664	祔廟儀軌(부묘의궤)		宗廟儀軌를 보라	b08_1605
v.3 p.1664	富平邑誌(부평읍지)			d08_1695
v.3 p.1664	浮碧樓觴詠錄(부벽루상영록)	林悌 著(임제 저)		d08_1696
v.3 p.1664	不憂軒集(불우헌집)	丁克仁 著(정극인 저)		b03_0591
v.3 p.1664	孚佑帝君藥言寶典(부우제군약언보전)		藥言寶典을 보라	
v.3 p.1664	扶餘邑誌(부여읍지)			d08_1697

v.3 p.1664	芙蓉堂逸稿(부용당일고)	成安義 著(성안의 저)		b03_0592
v.3 p.1664	普門經(보문경)			
v.3 p.1665	不立黨師友淵源說錄(부립당사우연원설록)	徐鳳翎 著(서봉령 저)		d08_1698
v.3 p.1665	楓庵實記(풍암실기)			b03_0593
v.3 p.1665	風雅錄(풍아록)		虛白堂風雅錄을 보라	d08_1700
v.3 p.1665	楓厓遺稿(풍애유고)	金必振 著(김필진 저)		
v.3 p.1665	楓崖集(풍애집)	安敏學 著(안민학 저)		b03_0594-0595
v.3 p.1665	楓嶽記(풍악기)	徐榮輔 著(서영보 저)		d08_1701
v.3 p.1666	楓嶽堂集(풍악당집)			b03_0596
v.3 p.1666	楓巖集(풍암집)	金終弼 著(김종필 저)		b03_0599-0600
v.3 p.1666	楓巖輯話(풍암집화)	柳光翼 著(유광익 저)		b03_0597-0598
v.3 p.1666	楓溪集(풍계집)	李景華 著(이경화 저)		b03_0601
v.3 p.1667	楓溪案(풍계안)	釋明詧著(석명찰저)		b03_0602
v.3 p.1667	楓溪錄(풍계록)	金應淳 著(김응순 저)		b03_0603
v.3 p.1667	風月亭集(풍월정집)	月山大君 婷 著(월산대군 정 저)		b03_0604
v.3 p.1668	楓皐集(풍고집)	金祖淳 著(김조순 저)		b03_0605
v.3 p.1668	風水集議(풍수집의)	丁若鏞 著(정약용 저)		d08_1702
v.3 p.1668	風水錄(풍수록)			d08_1703
v.3 p.1668	楓石集(풍석집)	徐有榘 著(서유구 저)		b03_0607
v.3 p.1668	風泉遺響(풍천유향)	宋奎斌 著(송규빈 저)		d08_1704
v.3 p.1669	風泉錄(풍천록)	英宗王 著(영종왕 저)		d08_1705
v.3 p.1669	風騷軌範(풍소궤범)	成俔 著(성현 저)		d08_1706
v.3 p.1669	風謠三選(풍요삼선)		昭代風謠를 보라	d08_1707-1708
v.3 p.1669	風謠續選(풍요속선)		昭代風謠를 보라	d08_1709-1710
v.3 p.1669	複庵集(복암집)			b03_0609
v.3 p.1669	伏庵集(복암집)			b03_0608
v.3 p.1670	復恐初從說(복공초종설)	李縡 著(이재 저)		d08_1712
v.3 p.1670	復齋遺藁(복재유고)	鄭摠 著(정총 저)		b03_0610
v.3 p.1670	復齋集(복재집)	韓宗愈 著(한종유 저)		b03_0611
v.3 p.1670	服式(복식)			
v.3 p.1670	副提學先生案(부제학선생안)			d08_1713
v.3 p.1670	覆瓿藁(복부고)		惺所覆瓿藁를 보라	d08_1714
v.3 p.1670	覆瓿初藁(복부초고)			d08_1715
v.3 p.1671	服藥須知(복락수지)			
v.3 p.1671	福利全書(복리전서)			d08_1716
v.3 p.1671	汾崖集(분애집)	申晸 著(신정 저)		b03_0612
v.3 p.1671	賁趾文集(분지문집)	南致利 著(남치리 저)		b03_0613
v.3 p.1671	汾沙集(분사집)	李聖求 著(이성구 저)		b03_0614
v.3 p.1671	汾西集(분서집)	朴瀰 著(박미 저)		b03_0615
v.3 p.1672	奮忠紓難錄(분충서난록)	申維翰 著(신유한 저)		d08_1717
v.3 p.1672	奮武功臣錄券(분무공신록권)			d08_1718
v.3 p.1673	武夷志(무이지)			
v.3 p.1673	武烏兵法(무오병법)			d08_1719
v.3 p.1673	武經七書(무경칠서)			

v.3 p.1676	武經總要(무경총요)			d08_1720
v.3 p.1677	舞溪集(무계집)	朴敏壽 著(박민수 저)		b03_0616
v.3 p.1677	武藝諸譜(무예제보)	韓嶠 著(한교 저)		d08_1723-1724
v.3 p.1677	武藝圖譜通志(무예도보통지)	官撰(관찬)		d08_1725-1728
v.3 p.1678	武侯全書(무후전서)			
v.3 p.1679	武侯八陣圖說(무후팔진도설)			
v.3 p.1679	撫松小說(무송소설)			b03_0617
v.3 p.1679	撫松堂集(무송당집)	鄭晦 著(정회 저)		b03_0618
v.3 p.1679	武臣須知(무신수지)			d08_1729
v.3 p.1679	武定寶鑑(무정보감)			d08_1730-1731
v.3 p.1680	武陵雜稿(무릉잡고)	周世鵬 著(주세붕 저)		a08_1405, b03_0619-0621
v.3 p.1680	撫遼疏略(무료소략)			
v.3 p.1680	武靈三綱錄(무령삼강록)			d08_1732
v.3 p.1681	武烈祠懸板帖(무열사현판첩)			d08_1734
v.3 p.1681	武烈祠事實(무열사사실)			d08_1733
v.3 p.1681	武烈祠重修記(무열사중수기)			d08_1735
v.3 p.1681	武烈祠致祭文(무열사치제문)	正宗王 御製(정종왕 어제)		d08_1736
v.3 p.1681	佛醫經(불의경)			
v.3 p.1681	佛遺教經(불유교경)			
v.3 p.1681	物外唱和集(물외창화집)			d08_1737
v.3 p.1681	佛家日用集(불가일용집)			d08_1738
v.3 p.1682	佛國寺歷代記(불국사력대기)			d08_1739
v.3 p.1682	佛氏雜辨(불씨잡변)	鄭道傳 著(정도전 저)		d08_1740
v.3 p.1682	佛氏辨說(불씨변설)			d08_1741
v.3 p.1682	佛事問答(불사문답)			d08_1742
v.3 p.1682	佛祖源流(불조원류)			d08_1743-1744
v.3 p.1682	佛祖三經(불조삼경)			d08_1745
v.3 p.1683	佛祖宗派圖(불조종파도)			
v.3 p.1683	佛祖通載(불조통재)			
v.3 p.1683	佛頂心陀羅尼經眞言集(불정심타라니경진언집)			d08_1746
v.3 p.1684	物名錄(물명록)			
v.3 p.1685	文彙(문휘)			d08_1749-1750
v.3 p.1685	文蔭譜(문음보)		文科姓譜를 보라	d08_1751
v.3 p.1685	文蔭武譜(문음무보)		文科姓譜를 보라	c01_0073, d08_1751-1758
v.3 p.1685	文苑大方(문원대방)			d08_1760-1761
v.3 p.1685	文苑黼黻(문원보불)			d08_1762-1766
v.3 p.1687	文苑類函(문원유함)			d08_1767
v.3 p.1687	文科姓譜(문과성보)			
v.3 p.1688	文科榜目(문과방목)			d08_1768, b12_2044-2068
v.3 p.1693	文化邑誌(문화읍지)			d08_1769
v.3 p.1693	文化柳氏族譜(문화유씨족보)			b03_0624

v.3 p.1693	文翰類選(문한유선)			
v.3 p.1693	文記册(문기책)		河回柳氏文記册을 보라	
v.3 p.1693	文義邑誌(문의읍지)			d08_1770
v.3 p.1694	文獻一攷(문헌일고)			d08_1773
v.3 p.1694	文獻公實紀(문헌공실기)			b03_0622-0623
v.3 p.1694	聞見剳記(문견답기)			d08_1771
v.3 p.1695	文獻撮要(문헌촬요)			d08_1775
v.3 p.1695	文獻指掌(문헌지장)	李裕元 著(이유원 저)		d08_1776
v.3 p.1695	聞見事件(문견사건)		日本聞見事件書啓를 보라	
v.3 p.1695	文獻隨錄(문헌수록)			d08_1777
v.3 p.1695	文獻聰補(문헌총보)			d08_1778
v.3 p.1695	文獻通考(문헌통고)			
v.3 p.1695	文獻備考(문헌비고)		東國文獻備考를 보라	d08_1779-1787
v.3 p.1696	文獻錄(문헌록)		東國文獻錄을 보라	d08_1788
v.3 p.1696	文公紀譜通編(문공기보통편)	宋時烈 著(송시열 저)		d08_1789-1790
v.3 p.1696	分行集(분행집)	高麗 金黃元 李軌 等 著(고려 김황원 이궤 등 저)		d08_1791
v.3 p.1696	文公年譜(문공연보)			
v.3 p.1697	文衡圈點錄(문형권점록)			d08_1792
v.3 p.1697	文衡錄(문형록)			d08_1793
v.3 p.1697	文谷行錄(문곡행록)	金昌翕 著(김창옹 저)		b03_0625
v.3 p.1697	文谷集(문곡집)	金壽恒 著(김수항 저)		b03_0626-0627
v.3 p.1698	文谷臨命日記(문곡임명일기)	金昌翕 著(김창옹 저)		b03_0629
v.3 p.1699	文山集(문산집)	李載毅 著(이재의 저)		b03_0630
v.3 p.1699	文山先生詳傳(문산선생상전)	洪啓禧 著(홍계희 저)		d08_1794
v.3 p.1699	文史咀英(문사저영)			d08_1795
v.3 p.1699	文趣(문취)	金昌翕 著(김창옹 저)		d08_1796
v.3 p.1700	文章一貫(문장일관)			
v.3 p.1700	文章軌範(문장궤범)			
v.3 p.1700	文章政治(문장정치)			
v.3 p.1700	文章正宗(문장정종)			
v.3 p.1701	文章宗範(문장종범)			
v.3 p.1701	文章大成(문장대성)			d08_1797
v.3 p.1701	文昌帝君孝經(문창제군효경)			
v.3 p.1701	文章辦體(문장판체)	宋吳訥 著(송오눌 저)		
v.3 p.1701	聞韶漫錄(문소만록)	尹國馨 著(윤국형 저)		d08_1798
v.3 p.1701	文漫韶錄(문만소록)	尹國馨 著(윤국형 저)		
v.3 p.1701	文臣講製節目(문신강제절목)		抄啓文臣講製節目을 보라	d08_1799
v.3 p.1701	文正集(문정집)			
v.3 p.1702	文川邑誌(문천읍지)			d08_1802
v.3 p.1702	文宗實錄(문종실록)		實錄을 보라	d12_2523-2524
v.3 p.1702	文斷(문단)			
v.3 p.1702	分朝日記(분조일기)			d08_1804
v.3 p.1702	聞灘集(문탄집)	孫遴 著(손린 저)		b03_0631
v.3 p.1702	文任先生案(문임선생안)			d08_1800

v.3 p.1702	文範(문범)			d08_1801, d08_1807
v.3 p.1702	文廟享祀錄(문묘향사록)			d08_1809-1810
v.3 p.1703	文廟修改謄錄(문묘수개등록)			d08_1811
v.3 p.1703	文武榜目(문무방목)		文科榜目을 보라	
v.3 p.1703	文文山集(문문산집)			
v.3 p.1703	文寶(문보)			d08_1813
v.3 p.1703	文峯集(문봉집)	鄭惟一 著(정유일 저)		b03_0632
v.3 p.1703	分門瘟疫易解方(분문온역역해방)		辟瘟方을 보라	
v.3 p.1703	文翼公遺稿(문익공유고)		鄭文翼公遺稿를 보라	b03_0633
v.3 p.1703	文林錄(문림록)			d08_1814
v.3 p.1703	分類杜工部詩(분류두공부시)		杜詩를 보라	d08_1815
v.3 p.1703	分類東坡詩(분류동파시)		東坡集을 보라	
v.3 p.1704	平安監營文籍(평안감영문적)			b12_2165-2170
v.3 p.1706	平庵集(평암집)	權正忱 著(권정침 저)		b03_0634
v.3 p.1706	平安兵營文籍(평안병영문적)			b13_2185
v.3 p.1706	兵衛森(병위삼)			d09_1817
v.3 p.1706	甁窩集(병와집)	李衡祥 著(이형상 저)		b03_0635
v.3 p.1707	兵家要集(병가요집)			d09_1818
v.3 p.1707	平海黃氏族譜(평해황씨족보)			b03_0636
v.3 p.1707	平海邑誌(평해읍지)			d09_1819
v.3 p.1707	竝觀錄(병관록)			d09_1820
v.3 p.1707	兵學指南(병학지남)			d09_1821-1825
v.3 p.1709	兵學通(병학통)	官撰(관찬)		d09_1826-1829
v.3 p.1710	屛巖集(병암집)	蘇世良 著(소세량 저)		b03_0637
v.3 p.1710	平岩集(평암집)			b03_0638
v.3 p.1710	兵鏡(병경)			d09_1830
v.3 p.1710	屛溪集(병계집)	尹鳳九 著(윤봉구 저)		b03_0639-0641
v.3 p.1711	平康邑誌(평강읍지)			d09_1831
v.3 p.1711	平康蔡氏族譜(평강채씨족보)			b03_0642
v.3 p.1711	屛谷集(병곡집)	權榘 著(권구 저)		b03_0643
v.3 p.1711	平谷錄(평곡록)	李亮天 著(이양천 저)		b03_0644
v.3 p.1711	屛山集(병산집)	李觀命 著(이관명 저)		b03_0645-0646
v.3 p.1712	平山申氏族譜(평산신씨족보)			b03_0647
v.3 p.1712	平山府志(평산부지)			d09_1832
v.3 p.1712	丙子後諸事(병자후제사)			d09_1833
v.3 p.1712	丙子節死錄(병자절사록)			d09_1835
v.3 p.1712	丙子南漢錄(병자남한록)			d09_1836
v.3 p.1712	丙子錄(병자록)			d09_1837
v.3 p.1712	丙子錄(병자록)	羅萬甲 著(나만갑 저)		d09_1838-1839
v.3 p.1713	兵書(병서)		天兵書를 보라	
v.3 p.1713	平昌郡國舅祠宇記(평창군국구사우기)			d09_1840
v.3 p.1713	兵書口訣(병서구결)		武經七書를 보라	
v.3 p.1713	兵將說(병장설)	世祖王 御製(세조왕 어제)		d09_1848-1849

v.3 p.1714	兵將圖說(병장도설)		陣法을 보라	d09_1841-1847
v.3 p.1714	平昌李氏族譜(평창이씨족보)			b03_0648
v.3 p.1714	平昌邑誌(평창읍지)			d09_1850
v.3 p.1714	秉燭雜記(병촉잡기)	李睟光 著(이수광 저)		d09_1851
v.3 p.1714	丙申事實(병신사실)			d09_1852
v.3 p.1714	丙辰丁巳錄(병진정사록)	任輔臣 著(임보신 저)		d09_1853
v.3 p.1715	平壤誌(평양지)			d09_1855-1859
v.3 p.1716	平壤志選(평양지선)			d09_1860
v.3 p.1716	平壤趙氏族譜(평양조씨족보)			b03_0649
v.3 p.1716	兵政(병정)	官撰(관찬)		d09_1861-1863
v.3 p.1717	兵制總錄(병제총록)			d09_1864-1866
v.3 p.1717	敝帚遺稿(폐추유고)	任弘亮 著(임홍량 저)		b03_0650
v.3 p.1718	丙丁錄(병정록)		丙辰丁巳錄을 보라	d09_1867
v.3 p.1718	兵法大旨(병법대지)		兵將說을 보라	d09_1868
v.3 p.1718	兵要(병요)		歷代兵要를 보라	d09_1869
v.3 p.1718	兵略新編(병약신편)			d09_1870
v.3 p.1718	平論(평론)			d09_1871
v.3 p.1718	闢衛彙編(벽위휘편)			d09_1872
v.3 p.1719	碧營隨錄(벽영수록)			d09_1873
v.3 p.1720	辟疫神方(벽역신방)	許浚 著(허준 저)		d09_1874-1875
v.3 p.1720	辟瘟方(벽온방)			d09_1876-1879
v.3 p.1722	碧巖寺禪錄(벽암사선록)			d09_1887
v.3 p.1722	碧松集(벽송집)			b03_0651
v.3 p.1722	碧城錄(벽성록)			d09_1888
v.3 p.1722	碧珍李氏族譜(벽진이씨족보)			b03_0652
v.3 p.1722	碧蘆齋集(벽로재집)	金進洙 著(김진수 저)		b03_0653
v.3 p.1723	片錦(편금)			d09_1893
v.3 p.1723	編輯局書册目錄(편집국서책목록)			d09_1894
v.3 p.1723	編註廣孝編(편주광효편)	丁若鏞 著(정약용 저)		d09_1895
v.3 p.1723	編年綱目(편년강목)	閔漬 著(민지 저)	本名 本朝編年綱目	d09_1896-1898
v.3 p.1724	編年通載(편년통재)			
v.3 p.1724	編年通錄(편년통록)	金寬毅 著(김관의 저)		d09_1900-1902
v.3 p.1725	邊例集要(변례집요)			d09_1903
v.3 p.1725	別軍職廳啓草(별군직청계초)			
v.3 p.1725	別軍職先生案(별군직선생안)		感戴廳先生案을 보라	d09_1890
v.3 p.1725	別軍職廳謄錄(별군직청등록)			d09_1891
v.3 p.1725	別軍職廳日記(별군직청일기)		感戴廳先生案을 보라	d09_1889
v.3 p.1725	別洞集(별동집)	尹祥 著(윤상 저)		b03_0654
v.3 p.1725	別例房謄錄(별례방등록)			d09_1905
v.3 p.1726	俛庵集(면암집)	李堣 著(이우 저)		b03_0656
v.3 p.1726	勉庵集(면암집)	安英老 著(안영로 저)		b03_0655
v.3 p.1726	卞延壽諡狀(변연수시장)			b03_0657
v.3 p.1726	瓣香詩集(판향시집)	咸鎭嵩 著(함진숭 저)		b03_0658
v.3 p.1726	俛仰集(면앙집)	宋純 著(송순 저)		b03_0659

v.3 p.1727	俛仰停歌(면앙정가)	宋純 著(송순 저)		d09_1906-1907
v.3 p.1727	勉齋集(면재집)			
v.3 p.1727	卞晣考證八條(변절고증팔조)		勘界顚末의 아래에 병기함	d09_1908
v.3 p.1727	便殿耆耉同會錄(편전기구동회록)			d09_1909
v.3 p.1727	辨黨論(변당론)		甲乙錄을 보라	d09_1910
v.3 p.1727	辨誣私記(변무사기)	尹推 著(윤추 저)		d09_1911
v.3 p.1728	辨誣奏文(변무주문)	李廷龜 代著(이정구 대저)		d09_1912-1913
v.3 p.1728	辨誣錄(변무록)	丁時翰 著(정시한 저)		
v.3 p.1728	鞭羊堂集(편양당집)	釋彥機 著(석언기 저)		b03_0660
v.3 p.1729	圃隱集(포은집)	鄭夢周 著(정몽주 저)		b04_0663-0667
v.3 p.1731	圃陰集(포음집)	金昌緝 著(김창집 저)		b04_0668
v.3 p.1732	浦翁實記(포옹실기)			b04_0669
v.3 p.1732	保閑齋集(보한재집)	申叔舟 著(신숙주 저)		b04_0670-0671, b14_2635
v.3 p.1733	補閑集(보한집)	高麗 崔滋 著(고려 최자 저)		d09_1916
v.3 p.1734	保閑堂集(보한당집)	成晉 著(성진 저)		b04_0672
v.3 p.1734	圃巖集(포암집)	尹鳳朝 著(윤봉조 저)		b04_0673
v.3 p.1735	法華經(법화경)			
v.3 p.1736	法華經宗要(법화경종요)	新羅 釋 元曉 著(신라 석 원효 저)		
v.3 p.1736	浦軒集(포헌집)			b04_0674
v.3 p.1736	捕蝗考(포황고)			
v.3 p.1736	浦齋詩稿(포재시고)	金錫鼎 著(김석정 저)		b04_0675
v.3 p.1736	甫山集(보산집)	柳榮河 著(유영하 저)		b04_0676
v.3 p.1736	保社功臣錄券(보사공신록권)			d09_1917
v.3 p.1737	圃樵雜錄(포초잡록)		丙辰丁巳錄을 보라	b04_0677
v.3 p.1737	補恤稧節目(보휼설절목)			d09_1918
v.3 p.1737	浦渚遺書(포저유서)	趙翼 著(조익 저)		b04_0678-0679
v.3 p.1737	浦渚集(포저집)	趙翼 著(조익 저)		b04_0680
v.3 p.1738	浦渚年譜(포저연보)			b04_0681
v.3 p.1738	步天歌(보천가)			d09_1919-1920
v.3 p.1739	捕盜廳謄錄(포도청등록)			d09_1921
v.3 p.1739	補德(보덕)		文科姓譜를 보라	d09_1922
v.3 p.1739	保晩齋集(보만재집)	徐命膺 著(서명응 저)		b04_0682
v.3 p.1740	保晩齋筆迹(보만재필적)			
v.3 p.1740	葆晩亭詩帖(보만정시첩)	正宗主 御製(정종주 어제)		b14_2447
v.3 p.1740	輔弼全書(보필전서)			d09_1923
v.3 p.1740	保民格言(보민격언)	朴聖源 著(박성원 저)		d09_1924
v.3 p.1740	保民篇(보민편)	愼懋 著(신무 저)		d09_1925-1926
v.3 p.1741	保幼新篇(보유신편)			d09_1927
v.3 p.1741	輔養廳日記(보양청일기)		春坊日記를 보라	d09_1928-1929
v.3 p.1741	豐安君日錄(풍안군일록)	趙潝 著(조흡 저)		b04_0684
v.3 p.1741	寶印儀軌(보인의궤)			b08_1659-1661
v.3 p.1742	寶印符信總數(보인부신총수)			d09_1930
v.3 p.1742	鳳凰日記草(봉황일기초)			d09_1931

v.3 p.1742	報恩邑誌(보은읍지)			d09_1932
v.3 p.1742	寶稼齋稿(보가재고)	金敏材 著(김민재 저)		b04_0685
v.3 p.1742	奉化鄭氏族譜(봉화정씨족보)			b04_0686
v.3 p.1742	法界圖記(법계도기)		華嚴錐洞記와 같음. 그 아래를 보라	d09_1934
v.3 p.1742	法界圖記叢髓錄(법계도기총수록)		華嚴錐洞記의 아래에 기록함	d09_1935
v.3 p.1742	法海寶筏(법해보벌)			d09_1936-1937
v.3 p.1742	寶鑑國師語錄(보감국사어록)	高麗 釋 混丘 著(고려 석 혼구 저)		b04_0687
v.3 p.1743	鳳巖集(봉암집)	蔡之洪 著(채지홍 저)		b04_0689
v.3 p.1743	鳳巖集(봉암집)	韓夢麟 著(한몽린 저)		b04_0691
v.3 p.1743	豐基郡志(풍기군지)			d09_1941
v.3 p.1744	奉教嚴辨錄(봉교엄변록)			d09_1944-1945
v.3 p.1744	鳳溪逸稿(봉계일고)	洪世恭 著(홍세공 저)		b04_0692
v.3 p.1744	鳳溪集(봉계집)	尹揄 著(윤유 저)		b04_0694
v.3 p.1745	方言類釋(방언유석)			d09_1946
v.3 p.1745	奉香閣奉安總目(봉향각봉안총목)			d09_1947
v.3 p.1745	鳳谷遺集(봉곡유집)		桂察訪集을 보라	b04_0693
v.3 p.1745	法語歌頌(법어가송)	高麗 釋 知訥 著(고려 석 지눌 저)		d09_1948
v.3 p.1745	寶撮(보촬)			
v.3 p.1745	包齋集(포재집)			b04_0695
v.3 p.1745	豐山洪氏族譜(풍산홍씨족보)			b04_0696
v.3 p.1746	方山集(방산집)	安基遠 著(안기원 저)		b04_0697
v.3 p.1746	豐山世稿(풍산세고)			b04_0698
v.3 p.1746	鳳山邑誌(봉산읍지)			d09_1949
v.3 p.1746	奉使日本時見聞錄(봉사일본시견문록)			d09_1950
v.3 p.1746	報聚(보취)			d09_1951
v.3 p.1747	法集別行錄節要私記(법집별행록절요사기)			d09_1952
v.3 p.1747	法帖(법첩)			
v.3 p.1747	鳳城縣誌(봉성현지)		求禮邑誌를 보라	d09_1953
v.3 p.1747	寶城吳氏族譜(보성오씨족보)			b04_0699
v.3 p.1748	豐壤豎立碑石儀軌(풍괴수립비석의궤)			d09_1955
v.3 p.1748	寶城宣氏五世忠義錄(보성선씨오세충의록)			b04_0700-0701
v.3 p.1748	寶城宣氏族譜(보성선씨족보)			b04_0702
v.3 p.1748	豐壤趙氏族譜(풍양조씨족보)			b04_0703-0708
v.3 p.1749	豐壤趙氏碑碣(풍양조씨비갈)			b04_0709-0724
v.3 p.1751	鳳棲集(봉서집)	俞莘煥 著(유신환 저)		b04_0725-0726
v.3 p.1751	奉先雜儀(봉선잡의)	李彦迪 著(이언적 저)		d09_1957-1958
v.3 p.1752	奉先諸儀(봉선제의)	金誠一 著(김성일 저)		d09_1959
v.3 p.1752	豐川任氏族譜(풍천임씨족보)			b04_0727
v.3 p.1752	豐川邑誌(풍천읍지)			d09_1960
v.3 p.1752	豐川盧氏家學十圖(풍천노씨가학십도)			b04_0728
v.3 p.1752	豐川盧氏族譜(풍천노씨족보)			b04_0729
v.3 p.1752	方是閑集(방시한집)	尹行恁 著(윤행임 저)		b04_0730-0731

v.3 p.1753	寶蘇堂印存(보소당인존)			d09_1962
v.3 p.1753	方遜志齋集(방손지재집)			
v.3 p.1753	鳳村集(봉촌집)	朴東說 著(박동설 저)		b04_0732-0733
v.3 p.1753	方潭集(방담집)			b04_0735
v.3 p.1753	朋黨源流錄(붕당원유록)		大義源流彙考를 보라	d09_1963
v.3 p.1753	豐沛鄕案(풍패향안)			d09_1965
v.3 p.1754	豐沛誌(풍패지)			d09_1966
v.3 p.1754	豐沛賓興錄(풍패빈흥록)		賓興錄을 보라	d09_1967-1969
v.3 p.1754	寶白堂實記(보백당실기)			b04_0736
v.3 p.1754	寶白堂實紀(보백당실기)			b04_0736
v.3 p.1754	法部文籍(법부문적)			b08_1595
v.3 p.1755	方物守護軍謄錄(방물수호군등록)			d09_1970
v.3 p.1755	寶文閣册目錄(보문각책목록)			d09_1971
v.3 p.1755	褒貶謄錄(포폄등록)			d09_1972
v.3 p.1755	褒貶日錄(포폄일록)			d09_1973
v.3 p.1756	封墓儀軌(봉묘의궤)		山陵儀軌를 보라	
v.3 p.1756	奉謨堂奉安御書總目(봉모당봉안어서총목)			d09_1974-1975
v.3 p.1756	豐墅集(풍서집)		常窩稿를 보라	b04_0737
v.3 p.1756	方藥合編(방약합편)	黃泌秀 著(황필수 저)		d09_1976
v.3 p.1756	蓬萊詩集(봉래시집)	楊士彦 著(양사언 저)		b04_0738
v.3 p.1756	豐樂亭記帖(풍악정기첩)			d09_1977
v.3 p.1757	鳳麓集(봉록집)	金履坤 著(김이곤 저)		b04_0739
v.3 p.1757	北苑帖(북원첩)		廥載軸을 보라	d09_1979
v.3 p.1757	北關開刱志(북관개창지)			d09_1980
v.3 p.1757	北關紀事(북관기사)			d09_1981-1982
v.3 p.1757	北關記事(북관기사)	洪儀泳 著(홍의영 저)		
v.3 p.1757	北漢誌(북한지)	釋 聖能 著(석 성능 저)		d09_1983-1984
v.3 p.1758	北關誌(북관지)	李端夏 著(이단하 저)		d09_1985-1986
v.3 p.1758	北關地圖(북관지도)			d09_1987
v.3 p.1758	北關日記(북관일기)			d09_1988
v.3 p.1758	北厓詩稿(북애시고)	李增 著(이증 저)		b04_0740
v.3 p.1759	北學議(북학의)	朴齊家 著(박제가 저)		d09_1989
v.3 p.1759	北溪集(북계집)			b04_0741
v.3 p.1760	北溪性理書(북계성리서)		性理字義를 보라	
v.3 p.1760	北景八景詩(북경팔경시)			d09_1990
v.3 p.1760	北闕圖(북궐도)		景福宮圖를 보라	d09_1991
v.3 p.1760	北軒雜說(북헌잡설)	金春澤 著(김춘택 저)		b04_0742
v.3 p.1760	北軒集(북헌집)	金春澤 著(김춘택 저)		b04_0743
v.3 p.1761	北行日記(북행일기)			d09_1992
v.3 p.1761	北行錄(북행록)		西征錄을 보라	d09_1994
v.3 p.1761	北槎談草(북사담초)			d09_1995
v.3 p.1761	北塞記略(북새기략)			d09_1996
v.3 p.1761	北征耳目口(북정이목구)			d09_1997
v.3 p.1761	北青邑誌(북청읍지)			d09_1998

v.3 p.1761	北征耳目口(북정이목구)			d09_1997
v.3 p.1761	北青邑誌(북청읍지)			d09_1998
v.3 p.1761	北征錄(북정록)	高麗 金坵 著(고려 김구 저)		d09_1999
v.3 p.1761	北征錄(북정록)			d09_2000
v.3 p.1762	北征錄(북정록)			d09_2001
v.3 p.1762	北遷日錄(북천일록)		白沙北遷日錄을 보라	d09_2002
v.3 p.1762	北遷錄(북천록)		白沙北遷日錄을 보라	d09_2003
v.3 p.1762	북송연의(北宋演義(북송연의))			d09_2004
v.3 p.1762	北窓古玉詩集(북창고옥시집)	鄭磏 鄭碏 兄弟 著(정렴 정작 형제 저)		b04_0744-0746
v.3 p.1763	北窓集(북창집)	鄭磏 著(정렴 저)		b04_0747
v.3 p.1763	北窓秘訣(북창비결)			d09_2005
v.3 p.1763	北渚集(북저집)	金瑬 著(김류 저)		b04_0748
v.3 p.1764	北汀集(북정집)	洪處亮 著(홍처량 저)		b04_0749
v.3 p.1764	北亭松谷行錄(북정송곡행록)			b04_0750
v.3 p.1764	北道陵殿位土節目(북도능전위토절목)			d09_2006
v.3 p.1764	北道陵殿誌(북도능전지)	魏昌祖 著(위창조 저)		d09_2007-2009
v.3 p.1765	北八陵碑帖(북팔릉비첩)			d09_2010
v.3 p.1765	北兵營文籍(북병영문적)			b13_2188-2189
v.3 p.1766	北輿要選(북여요선)			d09_2011
v.3 p.1766	北路紀略(북노기략)			d09_2013
v.3 p.1766	法華靈驗傳(법화영험전)			d09_2014
v.3 p.1766	本庵集(본암집)	金鍾厚 著(김종후 저)		b04_0751
v.3 p.1767	本業經疏(본업경소)	新羅 釋 元曉 著(신라 석 원효 저)		
v.3 p.1767	本草(본초)			d09_2017
v.3 p.1768	本草(본초)			
v.3 p.1768	本草衍義(본초연의)		本草를 보라	
v.3 p.1768	本草精華(본초정화)			d09_2018
v.3 p.1768	本朝重宰臣考(본조중재신고)		重宰臣考를 보라	d09_2020
v.3 p.1768	本朝忠義諸臣傳(본조충의제신전)			d09_2021
v.3 p.1768	本朝名臣疏箚(본조명신소차)			d09_2023
v.3 p.1768	慕庵遺事錄(모암유사록)			b04_0752
v.3 p.1768	慕庵孝行錄(모암효행록)			b04_0753
v.3 p.1769	戊寅記聞(무인기문)	奇遵 著(기준 저)		d09_2024
v.3 p.1769	慕夏堂文集(모하당문집)	金忠善 著(김충선 저)		b04_0754-0755
v.3 p.1769	戊癸事略(무계사략)			d09_2026
v.3 p.1769	謨訓輯要(모훈집요)			d09_2027-2028
v.3 p.1770	慕軒集(모헌집)	姜必愼 著(강필신 저)		b04_0756
v.3 p.1770	戊午見聞錄(무오견문록)	李廷龜 著(이정구 저)		d09_2029
v.3 p.1770	戊午史禍事蹟(무오사화사적)			
v.3 p.1770	戊午黨籍(무오당적)	柳成龍 著(유성룡 저)		d09_2030
v.3 p.1771	慕齋家訓(모재가훈)	金安國 著(김안국 저)		b04_0757
v.3 p.1771	慕齋集(모재집)	金安國 著(김안국 저)		b04_0758
v.3 p.1772	慕山遺稿(모산유고)			b04_0759
v.3 p.1772	墓所儀軌(묘소의궤)		山陵儀軌를 보라	

v.3 p.1772	戊申倡義事實(무신창의사실)			
v.3 p.1772	戊戌初秋章疏(무술초추장소)			d09_2035
v.3 p.1773	慕亭集(모정집)	裵大維 著(배대유 저)		b04_0760
v.3 p.1773	慕堂遺稿(모당유고)	洪履祥 著(홍이상 저)		b04_0761
v.3 p.1773	慕堂內外子孫錄(모당내외자손록)			b04_0762
v.3 p.1773	墓堂日記(묘당일기)	黃赫 著(황혁 저)		d09_2036
v.3 p.1773	慕明實記(모명실기)			b04_0763
v.3 p.1773	忘窩集(망와집)	金榮祖 著(김영조 저)		b04_0764
v.3 p.1773	望岩紫霞事實(망암자하사실)			b04_0765
v.3 p.1774	貿易情形論(무역정형론)			d09_2037
v.3 p.1774	忘軒集(망헌집)	李胄 著(이수 저)		b04_0766
v.3 p.1774	房氏世稿(방씨세고)			b04_0767-0869
v.3 p.1774	茅洲集(모주집)	金時保 著(김시보 저)		b04_0770
v.3 p.1775	望日思恩碑(망일사은비)			d09_2038
v.3 p.1775	厖村集(방촌집)	黃喜 著(황희 저)		b04_0771-0772
v.3 p.1775	厖村請廡事實(방촌청무사실)			b04_0773
v.3 p.1775	厖村年譜(방촌연보)			b04_0774
v.3 p.1776	忘憂堂集(망우당집)	郭再祐 著(곽재우 저)		b04_0775-0777
v.3 p.1776	茅廬集(모려집)			b04_0778
v.3 p.1776	牧隱集(목은집)	高麗 李穡 著(고려 이색 저)		b04_0779-0781
v.3 p.1778	朴毅烈公誌狀(박의렬공지장)			b04_0782
v.3 p.1778	牧牛子修心訣(목우자수심결)		修心訣을 보라	b04_0783
v.3 p.1778	牧谷集(목곡집)	李箕鎭 著(이기진 저)		b04_0785
v.3 p.1779	璞齋集(박재집)	金紐 著(김뉴 저)		b04_0786
v.3 p.1779	朴氏七賢擧義錄(박씨칠현거의록)		竹川文集을 보라	b04_0787
v.3 p.1779	朴氏新羅璿源世譜(박씨신라선원세보)			a08_1434, b04_0793
v.3 p.1779	朴氏遡源錄(박씨소원록)			b04_0788
v.3 p.1779	朴正字遺稿(박정자유고)	朴泰漢 著(박태한 저)		b04_0789, b04_0792
v.3 p.1780	朴忠獻公神道碑帖(박충헌공신도비첩)	純祖王 御製(순조왕 어제)		b04_0790-0791, b04_0794
v.3 p.1780	朴通事(박통사)			d09_2041-2045
v.3 p.1782	牧民心鑒(목민심감)			d09_2046
v.3 p.1782	牧民心書(목민심서)	丁若鏞 著(정약용 저)		d09_2047-2048
v.3 p.1783	牧民大方(목민대방)	洪良浩 著(홍량호 저)		d09_2049
v.3 p.1783	朴連弘謚狀(박연홍시장)			b04_0795
v.3 p.1783	渤海考(발해고)	柳得恭 著(유득공 저)		d09_2051
v.3 p.1784	梵宇攷(범우고)			d09_2052-2053
v.3 p.1784	凡翁遺稿(범옹유고)			b04_0796
v.3 p.1784	梵魚寺刱建事蹟(범어사창건사적)			d09_2054
v.3 p.1784	盆峯家訓(분봉가훈)	李澍 著(이주 저)		b04_0797
v.3 p.1784	梵網經(범망경)			
v.3 p.1784	梵網古迹記(범망고적기)			d09_2055

v.3 p.1785	磨鏡軒集(마경헌집)	洪九淵 著(홍구연 저)		b04_0798
v.3 p.1785	痲疹彙成(마진휘성)	李元豐 著(이원풍 저)		d10_2058
v.3 p.1785	痲疹奇方(마진기방)			d10_2059
v.3 p.1785	痲川集(마천집)	洪逸童 著(홍일동 저)		b04_0799
v.3 p.1785	痲田邑誌(마전읍지)			d10_2061
v.3 p.1785	痲方統彙(마방통휘)	撰者未攷(찬자미고)		d10_2060
v.3 p.1785	每事問(매사문)			d10_2062
v.3 p.1786	枚卜錄(매복록)			d10_2063
v.3 p.1786	滿籯金(만영금)			d10_2064
v.3 p.1786	萬春方(만춘방)		萬病回春을 보라	
v.3 p.1786	萬年曆(만년력)			d10_2068
v.3 p.1787	漫筆三錄(만필삼록)			d10_2069
v.3 p.1787	萬病回春(만병회춘)	明 龔廷賢 著(명 공정현 저)		
v.3 p.1788	漫浪集(만랑집)	黃床 著(황호 저)		b04_0800-0801
v.3 p.1788	漫錄(만록)			d10_2070
v.3 p.1789	未然鏡(미연경)			d10_2071
v.3 p.1789	彌陀懺文(미타참문)		禮念彌陀道場懺文	d10_2072
v.3 p.1789	密庵集(밀암집)	金砥行 著(김지행 저)		b04_0802
v.3 p.1789	密記(밀기)		道詵密記를 보라	d10_2073
v.3 p.1789	密語(밀어)			d10_2074
v.3 p.1789	密山世稿(밀산세고)	朴忠元 朴啓賢 著(박충원 박계현 저)		b04_0803
v.3 p.1789	密城君派譜(밀성군파보)			b04_0804
v.3 p.1789	密陽志(밀양지)			d10_2075
v.3 p.1790	密陽朴氏族譜(밀양박씨족보)			b04_0805
v.3 p.1790	脈經(맥경)	晉 王叔和 著(진 왕숙화 저)		
v.3 p.1790	明聖經(명성경)		古佛應驗明聖經을 보라	
v.3 p.1790	明紀提挈(명기제설)		通鑑綱目을 보라	d10_2078
v.3 p.1790	明紀編年(명기편년)			
v.3 p.1790	明五大家律詩鈔(명오대가률시초)			d10_2079
v.3 p.1790	明史綱目(명사강목)	李玄錫 著(이현석 저)		d10_2081-2082
v.3 p.1791	明將手簡帖(명장수간첩)		淸虛堂集에 병기함	b13_2395
v.3 p.1791	明史抄(명사초)			d10_2083
v.3 p.1791	明史正綱(명사정강)	南有容 著(남유용 저)		d10_2084
v.3 p.1791	明詩咀英(명시저영)			d10_2085
v.3 p.1791	明太祖文集(명태조문집)			
v.3 p.1791	明朝殉節諸臣錄(명조순절제신록)			d10_2088
v.3 p.1791	明陪臣考(명배신고)		皇明陪臣傳을 보라	d10_2089
v.3 p.1792	明文各選(명문각선)			d10_2090
v.3 p.1792	民堡議(민보의)	丁若鏞 著(정약용 저)		d10_2091
v.3 p.1792	民堡輯說(민보집설)	申觀浩 著(신관호 저)		d10_2092
v.3 p.1792	民保節目(민보절목)			d10_2093
v.3 p.1793	務安朴氏族譜(무안박씨족보)			b04_0806
v.3 p.1793	務安邑誌(무안읍지)			d10_2094
v.3 p.1793	无爲齋集(무위재집)			b04_0807

v.3 p.1793	夢隱集(몽은집)	崔鐵堅 著(최철견 저)		b04_0808
v.3 p.1793	無寃錄(무원록)			d10_2095-2101
v.3 p.1795	無何翁集(무하옹집)	李元孫 著(이원손 저)		b04_0809
v.3 p.1795	無何翁集(무하옹집)	洪柱元 著(홍주원 저)		b04_0810
v.3 p.1795	夢窩集(몽와집)	柳希齡 著(유희령 저)		b04_0811
v.3 p.1796	夢窩集(몽와집)	金昌集 著(김창집 저)		b04_0812-0813
v.3 p.1797	夢窩實紀(몽와실기)			b04_0814
v.3 p.1797	夢觀詩稿(몽관시고)	李廷柱 著(이정주 저)		b04_0815
v.3 p.1797	無關集(무관집)			b04_0816
v.3 p.1797	無學秘訣(무학비결)			d10_2102
v.3 p.1797	務經(무경)			d10_2103
v.3 p.1797	無竟集(무경집)			b04_0818
v.3 p.1798	夢囈集(몽예집)	南克寬 著(남극관 저)		b04_0819, d10_2104
v.3 p.1798	夢梧集(몽오집)	金鍾秀 著(김종수 저)		b04_0820
v.3 p.1798	夢寤齋集(몽오재집)	沈尙鼎 著(심상정 저)		b04_0821
v.3 p.1798	夢書(몽서)			
v.3 p.1798	夢授秘藏經(몽수비장경)			
v.3 p.1799	無住逸稿(무주일고)	洪鎬 著(홍호 저)		b04_0822
v.3 p.1799	無足更評抄(무족경평초)			d10_2105
v.3 p.1799	夢村集(몽촌집)	金晬 著(김수 저)		b04_0823
v.3 p.1799	務農集(무농집)			d10_2106
v.3 p.1799	無名子集(무명자집)	具庠 著(구상 저)		b04_0824
v.3 p.1799	夢游錄(몽유록)			d10_2107
v.3 p.1799	無用堂遺稿(무용당유고)	釋秀演 著(석수연 저)		b04_0825
v.3 p.1800	明庵集(명암집)	鄭栻 著(정식 저)		b04_0826
v.3 p.1800	明醫雜著(명의잡저)	明 王綸 著(명 왕륜 저)		
v.3 p.1800	名媛詩歸抄(명원시귀초)			
v.3 p.1800	冥觀集(명관집)	尹安性 著(윤안성 저)		b04_0827
v.3 p.1800	名宦彙考(명환휘고)			d10_2109
v.3 p.1800	鳴巖集(명암집)	李海朝 著(이해조 저)		b04_0828
v.3 p.1800	明岩實紀(명암실기)			b04_0829
v.3 p.1801	明義錄(명의록)			d02_0326, d10_2110-2116
v.3 p.1802	名賢詩話(명현시화)			
v.3 p.1803	名賢錄(명현록)	鄭惟一 著(정유일 저)		d10_2117
v.3 p.1803	明皇誡鑑(명황계감)			d10_2119-2120
v.3 p.1804	鳴皐集(명고집)	任錪 著(임전 저)		b04_0830
v.3 p.1804	明皐文集(명고문집)	徐瀅修 著(서형수 저)		b04_0831
v.3 p.1804	明谷集(명곡집)	具崟 著(구음 저)		b04_0833-0834
v.3 p.1804	明谷集(명곡집)	崔錫鼎 著(최석정 저)		b04_0832
v.3 p.1805	明齋遺稿(명재유고)	尹拯 著(윤증 저)		b04_0835
v.3 p.1806	明齋疑禮問答(명재의례문답)	尹拯 著(윤증 저)		b04_0836-0837
v.3 p.1806	明齋言行錄(명재언행록)			b04_0838

v.3 p.1806	明齋年譜(명재연보)			b04_0839-0840
v.3 p.1807	明齋禮說(명재예설)		明齋疑禮問答을 보라	b04_0837
v.3 p.1807	明山論(명산론)			
v.3 p.1807	名臣言行錄(명신언행록)		宋名臣言行錄을 보라	
v.3 p.1807	明震稿(명진고)			b04_0841
v.3 p.1807	名臣誌狀輯略(명신지장집략)			d10_2122-2123
v.3 p.1807	名臣奏議要略(명신주의요략)			d10_2124
v.3 p.1808	明心寶鑑(명심보감)			
v.3 p.1808	名臣錄(명신록)		海東名臣錄을 보라	c03_0457, d10_2125-2126
v.3 p.1808	名人號譜(명인호보)		號譜를 보라	d10_2127
v.3 p.1808	名數咫聞(명수지문)	閔魯行 著(민노행 저)		d10_2128-2129
v.3 p.1809	明聖王后仁敬王后修撰誌文(명성왕후인경왕후수찬지문)		列聖誌狀을 보라	d10_2130
v.3 p.1809	名世叢考(명세총고)			d10_2132
v.3 p.1809	名世文宗(명세문종)			
v.3 p.1809	名僧集說(명승집설)			d10_2134
v.3 p.1809	明宗實錄(명종실록)			d10_2135-2136, d12_2536
v.3 p.1810	明宗實錄(명종실록)		實錄을 보라	
v.3 p.1810	明村雜錄(명촌잡록)	羅良佐 著(나양좌 저)		b04_0842
v.3 p.1810	明堂記(명당기)		道詵明堂記를 보라	d10_2137
v.3 p.1810	明美堂稿(명미당고)	李建昌 著(이건창 저)		b04_0843
v.3 p.1810	明法審攷(명법심고)			d10_2139
v.3 p.1810	明倫錄(명륜록)			d10_2142
v.3 p.1811	明倫錄(명륜록)			d10_2143
v.3 p.1811	明禮宮田畓收稅總案(명례궁전답수세총안)			d10_2144
v.3 p.1811	滅義經(멸의경)			
v.3 p.1811	面飭春桂坊帖(면칙춘계방첩)			d10_2145
v.3 p.1811	緬禮儀節(면례의절)			d10_2147
v.3 p.1812	茂山邑誌(무산읍지)			d10_2149
v.3 p.1812	茂朱邑誌(무주읍지)			d10_2150
v.3 p.1812	茂長縣邑誌(무장현읍지)			d10_2151
v.3 p.1812	蒙庵集(몽암집)	李混 著(이혼 저)		b04_0844
v.3 p.1812	蒙庵集(몽암집)	李安道 著(이안도 저)		b04_0844
v.3 p.1812	蒙學史要(몽학사요)			d10_2154
v.3 p.1812	蒙訓須知(몽훈수지)			d10_2155
v.3 p.1812	孟浩然集(맹호연집)			
v.3 p.1813	蒙語類解(몽어유해)			d10_2156-2157
v.3 p.1813	蒙語老乞大(몽어노걸대)		老乞大를 보라	
v.3 p.1813	蒙山和尙法語略錄(몽산화상법어약록)			
v.3 p.1813	蒙山和尙六道普說(몽산화상육도보설)			
v.3 p.1813	孟山邑誌(맹산읍지)			
v.3 p.1813	毛詩(모시)		詩를 보라 (又)毛詩正義	

v.3 p.1814	孟子(맹자)	宋 朱熹 著(송 주희 저)		
v.3 p.1815	孟子諺解(맹자언해)		經書諺解를 보라	c08_1334-1335
v.3 p.1815	毛詩講義(모시강의)			
v.3 p.1815	孟子講義(맹자강의)			
v.3 p.1815	孟子纂要(맹자찬요)			
v.3 p.1815	孟子集註(맹자집주)		孟子를 보라	
v.3 p.1815	孟子條問(맹자조문)		御製條問을 보라	c06_1096
v.3 p.1815	孟子正音(맹자정음)		經書正音을 보라	c08_1354
v.3 p.1815	毛詩正義(모시정의)			
v.3 p.1815	孟子淺說(맹자천설)		論孟淺說을 보라	
v.3 p.1815	孟子大全(맹자대전)		三經四書大全을 보라	
v.3 p.1815	孟子要義(맹자요의)	丁若鏞 著(정약용 저)		
v.3 p.1816	孟子或問(맹자혹문)	宋 朱熹 著(송 주희 저)		
v.3 p.1816	蒙喩篇(몽유편)	張混 著(장혼 저)		
v.3 p.1816	蒙養編(몽양편)			
v.3 p.1816	默庵集(묵암집)	釋 㝡訥 著(석 최눌 저)		b04_0845
v.3 p.1816	目科一覽(목과일람)			
v.3 p.1816	默窩集(묵와집)	金九鳴 著(김구명 저)		b04_0846
v.3 p.1817	木溪集(목계집)	姜渾 著(강혼 저)		b04_0847
v.3 p.1817	默軒集(묵헌집)			b04_0848-0849
v.3 p.1817	默軒文集(묵헌문집)	閔漬 著(민지 저)		
v.3 p.1817	默吾遺稿(묵오유고)			b04_0850
v.3 p.1817	默齋遺稿(묵재유고)	沈安世 著(심안세 저)		b04_0853
v.3 p.1817	默齋遺稿(묵재유고)	李貴 著(이귀 저)	李忠定公章疏를 보라	b04_0851-0852
v.3 p.1817	默齋遺稿(묵재유고)		竹軒集을 보라	b04_0854
v.3 p.1817	默齋記思(묵재기사)			b04_0855
v.3 p.1818	默齋記聞錄(묵재기문록)	申命圭 著(신명규 저)		b04_0856-0858
v.3 p.1818	默齋集(묵재집)	洪彦弼 著(홍언필 저)		b04_0859-0860
v.3 p.1818	木齋集(목재집)	洪汝河 著(홍여하 저)		b04_0861
v.3 p.1818	默齋日記(묵재일기)	李貴 著(이귀 저)	(通名) 延平日記	b04_0862-0864
v.3 p.1819	默山集(묵산집)	南基萬 著(남기만 저)		b04_0865
v.3 p.1819	默守堂文集(묵수당문집)	崔有海 著(최유해 저)		b04_0866
v.3 p.1820	默泉別集(묵천별집)			b04_0867
v.3 p.1820	木川邑誌(목천읍지)			
v.3 p.1820	木綿花記(목면화기)			
v.3 p.1820	勿巖集(물암집)	金隆 著(김륭 저)		b04_0868
v.3 p.1820	勿齋集(물재집)	孫舜孝 著(손순효 저)		b04_0870
v.3 p.1821	門額帖(문액첩)			
v.3 p.1821	門岩實紀(문암실기)			b04_0871
v.3 p.1821	問義通攷(문의통고)		論孟或問精義通攷를 보라	
v.3 p.1821	問月集(문월집)	李元冑 著(이원주 저)		b04_0873
v.3 p.1821	問月堂文集(문월당문집)	吳克成 著(오극성 저)		b04_0872
v.3 p.1821	文字類輯(문자류집)			
v.3 p.1822	門人問答說(문인문답설)		石潭語錄을 보라	

v.3 p.1822	文選(문선)			
v.3 p.1822	文選增定(문선증정)		文選을 보라	
v.3 p.1822	文選對策(문선대책)			
v.3 p.1823	壄隱逸稿(야은일고)	高麗 田祿生 著(고려 전녹생 저)		b05_0876-0878
v.3 p.1823	冶隱言行拾遺(야은언행습유)			b05_0880
v.3 p.1824	冶隱集(야은집)	吉再 著(길재 저)	冶隱言行拾遺를 보라	b05_0879, b05_0881
v.3 p.1824	野言通載(야언통재)	尹毅立 著(윤의립 저)		
v.3 p.1824	冶谷三官記(야곡삼관기)	趙克善 著(조극선 저)		b05_0883
v.3 p.1824	冶谷集(야곡집)	趙克善 著(조극선 저)		b05_0882
v.3 p.1825	野史之流(야사지류)			
v.3 p.1825	野史初本(야사초본)	李植 著(이식 저)		
v.3 p.1825	野村集(야촌집)	孫萬雄 著(손만웅 저)		b05_0884
v.3 p.1825	野譚(야담)		於于野譚을 보라	
v.3 p.1825	野談(야담)		青邱野談을 보라	
v.3 p.1825	冶爐宋氏族譜(야로송씨족보)		晉州河氏族譜에 덧붙임. 그 아래를 보라	b05_0885
v.3 p.1825	譯科榜目(역과방목)			
v.3 p.1826	譯官上言謄錄(역관상언등록)			
v.3 p.1826	約軒集(약헌집)	宋徵殷 著(송징은 저)		b05_0886
v.3 p.1826	藥軒集(약헌집)			b05_0887
v.3 p.1826	藥言寶典(약언보전)			
v.3 p.1826	譯語指南(역어지남)			
v.3 p.1826	譯語類解(역어유해)			
v.3 p.1827	藥山集(약산집)	吳光運 著(오광운 저)		b05_0888
v.3 p.1827	約章合編(약장합편)			
v.3 p.1828	藥泉集(약천집)	南九萬 著(남구만 저)		b05_0889
v.3 p.1828	藥泉年譜(약천연보)			b05_0890
v.3 p.1829	藥泉筆迹(약천필적)			
v.3 p.1829	藥坡漫錄(약파만록)	李希齡 著(이희령 저)		b05_0891-0892
v.3 p.1829	藥圃集(약포집)	鄭琢 著(정탁 저)		b05_0894
v.3 p.1829	藥圃集(약포집)	李海壽 著(이해수 저)		b05_0893
v.3 p.1829	藥圃集(약포집)	鄭道吾 著(정도오 저)		b05_0895
v.3 p.1830	藥峯集(약봉집)	徐渻著(서성저)		b05_0896-0897
v.3 p.1830	藥房謄錄(약방등록)			
v.3 p.1831	諭金吾秋曹兩司綸音(유금오추조량사윤음)			
v.3 p.1831	諭將說(유장설)		兵將說을 보라	
v.3 p.1831	諭善書(유선서)			
v.3 p.1831	諭俗諭邑宰文(유속유읍재문)			
v.3 p.1831	謏聞瑣錄(소문쇄록)	曹伸 著(조신 저)		
v.3 p.1832	諭嶺南御史書(유령남어사서)			
v.3 p.1832	維摩經(유마경)			
v.3 p.1832	尤庵言行錄(우암언행록)	宋近洙 著(송근수 저)		b05_0899
v.3 p.1832	尤庵後集(우암후집)		大老逸稿를 보라	b05_0900

v.3 p.1832	尤庵雜記(우암잡기)	宋時烈 著(송시열 저)		b05_0902
v.3 p.1833	尤庵集(우암집)	宋時烈 著(송시열 저)		b05_0903, b05_0906
v.3 p.1833	尤庵獨對說話(우암독대설화)	宋時烈 著(송시열 저)		b05_0904
v.3 p.1834	尤庵年譜(우암연보)			b05_0907-0908
v.3 p.1835	尤庵筆迹(우암필적)			
v.3 p.1835	尤庵文抄(우암문초)	宋時烈 著(송시열 저)		b05_0905
v.3 p.1835	尤園集(우원집)	宋時烈 著(송시열 저)		b05_0909
v.3 p.1835	遊燕錄(유연록)			
v.3 p.1835	有懷堂集(유회당집)	權以愼 著(권이신 저)		b05_0911
v.3 p.1835	幽懷不可瀉(유회불가사)			
v.3 p.1836	酉澗集(유간집)	朴熙典(박희전)		b05_0912
v.3 p.1836	游軒集(유헌집)			b05_0914
v.3 p.1836	又玄齋詩鈔(우현재시초)	安晉錫 著(안진석 저)		b05_0915
v.3 p.1836	游齋集(유재집)	李玄錫 著(이현석 저)		b05_0916
v.3 p.1836	游齋筆迹(유재필적)			
v.3 p.1837	游山樂府(유산악부)			
v.3 p.1837	酉山叢話(유산총화)			b05_0917
v.3 p.1837	尤氏集選(우씨집선)	宋時烈 著(송시열 저)		b05_0918
v.3 p.1837	尤書箚疑(우서차의)	宋時烈 著(송시열 저)		b05_0919
v.3 p.1837	尤書要解(우서요해)	宋時烈 著(송시열 저)		b05_0920
v.3 p.1837	遊心安樂道(유심안락도)	新羅 釋 元曉 著(신라 석 원효 저)		
v.3 p.1837	有心齋集(유심재집)	李和甫 著(이화보 저)		b05_0921
v.3 p.1838	挹翠軒遺稿(읍취헌유고)	朴誾 著(박은 저)		b05_0922-0926
v.3 p.1839	尤邃語錄(우수어록)			b05_0927
v.3 p.1839	遊瑞石錄(유서석록)	高敬命 著(고경명 저)		
v.3 p.1839	郵政局章程(우정국장정)			
v.3 p.1840	悠然堂集(유연당집)	金大賢 著(김대현 저)		b05_0928
v.3 p.1840	憂亭集(우정집)	金克成 著(김극성 저)		b05_0929
v.3 p.1840	遊頭流錄(유두류록)	金宗直 著(김종직 저)		
v.3 p.1840	憂堂集(우당집)	朴融 著(박융 저)		b05_0930
v.3 p.1840	酉堂筆迹(유당필적)	金魯敬 書(김노경 서)		
v.3 p.1841	幽憤錄(유분록)		乙巳傳聞錄을 보라	
v.3 p.1841	悠悠子稿(유유자고)	李熺 著(이희 저)		b05_0932
v.3 p.1841	酉陽雜俎(유양잡조)			
v.3 p.1842	餘窩集(여와집)	睦萬中 著(목만중 저)		b05_0933
v.3 p.1842	輿載撮要(여재촬요)			
v.3 p.1842	輿地考(여지고)	柳馨遠 著(유형원 저)	通名 輿地誌	
v.3 p.1842	輿地考(여지고)			
v.3 p.1843	輿地勝覽(여지승람)		東國輿地勝覽을 보라	
v.3 p.1843	輿地便覽(여지편람)	申景濬 著(신경준 저)		
v.3 p.1843	與猶堂集(여유당집)	丁若鏞 著(정약용 저)		b05_0934-0938
v.3 p.1844	慵隱集(용은집)	俞大逸 著(유대일 저)		b05_0939
v.3 p.1844	養窩集(양와집)	李世龜 著(이세구 저)		b05_0940

v.3 p.1844	永嘉集(영가집)		禪宗永嘉集을 보라	
v.3 p.1844	慵隱筆迹(용은필적)	趙晋錫 筆(조진석 필)		
v.3 p.1844	養花小錄(양화소록)		菁川養花小錄을 보라	
v.3 p.1844	瑤華傳諺譯(요화전언역)			
v.3 p.1844	庸學困得(용학곤득)	趙翼 著(조익 저)		
v.3 p.1845	庸學指南(용학지남)		大學中庸指南을 보라	
v.3 p.1845	庸學正音(용학정음)		經書正音을 보라	c08_1352
v.3 p.1845	庸學釋義(용학석의)		經書釋義를 보라	
v.3 p.1845	楊御史頌德詩(양어사송덕시)			
v.3 p.1845	陽九記事(양구기사)			
v.3 p.1845	容軒集(용헌집)	李原 著(이원 저)		b05_0941
v.3 p.1845	楊湖遺稿(양호유고)	閔嶪 著(민업 저)		b05_0942
v.3 p.1845	楊口邑誌(양구읍지)			
v.3 p.1845	蓉岡集(용강집)			b05_0943
v.3 p.1845	陽谷集(양곡집)	蘇世讓 著(소세양 저)		b05_0944
v.3 p.1846	暘谷集(양곡집)	吳斗寅 著(오두인 저)		b05_0945
v.3 p.1846	鷹鶻方(응골방)			
v.3 p.1846	慵齋遺稿(용재유고)	李宗準 著(이종준 저)		b05_0946-0947
v.3 p.1847	容齋集(용재집)	李荇 著(이행 저)		b05_0948
v.3 p.1848	陽齋集(양재집)	鄭存謙 著(정존겸 저)		b05_0949
v.3 p.1848	容齋隨筆(용재수필)	李荇 著(이행 저)		b05_0950
v.3 p.1848	慵齋叢話(용재총화)	成俔 著(성현 저)		b05_0951-0952
v.3 p.1849	蠶經(잠경)			
v.3 p.1849	蓉山私藁(용산사고)	鄭健朝 著(정건조 저)		
v.3 p.1849	楊山世稿(양산세고)			
v.3 p.1850	養蠶方(양잠방)			
v.3 p.1850	揚子法言(양자법언)			
v.3 p.1850	要集(요집)			
v.3 p.1851	楊州趙氏族譜(양주조씨족보)			
v.3 p.1851	楊州牧節目(양주목절목)			
v.3 p.1851	楊椒山集(양초산집)			
v.3 p.1851	養眞堂花山錄(양진당화산록)	金澤 著(김택 저)		
v.3 p.1851	養心堂集(양심당집)	趙晟 著(조성 저)		
v.3 p.1852	養生大要(양생대요)			
v.3 p.1852	陽城李氏族譜(양성이씨족보)			
v.3 p.1852	養正齋集(양정재집)	金道凝 著(김도응 저)		
v.3 p.1852	養正圖解(양정도해)			
v.3 p.1852	妖星錄(요성록)		歷代妖星錄을 보라	
v.3 p.1852	陽川許氏族譜(양천허씨족보)			
v.3 p.1852	陽川世稿(양천세고)			
v.3 p.1854	陽川覆瓿藁(양천복부고)		惺所覆瓿藁를 보라	
v.3 p.1854	洋鎗大操圖說(양쟁대조도설)			
v.3 p.1854	陽村應制詩(양촌응제시)	權近 著(권근 저)		

v.3 p.1854	陽村文集(양촌문집)	權近 著(권근 저)		
v.3 p.1855	陽智邑誌(양지읍지)			
v.3 p.1855	陽德邑誌(양덕읍지)			
v.3 p.1855	陽坡遺稿(양파유고)	鄭太和 著(정태화 저)		
v.3 p.1855	陽坡記事撰草(양파기사찬초)	鄭太和 著(정태화 저)		
v.3 p.1856	陽坡集(양파집)	洪彦博 著(홍언박 저)		
v.3 p.1856	陽坡年記(양파년기)	鄭太和 著(정태화 저)		
v.3 p.1856	楊浦遺稿(양포유고)	崔澱 著(최전 저)		
v.3 p.1857	陽明學辨(양명학변)	朴世采 著(박세채 저)		
v.3 p.1857	養蒙大訓(양몽대훈)			
v.3 p.1857	養老廳節目(양로청절목)			
v.3 p.1857	翊衛司禮木節目(익위사례목절목)			
v.3 p.1857	抑誡箴(억계잠)	英宗王 御製(영종왕 어제)		
v.3 p.1858	抑箴(억잠)		抑誡箴을 보라	
v.3 p.1858	翼宗御製(익종어제)		列聖御製를 보라	
v.3 p.1858	翼翼齋漫筆(익익재만필)	洪鳳漢 著(홍봉한 저)		
v.3 p.1859	羅經頂門針(나경정문침)			
v.3 p.1859	蘿山集(나산집)	趙有善 著(조유선 저)		b05_0954, b05_0957
v.3 p.1859	羅氏八孝集(나씨팔효집)			b05_0955-0956
v.3 p.1859	羅舍往復(나사왕복)			
v.3 p.1859	羅州鄭氏三綱錄(나주정씨삼강록)			
v.3 p.1860	羅州丁氏族譜(나주정씨족보)			b05_0958
v.3 p.1860	羅州羅氏族譜(나주나씨족보)			b05_0959
v.3 p.1860	羅浮十三篇(나부십삼편)			
v.3 p.1860	羅里浦事實(나리포사실)			
v.3 p.1860	來庵集(내암집)	鄭仁弘 著(정인홍 저)		b05_0960
v.3 p.1860	懶隱集(나은집)	李東標 著(이동표 저)		b05_0961-0962
v.3 p.1860	萊營文牒(내영문첩)			
v.3 p.1860	來易(내역)			
v.3 p.1861	雷淵集(뇌연집)	南有容 著(남유용 저)		b05_0963
v.3 p.1861	懶翁和尙語錄(나옹화상어록)		(通名) 普濟尊者語錄	
v.3 p.1862	懶翁集(나옹집)	釋 惠勒 著(석 혜륵 저)		b05_0965
v.3 p.1862	溜溪集(뇌계집)	俞好仁 著(유호인 저)		b05_0966
v.3 p.1862	懶齋集(나재집)	蔡壽 著(채수 저)		b05_0967
v.3 p.1863	懶拙齋集(나졸재집)	李山斗 著(이산두 저)		b05_0969
v.3 p.1863	麗朝王陵謄錄(여조왕릉등록)			
v.3 p.1863	麗朝忠烈記(여조충렬기)			
v.3 p.1863	萊府交隣謄錄(내부교린등록)			
v.3 p.1863	磊磊落落書(뇌뢰락락서)	李德懋 著(이덕무 저)		
v.3 p.1864	樂安邑誌(낙안읍지)			
v.3 p.1864	洛陰集(낙음집)	都慶俞 著(도경유 저)		b05_0970
v.3 p.1864	樂園集(낙원집)			b05_0971
v.3 p.1864	落花詩(낙화시)			

v.3 p.1864	洛下生稿(낙하생고)	李學逵 著(이학규 저)		b05_0972
v.3 p.1864	洛涯遺稿(낙애유고)	金安節 著(김안절 저)		b05_0973
v.3 p.1864	洛厓行蹟(낙애행적)			b05_0974
v.3 p.1864	洛涯文集(낙애문집)			b05_0975
v.3 p.1865	樂齋集(낙재집)	徐思遠 著(서사원 저)		b05_0976-0977
v.3 p.1865	洛山寺事蹟(낙산사사적)			
v.3 p.1865	洛西集(낙서집)	張晩 著(장만 저)		b05_0978
v.3 p.1865	樂靜集(낙정집)	趙錫胤 著(조석윤 저)		b05_0979
v.3 p.1866	洛川遺稿(낙천유고)	裵紳 著(배신 저)		b05_0980
v.3 p.1866	樂善君碑帖(낙선군비첩)			b14_2455
v.3 p.1866	樂全堂歸田錄(낙전당귀전록)	申翊聖 著(신익성 저)		b05_0981
v.3 p.1866	樂全堂集(낙전당집)	申翊聖 著(신익성 저)		b05_0982
v.3 p.1867	樂全堂漫錄(낙전당만록)	申翊聖 著(신익성 저)		b05_0983
v.3 p.1867	樂道郊居集(낙도교거집)	高麗 姜邯贊 著(고려 강감찬 저)		
v.3 p.1867	駱賓王文集(낙빈왕문집)			
v.3 p.1867	蘭菊齋遺稿(난국재유고)	李崇祜 著(이숭호 저)		b05_0985
v.3 p.1867	蘭菊齋集(난국재집)	李禮煥 著(이예환 저)		b05_0986
v.3 p.1868	蘭溪遺稿(난계유고)	朴堧 著(박연 저)		b05_0987
v.3 p.1868	蘭溪家訓(난계가훈)	朴堧 著(박연 저)		
v.3 p.1868	蘭谷集(난곡집)	咸傳霖 著(함전림 저)		b05_0988
v.3 p.1868	蘭谷集(난곡집)	宋民古 著(송민고 저)		b05_0989
v.3 p.1868	嵐谷集(남곡집)			b05_0990-0991
v.3 p.1869	蘭谷年譜(난곡연보)			b05_0992
v.3 p.1869	亂後雜錄(난후잡록)			
v.3 p.1869	蘭史集(난사집)			b05_0993
v.3 p.1869	爛抄(난초)	尹致羲 著(윤치희 저)		
v.3 p.1869	蘭雪軒集(난설헌집)	金(正字)誠立妻 許氏 著(김(정자)성립처 허씨 저)		b05_0994-0996
v.3 p.1870	爛選(난선)	尹定善 著(윤정선 저)		
v.3 p.1871	亂中雜錄(난중잡록)	趙慶男 著(조경남 저)		
v.3 p.1871	亂中時事(난중시사)		壬戌雜事를 보라	
v.3 p.1871	藍田集(남전집)			b05_0997
v.3 p.1871	蘭坡詩鈔(난파시초)			b05_0998
v.3 p.1871	蘭坡集(난파집)	李居仁 著(이거인 저)		b05_0999
v.3 p.1872	爛餘(난여)	金在魯 著(김재로 저)		
v.3 p.1872	亂離日記(난리일기)	南礏 著(남급 저)		
v.3 p.1872	爛略(난략)	尹定善 著(윤정선 저)		
v.3 p.1873	离院條例(이원조례)			
v.3 p.1873	李衛公問對(이위공문대)		武經七書를 보라	
v.3 p.1873	李遠及子書九墓表(이원급자서구묘표)			b05_1000
v.3 p.1873	李佾愚墓表(이일우묘표)			b05_1001
v.3 p.1873	离筵講說(이연강설)			
v.3 p.1873	李翰林集註(이한림집주)		李太白集을 보라	
v.3 p.1873	吏學指南(이학지남)			

v.3 p.1874	理學綜要(이학종요)	李震相 著(이진상 저)		
v.3 p.1874	理學通錄(이학통록)	李滉 著(이황 저)		
v.3 p.1875	理學類編(이학류편)			
v.3 p.1875	利見(이견)		古賦를 보라	
v.3 p.1875	利原邑誌(이원읍지)			
v.3 p.1875	梨湖集(이호집)	金時鐸 著(김시탁 저)		b05_1002
v.3 p.1875	李弘述家狀(이홍술가장)			b05_1003
v.3 p.1875	驪興世稿(여흥세고)			b05_1005
v.3 p.1875	驪興陳氏族譜(여흥진씨족보)			b05_1004
v.3 p.1876	驪興府夫人墓表(여흥부부인묘표)			b05_1010
v.3 p.1876	驪興閔氏族譜(여흥민씨족보)			b05_1006-1008
v.3 p.1876	驪興李氏族譜(여흥이씨족보)			b05_1012
v.3 p.1876	李載恒筆迹(이재항필적)			b14_2453
v.3 p.1876	李參奉集(이참봉집)	李匡呂 著(이광려 저)		b05_1013
v.3 p.1877	李氏三世忠孝錄(이씨삼세충효록)			b05_1015
v.3 p.1878	李子粹語(이자수어)	李瀷 著(이익 저)		b05_1018
v.3 p.1878	李氏世代錄(이씨세대록)			
v.3 p.1878	李氏西征錄(이씨서정록)		西征錄을 보라	
v.3 p.1878	李子性理書(이자성리서)	李珥 著(이이 저)		b05_1016-1017
v.3 p.1878	李氏兩賢實紀(이씨양현실기)			b05_1019
v.3 p.1878	李士龍致祭文(이사룡치제문)			b05_1021
v.3 p.1879	李氏聯珠集(이씨연주집)	李一相 等 從兄弟 著(이일상 등 종형제 저)		b05_1022
v.3 p.1879	李商隱集(이상은집)			
v.3 p.1880	李相國集(이상국집)	李奎報 著(이규보 저)		b05_1023-1027
v.3 p.1881	李承旨政院日記(이승지정원일기)			
v.3 p.1881	吏事糟粕(이사조박)			
v.3 p.1881	驪城府院父子碑碣(여성부원부자비갈)			
v.3 p.1882	利川徐氏族譜(이천서씨족보)			b05_1029
v.3 p.1882	利川府邑誌(이천부읍지)			
v.3 p.1882	履素齋集(이소재집)	李仲虛 著(이중허 저)		b05_1031
v.3 p.1882	李宗城龍灣紀惠碑(이종성용만기혜비)			
v.3 p.1882	李太白集(이태백집)			
v.3 p.1883	니대봉젼(李大鳳傳(이대봉전))			
v.3 p.1883	吏治精覽(이치정람)			
v.3 p.1883	李忠剛公實記(이충강공실기)			b05_1032
v.3 p.1883	李忠莊公實記(이충장공실기)		(又)大田實記	b05_1033
v.3 p.1884	李忠定公奏議(이충정공주의)			
v.3 p.1884	李忠定公章疏(이충정공장소)		(又名)默齋遺稿 李貴著	b05_1034
v.3 p.1884	李忠武公遺事(이충무공유사)			b05_1035-1036
v.3 p.1884	李忠武公家乘(이충무공가승)			b05_1037-1038
v.3 p.1885	李忠武公全書(이충무공전서)			b05_1039-1040
v.3 p.1886	李忠武公碑銘帖(이충무공비명첩)		尙忠旌武碑帖을 보라	b05_1041-1042
v.3 p.1886	李提督祠堂記帖(이제독사당기첩)			
v.3 p.1886	李統制行狀(이통제행장)			

v.3 p.1886	吏讀便覽(이두편람)			
v.3 p.1887	李評事集(이평사집)	李穆 著(이목 저)		b05_1043
v.3 p.1887	吏文(이문)			
v.3 p.1888	摛文院講義(이문원강의)	正宗王 御製(정종왕 어제)		
v.3 p.1889	摛文院書目(이문원서목)			
v.3 p.1889	摛文院奉安總目(이문원봉안총목)			
v.3 p.1889	吏文襍例(이문잡례)			
v.3 p.1889	吏文指南(이문지남)		吏學指南을 보라	
v.3 p.1889	吏文輯覽(이문집람)		吏文續集輯覽을 보라	
v.3 p.1889	吏文諸書輯覽(이문제서집람)		吏文續集輯覽을 보라	
v.3 p.1889	李文靖公實記(이문정공실기)			b05_1044
v.3 p.1890	吏文續集輯覽(이문속집집람)		(又名)吏文諸書輯覽(又略)吏文輯覽	
v.3 p.1890	理方府格(이방부격)			
v.3 p.1890	李裕元壽藏碑(이유원수장비)			b05_1045
v.3 p.1890	陸海法(육해법)	崔漢綺 著(최한기 저)		
v.3 p.1891	陸軍各色改都案(육군각색개도안)			
v.3 p.1891	陸軍法律(육군법률)			
v.3 p.1891	陸稿手圈(육고수권)		四部手圈을 보라	
v.3 p.1891	陸詩約選(육시약선)			
v.3 p.1891	六書經緯(육서경위)	洪良浩 著(홍량호 저)		
v.3 p.1891	陸象山遺書(육상산유서)			
v.3 p.1891	陸宣公奏議(육선공주의)			
v.3 p.1892	陸奏約選(육주약선)			
v.3 p.1893	六韜(육도)		武經七書를 보라	
v.3 p.1893	陸放翁集(육방옹집)			
v.3 p.1893	陸律分韻(육률분운)			
v.3 p.1893	律英(율영)		律選을 보라	
v.3 p.1893	栗園集(율원집)	李珙 著(이공 저)		b05_1046
v.3 p.1893	栗園亭記(율원정기)	正宗王 御製(정종왕 어제)		
v.3 p.1893	律解辦疑(율해판의)		經國大典 禮典 律科初試講書	
v.3 p.1893	律學解頤(율학해이)		經國大典 禮典 律科初試講書	
v.3 p.1893	立巖集(입암집)	柳仲郢 著(유중영 저)		b05_1047
v.3 p.1893	立巖集(입암집)	閔齊仁 著(민제인 저)		b05_1048
v.3 p.1894	栗谷牛溪年譜(율곡우계연보)			b05_1050-1052
v.3 p.1894	栗谷牛溪門人錄(율곡우계문인록)			b05_1053
v.3 p.1894	栗谷虹變陳戒疏(율곡홍변진계소)	李珥 著(이이 저)		b05_1054
v.3 p.1895	栗谷祭儀(율곡제의)		祭儀抄를 보라	b05_1055
v.3 p.1895	栗谷集(율곡집)	李珥 著(이이 저)		b05_1056-1058
v.3 p.1896	栗谷新歌(율곡신가)			
v.3 p.1896	栗谷全書(율곡전서)	李珥 著(이이 저)		b05_1059-1064
v.3 p.1898	栗谷年譜(율곡연보)			b05_1065

v.3 p.1898	栗谷萬言封事(율곡만언봉사)	李珥 著(이이 저)		b05_1066-1067
v.3 p.1899	立齋遺稿(입재유고)	盧欽 著(노흠 저)		b05_1068
v.3 p.1899	立齋集(입재집)	鄭宗魯 著(정종로 저)		b05_1069
v.3 p.1899	律選(율선)			
v.3 p.1899	立朝紀略(입조기략)	朴盛源 著(박성원 저)		
v.3 p.1899	栗亭逸稿(율정일고)	尹澤 著(윤택 저)		b05_1070-1071
v.3 p.1900	栗亭亂稿(율정난고)	權節 著(권절 저)		b05_1072
v.3 p.1900	立馬大同稧案(입마대동설안)			
v.3 p.1900	栗圃集(율포집)	李埉 著(이협 저)		b05_1073
v.3 p.1900	略韻(약운)			
v.3 p.1900	律例要覽(율예요람)			
v.3 p.1900	龍庵集(용암집)	馬應房 著(마응방 저)		b05_1074-1075
v.3 p.1901	龍安邑誌(용안읍지)			
v.3 p.1901	柳淵傳(유연전)	李恒福 著(이항복 저)		b05_1076-1077
v.3 p.1901	류하기연(柳下奇緣(유하기연))			
v.3 p.1901	柳下集(유하집)	洪世泰 著(홍세태 저)		b05_1078
v.3 p.1902	流霞亭詩帖(유하정시첩)			
v.3 p.1902	龍龕手鑑(용감수감)			
v.3 p.1902	龍巖集(용암집)	朴雲 著(박운 저)		b05_1079
v.3 p.1903	龍巖實記(용암실기)	閔垶 著(민성 저)		b05_1080
v.3 p.1903	龍宮海藏(용궁해장)			
v.3 p.1903	龍宮邑誌(용궁읍지)			
v.3 p.1903	龍溪遺稿(용계유고)	金止男 著(김지남 저)		b05_1081
v.3 p.1903	龍溪遺稿(용계유고)	李榮元 著(이영원 저)		b05_1082
v.3 p.1903	龍岡縣誌(용강현지)			
v.3 p.1903	柳巷集(유항집)	韓脩 著(한수 저)		b05_1084-1085
v.3 p.1904	龍岡集(용강집)			b05_1086
v.3 p.1904	龍興聖蹟(용흥성적)			
v.3 p.1904	留齋行年記(유재행년기)	李廷馣 著(이정암 저)		b05_1087-1088
v.3 p.1905	柳山集(유산집)			b05_1102
v.3 p.1905	柳子光傳(유자광전)	南袞 著(남곤 저)		b05_1089
v.3 p.1905	柳氏檮杌(유씨도올)	柳夢寅 著(유몽인 저)		b05_1090
v.3 p.1905	柳氏六賢實紀(유씨육현실기)			b05_1091-1092
v.3 p.1905	隆師錄(융사록)			
v.3 p.1906	龍珠(용주)			
v.3 p.1906	龍洲遺稿(용주유고)	趙絅 著(조경 저)		b05_1093
v.3 p.1906	柳州集(유주집)		柳柳州集을 보라	
v.3 p.1906	龍湫寺事蹟(용추사사적)			
v.3 p.1906	龍珠寺祈福偈(용주사기복게)			
v.3 p.1907	龍城志(용성지)			
v.3 p.1907	龍城唱酬錄(용성창수록)			
v.3 p.1907	龍城世稿(용성세고)			b05_1094
v.3 p.1908	龍城雙義錄(용성쌍의록)			
v.3 p.1908	龍仁邑誌(용인읍지)			

v.3 p.1908	龍仁李氏族譜(용인이씨족보)			b05_1095-1096
v.3 p.1909	劉隨州集(유수주집)			
v.3 p.1909	龍西文集(용서문집)	尹元擧 著(윤원거 저)		b05_1097
v.3 p.1909	柳川遺稿(유천유고)	韓浚謙 著(한준겸 저)		b05_1100
v.3 p.1909	柳川箚記(유천차기)	韓浚謙 著(한준겸 저)		b05_1098-1099
v.3 p.1910	柳川集(유천집)	韓時裕 著(한시유 저)		b05_1101
v.3 p.1910	龍泉談寂記(용천담적기)	金安老 著(김안로 저)		b06_1123
v.3 p.1910	龍川邑誌(용천읍지)			
v.3 p.1910	柳村集(유촌집)	黃汝獻 著(황여헌 저)		b05_1103
v.3 p.1911	龍潭集(용담집)	朴而章 著(박이장 저)		b05_1104
v.3 p.1911	龍潭邑誌(용담읍지)			
v.3 p.1911	龍蛇日記(용사일기)	李魯 著(이로 저)		
v.3 p.1911	劉忠烈傳(유충열전)			
v.3 p.1911	柳亭遺稿(유정유고)	張玉 著(장옥 저)		b05_1105
v.3 p.1912	龍堂誌(용당지)			
v.3 p.1912	龍飛御天歌(용비어천가)			
v.3 p.1914	劉賓客集(유빈객집)			
v.3 p.1914	柳文事實(유문사실)	高麗 崔惟淸 著(고려 최유청 저)		
v.3 p.1914	隆文樓書目(융문루서목)			
v.3 p.1914	龍門集(용문집)	趙昱 著(조욱 저)		b05_1107
v.3 p.1915	룡문젼(龍門傳(용문전))			
v.3 p.1915	龍門問答(용문문답)		我我錄을 보라	
v.3 p.1915	柳柳州集(유류주집)			
v.3 p.1916	隆陵碑帖(융릉비첩)			
v.3 p.1916	龍樓集(용루집)			
v.3 p.1916	龍灣誌(용만지)			
v.3 p.1916	龍灣聞見錄(용만문견록)	鄭琢 著(정탁 저)		
v.3 p.1917	旅庵集(여암집)	申景濬 著(신경준 저)		b05_1108-1109
v.3 p.1917	旅軒性理說(여헌성리설)	張顯光 著(장현광 저)		b05_1110
v.3 p.1918	旅軒年譜(여헌연보)			b05_1111
v.3 p.1918	旅軒文集(여헌문집)	張顯光 著(장현광 저)		b05_1112-1113
v.3 p.1919	量案(양안)			b13_2214-2239
v.3 p.1921	良役實總(양역실총)			
v.3 p.1921	良役節目(양역절목)			
v.3 p.1921	良役變通私議(양역변통사의)	李頤命 著(이이명 저)		
v.3 p.1921	陵園基表(능원기표)			
v.3 p.1922	遼海星宗(요해성종)			
v.3 p.1922	兩漢詞命(양한사명)			
v.3 p.1922	凌虛關漫稿(능허관만고)	莊獻世子 愃 著(장헌세자 선 저)		b05_1114-1116
v.3 p.1923	梁溪遺書(양계유서)		顧高遺書に併記す	
v.3 p.1923	兩京手圈(양경수권)		四部手圈을 보라	
v.3 p.1923	兩賢淵源錄(양현연원록)			
v.3 p.1923	兩賢傳心錄(양현전심록)			
v.3 p.1924	兩蹇堂文集(양건당문집)	黃大中 著(황대중 저)		b05_1117

v.3 p.1924	龍虎營新定式條目(용호영신정식조목)			
v.3 p.1924	凌壺集(능호집)	李麟祥 著(이인상 저)		b06_1118
v.3 p.1925	兩湖丁卯擧義錄(양호정묘거의록)		丁卯兩湖擧義錄을 보라	
v.3 p.1925	龍虎榜目(용호방목)		文科榜目의 아래에 병기함	
v.3 p.1925	亮谷集(양곡집)	李義吉 著(이의길 저)		b06_1119
v.3 p.1925	楞嚴經(능엄경)			
v.3 p.1926	량산빅젼(梁山泊傳(양산박전))			
v.3 p.1926	梁山文籍(양산문적)			b13_2206
v.3 p.1926	兩山墨談(양산묵담)			
v.3 p.1926	梁山邑誌(양산읍지)			
v.3 p.1926	綾州邑誌(능주읍지)			
v.3 p.1926	兩儒對策(양유대책)			
v.3 p.1926	綾城具氏族譜(능성구씨족보)			b06_1120-1121
v.3 p.1926	兩先生往復書(양선생왕복서)			
v.3 p.1928	兩先生門人錄(양선생문인록)		栗谷牛溪門人錄을 보라	
v.3 p.1928	兩銓便攷(양전편고)			
v.3 p.1928	梁大司馬實記(양대사마실기)			b06_1122
v.3 p.1929	兩朝册封入學日記抄錄(양조책봉입학일기초록)		册封入學日記抄錄을 보라	
v.3 p.1929	兩陳唾珠(양진타주)			
v.3 p.1929	遼東志(요동지)			
v.3 p.1929	量度儀圖說(양도의도설)	南相吉 著(남상길 저)		
v.3 p.1930	량풍운젼(梁風雲傳(양풍운전))			
v.3 p.1930	梁訥齋外裔譜(양눌재외예보)			b06_1124
v.3 p.1930	良方金丹(양방금단)			
v.3 p.1930	陵墓守護軍謄錄(능묘수호군등록)			
v.3 p.1930	菱洋詩集(능양시집)			b06_1125
v.3 p.1930	兩陵誌狀續篇(양릉지장속편)		列聖誌狀을 보라	
v.3 p.1930-1937	綸音(윤음)			b12_2070-2111
v.3 p.1937	臨瀛誌(임영지)			
v.3 p.1937	臨瀛世稿(임영세고)	강릉김씨 사세 저작집		b06_1126
v.3 p.1937	臨瀛世稿(임영세고)	江陵崔氏 三代(강릉최씨 삼대)		b06_1127-1128
v.3 p.1938	臨瀛大君派譜(임영대군파보)			b06_1129
v.3 p.1938	臨淵集(임연집)	裵三益 著(배삼익 저)		b06_1130
v.3 p.1938	林園十六志(임원십륙지)	徐有榘 著(서유삭 저)		
v.3 p.1939	林窩雜纂(임와잡찬)			b06_1131
v.3 p.1939	林下筆記(임하필기)	李裕元 著(이유원 저)		b06_1132
v.3 p.1939	林下文集(임하문집)	鄭帥哲 著(정수철 저)		b06_1133
v.3 p.1939	林閒錄(임한록)			
v.3 p.1940	臨官政要(임관정요)	安鼎福 著(안정복 저)		
v.3 p.1940	林溪記(임계기)			b06_1134
v.3 p.1940	臨軒功令(임헌공령)			
v.3 p.1940	林湖集(임호집)	朴守儉 著(박수검 저)		b06_1135
v.3 p.1940	隣語大方(인어대방)			
v.3 p.1940	麟齋遺稿(인재유고)	高麗 李種學 著(고려 이종학 저)		b06_1137

v.3 p.1941	臨齋遺稿(임재유고)	尹心衡 著(윤심형 저)		b06_1138
v.3 p.1941	麟洲稿(인주고)		晩翠集을 보라	b06_1139
v.3 p.1941	林將軍傳(임장군전)			b06_1141
v.3 p.1942	림장군젼(林慶業傳(임경업전))			
v.3 p.1942	林庄稿(임장고)			b06_1140
v.3 p.1942	臨時取考(임시취고)	韓元震 著(한원진 저)		
v.3 p.1942	臨汝齋集(임여재집)			b06_1142
v.3 p.1942	臨川集(임천집)		王荊公集을 보라	
v.3 p.1942	林忠愍公遺事(임충민공유사)			b06_1143
v.3 p.1942	林忠愍公實紀(임충민공실기)			b06_1144
v.3 p.1943	林塘遺稿(임당유고)	鄭惟百 著(정유백 저)		b06_1145
v.3 p.1944	綸綍(윤발)			
v.3 p.1944	綸綍彙鈔(윤발휘초)			
v.3 p.1944	臨陂邑誌(임피읍지)			
v.3 p.1944	麟坪大君碑帖(인평대군비첩)			
v.3 p.1945	麟坪君墓下田畓案(인평군묘하전답안)			
v.3 p.1946	鏤板考(누판고)	徐有榘 著(서유구 저)		
v.3 p.1946	類苑叢實(유원총실)	金坩 著(김감 저)		
v.3 p.1946	類義評例(유의평례)		大學類義를 보라	
v.3 p.1946	類合(유합)			
v.3 p.1947	類俳(유배)			
v.3 p.1947	類編西征錄(유편서정록)		西征錄을 보라	
v.3 p.1948	禮安金氏族譜(예안김씨족보)			b06_1146
v.3 p.1948	禮安李氏族譜(예안이씨족보)			b06_1147
v.3 p.1948	儷彙(여휘)			
v.3 p.1948	靈槐臺記(영괴대기)			
v.3 p.1948	靈槐臺碑帖(영괴대비첩)			
v.3 p.1948	禮記(예기)			
v.3 p.1948	禮記臆釋(예기억석)	李德懋 著(이덕무 저)		
v.3 p.1949	禮記句抄(예기구초)			
v.3 p.1949	禮記諺讀(예기언독)		禮記大文諺讀을 보라	
v.3 p.1949	禮記集說志疑(예기집설지의)		掫記志疑(추기지의)를 보라	
v.3 p.1949-1950	禮記集說大全(예기집설대전)			
v.3 p.1950	禮記正義(예기정의)			
v.3 p.1950-1952	禮記淺見錄(예기천견록)	權近 著(권근 저)		
v.3 p.1952	禮記大全(예기대전)		禮記集說大全을 보라	
v.3 p.1952	禮記大文諺讀(예기대문언독)			
v.3 p.1952	禮記日抄(예기일초)	魚孝瞻 著(어효첨 저)		
v.3 p.1952	禮記補註(예기보주)	金在魯 著(김재로 저)		
v.3 p.1953	禮記類編(예기류편)	崔錫鼎 著(최석정 저)		
v.3 p.1953	零金(영금)			
v.3 p.1953	禮疑劄記(예의답기)	丁若鏞 著(정약용 저)		
v.3 p.1953	禮疑問答(예의문답)			

v.3 p.1953	禮疑續輯(예의속집)	李應辰 著(이응진 저)		
v.3 p.1954	禮疑類輯(예의류집)	朴聖源 著(박성원 저)		
v.3 p.1955	隷經解義(예경해의)			
v.3 p.1955	麗顯陵誌(여현릉지)			
v.3 p.1955	零言(영언)			
v.3 p.1955	鈴原府院君事蹟(영원부원군사적)			b06_1148
v.3 p.1955	黎湖集(여호집)	朴弼周 著(박필주 저)		b06_1149
v.3 p.1956	黎湖年譜(여호연보)			b06_1150
v.3 p.1956	禮谷集(예곡집)	具文游 著(구문유 저)		b06_1151
v.3 p.1956	儷語編類(여어편류)	典翰 趙仁奎 著(전한 조인규 저)		
v.3 p.1956	冷齋集(냉재집)	柳得恭 著(유득공 저)		b06_1152
v.3 p.1957	厲祭謄錄(여제등록)			
v.3 p.1957	靈山縣誌(영산현지)			
v.3 p.1957	礪山宋氏族譜(여산송씨족보)			b06_1154
v.3 p.1957	靈山寧越辛氏合譜(영산영월신씨합보)			b06_1155
v.3 p.1957	禮山邑誌(예산읍지)			
v.3 p.1957	麗史提綱(여사제강)	俞棨 著(유구 저)		
v.3 p.1958	嶺誌要選(영지요선)			
v.3 p.1958	儷集(여집)			
v.3 p.1959	麗書(여서)			
v.3 p.1959	禮書箚記(예서차기)			
v.3 p.1959	禮書抄略(예서초략)			
v.3 p.1959	麗儒考蹟(여유고적)			
v.3 p.1959	麗水誌(여수지)			
v.3 p.1959	禮說(예설)		五先生禮說分類를 보라	
v.3 p.1959	禮說輯錄(예설집록)	宋徵殷 著(송징은 저)		
v.3 p.1959	禮說分類(예설분류)		五先生禮說分類를 보라	
v.3 p.1960	冷泉遺稿(냉천유고)	朴宗輿 著(박종여 저)		b06_1156
v.3 p.1960	靈川集(영천집)	申㬅 著(신참 저)	高靈世稿續編이라고도 한다	b06_1157
v.3 p.1960	靈川世稿(영천세고)			b06_1158
v.3 p.1961	醴泉文籍(예천문적)			
v.3 p.1961	醴泉邑誌(예천읍지)			
v.3 p.1961	禮葬儀軌(예장의궤)		山陵儀軌를 보라	
v.3 p.1961	禮葬廳謄錄(예장청등록)			
v.3 p.1961	麗澤齋遺稿(여택재유고)	權載運 著(권재운 저)		b06_1159
v.3 p.1961	嶺南右沿烽燧圖(영남우연봉수도)			
v.3 p.1961	嶺南各邑校院書冊目錄(영남각읍교원서책목록)			
v.3 p.1961	嶺南古蹟誌(영남고적지)		嶠南舊聞을 보라	
v.3 p.1962	嶺宿鎰惠總錄(영숙익혜총록)			
v.3 p.1962	嶺南人物考(영남인물고)	蔡弘遠 著(채홍원 저)		
v.3 p.1962	嶺南地圖(영남지도)			
v.3 p.1962	嶺南邑誌(영남읍지)			
v.3 p.1963	嶺南野言(영남야언)			

v.3 p.1963	禮忿彌陀道場懷法(예분미타도량회법)			
v.3 p.1963	禮部韻略(예부운략)			
v.3 p.1964	儷文(여문)			
v.3 p.1964	儷文集成(여문집성)	金鎭圭 著(김진규 저)		
v.3 p.1964	儷文精選(여문정선)	李坪 著(이평 저)		
v.3 p.1965	儷文註釋(여문주석)	柳近 著(유근 저)		
v.3 p.1965	儷文程遘(여문정구)	李植 著(이식 저)		
v.3 p.1965	禮辨彙節(예변휘절)			
v.3 p.1965	麗陵禁標受教(여릉금표수교)			
v.3 p.1966	玲瓏集(영롱집)			
v.3 p.1966	嶺進集束(영진집속)			
v.3 p.1966	櫟庵稿(역암고)	姜晉奎 著(강진규 저)		b06_1161-1162
v.3 p.1966	櫟翁稗說(역옹패설)	高麗 李齊賢 著(고려 이제현 저)		b06_1163-1165
v.3 p.1967	曆象考(역상고)		國朝曆象考를 보라	
v.3 p.1967	曆象考成(역상고성)			
v.3 p.1967	曆象集(역상집)		諸家曆象集을 보라	
v.3 p.1967	曆事明原(역사명원)			
v.3 p.1968	櫟泉集(역천집)	宋明欽 著(송명흠 저)		b06_1166
v.3 p.1968	櫟泉疏末條陳(역천소말조진)	宋明欽 著(송명흠 저)		b06_1167
v.3 p.1968	櫟村遺稿(역촌유고)	崔振海 著(최진해 저)		b06_1168
v.3 p.1968	歷代歌(역대가)	高麗 吳世文 著(고려 오세문 저)		
v.3 p.1969	歷代歌(역대가)		方言歌曲	
v.3 p.1969	歷代會靈(역대회령)		一名五候鯖	
v.3 p.1969	歷代紀年(역대기년)	鄭逑 著(정구 저)		
v.3 p.1969	歷大紀年(역대기년)			
v.3 p.1970	歷代君鑑(역대군감)			
v.3 p.1970	歷代君臣鑑(역대군신감)	權健 著(권건 저)		
v.3 p.1970	歷代行表(역대행표)			
v.3 p.1971	歷代史選(역대사선)	李時善 著(이시선 저)		
v.3 p.1971	歷代史論(역대사론)	宋徵殷 著(송징반 저)		
v.3 p.1971	歷代修省便覽(역대수성편람)	李沃 著(이옥 저)		
v.3 p.1972	歷代象緯考(역대상위고)			
v.3 p.1972	歷代承統圖(역대승통도)	金正岡 著(김정강 저)		
v.3 p.1972	歷代捷錄(역대첩록)			
v.3 p.1973	歷代臣鑑(역대신감)		歷代君鑑을 보라	
v.3 p.1973	歷代兒覽(역대아람)			
v.3 p.1973	歷代世紀(역대세기)	睿宗王 御製(예종왕 어제)		
v.3 p.1973	歷代世年歌(역대세년가)	權踶 著(권제 저)		
v.3 p.1973	歷代千字文(역대천자문)			
v.3 p.1973	歷代總目(역대총목)			
v.3 p.1974	歷代總要(역대총요)			
v.3 p.1975	歷代總錄(역대총록)		歷代總要를 보라	
v.3 p.1975	歷代治蹟(역대치적)			
v.3 p.1975	歷代通鑑纂要(역대통감찬요)			

v.3 p.1975	歷代通考抄錄(역대통고초록)			
v.3 p.1975	歷代帝王考(역대제왕고)		歷代行表를 보라	
v.3 p.1975	歷代帝王傳世之圖(역대제왕전세지도)			
v.3 p.1976	歷代年紀(역대연기)	金時習 著(김시습 저)		
v.3 p.1976	歷代年表(역대연표)	徐居正 著(서거정 저)		
v.3 p.1976	歷代兵要(역대병요)			
v.3 p.1977	歷代便覽(역대편람)		歷代修省便覽을 보라	
v.3 p.1977	歷代名臣奏議(역대명신주의)			
v.3 p.1977	歷代名臣奏議集(역대명신주의집)		名臣奏議要略을 보라	
v.3 p.1977	歷代輿地沿革險要圖(역대여지연혁험요도)			
v.3 p.1977	歷代妖星錄(역대요성록)	金益廉 著(김익렴 저)		
v.3 p.1978	歷代要錄(역대요록)	柳希春 著(유희춘 저)		
v.3 p.1978	歷年通攷(역년통고)	鄭克後 著(정극후 저)		
v.3 p.1978	列子(열자)			
v.3 p.1978	烈女傳(열녀전)	宋淵 著(송연 저)		
v.3 p.1978	烈女傳諺解(열녀전언해)	禮曹 編(예조 편)		
v.3 p.1979	列聖徽號(열성휘호)			
v.3 p.1979-1984	列聖御製(열성어제)			
v.3 p.1985	列聖御製詩(열성어제시)		列聖御製를 보라	
v.3 p.1985-1990	列聖御筆(열성어필)			
v.3 p.1990-1992	列聖册文(열성책문)			b11_1996-2005
v.3 p.1992-1998	列聖誌狀(열성지장)		列聖誌狀通紀와 동일한 것이다	c01_0127
v.3 p.1998	列朝羹墻錄(열조갱장록)			
v.3 p.1999	列朝詩(열조시)		列聖御製를 보라	
v.3 p.1999	列朝通紀(열조통기)	安鼎福 著(안정복 저)		
v.3 p.1999	洌陽歲時記(열양세시기)	金邁淳 著(김매순 저)		
v.3 p.1999	聯韻軸(연운축)		賡載軸을 보라	
v.3 p.1999	聯句(연구)			
v.3 p.1999	聯句帖(연구첩)			
v.3 p.1999	蓮軒集(연헌집)	李宜茂 著(이의무 저)		b06_1169
v.3 p.1999	蓮軒集(연헌집)			
v.3 p.2000	連坐案(연좌안)			
v.3 p.2000	蓮士遺稿(연사유고)	李祖憲 著(이조헌 저)		b06_1171
v.3 p.2000	聯珠詩格(연주시격)			
v.3 p.2000	漣川邑誌(연천읍지)			
v.3 p.2000	蓮潭遺稿(연담유고)	李景溟 著(이경명 저)		b06_1172
v.3 p.2000	蓮潭林下錄(연담림하록)			b06_1173
v.3 p.2000	鍊兵實紀(연병실기)	明 戚繼光 著(명 척계광 저)		
v.3 p.2000	蓮峯集(연봉집)	李基卨 著(이기설 저)		b06_1175
v.3 p.2001	蓮坊集(연방집)	宗室鍾城令球 著(종실종성령구 저)		b06_1176-1177
v.3 p.2001	聯芳世稿(연방세고)	金璡 父子 著(김진 부자 저)		b06_1178-1179
v.3 p.2001-2002	濂洛風雅(염락풍아)			
v.3 p.2003	魯懷錄(노회록)	李廷傑 著(이정걸 저)		

v.3 p.2003	魯齋全書(노재전서)			
v.3 p.2003	廬山志(여산지)			
v.3 p.2003	魯史零言(노사령언)	李恒福 著(이항복 저)		
v.3 p.2004	蘆沙集(노사집)	奇正鎭 著(기정진 저)		b06_1181
v.3 p.2004	鷺洲集(노주집)	宗室全坪君 溽 著(종실전평군 곽 저)		b06_1182
v.3 p.2004	魯西遺稿(노서유고)	尹宣擧 著(윤의학 저)		b06_1183-1184
v.3 p.2005	魯西日記(노서일기)	尹宣擧 著(윤의학 저)		b06_1185
v.3 p.2005	魯村集(노촌집)	鄭東煥 著(정동환 저)		b06_1186
v.3 p.2005	鷺渚集(노저집)	李陽元 著(이양원 저)		b06_1187
v.3 p.2005	路程表(노정표)		程里表를 보라	
v.3 p.2005	蘆坡集(노파집)	李屹 著(이흘 저)		b06_1188
v.3 p.2005	路文式例(노문식례)			
v.3 p.2006	鹵簿式(노부식)			
v.3 p.2006	鹵簿圖說(노부도설)			
v.3 p.2007	魯陵志(노릉지)	尹舜擧 著(윤순거 저)		
v.3 p.2007	老隱集(노은집)	任適 著(임적 저)		b06_1189
v.3 p.2008	聾翁遺稿(농옹유고)	任泰春 著(임태춘 저)		b06_1190
v.3 p.2008	老稼齋燕行日記(노가재연행일기)	金昌業 著(김창업 저)		b06_1191-1192
v.3 p.2008	老稼齋集(노가재집)	金昌業 著(김창업 저)		b06_1193
v.3 p.2008	聾巖集(농암집)	李賢輔 著(이현보 저)		b06_1194-1195
v.3 p.2009	蜋丸集(낭환집)			b06_1196
v.3 p.2009-2013	老乞大(노걸대)			
v.3 p.2009-2013	老乞大諺解(노걸대언해)		老乞大를 보라	
v.3 p.2009-2013	聾齋遺稿(농재유고)	李彦适 著(이언괄 저)		b06_1197
v.3 p.2014	老子(노자)			
v.3 p.2014	陋室集(누실집)	李重延 著(이중연 저)		b06_1198
v.3 p.2014	老洲雜識(노주잡식)	吳熙常 著(오희상 저)		b06_1200
v.3 p.2014	老洲集(노주집)	吳熙常 著(오희상 저)		b06_1199
v.3 p.2015	老粹灑辭(노랄수사)		默齋日記를 보라	
v.3 p.2015	隴西記事(농서기사)	李永成 著(이영성 저)		
v.3 p.2015	浪仙集(낭선집)	魚無迹 著(어무적 저)		b06_1201
v.3 p.2015	狼川邑誌(낭천읍지)			
v.3 p.2015	朗善君筆迹(낭선군필적)			b14_2459
v.3 p.2016	老村集(노촌집)	林象德 著(임상덕 저)		b06_1202
v.3 p.2016	老村實記(노촌실기)			b06_1203
v.3 p.2016	漏籌通義(누주통의)		新法漏籌通義를 보라	
v.3 p.2016	老栢軒集(노백헌집)			b06_1204
v.3 p.2016	老圃集(노포집)	趙明鼎 著(조명정 저)		b06_1205
v.3 p.2016	老圃集(노포집)	李徽之 著(이휘지 저)		b06_1206
v.3 p.2017	老峯筵中說話(노봉연중설화)	閔鼎重 著(민정중 저)		
v.3 p.2017	老峯集(노봉집)	閔鼎重 著(민정중 저)		b06_1207
v.3 p.2017	琅本類函(낭본류함)			
v.3 p.2017	老朴輯覽(노박집람)	崔世珍 著(최세진 저)		
v.3 p.2018	臘藥症治方(납약증치방)	撰者未攷(찬자미고)	본래 서명은 諺解臘藥症	

			治方이다	
v.3 p.2018	錄鸚鵡經(녹앵무경)	李書九 著(이서구 저)		
v.3 p.2018	六家雜詠(육가잡영)			
v.3 p.2018	六化集(육화집)	梁居安 著(양거안 저)		b06_1208
v.3 p.2019	六橋稿略(육교고략)			b06_1209
v.3 p.2019	錄疑俟質(녹의사질)			
v.3 p.2019	錄勳儀軌(녹훈의궤)			b14_2532-2537
v.3 p.2020	鹿谿自集(녹계자집)	尹命圭 著(윤명규 저)		b06_1212
v.3 p.2020	六經常覽(육경상람)			
v.3 p.2020	六谷遺稿(육곡유고)	徐必遠 著(서필원 저)		b06_1210-1211
v.3 p.2020	六吾堂日記(육오당일기)	鄭慶欽 著(정경흠 저)		b06_1213
v.3 p.2020	六書附註(육서부주)	柳希春 著(유희춘 저)		
v.3 p.2021	六臣祠記帖(육신사기첩)		莊陵靈泉記帖을 보라	
v.3 p.2021	六臣賜祭文(육신사제문)	正宗王 御製(정종왕 어제)		
v.3 p.2021	六臣傳(육신전)	南孝溫 著(남효온 저)		
v.3 p.2021	六壬斷經秘訣(육임단경비결)			
v.3 p.2022	六先生遺稿(육선생유고)	朴彭年 等 六臣 著(박팽년 등 육신 저)		
v.3 p.2023	錄天館集(녹천관집)	李書九 著(이서구 저)		b06_1214
v.3 p.2023	六典條例(육전조례)			
v.3 p.2024	六典謄錄(육전등록)		經齊六典	
v.3 p.2024	錄帆詩話(녹범시화)			
v.3 p.2024	六部律典合編(육부율전합편)			
v.3 p.2024	鹿峯集(녹봉집)			b06_1215
v.3 p.2024	鹿峯實紀(녹봉실기)			b06_1216
v.3 p.2024	鹿門弇州文抄(녹문엄주문초)		皇明二大家文抄를 보라	
v.3 p.2024	鹿門集(녹문집)	任聖周 著(임성주 저)		b06_1217
v.3 p.2025	六禮疑輯(육례의집)	朴世采 著(박세채 저)		
v.3 p.2025	論語(논어)			
v.3 p.2026	論語諺解(논어언해)		經語書解를 보라	c08_1332-1333
v.3 p.2026	論語古今註(논어고금주)	丁若鏞 著(정약용 저)		
v.3 p.2026	論語纂要(논어찬요)			
v.3 p.2026	論語手劄(논어수답)	丁若鏞 著(정약용 저)		
v.3 p.2026	論語集註(논어집주)		論語를 보라	
v.3 p.2026	論語新義(논어신의)			
v.3 p.2027	論語正晉(논어정진)		經書正音을 보라	
v.3 p.2027	論語正義(논어정의)			
v.3 p.2027	論語大全(논어대전)		三經四書大全을 보라	
v.3 p.2027	論語補逸(논어보일)			
v.3 p.2027	論語或問(논어혹문)	宋 朱熹 著(송 주희 저)		
v.3 p.2027	論思錄(논사록)		高峯集을 보라	
v.3 p.2027	論賞賜米謄錄(논상사미등록)			
v.3 p.2027	論孟人物類聚(논맹인물류취)			
v.3 p.2027	論孟淺說(논맹천설)	趙翼 著(조익 저)		
v.3 p.2028	論孟或問精義通攷(논맹혹문정의통고)	宋時烈 著(송시열 저)		

v.3 p.2029	和庵集(화암집)	申聚夏 著(신취하 저)		b06_1218
v.3 p.2029	和隱集(화은집)	李時恒 著(이시항 저)		b06_1219-1220
v.3 p.2029	和韓唱酬編集(화한창수편집)			
v.3 p.2029	倭館謄錄(왜관등록)			
v.3 p.2029	和吉翁主房火田成册(화길옹주방화전성책)			
v.3 p.2029	倭皇世次(왜황세차)			
v.3 p.2030	和國志(화국지)			
v.3 p.2030	倭語類解(왜어류해)			
v.3 p.2030	和劑指南(화제개남)	宋光豊年中 著(송광풍년중 저)		
v.3 p.2030	和劑方(화제방)	宋元豊年中 著(송원풍년중 저)		
v.3 p.2031	倭使日記(왜사일기)			
v.3 p.2031	倭使問答(왜사문답)			
v.3 p.2031	和順縣邑誌(화순현읍지)		山陽雜錄을 보라	
v.3 p.2031	和順崔氏族譜(화순최씨족보)			
v.3 p.2031	和順文籍(화순문적)			
v.3 p.2031	倭人謄錄(왜인등록)			
v.3 p.2031	和村實記(화촌실기)		李忠剛公實記를 보라	b06_1221
v.3 p.2031	灣府支勅事例(만부지칙사례)			

第三冊 끝

부록 3. ≪고선책보≫ 미대응 카드 일람

총 미대응 카드 1,416장/10,461장

A상자(α군) : 104장

a01_0001, a01_0023, a01_0050, a01_0051, a01_0055, a01_0079, a01_0147, a01_0163, a02_0174, a02_0201, a02_0202, a02_0242, a02_0264, a02_0321, a02_0330, a02_0337, a03_0340, a03_0411, a03_0421, a03_0432, a03_0441, a03_0469, a03_0475, a03_0497, a03_0501, a04_0528, a04_0546, a04_0554, a04_0560, a04_0603, a04_0609, a04_0620, a04_0666, a04_0671, a04_0673, a04_0682, a04_0701, a05_0716, a05_0741, a05_0742, a05_0753, a05_0789, a05_0849, a06_0860, a06_0861, a06_0886, a06_0888, a06_0889, a06_0961, a06_1012, a06_1019, a06_1033, a06_1034, a07_1049, a07_1095, a07_1112, a07_1138, a07_1148, a07_1156, a07_1162, a07_1202, a07_1220, a07_1228, a07_1243, a07_1248, a07_1301, a07_1335, a08_1380, a08_1420, a08_1444, a08_1445, a08_1448, a08_1453, a08_1465, a08_1483, a08_1499, a08_1500, a08_1501, a08_1502, a08_1503, a08_1504, a08_1530, a08_1531, a08_1539, a08_1601, a08_1620, a08_1622, a09_1719, a09_1725, a09_1738, a09_1777, a09_1783, a09_1791, a09_1818, a10_1861, a10_1907, a10_1909, a10_1925, a10_1966, a10_1978, a10_2004, a10_2038, a10_2039, a10_2040

B상자

B01~B06(α군) : 69장

b01_0001, b01_0036, b01_0046, b01_0108, b01_0117, b01_0119, b01_0127, b01_0128, b01_0139, b01_0143, b01_0171, b01_0172, b02_0286, b02_0325, b02_0381, b02_0391, b02_0399, b02_0403, b02_0404, b03_0411, b03_0421, b03_0454, b03_0470, b03_0471, b03_0477, b03_0500, b03_0544, b03_0545, b03_0546, b03_0547, b03_0548, b03_0576, b03_0577, b03_0584, b03_0606, b03_0628, b03_0661, b03_0662, b04_0683, b04_0690, b04_0734, b04_0874, b04_0875, b05_0898, b05_0901, b05_0910, b05_0913, b05_0931, b05_0953, b05_0964, b05_0968, b05_0984, b05_1009, b05_1011, b05_1014, b05_1020, b05_1028, b05_1030, b05_1049, b05_1083, b05_1106, b06_1136, b06_1153, b06_1160, b06_1170, b06_1174, b06_1180, b06_1222, b06_1223

B07~B08(β군) : 31장

b07_1240, b07_1247, b07_1253, b07_1254, b07_1263, b07_1265, b07_1266, b07_1292, b07_1302, b07_1305, b07_1310, b07_1312, b07_1316, b07_1325, b07_1333, b07_1336, b07_1342, b07_1352, b07_1360, b07_1395, b07_1414, b07_1420, b07_1427, b07_1436, b07_1446, b07_1447, b07_1452, b07_1490, b08_1498, b08_1526, b08_1568

B08~B14(γ군) : 180장

b08_1569, b08_1572, b08_1573, b08_1574, b08_1575, b08_1576, b08_1577, b08_1578, b08_1579, b08_1580, b08_1596, b08_1597, b08_1600, b08_1601, b08_1736, b09_1874, b09_1875, b09_1876, b09_1877, b10_1970, b11_2032, b12_2033, b12_2034, b12_2035, b12_2036, b12_2037, b12_2038, b12_2039, b12_2040, b12_2041, b12_2042, b12_2043, b12_2069, b12_2113, b12_2164, b13_2203, b13_2204, b13_2205, b13_2240, b13_2255, b13_2256, b13_2345, b13_2351, b13_2352, b13_2353, b13_2354, b13_2355, b13_2356, b13_2357, b13_2358, b13_2359, b13_2360, b13_2363, b13_2364, b13_2365, b13_2366, b13_2371, b13_2372, b13_2373, b13_2374, b13_2375, b13_2376, b13_2377, b13_2378, b13_2379, b13_2380, b13_2382, b13_2385, b13_2386, b13_2387, b13_2388, b13_2389, b13_2390, b13_2391, b13_2394, b13_2397, b13_2398, b13_2399, b13_2400, b13_2401, b13_2402, b13_2404, b13_2405, b13_2406, b13_2407, b13_2408, b13_2409, b13_2410, b13_2414, b13_2415, b13_2416, b13_2417, b13_2418, b13_2419, b13_2420, b13_2421, b13_2422, b13_2423, b13_2425, b13_2427, b13_2428, b13_2429, b13_2430, b13_2431, b13_2433, b13_2434, b13_2435, b13_2436, b13_2437, b14_2440, b14_2442, b14_2443, b14_2446, b14_2448, b14_2450, b14_2451, b14_2452, b14_2454, b14_2457, b14_2458, b14_2460, b14_2461, b14_2462, b14_2464, b14_2465, b14_2466, b14_2467, b14_2471, b14_2472, b14_2473, b14_2474, b14_2476, b14_2477, b14_2478, b14_2479, b14_2480, b14_2482, b14_2483, b14_2484, b14_2485, b14_2486, b14_2488, b14_2489, b14_2504, b14_2505, b14_2506, b14_2508, b14_2509, b14_2510, b14_2511, b14_2512, b14_2513, b14_2514, b14_2515, b14_2516, b14_2517, b14_2519, b14_2520, b14_2521, b14_2522, b14_2523, b14_2524, b14_2525, b14_2526, b14_2527, b14_2528, b14_2530, b14_2531, b14_2538, b14_2569, b14_2570, b14_2578, b14_2596, b14_2597, b14_2598, b14_2599, b14_2605, b14_2606, b14_2615, b14_2706

C상자(δ군) : 519장

c01_0001, c01_0002, c01_0006, c01_0009, c01_0011, c01_0016, c01_0021, c01_0029, c01_0052, c01_0054, c01_0057, c01_0068, c01_0082, c01_0084, c01_0090, c01_0094, c01_0098, c01_0102, c01_0107, c01_0108, c01_0111, c01_0119, c01_0120, c01_0125, c01_0133, c01_0156, c01_0157, c01_0166, c01_0177, c01_0180, c01_0193, c01_0206, c01_0207, c01_0225, c01_0229, c01_0238, c01_0241, c01_0244, c01_0245, c02_0253, c02_0278, c02_0286, c02_0287, c02_0290, c02_0297, c02_0304, c02_0306, c02_0313, c02_0314, c02_0322, c02_0346, c02_0347, c02_0366, c02_0386, c02_0388, c02_0390, c02_0392, c02_0393, c02_0396, c02_0397, c02_0398, c02_0409, c02_0412, c02_0421, c02_0427, c02_0432, c02_0440, c02_0448, c03_0470, c03_0471, c03_0476, c03_0478, c03_0482, c03_0483, c03_0488, c03_0489, c03_0491, c03_0495, c03_0500, c03_0501, c03_0502, c03_0503, c03_0504, c03_0505, c03_0506, c03_0512, c03_0513, c03_0514, c03_0515, c03_0524, c03_0526, c03_0527, c03_0531, c03_0536, c03_0537, c03_0543, c03_0544, c03_0545, c03_0547, c03_0549, c03_0551, c03_0552, c03_0553, c03_0555, c03_0560, c03_0565, c03_0566, c03_0567, c03_0573, c03_0574, c03_0576, c03_0589, c03_0596, c03_0605, c03_0611, c03_0613, c03_0614, c03_0622, c03_0623, c03_0644, c03_0645, c03_0652, c03_0654, c03_0660, c03_0662, c03_0667, c03_0668, c03_0669, c03_0673, c03_0674, c03_0675, c03_0676, c03_0689, c03_0690, c03_0691, c03_0692, c03_0694, c03_0696, c03_0697, c03_0709, c03_0722, c03_0734, c03_0738, c03_0740, c03_0743, c03_0744, c03_0747, c03_0749, c03_0752, c04_0760, c04_0764, c04_0776, c04_0792, c04_0795, c04_0798, c04_0808, c04_0812, c04_0813, c04_0814, c04_0825, c04_0829, c04_0833, c04_0834, c05_0854, c05_0858, c05_0859, c05_0861, c05_0872, c05_0898, c05_0903, c05_0908, c05_0909, c05_0911, c05_0925, c05_0928, c05_0931, c05_0944, c05_0960, c05_0972, c05_0974, c05_0983, c05_1006, c05_1009, c05_1012, c05_1013, c05_1025, c05_1028, c05_1033, c05_1038, c05_1040, c06_1056, c06_1084, c06_1091, c06_1093, c06_1094, c06_1097, c06_1098, c06_1100, c06_1102, c06_1110, c06_1112, c06_1115, c06_1116, c06_1120, c06_1121, c06_1124, c06_1129, c06_1131, c06_1141, c06_1142, c07_1147, c07_1155, c07_1167, c07_1168, c07_1169, c07_1170, c07_1190, c07_1195, c07_1198, c07_1204, c07_1214, c08_1225, c08_1226, c08_1234, c08_1245, c08_1255, c08_1259, c08_1263, c08_1284, c08_1285, c08_1287, c08_1290, c08_1291, c08_1292, c08_1307, c08_1343, c08_1344, c08_1348, c08_1353, c08_1369, c08_1383, c08_1384, c08_1388, c08_1398, c08_1399, c08_1402, c08_1403, c08_1404, c08_1407, c08_1409, c08_1411, c08_1415, c08_1421, c08_1425, c08_1426, c08_1433, c08_1435, c08_1436, c09_1441, c09_1442, c09_1443, c09_1444, c09_1465, c09_1478, c09_1482, c09_1486, c09_1488, c09_1489, c09_1492, c09_1504, c09_1505, c09_1506, c09_1525, c09_1529, c09_1539, c09_1540, c09_1541, c09_1542, c09_1546, c10_1548, c10_1555, c10_1559, c10_1562, c10_1564, c10_1567, c10_1570, c10_1581, c10_1583, c10_1584, c10_1590, c10_1591, c10_1592, c10_1593, c10_1594, c10_1595, c10_1609, c10_1611, c10_1624, c10_1656, c10_1657, c10_1660, c10_1663, c10_1673, c11_1684, c11_1688, c11_1730, c11_1731, c11_1732, c11_1733, c11_1734, c11_1735, c11_1736, c11_1737, c11_1738, c11_1739, c11_1740, c11_1741, c11_1742, c11_1743, c11_1744, c11_1745, c11_1746, c11_1747, c11_1748, c11_1750, c11_1751, c11_1752, c11_1753, c11_1754, c11_1755, c11_1756, c11_1760, c11_1761, c11_1794, c11_1795, c11_1796, c11_1804, c11_1808, c11_1813, c11_1815, c11_1825, c11_1826, c11_1827, c11_1852, c12_1854, c12_1855, c12_1858, c12_1860, c12_1871, c12_1872, c12_1873, c12_1874, c12_1875, c12_1881, c12_1895, c12_1907, c12_1911, c12_1918, c12_1930, c12_1931, c12_1933, c12_1935, c12_1938, c12_1952, c12_1956, c12_1959, c12_1972, c12_1975, c13_1980, c13_1981, c13_1986, c13_1988, c13_1991, c13_1996, c13_1999, c13_2012, c13_2015, c13_2017, c13_2018, c13_2020, c13_2022, c13_2024, c13_2025, c13_2035, c13_2070, c13_2079, c13_2080, c13_2090, c13_2097, c13_2107, c13_2116, c13_2145, c14_2162, c14_2165, c14_2167, c14_2171, c14_2172, c14_2173, c14_2174, c14_2175, c14_2177, c14_2179, c14_2190, c14_2198, c14_2199, c14_2207, c14_2209, c14_2213, c14_2215, c14_2226, c14_2231, c14_2243, c14_2245, c14_2260, c14_2265, c14_2288, c14_2289, c14_2290, c14_2295, c14_2324, c14_2342, c14_2348, c14_2349, c14_2353, c14_2354, c14_2356, c14_2365, c14_2369, c14_2370, c14_2371, c14_2372, c14_2385, c14_2386, c14_2391, c14_2393, c14_2394, c14_2397, c14_2398, c14_2399, c14_2402, c14_2408, c14_2409, c15_2410, c15_2411, c15_2416, c15_2417, c15_2422, c15_2426, c15_2442, c15_2453, c15_2454, c15_2457, c15_2458, c15_2463, c15_2471, c15_2483, c15_2486, c16_2490, c16_2501, c16_2514, c16_2515, c16_2518, c16_2519, c16_2520, c16_2528, c16_2532, c16_2535, c16_2537, c16_2538, c16_2593, c16_2594, c16_2600, c16_2602, c16_2603, c17_2625, c17_2626, c17_2630, c17_2631, c17_2632, c17_2635, c17_2646, c17_2650, c17_2655, c17_2659, c17_2660, c17_2668, c17_2669, c17_2670, c17_2671, c17_2672, c17_2673, c17_2674, c17_2675, c17_2676, c17_2677, c17_2678, c17_2679, c17_2689, c17_2702, c17_2707, c17_2708, c17_2709, c17_2713, c17_2721, c17_2749, c17_2758, c17_2775, c17_2790, c17_2796, c18_2828, c18_2834, c18_2868, c18_2874, c18_2887, c18_2897, c18_2904, c18_2908, c18_2910, c18_2916

D상자(δ군) : 513장

d01_0001, d01_0002, d01_0003, d01_0009, d01_0016, d01_0025, d01_0032, d01_0054, d01_0068, d01_0077, d01_0111, d01_0116, d02_0126, d02_0132, d02_0133, d02_0134, d02_0135, d02_0146, d02_0147, d02_0165, d02_0166, d02_0180, d02_0183, d02_0184, d02_0187, d02_0206, d02_0208, d02_0222, d02_0223, d02_0227, d02_0247, d02_0252, d02_0260, d02_0270, d02_0312, d02_0318, d02_0327, d02_0341, d02_0351, d02_0354, d02_0357, d02_0361, d02_0362, d02_0365, d02_0369, d02_0372, d02_0379, d02_0395, d02_0397, d02_0406, d02_0414, d02_0416, d02_0422, d02_0423, d02_0424, d02_0433, d02_0442, d02_0443, d02_0444, d02_0455, d02_0456, d02_0459, d02_0464, d02_0472, d03_0474, d03_0478, d03_0482, d03_0491, d03_0493, d03_0495, d03_0496, d03_0500, d03_0530, d03_0533, d03_0539, d03_0540, d03_0543, d03_0544, d03_0546, d03_0548, d03_0565, d03_0568, d03_0570, d03_0583, d03_0584, d03_0586, d03_0587, d03_0590, d03_0593, d03_0594, d03_0606, d03_0607, d03_0608, d03_0638, d03_0643, d03_0644, d03_0652, d03_0654, d04_0655, d04_0657, d04_0665, d04_0671, d04_0672, d04_0673, d04_0674, d04_0675, d04_0676, d04_0677, d04_0678, d04_0679, d04_0680, d04_0681, d04_0682, d04_0683, d04_0684, d04_0685, d04_0686, d04_0687, d04_0688, d04_0689, d04_0690, d04_0691, d04_0692, d04_0693, d04_0694, d04_0695, d04_0696, d04_0697, d04_0707, d04_0709, d04_0710, d04_0715, d04_0717, d04_0718, d04_0721, d04_0725, d04_0726, d04_0727, d04_0736, d04_0737, d04_0745, d04_0747, d04_0753, d04_0756, d04_0763, d04_0764, d04_0768, d04_0776, d04_0781, d04_0784, d04_0785, d04_0792, d04_0796, d04_0799, d04_0800, d04_0802, d04_0808, d04_0816, d04_0818, d04_0820, d04_0832, d05_0846, d05_0857, d05_0868, d05_0869, d05_0872, d05_0875, d05_0878, d05_0879, d05_0888, d05_0892, d05_0894, d05_0897, d05_0900, d05_0907, d05_0918, d05_0919, d05_0924, d05_0936, d05_0944, d05_0949, d05_0957, d05_0958, d05_0959, d05_0967, d05_0973, d05_0976, d05_0977, d05_0980, d05_0982, d05_0983, d05_1002, d05_1005, d05_1008, d05_1010, d05_1013, d05_1015, d06_1027, d06_1030, d06_1051, d06_1058, d06_1070, d06_1073, d06_1074, d06_1076, d06_1086, d06_1087, d06_1091, d06_1111, d06_1115, d06_1126, d06_1129, d06_1142, d06_1145, d06_1148, d06_1153, d06_1154, d06_1155, d06_1156, d06_1157, d06_1158, d06_1166, d06_1167, d06_1171, d06_1173, d06_1177, d06_1179, d06_1181, d06_1182, d06_1183, d06_1189, d06_1209, d06_1216, d06_1217, d06_1228, d06_1230, d06_1236, d06_1256, d06_1261, d06_1262, d06_1265, d06_1269, d06_1270, d06_1274, d06_1282, d06_1287, d06_1288, d06_1289, d06_1293, d06_1297, d06_1298, d06_1306, d06_1313, d06_1316, d06_1324, d06_1329, d06_1338, d06_1354, d06_1355, d06_1360, d07_1376, d07_1377, d07_1378, d07_1381, d07_1382, d07_1390, d07_1406, d07_1414, d07_1431, d07_1442, d07_1455, d07_1459, d07_1462, d07_1463, d07_1481, d07_1488, d07_1489, d07_1492, d07_1496, d08_1497, d08_1507, d08_1513, d08_1516, d08_1547, d08_1553, d08_1561, d08_1566, d08_1572, d08_1575, d08_1577, d08_1587, d08_1589, d08_1591, d08_1594, d08_1606, d08_1607, d08_1609, d08_1615, d08_1634, d08_1641, d08_1642, d08_1644, d08_1645, d08_1649, d08_1650, d08_1655, d08_1656, d08_1670, d08_1676, d08_1680, d08_1681, d08_1682, d08_1683, d08_1688, d08_1689, d08_1690, d08_1692, d08_1693, d08_1699, d08_1711, d08_1721, d08_1722, d08_1747, d08_1748, d08_1759, d08_1772, d08_1774, d08_1803, d08_1805, d08_1806, d08_1808, d08_1812, d08_1816, d09_1834, d09_1854, d09_1880, d09_1881, d09_1882, d09_1883, d09_1884, d09_1885, d09_1886, d09_1892, d09_1899, d09_1904, d09_1914, d09_1915, d09_1933, d09_1938, d09_1939, d09_1940, d09_1942, d09_1943, d09_1954, d09_1956, d09_1961, d09_1964, d09_1978, d09_1993, d09_2012, d09_2015, d09_2016, d09_2019, d09_2022, d09_2025, d09_2032, d09_2034, d09_2039, d09_2040, d09_2050, d09_2056, d10_2057, d10_2065, d10_2066, d10_2067, d10_2076, d10_2077, d10_2080, d10_2086, d10_2087, d10_2108, d10_2118, d10_2121, d10_2131, d10_2133, d10_2138, d10_2140, d10_2141, d10_2146, d10_2148, d10_2152, d10_2153, d10_2158, d11_2159, d11_2160, d11_2162, d11_2196, d11_2197, d11_2199, d11_2202, d11_2203, d11_2204, d11_2209, d11_2216, d11_2229, d11_2242, d11_2243, d11_2250, d11_2261, d11_2267, d11_2271, d11_2272, d11_2282, d11_2294, d11_2316, d11_2323, d11_2328, d11_2329, d11_2332, d11_2339, d11_2354, d11_2355, d11_2358, d11_2360, d11_2363, d11_2365, d11_2368, d11_2375, d11_2381, d11_2383, d11_2386, d11_2388, d11_2389, d11_2392, d11_2395, d11_2398, d11_2399, d11_2400, d11_2406, d11_2415, d11_2416, d11_2417, d11_2418, d11_2427, d11_2437, d11_2441, d12_2442, d12_2444, d12_2448, d12_2449, d12_2460, d12_2463, d12_2470, d12_2475, d12_2476, d12_2480, d12_2491, d12_2529, d12_2556, d12_2557, d12_2558, d12_2578, d12_2585, d12_2592, d12_2593, d12_2595, d12_2600, d12_2601, d12_2602, d12_2603, d12_2604, d12_2608, d12_2609, d12_2620, d12_2626, d12_2630, d12_2631, d12_2652, d12_2668, d12_2670, d12_2676, d12_2678, d12_2679, d12_2688, d12_2689, d12_2691, d13_2710, d13_2716, d13_2717, d13_2722, d13_2730, d13_2733, d13_2734, d13_2736, d13_2750, d13_2752, d13_2760, d13_2761, d13_2766, d13_2771, d13_2772, d13_2773, d13_2776, d13_2779, d13_2782, d13_2783, d13_2786, d13_2794, d13_2797, d13_2802, d13_2818, d13_2819, d13_2833

부록 4. ≪고선책보≫ 미대응 항목 일람

	1책	2책	3책	계
미대응항목 수	196	295	775	1,267
전체 항목 수	2,455	2,163	2,864	7,482
미대응 비율	8.0%	13.6%	27.1%	17.0%

≪고선책보≫의 총 7,482항목 중 카드와 대응되지 않은 1,267항목의 목록

쪽수	문헌명	저자	이본서명 및 상호참조
v.1 p.2	行宮便殿奏箚(행궁편전주차)		朱文公行宮便殿奏箚를 보라
v.1 p.13	懿昭廟營建儀軌(의소묘영건의궤)		宗廟儀軌의 아래를 보라
v.1 p.14-15	位版造成儀軌(위판조성의궤)		宗廟儀軌의 아래를 보라
v.1 p.17	懿陵誌狀(의릉지장)		列聖誌狀을 보라
v.1 p.30	右侍御廳薦案(우시어청천안)		
v.1 p.31	尉繚子(위료자)		武經七書를 보라
v.1 p.37	雲水壇歌詞(운수단가사)		
v.1 p.37	雲水壇儀文(운수단의문)		
v.1 p.39	雲峯邑誌(운봉읍지)		
v.1 p.41	永禧殿儀軌(영희전의궤)		眞殿儀軌를 보라
v.1 p.45	睿宗實錄(예종실록)		實錄을 보라
v.1 p.45	影幀摹寫儀軌(영정모사의궤)		眞殿儀軌를 보라
v.1 p.45	永寧殿改修儀軌(영녕전개수의궤)		宗廟儀軌를 보라
v.1 p.46	易(역)		周易을 보라
v.1 p.54	易傳(역전)		程氏易傳을 보라
v.1 p.54	易本義(역본의)		周易本義를 보라
v.1 p.63	圓嶠書訣(원교서결)	李匡師 著(이광사 저)	인물은 圓嶠集의 아래를 보라
v.1 p.64	燕行總錄(연행총록)		
v.1 p.66	閻氏尙書抄(염씨상서초)	丁若鏞 著(정약용 저)	
v.1 p.67	園所儀軌(원소의궤)		山陵儀軌를 보라
v.1 p.67	延接儀軌(연접의궤)		
v.1 p.69	延勑儀軌(연칙의궤)		迎接儀軌를 보라
v.1 p.74	應制詩(응제시)		陽村應制詩을 보라
v.1 p.75	盎葉記(앙엽기)	柳得恭 著(유득공 저)	인물은 冷齊集의 아래에 기록되어 있음

v.1 p.76	歐陽法帖(구양법첩)		
v.1 p.78	乙巳錄(을사록)		乙巳傳聞錄 또는 冲齋日錄을 보라
v.1 p.79	溫幸陪從錄(온행배종록)		溫泉陪從錄을 보라
v.1 p.80	恩重經(은중경)		大報父母恩重經을 보라
v.1 p.80	恩津宋氏族譜(은진송씨족보)		
v.1 p.86	霞谷稿(하곡고)	尹堦 著(윤계 저)	
v.1 p.87	禾谷筆述(화곡필술)	鄭賜湖 書(정사호 서)	
v.1 p.91	花春君筆迹(화춘군필적)	李瀞 書(이정 서)	
v.1 p.93	加上尊號儀軌(가상존호의궤)		上號儀軌를 보라
v.1 p.93	家政(가정)		
v.1 p.96	河西筆蹟(하서필적)	金麟厚 書(김인후 서)	
v.1 p.100	瓜亭雜書(과정잡서)	高麗 鄭敍 著(고려 정서 저)	
v.1 p.103	稞程日表(과정일표)		四部手同課程日表를 보라
v.1 p.103	柯汀筆迹(가정필적)	趙鎭寬 書(조진관 서)	
v.1 p.103	和陶詩(화도시)		象村和陶詩를 보라
v.1 p.103	華東史略(화동사략)		史略을 보라
v.1 p.111	科儷規式(과려규식)		
v.1 p.123	晦窩筆迹(회와필적)	尹陽來 書(윤양래 서)	
v.1 p.123	乖崖遺集(괴애유집)		
v.1 p.134	海西京畿海路圖(해서경기해로도)		
v.1 p.135	懷川往復書(회천왕복서)		
v.1 p.138	海東樂府(해동악부)	李瀷 著(이익 저)	
v.1 p.138	海東金鏡錄(해동금경록)		金鏡錄을 보라
v.1 p.149	懷尼本末(회니본말)		
v.1 p.149	ㄱ벽연의(開闢演義(개벽연의))		
v.1 p.154	鶴山雜錄(학산잡록)		嘗見鶴山辛先生褋錄記云々(嘗橋漫錄六巷癸巳條)
v.1 p.157	郭忠烈公言紀(곽충렬공언기)		
v.1 p.157	各道輿地圖(각도여지도)		
v.1 p.157	鶴南筆迹(학남필적)	鄭羽良 書(정우량 서)	
v.1 p.163	簡易辟瘟方(간이벽온방)		辟瘟方을 보라
v.1 p.163	簡易方(간이방)		
v.1 p.163	監印儀軌(감인의궤)		纂修儀軌를 보라
v.1 p.164	感應篇(감응편)		太上感應篇을 보라
v.1 p.169	咸鏡功令生名錄(함경공령생명록)		
v.1 p.170	圜吽宗鏡錄(원후종경록)		宗鏡錄을 보라
v.1 p.171	寒暄堂師友門人錄(한훤당사우문인록)		景賢錄을 보라
v.1 p.171	寒暄錄(한훤록)		
v.1 p.172	咸興永興本宮儀式(함흥영흥본궁의식)		
v.1 p.175	簡齋集(간재집)	邊中一 著(변중일 저)	
v.1 p.179	韓詩(한시)		韓昌黎集을 보라
v.1 p.180	簡式(간식)		
v.1 p.181	寒洲集(한주집)		
v.1 p.185	漢書字例(한서자례)		

v.1 p.186	漢書列傳選(한서열전선)		漢章의 아래를 보라
v.1 p.186	閑情錄(한정록)	許筠 著(허균 저)	
v.1 p.188	喚醒齋集(환성재집)	河洛 著(하락 저)	
v.1 p.190	勸善書(권선서)		
v.1 p.191	感戴廳節目(감대청절목)		
v.1 p.210	雅亭遺稿(아정유고)	李德懋 著(이덕무 저)	
v.1 p.219	岳飛書帖(악비서첩)		
v.1 p.219	岳武穆精忠錄(악무목정충록)		精忠錄을 보라
v.1 p.220	岳麓集(악록집)	許筬 著(허성 저)	
v.1 p.220	顔眞卿法帖(안진경법첩)		
v.1 p.229	歸溪筆迹(귀계필적)		
v.1 p.239	耆社題名記(기사제명기)		
v.1 p.239	鬼神死生論(귀신사생론)	徐敬德 著(서경덕 저)	
v.1 p.250	己卯諸賢傳(기묘제현전)		金堉編己卯錄을 보라
v.1 p.251	己卯錄補遺(기묘록보유)		己卯黛籍을 보라
v.1 p.255	吉城誌(길성지)		古州牧邑誌이다
v.1 p.257	弓裔佛經(궁예불경)		
v.1 p.261	宮闕營建儀軌(궁궐영건의궤)		
v.1 p.271	巨化(거화)		去化를 보라
v.1 p.274	虛白堂風雅錄(허백당풍아록)	成俔 著(성현 저)	
v.1 p.277	杏湖日記(행호일기)		
v.1 p.277	歙谷縣誌(흡곡현지)		
v.1 p.281	鄕約諺解(향약언해)	金安國 著(김안국 저)	
v.1 p.282	鄕藥本草(향약본초)		本草를 보라
v.1 p.283	杏林詩稿(행림시고)	鄭聃壽 著(정담수 저)	
v.1 p.284	金員外集(금원외집)		金居士集을 보라
v.1 p.304	金石錄(금석록)		慶州金氏金石錄(경주김씨금석록)을 보라
v.1 p.309	芹曝錄(근폭록)		懲毖錄(징비록)을 보라
v.1 p.310	金寶儀軌(김보의궤)		寶印儀軌를 보라
v.1 p.311	金陵集(금릉집)	南公轍 著(남공철 저)	
v.1 p.313	義昌君筆迹(의창군필적)		
v.1 p.317	宜石筆迹(의석필적)	金應根 書(김응근 서)	
v.1 p.320	疑龍經(의룡경)		撼龍疑龍捉脈賦를 보라
v.1 p.326	御射臺碑銘(어사대비명)		
v.1 p.327	御眞圖寫儀軌(어진도사의궤)		眞殿儀軌를 보라
v.1 p.327	魚水錄(어수록)		
v.1 p.327	御製條問(어제조문)		
v.1 p.327	御製文集(어제문집)		明太祖文集을 보라
v.1 p.327	御前親幕題名帖(어전친막제명첩)		
v.1 p.329	御容圖寫儀軌(어용도사의궤)		眞殿儀軌를 보라
v.1 p.334	玉少華談(옥소화담)		
v.1 p.335	玉通(옥통)		
v.1 p.335	玉堂釐正字海篇心鏡(옥당리정자해편심경)		海篇心鏡의 아래를 보라
v.1 p.337	玉龍歌(옥룡가)	元 王國瑞 著(원 왕국서 저)	

v.1 p.338	옥린몽(玉麟夢(옥린몽))		
v.1 p.340	銀臺日錄(은대일록)		
v.1 p.340	銀臺要覽(은대요람)	仁祖朝 編(인조조 편)	
v.1 p.343	訓局總要(훈국총요)		
v.1 p.343	訓局謄錄(훈국등록)		
v.1 p.343	訓義綱目(훈의강목)		通鑑綱目을 보라
v.1 p.343-345	訓義小學大全(훈의소학대전)		
v.1 p.345	訓義通鑑(훈의통감)		資治通鑑을 보라
v.1 p.346	訓書諺解(훈서언해)		
v.1 p.354	愚得錄(우득록)		困齋愚得錄을 보라
v.1 p.356	寓軒集(우헌집)	柳世鳴 著(유세명 저)	
v.1 p.361	華嚴法華畧纂(화엄법화략찬)		
v.1 p.364	經筵故事(경연고사)		程朱經筵故事를 보라
v.1 p.364	經筵故事書進錄(경연고사서진록)		故事書進錄을 보라
v.1 p.366	桂窩集(계와집)		
v.1 p.371	經驗方(경험방)	朴英 著(박영 저)	
v.1 p.378	經國典(경국전)	鄭道傳 撰進(정도전 찬진)	
v.1 p.400	經書正文(경서정문)		三經四書正文을 보라
v.1 p.409	敬信錄諺釋(경신록언석)		
v.1 p.410	溪西遺稿(계서유고)	成以性 著(성이성 저)	
v.1 p.413	溪西野談(계서야담)	李羲準 著(이희준 저)	
v.1 p.414	桂庭集(계정집)	高麗 釋 省敏 著(고려 석 성민 저)	
v.1 p.417	景福宮圖(경복궁도)		
v.1 p.417	景慕宮儀軌(경모궁의궤)		宗廟儀軌를 보라
v.1 p.417	景慕宮植木節目(경모궁식목절목)		
v.1 p.418	景恭宮展省錄(경공궁전성록)		
v.1 p.418	景恭宮筆迹(경공궁필적)		
v.1 p.421	雞林雜傳(계림잡전)		
v.1 p.427	見行曆(견행력)		太一曆을 보라
v.1 p.429	顯思廟別廟儀軌(현사묘별묘의궤)		宗廟儀軌를 보라
v.1 p.432	檢題謄錄(검제등록)		檢案謄錄을 보라
v.1 p.433	乾隆帝筆蹟(건륭제필적)		
v.1 p.437	迎勅實錄抄(영칙실록초)		
v.1 p.437	屐翁筆迹(극옹필적)	李晩秀 書(이만수 서)	
v.1 p.455	諺文圖(언문도)		反切을 보라
v.1 p.456	湖陰雜稿(호음잡고)	鄭士龍 著(정사룡 저)	
v.1 p.466	孤山筆迹(고산필적)	黃耆老 書(황기로 서)	
v.1 p.466	胡氏春秋(호씨춘추)		春秋附註大全은 그 아래를 보라
v.1 p.469	故事謄錄(고사등록)		
v.1 p.469	鼓吹篇(고취편)		唐詩鼓吹를 보라
v.1 p.470	湖西大同事目(호서대동사목)		
v.1 p.470	湖西邑誌(호서읍지)		
v.1 p.474	胡傳春秋(호전춘추)		胡氏春秋를 보라
v.1 p.475	湖南倡義錄(호남창의록)		湖南義錄을 보라

v.1 p.477	古佛應驗明聖經(고불응험명성경)		
v.1 p.479	古文謬選(고문류선)		
v.1 p.479	公移占錄(공이점록)		臺山公移占錄을 보라
v.1 p.480	賡韻帖(갱운첩)		賡載軸을 보라
v.1 p.480	賡韻錄(갱운록)		賡載軸을 보라
v.1 p.490	江界還接民戶成冊(강계환접민호성책)		
v.1 p.490	光海朝日記(광해조일기)	編者不詳(편자불상)	
v.1 p.494	康熙帝筆蹟(강희제필적)		
v.1 p.494	廣橘詩帖(광귤시첩)		賡載軸을 보라
v.1 p.517	賡載帖(갱재첩)		賡載軸을 보라
v.1 p.518	光山金氏族譜(광산김씨족보)		
v.1 p.519	后山集(후산집)		陳后山集을 보라
v.1 p.519	蛟山集(교산집)		惺所覆瓿藁를 보라
v.1 p.520	蚊山堂識少錄(문산당식소록)		惺翁識少錄을 보라
v.1 p.526	公車文抄(공거문초)		
v.1 p.528	光州牧志(광주목지)		
v.1 p.540	洪忠平公取義碑帖(홍충평공취의비첩)		
v.1 p.541	皎亭詩集(교정시집)	玄鎰 著(현일 저)	
v.1 p.542	黃帝內經素問(황제내경소문)		素問을 보라
v.1 p.545	洪範(홍범)		
v.1 p.548	洪武正韻譯訓(홍무정운역훈)	申叔舟 撰進(신숙주 찬진)	(略名)洪武正韻
v.1 p.549	弘文館行下禮木節目(홍문관행하례목절목)		
v.1 p.551	弘文館沃溝收稅節目(홍문관옥구수세절목)		
v.1 p.558	高陽邑誌(고양읍지)		
v.1 p.558	興陽邑誌(홍양읍지)		
v.1 p.560-562	高麗金石拓本(고려금석척본)		墓誌は高麗古墳所出墓誌를 보라
v.1 p.564	高麗國史(고려국사)	鄭摠 著(정총 저)	
v.1 p.568	黃驪志(황려지)		
v.1 p.571	谷雲筆迹(곡운필적)		
v.1 p.573	克齋集(극재집)	盧佖淵 著(노필연 저)	
v.1 p.574	國葬儀軌(국장의궤)		山陵儀軌를 보라
v.1 p.575	國朝記略(국조기략)		
v.1 p.575	國朝御牒(국조어첩)		國朝譜牒을 보라
v.1 p.575-579	國朝五禮儀(국조오례의)		
v.1 p.583	國朝續五禮儀(국조속오례의)		國朝五禮儀를 보라
v.1 p.584	國朝文衡圈點銖(국조문형권점수)		文衡圈點錄을 보라
v.1 p.590	國朝列聖御筆(국조열성어필)		列聖御筆을 보라
v.1 p.604	五行妙法(오행묘법)		
v.1 p.604	五言絕句(오언절구)		唐音을 보라
v.1 p.606	吳子(오자)		
v.1 p.609	悟堂文集(오당문집)	李象秀 著(이상수 저)	
v.2 p.622	左氏輯選續(좌씨집선속)	金在魯 編(김재로 편)	인물은 著作 爛餘의 아래에 기록함
v.2 p.623	左傳(좌전)		春秋, 春秋集傳 參看
v.2 p.626	祭儀抄(제의초)	李珥 著(이이 저)	인물은 栗谷全書의 아래를 보라

v.2 p.638	册儲實錄抄(책저실록초)		
v.2 p.645	三韻一覽(삼운일람)		
v.2 p.651	山海師友淵源錄(산해사우연원록)	曺植師友의 言行錄	인물 南冥集의 아래를 보라
v.2 p.652	三韓詩(삼한시)		三韓詩龜鑑을 보라
v.2 p.660	三經表(삼경표)		山水經을 보라
v.2 p.666	山谷集(산곡집)		黃山谷集을 보라
v.2 p.680	產書(산서)		胎產集要(태산집요)를 보라
v.2 p.683	纂圖互註周禮(찬도호주주례)		周禮를 보라
v.2 p.683	三政釐整廳謄錄(삼정이정청등록)	釐整廳 編(이정청 편)	
v.2 p.686	三大家詩集(삼대가시집)		唐三大家詩全集을 보라
v.2 p.687	山中記(산중기)		山史略抄를 보라
v.2 p.687	三朝寶鑑(삼조보감)		國朝寶鑑을 보라
v.2 p.690	三丙詩錄(삼병시록)		
v.2 p.694	山陽雜錄(산양잡록)		
v.2 p.717	三略(삼략)		武經七書를 보라
v.2 p.721	思庵文集(사암문집)	朴淳 著(박정 저)	
v.2 p.724	紫霞筆迹(자하필적)	申緯 書(신위 서)	
v.2 p.728	史記贊(사기찬)		
v.2 p.728	史記纂要(사기찬요)		
v.2 p.729	詩經(시경)		詩를 보라
v.2 p.735	諡號儀軌(시호의궤)		宗廟儀軌를 보라
v.2 p.737	芝山文集(지산문집)	曹好益 著(조호익 저)	
v.2 p.740	詩集傳(시집전)		詩傳을 보라
v.2 p.743	四書章圖纂釋(사서장도찬석)		
v.2 p.746	詩藪(시수)		
v.2 p.746	資生經(자생경)	宋 王執中 著(송 왕집중 저)	(本名)鍼灸資生經
v.2 p.747	至正條格(지정조격)		
v.2 p.750	僿說(사설)		星湖僿說을 보라
v.2 p.753	氏族大全綱目(씨족대전강목)		
v.2 p.754	資治通鑑綱目(자치통감강목)		通鑑綱目을 보라
v.2 p.754	資治通鑑節要(자치통감절요)		通鑑節要를 보라
v.2 p.754	使朝鮮錄(사조선록)		
v.2 p.757	司馬法(사마법)		武經七書를 보라
v.2 p.763	詩賦私草(시부사초)		
v.2 p.764	詩賦同人(시부동인)		
v.2 p.765	四分律詳集記(사분률상집기)		
v.2 p.765	子平三命通變淵源(자평삼명통변연원)		(略名)徐子平
v.2 p.765	思辨錄輯要(사변록집요)		
v.2 p.767	詩法要標(시법요표)		
v.2 p.772	紫陽集抄(자양집초)		
v.2 p.773	紫陽文集(자양문집)		
v.2 p.775	史略(사략)	高麗 李齊賢 撰(고려 이재현 찬)	
v.2 p.776	絲綸全集(사륜전집)		(又)大小絲綸集
v.2 p.778	四禮節要(사례절요)		

v.2 p.780	七言長編(칠언장편)		唐音을 보라
v.2 p.784	七代實錄(칠대실록)		
v.2 p.785	七曜曆(칠요력)		太一曆을 보라
v.2 p.785	釋迦如來遺跡圖(석가여래유적도)		
v.2 p.785	車雲巖雪冤錄(차운암설원록)		(又)改題 車文節公遺事
v.2 p.794	朱子學的(주자학적)		
v.2 p.794	朱子言論同異攷(주자언론동이고)		
v.2 p.794	朱子行狀(주자행장)	李滉 註(이황 주)	
v.2 p.794	朱子經筵講義(주자경연강의)		
v.2 p.794	朱子語類(주자어류)		
v.2 p.795	朱子語類考證(주자어류고증)		
v.2 p.797	朱子語錄(주자어록)		
v.2 p.797	朱子箚疑(주자차의)		朱子大全箚疑를 보라
v.2 p.797	朱子詩集(주자시집)		
v.2 p.797	朱子詩集(주자시집)		朱子子詩를 보라
v.2 p.800	朱子實紀(주자실기)		
v.2 p.800	朱子成書(주자성서)		
v.2 p.800	朱子節要(주자절요)		朱子書節要また朱子文錄을 보라
v.2 p.800	朱子大全(주자대전)		
v.2 p.803	朱子年譜(주자연보)		文公年譜를 보라
v.2 p.803	朱子蕃等筆迹(주자번등필적)		
v.2 p.803	朱子筆帖(주자필첩)		
v.2 p.803	朱子封事(주자봉사)		
v.2 p.808	朱文公行宮便殿奏箚(주문공행궁편전주차)		
v.2 p.809	朱文公年譜(주문공연보)		文公年譜를 보라
v.2 p.811	周禮(주례)		
v.2 p.812	周禮集解(주례집해)		
v.2 p.813	周易(주역)		
v.2 p.813	周易會通(주역회통)		
v.2 p.814	周易參同契註(주역참동계주)	南九萬 著(남구만 저)	
v.2 p.815	周易註疏(주역주소)		
v.2 p.816	周易本義啓蒙翼傳(주역본의계몽익전)		易學啓蒙翼傳을 보라
v.2 p.818	秀巖志(수암지)		
v.2 p.818	宗鏡錄(종경록)		
v.2 p.819	秋溪抄考(추계초고)		
v.2 p.824	秋山文集(추산문집)	朴弘中 著(박홍중 저)	
v.2 p.824	周子全書(주자전서)		
v.2 p.826	修正儀軌(수정의궤)		
v.2 p.832	出金神課(출금신과)		
v.2 p.835	春秋(춘추)		
v.2 p.836	春秋胡氏傳(춘추호씨전)		胡氏春秋를 보라
v.2 p.836	春秋左氏傳(춘추좌씨전)		左傳을 보라
v.2 p.837	春秋集傳大全(춘추집전대전)	官撰(관찬)	
v.2 p.837	春秋大全(춘추대전)		

v.2 p.838	春秋附錄大全(춘추부록대전)		
v.2 p.841	春坊藏書目錄(춘방장서목록)		
v.2 p.843	書(서)		尙書 書經 同
v.2 p.847	書儀(서의)		
v.2 p.847	書經(서경)		書를 보라
v.2 p.847	書經講義(서경강의)		
v.2 p.848	書諺吐(서언토)		
v.2 p.851	書傳正音(서전정음)		經書正音을 보라
v.2 p.851	諸般文(제반문)		
v.2 p.851	象緯考(상위고)		歷代象緯考를 보라. 又天東象緯考를 보라
v.2 p.851	少爲浦倡義錄(소위포창의록)		
v.2 p.854	小華言行錄(소화언행록)		
v.2 p.858	將鑑博議(장감박의)	宋戴溪 著(송대계 저)	
v.2 p.859	傷寒論(상한론)		
v.2 p.860	小學(소학)	宋 朱熹 著(송 주희 저)	
v.2 p.861	小學啓蒙(소학계몽)		
v.2 p.862	小學口訣(소학구결)		
v.2 p.863	小學後錄推句(소학후록추구)		
v.2 p.863	小學集成(소학집성)		
v.2 p.864	小學集說(소학집설)	明 程愈 著(명 정유 저)	
v.2 p.865	小學輯註(소학집주)	李珥 著(이이 저)	
v.2 p.865	小學抄略(소학초략)		訓義小學大全을 보라
v.2 p.866	小學讀書記(소학독서기)		南溪讀書記를 보라
v.2 p.866	松巖文集(송암문집)	李魯 著(이로 저)	
v.2 p.871	昌原黃氏族譜(창원황씨족보)		
v.2 p.872	祥原邑誌(상원읍지)		
v.2 p.874	誦孔訓勉今世(송공훈면금세)	英宗王 御製(영종왕 어제)	
v.2 p.875	松廣寺事蹟(송광사사적)		
v.2 p.875	邵康節心易梅花數(소강절심역매화수)		邵子易을 보라
v.2 p.876	嘯皐集迹(소고집적)	徐命均 書(서명균 서)	
v.2 p.878	商谷集(상곡집)		商谷集의 아래를 보라
v.2 p.882	邵子易(소자역)		
v.2 p.885	松西筆迹(송서필적)	李景在 著(이경재 저)	
v.2 p.891	松臺集(송대집)		
v.2 p.894	松亭記(송정기)		
v.2 p.896	松都續志(송도속지)		松都志를 보라
v.2 p.897	昌德宮圖(창덕궁도)		
v.2 p.901	松蘗堂筆迹(송벽당필적)	李正臣 書(이정신 서)	
v.2 p.902	少微通鑑(소미통감)		通鑑節要를 보라
v.2 p.903	詳明算法(상명산법)		
v.2 p.905	食鑑本草(식감본초)		
v.2 p.906	食療本草(식료본초)		本草를 보라
v.2 p.914	神應經(신응경)		玉龍歌를 보라
v.2 p.914	眞鑒禪師碑(진감선사비)		

v.2 p.915	清漢文鑑(청한문감)		漢淸文鑑을 보라
v.2 p.917	心經(심경)	宋 眞德秀 著(송 진덕수 저)	
v.2 p.918	針經(침경)		
v.2 p.919	心經講錄(심경강록)		
v.2 p.922	心經附註(심경부주)	明 程敏政 著(명 정민정 저)	
v.2 p.922	鍼經要訣(침경요결)	柳成龍 著(유성룡 저)	
v.2 p.923	新溪邑誌(신계읍지)		
v.2 p.924	淸語老乞大(청어노걸대)		老乞大를 보라
v.2 p.924	進號儀軌(진호의궤)		上號儀軌를 보라
v.2 p.926	申紫霞詩集(신자하시집)	申緯 著(신위 저)	
v.2 p.928	進爵儀軌(진작의궤)		
v.2 p.930	진쥬탑(眞珠塔(진주탑))		
v.2 p.930	晉書(진서)		
v.2 p.931	進職官書屛疏(진직관서병소)		
v.2 p.931	新序(신서)		
v.2 p.933	眞四山集(진서산집)		
v.2 p.933	新制靈臺儀象志(신제영대의상지)		儀象志를 보라
v.2 p.939	新編玉叢(신편옥총)		玉叢을 보라
v.2 p.939	新編諸宗教藏目錄(신편제종교장목록)	高麗 釋 義天 著(고려 석 의천 저)	
v.2 p.939	心法(심법)		聖學心法을 보라
v.2 p.944	新羅古記(신라고기)		三國史記를 보라
v.2 p.945	新羅始祖王碑(신라시조왕비)		
v.2 p.947	自庵筆蹟(자암필적)	金絿筆(김구필)	
v.2 p.947	字彙(자휘)		
v.2 p.951	耳溪筆迹(이계필적)		
v.2 p.951	自警編(자경편)		
v.2 p.953	侍講錄(시강록)		蘇齋侍講錄을 보라
v.2 p.958	지장경(地藏經(지장경))		
v.2 p.959	地藏經懺法(지장경참법)		
v.2 p.959	慈悲道場懺法(자비도장참법)		
v.2 p.960	事文類抄(사문류초)		
v.2 p.963	十省堂集(십성당집)	嚴昕 著(엄흔 저)	
v.2 p.964	十精曆(십정력)		太一曆을 보라
v.2 p.964	十忠錄(십충록)		
v.2 p.981	受爵儀軌(수작의궤)		進宴儀軌를 보라
v.2 p.982	壽生經(수생경)		
v.2 p.982	壽親養老書(수친양로서)	宋 陳直 元 鄒鉉 著(송 진직 원 추현 저)	
v.2 p.985	十王生七經(십왕생칠경)		
v.2 p.985	十九史略(십구사략)		史略을 보라
v.2 p.985	十九史略通攷(십구사략통고)		史略을 보라
v.2 p.985	戎軒指掌占(융헌지장점)		
v.2 p.986	重宰臣考(중재신고)		
v.2 p.986	十三經注疏(십삼경주소)		
v.2 p.986	十四經發揮(십사경발휘)		

v.2 p.987	重修大明曆(중수대명력)		大明曆을 보라
v.2 p.987	從政名言(종정명언)		
v.2 p.987	十八史略(십팔사략)		史略의 아래에 병기함
v.2 p.992	旬子(순자)		
v.2 p.995	徐子平(서자평)		子平三命通變淵源을 보라
v.2 p.996	貞觀政要(정관정요)		
v.2 p.997	貞觀政要註解(정관정요주해)		
v.2 p.1013	上諡儀軌(상시의궤)		宗廟儀軌를 보라
v.2 p.1013	尙書(상서)		書를 보라
v.2 p.1013	尙書(상서)		太公尙書를 보라
v.2 p.1015	上尊號儀軌(상존호의궤)		上號儀軌를 보라
v.2 p.1015	淨土三部妙典(정토삼부묘전)		
v.2 p.1016	成佛圖(성불도)		
v.2 p.1017	仁興君家乘(인흥군가승)		靖孝公家乘을 보라
v.2 p.1017	仁興君墨蹟(인흥군묵적)		
v.2 p.1018	仁齋直指方論(인재직지방론)		直指方을 보라
v.2 p.1018	人子須知(인자수지)		
v.2 p.1020	仁宗實錄(인종실록)		實錄을 보라
v.2 p.1022	睡隱錄(수은록)		看羊錄을 보라
v.2 p.1023	垂恩廟營建儀軌(수은묘영건의궤)		宗廟儀軌를 보라
v.2 p.1025	推月離法(추월리법)	觀象監 編(관상감 편)	
v.2 p.1032	崇古文訣(숭고문결)		
v.2 p.1033	鄒書約誦(추서구송)		
v.2 p.1034	圖繪寶鑑(도회보감)		
v.2 p.1035	隨求陀羅尼(수구다라니)		佛項心陀羅尼經眞言集에 병기함
v.2 p.1035	隋書(수서)		
v.2 p.1043	政院日記(정원일기)		
v.2 p.1043	青烏經(청오경)		
v.2 p.1045	聖迦抳忿怒金剛童子菩薩成就儀軌經阿唎多羅陁羅尼阿嚕力經(성가니분노금강동자보살성취의궤경아리다라다라니아로력경)		
v.2 p.1047	西澗筆迹(서한필적)	李眞洙(이진수)	
v.2 p.1049	西涯擬古樂府(서애의고악부)		
v.2 p.1051	聖學淵源(성학연원)		聖賢道學淵源을 보라
v.2 p.1053	聖學心法(성학심법)		
v.2 p.1055	正氣歌(정기가)		
v.2 p.1060	政經(정경)		
v.2 p.1072	西谷筆迹(서곡필적)	李正英 書(이정영 서)	
v.2 p.1072	誠齋易傳(성재역전)		
v.2 p.1078	星州裵氏族譜(성주배씨족보)		
v.2 p.1087	聖蹟之圖(성적지도)		
v.2 p.1087	聖蹟圖(성적도)		
v.2 p.1087	聖蹟圖誌(성적도지)		關聖帝君聖圖誌를 보라
v.2 p.1087	世說新語(세설신어)		

v.2 p.1093	正俗諺解(정속언해)	金安國 撰(김안국 찬)	
v.2 p.1094	精忠錄(정충록)		
v.2 p.1095	西天提納薄陀尊者偈頌(서천제납박타존자게송)	元 釋 指空 撰(원 석 지공 찬)	
v.2 p.1097	西南地圖(서남지도)		
v.2 p.1100	正百將傳(정백장전)		
v.2 p.1103	性命圭旨(성명규지)		
v.2 p.1104	星命總括(성명총괄)		
v.2 p.1106	西洋新法曆書(서양신법역서)		
v.2 p.1107	性理群書句解(성리군서구해)	宋 熊節 編 熊剛大 註(송 웅절 편 웅강대 주)	
v.2 p.1107	性理字義(성리자의)		
v.2 p.1108	性理大全(성리대전)	官撰(관찬)	
v.2 p.1112	石居集(석거집)	金基纘 著(김기찬 저)	
v.2 p.1115	拆獄體要(탁옥체요)		
v.2 p.1115	碩齋集(석재집)		方是閑集을 보라
v.2 p.1118	赤城誌(적성지)		茂朱邑誌를 보라
v.2 p.1119	石潭遺事(석담유사)		石潭日記를 보라
v.2 p.1122	石峯筆迹(석봉필적)	韓濩 書(한호 서)	
v.2 p.1124	說苑(설원)		新序를 보라
v.2 p.1124	雪冤錄(설원록)		車雲巖雪冤錄을 보라
v.2 p.1129	節谷集(절곡집)	金時觀 著(김시관 저)	
v.2 p.1131	葉蒼霞疏抄(엽창하소초)		
v.2 p.1132	攝養要法(섭양요법)	撰人未攷(찬인미고)	
v.2 p.1135	潛溪集(잠계집)		
v.2 p.1140	璿源殿儀軌(선원전의궤)		眞殿儀軌를 보라
v.2 p.1140	璿源譜略(선원보략)		璿源系譜記略을 보라
v.2 p.1142	戰國策(전국책)		
v.2 p.1144	撰輯儀軌(찬집의궤)		纂修儀軌를 보라
v.2 p.1144	千字(천자)		
v.2 p.1144	千字文(천자문)		
v.2 p.1144	千手經(천수경)		
v.2 p.1148	천슈경(千手經(천수경))		
v.2 p.1148	宣川地圖(선천지도)		
v.2 p.1151	剪燈新話(전등신화)		
v.2 p.1155	蟾樂里碑帖(섬락리비첩)		
v.2 p.1158	禪源諸詮都叙(선원제전집도서)		
v.2 p.1159	禪宗永嘉集(선종영가집)		
v.2 p.1168	疎庵言行錄(소암언행록)	李植 著(이식 저)	
v.2 p.1174	蘇詩摘律(소시적률)		
v.2 p.1174	楚辭(초사)		
v.2 p.1175	蘇世讓神道碑(소세양신도비)		
v.2 p.1177	蘇文抄(소문초)		東坡集을 보라
v.2 p.1177	素問(소문)		
v.2 p.1179	壯懷堂集(장회당집)		
v.2 p.1179	宋鑑(송감)		

v.2 p.1182	窓玉合集(창옥합집)		北窓吉玉合集을 보라
v.2 p.1184	捜玄記(수현기)		
v.2 p.1184	宋元綱目(송원강목)		通鑑綱目을 보라
v.2 p.1190	宗室傳(종실전)		史略을 보라
v.2 p.1192	瘡疹集(창진집)	任元濬 撰(임원준 찬)	
v.2 p.1196	草千字文(초천자문)		千字의 아래에 기록함
v.2 p.1196	相宅經(상택경)		
v.2 p.1199	宗廟樂章(종묘악장)		
v.2 p.1209	宗府條例(종부조례)		宗親府條例를 보라
v.2 p.1211	宋名臣言行錄(송명신언행록)		
v.2 p.1215	莊陵靈泉記帖(장릉영천기첩)		
v.2 p.1222	則克錄(칙극록)		
v.2 p.1223	捉脈賦(착맥부)		撼龍疑龍捉脈賦를 보라
v.2 p.1227	孫子(손자)		
v.2 p.1228	尊崇儀軌(존숭의궤)		上號儀軌를 보라
v.2 p.1228	孫武子(손무자)		武經七書를 보라
v.2 p.1230	增損功過格(증손공과격)		
v.2 p.1232	增訂文獻備考(증정문헌비고)		東國文獻備考를 보라
v.2 p.1232	增補韻考(증보운고)		三韻通考를 보라
v.2 p.1232	藏六堂詩稿(장육당시고)	李鼈 著(이별 저)	李鼈著
v.2 p.1233	續近思錄(속근사록)	李漢膺 著(이한응 저)	李漢膺著
v.2 p.1233	續警世問答(속경세문답)		警世問答을 보라
v.2 p.1233	續光國志慶錄(속광국지경록)		光國志慶錄을 보라
v.2 p.1234	續資治通鑑綱目(속자치통감강목)		通鑑綱目을 보라
v.2 p.1235	續質疑錄(속질의록)		豐壤趙氏族譜를 보라
v.2 p.1235	續集慶堂編輯(속집경당편집)		英宗御製를 보라
v.2 p.1237	續通鑑(속통감)		
v.2 p.1237	續武定寶鑑(속무정보감)		武定寶鑑을 보라
v.2 p.1237	續文苑黼黻(속문원보불)		文苑黼黻을 보라
v.2 p.1237	續篇星命總括新集(속편성명총괄신집)		星命總括을 보라
v.3 p.1244	退漁筆迹(퇴어필적)		
v.3 p.1254	胎室儀軌(태실의궤)		藏胎儀軌를 보라
v.3 p.1258	太平御覽(태평어람)		
v.3 p.1258	太平廣記(태평광기)		
v.3 p.1258	胎封儀軌(태봉의궤)		藏胎儀軌를 보라
v.3 p.1262	琢玉斧(탁옥부)		
v.3 p.1274	澹雲筆迹(담운필적)	曹命教 書(조명교 서)	
v.3 p.1276	丹溪纂要(단계찬요)		醫書纂要를 보라
v.3 p.1278	端宗御製(단종어제)		列聖御製를 보라
v.3 p.1281	陀羅尼(타라니)		佛頂心陀羅尼經眞言集을 보라
v.3 p.1281	大慧 日覺禪師書(대혜 일각선사서)		
v.3 p.1283	大韓會典(대한회전)		
v.3 p.1283	大觀軒集(대관헌집)		
v.3 p.1283	大觀本草(대관본초)		本草를 보라

v.3 p.1284	大學(대학)	宋 朱熹 著(송 주희 저)	
v.3 p.1285	大學衍義(대학연의)		
v.3 p.1287	大學衍義補(대학연의보)		
v.3 p.1287	大學公議(대학공의)		
v.3 p.1289	大學章句(대학장구)		大學을 보라
v.3 p.1290	大學箴(대학잠)		
v.3 p.1290	大學大全(대학대전)		三經四書大全을 보라
v.3 p.1290	大學中庸指南(대학중용지남)		
v.3 p.1291	大學通指(대학통지)		大學中庸指南을 보라
v.3 p.1291	大學讀書記(대학독서기)		南溪讀書記를 보라
v.3 p.1292	大學或問(대학혹문)	宋 朱熹 著(송 주희 저)	
v.3 p.1293	大訓(대훈)		
v.3 p.1295	大元通制(대원통제)		
v.3 p.1298	大小絲綸集(대소사륜집)		絲綸全集을 보라
v.3 p.1298	大事綸年(대사륜년)		
v.3 p.1298	大藏一覽(대장일람)		
v.3 p.1298	大藏經(대장경)		
v.3 p.1298	大藏經目錄(대장경목록)		
v.3 p.1299	大典後續錄(대전후속록)		經國大典을 보라
v.3 p.1299	大典註解(대전주해)		經國大典註解를 보라
v.3 p.1301	大東金石(대동금석)		
v.3 p.1306	大統曆轉神法式(대통역전신법식)		
v.3 p.1307	大報父母恩重經(대보부모은중경)		
v.3 p.1308	大明集禮(대명집례)		
v.3 p.1309	大明律(대명률)	官撰(관찬)	
v.3 p.1311	大明曆(대명력)		
v.3 p.1312	大無量壽經宗要(대무량수경종요)	新羅 釋 元曉 著(신라 석 원효 저)	
v.3 p.1313	大六壬課經集(대육임과경집)		六壬斷經秘訣의 아래를 보라
v.3 p.1321	知非軒詩稿(지비헌시고)	尹善大 著(윤선대 저)	
v.3 p.1324	地理志略(지리지략)		
v.3 p.1324	地理新法(지리신법)		胡舜申을 보라
v.3 p.1324	地理全志(지리전지)	柳光翼 著(유광익 저)	
v.3 p.1324	地理門庭(지리문정)		
v.3 p.1329	逐睡篇(축수편)	姜俔 著(강현 저)	
v.3 p.1330	竹石筆迹(죽석필적)		
v.3 p.1330	竹石文集(죽석문집)	徐榮輔 著(서영보 저)	
v.3 p.1332	竹窓遺稿(죽창유고)		八谷集을 보라
v.3 p.1334	竹南筆迹(죽남필적)		
v.3 p.1335	竹里筆迹(죽리필적)		
v.3 p.1338	籌學啓蒙(주학계몽)		
v.3 p.1339	忠經(충경)		
v.3 p.1340	中京誌(중경지)		松都誌를 보라
v.3 p.1343	冲齋日錄(충재일록)	權撥 著(권발 저)	
v.3 p.1344	忠州邑誌(충주읍지)		

v.3 p.1345	鑄字事實記(주자사실기)		
v.3 p.1351	中星紀(중성기)		新法中星紀를 보라
v.3 p.1352	中說(중설)		
v.3 p.1353	中庸(중용)	宋 朱熹 編(송 주희 편)	
v.3 p.1355	中庸箚疑(중용차의)		
v.3 p.1356	中庸集略(중용집략)	宋 朱熹 著(송 주희 저)	
v.3 p.1356	中庸章句(중용장구)		中庸을 보라
v.3 p.1356	中庸大全(중용대전)		三經四書大全을 보라
v.3 p.1356	中庸讀書記(중용독서기)		南溪讀書記를 보라
v.3 p.1356	中庸或問(중용혹문)	宋 朱熹 撰(송 주희 찬)	
v.3 p.1356	忠翊府田畓加定(충익부전답가정)		
v.3 p.1357	中禮文(중예문)		
v.3 p.1357	忠烈祠碑帖(충열사비첩)	正宗王 御製(정종왕 어제)	
v.3 p.1363	聽軒遺稿(청헌유고)	李敬一 著(이경일 저)	
v.3 p.1364	趙子(조자)		
v.3 p.1366	長壽滅罪經(장수멸죄경)		
v.3 p.1366	趙子昂法帖(조자앙법첩)		
v.3 p.1367	長水邑誌(장수읍지)		
v.3 p.1369	朝鮮賦(조선부)		
v.3 p.1376	聽凉軒集(청량헌집)		東溪集을 보라
v.3 p.1377	直指方(직지방)	宋 楊士瀛 著(송 양사영 저)	仁齋直指方論의 通名
v.3 p.1379	陳簡齋集(진간재집)		
v.3 p.1380	陳后山集(진후산집)		
v.3 p.1380	珍珠塔(진주탑)		眞珠塔의 誤謬 そ의 아래를 보라
v.3 p.1380	陣書(진서)		
v.3 p.1380	陣圖戰法(진도전법)		
v.3 p.1381	陣說(진설)	韓孝純 著(한효순 저)	
v.3 p.1381	壬辰記事(임진기사)		
v.3 p.1386	通鑑(통감)		???를 보라
v.3 p.1386	通鑑外記(통감외기)		
v.3 p.1388	通鑑纂要(통감찬요)		歷代通鑑纂要를 보라
v.3 p.1388	通鑑節要(통감절요)		
v.3 p.1390	通鑑總論(통감총론)		
v.3 p.1390	通典(통전)		
v.3 p.1391	追上尊號儀軌(추상존호의궤)		上號儀軌를 보라
v.3 p.1391	追崇儀軌(추숭의궤)		上號儀軌를 보라
v.3 p.1391	追尊儀軌(추존의궤)		上號儀軌를 보라
v.3 p.1396	貞庵筆迹(정암필적)		
v.3 p.1399	鄭剛義公實記(정강의공실기)		湖叟實記를 보라
v.3 p.1400	定齋農巖遺墨(정재농암유묵)		
v.3 p.1400	程子遺書(정자유서)		二程全書를 보라
v.3 p.1400	程氏易傳(정씨역전)	宋程頤 著(송정신 저)	
v.3 p.1400	程朱經筵故事(정주경연고사)		續經筵故事를 보라
v.3 p.1404	帝範(제범)		

v.3 p.1406	鄭夢周遺墟碑(정몽주유허비)		
v.3 p.1410	哲宗實錄(철종실록)		
v.3 p.1410	天安邑誌(천안읍지)		
v.3 p.1410	天運紹統(천운소통)		
v.3 p.1411	典客司謄錄(전객사등록)		
v.3 p.1412	天機大要(천기대요)		
v.3 p.1413	天元玉曆祥異賦(천원옥력상이부)		
v.3 p.1414	天原發微(천원발미)		
v.3 p.1415	轉神法(전신법)		大統曆轉神法式을 보라
v.3 p.1415	篆千字文(전천자문)		千字文을 보라
v.3 p.1415	天尊刼溫黃神呪經(천존겁온황신주경)		
v.3 p.1415	天地八陽神呪經(천지팔양신주경)		
v.3 p.1416	天地萬物造化論(천지만물조화론)		
v.3 p.1420	天文大成(천문대성)		
v.3 p.1421	天文曆法(천문력법)		
v.3 p.1423	傳燈錄(전등록)		景德傳燈錄을 보라
v.3 p.1423	電報章程(전보장정)		
v.3 p.1424	杜詩(두시)		
v.3 p.1428	斗室筆迹(두실필적)		
v.3 p.1430	杜陸分韻(두륙분운)		
v.3 p.1431	杜律虞註(두률우주)		杜詩를 보라
v.3 p.1436	棠陰比事(당음비사)		
v.3 p.1436	統衛營田畓改尺量(통위영전답개척량)		
v.3 p.1437	湯液本草(탕액본초)		本草를 보라
v.3 p.1438	東垣十書(동원십서)		
v.3 p.1439	陶淵明集(도연명집)		陶靖簡集의 아래를 보라
v.3 p.1439	唐音(당음)		通名唐詩正音 又略唐詩
v.3 p.1440	痘科彙編(두과휘편)		
v.3 p.1442	唐鑑(당감)		
v.3 p.1446	統禦營文籍(통어영문적)		
v.3 p.1447	東溪遺稿(동계유고)		
v.3 p.1450	東谿集(동계집)	趙龜命 著(조구명 저)	
v.3 p.1452	東湖遺稿(동호유고)	文穗敎 著(문수교 저)	
v.3 p.1455	東江遺集(동강유집)	申翊全 著(신익전 저)	
v.3 p.1457	東岡筆迹(동강필적)	趙相愚 書(조상우 서)	
v.3 p.1462	東國正音(동국정음)		四聲通攷를 보라
v.3 p.1469	東國文籍置簿(동국문적치부)		
v.3 p.1470	東國名臣錄(동국명신록)		海東名臣錄을 보라
v.3 p.1474	東國李相國集(동국이상국집)		李相國集을 보라
v.3 p.1474	東槎日錄(동차일록)		
v.3 p.1478	唐詩(당시)		唐音을 보라
v.3 p.1479	唐詩鼓吹(당시고취)		
v.3 p.1480	東史輯略(동사집략)	金澤榮 著(김택영 저)	
v.3 p.1480	唐詩正音(당시정음)		唐音을 보라

v.3 p.1481	唐詩品彙(당시품휘)		
v.3 p.1482	唐詩類苑(당시류원)		
v.3 p.1485	唐書(당서)		
v.3 p.1488	陶靖節集(도정절집)		
v.3 p.1490	痘瘡集要(두창집요)		
v.3 p.1491	唐宋八大家文抄(당송팔대가문초)		
v.3 p.1491	唐宋分門名賢詩話(당송분문명현시화)		
v.3 p.1494	東坡集(동파집)		
v.3 p.1505	東萊博議(동래박의)		
v.3 p.1507	唐律疏義(당률소의)		
v.3 p.1509	德效方(덕효방)	元 危亦林 撰(원 위역림 찬)	
v.3 p.1518	遁甲曆(둔갑력)		太一曆을 보라
v.3 p.1523	動駕儀節(동가의절)		鹵簿式을 보라
v.3 p.1525	同春堂筆迹(동춘당필적)		
v.3 p.1526	同心經(동심경)		
v.3 p.1527	同人詩詞(동인시사)		
v.3 p.1527	銅人鍼灸經(동인침구경)		
v.3 p.1527	道詵踏山歌(도선답산가)	(傳)新羅 釋道詵 著((전)신라 석도선 저)	
v.3 p.1529	道詵明堂記(도선명당기)	(傳)新羅 釋道詵 著((전)신라 석도선 저)	
v.3 p.1530	道藏輯要(도장집요)		
v.3 p.1530	童土筆迹(동토필적)		
v.3 p.1531	道德經(도덕경)		
v.3 p.1536	洞林照膽(동림조담)		
v.3 p.1540	讀書錄(독서록)	英宗王 御製(영종왕 어제)	
v.3 p.1544	南華經(남화경)		莊子 및 句解南華眞經을 보라
v.3 p.1544	南華眞經(남화진경)		莊子 및 句解南華眞經을 보라
v.3 p.1545	南關誌(남관지)		
v.3 p.1547	南嶽唱酬(남악창수)		
v.3 p.1547	難經(난경)		
v.3 p.1548	南溪筵中講啓(남계연중강계)	朴世采 著(박세채 저)	
v.3 p.1550	南溪隨筆錄(남계수필록)	朴世采 著(박세채 저)	
v.3 p.1551	南軒集(남헌집)		
v.3 p.1552	南侍直聞見錄(남시직문견록)		晦隱雜識을 보라
v.3 p.1555	南殿儀軌(남전의궤)		眞殿儀軌를 보라
v.3 p.1559	南豊近體(남풍근체)		
v.3 p.1564	二程遺書(이정유서)		二程全書를 보라
v.3 p.1565	二程全書(이정전서)	宋 朱熹 著(송 주희 저)	
v.3 p.1568	二禮祝式纂要(이례축식찬사)		
v.3 p.1568	日記小學(일기소학)		
v.3 p.1568	日記廳儀軌(일기청의궤)		纂修儀軌를 보라
v.3 p.1570	日纏細草(일전세초)		
v.3 p.1570	日纏表(일전표)		
v.3 p.1573	入廟儀軌(입묘의궤)		宗廟儀軌를 보라
v.3 p.1574	涅槃經宗要(열반경종요)	新羅 釋 元曉 著(신라 석 원효 저)	

v.3 p.1574	寧越題詠(영월제영)		莊陵靈泉記帖을 보라
v.3 p.1575	寧城君筆迹(영성군필적)		
v.3 p.1575	寧城誌(영성지)		
v.3 p.1584	農政新編(농정신편)		
v.3 p.1584	農桑輯要(농상집요)	李嵒 著(이암 저)	
v.3 p.1590	坏窩筆迹(배와필적)	金相肅 書(김상숙 서)	
v.3 p.1591	白雲筆迹(백운필적)	李命殷 書(이명은 서)	
v.3 p.1598	白氏文集(백씨문집)		
v.3 p.1603	白石筆迹(백석필적)	朴秦維 書(박진유 서)	
v.3 p.1605	白眉故事(백미고사)		
v.3 p.1605	博物志(박물지)		
v.3 p.1612	八旬裕昆錄(팔순유곤록)		
v.3 p.1612	八線表(팔선표)		割圖八線表를 보라
v.3 p.1613	八道輿地圖(팔도여지도)		
v.3 p.1614	範圍數(범위수)		
v.3 p.1615	頒橘詩帖(반귤시첩)		賡載帖의 아래에 기록함
v.3 p.1616	船若經(선약경)		
v.3 p.1616	范文正公集(범문정공집)		文正集을 보라
v.3 p.1617	馬經(마경)	唐 穆蠡 著(당 목려 저)	
v.3 p.1622	梅山筆迹(매산필적)	李夏鎭 書(이하진 서)	
v.3 p.1627	磻溪邑誌(반계읍지)	柳馨遠 著(유형원 저)	
v.3 p.1630	萬歲曆(만세력)		千歲曆을 보라
v.3 p.1630	晩沙稿(만사고)	沈之源 著(심지원 저)	
v.3 p.1632	樊川集(번천집)		杜樊川集을 보라
v.3 p.1639	碑石重建儀軌(비석중건의궤)		山陵儀軌를 보라
v.3 p.1641	筆迹帖(필적첩)		
v.3 p.1642	百家類纂(백가유찬)		
v.3 p.1644	百將傳(백장전)		正百將傳을 보라
v.3 p.1645	百戰奇法(백전기법)	明 章潢 著(명 장황 저)	
v.3 p.1646	百聯抄解(백련초해)		
v.3 p.1648	表忠綸音(표충윤음)		綸音을 보라
v.3 p.1648	殯宮魂宮殿儀軌(빈궁혼궁전의궤)		山陵儀軌를 보라
v.3 p.1652	備局故事(비국고사)		
v.3 p.1653	比丘二百五十戒(비구이백오십계)		
v.3 p.1655	眉叟筆迹(미수필적)		
v.3 p.1657	備邊司節目(비변사절목)		
v.3 p.1658	病後漫錄(병후만록)		艮齋漫錄을 보라
v.3 p.1661	祔宮儀軌(부궁의궤)		宗廟儀軌를 보라
v.3 p.1663	婦人大全良方(부인대전량방)	宋 陳自明 著(송 진자명 저)	
v.3 p.1664	孚佑帝君藥言寶典(부우제군약언보전)		藥言寶典을 보라
v.3 p.1664	普門經(보문경)		
v.3 p.1665	楓厓遺稿(풍애유고)	金必振 著(김필진 저)	
v.3 p.1670	服式(복식)		
v.3 p.1671	服樂須知(복락수지)		

v.3 p.1673	武夷志(무이지)		
v.3 p.1673	武經七書(무경칠서)		
v.3 p.1678	武侯全書(무후전서)		
v.3 p.1679	武侯八陣圖說(무후팔진도설)		
v.3 p.1680	撫遼疏略(무료소략)		
v.3 p.1681	佛醫經(불의경)		
v.3 p.1681	佛遺敎經(불유교경)		
v.3 p.1683	佛祖宗派圖(불조종파도)		
v.3 p.1683	佛祖通載(불조통재)		
v.3 p.1684	物名錄(물명록)		
v.3 p.1687	文科姓譜(문과성보)		
v.3 p.1693	文翰類選(문한유선)		
v.3 p.1693	文記册(문기책)		河回柳氏文記册을 보라
v.3 p.1695	聞見事件(문견사건)		日本聞見事件書啓를 보라
v.3 p.1695	文獻通考(문헌통고)		
v.3 p.1696	文公年譜(문공연보)		
v.3 p.1700	文章一貫(문장일관)		
v.3 p.1700	文章軌範(문장궤범)		
v.3 p.1700	文章政治(문장정치)		
v.3 p.1700	文章正宗(문장정종)		
v.3 p.1701	文章宗範(문장종범)		
v.3 p.1701	文昌帝君孝經(문창제군효경)		
v.3 p.1701	文章辨體(문장변체)	宋 吳訥 著(송 오눌 저)	
v.3 p.1701	文漫韶錄(문만소록)	尹國馨 著(윤국형 저)	
v.3 p.1701	文正集(문정집)		
v.3 p.1702	文斷(문단)		
v.3 p.1703	文武榜目(문무방목)		文科榜目을 보라
v.3 p.1703	文文山集(문문산집)		
v.3 p.1703	分門瘟疫易解方(분문온역역해방)		辟瘟方을 보라
v.3 p.1703	分類東坡詩(분류동파시)		東坡集을 보라
v.3 p.1713	兵書(병서)		天兵書를 보라
v.3 p.1713	兵書口訣(병서구결)		武經七書를 보라
v.3 p.1724	編年通載(편년통재)		
v.3 p.1725	別軍職廳啓草(별군직청계초)		
v.3 p.1727	勉齋集(면재집)		
v.3 p.1728	辨誣錄(변무록)	丁時翰 著(정시한 저)	
v.3 p.1735	法華經(법화경)		
v.3 p.1736	法華經宗要(법화경종요)	新羅 釋 元曉 著(신라 석 원효 저)	
v.3 p.1736	捕蝗考(포황고)		
v.3 p.1740	保晩齋筆迹(보만재필적)		
v.3 p.1745	寶撮(보촬)		
v.3 p.1747	法帖(법첩)		
v.3 p.1753	方遜志齋集(방손지재집)		
v.3 p.1756	封墓儀軌(봉묘의궤)		山陵儀軌를 보라

v.3 p.1757	北關記事(북관기사)	洪儀泳 著(홍의영 저)	
v.3 p.1760	北溪性理書(북계성리서)		性理字義를 보라
v.3 p.1767	本業經疏(본업경소)	新羅 釋 元曉 著(신라 석 원효 저)	
v.3 p.1768	本草(본초)		
v.3 p.1768	本草衍義(본초연의)		本草를 보라
v.3 p.1770	戊午史禍事蹟(무오사화사적)		
v.3 p.1772	墓所儀軌(묘소의궤)		山陵儀軌를 보라
v.3 p.1772	戊申倡義事實(무신창의사실)		
v.3 p.1784	梵網經(범망경)		
v.3 p.1786	萬春方(만춘방)		萬病回春을 보라
v.3 p.1787	萬病回春(만병회춘)	明 龔廷賢 著(명 공정현 저)	
v.3 p.1790	脈經(맥경)	晉 王叔和 著(진 왕숙화 저)	
v.3 p.1790	明聖經(명성경)		古佛應驗明聖經을 보라
v.3 p.1790	明紀編年(명기편년)		
v.3 p.1791	明太祖文集(명태조문집)		
v.3 p.1798	夢書(몽서)		
v.3 p.1798	夢授秘藏經(몽수비장경)		
v.3 p.1800	明醫雜著(명의잡저)	明 王綸 著(명 왕륜 저)	
v.3 p.1800	名媛詩歸抄(명원시귀초)		
v.3 p.1802	名賢詩話(명현시화)		
v.3 p.1807	明山論(명산론)		
v.3 p.1807	名臣言行錄(명신언행록)		宋名臣言行錄을 보라
v.3 p.1808	明心寶鑑(명심보감)		
v.3 p.1809	名世文宗(명세문종)		
v.3 p.1810	明宗實錄(명종실록)		實錄을 보라
v.3 p.1811	滅義經(멸의경)		
v.3 p.1812	孟浩然集(맹호연집)		
v.3 p.1813	蒙語老乞大(몽어노걸대)		老乞大를 보라
v.3 p.1813	蒙山和尙法語略錄(몽산화상법어약록)		
v.3 p.1813	蒙山和尙六道普說(몽산화상육도보설)		
v.3 p.1813	孟山邑誌(맹산읍지)		
v.3 p.1813	毛詩(모시)		詩를 보라. (又)毛詩正義를 보라
v.3 p.1814	孟子(맹자)	宋 朱熹 著(송 주희 저)	
v.3 p.1815	毛詩講義(모시강의)		
v.3 p.1815	孟子講義(맹자강의)		
v.3 p.1815	孟子纂要(맹자찬요)		
v.3 p.1815	孟子集註(맹자집주)		孟子를 보라
v.3 p.1815	毛詩正義(모시정의)		
v.3 p.1815	孟子淺說(맹자천설)		論孟淺說을 보라
v.3 p.1815	孟子大全(맹자대전)		三經四書大全을 보라
v.3 p.1815	孟子要義(맹자요의)	丁若鏞 著(정약용 저)	
v.3 p.1816	孟子或問(맹자혹문)	宋 朱熹 著(송 주희 저)	
v.3 p.1816	蒙喩篇(몽유편)	張混 著(장혼 저)	
v.3 p.1816	蒙養編(몽양편)		

v.3 p.1816	目科一覽(목과일람)		
v.3 p.1817	默軒文集(묵헌문집)	閔漬 著(민지 저)	
v.3 p.1820	木川邑誌(목천읍지)		
v.3 p.1820	木綿花記(목면화기)		
v.3 p.1821	門額帖(문액첩)		
v.3 p.1821	問義通攷(문의통고)		論孟或問精義通攷를 보라
v.3 p.1821	問月集(문월집)	李元叟胄 著(이원주 저)	
v.3 p.1821	文字類輯(문자류집)		
v.3 p.1822	門人問答說(문인문답설)		石潭語錄을 보라
v.3 p.1822	文選(문선)		
v.3 p.1822	文選增定(문선증정)		文選을 보라
v.3 p.1822	文選對策(문선대책)		
v.3 p.1824	野言通載(야언통재)	尹毅立 著(윤의립 저)	
v.3 p.1825	野史之流(야사지류)		
v.3 p.1825	野史初本(야사초본)	李植 著(이식 저)	
v.3 p.1825	野譚(야담)		於于野譚을 보라
v.3 p.1825	野談(야담)		青邱野談을 보라
v.3 p.1825	譯科榜目(역과방목)		
v.3 p.1826	譯官上言謄錄(역관상언등록)		
v.3 p.1826	藥言寶典(약언보전)		
v.3 p.1826	譯語指南(역어지남)		
v.3 p.1826	譯語類解(역어류해)		
v.3 p.1827	約章合編(약장합편)		
v.3 p.1829	藥泉筆迹(약천필적)		
v.3 p.1830	藥房謄錄(약방등록)		
v.3 p.1831	諭金吾秋曹兩司綸音(유금오추조량사륜음)		
v.3 p.1831	諭將說(유장설)		兵將說을 보라
v.3 p.1831	諭善書(유선서)		
v.3 p.1831	諭俗諭邑宰文(유속유읍재문)		
v.3 p.1831	謏聞瑣錄(소문쇄록)	曹伸 著(조신 저)	
v.3 p.1832	諭嶺南御史書(유령남어사서)		
v.3 p.1832	維摩經(유마경)		
v.3 p.1835	尤庵筆迹(우암필적)		
v.3 p.1835	遊燕錄(유연록)		
v.3 p.1835	幽懷不可寫(유회불가사)		
v.3 p.1836	游齋筆迹(유재필적)		
v.3 p.1837	游山樂府(유산악부)		
v.3 p.1837	遊心安樂道(유심안락도)	新羅 釋 元曉 著(신라 석 원효 저)	
v.3 p.1839	遊瑞石錄(유서석록)	高敬命 著(고경명 저)	
v.3 p.1839	郵政局章程(우정국장정)		
v.3 p.1840	遊頭流錄(유두류록)	金宗直 著(김종직 저)	
v.3 p.1840	酉堂筆迹(유당필적)	金魯敬 書(김로경 서)	
v.3 p.1841	幽憤錄(유분록)		乙巳傳聞錄을 보라
v.3 p.1841	酉陽雜俎(유양잡조)		

v.3 p.1842	輿載撮要(여재촬요)		
v.3 p.1842	輿地考(여지고)	柳馨遠 著(유형원 저)	通名 輿地誌
v.3 p.1842	輿地考(여지고)		
v.3 p.1843	輿地勝覽(여지승람)		東國輿地勝覽을 보라
v.3 p.1843	輿地便覽(여지편람)	申景濬 著(신경준 저)	
v.3 p.1844	永嘉集(영가집)		禪宗永嘉集을 보라
v.3 p.1844	慵隱筆迹(용은필적)	趙晉錫 筆(조진석 필)	
v.3 p.1844	養花小錄(양화소록)		菁川養花小錄을 보라
v.3 p.1844	瑤華傳諺譯(요화전언역)		
v.3 p.1844	庸學困得(용학곤득)	趙翼 著(조익 저)	
v.3 p.1845	庸學指南(용학지남)		大學中庸指南을 보라
v.3 p.1845	庸學釋義(용학석의)		經書釋義를 보라
v.3 p.1845	楊御史頌德詩(양어사송덕시)		
v.3 p.1845	陽九記事(양구기사)		
v.3 p.1845	楊口邑誌(양구읍지)		
v.3 p.1846	鷹鶻方(응골방)		
v.3 p.1849	蠶經(잠경)		
v.3 p.1849	蓉山私藁(용산사고)	鄭健朝 著(정건조 저)	
v.3 p.1849	楊山世稿(양산세고)		
v.3 p.1850	養蠶方(양잠방)		
v.3 p.1850	揚子法言(양자법언)		
v.3 p.1850	要集(요집)		
v.3 p.1851	楊州趙氏族譜(양주조씨족보)		
v.3 p.1851	楊州牧節目(양주목절목)		
v.3 p.1851	楊椒山集(양초산집)		
v.3 p.1851	養眞堂花山錄(양진당화산록)	金澤 著(김택 저)	
v.3 p.1851	養心堂集(양심당집)	趙晟 著(조성 저)	
v.3 p.1852	養生大要(양생대요)		
v.3 p.1852	陽城李氏族譜(양성이씨족보)		
v.3 p.1852	養正齋集(양정재집)	金道凝 著(김도응 저)	
v.3 p.1852	養正圖解(양정도해)		
v.3 p.1852	妖星錄(요성록)		歷代妖星錄을 보라
v.3 p.1852	陽川許氏族譜(양천허씨족보)		
v.3 p.1852	陽川世稿(양천세고)		
v.3 p.1854	陽川覆瓿藁(양천복부고)		惺所覆瓿藁를 보라
v.3 p.1854	洋鎗大操圖說(양쟁대조도설)		
v.3 p.1854	陽村應制詩(양촌응제시)	權近 著(권근 저)	
v.3 p.1854	陽村文集(양촌문집)	權近 著(권근 저)	
v.3 p.1855	陽智邑誌(양지읍지)		
v.3 p.1855	陽德邑誌(양덕읍지)		
v.3 p.1855	陽坡遺稿(양파유고)	鄭太和 著(정태화 저)	
v.3 p.1855	陽坡記事撰草(양파기사찬초)	鄭太和 著(정태화 저)	
v.3 p.1856	陽坡集(양파집)	洪彦博 著(홍언박 저)	
v.3 p.1856	陽坡年記(양파년기)	鄭太和 著(정태화 저)	

v.3 p.1856	楊浦遺稿(양포유고)	崔澱 著(최전 저)	
v.3 p.1857	陽明學辨(양명학변)	朴世采 著(박세채 저)	
v.3 p.1857	養蒙大訓(양몽대훈)		
v.3 p.1857	養老廳節目(양로청절목)		
v.3 p.1857	翊衛司禮木節目(익위사례목절목)		
v.3 p.1857	抑誡箴(억계잠)	英宗王 御製(영종왕 어제)	
v.3 p.1858	抑箴(억잠)		抑誡箴을 보라
v.3 p.1858	翼宗御製(익종어제)		列聖御製를 보라
v.3 p.1858	翼翼齋漫筆(익익재만필)	洪鳳漢 著(홍봉한 저)	
v.3 p.1859	羅經頂門針(나경정문침)		
v.3 p.1859	羅舍徃復(나사왕복)		
v.3 p.1859	羅州鄭氏三綱錄(나주정씨삼강록)		
v.3 p.1860	羅浮十三篇(나부십삼편)		
v.3 p.1860	羅里浦事實(나리포사실)		
v.3 p.1860	萊營文牒(내영문첩)		
v.3 p.1860	來易(내역)		
v.3 p.1861	懶翁和尙語錄(나옹화상어록)		(通名)普濟尊者語錄
v.3 p.1863	麗朝王陵謄錄(여조왕릉등록)		
v.3 p.1863	麗朝忠烈記(여조충열기)		
v.3 p.1863	萊府交隣謄錄(내부교린등록)		
v.3 p.1863	磊磊落落書(뇌뢰락락서)	李德懋 著(이덕무 저)	
v.3 p.1864	樂安邑誌(낙안읍지)		
v.3 p.1864	落花詩(낙화시)		
v.3 p.1865	洛山寺事蹟(낙산사사적)		
v.3 p.1867	樂道郊居集(낙도교거집)	高麗 姜邯贊 著(고려 강감찬 저)	
v.3 p.1867	駱賓王文集(낙빈왕문집)		
v.3 p.1868	蘭溪家訓(난계가훈)	朴堧 著(박연 저)	
v.3 p.1869	亂後雜錄(난후잡록)		
v.3 p.1869	爛抄(난초)	尹致羲 著(윤치희 저)	
v.3 p.1870	爛選(난선)	尹定善 著(윤정선 저)	
v.3 p.1871	亂中雜錄(난중잡록)	趙慶男 著(조경남 저)	
v.3 p.1871	亂中時事(난중시사)		壬戌雜事를 보라
v.3 p.1872	爛餘(난여)	金在魯 著(김재로 저)	
v.3 p.1872	亂離日記(난리일기)	南礏 著(남급 저)	
v.3 p.1872	爛略(난략)	尹定善 著(윤정선 저)	
v.3 p.1873	离院條例(이원조례)		
v.3 p.1873	李衛公問對(이위공문대)		武經七書를 보라
v.3 p.1873	离筵講說(이연강설)		
v.3 p.1873	李翰林集註(이한림집주)		李太白集을 보라
v.3 p.1873	吏學指南(이학지남)		
v.3 p.1874	理學綜要(이학종요)	李震相 著(이진상 저)	
v.3 p.1874	理學通錄(이학통록)	李滉 著(이황 저)	
v.3 p.1875	理學類編(이학류편)		
v.3 p.1875	利見(이견)		古賦를 보라

v.3 p.1875	利原邑誌(이원읍지)		
v.3 p.1878	李氏世代錄(이씨세대록)		
v.3 p.1878	李氏西征錄(이씨서정록)		西征錄을 보라
v.3 p.1879	李商隱集(이상은집)		
v.3 p.1881	李承旨政院日記(이승지정원일기)		
v.3 p.1881	吏事精粕(이사조박)		
v.3 p.1881	驪城府院父子碑碣(여성부원부자비갈)		
v.3 p.1882	利川府邑誌(이천부읍지)		
v.3 p.1882	李宗城龍灣紀惠碑(이종성용만기혜비)		
v.3 p.1882	李太白集(이태백집)		
v.3 p.1883	니대봉젼(李大鳳傳(이대봉전))		
v.3 p.1883	吏治精覽(이치정람)		
v.3 p.1884	李忠定公奏議(이충정공주의)		
v.3 p.1886	李提督祠堂記帖(이제독사당기첩)		
v.3 p.1886	李統制行狀(이통제행장)		
v.3 p.1886	吏讀便覽(이두편람)		
v.3 p.1887	吏文(이문)		
v.3 p.1888	摛文院講義(이문원강의)	正宗王 御製(정종왕 어제)	
v.3 p.1889	摛文院書目(이문원서목)		
v.3 p.1889	摛文院奉安總目(이문원봉안총목)		
v.3 p.1889	吏文襍例(이문잡례)		
v.3 p.1889	吏文指南(이문지남)		吏學指南을 보라
v.3 p.1889	吏文輯覽(이문집람)		吏文續集輯覽을 보라
v.3 p.1889	吏文諸書輯覽(이문제서집람)		吏文續集輯覽을 보라
v.3 p.1890	吏文續集輯覽(이문속집집람)		(又名)吏文諸書輯覽(又略)吏文輯覽
v.3 p.1890	理方府格(이방부격)		
v.3 p.1890	陸海法(육해법)	崔漢綺 著(최한기 저)	
v.3 p.1891	陸軍各色改都案(육군각색개도안)		
v.3 p.1891	陸軍法律(육군법률)		
v.3 p.1891	陸稿手圈(육고수권)		四部手圈을 보라
v.3 p.1891	陸詩約選(육시약선)		
v.3 p.1891	六書經緯(육서경위)	洪良浩 著(홍양호 저)	
v.3 p.1891	陸象山遺書(육상산유서)		
v.3 p.1891	陸宣公奏議(육선공주의)		
v.3 p.1892	陸奏約選(육주약선)		
v.3 p.1893	六韜(육도)		武經七書를 보라
v.3 p.1893	陸放翁集(육방옹집)		
v.3 p.1893	陸律分韻(육률분운)		
v.3 p.1893	律英(율영)		律選을 보라
v.3 p.1893	栗園亭記(율원정기)	正宗王 御製(정종왕 어제)	
v.3 p.1893	律解辦疑(율해판의)		經國大典 禮典 律科初試 講書
v.3 p.1893	律學解頤(율학해이)		經國大典 禮典 律科初試 講書
v.3 p.1896	栗谷新歌(율곡신가)		
v.3 p.1899	律選(율선)		

v.3 p.1899	立朝紀略(입조기략)	朴盛源 著(박성원 저)	
v.3 p.1900	立馬大同稧案(입마대동설안)		
v.3 p.1900	略韻(약운)		
v.3 p.1900	律例要覽(율예요람)		
v.3 p.1901	龍安邑誌(용안읍지)		
v.3 p.1901	류하기연(柳下奇緣(유하기연))		
v.3 p.1902	流霞亭詩帖(유하정시첩)		
v.3 p.1902	龍龕手鑑(용감수감)		
v.3 p.1903	龍宮海藏(용궁해장)		
v.3 p.1903	龍宮邑誌(용궁읍지)		
v.3 p.1903	龍岡縣誌(용강현지)		
v.3 p.1904	龍興聖蹟(용흥성적)		
v.3 p.1905	隆師錄(융사록)		
v.3 p.1906	龍珠(용주)		
v.3 p.1906	柳州集(유주집)		柳柳州集을 보라
v.3 p.1906	龍湫寺事蹟(용추사사적)		
v.3 p.1906	龍珠寺祈福偈(용주사기복게)		
v.3 p.1907	龍城志(용성지)		
v.3 p.1907	龍城唱酬錄(용성창수록)		
v.3 p.1908	龍城雙義錄(용성쌍의록)		
v.3 p.1908	龍仁邑誌(용인읍지)		
v.3 p.1909	劉隨州集(유수주집)		
v.3 p.1910	龍川邑誌(용천읍지)		
v.3 p.1911	龍潭邑誌(용담읍지)		
v.3 p.1911	龍蛇日記(용사일기)	李魯 著(이로 저)	
v.3 p.1911	劉忠烈傳(유충열전)		
v.3 p.1912	龍堂誌(용당지)		
v.3 p.1912	龍飛御天歌(용비어천가)		
v.3 p.1914	劉賓客集(유빈객집)		
v.3 p.1914	柳文事實(유문사실)	高麗 崔惟淸 著(고려 최유청 저)	
v.3 p.1914	隆文樓書目(융문루서목)		
v.3 p.1915	룡문젼(龍門傳(용문전))		
v.3 p.1915	龍門問答(용문문답)		我我錄을 보라
v.3 p.1915	柳柳州集(유류주집)		
v.3 p.1916	隆陵碑帖(융릉비첩)		
v.3 p.1916	龍樓集(용루집)		
v.3 p.1916	龍灣誌(용만지)		
v.3 p.1916	龍灣聞見錄(용만문견록)	鄭琢 著(정탁 저)	
v.3 p.1921	良役實總(양역실총)		
v.3 p.1921	良役節目(양역절목)		
v.3 p.1921	良役變通私議(양역변통사의)	李頤命 著(이이명 저)	
v.3 p.1921	陵園基表(능원기표)		
v.3 p.1922	遼海星宗(요해성종)		
v.3 p.1922	兩漢詞命(양한사명)		

v.3 p.1923	梁溪遺書(양계유서)		顧高遺書에 병기함
v.3 p.1923	兩京手圈(양경수권)		四部手圈을 보라
v.3 p.1923	兩賢淵源錄(양현연원록)		
v.3 p.1923	兩賢傳心錄(양현전심록)		
v.3 p.1924	龍虎營新定式條目(용호영신정식조목)		
v.3 p.1925	兩湖丁卯擧義錄(양호정묘거의록)		丁卯兩湖擧義錄을 보라
v.3 p.1925	龍虎榜目(용호방일)		文科榜目의 아래에 병기함
v.3 p.1925	楞嚴經(능엄경)		
v.3 p.1926	량산빅젼(梁山泊傳(양산박전))		
v.3 p.1926	兩山墨談(양산묵담)		
v.3 p.1926	梁山邑誌(양산읍지)		
v.3 p.1926	綾州邑誌(능주읍지)		
v.3 p.1926	兩儒對策(양유대책)		
v.3 p.1926	兩先生往復書(양선생왕복서)		
v.3 p.1928	兩先生門人錄(양선생문인록)		栗谷牛溪門人錄을 보라
v.3 p.1928	兩銓便攷(양전편고)		
v.3 p.1929	兩朝册封入學日記抄錄(양조책봉입학일기초록)		册封入學日記抄錄을 보라
v.3 p.1929	兩陳唾珠(양진타주)		
v.3 p.1929	遼東志(요동지)		
v.3 p.1929	量度儀圖說(양도의도설)	南相吉 著(남상길 저)	
v.3 p.1930	량풍운젼(梁風雲傳(양풍운전))		
v.3 p.1930	良方金丹(양방금단)		
v.3 p.1930	陵墓守護軍謄錄(능묘수호군등록)		
v.3 p.1930	兩陵誌狀續篇(양릉지장속편)		列聖誌狀을 보라
v.3 p.1937	臨瀛誌(임영지)		
v.3 p.1938	林園十六志(임원십륙지)	徐有榘 著(서유삭 저)	
v.3 p.1939	林間錄(임한록)		
v.3 p.1940	臨官政要(임관정요)	安鼎福 著(안정복 저)	
v.3 p.1940	臨軒功令(임헌공령)		
v.3 p.1940	隣語大方(인어대방)		
v.3 p.1942	림경군젼(林慶業傳(임경업전))		
v.3 p.1942	臨時取考(임시취고)	韓元震 著(한원진 저)	
v.3 p.1942	臨川集(임천집)		王荊公集을 보라
v.3 p.1944	綸綍(윤발)		
v.3 p.1944	綸綍彙鈔(윤발휘초)		
v.3 p.1944	臨陂邑誌(임피읍지)		
v.3 p.1944	麟坪大君碑帖(인평대군비첩)		
v.3 p.1945	麟坪君墓下田畓案(인평군묘하전답안)		
v.3 p.1946	鏤板考(누판고)	徐有榘 著(서유구 저)	
v.3 p.1946	類苑叢寶(유원총실)	金堉 著(김감 저)	
v.3 p.1946	類義評例(유의평례)		大學類義를 보라
v.3 p.1946	類合(유합)		
v.3 p.1947	類俳(유배)		
v.3 p.1947	類編西征錄(유편서정록)		西征錄을 보라

v.3 p.1948	儷彙(여휘)		
v.3 p.1948	靈槐臺記(영괴대기)		
v.3 p.1948	靈槐臺碑帖(영괴대비첩)		
v.3 p.1948	禮記(예기)		
v.3 p.1948	禮記臆釋(예기억석)	李德懋 著(이덕무 저)	
v.3 p.1949	禮記句抄(예기구초)		
v.3 p.1949	禮記諺讀(예기언독)		禮記大文諺讀을 보라
v.3 p.1949	禮記集說志疑(예기집설지의)		掇記志疑를 보라
I	禮記集說大全(예기집설대전)		
v.3 p.1950	禮記正義(예기정의)		
v.3 p.1950-1952	禮記淺見錄(예기천견록)	權近 著(권근 저)	
v.3 p.1952	禮記大全(예기대전)		禮記集說大全을 보라
v.3 p.1952	禮記大文諺讀(예기대문언독)		
v.3 p.1952	禮記日抄(예기일초)	魚孝瞻 著(어효첨 저)	
v.3 p.1952	禮記補註(예기보주)	金在魯 著(김재로 저)	
v.3 p.1953	禮記類編(예기류편)	崔錫鼎 著(최석정 저)	
v.3 p.1953	零金(영금)		
v.3 p.1953	禮疑剳記(예의답기)	丁若鏞 著(정약용 저)	
v.3 p.1953	禮疑問答(예의문답)		
v.3 p.1953	禮疑續輯(예의속집)	李應辰 著(이응진 저)	
v.3 p.1954	禮疑類輯(예의류집)	朴聖源 著(박성원 저)	
v.3 p.1955	隷經解義(예경해의)		
v.3 p.1955	麗顯陵誌(여현릉지)		
v.3 p.1955	零言(영언)		
v.3 p.1956	儷語編類(여어편류)	典翰 趙仁奎 著(전한 조인규 저)	
v.3 p.1957	厲祭謄錄(여제등록)		
v.3 p.1957	靈山縣誌(영산현지)		
v.3 p.1957	禮山邑誌(예산읍지)		
v.3 p.1957	麗史提綱(여사제강)	俞棨著(유구 저)	
v.3 p.1958	嶺誌要選(영지요선)		
v.3 p.1958	儷集(여집)		
v.3 p.1959	麗書(여서)		
v.3 p.1959	禮書箚記(예서차기)		
v.3 p.1959	禮書抄略(예서초략)		
v.3 p.1959	麗儒考蹟(여유고적)		
v.3 p.1959	麗水誌(여수지)		
v.3 p.1959	禮說(예설)		五先生禮說分類를 보라
v.3 p.1959	禮說輯錄(예설집록)	宋徵殷 著(송징은 저)	
v.3 p.1959	禮說分類(예설분류)		五先生禮說分類를 보라
v.3 p.1961	醴泉文籍(예천문적)		
v.3 p.1961	醴泉邑誌(예천읍지)		
v.3 p.1961	禮葬儀軌(예장의궤)		山陵儀軌를 보라
v.3 p.1961	禮葬廳謄錄(예장청등록)		
v.3 p.1961	嶺南右沿烽燧圖(영남우연봉수도)		

v.3 p.1961	嶺南各邑校院書册目錄(영남각읍교원서책목록)		
v.3 p.1961	嶺南古蹟誌(영남고적지)		嶠南舊聞을 보라
v.3 p.1962	嶺宿鷁惠總錄(영숙익혜총록)		
v.3 p.1962	嶺南人物考(영남인물고)	蔡弘遠 著(채홍원 저)	
v.3 p.1962	嶺南地圖(영남지도)		
v.3 p.1962	嶺南邑誌(영남읍지)		
v.3 p.1963	嶺南野言(영남야언)		
v.3 p.1963	禮忿彌陀道場懺法(예분미타도량회법)		
v.3 p.1963	禮部韻略(예부운략)		
v.3 p.1964	儷文(여문)		
v.3 p.1964	儷文集成(여문집성)	金鎭圭 著(김진규 저)	
v.3 p.1964	儷文精選(여문정선)	李坪 著(이평 저)	
v.3 p.1965	儷文註釋(여문주석)	柳近 著(유근 저)	
v.3 p.1965	儷文程遘(여문정구)	李植 著(이식 저)	
v.3 p.1965	禮辨彙節(예변휘절)		
v.3 p.1965	麗陵禁標受敎(여릉금표수교)		
v.3 p.1966	玲瓏集(영롱집)		
v.3 p.1966	嶺進集束(영진집속)		
v.3 p.1967	曆象考(역상고)		國朝曆象考를 보라
v.3 p.1967	曆象考成(역상고성)		
v.3 p.1967	曆象集(역상집)		諸家曆象集을 보라
v.3 p.1967	曆事明原(역사명원)		
v.3 p.1968	歷代歌(역대가)	高麗 吳世文 著(고려 오세문 저)	
v.3 p.1969	歷代歌(역대가)		方言歌曲
v.3 p.1969	歷代會靈(역대회령)		一名五候鯖
v.3 p.1969	歷代紀年(역대기년)	鄭逑 著(정구 저)	
v.3 p.1969	歷大紀年(역대기년)		
v.3 p.1970	歷代君鑑(역대군감)		
v.3 p.1970	歷代君臣鑑(역대군신감)	權健 著(권건 저)	
v.3 p.1970	歷代行表(역대행표)		
v.3 p.1971	歷代史選(역대사선)	李時善 著(이시선 저)	
v.3 p.1971	歷代史論(역대사론)	宋徵殷 著(송징반 저)	
v.3 p.1971	歷代修省便覽(역대수성편람)	李沃 著(이옥 저)	
v.3 p.1972	歷代象緯考(역대상위고)		
v.3 p.1972	歷代承統圖(역대승통도)	金正岡 著(김정강 저)	
v.3 p.1972	歷代捷錄(역대첩록)		
v.3 p.1973	歷代臣鑑(역대신감)		歷代君鑑을 보라
v.3 p.1973	歷代兒覽(역대아람)		
v.3 p.1973	歷代世紀(역대세기)	睿宗王 御製(예종왕 어제)	
v.3 p.1973	歷代世年歌(역대세년가)	權踶 著(권제 저)	
v.3 p.1973	歷代千字文(역대천자문)		
v.3 p.1973	歷代總目(역대총목)		
v.3 p.1974	歷代總要(역대총요)		
v.3 p.1975	歷代總錄(역대총록)		歷代總要를 보라

v.3 p.1975	歷代治蹟(역대치적)		
v.3 p.1975	歷代通鑑纂要(역대통감찬요)		
v.3 p.1975	歷代通考抄錄(역대통고초록)		
v.3 p.1975	歷代帝王考(역대제왕고)		歷代行表를 보라
v.3 p.1975	歷代帝王傳世之圖(역대제왕전세지도)		
v.3 p.1976	歷代年紀(역대연기)	金時習 著(김시습 저)	
v.3 p.1976	歷代年表(역대연표)	徐居正 著(서거정 저)	
v.3 p.1976	歷代兵要(역대병요)		
v.3 p.1977	歷代便覽(역대편람)		歷代修省便覽을 보라
v.3 p.1977	歷代名臣奏議(역대명신주의)		
v.3 p.1977	歷代名臣奏議集(역대명신주의집)		名臣奏議要略을 보라
v.3 p.1977	歷代輿地沿革險要圖(역대여지연혁험요도)		
v.3 p.1977	歷代妖星錄(역대요성록)	金益廉 著(김익렴 저)	
v.3 p.1978	歷代要錄(역대요록)	柳希春 著(유희춘 저)	
v.3 p.1978	歷年通攷(역년통고)	鄭克後 著(정극후 저)	
v.3 p.1978	列子(열자)		
v.3 p.1978	烈女傳(열녀전)	宋淵 著(송연 저)	
v.3 p.1978	烈女傳諺解(열녀전언해)	禮曹 編(예조 편)	
v.3 p.1979	列聖徽號(열성휘호)		
v.3 p.1979-1984	列聖御製(열성어제)		
v.3 p.1985	列聖御製詩(열성어제시)		列聖御製를 보라
v.3 p.1985-1990	列聖御筆(열성어필)		
v.3 p.1998	列朝羹墻錄(열조갱장록)		
v.3 p.1999	列朝詩(열조시)		列聖御製를 보라
v.3 p.1999	列朝通紀(열조통기)	安鼎福 著(안정복 저)	
v.3 p.1999	洌陽歲時記(열양세시기)	金邁淳 著(김매순 저)	
v.3 p.1999	聯韻軸(연운축)		賡載軸을 보라
v.3 p.1999	聯句(연구)		
v.3 p.1999	聯句帖(연구첩)		
v.3 p.1999	蓮軒集(연헌집)		
v.3 p.2000	連坐案(연좌안)		
v.3 p.2000	聯珠詩格(연주시격)		
v.3 p.2000	漣川邑誌(연천읍지)		
v.3 p.2000	鍊兵實紀(연병실기)	明 戚繼光 著(명 척계광 저)	
v.3 p.2001-2002	濂洛風雅(염락풍아)		
v.3 p.2003	魯懷錄(노회록)	李廷傑 著(이정걸 저)	
v.3 p.2003	魯齋全書(노재전서)		
v.3 p.2003	廬山志(여산지)		
v.3 p.2003	魯史零言(노사령언)	李恒福 著(이항복 저)	
v.3 p.2005	路程表(노정표)		程里表를 보라
v.3 p.2005	路文式例(노문식례)		
v.3 p.2006	鹵簿式(노부식)		
v.3 p.2006	鹵簿圖說(노부도설)		
v.3 p.2007	魯陵志(노릉지)	尹舜擧 著(윤순거 저)	

v.3 p.2009-2013	老乞大(노걸대)		
v.3 p.2009-2013	老乞大諺解(노걸대언해)		老乞大를 보라
v.3 p.2014	老子(노자)		
v.3 p.2015	老粹灑辭(노랄수사)		默齋日記를 보라
v.3 p.2015	隴西記事(농서기사)	李永成 著(이영성 저)	
v.3 p.2015	狼川邑誌(낭천읍지)		
v.3 p.2016	漏籌通義(누주통의)		新法漏籌通義를 보라
v.3 p.2017	老峯筵中說話(노봉연중설화)	閔鼎重 著(민정중 저)	
v.3 p.2017	琅本類函(낭본류함)		
v.3 p.2017	老朴輯覽(노박집람)	崔世珍 著(최세진 저)	
v.3 p.2018	臘藥症治方(납약증치방)	撰者未攷(찬자미고)	본래 서명은 諺解臘藥症治方이다
v.3 p.2018	綠鸚鵡經(녹앵무경)	李書九 著(이서구 저)	
v.3 p.2018	六家雜詠(육가잡영)		
v.3 p.2019	錄疑俟質(녹의사질)		
v.3 p.2020	六經常覽(육경상람)		
v.3 p.2020	六書附註(육서부주)	柳希春 著(유희춘 저)	
v.3 p.2021	六臣祠記帖(육신사기첩)		莊陵靈泉記帖을 보라
v.3 p.2021	六臣賜祭文(육신사제문)	正宗王 御製(정종왕 어제)	
v.3 p.2021	六臣傳(육신전)	南孝溫 著(남효온 저)	
v.3 p.2021	六壬斷經秘訣(육임단경비결)		
v.3 p.2022	六先生遺稿(육선생유고)	朴彭年 等 六臣 著(박팽년 등 육신 저)	
v.3 p.2023	六典條例(육전조례)		
v.3 p.2024	六典謄錄(육전등록)		經齊六典
v.3 p.2024	錄帆詩話(녹범시화)		
v.3 p.2024	六部律典合編(육부율전합편)		
v.3 p.2024	鹿門弇州文抄(녹문엄주문초)		皇明二大家文抄를 보라
v.3 p.2025	六禮疑輯(육례의집)	朴世采 著(박세채 저)	
v.3 p.2025	論語(논어)		
v.3 p.2026	論語古今註(논어고금주)	丁若鏞 著(정약용 저)	
v.3 p.2026	論語纂要(논어찬요)		
v.3 p.2026	論語手劄(논어수답)	丁若鏞 著(정약용 저)	
v.3 p.2026	論語集註(논어집주)		論語를 보라
v.3 p.2026	論語新義(논어신의)		
v.3 p.2027	論語正晉(논어정진)		經書正音을 보라
v.3 p.2027	論語正義(논어정의)		
v.3 p.2027	論語大全(논어대전)		三經四書大全을 보라
v.3 p.2027	論語補逸(논어보일)		
v.3 p.2027	論語或問(논어혹문)	宋 朱熹 著(송 주희 저)	
v.3 p.2027	論思錄(논사록)		高峯集을 보라
v.3 p.2027	論賞賜米謄錄(논상사미등록)		
v.3 p.2027	論孟人物類聚(논맹인물류취)		
v.3 p.2027	論孟淺說(논맹천설)	趙翼 著(조익 저)	
v.3 p.2028	論孟或問精義通攷(논맹혹문정의통고)	宋時烈 著(송시열 저)	
v.3 p.2029	和韓唱酬編集(화한창수편집)		

v.3 p.2029	倭館謄錄(왜관등록)		
v.3 p.2029	和吉翁主房火田成册(화길옹주방화전성책)		
v.3 p.2029	倭皇世次(왜황세차)		
v.3 p.2030	和國志(화국지)		
v.3 p.2030	倭語類解(왜어류해)		
v.3 p.2030	和劑指南(화제개남)	宋光豐年中 著(송광풍년중 저)	
v.3 p.2030	和劑方(화제방)	宋元豐年中 著(송원풍년중 저)	
v.3 p.2031	倭使日記(왜사일기)		
v.3 p.2031	倭使問答(왜사문답)		
v.3 p.2031	和順縣邑誌(화순현읍지)		山陽雜錄을 보라
v.3 p.2031	和順崔氏族譜(화순최씨족보)		
v.3 p.2031	和順文籍(화순문적)		
v.3 p.2031	倭人謄錄(왜인등록)		
v.3 p.2031	灣府支勅事例(만부지칙사례)		

부록 5. ≪고선책보≫, ≪선책명제≫, 마에마 카드의 대응 양상

◎ 일러두기

- 〈부록 5〉는 ≪선책명제≫에 ≪고선책보≫와 마에마 카드를 동시에 대조한 결과를 입력한 전자 파일이다. 여기서 마에마 카드는 ≪고선책보≫에 대응하는 카드에 한하여 작업을 진행하였다.
- ≪선책명제≫와 ≪고선책보≫, 마에마 카드 간 관련성을 살피기 위한 목적에 따라 이 책에는 쪽수, ≪선책명제≫에 수록된 문헌명, ≪고선책보≫와의 대응 등의 중요 정보만을 제시하였다. 규장각에 제출된 전자 파일에는 이 외에도 ≪선책명제≫ 권1, 2의 목차도 추가로 입력되어 있다.
- '≪고선책보≫와의 대응' 열에서는 제공하는 정보는 다음과 같이 세 가지 유형으로 구분할 수 있다.

① 마에마 카드의 일련번호가 입력된 유형('b08_1548-1553')
② 'Y'가 입력된 유형
③ 빈칸으로 남겨진 유형

유형 ①은 ≪선책명제≫와 ≪고선책보≫, 마에마 카드에서 모두 발견되는 문헌이고, 유형 ②는 ≪선책명제≫와 ≪고선책보≫에서만 확인되는 문헌을 가리킨다. 유형 ③은 ≪선책명제≫에서만 발견될 뿐, ≪고선책보≫나 마에마 카드에는 없는 문헌의 부류들이다. 이를 정리하면 다음과 같다.

입력 유형 \ 자료	≪선책명제≫	≪고선책보≫	마에마 카드
마에마 카드 일련번호	○	○	○
'Y'	○	○	
빈칸	○		

≪선책명제≫와 ≪고선책보≫, 마에마 카드의 대응 양상

쪽수	문헌명	≪고선책보≫와의 대응
23	第一	中朝類
	史記一百三十卷	b08_1548-1553
24	史纂十四卷	b08_1555, c15_2459-2461
	史記纂要十卷	Y
	御定史記英選八卷	c15_2435-2436
	漢書一百二十卷	Y
25	漢書傳抄二卷	c03_0619-0620
	漢史列傳抄四卷	c03_0598-0600
	史漢一統十六卷	c15_2428-2429
26	漢島四卷	
	漢草一卷	c03_0631
	漢書字例一卷	Y
	後漢書一百二十卷	b07_1484
	三國志六十五卷	b08_1524
27	晉書一百三十卷	Y
	唐書二百五十卷	Y
	宋史四百九十六卷	d02_0185
	元史節要二卷	Y
	思政殿訓義資治通鑑二白九十四卷	c16_2506
28	稽古錄二十卷	Y
	思政殿訓義資治通鑑綱目五十九卷	c16_2507
29	綱目抄八卷	c12_1947
	續資治通鑑綱目二十七卷	Y
30	續綱目十五卷	d02_0294
	續綱目疑補起見二卷	d02_0295
	明史綱目二十四卷	d10_2081-2082
	資治通鑑綱目新篇二十卷	
31	綱目輯要七卷	c12_1945
	通鑑總論一卷	Y
	通鑑論一卷	

	增修附註通鑑節要五十卷	
32	通鑑增刪十五卷	
	續通鑑十卷	d02_0320
	歷代通鑑纂要九十二卷	Y
33	綱鑑會要十七卷	c10_1665-1666
	唐鑑音註二十四卷	
	宋鑑十五卷	Y
34	歷代史選三十五卷	Y
	史補略九卷	c16_2605
	十八史略七卷	Y
	十九史略通攷八卷	Y
35	十九史略諺鮮二卷	
	續史略通攷續錄一卷	d02_0300
	續史略一卷	d02_0298-0299
36	續史略翼箋二十一卷	d02_0301-0302
	御定宋史筌一百五十卷	d02_0188
	宋史補傳	d02_0176
	宋史撮要六卷	d02_0186
	宋朝史詳節十卷	d02_0202-0203
	宋朝史詳節十卷	
37	明紀編年十二卷	Y
	皇明通紀輯要二十四卷	Y
	皇明紀略六卷	c17_2764
	清史提要三卷	d11_2350
	歷代史論四十一卷	Y
38	全史銓評八十卷	d02_0457
	先儒史評二卷	d02_0410
	史緯十卷	c15_2413
	池氏鴻史十七卷	d04_0663-0664
39	第二	國史類
	海東三國史記 卷	
	三國史記五十卷	c14_2300-2315
40	東國史略 卷	d06_1098-1104
	三國史節要十五卷	c14_2316
	東史世家四卷	d06_1178
	古今錄十卷	c10_1573-1574
	同卷	
41	同卷	
	編年通錄 卷	d09_1900-1902

	千秋金鏡錄	d02_0407
	李朝金鏡錄卷	
	世代編年節要七卷	d13_2764-2765
	李朝編年綱目四十二卷	
42	同卷	
	史略 卷	c17_2627/Y
	七代事跡三十六卷	
	睿宗實錄 卷	c01_0123/Y
	仁宗實錄 卷	d12_2685/Y
43	毅宗實錄 卷	c06_1063
	神宗實錄 卷	
	고종실록 권	
	忠憲王世家一卷	
	忠烈王實錄	
44	碧巖寺禪錄 卷	d09_1887
	王代宗錄二卷	c01_0216
	璿源錄 卷	c08_1237
	高麗國史三十七卷	Y
	高麗史	c12_1961-1964/c12_1965-1969
45	高麗史節要三十五卷	c12_1970-1971
	高麗史一百三十七卷	c12_1961-1964/c12_1965-1969
	東史纂要十二卷	d06_1175-1176
46	東史補遺四卷	d06_1186-1188
	彙纂高麗史四十七卷	c01_0034-0035
	麗書七十卷	Y
	東國通鑑五十七卷	d06_1120-1125
47	東國通鑑提綱十四卷	d06_1127-1128
	麗史提綱二十三卷	Y
48	東史會綱十二卷補遺一卷年表一卷	d06_1168-1170
	東史綱目十八卷	d06_1172
	宋元華東史合編綱目三十三卷	d02_0164
49	東國史略十二卷	d06_1098-1104
	東國史略六卷	d06_1098-1104
	太祖大王實錄十五卷	d03_0503, d12_2514-2515
50	恭靖大王實錄六卷	
	太宗大王實錄三十六卷	d12_2518-2519
51	世宗大王實錄一百二十七卷 五禮八卷	d12_2520-2522
	譜樂章十二卷地理志八卷七政算八卷	보락장없음/지리지d04_0704-0706/칠정산c17_2667
52	文宗大王實錄十三卷	d12_2523-2524

	魯山君日記十四卷	d12_2531-2532
53	端宗大王實錄附錄一卷	d12_2525-2526
	世祖大王實錄四十七卷樂譜二卷	d12_2527-2528
	睿宗大王實錄八卷	c01_0123/Y
54	成宗大王實錄二百九十七卷	d12_2530
	燕山君日記六十三卷	d12_2531-2532
55	中宗大王實錄一百五卷	d12_2533-2534
	仁宗大王實錄二卷	d12_2685/Y
56	明宗大王實錄三十四卷	d10_2135-2136, d12_2536/Y
	宣祖大王實錄一百四十三卷	d02_0417-0418, d12_2537-2540, d12_2543
	同二百二十一卷	d02_0417-0418, d12_2537-2540, d12_2543
57	宣祖大王修正實錄四十二卷	d02_0417-0418, d12_2537-2540, d12_2543
	光海君日記一百八十七卷	d12_2541-2542
	同一百八十七卷	d12_2541-2542
	仁祖大王實錄五十卷	d12_2535, d12_2544
58	孝宗大王實錄二十一卷行狀誌狀諡册哀册	c12_1866, d12_2545
	顯宗大王實錄二十二卷行狀一卷	d12_2546-2547/d12_2555
	顯宗大王改修實錄二十八卷行狀一卷	d12_2546-2547/d12_2555
	肅宗大王實錄六十五卷補闕五卷	c18_2831, d12_2548
59	景宗大王實錄十五卷	d12_2549
	景宗大王改修實錄五卷	d12_2549
	英宗大王實錄一百二十七卷	d12_2550-2551
60	正宗大王實錄五十四卷附錄一卷附錄續篇	d12_2552
	純宗大王實錄三十四卷附錄一卷附錄續篇一卷	
61	憲宗大王實錄十六卷附錄一卷	d12_2555
	哲宗大王實錄十六卷附錄一卷	Y
	國朝寶鑑七卷	c13_2051-2066
62	續國朝寶鑑	Y
	國朝寶鑑類抄二卷	c13_2067
	宣廟寶鑑十卷	d02_0429-0430
	肅廟寶鑑十五卷	c18_2832-2833
	肅廟寶鑑別編一卷	c18_2832-2833
63	國朝寶鑑六十八卷	c13_2051-2066
	國朝寶鑑別編七卷	c13_2051-2066
64	國朝寶鑑八十二卷	c13_2051-2066
	國朝寶鑑別編十卷	c13_2051-2066
	國朝寶鑑九十卷	c13_2051-2066
65	龍飛御天歌十卷	Y
	龍飛御天歌大傳一卷	Y

	龍飛御天圖	
	列聖至德一卷	
66	聖德二卷	d01_0069
	祖鑑二卷	d02_0119-0121
	列朝羹墻錄八卷	Y
	世宗朝事實一卷	d01_0057-0058
67	成宗朝事實一卷	d01_0059-0060
	國朝謨烈	c13_2068
	國朝武定寶鑑二卷	c13_2045
	續國朝武定寶鑑一卷	Y
	西征錄一卷	d01_0036-0046
68	勘乱錄六卷	c03_0681-0682
	尊周彙編十五卷	d02_0262-0264
	闡義昭鑑四卷	
69	闡義昭鑑諺解四卷	
	奉敎嚴辨錄一卷	d09_1944-1945
	明義錄諺解四卷	d02_0326, d10_2110-2116
70	續明義錄一卷	d02_0326, d10_2110-2116
	續明義錄諺解二卷	d02_0326, d10_2110-2116
	皇極篇十二卷	c11_1693
71	同一卷(前書節略)	c11_1693
	英宗朝紀事九卷	
	定宗朝紀事二十七卷	
	憲宗朝紀事六卷	
72	長陵誌狀一卷	d05_0855
	列聖誌狀	c01_0127
	寧陵誌狀一卷	d07_1470
	崇陵誌狀一卷	d13_2745
	列聖誌狀通紀七卷	c01_0127
	明陵誌狀一卷	
73	懿陵誌狀一卷	Y
	列聖誌狀通紀十四卷	c01_0127
	明聖王后仁敬王后改贊誌文一卷	
	元陵誌狀一卷	c01_0127, c09_1545
74	列聖誌狀通紀二十卷	
	健陵誌狀二卷	c09_1487
	列聖誌狀通紀二卷	c01_0127
	仁陵誌狀一卷綏陵誌狀一卷	d13_2701-2703
75	兩陵誌狀續篇一卷	

	列聖誌狀通紀三卷	c01_0127
	同一卷(前書追續)	c01_0127
	同一卷(前書追續)	c01_0127
76	國朝譜牒一卷	c13_2042-2043
	璿源錄五十一卷	d02_0392-0394
79	第三	野乘類
	帝王韻紀二卷	d05_0916-0917
	歷代世年歌二卷	Y
	歷代年表 卷	Y
80	歷代年表 卷	Y
	歷代承統圖一板	Y
	帝王歷年記二卷	d05_0921
	帝王歷年通考一卷	d05_0922
	歷代總目一卷	Y
81	增補歷代總目二卷	d02_0285-0287
	東國歷代總目一卷	d06_1151-1152
	紀年通考六卷	c04_0832-0833
	紀年兒覽二卷	c04_0830-0831
82	同八卷(李萬運前書再訂增修)	c04_0830-0831
	天運紹通二卷	Y
	歷代要錄二卷	Y
	三國遺事五卷	c14_2296-2297
83	東閣雜記四卷	d06_1056-1057
	海東野言三卷別集	c03_0468-0469
	野史之流 卷	Y
84	野言通載 卷	Y
	國朝記事五卷	c13_2011
	春坡堂日月錄十二卷	
85	朝野僉載五十卷	d05_0849-0850
	朝野記聞二十一卷	d05_0843-0845
	朝野會通二十八卷	d05_0841-0842
86	青野漫輯六卷	d01_0086-0087
	國朝典謨 卷	c13_2038
	藥坡漫錄九十四卷	b05_0891-0892
	燃藜室記述三十四卷別集十九卷	d07_1474-1477
87	朝野輯要二十八卷	d05_0847-0848
	東野記聞四十七卷	d06_1258
	芝陽漫錄十二卷	c17_2624
88	昭代紀年二十七卷	d11_2241

	別朝通記二十八卷	
	大事編年三十四卷	
	國朝通記十卷	c13_2036
	震史記略十卷	d11_2348
89	東國紀事二卷	d06_1090
	東圃彙言二十二卷	d06_1253-1255
90	國朝彙鑑五卷	c13_2004
	漫筆三綠九卷	d10_2069
	聞見箚記十卷	
	東史撮要三卷	d06_1174
	大東紀年五卷	d03_0614
91	東史輯要十一卷	
	國朝故事七卷	c13_2013
	李氏西征錄一卷	Y
	類編西征錄一卷	Y
92	丙子錄 卷	d09_1837-1839
	端宗朝紀聞一卷	d03_0532
	乙巳傳聞錄一卷	c01_0226
	乙巳錄二卷	c01_0228/Y
	乙巳誣案一卷	c01_0227
93	癸甲錄十卷	c04_0771-0772
	乙丑事蹟一卷	
	乙丑逆案一卷	
94	笑醒已丑錄一卷	
	掛一錄 卷	Y
	癸未搢紳風雨錄二卷	
	混定編錄九卷	c13_2092-2093
95	壬辰錄六卷	d12_2674
	再造藩邦志六卷	c14_2204-2205
	宣廟中興誌二卷	
	壬辰記事一卷	Y
96	宋經署書一卷	d02_0163
	慶尙巡營錄 卷	c08_1371
	亂中雜錄八卷	Y
	鄕兵日記略一卷	c05_0935
97	逸史記聞一卷	c01_0059
	丁戊錄一卷	d05_0946
	明倫錄三卷	d10_2142
	同 卷	d10_2142

	光海朝日記四卷	Y
98	李承旨政院日記二卷	Y
	凝川日錄七卷	c06_1108-1109
	光海初喪錄一卷	c10_1658
	陽九記事四卷	Y
99	江都錄一卷	c12_1889
	亂離日記一卷	Y
	亂後雜錄一卷	Y
	東閣散錄十卷	d06_1055
100	尊攘篇四卷	d02_0266
	懷尼往復一卷	
	魯懷錄六卷	
	北征耳目口十一卷	d09_1997
	竢百錄六卷	Y
101	南征日錄四卷	d07_1401
	桐巢漫錄十二卷	d06_1219-1220
	我我錄二卷	c03_0699-0700
	甲乙錄五卷	c10_1632
102	戊癸事略二卷	d09_2026
	隨聞錄三卷	d13_2756-2758
	大義源流彙考二卷	d03_0473
	靖獻篇一卷	d13_2790
	成仁年表 卷	d01_0028
	斷爛 卷	d03_0653
103	昭代雜錄 卷	
	辛壬紀年提要九卷續編四卷補編二卷	d11_2378-2380
	並觀錄 卷	d09_1820
	平論 卷	d09_1871
104	辨黨論二卷	d09_1910
	辛巳蠱變二卷	d11_2347
	隨事備錄十卷	d13_2751
	先庚後甲錄十一卷	d02_0396
	二旬錄一卷	d07_1415
105	童蒙筮告四卷	d06_1339
	群豹一班錄 卷	c07_1210
	玄駒記事一卷	c09_1524
	朝鮮政鑑二卷	d04_0817
	日史三卷	d07_1427
106	海東繹史七十卷續篇十五卷	c02_0406-0408

	小華外史八卷	d11_2165-2167
107	昭代粹言 卷	d11_2244-2246
	大東野乘 卷	d03_0630
108	說海 卷	d02_0343-0348
109	大東稗林 卷	d03_0627
110	東野粹言 卷	d06_1259
	東野彙輯 卷	d06_1257
	鷲洲雜錄	c03_0706-0708
111-115	海叢 卷	c02_0399
115	彙叢二十三卷	c01_0040-0041
116	鎔齊叢書 卷	
	叢史七十九卷	d02_0175, d02_0181-0182

부록 6. ≪고선책보≫와 ≪한글갈≫의 대응 양상

◎ 일러두기

- 〈부록 6〉은 ≪한글갈≫에 수록된 문헌명에 ≪고선책보≫를 대응시킨 결과이다.
- 〈부록 6〉도 이 책에 수록된 정보와 규장각에 제출된 전자 파일에 입력된 정보에 차이가 있다. 이 책의 〈부록 6〉은 쪽수, 문헌명, ≪고선책보≫와의 대응 등의 정보만을 제시하였고, 제출한 전자 파일에서는 이외 간행년도 및 왕조시기, 저자, 이본 등의 서지정보도 확인할 수 있다.
- '≪고선책보≫와의 대응' 열에서 'Y'는 ≪고선책보≫와 ≪한글갈≫이 대응되는 경우이고, 빈칸은 그렇지 않은 경우를 의미한다.

≪고선책보≫와 ≪한글갈≫의 대응 양상

중/소단원명 및 쪽수	문헌명	≪고선책보≫와의 대응
첫째 가름 훈민정음의 창제(p.3~) 첫째 조각 훈민정음의 본문(p.3~)	訓民正音	Y
	月印釋譜	
	四聲通解	Y
	한글갈	
	한글갈	
	洪武正韻	Y
	諺文志	
	韻解	
	文心雕龍	
	東國正韻	
	爾雅	Y
	方言	
	釋名	
	廣雅	
	說文解字	Y

	字彙	Y
	康熙字典	
	辭源	
	聲韻	
	集韻	
	四聲切韻	
	四聲譜	
	廣韻	
	重修廣韻	
	集韻	
	韻會	Y
	洪武正韻	Y
	音學五書	
	佩文韻府	
둘째 조각 훈민정음 원본의 상고(p.29~)	訓民正音	Y
	月印釋譜	
	四聲通攷凡例	
	四聲通攷	Y
셋째 조각 훈민정음 제정의 경과(p.37~)	洪武正韻解例序	
	海東雜錄	Y
	洪武正韻譯訓	Y
	洪武正韻通攷	
넷째 조각 우리글의 이름의 변천(p.49~)	慵齋叢話	Y
	增補文獻備考	Y
	訓蒙字會	Y
	星湖僿說	Y
	芝峰類說	Y
	五洲衍文長箋散稿	Y
	增修禮部韻略	
	夢溪筆談	
	顏氏家訓	
	宋景文筆記	
	訓民正音圖解	
둘째 가름 한글 쓰기의 번짐(p.57~)	龍飛御天歌	Y
첫째 조각 한글의 독립스런 쓰기(p.57~)	高麗史	Y

	輿地勝覽	Y
첫째 목 한글 창제 시기	龍歌故語箋	
	龍飛御天歌註釋	
	月印千江之曲	Y
1. 세종대왕의 용의주도한 보급책 (p.58~)	釋譜詳節	
	月印釋譜	
	訓民正音諺解	
	古錢大鑑	
둘째 목 한글의 정착 시기	燕山日記	
	花田別曲	
	效嚬歌	
2. 중명시대의 가사 애송과 한글 (p.68~)	俛仰亭歌	Y
	道學歌	
	陶山十二曲	
	高山九曲歌	
	獨樂八曲	
	閑居十八曲	
	關東別曲	Y
	思美人曲	Y
	江村別曲	
	松江歌辭	Y
셋째 목 한글 변동 시기	海東歌謠	
	蘆溪集	
	山中新曲	
	山中續新曲	
	古琴詠	
	贈奏琴	
	初筵曲	
	罷宴曲	
	漁父四時歌	
	夢天謠	
	遣懷謠	
	雨後謠	
	九雲夢	Y
	謝氏南征記(南征記)	Y
	尹氏行狀	
	西浦漫筆	Y
	林忠愍公實記	Y

	林慶業傳	Y
	쟁끼傳(雄雉傳)	
	콩쥐팥쥐	
	鼠同知傳(鼠勇傳, 鼠翁傳, 鼠獄傳)	
	두껍傳(蟾同知傳, 蟾處士傳)	
	토끼傳(鼈主簿傳, 兎의 肝, 兎生員傳, 토끼타령, 兎鼈山水錄)	
	興夫傳(놀부傳, 鷰의 脚)	Y
	三說記	Y
	翟成義傳(狄成義, 赤聖義)	Y
	金太子傳	
	沈淸傳	Y
	금송아지傳(金犢傳)	
	壬辰錄	Y
	諺書	
넷째 목 한글의 간편화 시기	磻溪隨錄	Y
	星湖僿說	Y
	東史綱目	Y
1. 영정시대의 조선문학의 전성과 한글(p.76~)	列朝通紀	Y
	疆界誌	Y
	山水經	Y
	東音解	
	訓民正音圖解	
	京都雜記	
	四郡志	Y
	渤海究	
	海東釋史	
	擇里志	Y
	燃藜室記述	Y
	東國輿圖	
	經世遺志	
	我邦疆域考	Y
	風俗考	
	醫學要鑑	
	與猶堂全集	
	熱河日記	Y
	林下經綸	
	靑莊館叢書	
	北學議	Y

	國朝寶鑑	Y
	大典通編	Y
	文獻備考	Y
	海東邑志	
	武藝圖譜通志	Y
	文苑黼黻	Y
	同文彙考	Y
	奎章全韻	Y
	全韻玉篇	Y
	五倫行實圖	Y
	青邱永言	
	海東歌謠	
	古今歌曲	
	東歌選	
	日東壯遊歌	
	明沙十里	
	春香傳	Y
	淑香傳	Y
	淑英娘子傳	Y
	彰善感義錄	Y
	罷睡錄	Y
	月峰記	Y
	選諺篇	Y
	四大奇書	
	西漢演義	
	兒女英雄傳	
	燕記	
	乾淨衕 筆談	
	을병연힝녹	
	諺文教書(諺教)	
	청규박물지(淸閨博物誌)	
	규합총서(閨閤叢書)	Y
	시문언해(詩文諺解)	
2. 순조 때부터의 한글의 침장기 (p.81~)	江陵秋月傳	Y
	南薰太平歌	Y
	女唱歌謠錄	
	歌曲源流	Y
다섯째 목 한글의 각성 시기(p.82~)	西遊見聞	

	大韓文典	
	公法會通	Y
	東輿地圖	
1. 갑오경장과 한글의 부흥	朝鮮歷史	
	朝鮮略史	
	朝鮮地誌	
	地璆略論	
	萬國略史	
	士民必知	Y
	夙惠記略	
	牖蒙彙編	
	尋常小學	
	國民小學讀本	
	西禮須知	
	近易算術	
	簡易四則	
	小地球圖	
	國文小地球圖	
	태셔신사	
	泰西新史撮要	
	독립신문	
	皇城新聞	
	뎨국신문	
	大韓每日申報	
	萬歲報	
	國民新報	
	大韓民報	
	獨立新聞	
	時事新聞	
	朝陽報	
	數理學誌	
	漢城月報	
	신학월보	
	東亞開進教育會會報	
	家庭雜誌	
	少年韓半島	
	共修學報	
	西友	
	太極學會報	

	大同報	
	大韓自彊會會報	
	大韓俱樂部會報	
	夜雷	
	同窓會報	
	漢陽報	
	자선부인회 잡지	
	교육회보	
	소년	
	畿湖興學月報	
	西北學會月報	
	女子指南	
	大韓協會會報	
	大韓學會月報	
	大韓興學報	
	商業界	
	嶠南教育會雜誌	
	天道教育月報	
	普中親睦會報	
	鬼의聲	
	雉岳山	
	血의淚	
	長恨夢	
	杜鵑聲	
	斷腸錄	
	雙玉淚	
3. 한글의 연구와 배양(p.88~)	自由鐘	
	韓氏報應錄	
	洪將軍傳	
	花의血	
	雙玉笛	
	鬢上雪	
	누구의죄	
	鳳仙花	
	牧丹屛	
	紅桃花	
	昭陽亭	
	鴛鴦圖	
	春香傳(獄中花)	

	沈淸傳(江上蓮)	
	春夢	
	綾羅島(鏡中花)	
	秋月色	
	江上村	
	海王星	
	淚	
	貞婦怨	
	哀史	
	浮萍草	
	金鏡	
	少年의 悲哀	
	어린벗에게	
	尹光浩	
	彷徨	
	無情	
	開拓者	
	少年	
	靑春	
	샛별	
	아이들보이	
	泰西文藝新報	
	女子界	
	學之光	
	三光	
4. 3·1 독립 운동과 한글 운동의 다시 일어남(p.90~)	중등조선말본	
	한글	
	한글 마춤법 통일안(조선어 철자법 통일안)	
	조선어 표준말 모음	
	創造	
	曙光	
	開闢	
	共濟	
	서울	
	廢墟	
	新生活	
	新天地	
	新靑年	
	白潮	

	薔薇村	
	朝鮮文壇	
	新文藝	
	루네산스	
	金星	
	別乾坤	
	新女性	
	朝鮮之光	
	東光	
	新生	
	한글	
	한빛	
	新東亞	
	新家庭	
	朝光	
	女性	
	文章	
	어린이	
	新少年	
	새동무	
	아이생활	
	少年	
	少年中央	
	眞生	
	時兆	
	青年	
	가톨릭青年	
	春秋	
	三千里	
	新世紀	
	人文評論	
	조선어사전	
	조선어사전	
	우리말광	
	한글 첫걸음	
	서울신문	
	큰사전	
	중사전	
	작은사전	

둘째 조각 한문의 뒤침(p.97~)	三國史記	Y
	東國通鑑	Y
	世宗實錄	Y
	慵齋叢話	Y
들어가기 언해의 유래(p.97~)	增補文獻備考	Y
	우리말본	
	增補東國文獻備考	Y
	周易本義口訣附設	Y
	漢史列傳抄	Y
	三經四書釋義	Y
	心經釋義	Y
	種德新編諺解	
	李朝實錄	
첫째 목 한글 창제 시기의 언해 사업(p.101~)	訓民正音	Y
	東國正韻	
	訓民正音諺解	
	大東野乘	Y
	禮記大文諺讀	Y
	世祖實錄	Y
1. 세종 조의 언해 사업(p.101~)	筆苑雜記	Y
	口訣圓覺經	
	初學字會	Y
	楞嚴經諺解	Y
	飜譯楞嚴經	
	妙法蓮華經諺解	
	佛說阿彌陀經諺解	Y
	禪宗永嘉集諺解	Y
	般若波羅蜜多心經 諺解	
	金剛般若波羅密經諺解	
	圓覺經諺解	Y
	牧牛子修心訣	Y
	法語	
	蒙山和尙法語略錄(普濟尊者法語附)	Y
	金剛經三家解	
	證道歌南明繼頌諺解	
	地藏經諺解	Y

	臺山御牒	
	救急方諺解	Y
둘째 목 한글 정착 시기의 언해 사업(p.121~)	內訓	Y
	明皇誡鑑諺解	Y
	杜詩諺解	Y
	三綱行實圖	Y
	聯珠詩格諺解	Y
1. 성종 조의 언해 사업(p.121~)	黃山谷詩集諺解	
	佛頂心陀羅尼經	Y
	鄕藥集成方諺解	
	樂學軌範	Y
2. 연산 조의 언해 사업(p.128)	心經諺解	Y
	妙法蓮華經諺解	
	楞嚴經諺解	Y
	金剛般若波羅密經諺解	
	禪宗永嘉集諺解	Y
	釋譜詳節	
	救急易解方	
	牧牛子修心訣	Y
3. 중종 조의 언해 사업의 경장(p.129)	三綱行實圖	Y
	續三綱行實圖	Y
	七書諺解	
	飜譯小學	
	法語	
	蒙山和尙法語略錄(普濟尊者法語附)	Y
	呂氏鄕約諺解	
	正俗諺解	Y
	農書諺解	Y
	蠶書諺解	Y
	二倫行實圖	Y
	辟瘟方諺解	Y
	瘡疹方諺解	Y
	禪宗永嘉集諺解	
	妙法蓮華經諺解	
	世子親迎儀註(册嬪儀註)	
	簡易辟瘟方	Y
	女訓諺解	Y
	孝經諺解	Y

	劉向烈女傳諺解	
	牛馬羊猪染疫病治療方	
	蒙山和尙修心訣	
	六祖法寶檀經諺解	
	供養施食文諺解	
4. 인종, 명종 조의 언해 사업(p.139~)	妙法蓮華經諺解	
	小學諺解	Y
	妙法蓮華經諺解	
	心經諺解	Y
	三綱行實圖	Y
	救荒撮要	Y
	百聯抄解	
	南華眞經大文口訣	Y
	恩重經(佛說大報父母恩重經)	Y
한글변동시기의 언해 사업(p.143~)	三經四書釋義	Y
	四書栗谷諺解	Y
	七書諺解	
	小學	Y
	大學	Y
1. 선조 조의 언해 사업(p.143~)	周易諺解	Y
	四書 諺解	Y
	詩傳 諺解	Y
	小學 諺解	
	三綱行實圖	Y
	二倫行實圖	Y
	七大萬法	
	地藏經諺解	Y
	金剛般若波羅密經諺解	
	圓覺經諺解	Y
	誡初心學人文	Y
	發心修行章	
	野雲自警	
	禪家龜鑑諺解	Y
	妙法蓮華經五序諺解	
	諺解痘瘡集要	Y
	諺解胎産集要	Y
	諺解救急方	Y
	痘瘡經驗方	

	雜方集成	
2. 광해주 조의 언해 사업(p.153~)	樂學軌範	Y
	梁琴新譜	
	禪家龜鑑	Y
	龍飛御天歌	Y
	練兵指南	
	東醫寶鑑	Y
	東國新續三綱行實圖	Y
3. 인조 조의 언해 사업(p.156~)	五倫歌諺解	Y
	三經諺解	Y
	佛頂心陀羅尼經	Y
	家禮諺解	Y
	重刊杜詩諺解	Y
	火砲式諺解(附新傳煮取焔硝方諺解)	Y
	牛馬羊猪染疫病治療方	
	鍼灸經驗方	
	馬經抄集諺解(馬經諺解)	Y
	經驗方	Y
	種德新編諺解	Y
4. 효종 조의 언해 사업(p.158~)	辟瘟新方	
	農事集成	
	樂學軌範	Y
	內訓	Y
	警民篇諺解	Y
	佛說廣本大歲經	
	佛說天地八陽神呪經	
	龍飛御天歌	Y
5. 현종 조의 언해 사업(p.159~)	新刊救荒撮要	
	小學諺解	Y
	周易傳義	Y
6. 숙종 조의 언해 사업(p.161~)	四書三經諺解	Y
	火砲式諺解	Y
	心經附註釋疑	
	新傳煮硝方諺解	Y
	佛說阿彌陀經諺解	Y
	阿彌懺節要(普勸念佛文)	
	火藥合劑式	
	西周衍義諺解	
	童蒙先習諺解	Y

넷째 목 한글 간편화 시기의 언해 사업(p.166~)	三綱行實圖	Y
	二倫行實圖	Y
	警民編諺解	Y
	御製內訓	Y
1. 영조 조의 언해 사업(p.166~)	御製女四書諺解	
	臨終正訣念	
	父母孝養文	
	御製小學諺解	
	御製常訓諺解	Y
	四書栗谷諺解	Y
	地藏經諺解	Y
	佛說阿彌陀經諺解	Y
	王郎返魂傳	
	闡義昭鑑諺解	Y
	御製訓書諺解	Y
	御製戒酒綸音	Y
	華嚴經行願品	
	妙法蓮華經諺解	
	御製百行源	Y
	地藏經諺解	Y
	龍飛御天歌	Y
	十九史略諺解(史略諺解)	
	念佛普勸文	Y
정조 조의 언해사업(p.173~)	明義錄諺解	Y
	續明義錄諺解	Y
	諭中外大小臣西綸音	
	字恤典則	Y
	兵學指南	Y
	武藝圖譜通志諺解	
	音譯地藏經	
	增修無冤錄諺解	Y
	佛說天地八陽神呪經	Y
	佛說歡喜竈王經	
	佛說明堂神經	
	莊嚴經	
	慈宮樂章	
	音譯金剛經	Y
	뎐셜인과곡	

	五倫行實圖	Y
	佛說十二摩訶般若波羅密	
	妙法蓮華經諺解	
	綸音諺解	Y
	諭耽羅民人書	
	諭海西綸音	Y
	諭湖西大小民人等綸音	Y
	諭京畿大小民人等綸音	Y
	諭中外大小臣庶綸音	Y
	諭咸鏡道南關化關大小士民綸音	Y
	字恤典則	Y
	諭京畿洪忠全羅慶尙原春咸鏡六道綸音	Y
	諭慶尙道觀察使及賑邑守令綸音	Y
	諭湖南人民等綸音	Y
	御製諭原春道嶺東嶺西士民綸音	Y
	御製綸咸鏡道士民綸音	Y
	御製綸大小臣僚綸音	Y
	王世子册禮後各道身軍布折半蕩減綸音	Y
	賜畿湖別賑資綸音	Y
	加髢申禁事目	Y
	諭六道綸音	Y
	諭楊州抱川綸音	Y
	諭濟州三邑綸音	Y
	諭諸道道臣綸音	Y
	諭湖南六邑民人綸音	Y
	養老務農綸音	Y
	華音方言字義解	
	韻學本源	
	字母辨	
	書永編	Y
순조 이후 한글 침체 시기의 언해 사업(p.181~)	胎教新記諺解	
	十九史略諺解	
	新刊增補三略直解	
	諺文志	
	物名考	
	物名考	
	物名括	
	廣才物譜	

	才物譜	Y
	才物譜	
	魚譜	
	斥邪綸音	Y
	諺音捷考	
	太上感應篇圖說諺解	
	東文字母分解	
	關聖帝君明聖經	
	關帝聖蹟圖誌全集	
	三聖訓經	Y
	孝經諺解	Y
	方藥合編	Y
	金氏世孝圖	
	過化存神	Y
	敬信錄諺解	Y
	斥邪綸音	Y
	竈君靈蹟誌	
	諭八道四郡耆老人民等綸音	Y
한글 각성 시기의 언해 사업(p.187~)	佛說阿彌陀經諺解	Y
	新訂國文	
	語文典音學	
	啓蒙篇諺解	Y
	大韓文典	
	國語文法	
	말의 소리	
	易言	
셋째 조각 한자의 뒤침(p.188~)	禮部韻略	Y
	古今韻會	Y
	古今韻會擧要	
	三韻通考	Y
첫째 목 언해한 운서(p.188~)	三韻補遺	
	增補三韻通考	Y
	東國正韻	
	洪武正韻譯訓	Y
	洪武正韻通考	
	四聲通攷	Y
	四聲通解	Y

	華東正音通釋韻考	Y
	華東叶音通釋	Y
	三韻聲彙	Y
	御定奎章全韻	
둘째 목 언해한 옥편(p.212~)	龍龕手鏡	
	大廣益會玉篇	Y
	玉篇直言	
	新刊排字禮部韻略玉篇	
	韻會玉篇	Y
	三韻聲彙補玉篇	
	全韻玉篇	Y
	字典釋要	
	同文新字典	
	國漢文新玉篇	
	新字典	
셋째 목 언해를 유가름 글자책(p.216~)	訓蒙字會	Y
	千字文	Y
	註解千字文	
	類合	Y
	字類註釋	
넷째 목 이두, 이문에 관한 한글(p.221~)	羅麗吏讀	
	典律通補	Y
	語錄辨證說	
	吏讀便覽	Y
	儒胥必知	Y
	吏文	Y
	新式儒胥必知	
	鄕歌及び吏讀の硏究	
	吏讀集成	
	吏文續集輯覽	Y
	漢語集覽字解	
	元明吏學	
	吏文大師	
	吏文	Y
넷째 조각 외국말의 뒤침(p.226~)	倭語類解	
	方言集釋	

	三學譯語	
	捷解新語	Y
첫째 목 일본말에 관한 한글(p.227~)	改修捷解新語	Y
	重刊捷解新語	Y
	隣語大方	Y
	訂正 隣語大方	Y
둘째 목 중국말에 관한 한글(p.229~)	譯語指南	Y
	語錄解	Y
	語錄解	Y
	小說語錄解	Y
	註解語錄總覽	
	譯語類解	Y
	譯語類解補	
	方言集釋	
	古今釋林	Y
	華語類抄	Y
	老朴輯覽	Y
	童子習諺解	Y
	老乞大諺解	Y
	新釋老乞大諺解	Y
	重刊老乞大諺解	Y
	朴通事(諺解)	Y
	朴通事諺解	Y
	朴通事新釋諺解	Y
	五倫全備記諺解	
	經書正音	Y
	華音啓蒙諺解	Y
셋째 목 만주말에 관한 한글(p.236~)	同文類解	Y
	漢淸文鑑	Y
	方言集釋	
	三學譯語	
	小兒論	Y
	八歲兒	Y
	法化	
	仇難	Y
	太公尙書	Y
	三譯總解(淸語總解)	Y
	重刊三譯總解(新譯三譯總解)	Y

	新譯小兒論	Y
	新譯八歲兒	Y
	淸語老乞大	Y
	新釋淸語老乞大	Y
넷째 목 · 몽고말에 관한 한글(p.240~)	蒙漢韻要	
	蒙語類解	Y
	方言集釋	
	三學譯語	
	蒙語類解補編	Y
	蒙語老乞大	Y
	捷解蒙語(新飜捷解蒙語)	Y
다섯째 목 산스끄릳에 관한 한글(p.242~)	觀音普薩呪經	
	五大眞言	Y
	靈驗略抄	
	隨求呪	
	眞言集	Y
	五大眞言隨求經	Y
	觀音經	
	千手經	Y
	眞言集	Y
	大悲心陀羅尼	
	三門直指	Y
	眞言要抄	
	重刊眞言集	Y
	畫千字	
여섯째 목 서양말에 관한 한글(p.248~259)	주기도문	
	누가복음	
	누가복음	
	요한복음(고쳐서 번역)	
	마태복음	
	마가복음(새로 번역)	
	마가복음	
	마가복음	
	예수셩교젼서(신약젼서)	
	신약젼셔	
	簡易綴字 신약전서	
	(제이차 고친 번역) 신약젼셔	

	(제이차 고친 번역) 鮮漢文 新約全書	
	구약젼서	
	鮮漢文 舊約聖書	
	(제이차 고친 번역) 구약젼셔	
	(제이차 고친 번역) 鮮漢文 舊約全書	
	(제삼차 고친 번역) 簡易鮮漢文 舊約全書	
	(제삼차 고친 번역) 簡易鮮漢文 新約全書	
	(개역 한글판) 신약전서	
	텬로력졍(天路歷程)	
	賀樂醫員史蹟	
	어린아히문답	
	계주론	
	셩교촬요(聖教撮要)	
	張袁兩友相論	
	露韓辭典	
	韓語字典	
	韓英, 英韓字典	
	羅韓字典	
	英韓辭典	
	國文正理(국문졍리)	
	法韓字典	
	英韓辭典	
	英韓字典	
	法令教會關係語 英鮮, 鮮英辭典	
	英鮮辭典	
	韓佛字典	
	韓佛辭典	
	韓英字典	
	韓英字典	
	最新 鮮英辭典	
	士民必知	
	텬쥬셩교공과(天主聖教工課)	
	령세대의(領洗大義)	
	신명초힝(神命初行)	
	쥬교요지	
	텬쥬셩교례규(天主聖教禮規)	
	텬당직로(天堂直路)	
	셩교요리문답(聖教要理問答)	
	셩찰긔략(省察記略)	

	셩모셩월	
	죠만민광(照萬民光)	
	셩경직히(聖經直解)	
	셩교감략(聖教鑑略)	
	教理講論	
	眞理講論	
	예수진교亽패(耶蘇眞教四牌)	
	일과절요(日課切要)	
	쥬년쳠례광익(周年瞻禮廣益)	
	셩분도언힝록	
	요리강령(要理綱領)	
세째 가름 한글 갈기의 피어남 다섯째 조각 한글 각성 시기 일곱째 목 주시경 이후의 한글갈의 대강 (p.339~)	조선말본	
	깁더 조선말본	
	朝鮮語文經緯	
	正音反對派上疏	
	訓民正音通史	
	古語資料辭典	
	朝鮮語講義要旨	
	朝鮮語學	

부록 7. ≪고선책보≫와 ≪조선어학사≫의 대응 양상

◎ 일러두기

- 〈부록 7〉은 ≪조선어학사≫에 수록된 문헌명에 ≪고선책보≫를 대응시킨 결과이다.
- 〈부록 7〉도 이 책의 부록에 수록된 정보와 규장각에 제출한 파일의 정보에 차이가 있다. 이 책의 〈부록 7〉은 쪽수, 문헌명, ≪고선책보≫와의 대응 등의 정보만을 제시하였고, 제출한 전자 파일에서는 이 외 간행년도 및 왕조시기, 저자, 이본 등의 서지 정보도 확인할 수 있다.

≪고선책보≫와 ≪조선어학사≫의 대응 양상

쪽수	중/소 단원명	문헌명	≪고선책보≫와의 대응
1	제3장 조선어학 제2절 朝鮮語普遍辭書 1. 조선인의 저서	朝鮮語辭典 一卷	
		最新 鮮英辭典 一卷	
		鮮和新辭典 一卷	
	2. 내지인(일본인)의 저서	日鮮會話辭典 一卷	
		日鮮 いろは辭典 一卷	
		鮮譯國語大辭典 一卷	
	3. 서양인의 저서		
40	제3절 百科辭書	大東韻府群玉 二十卷	Y
		芝峰類說 二十卷	Y
		玉彙韻考 一卷	
		類苑叢寶 四十七卷	
		攷事新書 十五卷	Y
		星湖僿說類選 十一卷	Y
		財物譜 八卷	Y
		萬家叢玉 十二卷	Y
		新編玉叢 四卷	Y

46	제4절 特殊辭書		
	1. 법제류	東國文獻備考 一百卷	Y
		增補文獻備考 二百五十卷	Y
		磻溪隨錄 二十六卷	
	2. 지리류	東國輿地勝覽 五十五卷	Y
		羅馬字 索引 朝鮮地名字彙 一卷	
	3. 처세류	增補 山林經濟 十六卷	Y
	4. 전기류	海東名將傳 六卷	Y
		海東名臣錄 九卷	Y
		高麗名臣傳 十二卷	Y
		國朝人物志 三卷	Y
		朝鮮人物號譜 二卷	
		萬姓大同譜 二卷	
	5. 의서류	東醫寶鑑 二十五卷	Y
		濟衆新編 八卷	Y
	6. 서지류	朝鮮圖書解題 一卷	
		朝鮮圖書解題 一卷	
		朝鮮書籍目錄 一卷	
		朝鮮醫籍考 一卷	
55	제5절 음운, 어법, 어소 1. 조선인의저서	國文正理	
		大韓文典 一卷	
		初等國語語典 三卷	
		大韓文典 一卷	
		國語文法 一卷	
		朝鮮語典 一卷	
		朝鮮語の先生 一卷	
		中等教科 朝鮮語文典	
		朝鮮語學	
		우리말본	
		朝鮮文字及語學史	
	2. 내지인(일본인)의 저서	東雅 二十卷	
		全一道人 一卷	
		交隣須知 四卷	
		衙口發 一卷	
		象胥紀聞拾遺 三卷	
		漢吳音圖 一卷	
		音韻考證	
		日韓 善隣通語 二卷	

		韓語入門 一卷	
		朝鮮言文 一枚摺	
		日本語と朝鮮語との類似	
		朝鮮言語考	
		朝鮮語學	
		日韓英三國對話 一卷	
		日韓通話 一卷	
		韓語通 一卷	
		龍歌故語箋 一卷	
		鷄林類事 麗言攷 一卷	
		韓語研究法 一卷	
		韓語の數詞	
		雜攷	
451	제4장 일본어학 제3절 일본어에 관한 사서(辭書)	倭語類解 二卷	Y
456		方言集釋 寫本四卷	
457		三學譯語 二篇	
459	제4절 일본어독본	伊路波 一卷	Y
460		消息	Y
		書格	Y
		老乞大	Y
		童子敎	Y
461		雜語	Y
		本草	Y
		議論	Y
		通信	Y
		鳩養物語	Y
		庭訓往來	Y
		應永記	Y
		雜筆	Y
462		富士	Y
		捷解新語 十卷	Y
		改修捷解新語	Y
465		重刊捷解新語 十二卷	Y
471		捷解新語文釋 十二卷	Y
474		長語	Y
		隣語大方 十卷	Y
478		(訂正)隣語大方 九卷	Y
503	제5장 지나어학 제3절 지나어에 관한 사서(辭書) 1. 운서류	禮部韻略	Y
508		古今韻會擧要 三十卷	Y

509		三韻通考 增補三韻通考 各一卷	Y
516		東國正韻 六卷	Y
522		四聲通攷	Y
526		洪武正韻譯訓	Y
531		約韻圖	
		四聲通解 二卷	Y
534		三韻補遺 四卷	
536		華東正音通釋韻考 二卷	Y
540		華東叶音通釋 一卷	Y
542		三韻聲彙 二卷補 一卷	Y
546		御定奎章全韻 一卷	
551	2. 화인자전(畫引字典)류	龍龕手鏡	
553		大廣益會玉篇 三○卷	Y
555		玉篇直音	
556		新刊排字禮部韻略玉篇	
		韻會玉篇 二卷	Y
561		新刊排字禮部玉篇 二卷	
562		三韻聲彙補玉篇 一卷	
563		全韻玉篇 二卷	Y
565		校訂玉篇 二卷	Y
		字典釋要 一卷	
566		國漢文新玉篇 一卷	
		新字典 一卷	
566	3. 유별사서(類別辭書)류	字類註釋 二卷	
568	4. 근세지나어사서류	譯語指南	Y
569		語錄解	Y
572		譯語類解 二卷	Y
574		譯語類解補 一卷	
576		方言集釋 一卷寫本	
		古今釋林 四十卷寫本	Y
577		華語類抄 一卷	Y
579		老朴集覽	Y
		語錄解	Y
580	제4절 지나어독본	老乞大 一卷	Y
583		老乞大新釋 一卷	Y
585		重刊老乞大 一卷	Y
586		老乞大諺解 二卷	Y
587		新釋老乞大諺解 三卷	Y
		重刊老乞大諺解 二卷	Y

588		朴通事	Y
		朴通事新釋 一卷	Y
589		朴通事諺解 三卷	Y
591		朴通事新釋諺解 三卷	Y
		直解小學	Y
595		伍倫全備記 五卷	
597		伍倫全備記諺解 五卷	
599		訓世評話 一卷	Y
601		經書正音	Y
603		華音啓蒙 二卷	Y
604		華音啓蒙諺解 二卷	Y
639	제6장 만주어학 제2절 만주어에 관한 사서(辭書)	同文類集	Y
		同文類解 二卷	Y
640		漢淸文鑑 十五卷	Y
644		方言集釋 寫本一卷	
		三學譯語 六卷	
646	제3절 만주어독본	小兒論 一卷	Y
647		八歲兒 一卷	Y
648		去化	Y
		仇難	Y
		太公尙書	Y
649		三譯總解 十卷	Y
650		重刊三譯總解 十卷	Y
651		新釋小兒論 一卷	Y
652		新釋八歲兒 一卷	Y
		淸語老乞大(又單に老乞大) 八卷	Y
654		新飜老乞大	Y
		新釋淸語老乞大 八卷	Y
668	제7장 몽고어학 제2절 몽고어에 관한 사서(辭書)	蒙漢韻要	
		蒙語類解 二卷	Y
669		方言集釋 寫本一卷	
		三學譯語 六卷	
670		蒙語類解補篇 一卷	
671	제3절 몽고어독본	王可汗	Y
		守成事鑑	Y
		御史箴	
672		高難	Y
		加屯	Y

		皇都大訓	Y
		孔夫子	Y
		帖月眞	Y
673		吐高安	
		伯顔波豆	Y
674		待漏院記	Y
		貞觀政要	Y
		速八實章記	Y
		何赤厚羅	Y
675		巨里羅	Y
		老乞大	Y
		新飜老乞大	Y
		蒙語老乞大 八卷	Y
676		捷解蒙語 四卷	Y
678		新飜捷解蒙語	Y
692	제8장 여진어학 제2절 여진어독본	千字文(經國大典 千字)	Y
		兵書(經國大典 天兵書)	Y
		三歲兒	Y
		自侍衛	Y
		七歲兒	Y
		十二諸國	Y
		貴愁	Y
693		吳子	Y
		孫子	Y
		去化	Y
		仇難	Y
		太公尙書(又單に尙書)	Y
		小兒論	Y
		八歲兒	Y

찾아보기

Abstract

The Pioneer of Korean Bibliography

HAN Jae Young · LEE Hyeon-hie · KAWASAKI Keigo

This publication is housed in the New Kyujanggak Archive Construction Project of the Kyujanggak Institute for Korean Studies to categorize, organize, and convert into electronic data the bibliography cards of Maema Kyosaku(前間恭作, 1868~1942) included in the Kyujanggak Archives to take full advantage of their potential. Their archival value was to be re-illuminated through revealing of the cards' nature and investigation of the relationship with the other works of Maema Kyosaku including "*Koseonchaekbo*(古鮮冊譜)" and "*Seonchaekmyongje*(鮮冊名題)" as well as relationship with the annotation work of contemporary scholars.

To achieve this, the necessity and objective of the research was explored from a bibliographic and Korean linguistic perspectives, and organized the research trends and backgrounds both domestically and internationally in Chapter 1. The vast amount of 10,461 cards that appear to have been written by him are archived in the Kyujanggak without any additional management measures. Through Appendix 1 which presents the high resolution digital images of all the cards and Appendix 2 which compare the cards with the *Koseonchaekbo*, it was concluded with certainty that the cards are memo cards written by Maema himself.

In Chapter 2, the life and work of Maema Kyosaku are examined to review the background of our discussion. The *Koseonchaekbo*, the representative work of Maema, has 7,482 entries with a total reaching 32,353 types when including different editions, making the *Koseonchaekbo* a voluminous annotation of rare Korean books and the *Seonchaekmyongje* classifies the content of the *Koseonchaekbo* by subjects. Appendix 2 includes the digitalized version of the *Koseonchaekbo*, providing the framework for full-fledged analysis and research of the *Koseonchaekbo*.

Chapter 3 includes the analysis of the Maema cards. First, the digital conversion process of the Maema cards was detailed in this publication followed by analysis of their macro and microstructures. From a macro point of view, a total of 10,461 Maema cards are divided and stored in 4 boxes. They have been confirmed to be classified into 4 groups of differing characteristics and the 4 groups have been named group α, group β, group γ, and group δ. The cards of each group rarely overlap and comprise complementary distributions. Also, these cards and the *Koseonchaekbo* show a coincidence rate of 86.5% where the signatures of the entries and different versions correspond with each other. This high coincidence rate implies that the cards are the manuscript of the *Koseonchaekbo*.

The structure of a Maema card from a microscopic perspective is composed of the signature, holding institution, author name, signature and bibliography of the different edition, 50 Japanese phonemic symbols, and a Maema classification symbol. They are very similar to the structure of the *Koseonchaekbo* which deals with the signature, holding institution, different edition signature and bibliography. The classification symbols reflecting the Japanese orthography and an independent classification system of Maema are worthy of notice.

In Chapter 4, the relationship between the Maema card and *Koseonchaekbo* and the relationship between the *Koseonchaekbo* and

Seonchaekmyongje. The Japanese orthography that appear in the arrangement of bibliography in the Maema cards and *Koseonchaekbo* along with the high correspondence rate between the two have concluded that the Maema cards have the properties of being the manuscript written for the *Koseonchaekbo*. Appendix 3 shows the cards with no correspondence – existing in the cards but not in the *Koseonchaekbo*. The cards with no correspondence which exist in the *Koseonchaekbo* but not in the cards are shown in Appendix 4. Moreover, Appendix 5 presents the comparison between the *Seonchaekmyongje*, Koseonchaekbo, and Maema cards.

The content of Chapter 5 deals with the books and catalogues of books in the Maema cards and *Koseonchaekbo*. Maema details in brief the books and catalogues of books mentioned in the Preface(例言) of the *Koseonchaekbo*. Approximately 30 catalogues of books were referenced in the publication of the *Koseonchaekbo* including institution and personal books which existed at the time such as the "Chaesanrujang(在山樓藏)" that Maema possessed.

The *Koseonchaekbo* of Maema Kyosaku and bibliographic books published at the time were compared and their characteristics examined in Chapter 6. In particular, comparisons were conducted to investigate the properties of personal published books such as "*Hangeul-gal*(한글갈)" by Choi Hyun Bai, "*Chosen Gogakushi*(조선어학사)" by Ogura Shimpei(小倉進平), and "*Bibliographie Coréenne*(한국서지)" by Maurice Courant. The correspondence with *Hangeul-gal* is shown in Appendix 6 and the correspondence with the *Chosen Gogakushi* is presented in Appendix 7.

발간사

'한국학'은 이제 학문의 한 분야로 자리잡았다. 한국학을 전공으로 하는 학과도 생겨나고 한국학 연구자들의 국제학술대회도 자주 접할 수 있다. 한국사회가 짧은 시기에 보여 준 역동적인 변화에 대한 학문적 관심이 나라 안팎으로 증대된 결과일 것이다. 한국의 역사와 문화, 사회적 경험에 점점 더 많은 연구자들이 관심을 기울이는 것은 매우 반가운 일이다.

한국학이란 고정된 분과학문 체계 내의 한 부분영역이 아니라 다양한 분과학문들이 함께 참여하는 학제적 연구의 성격을 지닌다. 한국학은 과거의 전통에 깊은 관심을 갖지만 현재의 문제들에도 주목하며 미래의 전망을 모색하는 작업도 포함한다. 인문학적 논의와 사회과학적 관심은 물론이고 자연과학적 문제의식과 예술적 시각이 함께 어우러지는 곳이다. 당연히 한국학은 국내의 연구자들이 자신의 특수성만을 부각시키는 폐쇄적인 장이 아니라 전 세계의 학자들이 자유롭게 참여하는 지적 토론의 공간이 되어야 한다. 한국을 대상으로 한 다양한 연구를 지원하며 진지한 논의와 지적 실험을 뒷받침하는 것이야말로 한국학의 가장 중요한 역할이라 할 것이다.

이런 의미에서 한국학은 한국의 문화와 역사적 경험을 전 인류의 문화유산과 역사적 경험의 한 부분으로 바라보는, 전 지구적 시각을 요구받고 있다. 한국학은 한국사회의 경험을 연구하되, 그것을 21세기 세계사적 과제들과 더불어 사고함으로써 새로운 문명적 대안을 모색하는 세계 학계의 논의에 적극적으로 동참하는 작업이 되어야 한다. 이런 종합적이고 개방적인 연구의 집적이 이루어질 때 한국의 특수성만을 절대화하는 오류에서 벗어나면서 동시에 서구의 눈으로 한국을 대상화, 타자화하는 오리엔탈리즘적 지역학의 한계도 극복할 수 있는 길이 열릴 것이다.

한국의 학문 발전에 큰 책임을 지고 있는 서울대학교 규장각한국학연구원은 한국학의 바람직한 발전을 위해 적극적인 역할을 하고자 한다. 이를 위해 별도의 연구재원을 마련하여 '21세기 신규장각 자료구축사업'을 추진하고, 이 사업의 결과물들을 모아 연구총서, 자료총서, 모노그래프를 출간하고 있다. 한국학 연구자들의 연구역량과 진지한 문제의식들이 결집됨으로써 한국학의 연구수준이 더욱 높아지고 내용이 보다 풍부해지리라 믿는다. 이 연구 사업이 해를 거듭할수록 한국사회에 대한 이해가 깊어짐은 물론이고 한국의 경험을 통해 세계 학계의 시각과 논의도 더욱 풍성해질 것을 기대해 마지않는다.

2015년 2월

서울대학교 규장각한국학연구원 한국학연구사업위원회

저자소개

한재영

문학박사(서울대학교 대학원)
현재 한신대학교 국어국문학과 교수
울산대학교 국어국문학과 부교수
일본 동경외국어대학 외국어학부 객원교수
호주 University of New South Wales 방문교수
〈17세기 국어자료와 국어연구의 현황〉(≪문헌과 해석≫ 10, 2000), 〈한글 옛 文獻 情報 調査 硏究〉(≪어문연구≫ 124, 2004) 외 논저 다수

이현희

문학박사(서울대학교 대학원)
현재 서울대학교 국어국문학과 교수
한신대학교 국어국문학과 조교수
일본 동경대학 객원교수
캐나다 University of British Columbia 교환교수
〈장서각 소장의 영조대 한글문헌〉(≪장서각≫ 2, 1999), 〈권덕규의 생애와 그의 국어학적 업적에 대한 한 연구〉(≪규장각≫ 41, 2012) 외 논저 다수

가와사키 케이고

박사과정 수료(서울대학교 대학원)
현재 숭실대학교 일어일문학과 조교수
〈서평: 小倉進平(1938): 朝鮮語に於ける謙譲法・尊敬法の助動詞一東洋文庫論叢 26, 東洋文庫一〉(≪국어학논집≫ 7, 2011), 〈均如鄕歌 解讀을 위한 漢文 資料의 體系的 對照와 巨視的 接近〉(≪口訣硏究≫ 29, 2012) 외 논저 다수

연구보조원

이상훈(서울대학교 국어국문학과 박사과정 수료)
김한결(서울대학교 국어국문학과 박사과정 수료)
장고은(서울대학교 국어국문학과 박사과정)
김정주(서울대학교 국어국문학과 박사과정)
이후인(서울대학교 국어국문학과 석사과정)

서울대학교 규장각한국학연구원 한국학자료총서

1 古代國語 語彙標記 漢字의 字別 用例 硏究 | 송기중

2 한국철학자료집 : 불교편 1 – 삼국과 통일신라의 불교사상 | 허남진 외 편역

3 한국철학자료집 : 불교편 2 – 고려시대의 불교사상 | 심재룡 외 편역

5 서울대학교 중앙도서관 고문헌자료실 소장 『경제문고』 해제집 | 권태억 외

6 한글본 이언 연구 | 민현식

7상 원문 교주 구운몽 | 원작 김만중, 교주 김병국

7하 현대역 구운몽 | 원작 김만중, 옮김 김병국

8 해방 이후 한국기업의 진화 I : 1976 ~ 2005년간의 통계의 구축과 기초분석 | 이근 외

9 해방 이후 한국기업의 진화 II : 1956 ~ 1977년간의 통계의 구축과 기초분석 | 이근 외

10 서울대학교박물관소장 식민지시기 유리건판 | 이문웅·강정원·신일 편

11 풍자 우화 그리고 계몽담론 | 권영민

12 한국근현대문학의 프랑스문학수용 | 이건우 외

13 한국 근대도면의 원점: 서울대학교 규장각한국학연구원 소장 근대 측량도와 건축도 1861~1910 | 전봉희·이규철·서영희

14-1 유원총보역주 1 | 허성도·김창환·강성위 역주

14-2 유원총보역주 2 | 허성도·김창환·강성위 역주

14-4 유원총보역주 4 | 이영주·허성도·김창환 역주

15 식민권력과 근대지식: 경성제국대학 연구 | 정근식·정진성·박명규·정준영·조정우·김미정

16-1 근대한국 국제정치관 자료집: 제1권 개항·대한제국기 | 장인성·김현철·김종학 엮음

16-2 근대한국 국제정치관 자료집: 제2권 제국–식민지기 | 장인성·김태진·이경미 엮음

17 1980년대 조선–청 국경회담 관련 자료 선역 | 김형종 편역

서울대학교 규장각한국학연구원 한국학연구총서

01 지방문학사 : 연구의 방향과 과제 | 조동일

02 한국 근대과학 형성과정 자료 | 문만용·김영식

03 목석의 울음 : 손창섭 문학의 정신분석 | 조두영

04 통일한국의 농업 | 김완배·김한호·이정재·이태호·정하우

05 현대 한국사회의 철학적 문제 : 사회운영원리 | 백종현

06 한국유교의 과제 | 금장태

07 韓國 古代·中世初期 土地制度史 : 古朝鮮~新羅·渤海 | 이경식

08 『무과총요』 연구 | 나영일

09 북한 주요 산업지역의 토지이용 변화와 개방지역에 관한 연구 | 황만익·이기석

10 재벌체제와 다국적기업 : 경제개발의 두 가지 유형 | 이승훈

11 붉은악마와 월드컵 | 이순형

12 『조선왕조실록』 보존을 위한 기초 조사연구 (1) | 송기중·신병주·박지선·이인성

13 한국 근대의 사회복지 | 안상훈·조성은·길현종

14 한국어 체언의 음변화 연구 | 이상억

15 조선 중기 무예서 연구 | 나영일·노영구·양정호·최복규

16 1950년대 사회주의 건설기의 북한 보건의료 | 황상익

17 후발 산업화와 국가의 동학 : 탈관료화와 강성국가의 공동화 | 하용출

18 조선 후기의 기술도 : 서양 과학의 도입과 미술의 변화 | 정형민·김영식

19 韓國 中世 土地制度史 : 朝鮮前期 | 이경식

20 남북 언어의 문법 표준화 | 권재일

21 50권본 『화엄경』 연구 | 이승재

22 한·중 소화의 비교 | 서대석

23 고려전기의 전시과 | 이경식

24 개항기 전후 경상도의 육상교통 | 허우긍·도도로키 히로시

25 한국어의 주제와 통사 분석 : 주제 개념의 새로운 전개 | 임홍빈

26 한국적 패션 디자인의 제다움 찾기 : 전통미와 현대적 활용을 중심으로 | 김민자

27 한국 근대문학교육사 연구 | 우한용

28 『조선왕조실록』의 여진족 족명과 인명 | 김주원

29 중앙아시아 고려말의 문법 | 권재일

30 삼국통일전쟁사 | 노태돈

31 한국의 사회운동과 진보정당 | 임현진

32 한국 행락문화의 변천과정 | 황기원

33 노래의 상상계 : '수사'와 존재생태 기호학 | 신범순

34 한국의 언어 민속지 : 전라남북도 편 | 왕한석

35 주시경의 언어이론과 표기법 | 송철의

36 일제강점기의 철도 수송 | 허우긍

37 인권으로 읽는 동아시아: 한국과 일본의 인권 개선조건 | 정진성·공석기·구정우

38 정조와 정조시대 | 김인걸 외

39 문화의 정치와 지역사회의 권력구조: 안동과 안동김씨 | 김광억

40 한국어 명사구의 의미론: 한정성/특정성, 총칭성, 복수성 | 전영철